地方選挙総覧

<知事・市長・特別区長>

平成篇
1989
-
2019

日外アソシエーツ

A Databook of Local Election in Japan 1989-2019

Prefectural governors, mayors of cities, and heads of 23 special wards of Tokyo

Compiled by
Nichigai Associates, Inc.

©2019 by Nichigai Associates, Inc.
Printed in Japan

本書はディジタルデータでご利用いただくことができます。詳細はお問い合わせください。

●編集担当● 松村 愛／熊木 ゆかり／河原 努／村末 照代
装 丁：小林 彩子（flavour）

刊行にあたって

　本書が刊行される直前の平成31年（2019年）4月は、平成最後の統一地方選挙が行われた月であった。この選挙で大きな注目を集めたのは、大阪府知事選挙と大阪市長選挙が同時に行われた平成で3度目の「大阪ダブル選挙」である。

　大阪では平成23年（2011年）と27年（2015年）、「大阪都構想」実現を目指してダブル選挙が行われており、橋下徹大阪府知事（当時）が知事を辞職して大阪市長選に鞍替え出馬した23年の選挙では、ダブル選挙への有権者の関心の高まりを反映し、市長選の投票率が60.92％を記録、40年ぶりに60％を超えた。

　そして今回、立場を入れ替えて立候補した吉村洋文前大阪市長（大阪維新の会政調会長）と松井一郎前大阪府知事（日本維新の会代表）が、自民党を軸とする「維新包囲網」を寄せ付けず圧勝。ダブル選挙を統一地方選挙にぶつけて入れ替え選挙となったことでも注目度が上がり、投票率は府知事選が49.49％、市長選が52.70％といずれも前回27年を上回った。

　一方、全国的に見ると、今回の統一地方選挙での市長選の候補者は過去最少で、無投票当選の割合は31.4％を記録。山形県東根市のように、30年間で一度しか選挙が行われなかった市もあり、地方における政治家の成り手不足が深刻化している。

　各地域の選挙への関心・注目度の指標ともいえる投票率や無投票当選などの選挙結果について、ある地域を長いスパンで調べたい時、これまでは過去の新聞記事など様々な資料にあたることでしか情報を集めることが出来なかった。

　本書は、平成30年間の選挙結果を都道府県別に掲載し、前述の大阪のような一連の選挙の流れを通覧できるようになっている。さらに、平成時代における各自治体の誕生や合併、廃止に関する情報を併記し、これらの情報と選挙結果を同時に把握できるようにした。また、都道府県知事選挙、県庁所在地および指定都市（政令指定都市）の市長選挙、東京都23特別区長選挙については、推薦・支持政党を明記。これにより、「保守対リベラル」「保守分裂」などの対立構図を明確にした。

巻末には、候補者延べ１万4600人を五十音順で引ける「候補者氏名索引」と、新旧の自治体名を五十音順で引ける「自治体名索引」を付して利用の便をはかった。弊社では、戦後の衆議院議員選挙、参議院議員選挙の結果を網羅した「国政選挙総覧　1947～2016」（2017年7月刊）も刊行しており、併せてご利用いただきたい。

　本書が、平成の地方・政治研究の基本ツールとして、自治体や公共図書館のほか、大学などの研究機関で広く利用されることを願っている。

　2019年5月

日外アソシエーツ

目　次

凡　例 …………………………………………………………………………… (6)

地方選挙総覧＜知事・市長・特別区長＞ 平成篇1989-2019 ……………………………… 1

候補者氏名索引 ………………………………………………………………… 487

自治体名索引 …………………………………………………………………… 533

凡　例

1. 本書の内容

　　本書は、平成の30年間（1989年1月8日～2019年4月30日）に実施された地方選挙のうち、都道府県知事選挙、市長選挙、東京都23特別区長選挙の当落結果を都道府県別に掲載した資料である。

2. 収録対象

　　1）都道府県知事選挙
　　2）市長選挙
　　3）東京都23特別区長選挙

3. 記載事項

　（1）都道府県データ

　　　県庁所在地／市数（区数）／市名（区名）／主な政治団体（略称）
　　　・平成31年4月現在存在していない市は、（　）に入れて表示した
　　　・主な政治団体とは、選挙結果の「党派」および「推薦・支持」の欄に掲載されている国政政党以外の地域政党や団体で、その正式名称と略称を記載した

　（2）市に関わる合併・市制施行・名称変更

　　　市名／実施年月日／関係市町村名等／合併等の内容
　　　・合併等の内容には、「新設合併」*1「編入合併」*2「（町村からの）市制施行」「（指定都市（＝政令指定都市）への）市制移行」「（自治体名の）名称変更」を表示した
　　　　*1 新設合併とは、2以上の市町村の区域の全部もしくは一部をもって新たな市町村を置くこと
　　　　*2 編入合併とは、市町村の区域の全部もしくは一部を他の市町村に編入すること

　（3）選挙結果

　　　1）都道府県知事選挙

　　　　投票日／当落／当選回数／候補者氏名／年齢／党派／推薦・支持／新現前元／得票数／投票率

　　　2）市長選挙

　　　　投票日／当落／当選回数／候補者氏名／年齢／党派／推薦・支持（県庁所在地と指定

都市のみ記載）／新現前元／得票数／投票率
3）東京都23特別区長選挙
投票日／当落／当選回数／候補者氏名／年齢／党派／推薦・支持／新現前元／得票数／投票率

例）　　　　平成31年（2019年）1月27日実施

当①長崎幸太郎 50　無 自民 公明　　　新　　198,047
　　後藤　　斎 61　無 立憲 国民　　　現　　166,666
　　米長　晴信 53　無　　　　　　　　新　　 17,198
　　花田　　仁 57　諸 共産　　　　　　新　　 16,467
　　　　　　　　　　　　　　　　　　（投票率 57.93%）

・自治体名を見出しとした選挙名で、平成31年4月現在存在していない市は（　）に入れて表示した
・使用漢字は原則常用漢字、新字体に統一した。但し、自治体名に関しては可能な限り正式な表記を用いた
　例）塩竈市、五條市
・無投票当選は投票日の欄に立候補の届け出日（告示日）を記載した
・当落は当選者にのみ「当」を記した
・当選回数は①などの丸数字で示した
・候補者氏名は原則として立候補時の氏名を採用した
・年齢は原則投票日の翌日に新聞等で発表されたものを採用したが、調査がつかなかったものについては告示日翌日に発表されたものを採用した
・党派および推薦・支持に関わる政党、政治団体名は、原則として新聞等に書かれているもののみ記載した。本文では略称を記載したが、略称と正式名称の一覧は下記の通りである。尚、各都道府県の政治団体は都道府県データの中に「主な政治団体」として正式名称と併せて記した。諸派は諸、無所属は無とした

【現在国会に議席を有する政党】　（平成31年3月現在／議席数順）

自民（自）	自由民主党	維会	日本維新の会
立憲	立憲民主党	自由	自由党
国民	国民民主党	希望	希望の党
公明	公明党	社民	社会民主党
共産（共）	日本共産党	社大	沖縄社会大衆党

【その他の主な政党・政治団体】（五十音順）

維党	維新の党	税金	税金党
改ク	改革クラブ	太陽	太陽党
幸福(幸)	幸福実現党	た日	たちあがれ日本
国新	国民新党	ここ	日本のこころ
国生	国民の生活が第一	こ党	日本のこころを大切にする党
サ新	サラリーマン新党	元気	日本を元気にする会
次世	次世代の党	日新	日本新党
社連	社会民主連合	社会(社)	日本社会党
自連	自由連合	創新	日本創新党
新社	新社会党	未来	日本未来の党
新進	新進党	年金	年金党
新生	新生党	保新	保守新党
改革	新党改革	保守	保守党
護リ	新党護憲リベラル	みど	みどりの会議
さき	新党さきがけ	グリ	緑の党グリーンズジャパン
日本	新党日本	民改	民主改革連合
平和	新党平和	民社	民社党
みら	新党みらい	民主	民主党
友愛	新党友愛	民進	民進党
進歩	進歩党	民政	民政党
スポ	スポーツ平和党	みん	みんなの党
生活	生活の党	無会	無所属の会
生山	生活の党と山本太郎となかまたち	結い	結いの党

- 新現前元の「新」はその身分を有したことがない者、「現」は選挙の時点でその身分を有していた者、「前」は前回の選挙までその身分を有していた者、「元」はかつてその身分を有したことのある者で「前」以外の者を示す
- 得票数は確定得票を記載した。按分票（案分票）については小数点以下を切り捨てた
- 投票率は原則小数点以下2桁目までを記載したが、調査がつかなかったものについては1桁目までを記載した
- 平成元年（1989年）1月8日～平成31年（2019年）4月30日に新しく誕生した市については、各市の先頭に概要を注記した
- 廃止された市、再選挙等の情報については、各市の最後に概要を注記した

4．排　列

　（1）全国を「北海道」「東北」「関東」「北陸甲信越」「東海」「近畿」「中国」「四国」「九州・沖縄」の9ブロックに分け、それぞれのブロックの下に都道府県知事選挙、県庁所在地の市長選挙、続いて一般市長選挙（指定都市を含む）を自治体名の読みの五十音順で排列した。但し、期間内に消滅した市は、平成31年4月現在の市名を見出しとした選挙結果の後に排列した。各自治体の中は選挙の実施順に排列した

　（2）東京都については、東京都知事選挙の下に23特別区長選挙、続いて市長選挙を同様に排列した

5．候補者氏名索引

　（1）候補者氏名を読みの五十音順で排列し、本文での記載頁を示した。選挙によって違う氏名・表記で立候補した人物については、（　）で別名を補記した。この場合、可能な限り立候補回数の多い（あるいは一般的な）氏名に寄せ、必要な場合は参照見出しを立てた。立候補時の氏名ではないが、別名で知られている人物については、適宜参照見出しを立てた

　　　例）仲川　げん（仲川　元庸）
　　　　　東国原　英夫　→そのまんま東
　　　　　佐藤　忠志　→金ピカ先生

　（2）候補者氏名読みの濁音、半濁音は清音扱い、拗促音は直音扱いとし、音引きは無視した。また、ヂ→シ、ヅ→スとみなした。候補者氏名読みについては、新聞等のマスメディアや各自治体のホームページ等を典拠としたが、調査がつかなかったものについては、一般的な読みを採用した

　（3）同名異人で読みも異なる場合は、掲載頁の昇順で並べた

6．自治体名索引

　（1）自治体名を読みの五十音順で排列し、本文での記載頁を示した。都道府県名はそのまま表示し、市名には都道府県名を（　）で補記した。平成31年4月現在存在していない市については、末尾に「*」を付与した

　　　例）大阪府・・・・・・・・・・・・・・・・・・・・・　304
　　　　　大曲市（秋田県）*・・・・・・・・・・　47

　（2）自治体名読みについては、総務省がインターネット上で公開している「全国地方公共団体コード」の「都道府県コード及び市区町村コード」中の読みに従った。自治体名読みの濁音、半濁音は清音扱い、拗促音は直音扱いとし、音引きは無視した

7．参考資料

　選挙結果、自治体および人名データについては、主に下記の資料に拠った。下記で調査のつかなかった選挙結果については、他の全国紙縮刷版や地方紙を参照した

　　朝日新聞社編　（1989-2019）『朝日新聞縮刷版』　朝日新聞社
　　市町村要覧編集委員会編　（2017）『全国市町村要覧 [平成29年版]』　第一法規
　　総務省編　（2018）『地方財政白書（平成30年版）』　日経印刷
　　総務省公式ウェブサイト
　　平凡社編　（2006）『地図で知る平成大合併』　平凡社
　　人物情報データベース「whoplus」日外アソシエーツ

地方選挙総覧＜知事・市長・特別区長＞
平成篇 1989-2019

北海道

県庁所在地	札幌市
市数	35市（平成31年4月現在）
市名	札幌市《指定都市/10区》・赤平市・旭川市・芦別市・網走市・石狩市・岩見沢市・歌志内市・恵庭市・江別市・小樽市・帯広市・北広島市・北見市・釧路市・士別市・砂川市・滝川市・伊達市・千歳市・苫小牧市・名寄市・根室市・登別市・函館市・美唄市・深川市・富良野市・北斗市・三笠市・室蘭市・紋別市・夕張市・留萌市・稚内市
主な政治団体（略称）	新党大地（大地）, 市民ネットワーク北海道（ネ北）

【市に関わる合併・市制施行・名称変更】

市名	実施年月日	関係市町村名等	合併等の内容
石狩市	平成8年（1996年）9月1日	石狩郡石狩町	【市制施行】
	平成17年（2005年）10月1日	石狩市・厚田郡厚田村・浜益郡浜益村	【編入合併】
岩見沢市	平成18年（2006年）3月27日	岩見沢市・空知郡北村・栗沢町	【編入合併】
北広島市	平成8年（1996年）9月1日	札幌郡広島町	【市制施行・名称変更】
北見市	平成18年（2006年）3月5日	北見市・常呂郡端野町・留辺蘂町・常呂町	【新設合併】
釧路市	平成17年（2005年）10月11日	釧路市・阿寒郡阿寒町・白糠郡音別町	【新設合併】
士別市	平成17年（2005年）9月1日	士別市・上川郡朝日町	【新設合併】
伊達市	平成18年（2006年）3月1日	伊達市・有珠郡大滝村	【編入合併】
名寄市	平成18年（2006年）3月27日	名寄市・上川郡風連町	【新設合併】
函館市	平成16年（2004年）12月1日	函館市・亀田郡戸井町・恵山町・椴法華村・茅部郡南茅部町	【編入合併】
北斗市	平成18年（2006年）2月1日	上磯郡上磯町・亀田郡大野町	【新設合併・市制施行】

【選挙結果】

北海道知事選挙

平成3年（1991年）4月7日実施

当③	横路 孝弘	50	無	社会 社連 進歩 スポ 公明	現	2,054,453
	佐藤 静雄	49	無	自民	新	744,236
	斎藤 敏夫	62	無	共産	新	131,143
	都築 利夫	60	無		新	12,715

（投票率 71.79%）

平成7年（1995年）4月9日実施

当①	堀 達也	59	無	新進 社会 公明	新	1,636,360
	伊東 秀子	51	無	自民 さき 自由 護リ	新	766,657
	三浦 雄一郎	62	無		新	191,099

甲斐	基男	48	無 共産		新		169,715
三沢	道男	59	無		新		41,647

(投票率65.98%)

平成11年（1999年）4月11日実施

当②堀	達也	63	無 自民 民主 公明 自由 社民		現		1,593,251
伊東	秀子	55	無		新		810,187
佐藤	誠一	50	無 共産		新		374,931

(投票率63.73%)

平成15年（2003年）4月13日実施

当①高橋はるみ		49	無 自民 公明 保新		新		798,317
鉢呂	吉雄	55	無 民主 自由 社民		新		736,231
磯田	憲一	58	無		新		428,548
伊東	秀子	59	無		新		371,126
酒井	芳秀	58	無		新		167,615
若山	俊六	64	無 共産		新		142,079
上野	憲正	58	無		新		32,119
山田	得生	44	無		新		28,190
都築	利夫	72	無		新		21,521

(投票率61.81%)

平成19年（2007年）4月8日実施

当②高橋はるみ		53	無 自民 公明		現		1,738,569
荒井	聡	60	無 民主 社民 大地 ネ北		新		981,994
宮内	聡	43	共		新		184,969

(投票率64.13%)

平成23年（2011年）4月10日実施

当③高橋はるみ		57	無 自民 公明		現		1,848,504
木村	俊昭	50	無 民主 社民 国新		新		544,319
宮内	聡	48	無 共産		新		176,544
鰹谷	忠	60	無		新		92,491

(投票率59.46%)

平成27年（2015年）4月12日実施

当④高橋はるみ		61	無 公明		現		1,496,915
佐藤のりゆき		65	無		新		1,146,573

(投票率60.89%)

平成31年（2019年）4月7日実施

当①鈴木	直道	38	無 自民 公明 大地		新		1,621,171

石川	知裕	45	無 立憲 国民 共産 自由 社民 ネ北		新		963,942

(投票率58.34%)

札幌市長選挙

平成3年（1991年）4月7日実施

当①桂	信雄	60	無 自民 社会 公明 民社		新		537,738
佐藤冨士夫		50	無 共産		新		154,669
中野	英一	58	無		新		71,744

(投票率65.75%)

平成7年（1995年）4月9日実施

当②桂	信雄	64	無 自民 新進 社会 現 さき 自由 公明				638,905
石川	一美	55	無 共産		新		146,116

(投票率61.00%)

平成11年（1999年）4月11日実施

当③桂	信雄	68	無 自民 民主 公明 自由 社民		現		452,009
中尾	則幸	52	無		新		247,922
高橋	重人	64	無 共産		新		118,297

(投票率59.58%)

平成15年（2003年）4月13日実施

上田	文雄	54	無 民主 ネ北		新		172,512
中尾	則幸	56	無		新		168,474
道見	重信	57	無 自民 保新		新		159,787
秋山	孝二	52	無		新		97,327
坪井	善明	54	無		新		76,405
山口	たか	53	無		新		67,785
佐藤	宏和	50	無 共産		新		54,126

(投票率57.32%)

平成15年（2003年）6月8日実施（再選挙）

当①上田	文雄	54	無 民主 社民 ネ北		新		282,170
石崎	岳	47	無 自民 公明 保新		新		256,173
中尾	則幸	56	無		新		126,488
青山	慶二	48	共		新		12,315

(投票率46.38%)

平成19年（2007年）4月8日実施

当②上田	文雄	58	無 民主 社民 ネ北		現		535,023

	清治　真人	58	無	自民 公明	新	362,154
	二階堂俊三	57	無		新	41,130

（投票率 62.22%）

平成23年（2011年）4月10日実施

当③	上田　文雄	62	無	民主 社民 国新 ネ北	現	531,524
	本間　奈々	41	無	自民	新	367,660

（投票率 58.54%）

平成27年（2015年）4月12日実施

当①	秋元　克広	59	無	民主 維党 社民 大地	新	453,493
	本間　奈々	45	無	自民	新	316,829
	春木　智江	56	共		新	69,559
	飯田　佳宏	42	諸		新	44,729
	須田　真功	52	無		新	23,605

（投票率 58.75%）

平成31年（2019年）4月7日実施

当②	秋元　克広	63	無	立憲 国民 社民 大地	現	634,365
	渡辺　達生	54	無	共産	新	264,008

（投票率 56.25%）

※平成15年（2003年）4月13日の選挙は法定得票数（有効投票総数の4分の1）に達する候補者がなく再選挙

赤平市長選挙

平成3年（1991年）4月14日実施

当②	親松　貞義	56	無		現	無投票

平成7年（1995年）4月16日実施

当③	親松　貞義	60	無		現	無投票

平成11年（1999年）4月25日実施

当④	親松　貞義	64	無		現	7,375
	渡部　芳己	50	無		新	4,122

（投票率 85.11%）

平成15年（2003年）4月27日実施

当①	高尾　弘明	58	無		新	5,825
	菅原　健治	62	無		新	2,605

	渡部　芳己	54	無		新	2,307

（投票率 83.14%）

平成19年（2007年）4月15日実施

当②	高尾　弘明	62	無		現	無投票

平成23年（2011年）4月17日実施

当③	高尾　弘明	66	無		現	無投票

平成27年（2015年）4月19日実施

当①	菊島　好孝	65	無		新	無投票

平成31年（2019年）4月21日実施

当①	畠山　渉	51	無		新	4,183
	菊島　好孝	69	無		現	2,414

（投票率 73.56%）

旭川市長選挙

平成2年（1990年）10月28日実施

当④	坂東　徹	65	無		現	98,246
	木内　和博	44	無		新	81,525
	宮越　弘一	59	無		新	7,947

（投票率 70.69%）

平成6年（1994年）11月6日実施

当①	菅原　功一	50	無		新	70,129
	波岸　裕光	58	無		新	48,742
	高原　一記	52	無		新	42,807
	遠藤　英徳	43	共		新	7,124

（投票率 61.13%）

平成10年（1998年）11月8日実施

当②	菅原　功一	54	無		現	93,254
	浅岡好比古	64	無		新	21,620
	鶴飼　重男	50	無		新	3,357

（投票率 41.21%）

平成14年（2002年）11月10日実施

当③	菅原　功一	58	無		現	60,771
	東　国幹	34	無		新	60,544
	田辺　八郎	59	無		新	14,235

鵜飼　重男　54　無　　　新　　　1,781
(投票率 47.27%)

平成18年(2006年)10月29日実施
当①西川　将人　37　無　　　新　　　65,033
　　加藤　礼一　53　無　　　新　　　63,275
　　安住　太伸　36　無　　　新　　　17,513
　　荻生　和敏　56　無　　　新　　　7,739
　　神崎　　実　44　無　　　新　　　7,515
(投票率 54.59%)

平成22年(2010年)11月7日実施
当②西川　将人　42　無　　　現　　　82,992
　　佐々木通彦　55　無　　　新　　　31,181
　　安住　太伸　40　無　　　新　　　29,216
(投票率 49.33%)

平成26年(2014年)11月9日実施
当③西川　将人　46　無　　　現　　　79,355
　　東　　国幹　46　無　　　新　　　65,938
(投票率 50.43%)

平成30年(2018年)11月11日実施
当④西川　将人　50　無　　　現　　　81,329
　　今津　寛介　41　無　　　新　　　55,302
(投票率 47.48%)

芦別市長選挙

平成3年(1991年)4月14日実施
当④東田　耕一　53　無　　　現　　　無投票

平成7年(1995年)4月23日実施
当①林　　政志　55　無　　　新　　　7,906
　　古川　　勉　65　無　　　新　　　7,275
(投票率 84.56%)

平成11年(1999年)4月25日実施
当②林　　政志　59　無　　　現　　　8,123
　　高砂　裕司　49　無　　　新　　　6,640
　　渡辺　雄二　40　無　　　新　　　　237
(投票率 85.11%)

平成15年(2003年)4月20日実施
当③林　　政志　63　無　　　現　　　無投票

平成19年(2007年)4月15日実施
当④林　　政志　67　無　　　現　　　無投票

平成23年(2011年)4月24日実施
当①清沢　茂宏　48　無　　　新　　　4,095
　　林　　政志　71　無　　　現　　　3,808
　　三柳　純一　62　無　　　新　　　3,451
(投票率 78.73%)

平成27年(2015年)4月26日実施
当①今野　　宏　67　無　　　新　　　6,015
　　清沢　茂宏　52　無　　　現　　　4,112
(投票率 77.23%)

平成29年(2017年)2月12日実施
当①荻原　　貢　65　無　　　新　　　無投票

網走市長選挙

平成2年(1990年)11月4日実施
当⑤安藤　哲郎　64　無　　　現　　　13,710
　　八木　禧幸　48　無　　　新　　　8,692
　　松浦　敏司　37　共　　　新　　　1,101
(投票率 75.98%)

平成6年(1994年)11月6日実施
当⑥安藤　哲郎　68　無　　　現　　　13,258
　　松浦　敏司　41　共　　　新　　　2,949
(投票率 50.83%)

平成10年(1998年)11月8日実施
当①大場　　脩　61　無　　　新　　　12,490
　　小田部善治　57　無　　　新　　　7,630
　　大江　道男　52　共　　　新　　　3,424
(投票率 71.02%)

平成14年(2002年)11月3日実施
当②大場　　脩　65　無　　　現　　　無投票

平成18年（2006年）11月5日実施

当③ 大場　脩　69　無　　　　現　　無投票

平成22年（2010年）11月7日実施

当① 水谷　洋一　47　無　　　新　　12,909
　　 宮川　隆昌　64　無　　　新　　 7,783
　　　　　　　　　　　　　　（投票率 65.32%）

平成26年（2014年）11月2日実施

当② 水谷　洋一　51　無　　　現　　無投票

平成30年（2018年）11月4日実施

当③ 水谷　洋一　55　無　　　現　　無投票

石狩市長選挙

平成8年（1996年）9月1日石狩郡石狩町が市制施行して石狩市となる

平成10年（1998年）12月20日実施

当① 斉藤　英二　66　無　　　現　　無投票

平成11年（1999年）6月27日実施

当① 田岡　克介　53　無　　　新　　12,808
　　 青山　祐幸　55　無　　　新　　 9,715
　　 牧野　邦夫　59　無　　　新　　　 658
　　　　　　　　　　　　　　（投票率 56.52%）

平成15年（2003年）5月11日実施

当② 田岡　克介　57　無　　　現　　18,880
　　 本間　堅治　70　無　　　新　　 8,470
　　　　　　　　　　　　　　（投票率 64.44%）

平成19年（2007年）5月13日実施

当③ 田岡　克介　61　無　　　現　　無投票

平成23年（2011年）5月8日実施

当④ 田岡　克介　65　無　　　現　　無投票

平成27年（2015年）5月10日実施

当⑤ 田岡　克介　69　無　　　現　　無投票

岩見沢市長選挙

平成2年（1990年）10月14日実施

当① 能勢　邦之　55　無　　　新　　24,197
　　 吉田　英治　64　無　　　新　　20,158
　　 高橋　幸男　65　無　　　新　　 1,531
　　　　　　　　　　　　　　（投票率 77.39%）

平成6年（1994年）10月2日実施

当② 能勢　邦之　59　無　　　現　　21,053
　　 梅木　和朗　66　無　　　新　　 8,341
　　　　　　　　　　　　　　（投票率 47.51%）

平成10年（1998年）10月4日実施

当③ 能勢　邦之　63　無　　　現　　16,380
　　 吉田　英治　72　無　　　新　　15,314
　　 谷口　洋一　58　無　　　新　　 9,840
　　　　　　　　　　　　　　（投票率 62.82%）

平成14年（2002年）10月6日実施

当① 渡辺　孝一　44　無　　　新　　20,158
　　 能勢　邦之　67　無　　　現　　16,065
　　 木村　衛　　63　無　　　新　　 4,759
　　　　　　　　　　　　　　（投票率 61.50%）

平成18年（2006年）9月24日実施

当② 渡辺　孝一　48　無　　　現　　無投票

平成22年（2010年）10月3日実施

当③ 渡辺　孝一　52　無　　　現　　26,632
　　 大和　力　　60　無　　　新　　13,352
　　　　　　　　　　　　　　（投票率 54.17%）

平成24年（2012年）9月9日実施

当① 松野　哲　　56　無　　　新　　12,703
　　 河合　清秀　65　無　　　新　　 9,645
　　 寺林　良次　67　無　　　新　　 9,541
　　 安田　昌幸　61　無　　　新　　 8,926
　　　　　　　　　　　　　　（投票率 55.97%）

平成28年（2016年）9月4日実施

当② 松野　哲　　60　無　　　現　　23,317

河合　清秀 69 無　　　　　新　　11,022
　　　　　　　　　　　　　（投票率 48.02%）

歌志内市長選挙

平成4年（1992年）10月18日実施
当①河原　　敬 61 無　　　　新　　3,034
　堀内日出男 57 無　　　　現　　2,685
　　　　　　　　　　　　　（投票率 89.98%）

平成8年（1996年）10月13日実施
当②河原　　敬 65 無　　　　現　　無投票

平成12年（2000年）10月15日実施
当③河原　　敬 69 無　　　　現　　無投票

平成16年（2004年）10月10日実施
当①泉谷　和美 63 無　　　　新　　無投票

平成20年（2008年）10月12日実施
当②泉谷　和美 67 無　　　　現　　無投票

平成24年（2012年）10月21日実施
当①村上　隆興 65 無　　　　新　　1,554
　谷　　秀紀 70 無　　　　新　　1,173
　　　　　　　　　　　　　（投票率 75.07%）

平成28年（2016年）10月16日実施
当②村上　隆興 69 無　　　　現　　無投票

恵庭市長選挙

平成元年（1989年）11月19日実施
当④浜垣　　実 62 無　　　　現　　15,278
　玉置　博之 60 無　　　　新　　5,908
　　　　　　　　　　　　　（投票率 57.99%）

平成5年（1993年）11月21日実施
当①合原　由作 47 無　　　　新　　16,874
　浜垣　　実 66 無　　　　現　　10,813
　　　　　　　　　　　　　（投票率 64.96%）

平成9年（1997年）11月16日実施
当①黒氏　博実 51 無　　　　新　　13,355
　合原　由作 51 無　　　　現　　10,436
　長岡　　進 58 無　　　　新　　5,209
　吉田　　隆 65 無　　　　新　　3,392
　　　　　　　　　　　　　（投票率 68.86%）

平成13年（2001年）11月4日実施
当②黒氏　博実 55 無　　　　現　　無投票

平成17年（2005年）11月13日実施
当①中島　興世 59 無　　　　新　　18,146
　黒氏　博実 59 無　　　　現　　13,971
　　　　　　　　　　　　　（投票率 60.78%）

平成21年（2009年）11月15日実施
当①原田　　裕 57 無　　　　新　　19,449
　中島　興世 63 無　　　　現　　13,195
　　　　　　　　　　　　　（投票率 60.63%）

平成25年（2013年）11月10日実施
当②原田　　裕 61 無　　　　現　　無投票

平成29年（2017年）11月12日実施
当③原田　　裕 65 無　　　　現　　無投票

江別市長選挙

平成3年（1991年）4月14日実施
当③岡　　英雄 65 無　　　　現　　無投票

平成7年（1995年）4月23日実施
当①小川　公人 53 無　　　　新　　26,548
　岡　　英雄 69 無　　　　現　　25,226
　　　　　　　　　　　　　（投票率 64.23%）

平成11年（1999年）4月25日実施
当②小川　公人 57 無　　　　現　　36,906
　伊藤　　豪 62 無　　　　新　　18,443
　　　　　　　　　　　　　（投票率 62.49%）

平成15年（2003年）4月27日実施

当③	小川　公人	61	無	現	35,656
	宮本　忠明	50	無	新	20,151

（投票率59.80%）

平成19年（2007年）4月15日実施

|当①|三好　昇|58|無|新|無投票|

平成23年（2011年）4月17日実施

|当②|三好　昇|62|無|現|無投票|

平成27年（2015年）4月26日実施

当③	三好　昇	66	無	現	23,915
	岡　英彦	42	無	新	15,806
	鈴木　誠	61	無	新	13,829

（投票率55.84%）

平成31年（2019年）4月21日実施

|当④|三好　昇|70|無|現|29,565|
| |堀　直人|38|無|新|21,438|

（投票率52.15%）

小樽市長選挙

平成3年（1991年）4月21日実施

|当②|新谷　昌明|62|無|現|71,324|
| |鈴木　富雄|43|無|新|16,088|

（投票率71.43%）

平成7年（1995年）4月23日実施

|当③|新谷　昌明|66|無|現|61,745|
| |相場　実|62|無|新|20,260|

（投票率66.65%）

平成11年（1999年）4月25日実施

当①	山田　勝麿	60	無	新	38,319
	大橋　一弘	53	無	新	23,952
	琴坂　禎子	63	無	新	18,737

（投票率66.40%）

平成15年（2003年）4月27日実施

|当②|山田　勝麿|64|無|現|51,344|
| |相場　実|70|無|新|21,617|

（投票率61.52%）

平成19年（2007年）4月22日実施

当③	山田　勝麿	68	無	現	30,297
	佐藤　静雄	65	無	新	25,511
	森井　秀明	34	無	新	23,019

（投票率67.74%）

平成23年（2011年）4月24日実施

当①	中松　義治	64	無	新	27,982
	森井　秀明	38	無	新	24,864
	佐藤　静雄	69	無	新	14,569

（投票率61.50%）

平成27年（2015年）4月26日実施

当①	森井　秀明	42	無	新	38,132
	中松　義治	68	無	現	23,268
	吹田友三郎	65	無	新	1,530

（投票率60.21%）

平成30年（2018年）8月26日実施

当①	迫　俊哉	60	無	新	26,351
	森井　秀明	45	無	前	19,518
	鳴海　一芳	63	無	新	6,027
	秋野恵美子	66	無	新	4,113

（投票率54.88%）

帯広市長選挙

平成2年（1990年）4月15日実施

当①	高橋　幹夫	49	無	新	41,750
	田本　憲吾	60	無	現	35,392
	加瀬谷敏男	61	無	新	3,018

（投票率68.03%）

平成6年（1994年）4月17日実施

当②	高橋　幹夫	53	無	現	43,607
	古沢　慎二	52	無	新	32,996
	跡辺　裕行	28	無	新	5,536

（投票率66.17%）

北海道

平成10年（1998年）4月12日実施
当①砂川	敏文 50	無	新	45,196
高橋	幹夫 57	無	現	39,318
野坂	勲 47	無	新	5,237

（投票率68.89%）

平成14年（2002年）4月14日実施
当②砂川	敏文 54	無	現	41,210
大塚	徹 50	無	新	24,416
畑中	庸助 50	共	新	6,035
石井	啓裕 61	無	新	5,941
川原	勲三 46	無	新	1,591

（投票率59.34%）

平成18年（2006年）4月16日実施
当③砂川	敏文 58	無	現	33,317
目黒	精一 58	無	新	32,316
杉野	智美 48	無	新	6,503

（投票率53.73%）

平成22年（2010年）4月18日実施
当①米沢	則寿 54	無	新	37,516
上野	敏郎 63	無	新	37,378
猪股	寛 64	無	新	1,781

（投票率57.55%）

平成26年（2014年）4月6日実施
当②米沢	則寿 58	無	現	無投票

平成30年（2018年）4月15日実施
当③米沢	則寿 62	無	現	33,756
小森	唯永 68	無	新	27,640

（投票率44.84%）

北広島市長選挙

平成8年（1996年）9月1日札幌郡広島町が市制施行・名称変更して北広島市となる

平成9年（1997年）7月6日実施
当②本禄	哲英 66	無	現	無投票

平成13年（2001年）7月1日実施
当③本禄	哲英 70	無	現	無投票

平成17年（2005年）7月10日実施
当①上野	正三 57	無	新	14,066
木本	由孝 61	無	新	8,765
国枝	秀信 51	無	新	2,617

（投票率54.54%）

平成21年（2009年）7月5日実施
当②上野	正三 61	無	現	無投票

平成25年（2013年）6月30日実施
当③上野	正三 65	無	現	無投票

平成29年（2017年）7月2日実施
当④上野	正三 69	無	現	無投票

北見市長選挙

平成3年（1991年）4月21日実施
当②久島	正 58	無	現	42,115
村口	官三 58	共	新	12,720

（投票率74.43%）

平成7年（1995年）4月23日実施
当①小山	健一 58	無	新	34,843
久島	正 62	無	現	23,755

（投票率73.23%）

平成11年（1999年）4月25日実施
当①神田	孝次 47	無	新	30,567
小山	健一 62	無	現	30,071

（投票率72.14%）

平成15年（2003年）4月27日実施
当②神田	孝次 51	無	現	38,717
小川	清人 59	無	新	21,391

（投票率69.41%）

平成18年（2006年）4月9日実施
当①神田	孝次 54	無	新	46,813

	小野 哲昭 57 無		新	23,187	

(投票率69.44%)

平成20年(2008年)12月21日実施

当①小谷 毎彦 62 無　　　新　　35,328
　　神田 孝次 57 無　　　前　　31,563
(投票率65.25%)

平成24年(2012年)11月25日実施

当①桜田 真人 49 無　　　新　　30,473
　　小谷 毎彦 66 無　　　現　　23,370
(投票率53.33%)

平成27年(2015年)9月27日実施

当①辻　 直孝 62 無　　　新　　29,310
　　菅原 　誠 42 無　　　新　　11,440
(投票率41.73%)

釧路市長選挙

平成元年(1989年)10月15日実施

当④鰐淵 俊之 52 無　　　現　　68,047
　　西田 昭紘 47 無　　　新　　54,069
(投票率82.48%)

平成5年(1993年)10月17日実施

当⑤鰐淵 俊之 56 無　　　現　　69,041
　　村上 和繁 33 無　　　新　　27,662
(投票率69.61%)

平成8年(1996年)11月17日実施

当①綿貫 健輔 50 無　　　新　　47,576
　　後藤 敏夫 54 無　　　新　　32,828
　　工藤 一夫 57 共　　　新　　 8,261
(投票率58.71%)

平成12年(2000年)10月22日実施

当②綿貫 健輔 54 無　　　現　　47,876
　　村上 和繁 40 無　　　新　　11,282
(投票率39.32%)

平成14年(2002年)12月15日実施

当①伊東 良孝 54 無　　　新　　39,439

　　藤原 勝子 60 無　　　新　　22,571
　　奥野 　嵩 60 無　　　新　　 5,864
(投票率45.54%)

平成17年(2005年)10月16日実施

当①伊東 良孝 56 無　　　新　　無投票

平成20年(2008年)11月2日実施

当①蝦名 大也 49 無　　　新　　37,946
　　上田 徳郎 60 無　　　新　　26,470
　　松永 俊雄 59 共　　　新　　11,815
(投票率49.81%)

平成24年(2012年)10月21日実施

当②蝦名 大也 53 無　　　現　　40,977
　　中家 治子 58 無　　　新　　 8,408
　　八村 弘昭 36 無　　　新　　 1,393
(投票率34.45%)

平成28年(2016年)10月23日実施

当③蝦名 大也 57 無　　　現　　38,987
　　石川 明美 65 無　　　新　　15,382
(投票率37.03%)

士別市長選挙

平成2年(1990年)5月13日実施

当①樫木 　実 72 無　　　新　　10,073
　　牧野 勇司 39 無　　　新　　 6,914
(投票率87.15%)

平成6年(1994年)5月8日実施

当②樫木 　実 76 無　　　現　　無投票

平成10年(1998年)5月17日実施

当①田苅子 進 60 無　　　新　　 8,583
　　牧野 勇司 47 無　　　新　　 7,974
(投票率87.65%)

平成14年(2002年)5月12日実施

当②田苅子 進 64 無　　　現　　無投票

平成17年（2005年）9月18日実施

当①田苅子　進　67　無　　　　新　　無投票

平成21年（2009年）9月13日実施

当①牧野　勇司　58　無　　　　新　　　7,690
　　相山　慎二　61　無　　　　新　　　7,639
　　　　　　　　　　　　　　（投票率 81.72%）

平成25年（2013年）9月1日実施

当②牧野　勇司　62　無　　　　現　　無投票

平成29年（2017年）9月3日実施

当③牧野　勇司　66　無　　　　現　　無投票

砂川市長選挙

平成3年（1991年）4月14日実施

当③中川　徳男　63　無　　　　現　　無投票

平成7年（1995年）4月16日実施

当④中川　徳男　67　無　　　　現　　無投票

平成11年（1999年）4月25日実施

当①菊谷　勝利　59　無　　　　新　　　8,204
　　池上　治男　50　無　　　　新　　　5,364
　　　　　　　　　　　　　　（投票率 81.35%）

平成15年（2003年）4月27日実施

当②菊谷　勝利　63　無　　　　現　　　7,809
　　谷内　　栄　72　無　　　　新　　　4,599
　　　　　　　　　　　　　　（投票率 76.35%）

平成19年（2007年）4月15日実施

当③菊谷　勝利　67　無　　　　現　　無投票

平成23年（2011年）4月17日実施

当①善岡　雅文　61　無　　　　新　　無投票

平成27年（2015年）4月19日実施

当②善岡　雅文　65　無　　　　現　　無投票

平成31年（2019年）4月14日実施

当③善岡　雅文　69　無　　　　現　　無投票

滝川市長選挙

平成3年（1991年）4月14日実施

当①林　芳男　58　無　　　　新　　無投票

平成7年（1995年）4月16日実施

当②林　芳男　62　無　　　　現　　無投票

平成11年（1999年）4月25日実施

当③林　　芳男　66　無　　　　現　　16,244
　　富沢　和雄　70　無　　　　新　　　9,678
　　　　　　　　　　　　　　（投票率 72.70%）

平成15年（2003年）4月27日実施

当①田村　　弘　56　無　　　　新　　15,766
　　柴田　文男　43　無　　　　新　　10,162
　　　　　　　　　　　　　　（投票率 72.13%）

平成19年（2007年）4月22日実施

当②田村　　弘　60　無　　　　現　　12,913
　　柴田　文男　47　無　　　　新　　12,566
　　　　　　　　　　　　　　（投票率 71.56%）

平成23年（2011年）4月24日実施

当①前田　康吉　56　無　　　　新　　12,759
　　田村　　弘　64　無　　　　現　　11,246
　　　　　　　　　　　　　　（投票率 68.94%）

平成27年（2015年）4月19日実施

当②前田　康吉　60　無　　　　現　　無投票

平成31年（2019年）4月14日実施

当③前田　康吉　64　無　　　　現　　無投票

伊達市長選挙

平成3年（1991年）4月21日実施

当②阿部　政康　60　無　　　　現　　15,823

内藤　啓吾 63　無　　　　　新　　　4,697
　　　　　　　　　　　　　　（投票率 84.11%）

平成7年（1995年）4月23日実施
当③阿部　政康 64　無　　　　　現　　　10,264
　　菊谷　秀吉 44　無　　　　　新　　　10,082
　　内藤　啓吾 67　無　　　　　新　　　 1,520
　　　　　　　　　　　　　　（投票率 82.26%）

平成11年（1999年）4月25日実施
当①菊谷　秀吉 48　無　　　　　新　　　13,266
　　工藤　衛二 54　無　　　　　新　　　 9,264
　　　　　　　　　　　　　　（投票率 81.56%）

平成15年（2003年）4月20日実施
当②菊谷　秀吉 52　無　　　　　現　　　無投票

平成19年（2007年）4月15日実施
当③菊谷　秀吉 56　無　　　　　現　　　無投票

平成23年（2011年）4月17日実施
当④菊谷　秀吉 60　無　　　　　現　　　無投票

平成27年（2015年）4月19日実施
当⑤菊谷　秀吉 64　無　　　　　現　　　無投票

平成31年（2019年）4月14日実施
当⑥菊谷　秀吉 68　無　　　　　現　　　無投票

千歳市長選挙

平成3年（1991年）4月21日実施
当①東川　　孝 56　無　　　　　新　　　25,017
　　梅沢　健三 58　無　　　　　現　　　14,417
　　　　　　　　　　　　　　（投票率 74.00%）

平成7年（1995年）4月23日実施
当②東川　　孝 60　無　　　　　現　　　18,567
　　米田　忠彦 49　無　　　　　新　　　 9,859
　　梅沢　健三 62　無　　　　　元　　　 8,719
　　菅原　文弥 66　無　　　　　新　　　 1,752
　　小林　　馨 61　無　　　　　新　　　　956
　　　　　　　　　　　　　　（投票率 67.10%）

平成11年（1999年）4月18日実施
当③東川　　孝 64　無　　　　　現　　　無投票

平成15年（2003年）4月27日実施
当①山口幸太郎 61　無　　　　　新　　　24,518
　　梅尾　要一 47　無　　　　　新　　　17,798
　　　　　　　　　　　　　　（投票率 63.29%）

平成19年（2007年）4月15日実施
当②山口幸太郎 65　無　　　　　現　　　無投票

平成23年（2011年）4月17日実施
当③山口幸太郎 69　無　　　　　現　　　無投票

平成27年（2015年）4月19日実施
当④山口幸太郎 73　無　　　　　現　　　無投票

平成31年（2019年）4月14日実施
当⑤山口幸太郎 77　無　　　　　現　　　無投票

苫小牧市長選挙

平成3年（1991年）4月14日実施
当②鳥越　忠行 51　無　　　　　現　　　無投票

平成7年（1995年）4月16日実施
当③鳥越　忠行 55　無　　　　　現　　　無投票

平成11年（1999年）4月18日実施
当④鳥越　忠行 59　無　　　　　現　　　無投票

平成15年（2003年）4月27日実施
当①桜井　　忠 49　無　　　　　新　　　45,737
　　鳥越　忠行 63　無　　　　　現　　　40,445
　　　　　　　　　　　　　　（投票率 65.17%）

平成18年（2006年）7月9日実施
当①岩倉　博文 56　無　　　　　新　　　43,274
　　鳥越　忠行 66　無　　　　　元　　　37,187
　　　　　　　　　　　　　　（投票率 59.36%）

平成22年（2010年）6月27日実施

当②岩倉　博文　60　無　　　　現　　46,688
　　沖田　清志　46　無　　　　新　　28,668
　　　　　　　　　　　　　　（投票率 54.55%）

平成26年（2014年）6月29日実施

当③岩倉　博文　64　無　　　　現　　35,937
　　工藤　良一　60　無　　　　新　　17,837
　　　　　　　　　　　　　　（投票率 39.27%）

平成30年（2018年）6月24日実施

当④岩倉　博文　68　無　　　　現　　無投票

名寄市長選挙

平成2年（1990年）8月26日実施

当②桜庭　康喜　48　無　　　　現　　10,576
　　大久保光義　64　無　　　　新　　 9,157
　　斉藤　信義　49　共　　　　新　　　 338
　　　　　　　　　　　　　　（投票率 89.93%）

平成6年（1994年）8月14日実施

当③桜庭　康喜　52　無　　　　現　　無投票

平成8年（1996年）10月27日実施

当①島　多慶志　58　無　　　　新　　無投票

平成12年（2000年）10月22日実施

当②島　多慶志　62　無　　　　現　　無投票

平成16年（2004年）10月17日実施

当③島　多慶志　66　無　　　　現　　無投票

平成18年（2006年）4月23日実施

当①島　多慶志　68　無　　　　新　　11,728
　　高見　　勉　62　無　　　　新　　 8,438
　　　　　　　　　　　　　　（投票率 80.08%）

平成22年（2010年）4月18日実施

当①加藤　剛士　39　無　　　　新　　10,540
　　高見　　勉　66　無　　　　新　　 8,833
　　　　　　　　　　　　　　（投票率 78.57%）

平成26年（2014年）4月6日実施

当②加藤　剛士　43　無　　　　現　　無投票

平成30年（2018年）4月8日実施

当③加藤　剛士　47　無　　　　現　　無投票

根室市長選挙

平成2年（1990年）9月9日実施

当②大矢　快治　62　無　　　　現　　11,775
　　渋谷　　肇　43　共　　　　新　　 2,769
　　　　　　　　　　　　　　（投票率 54.00%）

平成6年（1994年）9月11日実施

当③大矢　快治　66　無　　　　現　　11,551
　　山本　信夫　60　無　　　　新　　 9,105
　　渋谷　　肇　47　共　　　　新　　　 589
　　　　　　　　　　　　　　（投票率 78.57%）

平成10年（1998年）9月13日実施

当①藤原　　弘　61　無　　　　新　　12,781
　　大矢　快治　70　無　　　　現　　 7,753
　　　　　　　　　　　　　　（投票率 77.47%）

平成14年（2002年）9月15日実施

当②藤原　　弘　65　無　　　　現　　10,951
　　安達　正敏　60　無　　　　新　　 2,651
　　　　　　　　　　　　　　（投票率 52.70%）

平成18年（2006年）9月3日実施

当①長谷川俊輔　61　無　　　　新　　無投票

平成22年（2010年）9月5日実施

当②長谷川俊輔　65　無　　　　現　　無投票

平成26年（2014年）9月14日実施

当③長谷川俊輔　69　無　　　　現　　 8,456
　　鴨志田リエ　55　無　　　　新　　 4,646
　　　　　　　　　　　　　　（投票率 57.20%）

平成30年（2018年）9月9日実施

当①石垣　雅敏　67　無　　　　新　　 7,328

保坂いづみ 49 無　　　　新　　　3,274
　　　　　　　　　　　（投票率 48.50%）

登別市長選挙

平成4年（1992年）8月2日実施
当②上野　　晃　57　無　　　現　　　無投票

平成8年（1996年）8月11日実施
当③上野　　晃　61　無　　　現　　　13,866
　　島垣　正信　54　無　　　新　　　 5,842
　　　　　　　　　　　（投票率 44.88%）

平成12年（2000年）7月23日実施
当④上野　　晃　65　無　　　現　　　無投票

平成16年（2004年）8月1日実施
当⑤上野　　晃　69　無　　　現　　　無投票

平成20年（2008年）8月10日実施
当①小笠原春一　41　無　　　新　　　13,178
　　田辺　雅博　49　無　　　新　　　12,435
　　　　　　　　　　　（投票率 59.24%）

平成24年（2012年）7月29日実施
当②小笠原春一　45　無　　　現　　　無投票

平成28年（2016年）7月31日実施
当③小笠原春一　49　無　　　現　　　無投票

函館市長選挙

平成2年（1990年）4月22日実施
当②木戸浦隆一　55　無　　　現　　　65,919
　　斎藤　光蹟　50　共　　　新　　　17,364
　　　　　　　　　　　（投票率 37.87%）

平成6年（1994年）4月24日実施
当③木戸浦隆一　59　無　　　現　　　56,092
　　杉山　博康　61　無　　　新　　　31,776
　　小野沢猛史　42　無　　　新　　　15,268

　　大和　時也　57　共　　　新　　　 5,415
　　　　　　　　　　　（投票率 48.10%）

平成10年（1998年）4月19日実施
当④木戸浦隆一　63　無　　　現　　　52,795
　　岩谷　正信　54　無　　　新　　　31,511
　　伏木田政義　51　共　　　新　　　13,334
　　猪原　俊雄　62　無　　　新　　　 2,479
　　　　　　　　　　　（投票率 44.29%）

平成11年（1999年）4月25日実施
当①井上　博司　62　無　　　新　　　46,530
　　山崎　英二　52　無　　　新　　　43,398
　　畠山　　博　54　無　　　新　　　36,959
　　大日向豊吉　49　無　　　新　　　10,047
　　斉藤　光蹟　59　共　　　新　　　 8,961
　　　　　　　　　　　（投票率 64.32%）

平成15年（2003年）4月27日実施
当②井上　博司　66　無　　　現　　　86,625
　　斎藤　　進　62　無　　　新　　　37,638
　　　　　　　　　　　（投票率 56.76%）

平成19年（2007年）4月22日実施
当①西尾　正範　58　無　　　新　　　89,551
　　井上　博司　70　無　　　現　　　54,010
　　　　　　　　　　　（投票率 60.74%）

平成23年（2011年）4月24日実施
当①工藤　寿樹　61　無　　　新　　　70,739
　　西尾　正範　62　無　　　現　　　57,346
　　　　　　　　　　　（投票率 55.65%）

平成27年（2015年）4月26日実施
当②工藤　寿樹　65　無　　　現　　　90,914
　　広田　知朗　54　無　　　新　　　24,651
　　　　　　　　　　　（投票率 51.86%）

平成31年（2019年）4月21日実施
当③工藤　寿樹　69　無　　　現　　　69,458
　　武田　春美　64　無　　　新　　　36,874
　　　　　　　　　　　（投票率 49.32%）

美唄市長選挙

平成4年（1992年）9月20日実施
当④滝　　　正　69　無　　　　現　　11,597
　加藤　勝美　62　無　　　　新　　 8,582
　　　　　　　　　　　　（投票率 77.18%）

平成8年（1996年）9月22日実施
当①井坂紘一郎　56　無　　　　新　　10,310
　加藤　勝美　66　無　　　　新　　 4,807
　木下　一見　62　無　　　　新　　 1,720
　供野　周夫　62　共　　　　新　　 1,255
　　　　　　　　　　　　（投票率 69.89%）

平成12年（2000年）9月17日実施
当②井坂紘一郎　60　無　　　　現　　無投票

平成16年（2004年）9月12日実施
当①桜井　道夫　54　無　　　　新　　11,319
　井坂紘一郎　64　無　　　　現　　 6,216
　　　　　　　　　　　　（投票率 71.76%）

平成20年（2008年）9月21日実施
当②桜井　道夫　58　無　　　　現　　 9,478
　広島　雄偉　62　無　　　　新　　 1,755
　　　　　　　　　　　　（投票率 50.58%）

平成23年（2011年）7月3日実施
当①高橋　幹夫　48　無　　　　新　　 6,834
　坂東　知文　58　無　　　　新　　 6,829
　　　　　　　　　　　　（投票率 63.06%）

平成27年（2015年）6月7日実施
当②高橋　幹夫　51　無　　　　現　　無投票

深川市長選挙

平成2年（1990年）9月30日実施
当②藤田　守也　66　無　　　　現　　 9,617
　安藤　義春　67　無　　　　新　　 5,400
　　　　　　　　　　　　（投票率 65.02%）

平成6年（1994年）10月2日実施
当①河野　順吉　56　無　　　　新　　11,966
　村端　久和　59　無　　　　新　　 6,731
　　　　　　　　　　　　（投票率 82.66%）

平成10年（1998年）9月20日実施
当②河野　順吉　60　無　　　　現　　無投票

平成14年（2002年）9月29日実施
当③河野　順吉　64　無　　　　現　　 9,904
　中野　智行　66　無　　　　新　　 4,251
　　　　　　　　　　　　（投票率 65.16%）

平成18年（2006年）10月1日実施
当④河野　順吉　68　無　　　　現　　 8,174
　北名　照美　62　無　　　　新　　 5,840
　　　　　　　　　　　　（投票率 67.44%）

平成19年（2007年）1月21日実施
当①山下　貴史　54　無　　　　新　　 8,041
　東出　治通　53　無　　　　新　　 4,441
　北名　照美　63　無　　　　新　　 3,797
　　　　　　　　　　　　（投票率 77.24%）

平成22年（2010年）12月19日実施
当②山下　貴史　58　無　　　　現　　無投票

平成26年（2014年）12月14日実施
当③山下　貴史　62　無　　　　現　　無投票

平成30年（2018年）12月16日実施
当④山下　貴史　66　無　　　　現　　無投票

富良野市長選挙

平成2年（1990年）4月15日実施
当④滝口国一郎　71　無　　　　現　　無投票

平成6年（1994年）4月24日実施
当①高田　忠尚　50　無　　　　新　　10,194
　滝口国一郎　75　無　　　　現　　 7,256
　　　　　　　　　　　　（投票率 88.26%）

平成10年（1998年）4月19日実施
当②高田　忠尚　54　無　　　　現　　　9,421
　　宮田　均　　44　無　　　　新　　　3,036
　　　　　　　　　　　　　（投票率66.13％）

平成14年（2002年）4月14日実施
当③高田　忠尚　58　無　　　　現　　　8,714
　　千葉　勲　　56　無　　　　新　　　7,307
　　　　　　　　　　　　　（投票率80.35％）

平成18年（2006年）4月23日実施
当①能登　芳昭　67　無　　　　新　　　7,059
　　佐々木雅夫　59　無　　　　新　　　6,789
　　　　　　　　　　　　　（投票率70.87％）

平成22年（2010年）4月18日実施
当②能登　芳昭　70　無　　　　現　　　8,244
　　佐々木雅夫　63　無　　　　新　　　6,020
　　　　　　　　　　　　　（投票率73.89％）

平成26年（2014年）4月13日実施
当③能登　芳昭　74　無　　　　現　　　無投票

平成30年（2018年）4月22日実施
当①北　猛俊　　63　無　　　　新　　　5,366
　　渋谷　正文　49　無　　　　新　　　4,070
　　広瀬　寛人　54　無　　　　新　　　3,377
　　　　　　　　　　　　　（投票率70.15％）

北斗市長選挙

平成18年（2006年）2月1日上磯郡上磯町・亀田郡大野町が新設合併・市制施行して北斗市となる

平成18年（2006年）3月5日実施
当①海老沢順三　74　無　　　　新　　　13,822
　　吉田　幸二　59　無　　　　新　　　7,939
　　山本　正宏　61　無　　　　新　　　4,909
　　　　　　　　　　　　　（投票率68.81％）

平成22年（2010年）2月28日実施
当①髙谷　寿峰　58　無　　　　新　　　14,959
　　山本　正宏　65　無　　　　新　　　8,572
　　　　　　　　　　　　　（投票率60.65％）

平成26年（2014年）2月16日実施
当②髙谷　寿峰　62　無　　　　現　　　無投票

平成30年（2018年）1月28日実施
当①池田　達雄　58　無　　　　新　　　10,411
　　新関　一夫　62　無　　　　新　　　8,658
　　　　　　　　　　　　　（投票率49.86％）

三笠市長選挙

平成3年（1991年）4月14日実施
当①青木　銀一　61　無　　　　新　　　無投票

平成7年（1995年）4月23日実施
当②青木　銀一　65　無　　　　現　　　6,159
　　谷津　邦夫　46　無　　　　新　　　5,172
　　　　　　　　　　　　　（投票率88.31％）

平成11年（1999年）4月25日実施
当③青木　銀一　69　無　　　　現　　　5,911
　　谷津　邦夫　50　無　　　　新　　　4,666
　　　　　　　　　　　　　（投票率87.21％）

平成15年（2003年）4月27日実施
当①小林　和男　67　無　　　　新　　　4,561
　　丸山　修一　52　無　　　　新　　　4,481
　　　　　　　　　　　　　（投票率81.75％）

平成19年（2007年）4月15日実施
当②小林　和男　71　無　　　　現　　　無投票

平成23年（2011年）4月17日実施
当③小林　和男　75　無　　　　現　　　無投票

平成27年（2015年）4月19日実施
当①西城　賢策　64　無　　　　新　　　無投票

平成31年（2019年）4月14日実施
当②西城　賢策　68　無　　　　現　　　無投票

室蘭市長選挙

平成3年（1991年）4月21日実施

当④	岩田	弘志	65	無	現 46,403
	鷲山	丈司	69	無	新 18,109

（投票率 75.31%）

平成7年（1995年）4月23日実施

当①	新宮	正志	59	無	新 46,969
	星山	栄	56	共	新 12,118

（投票率 70.49%）

平成11年（1999年）4月25日実施

当②	新宮	正志	63	無	現 43,431
	星山	栄	60	無	新 14,054

（投票率 69.29%）

平成15年（2003年）4月20日実施

当③	新宮	正志	67	無	現 無投票

平成19年（2007年）4月22日実施

当④	新宮	正志	71	無	現 28,845
	川畑	悟	36	無	新 25,035

（投票率 67.30%）

平成23年（2011年）4月24日実施

当①	青山	剛	33	無	新 24,800
	佐藤	博	60	無	新 24,371

（投票率 63.75%）

平成27年（2015年）4月26日実施

当②	青山	剛	37	無	現 31,067
	大西	武俊	46	無	新 13,345

（投票率 60.53%）

平成31年（2019年）4月21日実施

当③	青山	剛	41	無	現 23,052
	川畑	悟	48	無	新 18,353

（投票率 58.74%）

紋別市長選挙

平成元年（1989年）6月4日実施

当④	金田	武	67	無	現 10,617
	本間	昭一	47	共	新 3,366

（投票率 62.84%）

平成5年（1993年）6月20日実施

当⑤	金田	武	71	無	現 9,370
	森沢	繁澄	44	無	新 2,672
	山崎	要	60	無	新 1,489
	山本	次男	43	無	新 391

（投票率 62.29%）

平成9年（1997年）6月15日実施

当①	赤井	邦男	55	無	新 10,917
	阿部	五月男	62	無	新 6,727

（投票率 80.06%）

平成13年（2001年）6月10日実施

当②	赤井	邦男	59	無	現 無投票

平成17年（2005年）6月19日実施

当①	宮川	良一	51	無	新 9,226
	赤井	邦男	63	無	現 6,485

（投票率 73.23%）

平成21年（2009年）6月7日実施

当②	宮川	良一	55	無	現 無投票

平成25年（2013年）6月16日実施

当③	宮川	良一	59	無	現 8,509
	村谷	護国	68	無	新 2,840

（投票率 57.67%）

平成29年（2017年）6月11日実施

当④	宮川	良一	63	無	現 無投票

夕張市長選挙

平成3年（1991年）4月21日実施

当④	中田	鉄治	65	無	現 8,365

| 藤田　正春 55 無 | 新 | 5,853 |

(投票率87.09%)

平成7年（1995年）4月23日実施

| 当⑤中田　鉄治 69 無 | 現 | 7,782 |
| 樋浦　善弘 54 無 | 新 | 5,076 |

(投票率86.92%)

平成11年（1999年）4月25日実施

| 当⑥中田　鉄治 73 無 | 現 | 6,594 |
| 小林　吉宏 54 無 | 新 | 5,007 |

(投票率86.41%)

平成15年（2003年）4月27日実施

当①後藤　健二 61 無	新	6,027
川村　実 66 無	新	3,097
森谷　猛 68 共	新	1,270
西部　修 72 無	新	178

(投票率84.91%)

平成19年（2007年）4月22日実施

当①藤倉　肇 66 無	新	3,330
羽柴　秀吉 57 無	新	2,988
千代川則男 59 無	新	1,157
若林　丈人 62 無	新	773
森谷　猛 72 共	新	461
鴨川　忠弘 68 無	新	187
作出　龍一 33 無	新	40

(投票率81.72%)

平成23年（2011年）4月24日実施

当①鈴木　直道 30 無	新	3,569
飯島　夕雁 46 無	新	2,779
羽柴　秀吉 61 無	新	1,440
笹谷　達朗 52 無	新	114

(投票率82.67%)

平成27年（2015年）4月19日実施

| 当②鈴木　直道 34 無 | 現 | 無投票 |

平成31年（2019年）4月21日実施

| 当①厚谷　司 53 無 | 新 | 3,617 |
| 多喜　雄基 66 無 | 新 | 1,436 |

(投票率71.04%)

留萌市長選挙

平成2年（1990年）2月11日実施

| 当②五十嵐悦郎 61 無 | 現 | 無投票 |

平成6年（1994年）2月20日実施

| 当①長沼　憲彦 59 無 | 新 | 無投票 |

平成10年（1998年）3月1日実施

| 当②長沼　憲彦 63 無 | 現 | 10,984 |
| 菊池　健 61 無 | 新 | 6,523 |

(投票率75.83%)

平成14年（2002年）2月10日実施

| 当③長沼　憲彦 67 無 | 現 | 無投票 |

平成18年（2006年）2月12日実施

| 当①高橋　定敏 55 無 | 新 | 無投票 |

平成22年（2010年）2月14日実施

| 当②高橋　定敏 59 無 | 現 | 無投票 |

平成26年（2014年）2月16日実施

| 当③高橋　定敏 63 無 | 現 | 無投票 |

平成30年（2018年）2月25日実施

| 当①中西　俊司 61 無 | 新 | 6,784 |
| 庄司　清彦 53 無 | 新 | 5,904 |

(投票率67.67%)

稚内市長選挙

平成3年（1991年）4月21日実施

| 当①敦賀　一夫 69 無 | 新 | 14,285 |
| 浜森　辰雄 75 無 | 現 | 13,671 |

(投票率81.55%)

平成7年（1995年）4月23日実施

当②敦賀　一夫 73 無	現	17,587
佐藤　克 49 無	新	6,318
渡辺　郁夫 63 無	新	3,434

(投票率80.02%)

平成11年（1999年）4月25日実施

当①横田	耕一	50	無	新	14,591
	岡谷	繁勝	55	無	新	12,866

（投票率 80.86%）

平成15年（2003年）4月27日実施

当②横田	耕一	54	無	現	18,036
	吉田	聖子	61	無	新	5,241

（投票率 73.62%）

平成19年（2007年）4月22日実施

当③横田	耕一	58	無	現	10,851
	長谷川伸一	51	無	新	10,549
	小川	文三	61	無	新	3,397
	吉田	聖子	65	無	新	697

（投票率 78.27%）

平成23年（2011年）4月24日実施

当①工藤	広	61	無	新	11,942
	長谷川伸一	55	無	新	11,726

（投票率 75.80%）

平成27年（2015年）4月19日実施

当②工藤　広　65　無　　現　無投票

平成31年（2019年）4月21日実施

当③工藤	広	69	無	現	9,747
	川崎	真敏	66	無	新	5,966
	古我	友一	49	無	新	2,148

（投票率 64.20%）

青森県

県庁所在地　青森市
市　　数　　10市（平成31年4月現在）
市　　名　　青森市・黒石市・五所川原市・つがる市・十和田市・八戸市・平川市・弘前市・三沢市・むつ市

【市に関わる合併・市制施行・名称変更】

市名	実施年月日	関係市町村名等	合併等の内容
青森市	平成17年（2005年）4月1日	青森市・南津軽郡浪岡町	【新設合併】
五所川原市	平成17年（2005年）3月28日	五所川原市・北津軽郡金木町・市浦村	【新設合併】
つがる市	平成17年（2005年）2月11日	西津軽郡木造町・森田村・柏村・稲垣村・車力村	【新設合併・市制施行】
十和田市	平成17年（2005年）1月1日	十和田市・上北郡十和田湖町	【新設合併】
八戸市	平成17年（2005年）3月31日	八戸市・三戸郡南郷村	【編入合併】
平川市	平成18年（2006年）1月1日	南津軽郡尾上町・平賀町・碇ケ関村	【新設合併・市制施行】
弘前市	平成18年（2006年）2月27日	弘前市・中津軽郡岩木町・相馬村	【新設合併】
むつ市	平成17年（2005年）3月14日	むつ市・下北郡川内町・大畑町・脇野沢村	【編入合併】

【選挙結果】

青森県知事選挙

平成3年（1991年）2月3日実施

当④北村　正哉　74　自　民社　　　　現　325,985
　　金沢　茂　54　無　社会 共産　　　新　247,929
　　山崎　竜男　68　無　　　　　　　新　167,558
（投票率 66.46%）

平成7年（1995年）2月5日実施

当①木村　守男　57　無　新進 公明　　新　323,928
　　北村　正哉　78　無　自民　　　　現　297,761
　　大下由宮子　58　無　社会　　　　新　59,101
　　西脇　洋子　51　諸　共産　　　　新　29,759
（投票率 62.19%）

平成11年（1999年）1月31日実施

当②木村　守男　61　無　民主 公明 自由　現　423,086
　　　　　　　　　　　　改ク 自連
　　今村　修　56　社民　　　　　　新　89,010
　　飯田　洋一　65　無　共産　　　　新　36,825
（投票率 47.46%）

平成15年（2003年）1月26日実施

当③木村　守男　65　無　自民 公明 保新　現　313,312
　　横山　北斗　39　無　民主 自由 無会　新　229,218
　　平野　良一　74　無　共産 社民 みど　新　34,970
　　石舘　恒治　58　無　　　　　　　新　7,184
（投票率 49.68%）

平成15年（2003年）6月29日実施

当①三村　申吾　47　無　自民 公明 保新　新　296,828

青森県

横山 北斗 39	無	民主 自由 社民 無会	新 276,592
柏谷 弘陽 48	無		新 21,709
高柳 博明 33	共		新 19,422

(投票率 52.46%)

平成19年（2007年）6月3日実施

当②	三村 申吾 51	無	自民 公明	現 351,831
	堀 幸光 59	共		新 48,758
	西谷美智子 46	無		新 43,053

(投票率 38.45%)

平成23年（2011年）6月5日実施

当③	三村 申吾 55	無	自民 公明	現 349,274
	山内 崇 56	無	民主 国新	新 83,374
	吉俣 洋 37	共		新 35,972

(投票率 41.52%)

平成27年（2015年）6月7日実施

当④	三村 申吾 59	無	公明	現 355,914
	大竹 進 64	無	共産 社民	新 127,525

(投票率 43.85%)

青森市長選挙

平成元年（1989年）5月7日実施

当①	佐々木誠造 56	無	民社	新 52,602
	関 晴正 65	無	社会	新 49,546
	和田耕十郎 50	無		新 30,483
	西脇 巽 46	無	共産	新 9,636

(投票率 67.88%)

平成5年（1993年）4月25日実施

当②	佐々木誠造 60	無	自民 公明 民社	現 67,331
	中嶋 丘子 51	無	共産	新 20,240

(投票率 41.23%)

平成9年（1997年）4月20日実施

当③	佐々木誠造 64	無	自民 新進 社民 公明	現 68,963
	飯田 諄一 59	共		新 19,874

(投票率 40.12%)

平成13年（2001年）4月22日実施

当④	佐々木誠造 68	無	自民 民主 公明 社民 保守	現 58,281
	西脇 巽 58	無	共産	新 24,063

(投票率 35.86%)

平成17年（2005年）4月24日実施

当①	佐々木誠造 72	無	自民 公明	新 71,418
	奈良岡 央 48	無		新 54,606
	中村 康一 54	無		新 4,972

(投票率 52.37%)

平成21年（2009年）4月19日実施

当①	鹿内 博 61	無		新 72,401
	佐々木誠造 76	無	自民 公明	現 54,155
	関 良 51	無		新 13,184

(投票率 56.63%)

平成25年（2013年）4月14日実施

当②	鹿内 博 65	無		現 68,442
	蝦名 武 67	無	自民 公明	新 48,864

(投票率 48.38%)

平成28年（2016年）11月27日実施

当①	小野寺晃彦 41	無		新 64,218
	渋谷 哲一 55	無		新 31,156
	横山 北斗 53	無		新 22,526
	穴水 玲逸 64	無		新 1,466

(投票率 48.78%)

黒石市長選挙

平成2年（1990年）6月17日実施

当②	清藤三津郎 74	無	現 14,329
	中村 淳治 60	無	元 12,206

(投票率 91.03%)

平成6年（1994年）6月12日実施

当③	清藤三津郎 78	無	現 無投票

平成10年（1998年）6月21日実施

当①	鳴海 広道 57	無	新 15,328

| | 高樋 | 憲 | 40 | 無 | | 新 | 10,971 |

(投票率86.33%)

平成14年（2002年）6月23日実施

| 当② | 鳴海 | 広道 | 61 | 無 | | 現 | 15,535 |
| | 中村 | 淳治 | 72 | 無 | | 元 | 6,453 |

(投票率71.44%)

平成18年（2006年）6月25日実施

| 当③ | 鳴海 | 広道 | 65 | 無 | | 現 | 11,932 |
| | 木村 | 孝 | 58 | 無 | | 新 | 6,197 |

(投票率58.14%)

平成22年（2010年）6月13日実施

| 当④ | 鳴海 | 広道 | 69 | 無 | | 現 | 無投票 |

平成26年（2014年）6月15日実施

| 当① | 高樋 | 憲 | 56 | 無 | | 新 | 無投票 |

平成30年（2018年）6月17日実施

| 当② | 高樋 | 憲 | 60 | 無 | | 現 | 無投票 |

五所川原市長選挙

平成元年（1989年）6月18日実施

当⑤	佐々木栄造	68	無		元	11,290
	櫛引	留吉	63	無		新	7,524
	太田	明	58	無		新	5,952
	浅川	勇	59	無		新	4,989
	工藤	善司	61	共		新	495

(投票率82.48%)

平成5年（1993年）5月23日実施

当⑥	佐々木栄造	72	無		現	12,586
	木村	登吉	64	無		新	11,499
	今	博	42	無		新	4,013

(投票率75.37%)

平成9年（1997年）6月1日実施

当①	成田	守	62	無		新	16,455
	佐々木栄造	76	無		現	12,256
	今	博	46	無		新	2,691

(投票率82.20%)

平成13年（2001年）5月27日実施

| 当② | 成田 | 守 | 66 | 無 | | 現 | 16,632 |
| | 今 | 博 | 50 | 無 | | 新 | 8,301 |

(投票率64.25%)

平成17年（2005年）4月24日実施

| 当① | 成田 | 守 | 70 | 無 | | 新 | 24,939 |
| | 三上 | 誠三 | 55 | 無 | | 新 | 5,718 |

(投票率61.27%)

平成18年（2006年）7月9日実施

当①	平山	誠敏	66	無		新	21,174
	前田	清勝	65	無		新	12,713
	三上	誠三	56	無		新	1,415

(投票率69.43%)

平成22年（2010年）6月13日実施

| 当② | 平山 | 誠敏 | 69 | 無 | | 現 | 19,817 |
| | 櫛引ユキ子 | 57 | 無 | | 新 | 18,516 |

(投票率77.35%)

平成26年（2014年）6月22日実施

| 当③ | 平山 | 誠敏 | 73 | 無 | | 現 | 無投票 |

平成30年（2018年）6月24日実施

| 当① | 佐々木孝昌 | 64 | 無 | | 新 | 15,593 |
| | 平山 | 敦士 | 44 | 無 | | 新 | 14,945 |

(投票率64.83%)

つがる市長選挙

平成17年（2005年）2月11日西津軽郡木造町・森田村・柏村・稲垣村・車力村が新設合併・市制施行してつがる市となる

平成17年（2005年）3月6日実施

| 当① | 福島 | 弘芳 | 59 | 無 | | 新 | 無投票 |

平成21年（2009年）2月15日実施

| 当② | 福島 | 弘芳 | 63 | 無 | | 現 | 無投票 |

平成25年（2013年）2月17日実施

| 当③ | 福島 | 弘芳 | 67 | 無 | | 現 | 無投票 |

青森県

平成29年（2017年）2月12日実施

当④福島　弘芳　71　無　　　　現　　無投票

十和田市長選挙

平成4年（1992年）9月23日実施

当①水野　好路　62　無　　　　新　　18,356
　　中村　亨三　75　自　　　　現　　17,742
（投票率81.11%）

平成8年（1996年）9月23日実施

当②水野　好路　66　無　　　　現　　15,573
　　工藤　内記　51　共　　　　新　　 3,208
（投票率40.72%）

平成10年（1998年）7月26日実施

当①中野渡春雄　60　無　　　　新　　17,538
　　竹島　勝昭　54　無　　　　新　　 7,132
　　戸来　　伝　47　無　　　　新　　 5,465
　　相馬　和孝　67　共　　　　新　　 2,334
（投票率67.99%）

平成14年（2002年）7月7日実施

当②中野渡春雄　64　無　　　　現　　17,353
　　畑山　親弘　57　無　　　　新　　12,978
（投票率62.28%）

平成17年（2005年）1月23日実施

当①中野渡春雄　67　無　　　　新　　無投票

平成21年（2009年）1月18日実施

当①小山田　久　62　無　　　　新　　17,499
　　中野渡春雄　71　無　　　　現　　11,393
　　中村　友信　53　無　　　　新　　 6,738
（投票率66.32%）

平成25年（2013年）1月13日実施

当②小山田　久　66　無　　　　現　　無投票

平成29年（2017年）1月15日実施

当③小山田　久　70　無　　　　現　　無投票

八戸市長選挙

平成元年（1989年）11月12日実施

当①中里　信男　62　無　　　　新　　64,455
　　畑中　哲雄　46　共　　　　新　　10,826
（投票率44.93%）

平成5年（1993年）10月31日実施

当②中里　信男　66　無　　　　現　　58,458
　　畑中　哲雄　50　共　　　　新　　 6,639
（投票率36.71%）

平成9年（1997年）10月19日実施

当③中里　信男　70　無　　　　現　　57,894
　　松橋　三夫　48　共　　　　新　　 9,059
（投票率36.42%）

平成13年（2001年）10月28日実施

当①中村　寿文　62　無　　　　新　　57,196
　　金入　明義　56　無　　　　新　　47,391
　　神田　洋一　57　共　　　　新　　 3,867
　　清水　文雄　53　無　　　　新　　 3,512
（投票率59.37%）

平成17年（2005年）10月30日実施

当①小林　　真　55　無　　　　新　　54,745
　　中村　寿文　66　無　　　　現　　51,557
（投票率54.17%）

平成21年（2009年）10月25日実施

当②小林　　真　59　無　　　　現　　59,237
　　三浦　博司　31　無　　　　新　　36,021
　　千葉　和男　61　無　　　　新　　 4,219
（投票率51.20%）

平成25年（2013年）10月27日実施

当③小林　　真　63　無　　　　現　　44,526
　　清水　文雄　65　無　　　　新　　 8,370
　　久保沢鉄男　86　無　　　　新　　 1,841
（投票率28.48%）

平成29年（2017年）10月22日実施

当④小林　　真　67　無　　　　現　　72,718

| 松橋　三夫　68　共 | 新 | 13,889 |

| 清水　文雄　69　無 | 新 | 10,564 |

(投票率 51.04%)

平川市長選挙

平成18年（2006年）1月1日南津軽郡尾上町・平賀町・碇ケ関村が新設合併・市制施行して平川市となる

平成18年（2006年）1月29日実施

| 当①外川三千雄　72　無 | 新 | 無投票 |

平成22年（2010年）1月24日実施

| 当①大川喜代治　64　無 | 新 | 9,313 |
| 小笠原勝則　56　無 | 新 | 8,250 |

(投票率 62.84%)

平成26年（2014年）1月26日実施

| 当①長尾　忠行　64　無 | 新 | 10,654 |
| 大川喜代治　68　無 | 現 | 8,328 |

(投票率 69.13%)

平成30年（2018年）1月28日実施

| 当②長尾　忠行　68　無 | 現 | 9,954 |
| 山口　金光　68　無 | 新 | 5,486 |

(投票率 57.26%)

弘前市長選挙

平成4年（1992年）2月2日実施

当①金沢　　隆　60　無	新	38,798
芳賀　富弘　66　無	新	29,937
福島　力男　64　無	新	11,372
木村　公麿　63　共	新	7,460

(投票率 66.44%)

平成8年（1996年）1月28日実施

当②金沢　　隆　64　無	現	31,595
越　　明男　45　無	新	9,553
長内　伸剛　46　無	新	4,262

(投票率 33.79%)

平成12年（2000年）1月30日実施

当③金沢　　隆　68　無	現	35,036
蟻塚　亮二　52　無	新	14,997
奈良岡峰一　56　無	新	8,999

(投票率 42.82%)

平成16年（2004年）2月1日実施

| 当④金沢　　隆　72　無 | 現 | 34,995 |
| 下田　敦子　63　無 | 新 | 34,815 |

(投票率 50.42%)

平成18年（2006年）4月16日実施

当①相馬　鋥一　69　無	新	30,793
金沢　　隆　74　無	新	28,884
下田　　肇　62　無	新	19,277
須藤　　宏　52　無	新	4,794

(投票率 55.57%)

平成22年（2010年）4月11日実施

| 当①葛西　憲之　63　無 | 新 | 51,699 |
| 相馬　鋥一　73　無 | 現 | 34,314 |

(投票率 58.06%)

平成26年（2014年）4月13日実施

| 当②葛西　憲之　67　無 | 現 | 45,315 |
| 千葉　浩規　52　共 | 新 | 10,165 |

(投票率 38.35%)

平成30年（2018年）4月8日実施

当①桜田　　宏　58　無	新	44,603
葛西　憲之　71　無	現	28,739
畑山　　聡　63　無	新	4,537

(投票率 53.40%)

三沢市長選挙

平成3年（1991年）1月20日実施

当②鈴木　重令　50　自	現	15,964
坂本　　稔　50　無	新	2,062
工藤　内記　45　共	新	1,351

(投票率 64.97%)

青森県

平成7年（1995年）1月22日実施

当③	鈴木	重令	54	無	現	14,860
	工藤	内記	49	共	新	1,661

(投票率 53.63％)

平成11年（1999年）1月17日実施

当④	鈴木	重令	58	無	現	14,194
	浅野	哲朗	66	無	新	9,110

(投票率 73.16％)

平成15年（2003年）1月12日実施

当⑤	鈴木	重令	62	無	現	13,281
	浅野	哲朗	70	無	新	7,042

(投票率 61.94％)

平成19年（2007年）1月14日実施

当⑥	鈴木	重令	66	無	現	無投票

平成19年（2007年）6月10日実施

当①	種市	一正	65	無	新	無投票

平成23年（2011年）5月29日実施

当②	種市	一正	69	無	現	無投票

平成27年（2015年）6月7日実施

当③	種市	一正	73	無	現	12,582
	鈴木	重正	46	無	新	10,194

(投票率 72.18％)

むつ市長選挙

平成元年（1989年）10月8日実施

当②	杉山	粛	53	無	現	16,009
	新谷	徳礼	40	共	新	3,528

(投票率 56.86％)

平成5年（1993年）10月3日実施

当③	杉山	粛	57	無	現	16,168
	新谷	徳礼	44	共	新	2,572

(投票率 52.79％)

平成9年（1997年）10月5日実施

当④	杉山	粛	61	無	現	13,899
	奈良	せい	62	共	新	3,758

(投票率 47.60％)

平成13年（2001年）9月30日実施

当⑤	杉山	粛	65	無	現	12,315
	菊池	健治	66	無	新	10,501
	石橋	忠雄	56	無	新	5,175

(投票率 72.19％)

平成17年（2005年）10月2日実施

当⑥	杉山	粛	69	無	現	15,995
	石橋	忠雄	60	無	新	9,962
	吉田	麟	64	共	新	2,096
	新谷	泰造	55	無	新	1,922
	大久保利夫		62	無	新	1,200

(投票率 58.48％)

平成19年（2007年）7月15日実施

当①	宮下順一郎		55	無	新	17,953
	二本柳雅史		70	無	新	8,120
	新谷	泰造	57	無	新	4,493

(投票率 58.17％)

平成23年（2011年）7月10日実施

当②	宮下順一郎		59	無	現	18,224
	新谷	泰造	61	無	新	5,192

(投票率 45.98％)

平成26年（2014年）6月29日実施

当①	宮下宗一郎		35	無	新	21,844
	新谷	泰造	64	無	新	4,234

(投票率 52.98％)

平成30年（2018年）5月27日実施

当②	宮下宗一郎		39	無	現	無投票

岩手県

県庁所在地　盛岡市
市　　　数　14市（平成31年4月現在）
市　　　名　盛岡市・一関市・奥州市（江刺市, 水沢市）・大船渡市・釜石市・北上市・久慈市・滝沢市・遠野市・二戸市・八幡平市・花巻市・宮古市・陸前高田市

※（ ）内は廃止された市

【市に関わる合併・市制施行・名称変更】

市名	実施年月日	関係市町村名等	合併等の内容
盛岡市	平成4年（1992年）4月1日	盛岡市・紫波郡都南村	【編入合併】
	平成18年（2006年）1月10日	盛岡市・岩手郡玉山村	【編入合併】
一関市	平成17年（2005年）9月20日	一関市・西磐井郡花泉町・東磐井郡大東町・千厩町・東山町・室根村・川崎村	【新設合併】
	平成23年（2011年）9月26日	一関市・東磐井郡藤沢町	【編入合併】
奥州市	平成18年（2006年）2月20日	水沢市・江刺市・胆沢郡前沢町・胆沢町・衣川村	【新設合併】
大船渡市	平成13年（2001年）11月15日	大船渡市・気仙郡三陸町	【編入合併】
北上市	平成3年（1991年）4月1日	北上市・和賀郡和賀町・江釣子村	【新設合併】
久慈市	平成18年（2006年）3月6日	久慈市・九戸郡山形村	【新設合併】
滝沢市	平成26年（2014年）1月1日	岩手郡滝沢村	【市制施行】
遠野市	平成17年（2005年）10月1日	遠野市・上閉伊郡宮守村	【新設合併】
二戸市	平成18年（2006年）1月1日	二戸市・二戸郡浄法寺町	【編入合併】
八幡平市	平成17年（2005年）9月1日	岩手郡西根町・安代町・松尾村	【新設合併・市制施行】
花巻市	平成18年（2006年）1月1日	花巻市・稗貫郡大迫町・石鳥谷町・和賀郡東和町	【新設合併】
宮古市	平成17年（2005年）6月6日	宮古市・下閉伊郡田老町・新里村	【新設合併】
	平成22年（2010年）1月1日	宮古市・下閉伊郡川井村	【編入合併】

【選挙結果】

岩手県知事選挙

平成3年（1991年）4月7日実施

当①工藤　　巌　69　無　自民 公明 民社　新　521,282
　　菊地　　豊　58　無　社会 進歩　　　　新　187,337
　　柏　　朔司　60　共　　　　　　　　　　新　 55,719
（投票率 73.75%）

平成7年（1995年）4月9日実施

当①増田　寛也　43　無　新進 公明　新　361,471
　　佐々木　浩　68　無　自民　　　　新　270,810
　　小野　信一　62　無　社会　　　　新　139,313
　　浅沼　悟朗　68　無　共産　　　　新　 29,812
（投票率 75.27%）

岩手県

平成11年（1999年）4月11日実施

当②	増田　寛也	47	無 自民 民主 公明 自由 社民 自連	現	684,617
	菅原　則勝	41	共	新	101,790

（投票率 71.88%）

平成15年（2003年）4月13日実施

当③増田　寛也 51 無　　　　現　669,527
　　菅原　則勝 45 共　　　　新　 89,692
（投票率 68.71%）

平成19年（2007年）4月8日実施

当①達増　拓也 42 無 民主　　新　454,135
　　柳村　純一 56 無 自民　　新　158,881
　　ザ・グレート・サスケ 37 無　新　 61,922
　　菅野　恒信 61 無 共産　　新　 48,456
　　芦名　鉄雄 61 無　　　　新　 23,150
（投票率 68.53%）

平成23年（2011年）9月11日実施

当②達増　拓也 47 無 民主　　現　438,975
　　高橋　博之 37 無　　　　新　163,397
　　鈴木　露通 60 無 共産　　新　 25,240
　　芦名　鉄雄 66 無　　　　新　 15,567
（投票率 59.92%）

平成27年（2015年）8月20日実施

当③達増　拓也 51 無　　　　現　無投票

盛岡市長選挙

平成3年（1991年）8月25日実施

当④太田　大三 66 無 自民 社会 公明 民社　現　50,600
　　阿戸　正勝 48 共　　　　新　 8,419
（投票率 35.30%）

平成7年（1995年）8月27日実施

当①桑島　　博 63 無 新進 公明　新　55,063
　　佐藤　　克 57 無 自民 社会　新　44,770
　　佐藤隆五郎 54 共　　　　新　 7,526
（投票率 51.62%）

平成11年（1999年）8月29日実施

当②桑島　　博 67 無 自民 民主 公明 自由 社民　現　56,915
　　長沼　洋一 41 共　　　　新　 10,367
　　芦名　鉄雄 54 無　　　　新　 6,830
（投票率 34.67%）

平成15年（2003年）8月24日実施

当①谷藤　裕明 53 無 公明　　新　47,432
　　桑島　　博 71 無 民主 社民　現　39,473
　　斎藤　　純 46 無　　　　新　27,121
　　芦名　鉄雄 58 無　　　　新　 3,949
（投票率 53.67%）

平成19年（2007年）8月26日実施

当②谷藤　裕明 57 無　　　　現　57,700
　　芦名　鉄雄 62 無　　　　新　12,674
（投票率 30.94%）

平成23年（2011年）8月21日実施

当③谷藤　裕明 61 無　　　　現　無投票

平成27年（2015年）8月23日実施

当④谷藤　裕明 65 無　　　　現　68,583
　　内舘　　茂 48 無 民主 生山　新　51,930
（投票率 51.45%）

一関市長選挙

平成3年（1991年）1月20日実施

当③及川　舜一 76 無　　　　現　17,515
　　小野寺欣一 58 無　　　　新　15,114
（投票率 73.36%）

平成7年（1995年）1月22日実施

当①佐々木一朗 62 無　　　　新　16,178
　　阿部　興紀 55 無　　　　新　 9,808
　　小野寺欣一 62 無　　　　新　 7,916
（投票率 72.85%）

平成11年（1999年）1月17日実施

当①浅井東兵衛 71 無　　　　新　15,496
　　佐々木一朗 66 無　　　　現　13,945

佐藤　東	49	無	新　　　6,604

(投票率 75.03%)

平成15年（2003年）1月19日実施

当②	浅井東兵衛	75	無	現　　21,520
	神崎　浩之	41	無	新　　10,499

(投票率 66.49%)

平成17年（2005年）10月2日実施

当①	浅井東兵衛	78	無	新　　無投票

平成21年（2009年）10月4日実施

当①	勝部　修	59	無	新　　55,222
	山下　政治	70	無	新　　　6,526
	伊東　福住	77	無	新　　　5,479

(投票率 70.42%)

平成25年（2013年）9月22日実施

当②	勝部　修	63	無	現　　無投票

平成29年（2017年）9月24日実施

当③	勝部　修	67	無	現　　無投票

奥州市長選挙

平成18年（2006年）2月20日江刺市・水沢市・胆沢郡前沢町・胆沢町・衣川村が新設合併して奥州市となる

平成18年（2006年）3月19日実施

当①	相原　正明	58	無	新　　30,484
	高橋　光夫	60	無	新　　28,068
	高橋　嘉信	52	無	新　　25,078

(投票率 79.84%)

平成22年（2010年）3月14日実施

当①	小沢　昌記	51	無	新　　46,157
	相原　正明	62	無	現　　33,537

(投票率 77.34%)

平成26年（2014年）3月9日実施

当②	小沢　昌記	55	無	現　　37,932
	小野寺孝喜	66	無	新　　29,984

(投票率 67.73%)

平成30年（2018年）3月4日実施

当③	小沢　昌記	59	無	現　　27,767
	佐藤　邦夫	70	無	新　　21,098
	佐藤　洋	63	無	新　　14,785

(投票率 64.25%)

（江刺市長選挙）

平成3年（1991年）2月17日実施

当③	及川　勉	60	無	現　　15,786
	小沢　健二	57	無	新　　　6,189

(投票率 81.91%)

平成7年（1995年）2月12日実施

当④	及川　勉	64	無	現　　無投票

平成11年（1999年）2月14日実施

当⑤	及川　勉	68	無	現　　11,996
	渡辺　幸貫	52	無	新　　11,633

(投票率 86.54%)

平成15年（2003年）2月9日実施

当①	相原　正明	54	無	新　　無投票

※平成18年（2006年）2月20日江刺市は水沢市・胆沢郡前沢町・胆沢町・衣川村と新設合併して奥州市となる

（水沢市長選挙）

平成4年（1992年）1月12日実施

当①	後藤　晨	61	無	新　　無投票

平成8年（1996年）1月14日実施

当②	後藤　晨	65	無	現　　無投票

平成12年（2000年）1月23日実施

当③	後藤　晨	69	無	現　　19,328
	瀬川　貞清	49	共	新　　　8,428

(投票率 59.52%)

平成16年（2004年）1月18日実施

当①	高橋　光夫	58	無	新　　無投票

※平成18年（2006年）2月20日水沢市は江刺市・胆沢郡前沢町・胆沢町・衣川村と新設合併して奥州市となる

大船渡市長選挙

平成2年（1990年）11月25日実施
当② 白木沢　桂　59　無　　現　　14,952
　　野里　征彦　46　共　　新　　4,502
（投票率70.38%）

平成6年（1994年）11月20日実施
当① 甘竹　勝郎　51　無　　新　　13,182
　　白木沢　桂　63　無　　現　　11,172
（投票率85.76%）

平成10年（1998年）11月22日実施
当② 甘竹　勝郎　55　無　　現　　12,433
　　細川　武人　62　無　　新　　10,123
（投票率78.11%）

平成14年（2002年）11月24日実施
当③ 甘竹　勝郎　59　無　　現　　15,238
　　細川　武人　66　無　　新　　14,050
（投票率82.43%）

平成18年（2006年）11月26日実施
当④ 甘竹　勝郎　63　無　　現　　15,072
　　戸田　公明　57　無　　新　　13,128
（投票率81.40%）

平成22年（2010年）11月21日実施
当① 戸田　公明　61　無　　新　　11,531
　　鎌田　和昭　64　無　　新　　7,062
　　平山　仁　41　無　　新　　6,927
（投票率76.55%）

平成26年（2014年）11月23日実施
当② 戸田　公明　65　無　　現　　12,062
　　佐藤　寧　47　無　　新　　9,400
（投票率67.34%）

平成30年（2018年）11月25日実施
当③ 戸田　公明　69　無　　現　　12,074

　　藤原　良信　67　無　　新　　11,052
（投票率73.91%）

釜石市長選挙

平成3年（1991年）4月14日実施
当② 野田　武義　63　無　　現　　無投票

平成7年（1995年）4月16日実施
当③ 野田　武義　67　無　　現　　無投票

平成11年（1999年）4月25日実施
当① 小野　信一　67　無　　新　　12,833
　　大久保隆規　37　無　　新　　11,553
　　野田　忠孝　55　無　　新　　5,119
（投票率77.08%）

平成15年（2003年）4月27日実施
当① 小沢　和夫　59　無　　新　　14,057
　　長谷川忠久　61　無　　新　　12,973
（投票率74.17%）

平成19年（2007年）4月15日実施
当② 小沢　和夫　63　無　　現　　無投票

平成19年（2007年）11月11日実施
当① 野田　武則　54　無　　新　　無投票

平成23年（2011年）11月6日実施
当② 野田　武則　58　無　　現　　無投票

平成27年（2015年）10月25日実施
当③ 野田　武則　62　無　　現　　無投票

北上市長選挙

平成2年（1990年）4月8日実施
当② 高橋　盛吉　66　無　　現　　無投票

平成3年（1991年）4月14日実施
当① 高橋　盛吉　67　無　　新　　無投票

平成7年（1995年）4月16日実施

当②	高橋　盛吉	71	無	現	無投票

平成11年（1999年）4月25日実施

|当①|伊藤　彬|59|無|新|29,411|
| |小松　久孝|50|無|新|18,299|

（投票率 69.71%）

平成15年（2003年）4月27日実施

|当②|伊藤　彬|63|無|現|30,607|
| |菅原　安雄|67|無|新|4,489|

（投票率 49.50%）

平成19年（2007年）4月22日実施

|当③|伊藤　彬|67|無|現|31,124|
| |菅原　安雄|71|無|新|2,611|

（投票率 46.83%）

平成23年（2011年）4月24日実施

|当①|高橋　敏彦|56|無|新|21,784|
| |高橋　孝二|64|無|新|18,418|

（投票率 55.11%）

平成27年（2015年）4月19日実施

|当②|高橋　敏彦|60|無|現|無投票|

平成31年（2019年）4月14日実施

|当③|高橋　敏彦|64|無|現|無投票|

久慈市長選挙

平成3年（1991年）4月21日実施

|当④|久慈　義昭|46|無|現|14,756|
| |宮古　邦彦|51|無|新|8,584|

（投票率 85.24%）

平成7年（1995年）4月23日実施

当⑤	久慈　義昭	50	無	現	12,743
	石川　正英	56	無	新	10,951
	宮古　邦彦	55	無	新	539

（投票率 86.10%）

平成11年（1999年）4月25日実施

当⑥	久慈　義昭	54	無	現	12,488
	中田　良吉	45	無	新	10,950
	宮古　邦彦	59	無	新	748

（投票率 85.00%）

平成15年（2003年）4月27日実施

当①	山内　隆文	52	無	新	14,592
	久慈　義昭	58	無	現	9,518
	宮古　邦彦	63	無	新	464

（投票率 85.08%）

平成18年（2006年）3月26日実施

|当①|山内　隆文|54|無|新|15,827|
| |宮古　邦彦|66|無|新|2,429|

（投票率 58.30%）

平成22年（2010年）3月14日実施

当②	山内　隆文	58	無	現	10,562
	遠藤　譲一	56	無	新	10,509
	宮古　邦彦	70	無	新	582

（投票率 70.61%）

平成26年（2014年）3月16日実施

|当①|遠藤　譲一|60|無|新|12,139|
| |山内　隆文|62|無|現|9,115|

（投票率 70.34%）

平成30年（2018年）3月18日実施

|当②|遠藤　譲一|64|無|現|11,320|
| |嵯峨　壱朗|59|無|新|8,862|

（投票率 67.66%）

滝沢市長選挙

平成26年（2014年）1月1日岩手郡滝沢村が市制施行して滝沢市となる

平成26年（2014年）11月16日実施

当①	柳村　典秀	59	無	現	10,872
	藤原　治	57	無	新	5,868
	柳村　純一	64	無	新	5,361

（投票率 51.15%）

平成30年（2018年）11月4日実施

当①主浜　　了　68　無　　　新　　無投票

遠野市長選挙

平成2年（1990年）4月15日実施

当③小原　　正巳　72　無　　　現　　10,972
　　佐々木　熙　56　無　　　新　　8,095
（投票率 86.35%）

平成6年（1994年）4月17日実施

当①菊池　　正　69　無　　　新　　11,997
　　上沢　　義主　51　無　　　新　　6,744
（投票率 85.31%）

平成10年（1998年）4月12日実施

当②菊池　　正　73　無　　　現　　10,345
　　千葉　　富三　65　無　　　新　　7,749
（投票率 82.11%）

平成14年（2002年）4月14日実施

当①本田　　敏秋　54　無　　　新　　10,855
　　千葉　　富三　69　無　　　新　　7,685
（投票率 83.92%）

平成17年（2005年）10月16日実施

当①本田　　敏秋　58　無　　　新　　無投票

平成21年（2009年）10月11日実施

当②本田　　敏秋　62　無　　　現　　無投票

平成25年（2013年）10月13日実施

当③本田　　敏秋　66　無　　　現　　無投票

平成29年（2017年）10月15日実施

当④本田　　敏秋　70　無　　　現　　9,702
　　多田　　一彦　59　無　　　新　　6,960
（投票率 69.68%）

二戸市長選挙

平成4年（1992年）4月19日実施

当①小原　　豊明　51　無　　　新　　9,873
　　国分　　保男　73　無　　　現　　7,502
（投票率 82.05%）

平成8年（1996年）4月14日実施

当②小原　　豊明　55　無　　　現　　無投票

平成12年（2000年）4月23日実施

当③小原　　豊明　59　無　　　現　　11,169
　　浪岡　　政行　46　無　　　新　　1,776
　　西野　　省史　60　無　　　新　　1,754
（投票率 67.74%）

平成16年（2004年）4月18日実施

当④小原　　豊明　63　無　　　現　　無投票

平成18年（2006年）1月29日実施

当①小原　　豊明　65　無　　　新　　11,230
　　工藤　　篤　60　無　　　新　　8,539
（投票率 75.68%）

平成22年（2010年）1月17日実施

当①小保内敏幸　59　無　　　新　　無投票

平成26年（2014年）1月19日実施

当①藤原　　淳　61　無　　　新　　無投票

平成30年（2018年）1月14日実施

当②藤原　　淳　65　無　　　現　　無投票

八幡平市長選挙

平成17年（2005年）9月1日岩手郡西根町・安代町・松尾村が新設合併・市制施行して八幡平市となる

平成17年（2005年）10月2日実施

当①田村　　正彦　57　無　　　新　　10,706
　　遠藤　　斉優　60　無　　　新　　8,538
（投票率 74.22%）

平成21年（2009年）9月27日実施

当②田村	正彦	61	無	現	10,226
川村	龍雄	51	無	新	9,027

（投票率77.38%）

平成25年（2013年）9月22日実施

当③田村	正彦	65	無	現	無投票

平成29年（2017年）9月24日実施

当④田村	正彦	69	無	現	8,661
工藤	直道	59	無	新	7,100

（投票率68.87%）

花巻市長選挙

平成4年（1992年）8月23日実施

当③吉田	功	69	無	現	22,162
菊池	巖	40	無	新	13,596

（投票率67.77%）

平成8年（1996年）8月4日実施

当①渡辺	勉	56	無	新	31,147
戸来	諭	65	無	新	10,613

（投票率75.75%）

平成12年（2000年）7月30日実施

当②渡辺	勉	60	無	現	無投票

平成16年（2004年）8月8日実施

当③渡辺	勉	64	無	現	14,733
福岡	勝夫	62	無	新	13,807
瀬川	滋	55	無	新	11,294

（投票率68.68%）

平成18年（2006年）2月5日実施

当①大石	満雄	47	無	新	25,306
福岡	勝夫	63	無	新	19,083
瀬川	滋	57	無	新	15,725

（投票率70.56%）

平成22年（2010年）1月24日実施

当②大石	満雄	51	無	現	30,954
高橋	綱記	62	共	新	11,448

（投票率50.98%）

平成26年（2014年）1月26日実施

当①上田	東一	59	無	新	31,749
大石	満雄	55	無	現	20,551

（投票率63.25%）

平成30年（2018年）1月21日実施

当②上田	東一	63	無	現	無投票

宮古市長選挙

平成元年（1989年）7月2日実施

当②中居英太郎	71	無	元	16,180
千田	真一	72	無	現	12,834
中野	勝安	48	無	新	4,906
落合	久三	41	共	新	967

（投票率81.82%）

平成5年（1993年）7月11日実施

当①菊池長右エ門	59	自	新	12,970
中居英太郎	75	無	現	11,899
熊坂	義裕	41	無	新	11,234

（投票率83.75%）

平成9年（1997年）7月13日実施

当①熊坂	義裕	45	無	新	18,584
菊池長右エ門	63	無	現	14,666

（投票率77.15%）

平成13年（2001年）6月24日実施

当②熊坂	義裕	49	無	現	無投票

平成17年（2005年）7月3日実施

当①熊坂	義裕	53	無	新	21,956
吉田	洋治	61	無	新	15,353

（投票率76.36%）

平成21年（2009年）6月28日実施

当①山本	正徳	53	無	新	16,001
坂下	正明	57	無	新	13,762

八木　常雄 66　無　　　　新　　　1,447
　　　　　　　　　　　　　　（投票率 67.23%）

平成25年（2013年）6月9日実施
当②山本　正徳 57　無　　　　現　　　無投票

平成29年（2017年）6月25日実施
当③山本　正徳 61　無　　　　現　　 17,283
　　内舘　勝則 61　無　　　　新　　 11,782
　　　　　　　　　　　　　　（投票率 63.21%）

平成31年（2019年）2月3日実施
当③戸羽　　太 54　無　　　　現　　　6,504
　　紺野　由夫 59　無　　　　新　　　6,499
　　　　　　　　　　　　　　（投票率 78.38%）

陸前高田市長選挙

平成3年（1991年）1月27日実施
当②菅野　俊吾 55　無　　　　現　　　無投票

平成7年（1995年）1月29日実施
当③菅野　俊吾 59　無　　　　現　　　無投票

平成11年（1999年）2月7日実施
当④菅野　俊吾 63　無　　　　現　　 10,916
　　戸羽　一男 66　無　　　　新　　　6,843
　　　　　　　　　　　　　　（投票率 83.46%）

平成15年（2003年）2月2日実施
当①中里　長門 56　無　　　　新　　　9,417
　　菅野　俊吾 67　無　　　　現　　　8,173
　　　　　　　　　　　　　　（投票率 82.79%）

平成19年（2007年）2月4日実施
当②中里　長門 60　無　　　　現　　　9,865
　　吉田　昭彦 64　無　　　　新　　　7,341
　　　　　　　　　　　　　　（投票率 82.73%）

平成23年（2011年）2月6日実施
当①戸羽　　太 46　無　　　　新　　　8,600
　　菅原　一敏 66　無　　　　新　　　7,473
　　　　　　　　　　　　　　（投票率 80.28%）

平成27年（2015年）2月8日実施
当②戸羽　　太 50　無　　　　現　　　9,275
　　橋詰　　清 48　無　　　　新　　　2,993
　　　　　　　　　　　　　　（投票率 72.19%）

宮　城　県

県庁所在地　　仙台市
市　　　数　　14市（平成31年4月現在）
市　　　名　　仙台市《指定都市/5区》・石巻市・岩沼市・大崎市（古川市）・角田市・栗原市・
　　　　　　　気仙沼市・塩竈市・白石市・多賀城市・富谷市・登米市・名取市・東松島市
　　　　　　　　　　　　　　　　　　　　　　　　　　　　　　　　※（ ）内は廃止された市

【市に関わる合併・市制施行・名称変更】

市名	実施年月日	関係市町村名等	合併等の内容
仙台市	平成元年（1989年）4月1日	指定都市	【市制移行】
石巻市	平成17年（2005年）4月1日	石巻市・桃生郡河北町・雄勝町・河南町・桃生町・北上町・牡鹿郡牡鹿町	【新設合併】
大崎市	平成18年（2006年）3月31日	古川市・志田郡松山町・三本木町・鹿島台町・玉造郡岩出山町・鳴子町・遠田郡田尻町	【新設合併】
栗原市	平成17年（2005年）4月1日	栗原郡築館町・若柳町・栗駒町・高清水町・一迫町・瀬峰町・鶯沢町・金成町・志波姫町・花山村	【新設合併・市制施行】
気仙沼市	平成18年（2006年）3月31日	気仙沼市・本吉郡唐桑町	【新設合併】
	平成21年（2009年）9月1日	気仙沼市・本吉郡本吉町	【編入合併】
富谷市	平成28年（2016年）10月10日	黒川郡富谷町	【市制施行】
登米市	平成17年（2005年）4月1日	登米郡迫町・登米町・東和町・中田町・豊里町・米山町・石越町・南方町・本吉郡津山町	【新設合併・市制施行】
東松島市	平成17年（2005年）4月1日	桃生郡矢本町・鳴瀬町	【新設合併・市制施行】

【選挙結果】

宮城県知事選挙

平成元年（1989年）3月19日実施

当①本間俊太郎　49　無　社会 社連 サ新 進歩　502,372
　　鈴木　精紀　42　無　　　　　　　　　新　140,979
　　庄司　慈明　38　無　共産　　　　　　新　125,016
　　　　　　　　　　　　　　　　（投票率 49.56%）

平成5年（1993年）2月28日実施

当②本間俊太郎　53　無　自民 社会 公明 民社　現　647,920
　　高橋浩太郎　61　無　共産　　　　　　新　103,392
　　　　　　　　　　　　　　　　（投票率 45.32%）

平成5年（1993年）11月21日実施

当①浅野　史郎　45　無　新生 日新 さき 社連　新　291,812

宮城県

八木　　功	55	無	自民 社会 民社	新	203,846
高橋浩太郎	62	無	共産	新	92,187
田中世之介	39	無		新	63,311

(投票率 39.20%)

平成9年（1997年）10月26日実施

当②	浅野　史郎	49	無		現	622,928
	市川　一朗	60	無	自民 新進 公明	新	310,791
	高橋浩太郎	66	無	共産	新	54,556

(投票率 55.86%)

平成13年（2001年）11月18日実施

当③	浅野　史郎	53	無		現	532,606
	庄司　捷彦	58	無	共産	新	88,338
	柴田　紘一	60	無		新	20,297

(投票率 35.58%)

平成17年（2005年）10月23日実施

当①	村井　嘉浩	45	無	自民	新	363,519
	前葉　泰幸	43	無		新	311,406
	出浦　秀隆	62	無	共産	新	71,270

(投票率 40.35%)

平成21年（2009年）10月25日実施

当②	村井　嘉浩	49	無		現	647,734
	遠藤　保雄	62	無	民主 社民 国新	新	174,702
	天下みゆき	53	無	共産	新	51,848

(投票率 46.57%)

平成25年（2013年）10月27日実施

| 当③ | 村井　嘉浩 | 53 | 無 | | 現 | 591,265 |
| | 佐藤　正明 | 65 | 無 | 共産 | 新 | 92,790 |

(投票率 36.58%)

平成29年（2017年）10月22日実施

| 当④ | 村井　嘉浩 | 57 | 無 | | 現 | 825,460 |
| | 多々良　哲 | 59 | 無 | 共産 | 新 | 184,776 |

(投票率 53.29%)

仙台市長選挙

平成4年（1992年）11月29日実施

| 当③ | 石井　　亨 | 67 | 無 | 自民 社会 公明 民社 | 現 | 178,029 |

| | 川端　英子 | 57 | 無 | 共産 | 新 | 61,774 |

(投票率 36.26%)

平成5年（1993年）8月22日実施

当①	藤井　　黎	62	無		新	141,963
	勅使河原安夫	67	無	社会	新	96,185
	鈴木　旗男	52	無	共産	新	24,127

(投票率 39.20%)

平成9年（1997年）7月27日実施

| 当② | 藤井　　黎 | 66 | 無 | 自民 新進 社民 公明 | 現 | 158,261 |
| | 長沢　清光 | 46 | 無 | 共産 | 新 | 70,563 |

(投票率 31.97%)

平成13年（2001年）7月29日実施

当③	藤井　　黎	70	無		現	232,084
	樋口美智子	45	無		新	78,093
	加藤　周二	48	無		新	30,400
	山本　蒔子	60	無		新	22,545
	及川　　薫	59	無	共産	新	18,347
	佐藤　和弘	41	無		新	17,476
	石野　和夫	59	無		新	11,072
	柴田　紘一	60	無		新	6,315

(投票率 56.26%)

平成17年（2005年）7月31日実施

当①	梅原　克彦	51	無	公明	新	141,005
	鎌田さゆり	40	無		新	81,889
	菅間　　進	54	無		新	55,145
	小野寺信一	57	無		新	39,926
	伊藤　貞夫	65	無	共産	新	14,396
	佐藤　和弘	45	無		新	10,498

(投票率 43.67%)

平成21年（2009年）7月26日実施

当①	奥山恵美子	58	無		新	161,545
	岩崎恵美子	65	無		新	67,107
	渡辺　　博	59	無		新	54,316
	柳橋　邦彦	68	無		新	40,210
	佐藤　崇弘	29	無		新	32,281
	椿原　慎一	47	諸		新	2,735

(投票率 44.72%)

平成25年（2013年）8月11日実施

当②奥山恵美子	62	無	現	183,735
角野 達也	54	無 共産	新	62,178

（投票率 30.11%）

平成29年（2017年）7月23日実施

当①郡 和子	60	無 社民	新	165,452
菅原 裕典	57	無 公明 ここ	新	148,993
林 宙紀	39	無	新	61,647
大久保三代	40	無	新	8,924

（投票率 44.52%）

石巻市長選挙

平成4年（1992年）5月24日実施

当①菅原 康平	42	無	新	32,901
浅野 亨	50	無	新	26,995
阿部 典明	53	無	新	1,941

（投票率 69.89%）

平成8年（1996年）5月12日実施

当②菅原 康平	46	無	現	無投票

平成12年（2000年）4月23日実施

当③菅原 康平	50	無	現	41,660
阿部 淳	52	無	新	22,789

（投票率 70.79%）

平成15年（2003年）1月26日実施

当①土井喜美夫	59	無	新	21,642
加賀 剛	50	無	新	20,189
阿部 淳	55	無	新	10,901
渋谷 貞雄	65	無	新	2,332

（投票率 59.14%）

平成17年（2005年）4月29日実施

当①土井喜美夫	61	無	新	58,548
佐々木喜蔵	56	無	新	38,519

（投票率 71.87%）

平成21年（2009年）4月19日実施

当①亀山 紘	66	無	新	48,031
土井喜美夫	65	無	現	30,413

（投票率 58.82%）

平成25年（2013年）4月21日実施

当②亀山 紘	70	無	現	28,607
阿部 和芳	53	無	新	15,132
青木満里恵	58	無	新	8,308
藤田 利彦	50	無	新	2,015

（投票率 44.16%）

平成29年（2017年）4月23日実施

当③亀山 紘	74	無	現	28,630
阿部 和芳	57	無	新	12,408
黒須 光男	69	無	新	7,767
青木満里恵	62	無	新	5,587

（投票率 44.31%）

岩沼市長選挙

平成2年（1990年）6月10日実施

当①小野 光彦	47	無	新	13,392
桜井 克郎	60	無	新	7,380

（投票率 80.52%）

平成6年（1994年）6月12日実施

当②小野 光彦	51	無	現	11,882
大内 正則	67	共	新	2,628

（投票率 52.77%）

平成10年（1998年）5月31日実施

当①井口 経明	52	無	新	11,473
小野 光彦	55	無	現	9,078

（投票率 69.50%）

平成14年（2002年）6月16日実施

当②井口 経明	56	無	現	11,414
小野 光彦	59	無	前	8,162

（投票率 61.68%）

平成18年（2006年）5月28日実施

当③井口 経明	60	無	現	無投票

宮城県

平成22年（2010年）5月30日実施

当④井口　経明	64	無	現	9,715
大友　　健	60	無	新	7,949

（投票率 51.43%）

平成26年（2014年）6月1日実施

当①菊地　啓夫	61	無	新	無投票

平成30年（2018年）6月3日実施

当②菊地　啓夫	65	無	現	無投票

大崎市長選挙

平成18年（2006年）3月31日古川市・志田郡松山町・三本木町・鹿島台町・玉造郡岩出山町・鳴子町・遠田郡田尻町が新設合併して大崎市となる

平成18年（2006年）4月30日実施

当①伊藤　康志	56	無	新	39,546
本間俊太郎	66	無	新	37,139
渋谷　貞雄	68	無	新	2,941

（投票率 73.57%）

平成22年（2010年）4月18日実施

当②伊藤　康志	60	無	現	34,404
本間俊太郎	70	無	新	25,924
佐藤　仁一	58	無	新	14,656

（投票率 69.30%）

平成26年（2014年）4月13日実施

当③伊藤　康志	64	無	現	無投票

平成30年（2018年）4月15日実施

当④伊藤　康志	68	無	現	39,982
加藤　幹夫	54	無	新	14,774

（投票率 51.24%）

（古川市長選挙）

平成4年（1992年）3月20日実施

当①中川　俊一	64	無	新	20,993

千坂　侃雄	65	無	現	16,348

（投票率 79.83%）

平成8年（1996年）3月17日実施

当②中川　俊一	68	無	現	17,746
近江　　寿	53	共	新	5,967

（投票率 47.18%）

平成12年（2000年）3月19日実施

当①佐々木謙次	61	無	新	18,169
中川　俊一	72	無	現	15,839

（投票率 63.11%）

平成16年（2004年）3月21日実施

当②佐々木謙次	65	無	現	16,806
渋谷　貞雄	66	無	新	3,463

（投票率 36.32%）

平成16年（2004年）10月24日実施

当③佐々木謙次	65	無	前	13,747
菊地　恵一	46	無	新	11,731
渋谷　貞雄	67	無	新	1,615

（投票率 48.02%）

※平成18年（2006年）3月31日古川市は志田郡松山町・三本木町・鹿島台町・玉造郡岩出山町・鳴子町・遠田郡田尻町と新設合併して大崎市となる

角田市長選挙

平成4年（1992年）7月5日実施

当②高山　　彰	67	無	現	無投票

平成8年（1996年）7月21日実施

当①佐藤　清吉	66	無	新	12,257
物江　　亮	58	無	新	8,759
川村　昭男	51	無	新	383

（投票率 80.93%）

平成12年（2000年）7月16日実施

当②佐藤　清吉	70	無	現	無投票

平成16年（2004年）7月11日実施

当③佐藤　清吉	74	無	現	10,529

| 佐藤　勝彦　60　無　　　　新　　7,425 |
（投票率67.43％）

平成20年（2008年）7月27日実施
当①大友　喜助　57　無　　　　新　　7,091
　　仙石　栄利　61　無　　　　新　　4,304
　　佐藤　勝彦　64　無　　　　新　　3,580
　　太田　正明　60　無　　　　新　　3,007
（投票率68.01％）

平成24年（2012年）7月15日実施
当②大友　喜助　61　無　　　　現　　無投票

平成28年（2016年）7月31日実施
当③大友　喜助　65　無　　　　現　　8,124
　　木村　伸一　63　無　　　　新　　7,311
（投票率60.70％）

栗原市長選挙

平成17年（2005年）4月1日栗原郡築館町・若柳町・栗駒町・高清水町・一迫町・瀬峰町・鶯沢町・金成町・志波姫町・花山村が新設合併・市制施行して栗原市となる

平成17年（2005年）5月1日実施
当①佐藤　　勇　62　無　　　　新　　23,403
　　菅原　郁夫　74　無　　　　新　　20,569
　　鹿野　清一　72　無　　　　新　　11,728
（投票率84.41％）

平成21年（2009年）4月12日実施
当②佐藤　　勇　66　無　　　　現　　無投票

平成25年（2013年）4月21日実施
当③佐藤　　勇　70　無　　　　現　　25,534
　　千葉　健司　56　無　　　　新　　19,001
（投票率72.67％）

平成29年（2017年）4月23日実施
当①千葉　健司　60　無　　　　新　　20,791
　　佐藤　　智　60　無　　　　新　　20,749
（投票率70.13％）

気仙沼市長選挙

平成元年（1989年）5月28日実施
当⑤菅原　　雅　57　無　　　　現　　26,100
　　佐藤　文治　46　無　　　　新　　10,878
（投票率81.45％）

平成5年（1993年）6月20日実施
当①小野寺信雄　67　無　　　　新　　24,032
　　臼井　賢志　51　無　　　　新　　14,290
　　佐藤　文治　50　無　　　　新　　1,898
（投票率83.84％）

平成9年（1997年）6月22日実施
当①鈴木　　昇　53　無　　　　新　　20,993
　　小野寺信雄　71　無　　　　現　　16,407
（投票率79.08％）

平成13年（2001年）6月10日実施
当②鈴木　　昇　57　無　　　　現　　30,856
　　佐藤　文治　58　無　　　　新　　4,582
（投票率76.58％）

平成17年（2005年）6月19日実施
当③鈴木　　昇　61　無　　　　現　　18,301
　　秋山善治郎　56　無　　　　新　　15,117
（投票率71.29％）

平成18年（2006年）4月30日実施
当①鈴木　　昇　62　無　　　　新　　12,939
　　尾形　和優　55　無　　　　新　　9,619
　　佐藤　和則　55　無　　　　新　　8,544
　　守屋　守武　46　無　　　　新　　6,534
　　秋山善治郎　57　無　　　　新　　4,793
（投票率78.43％）

平成22年（2010年）4月25日実施
当①菅原　　茂　52　無　　　　新　　27,565
　　境　　恒春　31　無　　　　新　　15,945
（投票率71.87％）

平成26年（2014年）4月6日実施
当②菅原　　茂　56　無　　　　現　　無投票

宮城県

平成30年（2018年）4月22日実施

当③	菅原　茂	60	無	現　21,118
	斉藤巳寿也	53	無	新　12,300

（投票率 61.31%）

平成27年（2015年）8月30日実施

当④	佐藤　昭	73	無	現　16,151
	日野　秀逸	58	無	新　7,526

（投票率 52.36%）

塩竈市長選挙

平成3年（1991年）4月21日実施

当①	三升　正直	67	無	新　15,718
	内海　勇三	66	無	現　14,404
	鹿野　司	57	無	新　3,893

（投票率 75.07%）

平成7年（1995年）4月23日実施

当②	三升　正直	71	無	現　18,515
	佐藤　光輔	57	無	新　14,327

（投票率 69.20%）

平成11年（1999年）4月25日実施

当③	三升　正直	75	無	現　14,153
	佐藤　光輔	61	無	新　11,110
	志賀　勝利	53	無	新　7,081

（投票率 66.89%）

平成15年（2003年）4月27日実施

当①	佐藤　昭	60	無	新　14,151
	佐藤　光輔	65	無	新　9,299
	志賀　勝利	57	無	新　8,167

（投票率 66.14%）

平成19年（2007年）4月22日実施

当②	佐藤　昭	64	無	現　19,798
	虎川　太郎	71	無	新　7,366

（投票率 57.32%）

平成23年（2011年）9月11日実施

当③	佐藤　昭	69	無	現　15,693
	天下みゆき	55	無	新　4,330
	伊藤　博章	48	無	新　3,642
	今野　恭一	63	無	新　2,755

（投票率 56.82%）

白石市長選挙

平成4年（1992年）10月18日実施

当③	川井　貞一	59	無	現　無投票

平成8年（1996年）10月27日実施

当④	川井　貞一	63	無	現　14,139
	鈴木　俊明	48	無	新　7,958

（投票率 69.62%）

平成12年（2000年）10月29日実施

当⑤	川井　貞一	67	無	現　13,086
	鈴木　俊明	52	無	新　8,923

（投票率 69.04%）

平成16年（2004年）10月31日実施

当①	風間　康静	43	無	新　10,658
	鈴木　俊明	56	無	新　5,693
	伊藤　勝美	45	無	新　3,540

（投票率 61.96%）

平成20年（2008年）10月26日実施

当②	風間　康静	47	無	現　12,398
	八島　定敏	57	無	新　9,108

（投票率 68.33%）

平成24年（2012年）10月28日実施

当③	風間　康静	51	無	現　9,293
	沼倉　昭仁	43	無	新　8,607

（投票率 58.91%）

平成28年（2016年）10月23日実施

当①	山田　裕一	40	無	新　9,807
	沼倉　昭仁	47	無	新　7,802

（投票率 59.06%）

多賀城市長選挙

平成3年（1991年）4月14日実施

当⑤伊藤喜一郎 77 無 現 無投票

平成6年（1994年）8月28日実施

当①鈴木　和夫 68 無 新 12,737
　菊地健次郎 47 無 新 8,499
　田辺　直毅 56 無 新 1,840
　八百　和子 60 無 新 1,681
（投票率 58.03%）

平成10年（1998年）8月9日実施

当②鈴木　和夫 72 無 現 14,605
　斉藤　規夫 59 無 新 6,276
（投票率 47.16%）

平成14年（2002年）8月11日実施

当③鈴木　和夫 76 無 現 11,359
　尾口　好昭 52 無 新 4,820
　斉藤　規夫 63 無 新 3,949
（投票率 43.53%）

平成18年（2006年）8月6日実施

当①菊地健次郎 59 無 新 11,295
　安住　政之 52 無 新 6,108
　尾口　好昭 56 無 新 3,424
　目黒　久 69 無 新 2,243
（投票率 48.29%）

平成22年（2010年）8月1日実施

当②菊地健次郎 63 無 現 無投票

平成26年（2014年）8月3日実施

当③菊地健次郎 67 無 現 12,442
　中田　定行 65 無 新 4,830
　伊沢　貞夫 68 無 新 1,284
（投票率 38.62%）

平成30年（2018年）8月5日実施

当④菊地健次郎 71 無 現 11,384
　石塚　昌志 64 無 新 6,569
　伊沢　貞夫 72 無 新 1,018
（投票率 37.82%）

富谷市長選挙

平成28年（2016年）10月10日黒川郡富谷町が市制施行して富谷市となる

平成31年（2019年）1月20日実施

当①若生　裕俊 54 無 現 無投票

登米市長選挙

平成17年（2005年）4月1日登米郡迫町・登米町・東和町・中田町・豊里町・米山町・石越町・南方町・本吉郡津山町が新設合併・市制施行して登米市となる

平成17年（2005年）4月29日実施

当①布施　孝尚 43 無 新 32,036
　只野九十九 56 無 新 26,797
（投票率 82.49%）

平成21年（2009年）4月12日実施

当②布施　孝尚 47 無 現 無投票

平成25年（2013年）4月21日実施

当③布施　孝尚 51 無 現 30,418
　遠藤　音 56 無 新 17,154
（投票率 69.61%）

平成29年（2017年）4月23日実施

当①熊谷　盛広 66 無 新 22,567
　布施　孝尚 55 無 現 22,421
（投票率 66.18%）

名取市長選挙

平成4年（1992年）6月28日実施

当④石川　次夫 70 無 現 無投票

平成8年（1996年）7月14日実施

当⑤石川　次夫 74 無 現 19,007

宮城県

　池内　広重　63　無　　　　新　　13,164
　　　　　　　　　　　（投票率 70.41%）

　　　平成12年（2000年）7月16日実施
当⑥石川　次夫　78　無　　　　現　　13,685
　佐々木一十
　　郎　　　　50　無　　　　新　　12,777
　渡辺　賢治　61　無　　　　新　　 4,956
　　　　　　　　　　　（投票率 63.52%）

　　　平成16年（2004年）7月11日実施
当①佐々木一十
　　郎　　　　54　無　　　　新　　15,082
　石川　利一　56　無　　　　新　　13,422
　阿部　雅光　64　無　　　　新　　 5,159
　　　　　　　　　　　（投票率 65.92%）

　　　平成20年（2008年）6月29日実施
当②佐々木一十
　　郎　　　　58　無　　　　現　　14,380
　石川　利一　60　無　　　　新　　13,407
　　　　　　　　　　　（投票率 51.93%）

　　　平成24年（2012年）7月8日実施
当③佐々木一十
　　郎　　　　62　無　　　　現　　15,616
　大橋　信彦　68　無　　　　新　　 6,381
　　　　　　　　　　　（投票率 40.00%）

　　　平成28年（2016年）7月10日実施
当①山田　司郎　53　無　　　　新　　20,677
　佐々木一十
　　郎　　　　66　無　　　　現　　14,635
　　　　　　　　　　　（投票率 58.31%）

　　　平成21年（2009年）4月12日実施
当②阿部　秀保　53　無　　　　現　　無投票

　　　平成25年（2013年）4月14日実施
当③阿部　秀保　57　無　　　　現　　無投票

　　　平成29年（2017年）4月23日実施
当①渥美　巌　69　無　　　　新　　10,467
　木村　清一　67　無　　　　新　　 5,642
　五野井敏夫　63　無　　　　新　　 4,310
　　　　　　　　　　　（投票率 62.65%）

東松島市長選挙

平成17年（2005年）4月1日桃生郡矢本町・鳴瀬町が新設合併・市制施行して東松島市となる

　　　平成17年（2005年）4月29日実施
当①阿部　秀保　50　無　　　　新　　15,842
　大森栄治郎　66　無　　　　新　　 9,329
　　　　　　　　　　　（投票率 75.13%）

秋田県

県庁所在地　秋田市
市　　数　　13市（平成31年4月現在）
市　　名　　秋田市・大館市・男鹿市・潟上市・鹿角市・北秋田市・仙北市・大仙市（大曲市）・にかほ市・能代市・湯沢市・由利本荘市（本荘市）・横手市

※（ ）内は廃止された市

【市に関わる合併・市制施行・名称変更】

市名	実施年月日	関係市町村名等	合併等の内容
秋田市	平成17年（2005年）1月11日	秋田市・河辺郡河辺町・雄和町	【編入合併】
大館市	平成17年（2005年）6月20日	大館市・北秋田郡比内町・田代町	【編入合併】
男鹿市	平成17年（2005年）3月22日	男鹿市・南秋田郡若美町	【新設合併】
潟上市	平成17年（2005年）3月22日	南秋田郡昭和町・飯田川町・天王町	【新設合併・市制施行】
北秋田市	平成17年（2005年）3月22日	北秋田郡鷹巣町・森吉町・阿仁町・合川町	【新設合併・市制施行】
仙北市	平成17年（2005年）9月20日	仙北郡角館町・田沢湖町・西木村	【新設合併・市制施行】
大仙市	平成17年（2005年）3月22日	大曲市・仙北郡神岡町・西仙北町・中仙町・協和町・南外村・仙北町・太田町	【新設合併】
にかほ市	平成17年（2005年）10月1日	由利郡仁賀保町・金浦町・象潟町	【新設合併・市制施行】
能代市	平成18年（2006年）3月21日	能代市・山本郡二ツ井町	【新設合併】
湯沢市	平成17年（2005年）3月22日	湯沢市・雄勝郡稲川町・雄勝町・皆瀬村	【新設合併】
由利本荘市	平成17年（2005年）3月22日	本荘市・由利郡矢島町・岩城町・由利町・西目町・鳥海町・東由利町・大内町	【新設合併】
横手市	平成17年（2005年）10月1日	横手市・平鹿郡増田町・平鹿町・雄物川町・大森町・十文字町・山内村・大雄村	【新設合併】

【選挙結果】

秋田県知事選挙

平成3年（1991年）4月7日実施
当④佐々木喜久
　　治　　　69　無　自民 社会 公明 現　　526,745
　　　　　　　　　　　　民社
　　中川利三郎　71　共　　　　　　　　新　　178,093
　　　　　　　　　　　　　　（投票率 76.77%）

平成7年（1995年）4月9日実施
当⑤佐々木喜久
　　治　　　73　無　自民 社会　　　現　　371,848
　　佐藤 敬夫　59　無　　　　　　　新　　320,222
　　奥井 淳二　42　共　　　　　　　新　　 31,752
　　　　　　　　　　　　　　（投票率 77.23%）

平成9年（1997年）4月20日実施

当①	寺田	典城	56	無 新進 社民 太陽 公明	新	291,589
	佐竹	敬久	49	無 自民	新	263,481
	中島	達郎	56	無 民主	新	64,549
	斎藤	重一	65	無 共産	新	36,859

（投票率 69.52%）

平成13年（2001年）4月15日実施

当②	寺田	典城	60	無	現	450,146
	村岡	兼幸	43	無 自民 公明 保守	新	226,506
	奥井	淳二	48	共	新	23,806

（投票率 73.34%）

平成17年（2005年）4月17日実施

当③	寺田	典城	64	無	現	309,614
	佐藤	正一郎	52	無	新	204,332
	谷口	賢一郎	59	無	新	49,693
	佐々木	良一	57	共	新	28,467

（投票率 63.00%）

平成21年（2009年）4月12日実施

当①	佐竹	敬久	61	無 自民 社民	新	291,150
	川口	博	61	無 民主 国新	新	234,340
	佐藤	正一郎	56	無	新	77,178
	藤本	金治	62	共	新	15,991

（投票率 67.39%）

平成25年（2013年）3月21日実施

当②	佐竹	敬久	65	無 自民 公明 社民	現	無投票

平成29年（2017年）4月9日実施

当③	佐竹	敬久	69	無 公明 社民	現	335,795
	寺田	典城	76	無	元	123,868
	山内	梅良	69	共	新	35,382

（投票率 56.83%）

秋田市長選挙

平成元年（1989年）1月29日実施

当⑤	高田	景次	73	無 自民 公明 民社	現	60,552
	石川錬治郎		49	無	新	55,303
	佐々木	茂	67	無 共産	新	13,084

（投票率 59.88%）

平成2年（1990年）5月27日実施

当①	石川錬治郎		50	無	新	66,167
	照井	清司	47	無 自民 公明 民社	新	65,027
	佐々木	良一	42	共	新	6,972

（投票率 64.17%）

平成6年（1994年）5月22日実施

当②	石川錬治郎		54	無 自民 さき みら 社連	現	83,391
	照井	清司	51	無 新生	新	37,258
	風間	幸蔵	61	無 共産	新	10,082

（投票率 57.95%）

平成10年（1998年）5月24日実施

当③	石川錬治郎		58	無 自民 民主 社民 さき 公明	現	79,925
	風間	幸蔵	65	無 共産	新	19,990

（投票率 42.49%）

平成13年（2001年）7月8日実施

当①	佐竹	敬久	53	無 自民	新	47,064
	穂積	志	44	無	新	44,776
	丸野内胡桃		56	無	新	33,671
	田中	玲子	67	無	新	7,510
	赤木	信久	63	無 共産	新	7,172

（投票率 57.40%）

平成17年（2005年）6月19日実施

当②	佐竹	敬久	57	無 民主 公明 社民	現	68,274
	佐藤	純子	48	無 共産	新	19,638

（投票率 33.71%）

平成21年（2009年）4月12日実施

当①	穂積	志	52	無	新	97,343
	丸野内胡桃		64	無	新	51,289
	佐藤	広久	56	無 共産	新	11,964

（投票率 62.22%）

平成25年（2013年）4月7日実施

当②	穂積	志	56	無 公明	現	66,854
	寺田	学	36	無	新	54,491

佐々木良一	65	共	新	6,702

（投票率49.15%）

平成29年（2017年）4月9日実施

当③	穂積 志	60	無 公明	現	87,353
	丸の内くるみ	72	無	新	47,001

（投票率51.77%）

大館市長選挙

平成3年（1991年）4月21日実施

当①	小畑 元	42	無	新	27,979
	川田 繁幸	37	無	新	17,843

（投票率88.44%）

平成7年（1995年）4月16日実施

当②	小畑 元	46	無	現	無投票

平成11年（1999年）4月18日実施

当③	小畑 元	50	無	現	無投票

平成15年（2003年）4月27日実施

当④	小畑 元	54	無	現	23,474
	島内 重昭	60	無	新	17,658

（投票率77.29%）

平成19年（2007年）4月15日実施

当⑤	小畑 元	58	無	現	無投票

平成23年（2011年）4月24日実施

当⑥	小畑 元	62	無	現	19,665
	福原 淳嗣	43	無	新	17,032
	近江屋信広	61	無	新	11,892

（投票率74.17%）

平成27年（2015年）4月26日実施

当①	福原 淳嗣	47	無	新	27,663
	小畑 元	66	無	現	18,008

（投票率72.29%）

平成31年（2019年）4月21日実施

当②	福原 淳嗣	51	無	現	24,594

麓 幸子	57	無	新	15,159

（投票率63.83%）

男鹿市長選挙

平成2年（1990年）4月15日実施

当②	菅原 慶吉	72	無	現	12,873
	加藤 義孝	67	無	新	10,079

（投票率85.98%）

平成5年（1993年）5月9日実施

当①	佐藤 一誠	47	無	新	無投票

平成9年（1997年）4月20日実施

当②	佐藤 一誠	51	無	現	13,656
	高野 寛志	53	無	新	6,230

（投票率77.63%）

平成13年（2001年）4月8日実施

当③	佐藤 一誠	55	無	現	無投票

平成17年（2005年）4月10日実施

当①	佐藤 一誠	59	無	新	無投票

平成21年（2009年）4月12日実施

当①	渡部 幸男	57	無	新	11,557
	加藤 義康	56	無	新	10,096
	高野 寛志	65	無	新	1,953

（投票率81.52%）

平成25年（2013年）3月31日実施

当②	渡部 幸男	61	無	現	無投票

平成29年（2017年）4月9日実施

当①	菅原 広二	65	無	新	9,899
	佐藤 誠	60	無	新	7,383

（投票率67.67%）

潟上市長選挙

平成17年(2005年)3月22日南秋田郡昭和町・飯田川町・天王町が新設合併・市制施行して潟上市となる

平成17年(2005年)4月17日実施

当①石川	光男	65	無	新	12,456
藤原	俊久	63	無	新	8,917

(投票率 74.33%)

平成21年(2009年)4月5日実施

当②石川	光男	69	無	現	無投票

平成25年(2013年)4月7日実施

当③石川	光男	73	無	現	9,507
佐藤	義久	68	無	新	6,144

(投票率 55.78%)

平成29年(2017年)4月9日実施

当①藤原	一成	56	無	新	10,056
中川	光博	63	無	新	7,218

(投票率 61.57%)

鹿角市長選挙

平成4年(1992年)4月19日実施

当②杉江	宗祐	52	無	現	16,762
奈良	喜三郎	62	無	新	8,272
田原	昭三	62	無	新	1,003

(投票率 81.36%)

平成8年(1996年)4月7日実施

当③杉江	宗祐	56	無	現	無投票

平成12年(2000年)4月16日実施

当①佐藤	洋輔	56	無	新	13,561
杉江	宗祐	60	無	現	13,091

(投票率 83.46%)

平成16年(2004年)4月18日実施

当②佐藤	洋輔	60	無	現	14,368
小笠原	充宏	47	無	新	9,858

柏木	修次	56	無	新	419

(投票率 78.28%)

平成17年(2005年)7月3日実施

当①児玉	一	58	無	新	13,034
柏木	修次	57	無	新	1,942

(投票率 49.39%)

平成21年(2009年)6月28日実施

当②児玉	一	62	無	現	11,199
石川	徹	44	無	新	9,589
柏木	修次	61	無	新	361

(投票率 71.39%)

平成25年(2013年)6月23日実施

当③児玉	一	66	無	現	10,999
石川	徹	48	無	新	7,945
柏木	修次	65	無	新	217

(投票率 67.69%)

平成29年(2017年)6月25日実施

当④児玉	一	70	無	現	9,314
和井内	貞光	74	無	新	7,293
福島	寿栄	73	無	新	1,085

(投票率 64.95%)

北秋田市長選挙

平成17年(2005年)3月22日北秋田郡鷹巣町・森吉町・阿仁町・合川町が新設合併・市制施行して北秋田市となる

平成17年(2005年)4月17日実施

当①岸部	陞	68	無	新	17,056
小塚	光子	58	無	新	9,030

(投票率 77.48%)

平成21年(2009年)4月12日実施

当①津谷	永光	57	無	新	17,916
岩川	徹	60	無	新	8,243

(投票率 81.65%)

平成25年(2013年)4月7日実施

当②津谷	永光	61	無	現	14,673

成田　元晴　63　無　　　　　新　　　5,641
(投票率 67.51%)

平成29年（2017年）4月2日実施
当③津谷　永光　65　無　　　　　現　　　無投票

仙北市長選挙

> 平成17年（2005年）9月20日仙北郡角館町・田沢湖町・西木村が新設合併・市制施行して仙北市となる

平成17年（2005年）10月30日実施
当①石黒　直次　65　無　　　　　新　　　9,827
　佐藤　善昭　55　無　　　　　新　　　7,417
　田代千代志　56　無　　　　　新　　　5,431
(投票率 83.92%)

平成21年（2009年）10月25日実施
当①門脇　光浩　49　無　　　　　新　　　13,229
　石黒　直次　69　無　　　　　現　　　7,037
(投票率 78.62%)

平成25年（2013年）9月29日実施
当②門脇　光浩　53　無　　　　　現　　　無投票

平成29年（2017年）10月15日実施
当③門脇　光浩　57　無　　　　　現　　　10,961
　高久　昭二　70　無　　　　　新　　　2,972
(投票率 60.71%)

大仙市長選挙

平成17年（2005年）4月17日実施
当①栗林　次美　57　無　　　　　新　　　22,070
　高野　昭次　55　無　　　　　新　　　21,780
　伊藤　稔　63　無　　　　　新　　　17,497
(投票率 78.17%)

平成21年（2009年）4月5日実施
当②栗林　次美　61　無　　　　　現　　　無投票

平成25年（2013年）3月31日実施
当③栗林　次美　65　無　　　　　現　　　無投票

平成29年（2017年）4月9日実施
当①老松　博行　62　無　　　　　新　　　27,718
　武田　隆　65　無　　　　　新　　　18,349
(投票率 64.48%)

（大曲市長選挙）

平成3年（1991年）9月22日実施
当②高橋　司　62　無　　　　　現　　　無投票

平成7年（1995年）9月24日実施
当③高橋　司　66　無　　　　　現　　　無投票

平成11年（1999年）9月26日実施
当④高橋　司　70　無　　　　　現　　　13,281
　石塚　柏　52　無　　　　　新　　　10,279
(投票率 75.27%)

平成15年（2003年）10月5日実施
当①栗林　次美　55　無　　　　　新　　　9,509
　高野　昭次　54　無　　　　　新　　　9,348
　石塚　柏　56　無　　　　　新　　　6,160
(投票率 79.35%)

※平成17年（2005年）3月22日大曲市は仙北郡神岡町・西仙北町・中仙町・協和町・南外村・仙北町・太田町と新設合併して大仙市となる

にかほ市長選挙

> 平成17年（2005年）10月1日由利郡仁賀保町・金浦町・象潟町が新設合併・市制施行してにかほ市となる

平成17年（2005年）11月13日実施
当①横山　忠長　58　無　　　　　新　　　10,539
　佐々木清勝　66　無　　　　　新　　　9,379
(投票率 83.89%)

平成21年（2009年）10月25日実施
当②横山　忠長　62　無　　　　　現　　　10,078

佐々木　清勝　70　無　　　　　新　　　9,109
　　　　　　　　　　　　　　　（投票率82.77％）

平成25年（2013年）10月27日実施

当③横山　忠長　66　無　　　　　現　　　8,973
　　佐藤ちづ子　65　無　　　　　新　　　6,206
　　　　　　　　　　　　　　　（投票率68.79％）

平成29年（2017年）10月29日実施

当①市川　雄次　50　無　　　　　新　　　7,707
　　渋谷　正敏　69　無　　　　　新　　　7,595
　　　　　　　　　　　　　　　（投票率70.97％）

能代市長選挙

平成3年（1991年）4月14日実施

当②宮腰　洋逸　56　無　　　　　現　　　無投票

平成7年（1995年）4月23日実施

当③宮腰　洋逸　60　無　　　　　現　　　24,136
　　豊沢　有兄　51　無　　　　　新　　　11,594
　　　　　　　　　　　　　　　（投票率82.97％）

平成11年（1999年）4月25日実施

当④宮腰　洋逸　64　無　　　　　現　　　20,243
　　豊沢　有兄　55　無　　　　　新　　　14,582
　　　　　　　　　　　　　　　（投票率80.37％）

平成15年（2003年）4月27日実施

当①豊沢　有兄　59　無　　　　　新　　　16,966
　　能登　祐一　56　無　　　　　新　　　14,820
　　田中　久子　51　無　　　　　新　　　2,588
　　　　　　　　　　　　　　　（投票率80.07％）

平成18年（2006年）4月23日実施

当①斉藤　滋宣　53　無　　　　　新　　　25,643
　　豊沢　有兄　62　無　　　　　新　　　16,591
　　　　　　　　　　　　　　　（投票率80.32％）

平成22年（2010年）4月11日実施

当②斉藤　滋宣　57　無　　　　　現　　　無投票

平成26年（2014年）4月20日実施

当③斉藤　滋宣　61　無　　　　　現　　　21,920
　　清水　雅史　29　無　　　　　新　　　12,341
　　　　　　　　　　　　　　　（投票率71.05％）

平成30年（2018年）4月15日実施

当④斉藤　滋宣　65　無　　　　　現　　　18,656
　　小野　　立　39　無　　　　　新　　　12,105
　　　　　　　　　　　　　　　（投票率66.35％）

湯沢市長選挙

平成2年（1990年）4月15日実施

当③高畑　　進　63　無　　　　　現　　　無投票

平成6年（1994年）4月17日実施

当①二坂　信邦　47　無　　　　　新　　　12,247
　　永井　邦右　55　無　　　　　新　　　10,770
　　　　　　　　　　　　　　　（投票率83.57％）

平成10年（1998年）4月12日実施

当②二坂　信邦　51　無　　　　　現　　　無投票

平成14年（2002年）4月21日実施

当①鈴木　俊夫　51　無　　　　　新　　　11,732
　　二坂　信邦　55　無　　　　　現　　　9,606
　　　　　　　　　　　　　　　（投票率77.22％）

平成17年（2005年）4月17日実施

当①鈴木　俊夫　54　無　　　　　新　　　13,993
　　二坂　信邦　58　無　　　　　新　　　10,334
　　遠藤　幸次　58　無　　　　　新　　　6,419
　　菅　　義雄　61　無　　　　　新　　　6,125
　　　　　　　　　　　　　　　（投票率80.18％）

平成21年（2009年）4月12日実施

当①斉藤　光喜　62　無　　　　　新　　　16,417
　　鈴木　俊夫　58　無　　　　　現　　　15,793
　　　　　　　　　　　　　　　（投票率73.20％）

平成25年（2013年）4月7日実施

当②斉藤　光喜　66　無　　　　　現　　　14,423

鈴木　俊夫　62　無　　　　前　　14,101
(投票率67.72％)

平成29年(2017年)4月9日実施

当②鈴木　俊夫　66　無　　　　元　　 8,109
　　菅原　　大　48　無　　　　新　　 7,438
　　由利　昌司　68　無　　　　新　　 7,378
　　高橋　　健　38　無　　　　新　　 4,659
(投票率68.31％)

由利本荘市長選挙

平成17年(2005年)3月22日本荘市・由利郡矢島町・岩城町・由利町・西目町・鳥海町・東由利町・大内町が新設合併して由利本荘市となる

平成17年(2005年)4月17日実施

当①柳田　　弘　74　無　　　　新　　27,258
　　長谷部　誠　54　無　　　　新　　26,553
(投票率73.92％)

平成21年(2009年)4月12日実施

当①長谷部　誠　58　無　　　　新　　28,146
　　渡部　聖一　56　無　　　　新　　23,777
(投票率72.97％)

平成25年(2013年)3月31日実施

当②長谷部　誠　62　無　　　　現　　無投票

平成29年(2017年)4月2日実施

当③長谷部　誠　66　無　　　　現　　無投票

(本荘市長選挙)

平成3年(1991年)1月27日実施

当①柳田　　弘　59　無　　　　新　　14,194
　　小番　宜一　57　無　　　　現　　13,340
(投票率84.50％)

平成7年(1995年)1月29日実施

当②柳田　　弘　63　無　　　　現　　13,906
　　小番　宜一　61　無　　　　前　　11,177
(投票率74.97％)

平成11年(1999年)1月31日実施

当③柳田　　弘　67　無　　　　現　　14,490
　　尾留川俊一　53　無　　　　新　　10,009
(投票率70.49％)

平成15年(2003年)1月26日実施

当④柳田　　弘　71　無　　　　現　　無投票

※平成17年(2005年)3月22日本荘市は由利郡矢島町・岩城町・由利町・西目町・鳥海町・東由利町・大内町と新設合併して由利本荘市となる

横手市長選挙

平成3年(1991年)4月21日実施

当①寺田　典城　50　無　　　　新　　13,819
　　柿崎　　実　49　無　　　　新　　 9,159
　　高橋　勝義　51　無　　　　新　　 4,509
　　伊藤孫五郎　66　無　　　　新　　　 958
(投票率90.45％)

平成7年(1995年)4月16日実施

当②寺田　典城　54　無　　　　現　　無投票

平成9年(1997年)4月20日実施

当①五十嵐忠悦　49　無　　　　新　　20,416
　　伊藤　政美　49　無　　　　新　　 4,200
(投票率80.65％)

平成13年(2001年)4月8日実施

当②五十嵐忠悦　53　無　　　　現　　無投票

平成17年(2005年)4月10日実施

当③五十嵐忠悦　57　無　　　　現　　無投票

平成17年(2005年)10月23日実施

当①五十嵐忠悦　58　無　　　　新　　31,886
　　柿崎　幹夫　57　無　　　　新　　25,514
　　永瀬　良孝　59　無　　　　新　　14,737
(投票率84.03％)

平成21年(2009年)10月18日実施

当②五十嵐忠悦　62　無　　　　現　　34,431

秋田県

　千田　孝八　59　無　　　　新　　28,618
　　　　　　　　　　　　　　（投票率 75.99%）

平成25年（2013年）10月20日実施

当①高橋　　大　37　無　　　　新　　28,063
　五十嵐忠悦　66　無　　　　現　　27,578
　　　　　　　　　　　　　　（投票率 68.72%）

平成29年（2017年）10月15日実施

当②高橋　　大　41　無　　　　現　　37,200
　五十嵐忠悦　70　無　　　　前　　16,375
　　　　　　　　　　　　　　（投票率 68.31%）

山　形　県

県庁所在地　　山形市
市　　　数　　13市（平成31年4月現在）
市　　　名　　山形市・尾花沢市・上山市・寒河江市・酒田市・新庄市・鶴岡市・天童市・長井市・南陽市・東根市・村山市・米沢市

【市に関わる合併・市制施行・名称変更】

市名	実施年月日	関係市町村名等	合併等の内容
酒田市	平成17年（2005年）11月1日	酒田市・飽海郡八幡町・松山町・平田町	【新設合併】
鶴岡市	平成17年（2005年）10月1日	鶴岡市・東田川郡藤島町・羽黒町・櫛引町・朝日村・西田川郡温海町	【新設合併】

【選挙結果】

山形県知事選挙

平成元年（1989年）10月8日実施

当⑤板垣清一郎　74　無　自民 公明 民社 社連　現　403,146
　　毛利　健治　67　無　共産　新　154,422
　　　　　　　　　　　　　　　（投票率 60.14%）

平成5年（1993年）2月14日実施

当①高橋　和雄　62　無　社会 社連 日新　新　334,030
　　土田　正剛　49　無　自民 公明 民社 スポ　新　292,803
　　降矢　敬義　72　無　　　　新　30,374
　　毛利　健治　71　無　共産　新　29,290
　　榎本　和平　66　無　　　　新　21,972
　　　　　　　　　　　　　　　（投票率 74.98%）

平成9年（1997年）1月26日実施

当②高橋　和雄　66　無　自民 新進 社民 公明　現　404,677
　　井上　龍男　56　共　　　　新　64,653
　　　　　　　　　　　　　　　（投票率 49.07%）

平成13年（2001年）1月28日実施

当③高橋　和雄　70　無　自民 民主 公明 社民　現　372,466
　　鈴木　輝男　68　無　共産　新　96,905
　　　　　　　　　　　　　　　（投票率 48.81%）

平成17年（2005年）1月23日実施

当①斎藤　　弘　47　無　　　　新　275,455
　　高橋　和雄　74　無　社民　現　270,978
　　本間　和也　50　無　共産　新　30,877
　　　　　　　　　　　　　　　（投票率 59.32%）

平成21年（2009年）1月25日実施

当①吉村美栄子　57　無　　　　新　320,324
　　斎藤　　弘　51　無　　　　現　309,612
　　　　　　　　　　　　　　　（投票率 65.51%）

平成25年（2013年）1月10日実施

当②吉村美栄子　61　無　　　　現　無投票

平成29年（2017年）1月5日実施

当③吉村美栄子　65　無　　　　現　無投票

山形市長選挙

平成2年（1990年）10月21日実施

当⑦	金沢	忠雄	71	無	社会 共産 民社 社連	現	70,040
	吉村	和夫	59	無	自民	新	68,646

（投票率 77.00%）

平成6年（1994年）11月6日実施

当① 佐藤幸次郎 61 無 社会 公明 日新 民社 共産 新 72,057
吉村 和夫 63 無 新 68,425
（投票率 75.00%）

平成10年（1998年）10月25日実施

当② 佐藤幸次郎 65 無 自民 民主 社民 公明 現 62,125
鈴木 洋樹 40 無 新 19,703
（投票率 42.67%）

平成12年（2000年）2月6日実施

当① 吉村 和夫 68 無 民主 新 66,837
柿崎喜世樹 52 無 自民 社民 新 50,139
青木 勝 52 共 新 8,129
（投票率 64.13%）

平成15年（2003年）9月28日実施

当① 市川 昭男 62 無 民主 公明 社民 新 60,204
柿崎喜世樹 56 無 新 22,495
青木 勝 56 無 共産 新 8,100
川合 直美 54 無 新 2,561
（投票率 47.29%）

平成19年（2007年）9月16日実施

当② 市川 昭男 66 無 民主 共産 社民 現 53,723
加藤 円治 72 無 新 4,449
川合 直美 58 無 新 3,189
（投票率 31.36%）

平成23年（2011年）9月18日実施

当③ 市川 昭男 70 無 民主 共産 社民 現 47,381
佐藤 孝弘 35 無 自民 新 36,559
長岡 寿一 60 無 新 11,737
（投票率 47.60%）

平成27年（2015年）9月13日実施

当① 佐藤 孝弘 39 無 自民 公明 次世 改革 新 56,369
梅津 庸成 48 無 民主 共産 社民 生山 新 54,596
五十嵐右二 64 無 新 3,737
（投票率 56.94%）

尾花沢市長選挙

平成2年（1990年）7月15日実施

当② 星川 剛 63 無 現 8,030
佐藤 俊三 55 無 新 5,779
大類 高力 55 無 新 2,976
（投票率 91.99%）

平成6年（1994年）7月17日実施

当③ 星川 剛 67 無 現 8,162
小野 紀男 53 無 新 8,004
（投票率 89.80%）

平成10年（1998年）7月12日実施

当① 小野 紀男 57 無 新 8,069
星川 剛 71 無 現 7,862
（投票率 90.18%）

平成14年（2002年）7月14日実施

当② 小野 紀男 61 無 現 9,063
三宅太一郎 66 無 新 5,312
（投票率 82.38%）

平成18年（2006年）7月9日実施

当③ 小野 紀男 65 無 現 無投票

平成22年（2010年）7月25日実施

当① 加藤 国洋 63 無 新 6,946
菅原 信博 59 無 新 6,087
（投票率 80.91%）

平成26年（2014年）7月13日実施

当② 加藤 国洋 67 無 現 8,461
有路 豊治 72 無 新 1,173
（投票率 65.54%）

平成30年（2018年）7月15日実施

当①菅根　光雄　67　無　　　　新　　5,414
　　結城　裕　　61　無　　　　新　　5,188
　　　　　　　　　　　　　　（投票率76.08％）

上山市長選挙

平成3年（1991年）7月7日実施

当③永田　亀昭　68　無　　　　現　　14,711
　　大場　重弥　58　無　　　　新　　 8,630
　　　　　　　　　　　　　　（投票率81.80％）

平成7年（1995年）6月25日実施

当④永田　亀昭　72　無　　　　現　　無投票

平成11年（1999年）2月14日実施

当①阿部　実　　62　無　　　　新　　12,770
　　吉田　明　　47　無　　　　新　　10,087
　　　　　　　　　　　　　　（投票率77.43％）

平成15年（2003年）2月2日実施

当②阿部　実　　66　無　　　　現　　無投票

平成19年（2007年）2月4日実施

当①横戸長兵衛　60　無　　　　新　　9,144
　　枝松　直樹　51　無　　　　新　　6,117
　　奥村　博　　57　無　　　　新　　3,785
　　門馬　徹　　56　無　　　　新　　2,274
　　　　　　　　　　　　　　（投票率73.12％）

平成23年（2011年）3月20日実施

当②横戸長兵衛　64　無　　　　前　　無投票

平成27年（2015年）4月19日実施

当③横戸長兵衛　68　無　　　　現　　無投票

平成31年（2019年）4月21日実施

当④横戸長兵衛　72　無　　　　現　　10,354
　　柴田　悦夫　67　無　　　　新　　 5,705
　　　　　　　　　　　　　　（投票率62.52％）

寒河江市長選挙

平成4年（1992年）12月13日実施

当③佐藤　誠六　62　無　　　　現　　無投票

平成8年（1996年）12月22日実施

当④佐藤　誠六　66　無　　　　現　　17,064
　　太田　俊晴　51　無　　　　新　　 5,634
　　　　　　　　　　　　　　（投票率69.08％）

平成12年（2000年）12月17日実施

当⑤佐藤　誠六　70　無　　　　現　　無投票

平成16年（2004年）12月26日実施

当⑥佐藤　誠六　74　無　　　　現　　14,055
　　松田　伸一　67　無　　　　新　　 7,726
　　　　　　　　　　　　　　（投票率63.51％）

平成20年（2008年）12月21日実施

当①佐藤　洋樹　58　無　　　　新　　14,467
　　柏倉　信一　53　無　　　　新　　 8,423
　　　　　　　　　　　　　　（投票率66.50％）

平成24年（2012年）12月16日実施

当②佐藤　洋樹　62　無　　　　現　　無投票

平成28年（2016年）12月18日実施

当③佐藤　洋樹　66　無　　　　現　　無投票

酒田市長選挙

平成3年（1991年）4月21日実施

当①大沼　昭　　61　無　　　　新　　31,515
　　大谷　良雄　61　無　　　　新　　15,480
　　今野　治郎　63　無　　　　新　　15,373
　　　　　　　　　　　　　　（投票率83.84％）

平成7年（1995年）4月23日実施

当②大沼　昭　　65　無　　　　現　　38,342
　　赤谷　孝士　58　無　　　　新　　16,621
　　　　　　　　　　　　　　（投票率72.81％）

山形県

平成11年（1999年）4月25日実施

当①阿部 寿一	39	無	新	40,571
大沼 昭	69	無	現	20,559
赤谷 孝士	62	無	新	1,574

（投票率80.04%）

平成15年（2003年）4月27日実施

当②阿部 寿一	43	無	現	36,943
斎藤 幸彦	59	無	新	12,351
小野寺良信	53	無	新	6,120

（投票率71.51%）

平成17年（2005年）11月13日実施

当①阿部 寿一	46	無	新	43,333
岡崎 理香	45	無	新	24,839

（投票率72.44%）

平成21年（2009年）11月8日実施

当②阿部 寿一	50	無	現	33,912
梅津 準士	58	無	新	30,893
堀 大常	75	無	新	1,593

（投票率72.15%）

平成24年（2012年）10月28日実施

当①本間 正巳	65	無	新	28,553
和嶋 未希	40	無	新	24,981

（投票率59.32%）

平成27年（2015年）9月6日実施

当①丸山 至	61	無	新	28,843
和嶋 未希	43	無	新	23,845

（投票率59.57%）

新庄市長選挙

平成元年（1989年）11月12日実施

当①高橋栄一郎	53	無	新	14,323
柴崎 政徳	62	無	新	11,576

（投票率84.26%）

平成5年（1993年）10月31日実施

当②高橋栄一郎	57	無	現	無投票

平成9年（1997年）11月16日実施

当③高橋栄一郎	61	無	現	14,424
矢口 広義	49	共	新	3,247

（投票率56.34%）

平成13年（2001年）11月4日実施

当④高橋栄一郎	65	無	現	無投票

平成17年（2005年）11月13日実施

当⑤高橋栄一郎	69	無	現	11,720
山尾 順紀	53	無	新	9,846

（投票率67.31%）

平成19年（2007年）9月30日実施

当①山尾 順紀	55	無	新	12,460
八鍬 長一	59	無	新	10,491

（投票率72.38%）

平成23年（2011年）9月4日実施

当②山尾 順紀	59	無	現	無投票

平成27年（2015年）9月13日実施

当③山尾 順紀	63	無	現	12,079
渡部 泰山	65	無	新	7,712

（投票率65.97%）

鶴岡市長選挙

平成3年（1991年）11月17日実施

当①富塚 陽一	60	無	新	33,300
菅原 丈男	44	共	新	7,063

（投票率54.39%）

平成7年（1995年）11月19日実施

当②富塚 陽一	64	無	現	32,729
遠藤喜一郎	59	共	新	7,470
赤谷 孝士	58	無	新	1,977

（投票率55.08%）

平成11年（1999年）11月21日実施

当③富塚 陽一	68	無	現	29,362
佐藤 智恵	63	無	新	7,496

上林　力雄 76　無　　　　新　　　3,607
(投票率 52.08%)

平成15年（2003年）11月9日実施

当④富塚　陽一 72　無　　　　現　　　36,610
　綱島不二雄 64　無　　　　新　　　18,470
(投票率 71.16%)

平成17年（2005年）10月16日実施

当①富塚　陽一 74　無　　　　新　　　無投票

平成21年（2009年）10月11日実施

当①榎本　政規 60　無　　　　新　　　41,515
　草島　進一 44　無　　　　新　　　26,828
　芳賀　　誠 67　無　　　　新　　　13,710
(投票率 73.85%)

平成25年（2013年）10月6日実施

当②榎本　政規 64　無　　　　現　　　無投票

平成29年（2017年）10月15日実施

当①皆川　　治 43　無　　　　新　　　42,443
　榎本　政規 68　無　　　　現　　　31,261
(投票率 68.34%)

天童市長選挙

平成元年（1989年）2月12日実施

当②鈴木　雅広 60　無　　　　現　　　無投票

平成5年（1993年）2月7日実施

当③鈴木　雅広 64　無　　　　現　　　無投票

平成9年（1997年）2月16日実施

当①遠藤　　登 67　無　　　　新　　　21,060
　鈴木　雅広 68　無　　　　現　　　15,510
　国井　一之 62　無　　　　新　　　　 419
(投票率 80.32%)

平成13年（2001年）2月11日実施

当②遠藤　　登 71　無　　　　現　　　無投票

平成17年（2005年）2月20日実施

当③遠藤　　登 75　無　　　　現　　　17,719
　鈴木　照一 36　無　　　　新　　　16,542
(投票率 68.93%)

平成20年（2008年）12月21日実施

当①山本　信治 61　無　　　　新　　　17,544
　海鋒　孝志 58　無　　　　新　　　16,323
(投票率 67.94%)

平成24年（2012年）11月18日実施

当②山本　信治 65　無　　　　現　　　無投票

平成28年（2016年）11月20日実施

当③山本　信治 69　無　　　　現　　　無投票

長井市長選挙

平成2年（1990年）11月18日実施

当①平　　恒夫 52　無　　　　新　　　12,169
　斎藤伊太郎 66　無　　　　現　　　10,411
(投票率 90.38%)

平成6年（1994年）11月13日実施

当②平　　恒夫 56　無　　　　現　　　無投票

平成10年（1998年）11月15日実施

当①目黒　栄樹 52　無　　　　新　　　10,273
　平　　恒夫 60　無　　　　現　　　10,131
(投票率 81.22%)

平成14年（2002年）11月17日実施

当②目黒　栄樹 56　無　　　　現　　　13,196
　高橋　孝夫 52　無　　　　新　　　 5,954
(投票率 76.60%)

平成18年（2006年）11月19日実施

当①内谷　重治 50　無　　　　新　　　 6,207
　大道寺　信 56　無　　　　新　　　 6,113
　斎藤　裕之 45　無　　　　新　　　 5,068
　飯沢　健司 59　無　　　　新　　　 1,770
(投票率 78.19%)

山形県

平成22年（2010年）11月14日実施

当②内谷　重治　54　無　　　現　　無投票

平成26年（2014年）11月16日実施

当③内谷　重治　58　無　　　現　　　9,779
　　我妻　　昇　43　無　　　新　　　5,985
　　　　　　　　　　　　　　（投票率 68.61%）

平成30年（2018年）11月18日実施

当④内谷　重治　62　無　　　現　　　9,338
　　今泉　義憲　85　共　　　新　　　2,283
　　　　　　　　　　　　　　（投票率 51.82%）

南陽市長選挙

平成2年（1990年）7月8日実施

当②大竹　俊博　50　無　　　現　　無投票

平成6年（1994年）7月10日実施

当③大竹　俊博　54　無　　　現　　　12,801
　　和田　　広　42　無　　　新　　　10,847
　　　　　　　　　　　　　　（投票率 84.92%）

平成10年（1998年）7月26日実施

当①荒井　幸昭　58　無　　　新　　　9,435
　　島貫　仁男　54　無　　　新　　　6,296
　　高岡　亮一　51　無　　　新　　　5,335
　　　　　　　　　　　　　　（投票率 74.84%）

平成14年（2002年）7月5日実施

当②荒井　幸昭　62　無　　　現　　無投票

平成18年（2006年）7月14日実施

当①塩田　秀雄　53　無　　　新　　　9,340
　　荒井　幸昭　66　無　　　現　　　9,148
　　　　　　　　　　　　　　（投票率 66.42%）

平成22年（2010年）7月4日実施

当②塩田　秀雄　57　無　　　現　　無投票

平成26年（2014年）7月13日実施

当①白岩　孝夫　45　無　　　新　　　12,716
　　塩田　秀雄　61　無　　　現　　　5,733
　　　　　　　　　　　　　　（投票率 68.69%）

平成30年（2018年）7月15日実施

当②白岩　孝夫　49　無　　　現　　無投票

東根市長選挙

平成2年（1990年）8月26日実施

当①伊勢　辰雄　64　無　　　新　　　10,465
　　青柳　　忠　59　無　　　新　　　8,688
　　須藤　純光　64　無　　　新　　　7,759
　　　　　　　　　　　　　　（投票率 85.37%）

平成6年（1994年）8月21日実施

当②伊勢　辰雄　68　無　　　現　　無投票

平成10年（1998年）8月16日実施

当①土田　正剛　54　無　　　新　　無投票

平成14年（2002年）8月18日実施

当②土田　正剛　58　無　　　現　　無投票

平成18年（2006年）8月17日実施

当③土田　正剛　62　無　　　現　　無投票

平成22年（2010年）8月22日実施

当④土田　正剛　66　無　　　現　　無投票

平成26年（2014年）8月24日実施

当⑤土田　正剛　70　無　　　現　　無投票

平成30年（2018年）8月19日実施

当⑥土田　正剛　74　無　　　現　　無投票

村山市長選挙

平成2年（1990年）5月27日実施

当③佐藤昌一郎　62　無　　　現　　無投票

平成6年（1994年）5月22日実施

当④佐藤昌一郎　66　無　　　現　　無投票

平成10年（1998年）5月24日実施

当⑤佐藤昌一郎 70 無 　　　　現　　無投票

平成14年（2002年）5月19日実施

当①菊池　汪夫 57 無 　　　　新　　無投票

平成17年（2005年）9月11日実施

当①佐藤　　清 61 無 　　　　新　　10,130
　海老名幸司 57 無 　　　　新　　 8,453
　　　　　　　　　　　（投票率 81.19%）

平成21年（2009年）8月30日実施

当②佐藤　　清 65 無 　　　　現　　 9,581
　志布　隆夫 58 無 　　　　新　　 7,846
　井沢　秋雄 67 無 　　　　新　　　957
　　　　　　　　　　　（投票率 80.82%）

平成25年（2013年）9月1日実施

当①志布　隆夫 62 無 　　　　新　　 8,584
　佐藤　　清 69 無 　　　　現　　 7,014
　　　　　　　　　　　（投票率 71.41%）

平成29年（2017年）8月27日実施

当②志布　隆夫 66 無 　　　　現　　無投票

米沢市長選挙

平成3年（1991年）12月1日実施

当③髙橋　幸翁 57 無 　　　　現　　25,382
　髙橋　英夫 36 無 　　　　新　　10,021
　　　　　　　　　　　（投票率 51.20%）

平成7年（1995年）11月26日実施

当④髙橋　幸翁 61 無 　　　　現　　23,017
　安部三十郎 42 無 　　　　新　　17,185
　　　　　　　　　　　（投票率 56.14%）

平成11年（1999年）11月28日実施

当⑤髙橋　幸翁 65 無 　　　　現　　24,179
　安部三十郎 46 無 　　　　新　　20,383
　井熊　征一 58 無 　　　　新　　 1,470
　　　　　　　　　　　（投票率 63.25%）

平成15年（2003年）11月30日実施

当①安部三十郎 50 無 　　　　新　　24,703
　大久保利之 59 無 　　　　新　　19,862
　斎藤　　浩 49 無 　　　　新　　 3,013
　　　　　　　　　　　（投票率 65.46%）

平成19年（2007年）11月25日実施

当②安部三十郎 54 無 　　　　現　　23,898
　野村　研三 61 無 　　　　新　　15,128
　川野　裕章 48 無 　　　　新　　 5,401
　鈴木　睦夫 63 無 　　　　新　　　853
　　　　　　　　　　　（投票率 63.33%）

平成23年（2011年）11月27日実施

当③安部三十郎 58 無 　　　　現　　24,800
　関谷　幸子 61 無 　　　　新　　 6,366
　鈴木　睦夫 67 無 　　　　新　　 3,035
　　　　　　　　　　　（投票率 49.78%）

平成27年（2015年）11月22日実施

当①中川　　勝 65 無 　　　　新　　20,911
　安部三十郎 62 無 　　　　現　　18,837
　　　　　　　　　　　（投票率 58.74%）

福島県　　　地方選挙総覧＜知事・市長・特別区長＞ 平成篇1989-2019

福島県

県庁所在地　　福島市
市　　数　　13市（平成31年4月現在）
市　　名　　福島市・会津若松市・いわき市・喜多方市・郡山市・白河市・須賀川市・相馬市・伊達市・田村市・二本松市・南相馬市（原町市）・本宮市

※（ ）内は廃止された市

【市に関わる合併・市制施行・名称変更】

市名	実施年月日	関係市町村名等	合併等の内容
福島市	平成20年（2008年）7月1日	福島市・伊達郡飯野町	【編入合併】
会津若松市	平成16年（2004年）11月1日	会津若松市・北会津郡北会津村	【編入合併】
	平成17年（2005年）11月1日	会津若松市・河沼郡河東町	【編入合併】
喜多方市	平成18年（2006年）1月4日	喜多方市・耶麻郡熱塩加納村・塩川町・山都町・高郷村	【新設合併】
白河市	平成17年（2005年）11月7日	白河市・西白河郡表郷村・東村・大信村	【新設合併】
須賀川市	平成17年（2005年）4月1日	須賀川市・岩瀬郡長沼町・岩瀬村	【編入合併】
伊達市	平成18年（2006年）1月1日	伊達郡伊達町・梁川町・保原町・霊山町・月舘町	【新設合併・市制施行】
田村市	平成17年（2005年）3月1日	田村郡滝根町・大越町・都路村・常葉町・船引町	【新設合併・市制施行】
二本松市	平成17年（2005年）12月1日	二本松市・安達郡安達町・岩代町・東和町	【新設合併】
南相馬市	平成18年（2006年）1月1日	原町市・相馬郡鹿島町・小高町	【新設合併】
本宮市	平成19年（2007年）1月1日	安達郡本宮町・白沢村	【新設合併・市制施行】

【選挙結果】

福島県知事選挙

平成4年（1992年）9月6日実施
当② 佐藤栄佐久 53　無 自民 公明 民社 現　879,475
　　後藤　勝彦 50　共　　　　　　　新　 80,044
（投票率 62.63%）

平成8年（1996年）9月8日実施
当③ 佐藤栄佐久 57　無 自民 新進 社民 現　829,343
　　　　　　　　　　　さき 公明
　　山崎　満子 58　無 共産　　　　 新　131,669
（投票率 60.33%）

平成12年（2000年）9月3日実施
当④ 佐藤栄佐久 61　無 自民 民主 公明 現　781,437
　　　　　　　　　　　自由 社民
　　山口　文彦 65　無 共産　　　　 新　126,185
（投票率 55.97%）

平成16年（2004年）9月5日実施
当⑤ 佐藤栄佐久 65　無 自民 公明 社民 現　704,220

小川　英雄 55　無 共産　　　　新　　124,179
　　　　　　　　　　　　　　　　　（投票率 50.76%）

　　　　平成18年（2006年）11月12日実施
当①佐藤　雄平 58　無 民主 社民　新　　497,171
　　　森　　雅子 42　無 自民 公明　新　　395,950
　　　小川　英雄 57　無 共産　　　　新　　 38,457
　　　川田　昌成 63　無　　　　　　新　　 23,113
　　　髙橋　喜重 58　無　　　　　　新　　 10,598
　　　　　　　　　　　　　　　　　（投票率 58.77%）

　　　　平成22年（2010年）10月31日実施
当②佐藤　雄平 62　無 社民　　　　現　　609,931
　　　佐藤　克朗 55　共　　　　　　新　　 79,594
　　　　　　　　　　　　　　　　　（投票率 42.42%）

　　　　平成26年（2014年）10月26日実施
当①内堀　雅雄 50　無　　　　　　新　　490,384
　　　熊坂　義裕 62　無　　　　　　新　　129,455
　　　井戸川克隆 68　無　　　　　　新　　 29,763
　　　金子　芳尚 58　無　　　　　　新　　 25,516
　　　伊関　明子 59　無　　　　　　新　　 24,669
　　　五十嵐義隆 36　無　　　　　　新　　 17,669
　　　　　　　　　　　　　　　　　（投票率 45.85%）

　　　　平成30年（2018年）10月28日実施
当②内堀　雅雄 54　無　　　　　　現　　650,982
　　　町田　和史 42　無 共産　　　新　　 35,029
　　　髙橋　　翔 30　無　　　　　　新　　 17,159
　　　金山　　屯 78　無　　　　　　新　　 10,259
　　　　　　　　　　　　　　　　　（投票率 45.04%）

　　　法井　太閤 52　無　　　　　　新　　　7,633
　　　　　　　　　　　　　　　　　（投票率 43.56%）

　　　　平成13年（2001年）11月18日実施
当①瀬戸　孝則 54　無 自由 共産 社民 新　 63,418
　　　佐久間　博 56　無 自民 民主　　新　 59,233
　　　　　　　　　　　　　　　　　（投票率 54.64%）

　　　　平成17年（2005年）11月13日実施
当②瀬戸　孝則 58　無 民主 社民　現　　 75,250
　　　横山　俊邦 57　無 自民　　　新　　 35,332
　　　山田　　裕 50　共　　　　　　新　　　6,591
　　　法井　太閤 60　無　　　　　　新　　　4,943
　　　　　　　　　　　　　　　　　（投票率 53.86%）

　　　　平成21年（2009年）11月8日実施
当③瀬戸　孝則 62　無　　　　　　現　　 72,061
　　　山田　　裕 54　共　　　　　　新　　 16,456
　　　　　　　　　　　　　　　　　（投票率 38.18%）

　　　　平成25年（2013年）11月17日実施
当①小林　　香 54　無　　　　　　新　　 72,441
　　　瀬戸　孝則 66　無　　　　　　現　　 32,851
　　　山田　　裕 58　共　　　　　　新　　　7,620
　　　　　　　　　　　　　　　　　（投票率 49.10%）

　　　　平成29年（2017年）11月19日実施
当①木幡　　浩 57　無　　　　　　新　　 45,372
　　　小林　　香 58　無　　　　　　現　　 34,503
　　　桜田　葉子 60　無　　　　　　新　　 30,834
　　　法井　太閤 72　無　　　　　　新　　　1,858
　　　　　　　　　　　　　　　　　（投票率 47.92%）

福島市長選挙

　　　　平成5年（1993年）11月7日実施
当③吉田　修一 66　無 自民 社会 新生 現　 75,272
　　　　　　　　　　　 公明 民社
　　　山崎　満子 55　無 共産　　　　新　　 11,409
　　　　　　　　　　　　　　　　　（投票率 41.92%）

　　　　平成9年（1997年）11月9日実施
当④吉田　修一 70　無 自民 新進 民主 現　 73,958
　　　　　　　　　　　 社民 公明
　　　土田　誠一 68　無 共産　　　　新　　 12,702

会津若松市長選挙

　　　　平成3年（1991年）6月9日実施
当①山内日出夫 39　無　　　　　　新　　 33,747
　　　早川　広中 55　無　　　　　　現　　 24,642
　　　大森　義男 41　共　　　　　　新　　　1,907
　　　　　　　　　　　　　　　　　（投票率 70.96%）

　　　　平成7年（1995年）6月4日実施
当②山内日出夫 43　無　　　　　　現　　 40,430

福島県

| 武蔵　好彦 | 57 | 無 | | 新 | 14,820 |

| 斎藤　泰 | 42 | 共 | | 新 | 1,333 |

（投票率64.51％）

平成11年（1999年）4月25日実施

当①菅家　一郎　43　無　　　新　　26,896
　　古川洋一郎　60　無　　　新　　23,276
　　真壁　宏彰　50　無　　　新　　12,325
　　佐々木精一　61　無　　　新　　 1,415
（投票率73.21％）

平成15年（2003年）4月27日実施

当②菅家　一郎　47　無　　　現　　36,979
　　渡部　豊一　61　無　　　新　　23,742
（投票率69.65％）

平成19年（2007年）4月22日実施

当③菅家　一郎　51　無　　　現　　29,536
　　栗城　春夫　56　無　　　新　　18,702
　　渡部　豊一　65　無　　　新　　14,228
　　阿部　光正　56　無　　　新　　 6,984
（投票率69.51％）

平成23年（2011年）8月7日実施

当①室井　照平　55　無　　　新　　30,887
　　栗城　春夫　60　無　　　新　　27,824
（投票率59.99％）

平成27年（2015年）7月19日実施

当②室井　照平　59　無　　　現　　無投票

いわき市長選挙

平成2年（1990年）9月30日実施

当①岩城　光英　40　無　　　新　　105,216
　　上坂　昇　　72　無　　　新　　 73,117
（投票率68.09％）

平成6年（1994年）9月25日実施

当②岩城　光英　44　無　　　現　　102,637
　　長谷部郁子　61　無　　　新　　 20,239
（投票率45.31％）

平成9年（1997年）9月28日実施

当①四家　啓助　62　無　　　新　　78,479
　　鈴木　久　　57　無　　　新　　73,076
（投票率54.70％）

平成13年（2001年）9月16日実施

当②四家　啓助　66　無　　　現　　74,049
　　鈴木　久　　61　無　　　新　　55,714
　　溝口　民子　54　無　　　新　　10,991
（投票率49.77％）

平成17年（2005年）9月11日実施

当①櫛田　一男　68　無　　　新　　109,719
　　四家　啓助　70　無　　　現　　 84,769
（投票率69.30％）

平成21年（2009年）9月13日実施

当①渡辺　敬夫　63　無　　　新　　82,131
　　櫛田　一男　72　無　　　現　　74,044
（投票率56.02％）

平成25年（2013年）9月8日実施

当①清水　敏男　50　無　　　新　　55,367
　　渡辺　敬夫　67　無　　　現　　48,179
　　宇佐美　登　46　無　　　新　　31,402
　　五十嵐義隆　35　無　　　新　　 3,377
（投票率51.13％）

平成29年（2017年）9月10日実施

当②清水　敏男　54　無　　　現　　59,814
　　渡辺　敬夫　71　無　　　前　　37,670
　　宇佐美　登　50　無　　　新　　36,411
（投票率49.13％）

喜多方市長選挙

平成2年（1990年）4月22日実施

当②飯野陽一郎　65　無　　　現　　13,048
　　風間豊三郎　65　無　　　新　　11,348
（投票率90.01％）

平成6年（1994年）4月17日実施

当③飯野陽一郎	69	無	現	12,515
上野　正雄	49	無	新	6,309

（投票率70.27%）

平成10年（1998年）4月19日実施

当①白井　英男	55	無	新	9,611
上野　正雄	53	無	新	6,445
風間　正光	57	無	新	6,213
篠田　恵子	62	無	新	1,101

（投票率83.63%）

平成14年（2002年）4月21日実施

当②白井　英男	59	無	現	11,181
田中　一光	54	無	新	5,841

（投票率61.54%）

平成18年（2006年）2月5日実施

当①白井　英男	63	無	新	無投票

平成22年（2010年）1月24日実施

当①山口　信也	69	無	新	12,502
飯野雄太郎	58	無	新	8,952
白井　英男	67	無	現	6,553
上野　正雄	65	無	新	4,214

（投票率75.28%）

平成26年（2014年）1月26日実施

当②山口　信也	73	無	現	14,842
浅見　彰宏	44	無	新	6,886

（投票率52.93%）

平成30年（2018年）1月28日実施

当①遠藤　忠一	70	無	新	12,611
菅野　康裕	62	無	新	10,096

（投票率56.21%）

郡山市長選挙

平成元年（1989年）4月2日実施

当②青木　久	66	無	現	74,053
藤森　英二	56	無	新	73,188

渡辺　昭好	48	共	新	5,851

（投票率71.27%）

平成5年（1993年）4月4日実施

当①藤森　英二	60	無	新	88,395
柳沼　秀雄	56	無	新	62,911

（投票率67.55%）

平成9年（1997年）4月13日実施

当②藤森　英二	64	無	現	86,469
溝井　康之	56	無	新	44,302
森谷　稔	42	無	新	6,473

（投票率57.75%）

平成13年（2001年）4月8日実施

当③藤森　英二	68	無	現	84,210
松崎　信夫	43	無	新	20,038

（投票率42.60%）

平成17年（2005年）4月10日実施

当①原　正夫	61	無	新	69,565
佐藤　憲保	50	無	新	43,829
諸橋　泰夫	42	無	新	28,590
佐藤　克朗	50	共	新	4,823

（投票率57.43%）

平成21年（2009年）4月12日実施

当②原　正夫	65	無	現	72,235
品川　万里	64	無	新	61,401

（投票率51.54%）

平成25年（2013年）4月14日実施

当①品川　万里	68	無	新	61,468
原　正夫	69	無	現	53,812

（投票率45.01%）

平成29年（2017年）4月16日実施

当②品川　万里	72	無	現	67,354
浜津　和子	63	無	新	33,363

（投票率38.05%）

白河市長選挙

平成元年（1989年）4月16日実施
当③	今井　英二	58	無	元	13,141
	小野亀八郎	67	無	現	12,940
	小島　新平	44	共	新	1,514

（投票率 88.64％）

平成5年（1993年）4月4日実施
当④	今井　英二	62	無	現	無投票

平成6年（1994年）8月28日実施
当①	今井　忠光	58	無	新	11,389
	田中　　茂	46	無	新	7,280
	藤田弥五兵衛	56	無	新	7,194
	花坂　三吉	50	共	新	743

（投票率 79.82％）

平成10年（1998年）8月9日実施
当②	今井　忠光	62	無	現	15,066
	吉田　雅夫	59	無	新	4,637

（投票率 57.36％）

平成14年（2002年）8月4日実施
当①	成井　英夫	49	無	新	15,337
	今井　忠光	66	無	現	11,128

（投票率 73.89％）

平成17年（2005年）11月27日実施
当①	成井　英夫	53	無	新	無投票

平成19年（2007年）7月29日実施
当①	鈴木　和夫	57	無	新	15,656
	桜井　和朋	65	無	新	11,859
	吉田　好男	59	無	新	8,256
	金山　　屯	67	無	新	540

（投票率 71.64％）

平成23年（2011年）7月10日実施
当②	鈴木　和夫	61	無	現	28,363
	金山　　屯	71	無	新	3,682

（投票率 64.91％）

平成27年（2015年）7月5日実施
当③	鈴木　和夫	65	無	現	21,869
	柴原　隆夫	66	無	新	8,392
	金山　　屯	75	無	新	915

（投票率 63.60％）

須賀川市長選挙

平成4年（1992年）4月12日実施
当③	高木　　博	65	無	現	22,543
	小林　芳市	63	無	新	8,043

（投票率 70.71％）

平成8年（1996年）4月7日実施
当④	高木　　博	69	無	現	無投票

平成8年（1996年）8月11日実施
当①	相楽　新平	60	無	新	19,494
	宗方　　保	48	無	新	16,170

（投票率 75.51％）

平成12年（2000年）7月9日実施
当②	相楽　新平	64	無	現	無投票

平成16年（2004年）7月4日実施
当③	相楽　新平	68	無	現	無投票

平成20年（2008年）7月20日実施
当①	橋本　克也	45	無	新	25,980
	川田　昌成	64	無	新	10,198

（投票率 57.74％）

平成24年（2012年）7月15日実施
当②	橋本　克也	49	無	現	無投票

平成28年（2016年）7月17日実施
当③	橋本　克也	53	無	現	無投票

相馬市長選挙

平成元年（1989年）12月24日実施
当④	今野 繁	63	無	現	14,824
	牛渡 秋夫	40	無	新	7,540

（投票率 79.12%）

平成5年（1993年）12月19日実施
当⑤	今野 繁	67	無	現	13,631
	草野 清貴	47	無	新	10,707

（投票率 83.28%）

平成9年（1997年）12月21日実施
当⑥	今野 繁	71	無	現	13,963
	草野 清貴	51	無	新	10,943

（投票率 83.17%）

平成13年（2001年）12月23日実施
当①	立谷 秀清	50	無	新	13,462
	今野 繁	75	無	現	11,133

（投票率 81.49%）

平成17年（2005年）12月18日実施
当②	立谷 秀清	54	無	現	無投票

平成21年（2009年）12月20日実施
当③	立谷 秀清	58	無	現	12,025
	根岸 利宗	52	無	新	9,358

（投票率 69.77%）

平成25年（2013年）12月22日実施
当④	立谷 秀清	62	無	現	9,385
	荒川 五郎	65	無	新	9,110

（投票率 63.96%）

平成29年（2017年）12月24日実施
当⑤	立谷 秀清	66	無	現	10,272
	荒川 五郎	69	無	新	7,820

（投票率 61.80%）

伊達市長選挙

平成18年（2006年）1月1日伊達郡伊達町・梁川町・保原町・霊山町・月舘町が新設合併・市制施行して伊達市となる

平成18年（2006年）2月5日実施
当①	仁志田 昇司	61	無	新	無投票

平成22年（2010年）1月24日実施
当②	仁志田 昇司	65	無	現	17,390
	冨田 健一郎	69	無	新	17,112
	橘 典雄	60	無	新	1,312

（投票率 65.30%）

平成26年（2014年）1月26日実施
当③	仁志田 昇司	69	無	現	16,493
	高橋 一由	61	無	新	13,559
	橘 典雄	64	無	新	1,062
	佐藤 易広	72	無	新	438

（投票率 59.95%）

平成30年（2018年）1月28日実施
当①	須田 博行	59	無	新	9,642
	仁志田 昇司	73	無	現	8,508
	高橋 一由	65	無	新	6,291
	遠藤 保二	69	無	新	3,359
	橘 典雄	68	無	新	438

（投票率 54.12%）

田村市長選挙

平成17年（2005年）3月1日田村郡滝根町・大越町・都路村・常葉町・船引町が新設合併・市制施行して田村市となる

平成17年（2005年）4月10日実施
当①	冨塚 宥暻	59	無	新	無投票

平成21年（2009年）3月29日実施
当②	冨塚 宥暻	63	無	現	無投票

平成25年（2013年）3月31日実施
当③	冨塚 宥暻	67	無	現	無投票

平成29年（2017年）4月9日実施

当①本田　仁一　54　無　　　新　　13,843
　　冨塚　宥暻　71　無　　　現　　 9,302
　　　　　　　　　　　　（投票率 72.32%）

二本松市長選挙

平成4年（1992年）11月22日実施

当③大河内　鷹　71　無　　　現　　無投票

平成8年（1996年）12月1日実施

当①根本　尚美　55　無　　　新　　10,280
　　国分　富夫　65　無　　　新　　10,155
　　　　　　　　　　　　（投票率 77.62%）

平成12年（2000年）11月26日実施

当②根本　尚美　59　無　　　現　　無投票

平成15年（2003年）8月10日実施

当①三保　恵一　54　無　　　新　　12,120
　　市川　清純　59　無　　　新　　 8,803
　　　　　　　　　　　　（投票率 77.44%）

平成17年（2005年）12月25日実施

当①三保　恵一　56　無　　　新　　20,648
　　高宮　敏夫　65　無　　　新　　18,131
　　　　　　　　　　　　（投票率 76.95%）

平成21年（2009年）11月22日実施

当②三保　恵一　60　無　　　現　　無投票

平成25年（2013年）11月24日実施

当①新野　洋　62　無　　　新　　15,632
　　三保　恵一　64　無　　　現　　14,930
　　　　　　　　　　　　（投票率 64.72%）

平成29年（2017年）11月26日実施

当③三保　恵一　68　無　　　前　　16,479
　　新野　洋　66　無　　　現　　14,290
　　　　　　　　　　　　（投票率 66.24%）

南相馬市長選挙

平成18年（2006年）1月1日原町市・相馬郡鹿島町・小高町が新設合併して南相馬市となる

平成18年（2006年）1月29日実施

当①渡辺　一成　62　無　　　新　　20,759
　　横山　輝　65　無　　　新　　17,799
　　　　　　　　　　　　（投票率 65.78%）

平成22年（2010年）1月17日実施

当①桜井　勝延　54　無　　　新　　19,741
　　渡辺　一成　66　無　　　現　　19,044
　　　　　　　　　　　　（投票率 67.43%）

平成26年（2014年）1月19日実施

当②桜井　勝延　58　無　　　現　　17,123
　　渡辺　一成　70　無　　　前　　10,985
　　横山　元栄　65　無　　　新　　 5,367
　　　　　　　　　　　　（投票率 62.82%）

平成30年（2018年）1月21日実施

当①門馬　和夫　63　無　　　新　　16,494
　　桜井　勝延　62　無　　　現　　16,293
　　　　　　　　　　　　（投票率 62.39%）

（原町市長選挙）

平成2年（1990年）3月18日実施

当③門馬　直孝　55　無　　　現　　無投票

平成6年（1994年）3月20日実施

当④門馬　直孝　59　無　　　現　　無投票

平成10年（1998年）3月29日実施

当①鈴木　寛林　63　無　　　新　　15,849
　　門馬　直孝　63　無　　　現　　12,155
　　　　　　　　　　　　（投票率 76.42%）

平成14年（2002年）3月24日実施

当①渡辺　一成　58　無　　　新　　17,645
　　鈴木　寛林　67　無　　　現　　10,351
　　　　　　　　　　　　（投票率 74.69%）

※平成18年（2006年）1月1日原町市は相馬郡鹿島町・小高町と新設合併して南相馬市となる

本宮市長選挙

平成19年（2007年）1月1日安達郡本宮町・白沢村が新設合併・市制施行して本宮市となる

平成19年（2007年）2月4日実施

当①	佐藤	嘉重	68	無	新	9,724
	渡辺	重夫	64	無	新	8,205

（投票率 73.23%）

平成23年（2011年）1月16日実施

当①	高松	義行	56	無	新	7,899
	大塚	一成	54	無	新	2,759

（投票率 43.73%）

平成27年（2015年）1月25日実施

当②	高松	義行	60	無	現	6,649
	佐藤	政隆	61	無	新	5,988
	作田	博	68	無	新	1,994

（投票率 59.75%）

平成31年（2019年）1月20日実施

当③ 高松　義行　64　無　　現　無投票

茨 城 県

県庁所在地	水戸市
市　　数	32市（平成31年4月現在）
市　　名	水戸市・石岡市・潮来市・稲敷市・牛久市・小美玉市・笠間市・鹿嶋市・かすみがうら市・神栖市・北茨城市・古河市・桜川市・下妻市・常総市（水海道市）・高萩市・筑西市（下館市）・つくば市・つくばみらい市・土浦市・取手市・那珂市・行方市・坂東市（岩井市）・日立市・常陸太田市・常陸大宮市・ひたちなか市（勝田市, 那珂湊市）・鉾田市・守谷市・結城市・龍ケ崎市 ※（ ）内は廃止された市
主な政治団体 （略称）	茨城一新会（茨城），つくば・市民ネットワーク（つネ），とりで生活者ネットワーク（とネ）

【市に関わる合併・市制施行・名称変更】

市名	実施年月日	関係市町村名等	合併等の内容
水戸市	平成4年（1992年）3月3日	水戸市・東茨城郡常澄村	【編入合併】
	平成17年（2005年）2月1日	水戸市・東茨城郡内原町	【編入合併】
石岡市	平成17年（2005年）10月1日	石岡市・新治郡八郷町	【新設合併】
潮来市	平成13年（2001年）4月1日	行方郡潮来町・牛堀町	【編入合併・市制施行】
稲敷市	平成17年（2005年）3月22日	稲敷郡江戸崎町・新利根町・桜川村・東町	【新設合併・市制施行】
小美玉市	平成18年（2006年）3月27日	東茨城郡小川町・美野里町・新治郡玉里村	【新設合併・市制施行】
笠間市	平成18年（2006年）3月19日	笠間市・西茨城郡友部町・岩間町	【新設合併】
鹿嶋市	平成7年（1995年）9月1日	鹿島郡鹿島町・大野村	【編入合併】
かすみがうら市	平成17年（2005年）3月28日	新治郡霞ヶ浦町・千代田町	【新設合併・市制施行】
神栖市	平成17年（2005年）8月1日	鹿島郡神栖町・波崎町	【編入合併・市制施行】
古河市	平成17年（2005年）9月12日	古河市・猿島郡総和町・三和町	【新設合併】
桜川市	平成17年（2005年）10月1日	西茨城郡岩瀬町・真壁郡真壁町・大和村	【新設合併・市制施行】
下妻市	平成18年（2006年）1月1日	下妻市・結城郡千代川村	【編入合併】
常総市	平成18年（2006年）1月1日	水海道市・結城郡石下町	【編入合併・名称変更】
筑西市	平成17年（2005年）3月28日	下館市・真壁郡関城町・明野町・協和町	【新設合併】
つくば市	平成14年（2002年）11月1日	つくば市・稲敷郡茎崎町	【編入合併】
つくばみらい市	平成18年（2006年）3月27日	筑波郡伊奈町・谷和原村	【新設合併・市制施行】
土浦市	平成18年（2006年）2月20日	土浦市・新治郡新治村	【編入合併】
取手市	平成17年（2005年）3月28日	取手市・北相馬郡藤代町	【編入合併】
那珂市	平成17年（2005年）1月21日	那珂郡那珂町・瓜連町	【編入合併・市制施行】
行方市	平成17年（2005年）9月2日	行方郡麻生町・北浦町・玉造町	【新設合併・市制施行】
坂東市	平成17年（2005年）3月22日	岩井市・猿島郡猿島町	【新設合併】
日立市	平成16年（2004年）11月1日	日立市・多賀郡十王町	【編入合併】
常陸太田市	平成16年（2004年）12月1日	常陸太田市・久慈郡金砂郷町・水府村・里美村	【編入合併】

常陸大宮市	平成16年（2004年）10月16日	那珂郡大宮町・山方町・美和村・緒川村・東茨城郡御前山村 【編入合併・名称変更・市制施行】
ひたちなか市	平成6年（1994年）11月1日	勝田市・那珂湊市 【新設合併】
鉾田市	平成17年（2005年）10月11日	鹿島郡旭村・鉾田町・大洋村 【新設合併・市制施行】
守谷市	平成14年（2002年）2月2日	北相馬郡守谷町 【市制施行】

【選挙結果】

茨城県知事選挙

平成3年（1991年）4月7日実施

当⑤竹内　藤男　73　無　自民 民社 公明　現　518,362
　　鈴木　　武　58　無　共産　　　　　　新　106,948
（投票率 30.89%）

平成5年（1993年）9月26日実施

当①橋本　　昌　47　無　自民 新生 日新 さき　新　339,452
　　佐川　一信　53　無　　　　　　　　　新　304,413
　　田中　克也　40　無　　　　　　　　　新　130,545
　　兼田　昭一　46　無　共産　　　　　　新　58,328
（投票率 39.24%）

平成9年（1997年）9月14日実施

当②橋本　　昌　51　無　自民 新進 民主 社民 さき 公明　現　579,362
　　浅野　長増　66　無　共産　　　　　　新　131,931
（投票率 31.87%）

平成13年（2001年）9月16日実施

当③橋本　　昌　55　無　自民 民主 公明 社民 保守　現　561,825
　　中田　直人　70　無　共産　　　　　　新　129,134
（投票率 29.93%）

平成17年（2005年）9月11日実施

当④橋本　　昌　59　無　公明 社民　現　1,080,453
　　間宮　孝子　53　無　共産　　　　　　新　404,323
（投票率 64.73%）

平成21年（2009年）8月30日実施

当⑤橋本　　昌　63　無　　　　　現　743,945
　　小幡　政人　64　無　自民　　新　318,605
　　長塚　智広　30　無　　　　　新　264,150
　　間宮　孝子　57　無　共産　　新　177,309
　　森川　勝行　58　無　　　　　新　41,494
　　桐原　孝志　61　無　　　　　新　33,863
（投票率 67.97%）

平成25年（2013年）9月8日実施

当⑥橋本　　昌　67　無　　　　　現　489,832
　　田中　重博　66　無　共産　　新　257,625
（投票率 31.74%）

平成29年（2017年）8月27日実施

当①大井川和彦　53　無　自民 公明　新　497,361
　　橋本　　昌　71　無　　　　　現　427,743
　　鶴田真子美　52　無　共産 新社 グリ つね とネ 茨城　新　122,013
（投票率 43.48%）

水戸市長選挙

平成4年（1992年）7月5日実施

当③佐川　一信　51　無　自民 社会 公明 民社 社連　現　41,948
　　座古　喜隆　45　共　　　　　　　　　新　4,334
　　久保田　孝　50　無　　　　　　　　　新　1,422
（投票率 27.32%）

茨城県

平成5年（1993年）10月17日実施

当①岡田	広	46	無	新	60,382
大久保博之		40	無 新生 社連 社会	新	20,003
座古	喜隆	46	共	新	3,287

（投票率 46.64%）

平成9年（1997年）10月5日実施

当②岡田	広	50	無 自民 新進 民主 社民 さき 公明	現	48,125
小室	たか	47	無 共産	新	8,984

（投票率 30.93%）

平成13年（2001年）10月14日実施

当③岡田	広	54	無 自民 民主 公明 社民 保守	現	44,328
小室	たか	51	無 共産	新	7,897

（投票率 27.52%）

平成15年（2003年）4月27日実施

当①加藤	浩一	60	無 自民	新	78,092
小室	たか	53	共	新	16,585

（投票率 51.64%）

平成19年（2007年）4月22日実施

当②加藤	浩一	64	無 自民 民主 公明 社民	現	84,727
岩清水	理	60	無 共産	新	22,638

（投票率 53.27%）

平成23年（2011年）5月29日実施

当①高橋	靖	45	無 自民	新	49,218
野村	真実	57	無	新	27,521
川崎	篤之	33	無	新	14,167
稲葉	修敏	49	共	新	7,511

（投票率 47.68%）

平成27年（2015年）4月26日実施

当②高橋	靖	49	無 自民 民主 公明	現	73,125
大内久美子		65	無 共産	新	27,989

（投票率 47.53%）

平成31年（2019年）4月21日実施

当③高橋	靖	53	無	現	70,616
谷萩	陽一	62	無 共産	新	27,456

（投票率 45.10%）

石岡市長選挙

平成3年（1991年）12月8日実施

当①木村	芳城	49	無	新	15,498
山本	吉蔵	69	無	現	11,237
久保田	孝	49	無	新	346

（投票率 73.59%）

平成7年（1995年）12月3日実施

当②木村	芳城	53	無	現	17,570
金井	一夫	53	無	新	10,996

（投票率 72.05%）

平成11年（1999年）11月28日実施

当③木村	芳城	57	無	現	15,584
大内	秀男	65	無	新	8,311

（投票率 58.85%）

平成14年（2002年）3月3日実施

当①横田	凱夫	63	無	新	13,783
金井	一夫	59	無	新	9,676
藁科	登	57	無	新	2,881

（投票率 64.17%）

平成17年（2005年）11月6日実施

当①横田	凱夫	66	無	新	18,733
合田	寅彦	67	無	新	9,105

（投票率 42.26%）

平成21年（2009年）10月25日実施

当①久保田健一郎		60	無	新	13,208
今泉	文彦	57	無	新	11,065
桜井	信幸	52	無	新	7,435
金井	一憲	41	無	新	6,429

（投票率 58.66%）

平成25年（2013年）10月27日実施

当①今泉	文彦	61	無	新	17,684
久保田健一郎		64	無	現	16,290

（投票率 53.19%）

平成29年（2017年）10月15日実施

当②今泉　文彦　65　無　　　　現　　無投票

潮来市長選挙

| 平成13年（2001年）4月1日行方郡潮来町・牛堀町が編入合併・市制施行して潮来市となる |

平成15年（2003年）2月2日実施

当①今泉　和　54　無　　　　現　　無投票

平成19年（2007年）2月18日実施

当①松田　千春　50　無　　　新　　9,946
　　塚本　誠一　62　無　　　新　　7,789
　　　　　　　　　　　　　（投票率71.95%）

平成23年（2011年）1月30日実施

当②松田　千春　54　無　　　　現　　無投票

平成27年（2015年）2月8日実施

当①原　　浩道　52　無　　　新　　9,366
　　松田　千春　58　無　　　現　　7,278
　　松崎　ちか　64　無　　　新　　　532
　　　　　　　　　　　　　（投票率71.84%）

平成31年（2019年）2月10日実施

当②原　　浩道　56　無　　　　現　　9,000
　　松田　千春　62　無　　　前　　6,651
　　　　　　　　　　　　　（投票率66.03%）

稲敷市長選挙

| 平成17年（2005年）3月22日稲敷郡江戸崎町・新利根町・桜川村・東町が新設合併・市制施行して稲敷市となる |

平成17年（2005年）5月1日実施

当①高城　　功　58　無　　　新　　14,148
　　飯田　　稔　69　無　　　新　　11,997
　　桜井　理人　55　無　　　新　　 1,062
　　　　　　　　　　　　　（投票率69.11%）

平成21年（2009年）4月12日実施

当①田口　久克　60　無　　　新　　14,393
　　高城　　功　62　無　　　現　　 9,542
　　　　　　　　　　　　　（投票率62.06%）

平成25年（2013年）4月14日実施

当②田口　久克　64　無　　　現　　13,055
　　堀口　正良　59　無　　　新　　 7,920
　　　　　　　　　　　　　（投票率56.73%）

平成29年（2017年）4月16日実施

当③田口　久克　68　無　　　現　　10,940
　　根本　光治　49　無　　　新　　 9,435
　　　　　　　　　　　　　（投票率57.04%）

平成30年（2018年）11月25日実施

当①筧　信太郎　50　無　　　新　　10,218
　　根本　光治　51　無　　　新　　 9,411
　　　　　　　　　　　　　（投票率56.82%）

牛久市長選挙

平成3年（1991年）9月8日実施

当①大野　喜男　44　無　　　新　　14,854
　　大野　正雄　61　無　　　現　　12,502
　　高花　照雄　58　共　　　新　　 1,483
　　　　　　　　　　　　　（投票率68.54%）

平成7年（1995年）9月10日実施

当②大野　喜男　48　無　　　現　　14,483
　　大谷　雅彦　56　無　　　新　　 8,764
　　　　　　　　　　　　　（投票率48.12%）

平成11年（1999年）9月12日実施

当③大野　喜男　52　無　　　現　　16,095
　　大谷　雅彦　60　無　　　新　　 8,497
　　　　　　　　　　　　　（投票率44.63%）

平成15年（2003年）9月7日実施

当①池辺　勝幸　53　無　　　新　　19,204
　　大野　喜男　56　無　　　現　　12,605
　　　　　　　　　　　　　（投票率53.43%）

平成19年（2007年）9月30日実施

当②	池辺　勝幸	57	無	現	16,859
	谷口　誠一	61	無	新	9,194

（投票率 41.71%）

平成23年（2011年）9月25日実施

当③	池辺　勝幸	61	無	現	15,352
	塚本　忍	62	無	新	13,571
	大谷　雅彦	72	諸	新	2,849

（投票率 48.69%）

平成27年（2015年）9月13日実施

当①	根本　洋治	63	無	新	18,685
	諸橋太一郎	48	無	新	12,755

（投票率 47.16%）

小美玉市長選挙

平成18年（2006年）3月27日東茨城郡小川町・美野里町・新治郡玉里村が新設合併・市制施行して小美玉市となる

平成18年（2006年）4月30日実施

当①	島田　穣一	61	無	新	16,288
	伊藤　恵造	52	無	新	13,263

（投票率 70.67%）

平成22年（2010年）4月4日実施

当②	島田　穣一	65	無	現	無投票

平成26年（2014年）4月6日実施

当③	島田　穣一	69	無	現	無投票

平成30年（2018年）4月1日実施

当④	島田　穣一	73	無	現	無投票

笠間市長選挙

平成4年（1992年）8月2日実施

当③	笹目宗兵衛	63	無	現	無投票

平成6年（1994年）5月29日実施

当①	磯　良史	53	無	新	9,402
	市村　博之	48	無	新	5,075
	飛田　茂	42	無	新	4,129

（投票率 80.77%）

平成10年（1998年）5月10日実施

当②	磯　良史	57	無	現	無投票

平成14年（2002年）5月19日実施

当③	磯　良史	61	無	現	8,190
	高木　勝美	57	無	新	4,518
	川野輪和康	51	無	新	3,867

（投票率 69.62%）

平成18年（2006年）4月23日実施

当①	山口　伸樹	47	無	新	20,004
	村上　典男	46	無	新	14,571
	川上　好孝	59	無	新	11,336

（投票率 70.85%）

平成22年（2010年）4月4日実施

当②	山口　伸樹	51	無	現	無投票

平成26年（2014年）4月13日実施

当③	山口　伸樹	55	無	現	20,207
	西山　猛	49	無	新	5,800

（投票率 41.18%）

平成30年（2018年）4月8日実施

当④	山口　伸樹	59	無	現	無投票

鹿嶋市長選挙

平成7年（1995年）9月1日鹿島郡鹿島町・大野村が編入合併・市制施行して鹿嶋市となる

平成10年（1998年）4月12日実施

当①	内田　俊郎	50	無	新	13,494
	風間　裁司	57	無	新	10,124
	宮作　武男	53	無	新	8,095

（投票率 70.0%）

平成14年（2002年）4月7日実施

当② 内田　俊郎　54　無　　　現　　無投票

平成18年（2006年）4月16日実施

当③ 内田　俊郎　58　無　　　現　　16,528
　　石津　初美　55　無　　　新　　 2,369
　　　　　　　　　　　　　（投票率 37.73%）

平成22年（2010年）4月11日実施

当④ 内田　俊郎　62　無　　　現　　17,676
　　信田　直嗣　50　無　　　新　　14,748
　　　　　　　　　　　　　（投票率 61.89%）

平成26年（2014年）4月13日実施

当① 錦織　孝一　67　無　　　新　　15,858
　　大鷲　　忠　45　無　　　新　　12,890
　　　　　　　　　　　　　（投票率 53.90%）

平成30年（2018年）4月15日実施

当② 錦織　孝一　71　無　　　現　　14,775
　　佐藤　信成　44　無　　　新　　10,822
　　　　　　　　　　　　　（投票率 46.21%）

かすみがうら市長選挙

平成17年（2005年）3月28日新治郡霞ヶ浦町・千代田町が新設合併・市制施行してかすみがうら市となる

平成17年（2005年）4月24日実施

当① 鈴木　三男　74　無　　　新　　無投票

平成18年（2006年）7月16日実施

当① 坪井　　透　56　無　　　新　　無投票

平成22年（2010年）7月11日実施

当① 宮嶋　光昭　65　無　　　新　　12,051
　　坪井　　透　60　無　　　現　　11,775
　　　　　　　　　　　　　（投票率 67.81%）

平成26年（2014年）7月13日実施

当② 坪井　　透　64　無　　　前　　11,273
　　宮嶋　光昭　69　無　　　現　　10,076
　　　　　　　　　　　　　（投票率 62.31%）

平成30年（2018年）7月8日実施

当③ 坪井　　透　68　無　　　現　　10,840
　　宮嶋　　謙　54　無　　　新　　 8,550
　　　　　　　　　　　　　（投票率 56.24%）

神栖市長選挙

平成17年（2005年）8月1日鹿島郡神栖町・波崎町が編入合併・市制施行して神栖市となる

平成17年（2005年）11月6日実施

当① 保立　一男　60　無　　　新　　26,360
　　岡野敬四郎　71　無　　　現　　20,108
　　　　　　　　　　　　　（投票率 67.97%）

平成21年（2009年）11月8日実施

当② 保立　一男　64　無　　　現　　28,290
　　村田　康博　60　無　　　新　　17,810
　　野口　　敦　63　無　　　新　　 2,246
　　　　　　　　　　　　　（投票率 67.83%）

平成25年（2013年）11月10日実施

当③ 保立　一男　68　無　　　現　　21,873
　　野口　　敦　67　無　　　新　　10,547
　　　　　　　　　　　　　（投票率 44.91%）

平成29年（2017年）11月19日実施

当① 石田　　進　59　無　　　新　　22,933
　　伊藤　　大　44　無　　　新　　12,870
　　境川　幸雄　57　無　　　新　　 5,719
　　　　　　　　　　　　　（投票率 54.91%）

北茨城市長選挙

平成2年（1990年）11月18日実施

当① 豊田　　稔　46　無　　　新　　18,676
　　松崎　龍夫　64　無　　　現　　14,428
　　　　　　　　　　　　　（投票率 88.19%）

平成6年（1994年）11月20日実施

当②豊田　　稔	50	無	現	19,691
村田　仁人	44	無	新	5,713
丹　　賢一	54	無	新	2,345

（投票率 71.03%）

平成7年（1995年）6月18日実施

当①村田　省吾	49	無	新	15,613
大平　博之	54	無	新	6,095
丹　　賢一	54	無	新	2,160
柴田　駒一	56	無	新	1,054

（投票率 64.69%）

平成11年（1999年）5月30日実施

当②村田　省吾	53	無	現	無投票

平成15年（2003年）6月8日実施

当③村田　省吾	57	無	現	12,555
松本健一郎	48	無	新	9,956

（投票率 55.85%）

平成19年（2007年）6月10日実施

当③豊田　　稔	63	無	元	10,874
滑川　光仁	48	無	新	9,347
松本健一郎	52	無	新	6,094

（投票率 65.67%）

平成23年（2011年）6月5日実施

当④豊田　　稔	67	無	現	13,258
松本健一郎	56	無	新	7,126

（投票率 52.62%）

平成27年（2015年）5月31日実施

当⑤豊田　　稔	70	無	現	13,521
松本健一郎	60	無	新	7,515

（投票率 56.35%）

古河市長選挙

平成3年（1991年）4月21日実施

当①針谷　善吉	55	諸	新	18,365
小倉利三郎	64	諸	現	15,866

（投票率 81.85%）

平成7年（1995年）3月19日実施

当③小倉利三郎	68	無	前	13,362
酒井　光代	50	無	新	10,189

（投票率 53.51%）

平成11年（1999年）4月25日実施

当①小久保忠男	52	無	新	16,860
小倉利三郎	72	無	現	14,927

（投票率 70.26%）

平成15年（2003年）4月27日実施

当②小久保忠男	56	無	現	17,916
中田　俊男	67	無	新	14,864

（投票率 71.04%）

平成17年（2005年）10月16日実施

当①白戸　仲久	63	無	新	27,809
小久保忠男	59	無	新	23,498
菅谷憲一郎	53	無	新	18,635

（投票率 60.44%）

平成21年（2009年）10月4日実施

当②白戸　仲久	67	無	現	25,838
菅谷憲一郎	57	無	新	20,913
小久保忠男	63	無	新	20,137

（投票率 57.51%）

平成24年（2012年）12月16日実施

当①菅谷憲一郎	60	無	新	43,087
白戸　仲久	71	無	前	30,404

（投票率 64.71%）

平成28年（2016年）11月27日実施

当①針谷　　力	55	無	新	32,988
菅谷憲一郎	64	無	現	22,796

（投票率 47.42%）

桜川市長選挙

平成17年（2005年）10月1日西茨城郡岩瀬町・真壁郡真壁町・大和村が新設合併・市制施行して桜川市となる

平成17年（2005年）10月30日実施

当①	中田　　裕	56	無	新	19,171
	平間小四郎	69	無	新	10,414
	仙波　信綱	57	無	新	1,915

（投票率79.74％）

平成21年（2009年）10月11日実施

当②	中田　　裕	60	無	現	14,327
	勝田　道雄	50	無	新	13,994
	中島　市郎	49	無	新	1,479

（投票率77.20％）

平成25年（2013年）10月13日実施

当①	大塚　秀喜	51	無	新	15,399
	中田　　裕	64	無	現	12,262
	高橋　　満	68	無	新	374

（投票率75.38％）

平成29年（2017年）10月22日実施

当②	大塚　秀喜	56	無	現	13,723
	榎戸　和也	65	無	新	10,570
	高橋　　満	72	無	新	376

（投票率68.15％）

下妻市長選挙

平成4年（1992年）3月22日実施

当②	横島　良市	68	無	現	無投票

平成7年（1995年）10月22日実施

当①	山中　　博	55	無	新	無投票

平成11年（1999年）11月14日実施

当②	山中　　博	59	無	現	無投票

平成14年（2002年）4月14日実施

当①	小倉　敏雄	61	無	新	9,130
	小島　　真	69	無	新	6,962

（投票率58.34％）

平成18年（2006年）3月19日実施

当②	小倉　敏雄	65	無	現	無投票

平成22年（2010年）3月28日実施

当①	稲葉　本治	64	無	新	8,460
	原部　　司	57	無	新	6,985
	谷貝　明信	58	無	新	6,315

（投票率61.43％）

平成26年（2014年）3月23日実施

当②	稲葉　本治	68	無	現	無投票

平成30年（2018年）3月25日実施

当①	菊池　　博	55	無	新	8,803
	稲葉　本治	72	無	現	8,237

（投票率48.70％）

常総市長選挙

平成18年（2006年）1月1日水海道市・結城郡石下町が編入合併・名称変更して常総市となる

平成19年（2007年）4月22日実施

当①	杉田　光良	70	無	新	18,585
	遠藤　　利	78	無	現	18,548

（投票率74.67％）

平成20年（2008年）7月27日実施

当①	長谷川典子	65	無	新	無投票

平成24年（2012年）7月8日実施

当①	高杉　　徹	58	無	新	15,262
	長谷川典子	69	無	現	14,873

（投票率59.61％）

平成28年（2016年）7月10日実施

当①	神達　岳志	47	無	新	12,807
	高杉　　徹	62	無	現	11,608
	遠藤　章江	52	無	新	5,761

茨城県

染谷　修司 72　無　　　　新　　　1,768
　　　　　　　　　　　（投票率 63.83%）

（水海道市長選挙）

平成3年（1991年）4月21日実施

当②神林　　弘 49　無　　　現　　13,368
　　遠藤　　利 62　無　　　新　　12,918
　　　　　　　　　　　（投票率 86.80%）

平成7年（1995年）4月23日実施

当①遠藤　　利 67　無　　　新　　13,935
　　神林　　弘 53　無　　　現　　12,763
　　　　　　　　　　　（投票率 84.73%）

平成11年（1999年）4月25日実施

当②遠藤　　利 71　無　　　現　　15,614
　　神林　　弘 57　無　　　前　　10,573
　　　　　　　　　　　（投票率 82.25%）

平成15年（2003年）4月27日実施

当③遠藤　　利 75　無　　　現　　10,099
　　永野　博敏 53　無　　　新　　 8,700
　　神林　　弘 61　無　　　元　　 6,648
　　　　　　　　　　　（投票率 78.55%）

※平成18年（2006年）1月1日水海道市は結城郡石下町と編入合併・名称変更して常総市となる

高萩市長選挙

平成2年（1990年）2月4日実施

当①大久保　清 59　無　　　新　　11,459
　　鈴木　藤太 59　無　　　現　　 9,537
　　　　　　　　　　　（投票率 83.07%）

平成6年（1994年）2月6日実施

当②大久保　清 63　無　　　現　　11,702
　　明智　健一 50　無　　　新　　 8,136
　　　　　　　　　　　（投票率 75.79%）

平成10年（1998年）2月1日実施

当③大久保　清 67　無　　　現　　 9,950

岩倉　幹良 56　無　　　新　　 6,809
　　　　　　　　　　　（投票率 62.23%）

平成14年（2002年）2月3日実施

当①岩倉　幹良 60　無　　　新　　 7,948
　　大久保　清 71　無　　　現　　 7,208
　　　　　　　　　　　（投票率 55.82%）

平成18年（2006年）2月5日実施

当①草間　吉夫 39　無　　　新　　 7,211
　　岩倉　幹良 64　無　　　現　　 4,463
　　作山　里美 63　無　　　新　　 2,595
　　渡辺賢太郎 66　無　　　新　　 1,961
　　長久保　徹 45　無　　　新　　 1,046
　　　　　　　　　　　（投票率 64.33%）

平成22年（2010年）2月7日実施

当②草間　吉夫 43　無　　　現　　11,096
　　岩倉　幹良 68　無　　　前　　 4,999
　　　　　　　　　　　（投票率 61.71%）

平成26年（2014年）1月26日実施

当①小田木真代 50　無　　　新　　無投票

平成30年（2018年）2月4日実施

当①大部　勝規 59　無　　　新　　 8,396
　　小田木真代 54　無　　　現　　 5,590
　　　　　　　　　　　（投票率 56.55%）

筑西市長選挙

平成17年（2005年）3月28日下館市・真壁郡関城町・明野町・協和町が新設合併して筑西市となる

平成17年（2005年）4月24日実施

当①冨山　省三 66　無　　　新　　23,545
　　田谷　武夫 53　無　　　新　　12,430
　　　　　　　　　　　（投票率 39.93%）

平成21年（2009年）4月19日実施

当①吉澤　範夫 45　無　　　新　　26,053
　　冨山　省三 70　無　　　現　　22,079

鳥生　厚夫 66　無　　　　新　　　3,905
　　　　　　　　　　　（投票率 58.73%）

平成25年（2013年）4月14日実施

当①須藤　　茂 61　無　　　　新　　35,607
　　吉沢　範夫 49　無　　　　現　　19,495
　　　　　　　　　　　（投票率 63.00%）

平成29年（2017年）4月2日実施

当②須藤　　茂 65　無　　　　現　　無投票

（下館市長選挙）

平成4年（1992年）10月25日実施

当①鈴木　良一 61　無　　　　新　　17,187
　　浜野　　正 64　無　　　　現　　15,684
　　辻本　良一 43　無　　　　新　　 4,150
　　　　　　　　　　　（投票率 77.21%）

平成8年（1996年）10月27日実施

当①冨山　省三 58　無　　　　新　　20,278
　　鈴木　良一 65　無　　　　現　　18,017
　　　　　　　　　　　（投票率 76.61%）

平成12年（2000年）10月15日実施

当②冨山　省三 62　無　　　　現　　18,156
　　塩沢　哲男 70　無　　　　新　　13,730
　　　　　　　　　　　（投票率 62.49%）

平成16年（2004年）10月17日実施

当③冨山　省三 66　無　　　　現　　無投票

※平成17年（2005年）3月28日下館市は真壁郡関城町・明野町・協和町と新設合併して筑西市となる

つくば市長選挙

平成3年（1991年）12月22日実施

当①木村　　操 64　無　　　　新　　33,624
　　倉田　　弘 61　無　　　　現　　27,684
　　　　　　　　　　　（投票率 62.84%）

平成7年（1995年）12月17日実施

当②木村　　操 68　無　　　　現　　27,127
　　藤沢　順一 55　無　　　　新　　23,213
　　村上　仁士 44　無　　　　新　　 9,668
　　田中サトエ 49　無　　　　新　　 4,906
　　　　　　　　　　　（投票率 59.33%）

平成8年（1996年）11月17日実施

当①藤沢　順一 56　無　　　　新　　28,308
　　北沢　　仁 59　無　　　　新　　16,443
　　飯岡　宏之 34　無　　　　新　　13,331
　　田中サトエ 50　無　　　　新　　 8,147
　　長谷川久夫 48　無　　　　新　　 4,654
　　吉富　宏保 61　無　　　　新　　　 382
　　　　　　　　　　　（投票率 65.73%）

平成12年（2000年）11月12日実施

当②藤沢　順一 60　無　　　　現　　34,145
　　北沢　　仁 63　無　　　　新　　31,950
　　田中サトエ 54　無　　　　新　　 9,189
　　　　　　　　　　　（投票率 64.66%）

平成16年（2004年）11月14日実施

当①市原　健一 53　無　　　　新　　43,702
　　藤沢　順一 64　無　　　　現　　27,474
　　北沢　　仁 67　無　　　　新　　 8,819
　　野口　　修 49　無　　　　新　　 8,044
　　　　　　　　　　　（投票率 61.06%）

平成20年（2008年）10月26日実施

当②市原　健一 57　無　　　　現　　49,530
　　藤沢　順一 68　無　　　　前　　38,365
　　　　　　　　　　　（投票率 58.44%）

平成24年（2012年）10月28日実施

当③市原　健一 61　無　　　　現　　36,010
　　五十嵐立青 34　無　　　　新　　28,048
　　桜井よう子 70　無　　　　新　　16,864
　　山中たい子 61　無　　　　新　　 6,650
　　　　　　　　　　　（投票率 54.54%）

平成28年（2016年）11月13日実施

当①五十嵐立青 38　無　　　　新　　40,069
　　飯岡　宏之 54　無　　　　新　　35,346

茨城県

大泉　博子　66　無　　　　　新　　16,180
（投票率53.31%）

つくばみらい市長選挙

平成18年（2006年）3月27日筑波郡伊奈町・谷和原村が新設合併・市制施行してつくばみらい市となる

平成18年（2006年）5月14日実施

当①飯島　善　75　無　　　　新　　8,689
　　片庭　正雄　57　無　　　　新　　5,187
　　篠塚　皓男　70　無　　　　新　　5,133
（投票率58.05%）

平成22年（2010年）4月25日実施

当①片庭　正雄　60　無　　　　新　　8,194
　　岡田　伊生　57　無　　　　新　　5,769
　　直井　誠巳　62　無　　　　新　　5,530
（投票率54.88%）

平成26年（2014年）4月27日実施

当②片庭　正雄　64　無　　　　現　　9,508
　　中島　五郎　65　無　　　　新　　8,431
（投票率47.16%）

平成30年（2018年）4月22日実施

当①小田川　浩　51　無　　　　新　　12,608
　　片庭　正雄　68　無　　　　現　　7,581
（投票率49.37%）

土浦市長選挙

平成3年（1991年）11月10日実施

当②助川　弘之　63　無　　　　現　　無投票

平成7年（1995年）11月19日実施

当③助川　弘之　67　無　　　　現　　35,555
　　足立　寛作　51　無　　　　新　　22,766
（投票率59.27%）

平成11年（1999年）11月14日実施

当④助川　弘之　71　無　　　　現　　19,523

小野　治　61　無　　　　新　　16,253
池田　有宏　64　無　　　　新　　14,423
広石　恒生　32　無　　　　新　　1,425
（投票率50.05%）

平成15年（2003年）11月9日実施

当①中川　清　58　無　　　　新　　38,223
　　小野　治　65　無　　　　新　　25,698
（投票率61.13%）

平成19年（2007年）10月28日実施

当②中川　清　62　無　　　　現　　無投票

平成23年（2011年）10月30日実施

当③中川　清　66　無　　　　現　　無投票

平成27年（2015年）11月8日実施

当④中川　清　70　無　　　　現　　21,129
　　柏村　忠志　71　無　　　　新　　11,110
（投票率28.42%）

取手市長選挙

平成3年（1991年）4月21日実施

当④菊地勝志郎　71　無　　　　現　　13,513
　　海老原一雄　57　無　　　　元　　10,024
　　関根　豊　44　無　　　　新　　6,755
（投票率53.45%）

平成7年（1995年）4月23日実施

当①大橋　幸雄　67　無　　　　新　　14,278
　　海老原一雄　61　無　　　　元　　8,480
　　岡田　重信　56　無　　　　新　　7,093
（投票率49.57%）

平成11年（1999年）4月25日実施

当②大橋　幸雄　71　無　　　　現　　14,293
　　岡田　重信　60　無　　　　新　　9,034
　　花沢　武志　61　無　　　　新　　5,394
（投票率44.36%）

平成15年（2003年）4月27日実施

当①塚本　光男　50　無　　　　新　　9,916

	大橋　幸雄	75	無	現	7,364
	藤井　信吾	43	無	新	7,249
	塚越　恵子	58	無	新	5,151
	岡田　重信	64	無	新	3,138

(投票率 50.64％)

平成19年（2007年）4月22日実施

当①	藤井　信吾	47	無	新	25,194
	塚本　光男	54	無	現	20,430

(投票率 50.13％)

平成23年（2011年）4月24日実施

当②	藤井　信吾	51	無	現	23,757
	菊地城一郎	65	無	新	20,699

(投票率 49.54％)

平成27年（2015年）4月26日実施

当③	藤井　信吾	55	無	現	21,150
	細谷　典男	64	無	新	7,974
	高木　晶	70	無	新	7,663

(投票率 41.58％)

平成31年（2019年）4月21日実施

当④	藤井　信吾	59	無	現	18,663
	竹原　大蔵	42	無	新	15,774

(投票率 38.56％)

那珂市長選挙

平成17年（2005年）1月21日那珂郡那珂町・瓜連町が編入合併・市制施行して那珂市となる

平成19年（2007年）1月28日実施

当①	小宅　近昭	64	無	現	10,461
	高畑　道英	57	無	新	7,668
	福田耕四郎	61	無	新	5,487
	武藤　博光	45	無	新	2,456

(投票率 58.17％)

平成23年（2011年）1月30日実施

当①	海野　徹	61	無	新	12,414
	小宅　近昭	68	無	現	10,485

(投票率 50.77％)

平成27年（2015年）2月1日実施

当②	海野　徹	65	無	現	13,261
	菊池　一俊	41	無	新	9,406

(投票率 50.22％)

平成31年（2019年）1月27日実施

当①	先崎　光	61	無	新	無投票

行方市長選挙

平成17年（2005年）9月2日行方郡麻生町・北浦町・玉造町が新設合併・市制施行して行方市となる

平成17年（2005年）10月2日実施

当①	坂本　俊彦	65	無	新	15,703
	横山　忠市	61	無	新	10,400

(投票率 79.97％)

平成21年（2009年）9月13日実施

当①	伊藤　孝一	59	無	新	12,221
	坂本　俊彦	69	無	現	12,187

(投票率 76.27％)

平成25年（2013年）9月8日実施

当①	鈴木　周也	41	無	新	12,044
	伊藤　孝一	63	無	現	10,191

(投票率 72.43％)

平成29年（2017年）9月10日実施

当②	鈴木　周也	45	無	現	12,975
	山口　律理	66	無	新	1,766

(投票率 49.44％)

坂東市長選挙

平成17年（2005年）3月22日岩井市・猿島郡猿島町が新設合併して坂東市となる

平成17年（2005年）4月10日実施

当①	石塚仁太郎	54	無	新	無投票

茨城県

平成21年（2009年）4月12日実施

当①吉原	英一	60	無	新	16,202
石塚仁太郎		58	無	現	14,963

（投票率 69.28%）

平成25年（2013年）4月7日実施

当②吉原	英一	64	無	現	15,299
古宮	良一	74	無	新	3,619

（投票率 43.04%）

平成29年（2017年）4月2日実施

当①木村	敏文	61	無	新	19,993
吉原	英一	68	無	現	10,501

（投票率 68.85%）

（岩井市長選挙）

平成2年（1990年）4月1日実施

当④吉原	英一	41	無	現	無投票

平成6年（1994年）4月10日実施

当①石塚仁太郎		43	無	新	14,920
吉原	英一	45	無	現	12,170

（投票率 83.40%）

平成10年（1998年）4月12日実施

当②石塚仁太郎		47	無	現	14,098
吉原	英一	49	無	前	13,608

（投票率 82.5%）

平成14年（2002年）4月7日実施

当③石塚仁太郎		51	無	現	無投票

※平成17年（2005年）3月22日岩井市は猿島郡猿島町と新設合併して坂東市となる

日立市長選挙

平成3年（1991年）4月21日実施

当①飯山	利雄	59	無	新	56,807
小川	清	64	無	新	51,338

（投票率 74.38%）

平成7年（1995年）4月23日実施

当②飯山	利雄	63	無	現	81,644
高木	豊	53	無	新	17,567

（投票率 66.93%）

平成11年（1999年）4月25日実施

当①樫村	千秋	55	無	新	64,096
村上	昌宏	35	無	新	21,620
高木	豊	57	無	新	8,093

（投票率 64.15%）

平成15年（2003年）4月20日実施

当②樫村	千秋	59	無	現	無投票

平成19年（2007年）4月15日実施

当③樫村	千秋	63	無	現	無投票

平成23年（2011年）4月17日実施

当①吉成	明	66	無	新	無投票

平成27年（2015年）4月19日実施

当①小川	春樹	67	無	新	無投票

平成31年（2019年）4月14日実施

当②小川	春樹	71	無	現	無投票

常陸太田市長選挙

平成16年（2004年）10月16日那珂郡大宮町・山方町・美和村・緒川村・東茨城郡御前山村が編入合併・名称変更・市制施行して常陸大宮市となる

平成2年（1990年）1月21日実施

当①渡辺	竜一	61	無	新	12,302
白土	勤弥	62	無	新	8,676
須田	貢	54	無	新	1,512

（投票率 81.85%）

平成6年（1994年）1月9日実施

当②渡辺	竜一	65	無	現	無投票

平成10年（1998年）1月11日実施

当③渡辺　龍一　69　無　　　現　　無投票

平成14年（2002年）1月13日実施

当④渡辺　龍一　73　無　　　現　　無投票

平成17年（2005年）5月22日実施

当①大久保太一　65　無　　　新　　12,364
　　伊村　智安　66　無　　　新　　10,956
　　成井光一郎　64　無　　　新　　10,851
　　　　　　　　　　　　　　（投票率68.83%）

平成21年（2009年）5月10日実施

当②大久保太一　69　無　　　現　　無投票

平成25年（2013年）5月12日実施

当③大久保太一　73　無　　　現　　無投票

平成29年（2017年）5月7日実施

当④大久保太一　77　無　　　現　　無投票

常陸大宮市長選挙

平成20年（2008年）4月13日実施

当①三次真一郎　59　無　　　新　　16,155
　　金田　薫　58　無　　　新　　11,535
　　　　　　　　　　　　　　（投票率71.40%）

平成24年（2012年）4月8日実施

当②三次真一郎　63　無　　　現　　無投票

平成28年（2016年）4月3日実施

当③三次真一郎　67　無　　　現　　無投票

ひたちなか市長選挙

平成6年（1994年）11月1日勝田市・那珂湊市
が新設合併してひたちなか市となる

平成6年（1994年）11月27日実施

当①清水　昇　62　無　　　新　　43,463
　　川又　保　54　無　　　新　　31,262
　　　　　　　　　　　　　　（投票率69.06%）

平成10年（1998年）11月1日実施

当②清水　昇　66　無　　　現　　無投票

平成14年（2002年）11月17日実施

当①本間　源基　48　無　　　新　　31,691
　　塩谷善志郎　60　無　　　新　　14,611
　　　　　　　　　　　　　　（投票率39.48%）

平成18年（2006年）11月12日実施

当②本間　源基　52　無　　　現　　無投票

平成22年（2010年）11月14日実施

当③本間　源基　56　無　　　現　　無投票

平成26年（2014年）11月16日実施

当④本間　源基　60　無　　　現　　27,799
　　大谷　明　41　無　　　新　　26,006
　　　　　　　　　　　　　　（投票率43.03%）

平成30年（2018年）11月18日実施

当①大谷　明　45　無　　　新　　34,986
　　久須美　忍　54　無　　　新　　23,656
　　　　　　　　　　　　　　（投票率45.29%）

（勝田市長選挙）

平成2年（1990年）11月18日実施

当③清水　昇　58　無　　　現　　無投票

※平成6年（1994年）11月1日勝田市は那珂湊市と
新設合併してひたちなか市となる

（那珂湊市長選挙）

平成3年（1991年）6月23日実施

当①根本　甚市　66　無　　　新　　11,251
　　深川　忠義　52　無　　　現　　8,891
　　　　　　　　　　　　　　（投票率82.41%）

※平成6年（1994年）11月1日那珂湊市は勝田市と
新設合併してひたちなか市となる

鉾田市長選挙

平成17年（2005年）10月11日鹿島郡旭村・鉾田町・大洋村が新設合併・市制施行して鉾田市となる

平成17年（2005年）11月13日実施
- 当①鬼沢　保平　52　無　新　18,553
- 　本沢　裕夫　52　無　新　7,931

（投票率 62.63%）

平成21年（2009年）10月18日実施
- 当②鬼沢　保平　56　無　現　無投票

平成25年（2013年）10月27日実施
- 当③鬼沢　保平　60　無　現　13,105
- 　菅谷　達男　63　無　新　9,198

（投票率 54.63%）

平成29年（2017年）10月22日実施
- 当①岸田　一夫　61　無　新　8,332
- 　小川　一彦　58　無　新　6,492
- 　方波見和彦　51　無　新　6,306
- 　田口　清則　41　無　新　3,153

（投票率 62.26%）

守谷市長選挙

平成14年（2002年）2月2日北相馬郡守谷町が市制施行して守谷市となる

平成16年（2004年）11月7日実施
- 当①会田　真一　53　無　現　12,241
- 　森崎比呂志　65　無　新　3,082

（投票率 38.39%）

平成20年（2008年）11月23日実施
- 当②会田　真一　57　無　現　11,517
- 　小川　一成　61　無　新　9,961
- 　土田　敦司　40　無　新　5,486

（投票率 59.40%）

平成24年（2012年）11月11日実施
- 当③会田　真一　61　無　現　14,194
- 　梶岡　博樹　35　無　新　12,197

（投票率 54.32%）

平成28年（2016年）11月20日実施
- 当①松丸　修久　62　無　新　13,865
- 　梶岡　博樹　39　無　新　9,498
- 　浅利　和宏　47　無　新　1,362
- 　上床　真澄　56　無　新　1,268

（投票率 50.41%）

結城市長選挙

平成3年（1991年）1月20日実施
- 当②荒井　秀吉　49　無　現　15,822
- 　平塚　明　50　無　新　13,033
- 　浜野　司朗　58　無　新　330

（投票率 76.97%）

平成7年（1995年）1月29日実施
- 当③荒井　秀吉　53　無　現　14,284
- 　平塚　明　54　無　新　11,942
- 　石島　真一　46　無　新　538
- 　浜野　司朗　62　無　新　345

（投票率 68.12%）

平成9年（1997年）4月27日実施
- 当①平塚　明　56　無　新　10,637
- 　古山　智一　59　無　新　9,114
- 　植木　勇　60　無　新　4,089
- 　前場　文夫　54　無　新　2,857
- 　荒井与志雄　45　無　新　1,546
- 　浜野　司朗　64　無　新　334

（投票率 70.89%）

平成13年（2001年）4月1日実施
- 当②平塚　明　60　無　現　無投票

平成15年（2003年）8月24日実施
- 当①小西　栄造　71　無　新　14,460
- 　荒井与志雄　51　無　新　4,978

（投票率 46.57%）

平成19年（2007年）7月29日実施

当②	小西　栄造	75	無	現	15,282
	大里　栄作	57	無	新	10,732
	会沢　久男	57	無	新	1,333

（投票率 65.30%）

平成23年（2011年）8月7日実施

当①	前場　文夫	68	無	新	10,817
	小林　栄	55	無	新	10,689

（投票率 51.21%）

平成27年（2015年）8月9日実施

当②	前場　文夫	72	無	現	11,482
	立川　博敏	42	無	新	7,818

（投票率 46.59%）

龍ケ崎市長選挙

平成元年（1989年）6月18日実施

当③	岡田　昭守	62	無	現	13,018
	名雪　義雄	83	無	新	6,776

（投票率 53.86%）

平成4年（1992年）7月19日実施

当①	海老原龍生	60	無	新	15,512
	桜井　昭洋	49	無	新	13,651

（投票率 67.55%）

平成8年（1996年）6月30日実施

当②	海老原龍生	64	無	現	無投票

平成10年（1998年）1月18日実施

当①	串田　武久	59	無	新	9,376
	桜井　正直	50	無	新	6,712
	大野誠一郎	47	無	新	6,438
	西谷　友克	50	無	新	5,496
	藤沢　宏至	70	諸	新	2,122

（投票率 56.49%）

平成13年（2001年）12月23日実施

当②	串田　武久	63	無	現	12,799
	大野誠一郎	51	無	新	10,498
	藤木　妙子	48	無	新	1,977
	桜井　忠彦	61	無	新	368

（投票率 43.97%）

平成17年（2005年）12月25日実施

当③	串田　武久	67	無	現	12,851
	大野誠一郎	55	無	新	11,212
	藤木　妙子	52	無	新	1,836
	本郷　治彦	64	無	新	401

（投票率 43.32%）

平成21年（2009年）12月20日実施

当①	中山　一生	47	無	新	12,396
	油原　信義	58	無	新	10,063
	大野誠一郎	59	無	新	8,390

（投票率 49.46%）

平成25年（2013年）12月15日実施

当②	中山　一生	51	無	現	無投票

平成29年（2017年）12月24日実施

当③	中山　一生	55	無	現	16,281
	藤木　妙子	64	無	新	4,376

（投票率 32.69%）

栃 木 県

県庁所在地　宇都宮市
市　　数　　14市（平成31年4月現在）
市　　名　　宇都宮市・足利市・大田原市・小山市・鹿沼市・さくら市・佐野市・下野市・
　　　　　　栃木市・那須烏山市・那須塩原市（黒磯市）・日光市（今市市）・真岡市・矢板市
　　　　　　　　　　　　　　　　　　　　　　　　　　　　※（ ）内は廃止された市

【市に関わる合併・市制施行・名称変更】

市名	実施年月日	関係市町村名等	合併等の内容
宇都宮市	平成19年（2007年）3月31日	宇都宮市・河内郡上河内町・河内町	【編入合併】
大田原市	平成17年（2005年）10月1日	大田原市・那須郡湯津上村・黒羽町	【編入合併】
鹿沼市	平成18年（2006年）1月1日	鹿沼市・上都賀郡粟野町	【編入合併】
さくら市	平成17年（2005年）3月28日	塩谷郡氏家町・喜連川町	【新設合併・市制施行】
佐野市	平成17年（2005年）2月28日	佐野市・安蘇郡田沼町・葛生町	【新設合併】
下野市	平成18年（2006年）1月10日	河内郡南河内町・下都賀郡石橋町・国分寺町	【新設合併・市制施行】
栃木市	平成22年（2010年）3月29日	栃木市・下都賀郡大平町・藤岡町・都賀町	【新設合併】
	平成23年（2011年）10月1日	栃木市・上都賀郡西方町	【編入合併】
	平成26年（2014年）4月5日	栃木市・下都賀郡岩舟町	【編入合併】
那須烏山市	平成17年（2005年）10月1日	那須郡南那須町・烏山町	【新設合併・市制施行】
那須塩原市	平成17年（2005年）1月1日	黒磯市・那須郡西那須野町・塩原町	【新設合併】
日光市	平成18年（2006年）3月20日	日光市・今市市・上都賀郡足尾町・塩谷郡栗山村・藤原町	【新設合併】
真岡市	平成21年（2009年）3月23日	真岡市・芳賀郡二宮町	【編入合併】

【選挙結果】

栃木県知事選挙

平成4年（1992年）11月29日実施

当③ 渡辺　文雄　63　無　自民 社会 公明 民社　現　416,235
　　 岡村　賢治　62　無　共産　　　　　　　　新　 66,274
　　　　　　　　　　　　　　　　　　　　（投票率 34.34%）

平成8年（1996年）12月1日実施

当④ 渡辺　文雄　67　無　自民 新進 民主 社民 民改 公明　現　341,895

　　 岡村　賢治　66　無　共産　　　　　　　　新　 73,254
　　　　　　　　　　　　　　　　　　　　（投票率 28.09%）

平成12年（2000年）11月19日実施

当① 福田　昭夫　52　無　　　　　　　　　　　新　336,161
　　 渡辺　文雄　71　無　自民 民主 公明 自由 保守 自連　現　335,286
　　 野口　要　　59　無　共産　　　　　　　　新　 34,009
　　　　　　　　　　　　　　　　　　　　（投票率 45.63%）

平成16年（2004年）11月28日実施
当①	福田　富一	51	無	自民 公明	新	426,666
	福田　昭夫	56	無		現	302,776
	塚原　勝	64	共		新	24,074

（投票率 47.65%）

平成20年（2008年）11月16日実施
当②	福田　富一	55	無	自民 公明	現	426,336
	渡辺　繁	60	共		新	83,430

（投票率 32.28%）

平成24年（2012年）11月18日実施
当③	福田　富一	59	無	自民 公明	現	462,299
	野村　節子	59	共		新	71,700

（投票率 33.64%）

平成28年（2016年）11月20日実施
当④	福田　富一	63	無	公明	現	422,544
	小林　年治	64	無	共産 社民	新	114,814

（投票率 33.27%）

宇都宮市長選挙

平成3年（1991年）4月21日実施
当④	増山　道保	66	無	自民 公明 民社	現	155,386
	山崎　寿彦	38	共		新	26,903

（投票率 62.33%）

平成7年（1995年）4月23日実施
当⑤	増山　道保	70	無	自民 新進 さき 公明	現	141,502
	山崎　寿彦	42	共		新	29,025

（投票率 56.19%）

平成11年（1999年）4月25日実施
当①	福田　富一	45	無		新	78,911
	梶　克之	54	無	自民		新	64,892
	石海　行雄	52	無	民主 社民	新	43,971
	河上　幸一	66	無		新	7,847
	滝　友二	58	共		新	6,856
	杉山　悟成	46	無		新	871

（投票率 61.25%）

平成15年（2003年）4月27日実施
当②	福田　富一	49	無		現	146,756
	小林　年治	51	共		新	23,582

（投票率 50.41%）

平成16年（2004年）11月28日実施
当①	佐藤　栄一	43	無	自民 公明	新	105,019
	鈴木　定浩	40	無	民主 社民	新	59,403
	小林　年治	52	共		新	9,812

（投票率 49.93%）

平成20年（2008年）11月16日実施
当②	佐藤　栄一	47	無	自民 公明	現	80,529
	今井　恭男	57	無	民主 社民	新	41,166
	山本　直由	60	無		新	23,589
	浅野　薫子	53	無		新	15,250

（投票率 40.28%）

平成24年（2012年）11月18日実施
当③	佐藤　栄一	51	無	自民 公明	現	100,858
	河内　宏之	62	無		新	41,678

（投票率 36.03%）

平成28年（2016年）11月20日実施
当④	佐藤　栄一	55	無	自民 公明	現	89,840
	金子　達	58	無	民進 共産 社民	新	83,634

（投票率 41.53%）

足利市長選挙

平成3年（1991年）4月21日実施
当①	早川　一夫	55	無		新	46,855
	菊池　靖	50	無		新	38,257
	松崎　洋二	58	無		新	12,116

（投票率 79.74%）

平成7年（1995年）4月16日実施
当②	早川　一夫	59	無		現	無投票

平成11年（1999年）4月25日実施
当③	早川　一夫	63	無		現	71,246

栃木県

片山　勇起　68　無　　　　　　　12,718
　　　　　　　　　　　　（投票率67.72%）

平成13年（2001年）5月13日実施

当①吉谷　宗夫　70　無　　新　43,987
　　大豆生田実　35　無　　新　32,953
　　　　　　　　　　　　（投票率59.98%）

平成17年（2005年）4月24日実施

当②吉谷　宗夫　74　無　　現　29,182
　　大豆生田実　39　無　　新　27,632
　　鈴木　高明　50　無　　新　 6,708
　　嶋田　政芳　56　無　　新　 6,105
　　　　　　　　　　　　（投票率54.47%）

平成21年（2009年）4月26日実施

当①大豆生田実　43　無　　新　44,401
　　飯野　健一　60　無　　新　30,014
　　　　　　　　　　　　（投票率58.86%）

平成25年（2013年）4月21日実施

当①和泉　　聡　49　無　　新　34,036
　　大豆生田実　47　無　　現　32,224
　　　　　　　　　　　　（投票率53.57%）

平成29年（2017年）4月16日実施

当②和泉　　聡　53　無　　現　無投票

大田原市長選挙

平成2年（1990年）4月8日実施

当①千保　一夫　47　無　　新　14,515
　　高瀬　一重　58　無　　新　13,997
　　　　　　　　　　　　（投票率79.27%）

平成6年（1994年）3月20日実施

当②千保　一夫　51　無　　現　無投票

平成10年（1998年）3月29日実施

当③千保　一夫　55　無　　現　15,327
　　伊藤　　勲　58　無　　新　10,951
　　本沢　捷治　53　無　　新　 1,004
　　　　　　　　　　　　（投票率67.54%）

平成14年（2002年）3月10日実施

当④千保　一夫　59　無　　現　16,027
　　小野寺尚武　57　無　　新　11,151
　　　　　　　　　　　　（投票率64.67%）

平成18年（2006年）3月12日実施

当⑤千保　一夫　63　無　　現　17,742
　　伊藤　　勲　66　無　　新　14,740
　　　　　　　　　　　　（投票率55.03%）

平成22年（2010年）3月14日実施

当①津久井富雄　60　無　　新　24,641
　　千保　一夫　67　無　　現　16,194
　　　　　　　　　　　　（投票率68.68%）

平成26年（2014年）3月9日実施

当②津久井富雄　64　無　　現　19,934
　　本沢　節子　69　無　　新　 3,386
　　　　　　　　　　　　（投票率40.03%）

平成30年（2018年）3月25日実施

当③津久井富雄　68　無　　現　19,222
　　本沢　捷治　73　無　　新　 1,868
　　　　　　　　　　　　（投票率36.12%）

小山市長選挙

平成4年（1992年）6月28日実施

当②船田　　章　70　無　　現　無投票

平成8年（1996年）6月30日実施

当③船田　　章　74　無　　現　無投票

平成12年（2000年）7月16日実施

当①大久保寿夫　51　無　　新　38,324
　　野村　広元　55　無　　新　29,805
　　　　　　　　　　　　（投票率58.93%）

平成16年（2004年）7月25日実施

当②大久保寿夫　55　無　　現　32,140
　　若林　和雄　56　無　　新　27,908

石島　保男	60	無	新	6,303

(投票率 55.14%)

平成20年（2008年）7月27日実施

当③大久保寿夫	59	無	現	29,357
小野塚久枝	64	無	新	17,040
村上明日香	29	無	新	2,880

(投票率 39.79%)

平成24年（2012年）7月22日実施

当④大久保寿夫	63	無	現	38,564
髙橋　修司	40	無	新	16,870
小野塚久枝	68	無	新	9,840

(投票率 51.61%)

平成28年（2016年）7月24日実施

当⑤大久保寿夫	67	無	現	32,188
平野　正美	69	無	新	13,169

(投票率 34.89%)

鹿沼市長選挙

平成4年（1992年）4月26日実施

当②稲川　武	58	無	現	21,996
中島　健太	48	無	新	3,660

(投票率 39.38%)

平成4年（1992年）6月21日実施（再選挙）

当①福田　武	71	無	新	33,697
神谷　正二	66	無	新	14,344

(投票率 72.56%)

平成8年（1996年）6月2日実施

当②福田　武	74	無	現	20,669
中島　健太	53	無	新	3,545

(投票率 34.89%)

平成12年（2000年）6月11日実施

当①阿部　和夫	52	無	新	28,295
福田　武	79	無	現	19,178

(投票率 65.78%)

平成16年（2004年）5月16日実施

当②阿部　和夫	56	無	現	無投票

平成20年（2008年）5月25日実施

当①佐藤　信	61	無	新	37,378
阿部　和夫	60	無	現	15,440

(投票率 64.03%)

平成24年（2012年）6月3日実施

当②佐藤　信	65	無	現	無投票

平成28年（2016年）5月22日実施

当③佐藤　信	69	無	現	25,019
冨久田耕平	69	無	新	11,354
阿部　和夫	68	無	元	7,255

(投票率 54.04%)

※平成4年（1992年）4月26日の選挙で再選した稲川武が翌日死去したため再選挙

さくら市長選挙

平成17年（2005年）3月28日塩谷郡氏家町・喜連川町が新設合併・市制施行してさくら市となる

平成17年（2005年）4月24日実施

当①秋元　喜平	75	無	新	11,639
小堀　勇人	47	無	新	10,315

(投票率 67.91%)

平成21年（2009年）4月19日実施

当①人見　健次	61	無	新	11,710
田中　喜平	64	無	新	7,742

(投票率 58.15%)

平成25年（2013年）4月14日実施

当②人見　健次	65	無	現	11,244
大山　昌利	52	無	新	3,390

(投票率 42.65%)

平成29年（2017年）4月16日実施

当①花塚　隆志	57	無	新	12,026

桜井　秀美　63　無　　　　　新　　　4,795
(投票率 47.66%)

佐野市長選挙

平成3年（1991年）4月21日実施

当①毛塚吉太郎　62　無　　　　　新　　27,446
　　早川　吉三　65　無　　　　　現　　23,712
(投票率 84.86%)

平成7年（1995年）4月16日実施

当②毛塚吉太郎　66　無　　　　　現　　無投票

平成11年（1999年）4月25日実施

当③毛塚吉太郎　70　無　　　　　現　　25,415
　　飯塚　昭吉　70　無　　　　　新　　21,346
(投票率 73.14%)

平成13年（2001年）10月21日実施

当①飯塚　昭吉　72　無　　　　　新　　17,041
　　川村　智男　60　無　　　　　新　　16,559
　　藤掛　久夫　68　無　　　　　新　　 4,367
(投票率 58.07%)

平成17年（2005年）4月17日実施

当①岡部　正英　66　無　　　　　新　　27,776
　　飯塚　昭吉　76　無　　　　　新　　24,772
　　金子　　裕　42　無　　　　　新　　17,568
(投票率 70.83%)

平成21年（2009年）4月12日実施

当②岡部　正英　70　無　　　　　現　　47,596
　　旭岡　勝義　64　無　　　　　新　　13,946
(投票率 63.15%)

平成25年（2013年）4月7日実施

当③岡部　正英　74　無　　　　　現　　無投票

平成29年（2017年）4月2日実施

当④岡部　正英　78　無　　　　　現　　無投票

下野市長選挙

平成18年（2006年）1月10日河内郡南河内町・下都賀郡石橋町・国分寺町が新設合併・市制施行して下野市となる

平成18年（2006年）2月5日実施

当①大垣　　隆　62　無　　　　　新　　無投票

平成18年（2006年）8月6日実施

当①広瀬　寿雄　47　無　　　　　新　　11,327
　　内木　　誠　54　無　　　　　新　　 2,370
(投票率 30.77%)

平成22年（2010年）7月11日実施

当②広瀬　寿雄　51　無　　　　　現　　16,688
　　大垣　　隆　67　無　　　　　元　　14,493
(投票率 67.56%)

平成26年（2014年）7月13日実施

当③広瀬　寿雄　55　無　　　　　現　　14,490
　　安里　満信　46　無　　　　　新　　 6,412
(投票率 44.29%)

平成30年（2018年）7月1日実施

当④広瀬　寿雄　59　無　　　　　現　　無投票

栃木市長選挙

平成3年（1991年）4月14日実施

当②鈴木乙一郎　67　無　　　　　現　　無投票

平成7年（1995年）4月23日実施

当③鈴木乙一郎　71　無　　　　　現　　34,707
　　井上　和子　62　無　　　　　新　　11,034
(投票率 72.87%)

平成11年（1999年）4月18日実施

当④鈴木乙一郎　75　無　　　　　現　　無投票

平成15年（2003年）4月27日実施

当①日向野義幸　44　無　　　　　新　　22,514

琴寄 昌男 41	無	新	18,018

（投票率 61.35％）

平成19年（2007年）4月22日実施

当② 日向野義幸 48	無	現	22,968
大島 和郎 75	無	新	19,989

（投票率 66.52％）

平成22年（2010年）4月25日実施

当① 鈴木 俊美 59	無	新	47,212
日向野義幸 51	無	新	33,293

（投票率 70.91％）

平成26年（2014年）4月20日実施

当② 鈴木 俊美 63	無	現	46,639
琴寄 昌男 52	無	新	37,929

（投票率 64.48％）

平成30年（2018年）4月22日実施

当① 大川 秀子 70	無	新	38,994
鈴木 俊美 67	無	現	38,076

（投票率 58.54％）

那須烏山市長選挙

平成17年（2005年）10月1日那須郡南那須町・烏山町が新設合併・市制施行して那須烏山市となる

平成17年（2005年）11月6日実施

当① 大谷 範雄 57	無	新	13,616
岩崎 義一 74	無	新	5,687

（投票率 74.89％）

平成21年（2009年）11月1日実施

当② 大谷 範雄 61	無	現	10,911
松本 勝栄 58	無	新	4,548

（投票率 61.76％）

平成25年（2013年）10月20日実施

当③ 大谷 範雄 65	無	現	無投票

平成29年（2017年）10月22日実施

当① 川俣 純子 57	無	新	11,182

塚原 雅志 67	無	新	1,748

（投票率 57.77％）

那須塩原市長選挙

平成17年（2005年）1月1日黒磯市・那須郡西那須野町・塩原町が新設合併して那須塩原市となる

平成17年（2005年）2月13日実施

当① 栗川 仁 61	無	新	26,360
平山 武 57	無	新	25,063

（投票率 59.01％）

平成21年（2009年）2月1日実施

当② 栗川 仁 65	無	現	無投票

平成24年（2012年）1月22日実施

当① 阿久津憲二 68	無	新	23,211
君島 寛 63	無	新	23,097

（投票率 50.12％）

平成27年（2015年）12月27日実施

当① 君島 寛 67	無	新	27,047
阿久津憲二 72	無	現	16,479

（投票率 46.86％）

平成31年（2019年）4月21日実施

当① 渡辺美知太郎 36	無	新	23,488
君島 一郎 63	無	新	17,815

（投票率 43.93％）

（黒磯市長選挙）

平成3年（1991年）2月10日実施

当① 藤田 政寿 58	無	新	12,221
石塚 政紀 69	無	新	10,797
室井 初市 66	無	新	3,740
渡辺 文夫 47	無	新	2,115

（投票率 79.99％）

平成7年（1995年）1月29日実施

当② 藤田 政寿 62	無	現	無投票

平成11年（1999年）1月17日実施

当③藤田	政寿	66	無	現	無投票

平成15年（2003年）2月9日実施

当①栗川	仁	59	無	新	17,858
高木	慶一	56	無	新	13,456
遠藤	米治	54	無	新	811

（投票率 70.50%）

※平成17年（2005年）1月1日黒磯市は那須郡西那須野町・塩原町と新設合併して那須塩原市となる

日光市長選挙

平成元年（1989年）8月9日実施

当①小平	英哉	60	無	新	6,887
斎藤	善蔵	64	無	現	6,473

（投票率 85.52%）

平成5年（1993年）7月23日実施

当②小平	英哉	64	無	現	無投票

平成9年（1997年）7月29日実施

当①斎藤	隆夫	49	無	新	6,566
小平	英哉	68	無	現	5,147

（投票率 78.41%）

平成13年（2001年）7月29日実施

当②斎藤	隆男	53	無	現	5,229
小野	義治	63	無	新	3,910
稲葉	卓夫	51	無	新	2,265

（投票率 79.51%）

平成14年（2002年）7月21日実施

当①真杉	瑞夫	56	無	新	6,756
稲葉	卓夫	52	無	新	2,819

（投票率 68.42%）

平成18年（2006年）4月23日実施

当①斎藤	文夫	62	無	新	30,323
河合	正男	63	無	新	22,317
阿久津	等	59	無	新	2,972

（投票率 72.91%）

平成22年（2010年）4月11日実施

当②斎藤	文夫	66	無	現	29,262
星	一男	62	無	新	23,567

（投票率 70.82%）

平成26年（2014年）4月13日実施

当③斎藤	文夫	70	無	現	19,052
大嶋	一生	49	無	新	15,969
平木チサ子		61	無	新	10,049

（投票率 62.53%）

平成30年（2018年）4月15日実施

当①大嶋	一生	53	無	新	12,946
阿部	哲夫	68	無	新	12,931
長谷川	敬	49	無	新	10,523
斎藤	敏夫	67	無	新	5,647

（投票率 59.87%）

（今市市長選挙）

平成3年（1991年）4月21日実施

当①福田	昭夫	43	無	新	19,814
手塚庄右衛門		67	無	新	13,827

（投票率 82.42%）

平成7年（1995年）4月23日実施

当②福田	昭夫	47	無	現	21,395
吉原	徳	60	無	新	13,319

（投票率 77.50%）

平成11年（1999年）4月18日実施

当③福田	昭夫	51	無	現	無投票

平成12年（2000年）10月22日実施

当①斎藤	文夫	56	無	新	14,898
渡辺	一明	57	無	新	14,686

（投票率 60.97%）

平成16年（2004年）10月10日実施

当②斎藤	文夫	60	無	現	無投票

※平成18年（2006年）3月20日今市市は旧日光市・上都賀郡足尾町・塩谷郡栗山村・藤原町と新設合併して日光市となる

真岡市長選挙

平成元年（1989年）4月23日実施

当③	菊地恒三郎	64	無	現	16,652
	飯塚 正	37	共	新	5,296

（投票率 54.50％）

平成5年（1993年）4月25日実施

当④	菊地恒三郎	68	無	現	17,398
	佐々木重信	53	無	新	15,150

（投票率 76.03％）

平成9年（1997年）4月27日実施

当⑤	菊地恒三郎	72	無	現	12,388
	福田 武隼	55	無	新	11,944
	佐々木重信	57	無	新	11,172

（投票率 78.47％）

平成13年（2001年）4月22日実施

当①	福田 武隼	59	無	新	20,111
	木村 博貴	51	無	新	13,606

（投票率 71.70％）

平成17年（2005年）4月24日実施

当②	福田 武隼	63	無	現	18,819
	菅野 健志	59	無	新	5,078

（投票率 49.39％）

平成21年（2009年）4月26日実施

当①	井田 隆一	63	無	新	22,503
	斎藤 鉄男	67	無	新	17,281
	枝川 豊	52	無	新	897
	菅野 健志	63	無	新	691

（投票率 66.10％）

平成25年（2013年）4月14日実施

当②	井田 隆一	67	無	現	無投票

平成29年（2017年）4月16日実施

当①	石坂 真一	61	無	新	無投票

矢板市長選挙

平成4年（1992年）4月12日実施

当②	大気 弘久	59	無	現	12,294
	山口 公久	64	無	前	8,766

（投票率 81.61％）

平成8年（1996年）4月14日実施

当③	山口 公久	68	無	元	10,295
	印南 節男	62	無	新	7,117
	東泉 清寿	43	無	新	3,151

（投票率 76.31％）

平成12年（2000年）4月9日実施

当④	山口 公久	72	無	現	10,760
	桜井 恵二	43	無	新	7,463

（投票率 65.51％）

平成16年（2004年）4月4日実施

当①	遠藤 忠	63	無	新	無投票

平成20年（2008年）4月6日実施

当②	遠藤 忠	67	無	現	無投票

平成24年（2012年）4月8日実施

当③	遠藤 忠	71	無	現	9,910
	桜井 恵二	55	無	新	7,989

（投票率 63.94％）

平成28年（2016年）4月10日実施

当①	斎藤淳一郎	43	無	新	9,335
	青木 克明	63	無	新	7,008
	飯野 正敏	64	無	新	1,640

（投票率 65.92％）

群 馬 県

県庁所在地　前橋市
市　　数　　12市（平成31年4月現在）
市　　名　　前橋市・安中市・伊勢崎市・太田市・桐生市・渋川市・高崎市・館林市・富岡市・沼田市・藤岡市・みどり市

【市に関わる合併・市制施行・名称変更】

市名	実施年月日	関係市町村名等	合併等の内容
前橋市	平成16年（2004年）12月5日	前橋市・勢多郡大胡町・宮城村・粕川村	【編入合併】
	平成21年（2009年）5月5日	前橋市・勢多郡富士見村	【編入合併】
安中市	平成18年（2006年）3月18日	安中市・碓氷郡松井田町	【新設合併】
伊勢崎市	平成17年（2005年）1月1日	伊勢崎市・佐波郡赤堀町・東村・境町	【新設合併】
太田市	平成17年（2005年）3月28日	太田市・新田郡尾島町・新田町・藪塚本町	【新設合併】
桐生市	平成17年（2005年）6月13日	桐生市・勢多郡新里村・黒保根村	【編入合併】
渋川市	平成18年（2006年）2月20日	渋川市・勢多郡北橘村・赤城村・北群馬郡子持村・小野上村・伊香保町	【新設合併】
高崎市	平成18年（2006年）1月23日	高崎市・群馬郡倉渕村・箕郷町・群馬町・多野郡新町	【編入合併】
	平成18年（2006年）10月1日	高崎市・群馬郡榛名町	【編入合併】
	平成21年（2009年）6月1日	高崎市・多野郡吉井町	【編入合併】
富岡市	平成18年（2006年）3月27日	富岡市・甘楽郡妙義町	【新設合併】
沼田市	平成17年（2005年）2月13日	沼田市・利根郡白沢村・利根村	【編入合併】
藤岡市	平成18年（2006年）1月1日	藤岡市・多野郡鬼石町	【編入合併】
みどり市	平成18年（2006年）3月27日	勢多郡東村・新田郡笠懸町・山田郡大間々町	【新設合併・市制施行】

【選挙結果】

群馬県知事選挙

平成3年（1991年）7月28日実施

当① 小寺　弘之 50　無　自民 社会 公明 民社　新　498,033
　　 吉村　駿一 47　無　共産　　　　　　　　新　　92,179
（投票率 41.59%）

平成7年（1995年）7月23日実施

当② 小寺　弘之 54　無　自民 新進 社会 さきがけ 公明　現　571,834
　　 最上　進 54　無　　　　　　　　　　　　　　新　163,474
　　 吉村　駿一 51　無　共産　　　　　　　　　　新　 59,094
（投票率 53.74%）

平成11年（1999年）7月4日実施

当③	小寺 弘之	58	無 自民 民主 公明 自由 社民 さき 自連	現	496,248
	吉村 駿一	55	無 共産	新	122,245

（投票率 40.15%）

平成15年（2003年）7月6日実施

当④	小寺 弘之	62	無 自民 公明 社民 保新	現	446,208
	吉村 駿一	59	無 共産	新	140,527

（投票率 37.41%）

平成19年（2007年）7月22日実施

当①	大沢 正明	61	自 公明	新	305,354
	小寺 弘之	66	無	現	292,553
	山本 龍	48	無	新	190,651
	吉村 駿一	63	無 共産	新	52,808
	清水 澄	58	無	新	12,523

（投票率 53.41%）

平成23年（2011年）7月3日実施

当②	大沢 正明	65	無 自民 公明 みん	現	392,504
	後藤 新	50	無	新	148,790
	小菅 啓司	60	共	新	33,355
	海老根 篤	64	無	新	6,515

（投票率 36.62%）

平成27年（2015年）7月5日実施

当③	大沢 正明	69	無 自民 公明	現	359,074
	萩原 貞夫	66	無 共産	新	129,990

（投票率 31.36%）

前橋市長選挙

平成4年（1992年）2月16日実施

当②	藤嶋 清多	68	無 自民 社会 公明 民社	現	64,104
	菊地 定則	69	無 共産	新	16,825

（投票率 39.23%）

平成8年（1996年）2月18日実施

当①	萩原弥惣治	62	無	新	42,846
	曽我 隆一	53	無 公明	新	35,320
	下村善之助	58	無 社民	新	18,012
	八木原圀明	49	無	新	10,289
	小林 敏男	58	無 共産	新	10,086

（投票率 53.77%）

平成12年（2000年）2月20日実施

当②	萩原弥惣治	66	無 自民 民主 公明 社民	現	63,363
	小野寺慶吾	67	無 共産	新	16,825

（投票率 36.60%）

平成16年（2004年）2月15日実施

当①	高木 政夫	53	無	新	56,232
	萩原弥惣治	70	無 民主 公明 社民	現	44,406
	生方 秀男	56	無 共産	新	8,334

（投票率 48.83%）

平成20年（2008年）2月17日実施

当②	高木 政夫	57	無 民主 社民	現	66,006
	金子 泰造	63	無 自民 公明	新	60,102
	生方 秀男	60	無 共産	新	7,678

（投票率 52.40%）

平成24年（2012年）2月19日実施

当①	山本 龍	52	無 自民 みん	新	65,173
	高木 政夫	61	無	現	51,552
	亀田 好子	56	無	新	9,650
	樋口 和彦	60	無 共産	新	7,037

（投票率 49.06%）

平成28年（2016年）2月14日実施

当②	山本 龍	56	無 自民 公明	現	61,903
	樋口 和彦	64	無 共産	新	21,084

（投票率 30.97%）

安中市長選挙

平成3年（1991年）4月21日実施

当①	小川 勝寿	63	無	新	12,890
	柳沢 孔三	67	無	新	8,087
	原 精一	68	無	新	4,667
	安藤 広幸	41	無	新	543

（投票率 77.30%）

群馬県

平成7年（1995年）4月23日実施

当②	小川 勝寿	67	無	現	12,707
	吉田 洋	53	無	新	12,091

（投票率 69.48%）

平成7年（1995年）11月19日実施

当①	中島 博範	49	無	新	11,248
	小川 賢	43	無	新	8,284
	山口 繁	52	無	新	4,748
	伊藤 成	50	無	新	3,785

（投票率 80.00%）

平成11年（1999年）11月14日実施

当②	中島 博範	53	無	現	18,241
	小川 賢	47	無	新	10,504

（投票率 77.49%）

平成15年（2003年）11月16日実施

当③	中島 博範	57	無	現	12,798
	早川 正雄	48	無	新	10,029
	小川 賢	51	無	新	4,578

（投票率 72.70%）

平成18年（2006年）4月23日実施

当①	岡田 義弘	67	無	新	11,583
	中島 博範	60	無	新	10,725
	早川 正雄	50	無	新	6,316
	小川 賢	54	無	新	2,666

（投票率 60.66%）

平成22年（2010年）4月11日実施

当②	岡田 義弘	71	無	現	14,673
	高橋 由信	53	無	新	12,401

（投票率 53.34%）

平成26年（2014年）4月13日実施

当①	茂木 英子	54	無	新	15,688
	岡田 義弘	75	無	現	11,899

（投票率 55.26%）

平成30年（2018年）4月15日実施

当②	茂木 英子	58	無	現	15,298
	岡田 義弘	79	無	前	8,147

	安藤 広幸	68	無	新	897

（投票率 49.59%）

伊勢崎市長選挙

平成2年（1990年）4月22日実施

当⑥	下城 雄索	79	無	現	25,407
	北島 元雄	38	共	新	4,461

（投票率 36.84%）

平成5年（1993年）2月28日実施

当①	高橋 基樹	73	無	新	27,456
	小池 政男	55	無	新	6,078

（投票率 39.59%）

平成9年（1997年）2月16日実施

当②	高橋 基樹	77	無	現	24,693
	矢内 一雄	66	無	新	21,293
	須田 満	56	無	新	4,981

（投票率 57.51%）

平成13年（2001年）2月18日実施

当①	矢内 一雄	70	無	新	23,319
	金井 康治	67	無	新	15,020
	荻原 宏之	39	無	新	9,146
	須田 満	60	無	新	6,465

（投票率 57.64%）

平成17年（2005年）1月23日実施

当①	矢内 一雄	74	無	新	35,597
	石原 清次	47	無	新	25,510
	久保田 務	55	無	新	10,366

（投票率 47.10%）

平成21年（2009年）1月18日実施

当①	五十嵐 清隆	56	無	新	37,050
	三好 直明	43	無	新	24,357

（投票率 39.73%）

平成25年（2013年）1月13日実施

当②	五十嵐 清隆	60	無	現	無投票

平成29年（2017年）1月8日実施

当③五十嵐清隆　64　無　　　　現　　無投票

太田市長選挙

平成3年（1991年）5月19日実施

当⑤戸沢　久夫　58　無　　　　現　　33,955
　　恩田　光悦　48　無　　　　新　　22,119
　　　　　　　　　　　　　　（投票率 57.67%）

平成7年（1995年）5月21日実施

当①清水　聖義　53　無　　　　新　　35,433
　　戸沢　久夫　62　無　　　　現　　23,865
　　長谷川嘉一　42　無　　　　新　　12,162
　　　　　　　　　　　　　　（投票率 69.36%）

平成11年（1999年）4月29日実施

当②清水　聖義　57　無　　　　現　　57,879
　　志村　　仁　58　無　　　　新　　13,589
　　　　　　　　　　　　　　（投票率 68.65%）

平成15年（2003年）4月20日実施

当③清水　聖義　61　無　　　　現　　無投票

平成17年（2005年）4月17日実施

当①清水　聖義　63　無　　　　新　　47,263
　　秋山　一男　58　無　　　　新　　43,153
　　恩田　光悦　62　無　　　　新　　 3,744
　　　　　　　　　　　　　　（投票率 57.87%）

平成21年（2009年）4月12日実施

当②清水　聖義　67　無　　　　現　　41,708
　　秋山　一男　62　無　　　　新　　27,218
　　長谷川嘉一　56　無　　　　新　　22,295
　　長沼　　広　58　無　　　　新　　 9,437
　　　　　　　　　　　　　　（投票率 60.91%）

平成25年（2013年）4月14日実施

当③清水　聖義　71　無　　　　現　　47,595
　　秋山　一男　66　無　　　　新　　31,920
　　茂木　　緑　31　無　　　　新　　 1,431
　　　　　　　　　　　　　　（投票率 48.58%）

平成29年（2017年）4月9日実施

当④清水　聖義　75　無　　　　現　　40,482
　　阿部　知世　45　無　　　　新　　27,429
　　市川　隆康　63　無　　　　新　　 4,547
　　　　　　　　　　　　　　（投票率 41.95%）

桐生市長選挙

平成3年（1991年）4月21日実施

当①日野　　茂　52　無　　　　新　　42,846
　　大沢　善隆　49　無　　　　現　　36,825
　　　　　　　　　　　　　　（投票率 85.26%）

平成7年（1995年）4月16日実施

当②日野　　茂　56　無　　　　現　　無投票

平成11年（1999年）4月25日実施

当②大沢　善隆　57　無　　　　元　　37,974
　　日野　　茂　60　無　　　　現　　27,496
　　山本　輝通　68　無　　　　新　　 3,810
　　冨川　雄輔　59　無　　　　新　　 1,410
　　　　　　　　　　　　　　（投票率 76.03%）

平成15年（2003年）4月27日実施

当③大沢　善隆　61　無　　　　現　　36,066
　　村岡　隆村　52　無　　　　新　　30,550
　　　　　　　　　　　　　　（投票率 73.44%）

平成19年（2007年）4月22日実施

当①亀山　豊文　56　無　　　　新　　40,039
　　大沢　善隆　65　無　　　　現　　25,057
　　笠井　秋夫　67　無　　　　新　　 4,162
　　吉野　剛八　62　無　　　　新　　 1,679
　　石川　四郎　62　無　　　　新　　 1,234
　　　　　　　　　　　　　　（投票率 69.98%）

平成23年（2011年）4月24日実施

当②亀山　豊文　60　無　　　　現　　47,236
　　海老根　篤　64　無　　　　新　　 6,449
　　　　　　　　　　　　　　（投票率 56.66%）

群馬県

平成27年（2015年）4月26日実施
当③亀山	豊文	64	無	現	23,069
大沢	幸一	71	無	新	21,130
相沢	崇文	39	無	新	12,752

（投票率 59.35%）

平成31年（2019年）4月21日実施
|当①荒木|恵司|60|無|新|28,798|
|　伏木|康雄|36|無|新|18,758|

（投票率 51.55%）

渋川市長選挙

平成元年（1989年）5月14日実施
|当③登坂|秀|65|無|現|13,435|
|　半田|正|47|共|新|5,773|

（投票率 57.38%）

平成5年（1993年）5月16日実施
当④登坂	秀	69	無	現	14,677
石北	怜	51	無	新	7,191
樋口	建介	47	無	新	3,886

（投票率 72.62%）

平成9年（1997年）5月11日実施
|当⑤登坂|秀|73|無|現|無投票|

平成13年（2001年）5月20日実施
当①木暮	治一	69	無	新	11,098
石北	怜	59	無	新	5,775
金子	太門	60	無	新	4,689
福島	隆夫	54	無	新	1,458

（投票率 62.27%）

平成17年（2005年）5月22日実施
当②木暮	治一	73	無	現	10,847
登坂	和洋	53	無	新	6,592
上岡	国夫	67	無	新	5,161

（投票率 60.61%）

平成18年（2006年）4月9日実施
当①木暮	治一	74	無	新	20,344
星名	建市	49	無	新	15,631
中野	泰	72	無	新	2,787

（投票率 55.82%）

平成21年（2009年）9月13日実施
当①阿久津貞司	64	無	新	18,305
高木	勉	57	無	新	16,880
都丸	均	48	無	新	10,108

（投票率 65.08%）

平成25年（2013年）9月1日実施
当②阿久津貞司	68	無	現	18,052
田辺	寛治	61	無	新	13,882
猪熊	篤史	43	無	新	3,796

（投票率 52.98%）

平成29年（2017年）8月27日実施
当①高木	勉	65	無	新	18,172
阿久津貞司	72	無	現	13,609
猪熊	篤史	47	無	新	3,165

（投票率 52.37%）

高崎市長選挙

平成3年（1991年）4月14日実施
|当②松浦|幸雄|61|無|現|無投票|

平成7年（1995年）4月16日実施
|当③松浦|幸雄|65|無|現|無投票|

平成11年（1999年）4月25日実施
|当④松浦|幸雄|69|無|現|78,707|
|　原|賢治|65|無|新|33,008|

（投票率 61.88%）

平成15年（2003年）4月27日実施
当⑤松浦	幸雄	73	無	現	53,545
中島	政希	49	無	新	37,704
佐藤	国雄	59	無	新	19,469

（投票率 59.72%）

平成19年（2007年）4月22日実施
|当⑥松浦|幸雄|77|無|現|83,103|

| 佐藤　国雄 63 | 無 | 新 | 48,693 |

佐藤　　剛 33　無　　　　　新　　25,968
(投票率 60.49%)

平成23年（2011年）4月24日実施

当①富岡　賢治 64　無　　　　　新　　56,300
　松本　基志 51　無　　　　　新　　52,829
　中島　　篤 56　無　　　　　新　　50,440
　寺田　昌弘 42　無　　　　　新　　 6,931
(投票率 58.21%)

平成27年（2015年）4月26日実施

当②富岡　賢治 68　無　　　　　現　 120,473
　藤巻　　昭 67　無　　　　　新　　21,241
(投票率 50.30%)

平成31年（2019年）4月14日実施

当③富岡　賢治 72　無　　　　　現　　無投票

館林市長選挙

平成元年（1989年）11月26日実施

当④山本　達司 73　無　　　　　現　　無投票

平成5年（1993年）11月28日実施

当⑤山本　達司 77　無　　　　　現　　無投票

平成9年（1997年）11月30日実施

当①中島　勝敬 59　無　　　　　新　　25,646
　谷田部泰雄 65　無　　　　　新　　13,624
(投票率 66.31%)

平成13年（2001年）11月25日実施

当②中島　勝敬 63　無　　　　　現　　無投票

平成17年（2005年）11月27日実施

当③中島　勝敬 67　無　　　　　現　　19,484
　針谷　　進 56　無　　　　　新　　10,483
(投票率 48.13%)

平成19年（2007年）4月15日実施

当①安楽岡一雄 59　無　　　　　新　　無投票

平成23年（2011年）4月24日実施

当②安楽岡一雄 63　無　　　　　現　　18,350
　小曽根光男 61　無　　　　　新　　 3,128
(投票率 34.97%)

平成27年（2015年）4月19日実施

当③安楽岡一雄 67　無　　　　　現　　無投票

平成29年（2017年）4月2日実施

当①須藤　和臣 49　無　　　　　新　　17,965
　松本　耕司 72　無　　　　　新　　10,301
　小林　光一 70　無　　　　　新　　 1,404
(投票率 47.99%)

富岡市長選挙

平成3年（1991年）9月8日実施

当③広木　康二 62　無　　　　　現　　14,938
　今井清二郎 50　無　　　　　新　　14,902
(投票率 83.77%)

平成7年（1995年）9月10日実施

当①今井清二郎 54　無　　　　　新　　15,683
　田村　泰彦 59　無　　　　　新　　14,509
(投票率 81.42%)

平成11年（1999年）9月5日実施

当②今井清二郎 58　無　　　　　現　　14,969
　田村　泰彦 63　無　　　　　新　　12,521
(投票率 71.51%)

平成15年（2003年）9月7日実施

当③今井清二郎 62　無　　　　　現　　12,639
　下山　　真 53　無　　　　　新　　11,843
(投票率 63.24%)

平成18年（2006年）4月23日実施

当①岩井賢太郎 64　無　　　　　新　　10,932
　今井清二郎 65　無　　　　　新　　10,399
　下山　　真 56　無　　　　　新　　 6,883

ロペス美千
代　　　　48　無　　　　　新　　　3,552
　　　　　　　　　　　　　　（投票率 74.45%）

平成22年（2010年）4月11日実施

当①岡野　光利 69　無　　　　　新　　 16,027
　　岩井賢太郎 68　無　　　　　現　　 12,774
　　　　　　　　　　　　　　（投票率 68.52%）

平成26年（2014年）4月13日実施

当②岩井賢太郎 72　無　　　　　前　　　9,403
　　榎本　義法 45　無　　　　　新　　　7,984
　　勅使河原喜
　　夫　　　　57　無　　　　　新　　　7,688
　　　　　　　　　　　　　　（投票率 61.59%）

平成30年（2018年）4月15日実施

当①榎本　義法 49　無　　　　　新　　 13,004
　　岩井賢太郎 76　無　　　　　現　　 10,615
　　　　　　　　　　　　　　（投票率 58.40%）

沼田市長選挙

平成2年（1990年）4月22日実施

当②西田　洽司 58　無　　　　　現　　 15,215
　　金井　道之 53　無　　　　　新　　　　974
　　　　　　　　　　　　　　（投票率 48.18%）

平成6年（1994年）4月17日実施

当③西田　洽司 62　無　　　　　現　　　無投票

平成10年（1998年）4月19日実施

当④西田　洽司 66　無　　　　　現　　 14,670
　　野村　利二 56　共　　　　　新　　　5,354
　　　　　　　　　　　　　　（投票率 57.56%）

平成14年（2002年）4月14日実施

当①星野已喜雄 51　無　　　　　新　　　無投票

平成18年（2006年）4月23日実施

当②星野已喜雄 55　無　　　　　現　　 19,777
　　深代　栄三 55　無　　　　　新　　　7,721
　　　　　　　　　　　　　　（投票率 63.93%）

平成22年（2010年）4月18日実施

当③星野已喜雄 59　無　　　　　現　　　無投票

平成26年（2014年）4月27日実施

当①横山　公一 67　無　　　　　新　　 12,142
　　星野已喜雄 63　無　　　　　現　　 11,830
　　金子　浩隆 53　無　　　　　新　　　4,077
　　　　　　　　　　　　　　（投票率 68.36%）

平成30年（2018年）4月15日実施

当②横山　公一 71　無　　　　　現　　　無投票

藤岡市長選挙

平成2年（1990年）4月22日実施

当④吉野　　益 72　無　　　　　現　　 16,524
　　塚本　昭次 53　無　　　　　新　　 16,465
　　新井　昭二 63　無　　　　　新　　　1,966
　　　　　　　　　　　　　　（投票率 82.00%）

平成6年（1994年）4月24日実施

当①塚本　昭次 57　無　　　　　新　　 19,108
　　山口　　清 61　無　　　　　新　　 18,455
　　　　　　　　　　　　　　（投票率 82.12%）

平成10年（1998年）4月19日実施

当②塚本　昭次 61　無　　　　　現　　 17,401
　　赤松　範光 58　無　　　　　新　　 17,323
　　　　　　　　　　　　　　（投票率 72.44%）

平成14年（2002年）4月21日実施

当①新井　利明 48　無　　　　　新　　 18,416
　　塚本　昭次 65　無　　　　　現　　 14,080
　　今井　　靖 41　無　　　　　新　　　1,308
　　市村　英夫 70　無　　　　　新　　　1,116
　　　　　　　　　　　　　　（投票率 71.01%）

平成18年（2006年）4月23日実施

当②新井　利明 52　無　　　　　現　　 22,370
　　関口　茂樹 60　無　　　　　新　　 15,000
　　　　　　　　　　　　　　（投票率 67.32%）

平成22年（2010年）4月25日実施

当③	新井 利明	56	無	現	18,893
	小林 長三郎	57	無	新	10,718
	塚越 正夫	63	無	新	6,531

（投票率 65.67％）

平成26年（2014年）4月27日実施

当④	新井 利明	60	無	現	18,148
	金沢 充隆	36	無	新	12,076

（投票率 55.46％）

平成30年（2018年）4月22日実施

当①	新井 雅博	57	無	新	16,622
	金沢 充隆	40	無	新	13,573

（投票率 55.26％）

みどり市長選挙

平成18年（2006年）3月27日勢多郡東村・新田郡笠懸町・山田郡大間々町が新設合併・市制施行してみどり市となる

平成18年（2006年）4月23日実施

当①	石原 条	41	無	新	15,422
	田村 確也	68	無	新	11,106
	藤沢 敏孝	59	無	新	2,334

（投票率 69.77％）

平成22年（2010年）4月11日実施

当②	石原 条	45	無	現	15,723
	海老根 篤	62	無	新	1,015

（投票率 41.08％）

平成26年（2014年）4月6日実施

当③	石原 条	49	無	現	無投票

平成30年（2018年）4月15日実施

当①	須藤 昭男	57	無	新	13,700
	関 有司	59	無	新	1,138
	海老根まさ子	74	無	新	260

（投票率 37.12％）

埼玉県

県庁所在地	さいたま市
市　数	40市（平成31年4月現在）
市　名	さいたま市《指定都市/10区》（岩槻市, 浦和市, 大宮市, 与野市）・上尾市・朝霞市・入間市・桶川市・春日部市・加須市・川口市（鳩ヶ谷市）・川越市・北本市・行田市・久喜市・熊谷市・鴻巣市・越谷市・坂戸市・幸手市・狭山市・志木市・白岡市・草加市・秩父市・鶴ヶ島市・所沢市・戸田市・新座市・蓮田市・羽生市・飯能市・東松山市・日高市・深谷市・富士見市・ふじみ野市（上福岡市）・本庄市・三郷市・八潮市・吉川市・和光市・蕨市　※（ ）内は廃止された市

【市に関わる合併・市制施行・名称変更】

市名	実施年月日	関係市町村名等	合併等の内容
さいたま市	平成13年（2001年）5月1日	浦和市・大宮市・与野市	【新設合併】
	平成15年（2003年）4月1日	指定都市	【市制移行】
	平成17年（2005年）4月1日	さいたま市・岩槻市	【編入合併】
春日部市	平成17年（2005年）10月1日	春日部市・北葛飾郡庄和町	【新設合併】
加須市	平成22年（2010年）3月23日	加須市・北埼玉郡騎西町・北川辺町・大利根町	【新設合併】
川口市	平成23年（2011年）10月11日	川口市・鳩ヶ谷市	【編入合併】
行田市	平成18年（2006年）1月1日	行田市・北埼玉郡南河原村	【編入合併】
久喜市	平成22年（2010年）3月23日	久喜市・南埼玉郡菖蒲町・北葛飾郡栗橋町・鷲宮町	【新設合併】
熊谷市	平成17年（2005年）10月1日	熊谷市・大里郡大里町・妻沼町	【新設合併】
	平成19年（2007年）2月13日	熊谷市・大里郡江南町	【編入合併】
鴻巣市	平成17年（2005年）10月1日	鴻巣市・北足立郡吹上町・北埼玉郡川里町	【編入合併】
白岡市	平成24年（2012年）10月1日	南埼玉郡白岡町	【市制施行】
秩父市	平成17年（2005年）4月1日	秩父市・秩父郡吉田町・大滝村・荒川村	【新設合併】
鶴ヶ島市	平成3年（1991年）9月1日	入間郡鶴ヶ島町	【市制施行】
蓮田市	平成23年（2011年）1月4日	蓮田市（蓮の「しんにょう」の点が2つから1つに変更）	【名称変更】
飯能市	平成17年（2005年）1月1日	飯能市・入間郡名栗村	【編入合併】
日高市	平成3年（1991年）10月1日	入間郡日高町	【市制施行】
深谷市	平成18年（2006年）1月1日	深谷市・大里郡岡部町・川本町・花園町	【新設合併】
ふじみ野市	平成17年（2005年）10月1日	上福岡市・入間郡大井町	【新設合併】
本庄市	平成18年（2006年）1月10日	本庄市・児玉郡児玉町	【新設合併】
吉川市	平成8年（1996年）4月1日	北葛飾郡吉川町	【市制施行】

埼玉県知事選挙

平成4年（1992年）6月21日実施

当①	土屋　義彦	66	無	自民	新	906,851
	高橋　昭雄	64	無	共産	新	233,058
	小山　行一	67	無	社会	新	190,017
	中井真一郎	46	無		新	186,007
	加藤　盛雄	51	諸		新	5,718

（投票率 33.10％）

平成8年（1996年）6月23日実施

当②	土屋　義彦	70	無	自民 新進 社民 さき 公明	現	1,122,041
	高橋　昭雄	68	無	共産	新	443,756
	山口　節生	46	無		新	27,643
	加藤　盛雄	55	無		新	20,354
	植木　宗昌	53	無		新	12,720

（投票率 32.50％）

平成12年（2000年）6月25日実施

当③	土屋　義彦	74	無	自民 民主 公明 保守 自由 社民 改ク 自連 さき	現	2,185,315
	高橋　昭雄	72	無	共産	新	680,375
	加藤　盛雄	59	無		新	162,467

（投票率 59.19％）

平成15年（2003年）8月31日実施

当①	上田　清司	55	無		新	808,092
	嶋津　　昭	60	無	保新	新	451,057
	浜田卓二郎	61	無		新	210,198
	坂東真理子	57	無		新	204,389
	高原美佐子	60	無	共産	新	175,137
	杉崎　智介	40	無		新	70,055
	加藤　盛雄	62	無		新	15,790
	山口　節生	53	諸		新	8,931

（投票率 35.80％）

平成19年（2007年）8月26日実施

当②	上田　清司	59	無		現	1,093,480
	吉川　春子	66	無	共産	新	389,875
	武田　信弘	53	無		新	58,823

（投票率 27.67％）

平成23年（2011年）7月31日実施

当③	上田　清司	63	無	公明	現	1,191,071
	原冨　　悟	63	無	共産	新	171,750
	武田　信弘	57	無		新	50,252

（投票率 24.89％）

平成27年（2015年）8月9日実施

当④	上田　清司	67	無	維党	現	891,822
	塚田　桂祐	58	無		新	322,455
	柴田　泰彦	62	無	共産	新	228,404
	石川　英行	52	無		新	49,884
	武田　信弘	61	無		新	32,364

（投票率 26.63％）

さいたま市長選挙

平成13年（2001年）5月1日浦和市・大宮市・与野市が新設合併してさいたま市となる

平成13年（2001年）5月27日実施

当①	相川　宗一	58	無	自由	新	131,822
	新藤　享弘	68	無		新	109,552
	岡　真智子	53	無		新	49,505
	高橋　秀明	44	無		新	39,323
	沼田　道孝	48	無	共産	新	21,662
	高瀬　広子	43	無		新	8,647
	吉田　一郎	37	無		新	3,377
	山口　節生	51	無		新	2,015

（投票率 46.41％）

平成17年（2005年）5月15日実施

当②	相川　宗一	62	無	自民 公明	現	135,553
	中森　福代	55	無		新	121,735
	沼田　道孝	52	無	共産	新	63,880

（投票率 35.51％）

埼玉県

平成21年（2009年）5月24日実施

当①清水	勇人	47	無	新	155,966
相川	宗一	66	無	現	98,816
中森	福代	59	無	新	62,991
日下部伸三		50	無	新	32,249
松下	裕	64	無 共産	新	27,448
高橋	秀明	52	無	新	26,397

（投票率42.78%）

平成25年（2013年）5月19日実施

当②清水	勇人	51	無	現	171,876
長沼	威	63	無 自民 公明	新	118,362
吉田	一郎	49	無	新	53,513
大石	豊	53	無 共産	新	24,834

（投票率37.98%）

平成29年（2017年）5月21日実施

当③清水	勇人	55	無	現	203,953
中森	福代	67	無	新	63,200
前島	英男	64	無 共産	新	53,971

（投票率31.44%）

（岩槻市長選挙）

平成元年（1989年）7月2日実施

当②斎藤	伝吉	56	無	現	24,810
木村	澄夫	41	無	新	13,891

（投票率53.78%）

平成5年（1993年）6月27日実施

当③斎藤	伝吉	60	無	現	無投票

平成9年（1997年）7月6日実施

当④斎藤	伝吉	64	無	現	19,719
阿部	栄造	54	無	新	7,558

（投票率32.74%）

平成10年（1998年）3月1日実施

当①佐藤征治郎		58	無	新	20,878
中山	輝男	55	無	新	12,043
野沢	孝道	54	無	新	3,832
阿部	栄造	55	無	新	2,202

（投票率45.90%）

平成14年（2002年）2月3日実施

当②佐藤征治郎		62	無	現	23,368
金子	一保	59	無	新	8,433
山口	節生	52	無	新	1,365

（投票率38.12%）

※平成17年（2005年）4月1日岩槻市はさいたま市へ編入合併

（浦和市長選挙）

平成3年（1991年）4月21日実施

当①相川	宗一	48	無	新	64,341
中川	健吉	72	無	現	56,897
内山	文行	43	無	新	35,447

（投票率52.55%）

平成7年（1995年）4月23日実施

当②相川	宗一	52	無 自民 新進 さき 公明	現	114,045
富樫	練三	52	共	新	26,237
沢尾	正一	43	諸	新	2,826

（投票率44.07%）

平成11年（1999年）4月25日実施

当③相川	宗一	56	無 民主 公明	現	95,524
石内	勉	56	無	新	53,403
荒川	常男	66	無 共産	新	23,701
須田	育邦	55	無	新	3,638

（投票率49.57%）

※平成13年（2001年）5月1日浦和市は大宮市・与野市と新設合併してさいたま市となる

（大宮市長選挙）

平成2年（1990年）7月29日実施

当①新藤	享弘	57	無	新	62,384
吉田	章	43	無	新	19,058

（投票率28.64%）

平成6年（1994年）7月17日実施

当②新藤	享弘	61	無	現	64,829
原冨	悟	46	無	新	13,772

沢尾 正一	42	無	新	776	

(投票率 25.11%)

平成10年（1998年）7月12日実施

当③新藤 享弘	65	無	現	113,924	
栗原 公喬	55	無	新	34,166	
沼田 道孝	45	無	新	24,772	

(投票率 55.10%)

※平成13年（2001年）5月1日大宮市は浦和市・与野市と新設合併してさいたま市となる

（与野市長選挙）

平成3年（1991年）4月14日実施

当③井原 勇	64	無	現	無投票	

平成7年（1995年）4月23日実施

当④井原 勇	68	無	現	19,451	
高石 達雄	41	無	新	9,930	

(投票率 49.68%)

平成11年（1999年）4月25日実施

当⑤井原 勇	72	無	現	20,611	
高石 達雄	45	無	新	11,463	

(投票率 52.10%)

※平成13年（2001年）5月1日与野市は浦和市・大宮市と新設合併してさいたま市となる

上尾市長選挙

平成4年（1992年）2月2日実施

当②荒井 松司	78	無	現	31,775	
篠塚 多助	61	無	新	14,191	

(投票率 32.44%)

平成8年（1996年）2月4日実施

当①新井 弘治	59	無	新	29,791	
荒井 松司	82	無	現	23,921	
篠塚 多助	65	無	新	13,395	

(投票率 43.02%)

平成12年（2000年）2月6日実施

当②新井 弘治	63	無	現	34,682	
浅野目義英	41	無	新	18,270	
増田 悦子	64	無	新	11,580	

(投票率 39.05%)

平成16年（2004年）2月8日実施

当③新井 弘治	67	無	現	32,361	
堂前 文義	58	無	新	20,935	
吉川 公夫	60	無	新	15,004	

(投票率 39.77%)

平成20年（2008年）2月3日実施

当①島村 穣	63	無	新	23,514	
山岸 昭子	65	無	新	15,988	
尾花 正明	56	無	新	14,936	
黒須 喜好	60	無	新	7,220	

(投票率 34.81%)

平成24年（2012年）2月5日実施

当②島村 穣	67	無	現	33,872	
武藤 政春	65	無	新	15,233	
尾花 正明	60	無	新	11,556	
西田 米蔵	65	無	新	3,999	

(投票率 36.13%)

平成28年（2016年）2月7日実施

当③島村 穣	71	無	現	31,032	
中里 清志	69	無	新	15,242	
西田 米蔵	69	無	新	8,375	

(投票率 30.25%)

平成29年（2017年）12月17日実施

当①畠山 稔	68	無	新	30,495	
鈴木 茂	62	無	新	24,695	
秋山かほる	62	無	新	8,591	
石山 勝朗	84	無	新	1,407	

(投票率 35.19%)

朝霞市長選挙

平成元年（1989年）3月5日実施

当①岡野 義一	64	無	新	12,026	
塩味達次郎	42	無	新	9,461	
渡辺 源蔵	74	無	現	9,421	

埼玉県

中村	秀治	50	無	新	3,498

(投票率 49.43%)

平成5年（1993年）3月7日実施

当①	塩味達次郎	46	無	新	15,877
	岡野 義一	68	無	現	15,618
	中村 秀治	54	無	新	2,005
	大城 明司	35	無	新	375

(投票率 43.74%)

平成9年（1997年）2月23日実施

当②	塩味達次郎	50	無	現	無投票

平成13年（2001年）3月4日実施

当③	塩味達次郎	54	無	現	17,923
	渡辺 利昭	57	無	新	13,762
	中村 秀治	62	無	新	5,770

(投票率 41.44%)

平成17年（2005年）2月27日実施

当①	富岡 勝則	50	無	新	18,888
	小田桐清作	53	無	新	2,199

(投票率 22.65%)

平成21年（2009年）3月1日実施

当②	富岡 勝則	54	無	現	20,165
	田村 雄二	62	諸	新	3,958

(投票率 25.88%)

平成25年（2013年）2月24日実施

当③	富岡 勝則	58	無	現	20,031
	田村 雄二	66	諸	新	2,572

(投票率 22.69%)

平成29年（2017年）2月12日実施

当④	富岡 勝則	62	無	現	無投票

入間市長選挙

平成4年（1992年）10月25日実施

当①	木下 博	60	無	新	20,455
	斉藤 正明	43	無	新	20,374
	斎藤 武久	51	無	新	11,183

	斎藤 政雄	64	諸	新	150

(投票率 53.50%)

平成8年（1996年）10月20日実施

当②	木下 博	64	無	現	43,346
	関谷 一男	50	無	新	15,968

(投票率 56.87%)

平成12年（2000年）10月15日実施

当③	木下 博	68	無	現	無投票

平成16年（2004年）10月31日実施

当④	木下 博	72	無	現	26,317
	石田 芳夫	58	無	新	13,852

(投票率 34.73%)

平成20年（2008年）10月19日実施

当⑤	木下 博	76	無	現	26,006
	塩屋 和雄	61	無	新	16,153
	石田 芳夫	62	無	新	8,606

(投票率 43.03%)

平成24年（2012年）10月21日実施

当①	田中 龍夫	60	無	新	29,348
	吉田 竹雄	62	無	新	19,019
	野口 哲次	61	無	新	3,872

(投票率 43.98%)

平成28年（2016年）10月23日実施

当②	田中 龍夫	64	無	現	31,707
	石田 芳夫	70	共	新	9,387

(投票率 33.48%)

桶川市長選挙

平成元年（1989年）4月16日実施

当②	野本 重雄	71	無	現	16,932
	岡田仲太郎	69	無	前	14,454

(投票率 68.44%)

平成5年（1993年）4月11日実施

当①	上原 栄一	62	無	新	13,335
	岡地 義夫	68	無	新	11,802

加藤　盛雄 52　諸　　　　　新　　　　422
　　　　　　　　　　　　　　　（投票率50.23%）

　　　　平成9年（1997年）4月13日実施
当②上原　栄一 66　無　　　　　現　　 13,082
　　加藤　武昭 62　共　　　　　新　　　5,105
　　加藤　盛雄 56　無　　　　　新　　　　734
　　　　　　　　　　　　　　　（投票率34.35%）

　　　　平成13年（2001年）4月15日実施
当①岩崎　正男 59　無　　　　　新　　 16,068
　　森田　克己 49　無　　　　　新　　　7,403
　　上原　栄一 70　無　　　　　現　　　6,844
　　　　　　　　　　　　　　　（投票率52.46%）

　　　　平成17年（2005年）4月17日実施
当②岩崎　正男 63　無　　　　　現　　 14,833
　　北村　文子 54　無　　　　　新　　　9,805
　　斉藤　久男 55　無　　　　　新　　　　531
　　　　　　　　　　　　　　　（投票率43.13%）

　　　　平成21年（2009年）4月12日実施
当③岩崎　正男 67　無　　　　　現　　 15,237
　　北村　文子 58　無　　　　　新　　 12,798
　　　　　　　　　　　　　　　（投票率46.86%）

　　　　平成25年（2013年）4月14日実施
当①小野　克典 44　無　　　　　新　　 17,365
　　北村　文子 62　無　　　　　新　　　9,341
　　　　　　　　　　　　　　　（投票率44.32%）

　　　　平成29年（2017年）4月9日実施
当②小野　克典 48　無　　　　　現　　　無投票

春日部市長選挙

　　　　平成元年（1989年）12月24日実施
当②三枝　安茂 61　無　　　　　現　　 23,722
　　村木　俊之 42　無　　　　　新　　　7,416
　　　　　　　　　　　　　　　（投票率24.67%）

　　　　平成5年（1993年）12月19日実施
当③三枝　安茂 65　無　　　　　現　　 26,114

　　福家　駿吉 54　無　　　　　新　　　6,341
　　　　　　　　　　　　　　　（投票率22.82%）

　　　　平成9年（1997年）12月21日実施
当④三枝　安茂 69　無　　　　　現　　 24,407
　　関根　治郎 58　無　　　　　新　　 14,179
　　石橋　輝男 52　無　　　　　新　　　8,814
　　　　　　　　　　　　　　　（投票率30.78%）

　　　　平成13年（2001年）12月23日実施
当⑤三枝　安茂 73　無　　　　　現　　 23,616
　　寺門　孝彦 45　無　　　　　新　　 19,433
　　　　　　　　　　　　　　　（投票率26.95%）

　　　　平成17年（2005年）11月6日実施
当①石川　良三 54　無　　　　　新　　 23,554
　　小久保博史 36　無　　　　　新　　 21,184
　　秋山　文和 58　無　　　　　新　　 11,748
　　柴田　幸雄 56　無　　　　　新　　　9,212
　　栄　康次郎 45　無　　　　　新　　　7,101
　　　　　　　　　　　　　　　（投票率38.04%）

　　　　平成21年（2009年）10月18日実施
当②石川　良三 58　無　　　　　現　　 44,279
　　小久保博史 39　無　　　　　新　　 30,703
　　　　　　　　　　　　　　　（投票率39.01%）

　　　　平成25年（2013年）10月20日実施
当③石川　良三 62　無　　　　　現　　 30,707
　　並木　敏恵 52　無　　　　　新　　 15,172
　　　　　　　　　　　　　　　（投票率23.82%）

　　　　平成29年（2017年）10月22日実施
当④石川　良三 66　無　　　　　現　　 48,453
　　岩谷　一弘 51　無　　　　　新　　 48,445
　　　　　　　　　　　　　　　（投票率49.94%）

加須市長選挙

　　　　平成4年（1992年）10月18日実施
当③矢沢　恒雄 80　無　　　　　現　　 14,309
　　恩田　博 48　無　　　　　新　　 12,027
　　　　　　　　　　　　　　　（投票率60.52%）

埼玉県

平成6年（1994年）7月3日実施

当① 高瀬一太郎 64 無　　新　15,093
　　恩田　博 50 無　　新　12,576
　　　　　　　　　　　（投票率 59.33%）

平成10年（1998年）6月14日実施

当② 高瀬一太郎 68 無　　現　16,115
　　恩田　博 54 無　　新　11,081
　　　　　　　　　　　（投票率 53.98%）

平成14年（2002年）6月23日実施

当③ 高瀬一太郎 72 無　　現　15,170
　　恩田　博 58 無　　新　10,679
　　加藤　盛雄 61 無　　新　　446
　　　　　　　　　　　（投票率 50.81%）

平成17年（2005年）7月3日実施

当① 大橋　良一 58 無　　新　14,574
　　竹内　政雄 58 無　　新　 8,629
　　田中　信行 56 無　　新　 3,197
　　　　　　　　　　　（投票率 50.48%）

平成21年（2009年）6月14日実施

当② 大橋　良一 62 無　　現　16,260
　　岩井　道雄 71 無　　新　12,508
　　　　　　　　　　　（投票率 53.28%）

平成22年（2010年）4月25日実施

当① 大橋　良一 62 無　　新　26,352
　　中山　幸一 36 無　　新　16,030
　　　　　　　　　　　（投票率 45.71%）

平成26年（2014年）4月6日実施

当② 大橋　良一 66 無　　現　無投票

平成30年（2018年）4月8日実施

当③ 大橋　良一 70 無　　現　無投票

川口市長選挙

平成元年（1989年）5月21日実施

当③ 永瀬　洋治 57 自　　現　78,493
　　三石　康夫 59 無　　新　59,880
　　　　　　　　　　　（投票率 45.95%）

平成5年（1993年）5月23日実施

当④ 永瀬　洋治 61 自　　現　84,268
　　三石　康夫 63 無　　新　29,103
　　　　　　　　　　　（投票率 34.37%）

平成9年（1997年）5月25日実施

当① 岡村幸四郎 44 無　　新　65,517
　　山岡　孝 53 無　　新　46,838
　　安川　幸雄 35 無　　新　29,095
　　　　　　　　　　　（投票率 41.25%）

平成13年（2001年）5月20日実施

当② 岡村幸四郎 48 無　　現　95,834
　　前島　延行 61 無　　新　27,621
　　　　　　　　　　　（投票率 34.43%）

平成17年（2005年）5月22日実施

当③ 岡村幸四郎 52 無　　現　93,546
　　高藤登喜恵 53 無　　新　24,790
　　　　　　　　　　　（投票率 31.67%）

平成21年（2009年）5月17日実施

当④ 岡村幸四郎 56 無　　現　83,529
　　松本　安弘 66 無　　新　25,608
　　須田幾世志 49 共　　新　14,599
　　　　　　　　　　　（投票率 31.66%）

平成25年（2013年）5月19日実施

当⑤ 岡村幸四郎 60 無　　現　104,773
　　峯　理美子 63 無　　新　24,902
　　　　　　　　　　　（投票率 29.18%）

平成26年（2014年）2月9日実施

当① 奥ノ木信夫 62 無　　新　51,036
　　田中　千裕 65 無　　新　40,773
　　峯　理美子 63 無　　新　16,389
　　近藤　豊 52 無　　新　14,099
　　　　　　　　　　　（投票率 27.32%）

平成30年（2018年）2月4日実施

当② 奥ノ木信夫 66 無　　現　71,320

奥田　智子　49　無　　　　　新　　32,398
　　　　　　　　　　　　（投票率22.29％）

（鳩ヶ谷市長選挙）

平成2年（1990年）9月9日実施

当①名倉　　隆　45　無　　　新　　9,247
　　影山　　博　59　無　　　新　　7,552
　　柴田　武幸　61　無　　　新　　6,611
　　鈴木　信康　61　無　　　新　　2,076
　　三井　理峯　79　無　　　新　　　　82
　　　　　　　　　　　　（投票率62.17％）

平成6年（1994年）9月11日実施

当②名倉　　隆　49　無　　　現　　14,060
　　広瀬賀寿子　53　無　　　新　　 2,817
　　　　　　　　　　　　（投票率39.30％）

平成10年（1998年）10月25日実施

当③名倉　　隆　53　無　　　前　　16,820
　　菅原　正俊　56　無　　　新　　 9,915
　　　　　　　　　　　　（投票率63.95％）

平成14年（2002年）10月27日実施

当④名倉　　隆　57　無　　　前　　15,876
　　舩津　徳英　50　無　　　新　　 9,520
　　　　　　　　　　　　（投票率58.33％）

平成18年（2006年）10月22日実施

当①木下　達則　58　無　　　新　　14,673
　　名倉　　隆　61　無　　　現　　 7,680
　　吹上　早苗　58　無　　　新　　 5,725
　　　　　　　　　　　　（投票率60.17％）

平成22年（2010年）10月24日実施

当②木下　達則　62　無　　　現　　12,408
　　舩津　徳英　58　無　　　新　　 8,524
　　森　　克彦　65　無　　　新　　 3,917
　　　　　　　　　　　　（投票率51.67％）

※平成23年（2011年）10月11日鳩ヶ谷市は川口市
　へ編入合併

川越市長選挙

平成元年（1989年）1月29日実施

当③川合　喜一　71　無　　　現　　48,586
　　細田　初男　40　無　　　新　　31,963
　　　　　　　　　　　　（投票率39.55％）

平成5年（1993年）1月31日実施

当①舟橋　功一　60　無　　　新　　50,084
　　中野　　清　57　無　　　新　　49,686
　　　　　　　　　　　　（投票率44.40％）

平成9年（1997年）1月19日実施

当②舟橋　功一　64　無　　　現　　無投票

平成13年（2001年）1月14日実施

当③舟橋　功一　68　無　　　現　　無投票

平成17年（2005年）1月23日実施

当④舟橋　功一　72　無　　　現　　54,284
　　岩崎　真人　40　無　　　新　　22,123
　　加藤けい光　45　無　　　新　　 7,795
　　　　　　　　　　　　（投票率32.10％）

平成21年（2009年）1月25日実施

当①川合　善明　58　無　　　新　　58,370
　　細田　照文　68　無　　　新　　38,667
　　　　　　　　　　　　（投票率36.51％）

平成25年（2013年）1月20日実施

当②川合　善明　62　無　　　現　　無投票

平成29年（2017年）1月22日実施

当③川合　善明　66　無　　　現　　56,597
　　渋谷　　実　73　無　　　新　　16,188
　　本山　修一　68　無　　　新　　11,726
　　　　　　　　　　　　（投票率29.70％）

北本市長選挙

平成3年（1991年）4月14日実施

当②新井　　馨　63　無　　　現　　無投票

埼玉県

平成7年（1995年）4月16日実施
当③新井　　馨　67　無　　　　現　　無投票

平成11年（1999年）4月25日実施
当①加藤　　高　57　無　　　　新　　11,798
　　石津　賢治　34　無　　　　新　　 8,939
　　諏訪善一良　49　諸　　　　新　　 7,617
　　三宮　幸雄　48　無　　　　新　　 6,523
　　　　　　　　　　　　　　（投票率 66.67%）

平成15年（2003年）4月27日実施
当①石津　賢治　38　無　　　　新　　17,750
　　加藤　　高　61　無　　　　現　　16,457
　　　　　　　　　　　　　　（投票率 63.33%）

平成19年（2007年）4月22日実施
当②石津　賢治　42　無　　　　現　　15,170
　　石倉　一美　57　無　　　　新　　10,073
　　諏訪善一良　57　無　　　　新　　 7,327
　　　　　　　　　　　　　　（投票率 59.19%）

平成23年（2011年）4月24日実施
当③石津　賢治　46　無　　　　現　　15,960
　　三宮　幸雄　60　無　　　　新　　14,078
　　　　　　　　　　　　　　（投票率 53.82%）

平成27年（2015年）4月26日実施
当①現王園孝昭　68　無　　　　新　　15,998
　　石津　賢治　50　無　　　　現　　14,213
　　　　　　　　　　　　　　（投票率 55.05%）

平成31年（2019年）4月21日実施
当①三宮　幸雄　68　無　　　　新　　14,771
　　現王園孝昭　72　無　　　　現　　12,022
　　　　　　　　　　　　　　（投票率 48.62%）

行田市長選挙

平成3年（1991年）4月21日実施
当①山口　治郎　71　無　　　　新　　18,695
　　角田　耕平　58　無　　　　新　　17,453

　　山田　計司　69　無　　　　新　　 8,919
　　　　　　　　　　　　　　（投票率 77.18%）

平成7年（1995年）4月16日実施
当②山口　治郎　75　無　　　　現　　無投票

平成11年（1999年）4月18日実施
当③山口　治郎　79　無　　　　現　　無投票

平成15年（2003年）4月27日実施
当①横田　昭夫　61　無　　　　新　　13,201
　　高橋　　宏　47　無　　　　新　　11,422
　　飯野　　遥　70　無　　　　新　　 8,343
　　大須賀伊司
　　　郎　　　70　無　　　　新　　 7,592
　　田島　康敬　47　無　　　　新　　 4,930
　　　　　　　　　　　　　　（投票率 69.54%）

平成19年（2007年）4月22日実施
当①工藤　正司　56　無　　　　新　　16,608
　　永沼　宏之　38　無　　　　新　　11,076
　　中川　邦明　58　無　　　　新　　 9,650
　　石井　直彦　63　無　　　　新　　 7,809
　　　　　　　　　　　　　　（投票率 65.97%）

平成23年（2011年）4月17日実施
当②工藤　正司　60　無　　　　現　　無投票

平成27年（2015年）4月19日実施
当③工藤　正司　64　無　　　　現　　無投票

平成31年（2019年）4月21日実施
当①石井　直彦　75　無　　　　新　　18,321
　　工藤　正司　68　無　　　　現　　16,834
　　　　　　　　　　　　　　（投票率 52.65%）

久喜市長選挙

平成元年（1989年）8月20日実施
当③坂本　友雄　64　無　　　　現　　無投票

平成5年（1993年）8月29日実施
当④坂本　友雄　68　無　　　　現　　15,975

浜田　富司　45　無　　　　新　　　9,390
（投票率50.43%）

平成9年（1997年）8月31日実施

当①田中　暄二　52　無　　　　新　　　18,164
　　稲木　豊作　58　共　　　　新　　　 5,658
（投票率44.07%）

平成13年（2001年）8月26日実施

当②田中　暄二　56　無　　　　現　　　無投票

平成17年（2005年）8月28日実施

当③田中　暄二　60　無　　　　現　　　16,758
　　後上　民子　57　無　　　　新　　　14,922
（投票率55.23%）

平成21年（2009年）8月30日実施

当④田中　暄二　64　無　　　　現　　　28,879
　　星野　良則　58　無　　　　新　　　 8,230
（投票率67.66%）

平成22年（2010年）4月18日実施

当①田中　暄二　64　無　　　　現　　　無投票

平成26年（2014年）4月20日実施

当②田中　暄二　68　無　　　　現　　　36,339
　　上条　哲弘　46　無　　　　新　　　28,160
（投票率52.59%）

平成30年（2018年）4月22日実施

当①梅田　修一　44　無　　　　新　　　33,153
　　田中　暄二　72　無　　　　現　　　29,541
（投票率50.03%）

熊谷市長選挙

平成2年（1990年）7月1日実施

当②小林　一夫　61　無　　　　現　　　無投票

平成6年（1994年）7月10日実施

当③小林　一夫　65　無　　　　現　　　39,657
　　吉田　政雄　66　無　　　　新　　　 7,246
（投票率41.60%）

平成10年（1998年）7月5日実施

当④小林　一夫　69　無　　　　現　　　無投票

平成14年（2002年）7月7日実施

当①富岡　清　49　無　　　　新　　　37,185
　　牧島　憲一　54　無　　　　新　　　 1,513
（投票率32.50%）

平成17年（2005年）10月30日実施

当①富岡　清　52　無　　　　新　　　無投票

平成21年（2009年）10月25日実施

当②富岡　清　56　無　　　　現　　　50,302
　　龍前　隆　57　無　　　　新　　　 9,689
（投票率37.24%）

平成25年（2013年）10月27日実施

当③富岡　清　60　無　　　　現　　　46,071
　　龍前　隆　61　無　　　　新　　　 6,690
（投票率32.80%）

平成29年（2017年）10月22日実施

当④富岡　清　64　無　　　　現　　　無投票

鴻巣市長選挙

平成2年（1990年）7月8日実施

当①佐藤　輝彦　64　無　　　　新　　　15,254
　　島田　博　57　無　　　　現　　　13,451
　　田代　繁　48　無　　　　新　　　 2,122
　　黒崎　勇　43　共　　　　新　　　 1,786
（投票率66.51%）

平成6年（1994年）7月3日実施

当②佐藤　輝彦　68　無　　　　現　　　無投票

平成10年（1998年）7月26日実施

当③佐藤　輝彦　72　無　　　　現　　　13,113
　　柏木　良三　57　無　　　　新　　　10,480
　　野崎　耕二　59　無　　　　新　　　 5,603
（投票率48.62%）

埼玉県

平成14年（2002年）7月7日実施

当①	原口　和久	49	無	新	15,901
	中根　一幸	32	無	新	14,939
	野崎　耕二	63	無	新	3,888

（投票率 55.22%）

平成18年（2006年）6月25日実施

当②	原口　和久	53	無	現	無投票

平成22年（2010年）7月25日実施

当③	原口　和久	57	無	現	21,233
	利根川永司	63	無	新	10,260
	織田　京子	57	無	新	9,587

（投票率 42.80%）

平成26年（2014年）6月29日実施

当④	原口　和久	61	無	現	無投票

平成30年（2018年）7月1日実施

当⑤	原口　和久	65	無	現	20,703
	細川　英俊	39	無	新	13,626

（投票率 35.00%）

越谷市長選挙

平成元年（1989年）10月29日実施

当④	島村慎市郎	53	無	現	50,273
	山田　弘吉	31	共	新	10,944

（投票率 32.20%）

平成5年（1993年）10月31日実施

当⑤	島村慎市郎	57	無	現	40,825
	井上　豊治	46	無	新	39,525
	山田　弘吉	35	共	新	5,415

（投票率 40.28%）

平成9年（1997年）10月26日実施

当①	板川　文夫	51	無	新	45,333
	島村慎市郎	61	無	現	38,025
	黒田　重晴	62	無	元	21,729

（投票率 45.99%）

平成13年（2001年）10月28日実施

当②	板川　文夫	55	無	現	50,467
	井上　豊治	54	無	新	25,233

（投票率 31.60%）

平成17年（2005年）10月30日実施

当③	板川　文夫	59	無	現	44,868
	島村　玲郎	45	無	新	38,037
	樫村　紀元	60	無	新	9,657
	藤井　俊男	63	無	新	8,433

（投票率 40.74%）

平成21年（2009年）10月25日実施

当①	高橋　努	66	無	新	49,422
	島村　玲郎	49	無	新	30,593
	服部　正一	44	無	新	11,332

（投票率 35.98%）

平成25年（2013年）10月27日実施

当②	高橋　努	70	無	現	49,907
	松沢　邦翁	64	無	新	22,775
	中村　譲二	62	無	新	10,037

（投票率 31.73%）

平成29年（2017年）10月29日実施

当③	高橋　努	74	無	現	44,286
	畔上　順平	41	無	新	29,509

（投票率 26.77%）

坂戸市長選挙

平成4年（1992年）4月19日実施

当④	宮崎　雅好	65	無	現	無投票

平成8年（1996年）4月14日実施

当⑤	宮崎　雅好	69	無	現	20,339
	伊利　仁	57	無	新	19,164
	昼間　孝夫	53	共	新	4,491

（投票率 62.05%）

平成12年（2000年）4月16日実施

当①	伊利　仁	61	無	新	25,800

宮崎　雅好　73　無	現	20,086

（投票率62.36％）

平成16年（2004年）4月11日実施

当②伊利　　仁　65　無　　現　　無投票

平成20年（2008年）4月13日実施

当③伊利　　仁　69　無　　現　　24,805
高橋　信次　61　無　　新　　11,513
伊藤　憲次　60　無　　新　　 5,589
（投票率54.79％）

平成24年（2012年）4月15日実施

当①石川　　清　61　無　　新　　23,177
伊利　　仁　73　無　　現　　17,412
（投票率51.76％）

平成28年（2016年）4月17日実施

当②石川　　清　65　無　　現　　20,145
宮崎　雅之　56　無　　新　　10,689
小川　達夫　55　無　　新　　 5,859
（投票率46.97％）

幸手市長選挙

平成元年（1989年）5月28日実施

当②芝　　　宏　65　無　　現　　無投票

平成5年（1993年）6月6日実施

当①増田　　実　48　無　　新　　17,174
丸山　繁太　59　無　　新　　10,631
（投票率68.40％）

平成9年（1997年）5月25日実施

当②増田　　実　52　無　　現　　14,180
佐藤　俊一　47　無　　新　　 6,047
（投票率47.38％）

平成13年（2001年）5月20日実施

当③増田　　実　56　無　　現　　11,053
藤沼　　貢　58　無　　新　　 7,247
武藤　寿男　57　無　　新　　 5,372

楢原　　俊　61　無　　新　　 3,082
（投票率60.75％）

平成15年（2003年）11月9日実施

当①町田　英夫　61　無　　新　　18,478
増田　　実　58　無　　前　　12,256
（投票率70.11％）

平成19年（2007年）10月28日実施

当②町田　英夫　65　無　　現　　10,691
増田　　実　62　無　　元　　 9,815
渡辺　勝夫　63　無　　新　　 3,105
（投票率53.54％）

平成23年（2011年）10月30日実施

当①渡辺　邦夫　54　無　　新　　11,596
町田　英夫　69　無　　現　　 8,985
（投票率46.61％）

平成27年（2015年）10月25日実施

当②渡辺　邦夫　58　無　　現　　 9,714
木村　純夫　65　無　　新　　 9,653
（投票率44.61％）

狭山市長選挙

平成2年（1990年）4月22日実施

当②大野　松茂　54　無　　現　　30,160
金子　健一　43　共　　新　　 5,018
（投票率33.29％）

平成6年（1994年）4月24日実施

当①町田　潤一　54　無　　新　　31,317
大野　松茂　58　無　　現　　30,065
小屋松敬介　46　共　　新　　 2,912
（投票率54.39％）

平成10年（1998年）4月19日実施

当②町田　潤一　58　無　　現　　無投票

平成14年（2002年）4月21日実施

当③町田　潤一　62　無　　現　　21,299
竹内　良二　57　無　　新　　11,515

埼玉県

| | 岩隈 利輝 | 57 | 無 | 新 | 10,570 |

大島　政教　57　無　　　　新　　5,985
中村　正義　53　無　　　　新　　5,890
（投票率 44.04%）

平成15年（2003年）7月27日実施

当①仲川　幸成　61　無　　　　新　　26,940
　　飯島　邦男　62　無　　　　新　　19,512
（投票率 36.81%）

平成19年（2007年）7月22日実施

当②仲川　幸成　65　無　　　　現　　28,356
　　北田　清　　68　無　　　　新　　20,888
　　高部　忠雄　46　無　　　　新　　11,716
（投票率 48.27%）

平成23年（2011年）7月10日実施

当③仲川　幸成　69　無　　　　現　　21,608
　　中村　正義　62　無　　　　新　　16,567
（投票率 30.54%）

平成27年（2015年）7月12日実施

当①小谷野　剛　42　無　　　　新　　14,950
　　東山　徹　　52　無　　　　新　　13,398
　　栗原　武　　50　無　　　　新　　11,565
　　松田　元　　31　無　　　　新　　 7,966
　　加藤　武美　65　無　　　　新　　 5,166
（投票率 42.53%）

志木市長選挙

平成元年（1989年）6月11日実施

当②細田喜八郎　55　無　　　　現　　11,470
　　中森　幹雄　44　無　　　　新　　 9,471
　　射田　憲昭　33　無　　　　新　　 3,914
（投票率 57.60%）

平成5年（1993年）6月6日実施

当③細田喜八郎　59　無　　　　現　　無投票

平成9年（1997年）6月8日実施

当④細田喜八郎　63　無　　　　現　　10,534

　　赤岸　雅治　36　共　　　　新　　 4,618
（投票率 31.56%）

平成13年（2001年）6月17日実施

当①穂坂　邦夫　59　無　　　　新　　無投票

平成17年（2005年）6月19日実施

当①長沼　明　　50　無　　　　新　　13,028
　　児玉　昭夫　60　無　　　　新　　 8,669
（投票率 41.57%）

平成21年（2009年）6月7日実施

当②長沼　明　　54　無　　　　現　　無投票

平成25年（2013年）6月9日実施

当①香川　武文　40　無　　　　新　　13,950
　　長沼　明　　58　無　　　　現　　10,165
（投票率 42.75%）

平成29年（2017年）6月11日実施

当②香川　武文　44　無　　　　現　　16,660
　　曽根　守　　52　無　　　　新　　 3,366
（投票率 33.45%）

白岡市長選挙

平成24年（2012年）10月1日南埼玉郡白岡町が市制施行して白岡市となる

平成24年（2012年）11月18日実施

当①小島　卓　　73　無　　　　現　　10,675
　　岡安　良　　61　無　　　　新　　 9,203
（投票率 49.03%）

平成28年（2016年）11月20日実施

当②小島　卓　　77　無　　　　現　　 9,519
　　中川　幸広　65　無　　　　新　　 6,181
（投票率 36.60%）

草加市長選挙

平成元年（1989年）10月8日実施

当④今井　宏　　48　無　　　　現　　32,632

新井 貞夫	50	無	新	20,500
小関 卓雄	47	無	新	9,217

(投票率44.27%)

平成5年（1993年）8月8日実施

当①小沢 博	61	無	新	22,948
加藤 千尋	55	無	新	14,278
長堀 哲雄	46	無	新	11,927
藤原 二郎	58	無	新	8,223
吉田 滋	56	無	新	2,522

(投票率38.34%)

平成9年（1997年）7月27日実施

当②小沢 博	65	無	現	23,743
中山興次郎	55	無	新	18,550
白鳥 令	59	無	新	16,134

(投票率34.49%)

平成13年（2001年）7月8日実施

当①木下 博信	36	無	新	28,713
喜多 民人	64	無	新	11,677
瀬戸健一郎	39	無	新	11,440
村上 賢一	65	無	新	8,252

(投票率34.47%)

平成17年（2005年）7月24日実施

当②木下 博信	40	無	現	41,802
田中与志子	59	無	新	20,490

(投票率33.87%)

平成21年（2009年）7月26日実施

当③木下 博信	44	無	現	36,324
福田 誠一	45	無	新	26,173
押切 康彦	72	無	新	4,008

(投票率35.53%)

平成22年（2010年）12月12日実施

当①田中 和明	61	無	新	35,600
木下 博信	46	無	前	27,234

(投票率33.17%)

平成26年（2014年）10月26日実施

当②田中 和明	65	無	現	50,986
木下 博信	49	諸	元	32,902

(投票率44.06%)

平成30年（2018年）10月28日実施

当①浅井 昌志	58	無	新	42,158
福田 誠一	54	無	新	30,579

(投票率37.88%)

秩父市長選挙

平成3年（1991年）4月14日実施

当②内田 全一	61	無	現	無投票

平成7年（1995年）4月16日実施

当③内田 全一	65	無	現	無投票

平成11年（1999年）4月25日実施

当④内田 全一	69	無	現	23,691
大島 孝子	64	無	新	11,759

(投票率78.82%)

平成15年（2003年）4月27日実施

当①栗原 稔	61	無	新	15,036
根岸 昭文	51	無	新	9,529
久喜 邦康	48	無	新	9,382
堤 朗	69	無	新	2,928

(投票率80.60%)

平成17年（2005年）5月1日実施

当①栗原 稔	63	無	新	24,768
久喜 邦康	50	無	新	11,874

(投票率64.59%)

平成21年（2009年）4月12日実施

当①久喜 邦康	54	無	新	20,473
栗原 稔	67	無	現	16,854

(投票率67.68%)

平成25年（2013年）4月21日実施

当②久喜 邦康	58	無	現	19,076
北堀 篤	62	無	新	15,389

(投票率64.02%)

平成29年（2017年）4月23日実施

当③久喜 邦康	62	無	現	16,022

埼玉県

| 北堀　篤 66 無 | 新 | 15,932 |

（投票率 59.98%）

| 田中　義高 52 無 | 新 | 20,911 |

（投票率 39.43%）

鶴ヶ島市長選挙

平成3年（1991年）9月1日入間郡鶴ヶ島町が市制施行して鶴ヶ島市となる

平成5年（1993年）10月17日実施

| 当①品川　義雄 63 無 | 新 | 無投票 |

平成9年（1997年）10月26日実施

| 当②品川　義雄 67 無 | 現 | 13,089 |
| 金子　圭典 53 無 | 新 | 12,352 |

（投票率 52.60%）

平成13年（2001年）10月28日実施

| 当③品川　義雄 71 無 | 現 | 10,536 |
| 藤縄　善朗 49 無 | 新 | 10,208 |

（投票率 40.44%）

平成17年（2005年）10月23日実施

| 当①藤縄　善朗 53 無 | 新 | 14,669 |
| 柴崎　光生 63 無 | 新 | 8,598 |

（投票率 43.48%）

平成21年（2009年）10月25日実施

| 当②藤縄　善朗 57 無 | 現 | 14,096 |
| 近藤　茂 55 無 | 新 | 7,085 |

（投票率 38.89%）

平成25年（2013年）10月20日実施

| 当③藤縄　善朗 61 無 | 現 | 無投票 |

平成29年（2017年）10月15日実施

| 当①斉藤　芳久 67 無 | 新 | 無投票 |

所沢市長選挙

平成3年（1991年）10月20日実施

| 当①斎藤　博 52 無 | 新 | 43,287 |
| 当摩　好子 42 無 | 新 | 21,235 |

平成7年（1995年）10月22日実施

| 当②斎藤　博 56 無 | 現 | 49,308 |
| 近藤　一雄 70 無 | 新 | 14,076 |

（投票率 26.72%）

平成11年（1999年）10月24日実施

当③斎藤　博 60 無	現	53,907
安田　敏男 52 無	新	25,823
大久保賢一 52 無	新	21,547

（投票率 40.23%）

平成15年（2003年）10月26日実施

| 当④斎藤　博 64 無 | 現 | 58,679 |
| 安田　敏男 56 無 | 新 | 41,808 |

（投票率 38.24%）

平成19年（2007年）10月21日実施

当①当麻よし子 58 無	新	34,119
木下　厚 63 無	新	17,386
安田　敏男 60 無	新	13,633
辻　源巳 36 共	新	8,633
越阪部征衛 64 無	新	8,478

（投票率 30.70%）

平成23年（2011年）10月23日実施

当①藤本　正人 49 無	新	38,655
当麻よし子 62 無	現	37,029
並木　正芳 62 無	新	18,967

（投票率 34.68%）

平成27年（2015年）10月18日実施

当②藤本　正人 53 無	現	43,379
並木　正芳 66 無	新	26,673
市川　治彦 62 無	新	18,893
石井　弘 63 無	新	13,584

（投票率 37.29%）

戸田市長選挙

平成2年(1990年)3月11日実施
当⑤ 斎藤　純忠　71　無　　　　現　　　無投票

平成6年(1994年)3月27日実施
当⑥ 斎藤　純忠　75　無　　　　現　　11,466
　　 神保　国男　51　無　　　　新　　10,811
　　 細田　徳治　45　無　　　　新　　 6,488
　　 丸山　利男　57　無　　　　新　　 2,576
　　　　　　　　　　　　　(投票率 46.33%)

平成10年(1998年)3月22日実施
当① 神保　国男　55　無　　　　新　　14,224
　　 細田　米蔵　63　無　　　　新　　12,847
　　 伊藤　　岳　38　共　　　　新　　 3,697
　　　　　　　　　　　　　(投票率 39.71%)

平成14年(2002年)3月24日実施
当② 神保　国男　59　無　　　　現　　22,468
　　 小田桐清作　50　無　　　　新　　 2,081
　　　　　　　　　　　　　(投票率 31.38%)

平成18年(2006年)3月19日実施
当③ 神保　国男　63　無　　　　現　　　無投票

平成22年(2010年)3月21日実施
当④ 神保　国男　67　無　　　　現　　20,619
　　 高橋　秀樹　63　無　　　　新　　 6,839
　　 大塚　信雄　53　無　　　　新　　 6,535
　　 今家　元治　70　無　　　　新　　 1,164
　　　　　　　　　　　　　(投票率 38.58%)

平成26年(2014年)3月23日実施
当⑤ 神保　国男　71　無　　　　現　　20,610
　　 峯岸　光夫　66　無　　　　新　　 9,640
　　　　　　　　　　　　　(投票率 31.18%)

平成30年(2018年)3月25日実施
当① 菅原　文仁　42　無　　　　新　　26,029
　　 石津　賢治　53　無　　　　新　　10,163
　　 望月　久晴　70　無　　　　新　　 4,055
　　　　　　　　　　　　　(投票率 38.19%)

新座市長選挙

平成3年(1991年)11月17日実施
当② 高橋喜之助　71　無　　　　現　　16,942
　　 森田　芳男　66　無　　　　新　　11,630
　　　　　　　　　　　　　(投票率 29.26%)

平成4年(1992年)7月26日実施
当① 須田　健治　46　無　　　　新　　19,424
　　 鈴木　泰夫　55　無　　　　新　　17,548
　　 小岩井満男　42　共　　　　新　　 6,924
　　　　　　　　　　　　　(投票率 45.06%)

平成8年(1996年)7月14日実施
当② 須田　健治　50　無　　　　現　　21,532
　　 関口　洋次　52　共　　　　新　　 7,598
　　　　　　　　　　　　　(投票率 26.57%)

平成12年(2000年)6月25日実施
当③ 須田　健治　54　無　　　　現　　45,880
　　 刈田研太郎　62　無　　　　新　　19,244
　　　　　　　　　　　　　(投票率 58.56%)

平成16年(2004年)7月4日実施
当④ 須田　健治　58　無　　　　現　　　無投票

平成20年(2008年)7月13日実施
当⑤ 須田　健治　62　無　　　　現　　17,559
　　 田中　幸弘　51　無　　　　新　　17,381
　　 保坂フミ子　72　無　　　　新　　 6,756
　　 大島素美子　56　無　　　　新　　　589
　　　　　　　　　　　　　(投票率 34.46%)

平成24年(2012年)7月15日実施
当⑥ 須田　健治　66　無　　　　現　　19,846
　　 田中　幸弘　55　無　　　　新　　 9,591
　　 平松　大佑　34　無　　　　新　　 7,958
　　 嶋野　加代　58　無　　　　新　　 4,919
　　 小鹿　伸衛　68　共　　　　新　　 4,186
　　　　　　　　　　　　　(投票率 36.59%)

平成28年(2016年)7月10日実施
当① 並木　　傑　57　無　　　　新　　47,157

朝賀　英義　66　共　　　　　新　　20,849
　　　　　　　　　　　　　（投票率52.33%）

蓮田市長選挙

平成2年（1990年）5月20日実施

当①石川　勝夫　52　無　　　　新　　14,960
　　小山　道夫　60　無　　　　現　　 9,621
　　塚本　　猛　41　無　　　　新　　 3,085
　　　　　　　　　　　　　（投票率67.13%）

平成6年（1994年）5月22日実施

当②石川　勝夫　56　無　　　　現　　16,303
　　黒須　喜一　60　無　　　　新　　11,088
　　　　　　　　　　　　　（投票率59.72%）

平成10年（1998年）5月24日実施

当①樋口　暁子　53　無　　　　新　　13,512
　　石川　勝夫　60　無　　　　現　　12,442
　　　　　　　　　　　　　（投票率52.24%）

平成14年（2002年）5月19日実施

当②樋口　暁子　57　無　　　　現　　11,339
　　中野　和信　56　無　　　　新　　11,129
　　石川　勝夫　64　無　　　　前　　 5,382
　　山口　　隆　52　無　　　　新　　 2,889
　　　　　　　　　　　　　（投票率59.68%）

平成18年（2006年）5月21日実施

当①中野　和信　60　無　　　　新　　13,916
　　樋口　暁子　61　無　　　　現　　11,518
　　山口　浩治　53　無　　　　新　　 3,203
　　　　　　　　　　　　　（投票率55.52%）

平成22年（2010年）5月16日実施

当②中野　和信　64　無　　　　現　　14,790
　　新城　昭仁　37　無　　　　新　　 3,439
　　　　　　　　　　　　　（投票率35.87%）

平成26年（2014年）5月11日実施

当③中野　和信　68　無　　　　現　　無投票

平成30年（2018年）5月20日実施

当④中野　和信　72　無　　　　現　　 8,444
　　福田　聖次　66　無　　　　新　　 7,149
　　北角　嘉幸　54　無　　　　新　　 6,682
　　　　　　　　　　　　　（投票率43.21%）

羽生市長選挙

平成2年（1990年）7月15日実施

当③三木　兼吉　71　無　　　　現　　無投票

平成6年（1994年）7月24日実施

当①今成　守雄　59　無　　　　新　　16,385
　　古島　利二　59　無　　　　新　　 9,770
　　吉田　敏男　69　無　　　　新　　 481
　　　　　　　　　　　　　（投票率64.91%）

平成10年（1998年）7月19日実施

当②今成　守雄　63　無　　　　現　　無投票

平成14年（2002年）7月21日実施

当③今成　守雄　67　無　　　　現　　無投票

平成18年（2006年）6月11日実施

当①河田　晃明　55　無　　　　新　　13,816
　　相馬　宏雄　61　無　　　　新　　10,588
　　　　　　　　　　　　　（投票率54.79%）

平成22年（2010年）5月16日実施

当②河田　晃明　59　無　　　　現　　無投票

平成26年（2014年）5月18日実施

当③河田　晃明　63　無　　　　現　　12,350
　　中島　直樹　41　無　　　　新　　 8,899
　　児玉　　敦　67　無　　　　新　　 689
　　　　　　　　　　　　　（投票率49.36%）

平成30年（2018年）5月13日実施

当④河田　晃明　67　無　　　　現　　無投票

飯能市長選挙

平成元年（1989年）7月23日実施

当①	小山	誠三	59	無	新	19,723
	沢辺	瀞壱	49	無	新	16,079
	三保	雅昭	54	無	新	2,347

（投票率 77.15%）

平成5年（1993年）7月18日実施

当② 小山　誠三　63　無　　現　無投票

平成9年（1997年）7月27日実施

当③ 小山　誠三　67　無　　現　18,436
　　菅間　徹　　60　無　　新　 5,514
（投票率 39.02%）

平成13年（2001年）7月29日実施

当① 沢辺　瀞壱　61　無　　新　21,026
　　真野　浩芳　54　無　　新　 8,855
　　菅間公弥子　57　無　　新　 7,189
（投票率 59.15%）

平成17年（2005年）7月24日実施

当② 沢辺　瀞壱　65　無　　現　18,980
　　常田　邦夫　68　共　　新　 6,123
（投票率 37.82%）

平成21年（2009年）7月26日実施

当③ 沢辺　瀞壱　69　無　　現　13,744
　　杉田　実　　61　無　　新　 7,291
　　野口　和彦　34　無　　新　 5,938
　　小久保　達　60　無　　新　 1,883
（投票率 43.48%）

平成25年（2013年）7月21日実施

当① 大久保　勝　60　無　　新　19,696
　　沢辺　瀞壱　73　無　　現　17,763
（投票率 57.60%）

平成29年（2017年）7月9日実施

当② 大久保　勝　64　無　　現　17,410
　　椙田　博之　53　無　　新　 6,970
　　長谷川順子　44　無　　新　 4,404
（投票率 42.76%）

東松山市長選挙

平成2年（1990年）7月15日実施

当⑤ 芝崎　亨　　59　無　　現　無投票

平成6年（1994年）7月17日実施

当① 坂本祐之輔　39　無　　新　21,468
　　中里　昱夫　46　無　　新　18,880
　　坂本　陽子　55　無　　新　 1,898
（投票率 65.41%）

平成10年（1998年）7月5日実施

当② 坂本祐之輔　43　無　　現　無投票

平成14年（2002年）6月30日実施

当③ 坂本祐之輔　47　無　　現　無投票

平成18年（2006年）7月2日実施

当④ 坂本祐之輔　51　無　　現　無投票

平成22年（2010年）8月1日実施

当① 森田　光一　57　無　　新　13,537
　　松坂　喜浩　49　無　　新　10,191
　　竹森　郁　　39　無　　新　 5,221
　　鈴木　健一　42　無　　新　 4,814
　　新井　勝　　60　無　　新　 3,421
（投票率 52.58%）

平成26年（2014年）7月6日実施

当② 森田　光一　61　無　　現　18,921
　　松坂　喜浩　53　無　　新　14,989
（投票率 47.56%）

平成30年（2018年）7月8日実施

当③ 森田　光一　65　無　　現　19,094
　　安冨　歩　　55　無　　新　 7,154
（投票率 35.98%）

日高市長選挙

平成3年（1991年）10月1日入間郡日高町が市制施行して日高市となる

平成7年（1995年）4月23日実施

当①	駒野	昇	74	無	現	14,253
	関	真	65	無	新	13,360

（投票率 70.95%）

平成11年（1999年）4月25日実施

当①	関	真	69	無	新	12,997
	安藤	重男	59	無	新	6,618
	駒野	富也	57	無	新	5,286
	浅見万次郎		75	無	新	3,477

（投票率 69.51%）

平成15年（2003年）4月27日実施

当②	関	真	73	無	現	15,270
	川崎	悦子	57	無	新	11,764

（投票率 65.11%）

平成18年（2006年）1月15日実施

当①	大沢	幸夫	66	無	新	12,288
	小谷野五雄		50	無	新	11,717

（投票率 55.35%）

平成21年（2009年）12月13日実施

当②	大沢	幸夫	70	無	現	無投票

平成24年（2012年）5月20日実施

当①	谷ケ崎照雄		57	無	新	11,166
	加藤	清	52	無	新	5,828
	田中	まどか	53	無	新	4,875

（投票率 47.78%）

平成28年（2016年）4月17日実施

当②	谷ケ崎照雄		61	無	現	無投票

深谷市長選挙

平成3年（1991年）1月27日実施

当①	福嶋	健助	58	無		22,927
	瀬山	賢	59	無	新	22,439
	今村	三治	41	無	新	2,562
	岩崎	諭	41	無	新	171

（投票率 72.73%）

平成7年（1995年）1月22日実施

当②	福嶋	健助	62	無	現	無投票

平成11年（1999年）1月24日実施

当①	新井	家光	43	無	新	24,205
	福嶋	健助	66	無	現	21,259

（投票率 59.37%）

平成15年（2003年）1月12日実施

当②	新井	家光	47	無	現	無投票

平成18年（2006年）2月5日実施

当①	新井	家光	50	無	新	無投票

平成22年（2010年）2月7日実施

当①	小島	進	49	無	新	33,861
	新井	家光	54	無	現	27,922

（投票率 53.79%）

平成26年（2014年）1月26日実施

当②	小島	進	53	無	現	31,798
	山口	節生	64	諸	新	1,974

（投票率 29.68%）

平成30年（2018年）1月28日実施

当③	小島	進	57	無	現	29,645
	加藤	利江	69	無	新	10,852
	加藤	裕康	72	無	新	6,739

（投票率 40.25%）

富士見市長選挙

平成4年（1992年）8月2日実施

当②	萩原定次郎		70	無	現	16,686
	小峰	孝志	44	無	新	6,835

（投票率 33.77%）

平成8年（1996年）7月28日実施

当③萩原定次郎	74	無	現	12,043
大沢　新治	49	無	新	9,474
金子　春男	67	無	新	4,841
松本　満房	59	無	新	3,216

（投票率 39.71％）

平成12年（2000年）7月30日実施

当①浦野　清	66	無	新	10,716
桑原　福治	51	無	新	8,338
綾　好文	57	無	新	8,116
新井　健	66	無	新	5,844

（投票率 41.44％）

平成16年（2004年）7月25日実施

当②浦野　清	70	無	現	14,549
大谷　順子	56	無	新	7,844
松本　満房	67	無	新	7,442

（投票率 36.38％）

平成20年（2008年）7月20日実施

当①星野　信吾	53	無	新	13,132
金子　勝	48	無	新	12,301
浦野　清	74	無	現	8,693

（投票率 41.23％）

平成24年（2012年）7月22日実施

当②星野　信吾	57	無	現	19,887
金子　勝	52	無	新	10,323
竹村　正彦	68	無	新	2,270

（投票率 38.31％）

平成28年（2016年）7月31日実施

当①星野　光弘	59	無	新	23,902
瀬戸口幸子	64	無	新	7,960

（投票率 36.08％）

ふじみ野市長選挙

平成17年（2005年）10月1日上福岡市・入間郡大井町が新設合併してふじみ野市となる

平成17年（2005年）11月13日実施

当①島田　行雄	59	無	新	17,617
武藤　博	68	無	新	10,346
佐藤　秀人	61	無	新	9,550
堀井　孝悦	58	無	新	827

（投票率 47.40％）

平成21年（2009年）10月25日実施

当①高畑　博	48	無	新	14,211
島田　行雄	63	無	現	13,438
渡辺　利文	64	無	新	6,829
堀井　孝悦	62	無	新	647

（投票率 42.27％）

平成25年（2013年）10月27日実施

当②高畑　博	52	無	現	22,489
橋爪　文子	62	無	新	8,305

（投票率 36.06％）

平成29年（2017年）10月29日実施

当③高畑　博	56	無	現	20,363
渡辺　利文	72	無	新	6,790

（投票率 29.83％）

（上福岡市長選挙）

平成元年（1989年）3月5日実施

当④田中　喜三	58	無	現	10,733
近藤　末広	60	無	新	5,772
星野光治郎	64	無	新	5,070

（投票率 51.09％）

平成5年（1993年）3月7日実施

当⑤田中　喜三	62	無	現	11,385
星野光治郎	68	無	新	6,667

（投票率 40.89％）

平成9年（1997年）3月2日実施

当①武藤　博	59	無	新	6,525

埼玉県

田中	喜三	66	無		現	5,671
能登	真作	64	無		新	5,383
戸沢	利雄	57	無		新	1,732

（投票率 44.44%）

平成13年（2001年）2月25日実施

| 当② | 武藤 | 博 | 63 | 無 | | 現 | 11,477 |
| | 仲本 | 正夫 | 60 | 無 | | 新 | 8,272 |

（投票率 45.08%）

平成17年（2005年）2月27日実施

| 当③ | 武藤 | 博 | 67 | 無 | | 現 | 9,556 |
| | 佐藤 | 秀人 | 60 | 無 | | 新 | 7,311 |

（投票率 38.72%）

※平成17年（2005年）10月1日上福岡市は入間郡大井町と新設合併してふじみ野市となる

本庄市長選挙

平成元年（1989年）7月2日実施

当①	茂木	稔	56	無		新	10,803
	片貝	光次	64	無		新	9,866
	竹並	万吉	49	無		新	9,129
	月生田	芳夫	65	無		新	1,798

（投票率 78.97%）

平成5年（1993年）5月30日実施

| 当② | 茂木 | 稔 | 60 | 無 | | 現 | 無投票 |

平成9年（1997年）6月8日実施

| 当③ | 茂木 | 稔 | 64 | 無 | | 現 | 14,845 |
| | 山寺 | 清 | 48 | 共 | | 新 | 6,545 |

（投票率 48.06%）

平成13年（2001年）6月3日実施

当④	茂木	稔	68	無		現	12,635
	田村	一治	69	無		新	5,682
	山寺	清	52	無		新	5,433

（投票率 52.28%）

平成17年（2005年）5月29日実施

| 当① | 吉田 | 信解 | 37 | 無 | | 新 | 無投票 |

平成18年（2006年）1月29日実施

| 当① | 吉田 | 信解 | 38 | 無 | | 新 | 無投票 |

平成22年（2010年）1月31日実施

当②	吉田	信解	42	無		現	24,977
	湯浅	貴裕	39	無		新	10,319
	内島	茂	59	無		新	3,434
	武政	正雄	61	無		新	2,488

（投票率 65.34%）

平成26年（2014年）1月19日実施

| 当③ | 吉田 | 信解 | 46 | 無 | | 現 | 無投票 |

平成30年（2018年）1月21日実施

| 当④ | 吉田 | 信解 | 50 | 無 | | 現 | 無投票 |

三郷市長選挙

平成2年（1990年）10月21日実施

| 当③ | 木津 | 三郎 | 76 | 無 | | 現 | 20,014 |
| | 金子 | 雅子 | 41 | 共 | | 新 | 9,393 |

（投票率 34.96%）

平成6年（1994年）10月23日実施

当①	美田	長彦	60	無		新	21,767
	小川	哲彦	41	無		新	7,841
	津村	嘉正	67	無		新	5,863

（投票率 37.60%）

平成10年（1998年）10月25日実施

| 当② | 美田 | 長彦 | 64 | 無 | | 現 | 24,190 |
| | 三浦 | 聡雄 | 53 | 無 | | 新 | 20,996 |

（投票率 45.87%）

平成14年（2002年）10月27日実施

当③	美田	長彦	68	無		現	20,970
	長峯	正之	67	無		新	10,510
	稲葉	春男	54	無		新	6,284

（投票率 37.96%）

平成18年（2006年）10月22日実施

| 当① | 木津 | 雅晟 | 60 | 無 | | 新 | 17,433 |

| 美田　長彦　72　無 | | 現　15,637 |
| 萩　　礼子　56　無 | | 新　　7,139 |

(投票率 39.48%)

平成22年（2010年）10月17日実施

当②木津　雅晟　64　無　　　現　無投票

平成26年（2014年）10月19日実施

当③木津　雅晟　68　無　　　現　無投票

平成30年（2018年）10月21日実施

| 当④木津　雅晟　72　無 | | 現　18,724 |
| 　　西村　繁之　66　無 | | 新　　9,520 |

(投票率 25.11%)

八潮市長選挙

平成元年（1989年）7月2日実施

当①藤波　　彰　51　無		新　10,934
福岡　　敏　55　無		新　10,512
福野　幸央　46　無		新　　7,561

(投票率 61.78%)

平成5年（1993年）7月4日実施

当②藤波　　彰　55　無　　　現　無投票

平成9年（1997年）7月6日実施

| 当③藤波　　彰　59　無 | | 現　13,043 |
| 　　多田　重美　48　無 | | 新　　9,788 |

(投票率 40.82%)

平成13年（2001年）9月16日実施

| 当①多田　重美　52　無 | | 新　17,336 |
| 　　福野　幸央　59　無 | | 新　13,753 |

(投票率 56.21%)

平成17年（2005年）9月4日実施

当②多田　重美　56　無		現　16,987
福野　幸央　63　無		新　11,377
西俣　総志　40　無		新　　5,679

(投票率 58.98%)

平成21年（2009年）8月30日実施

当③多田　重美　60　無　　　現　無投票

平成25年（2013年）9月8日実施

| 当①大山　　忍　56　無 | | 新　19,717 |
| 　　大久保龍雄　60　無 | | 新　　9,627 |

(投票率 46.03%)

平成29年（2017年）8月27日実施

当②大山　　忍　60　無　　　現　無投票

吉川市長選挙

平成8年（1996年）4月1日北葛飾郡吉川町が
市制施行して吉川市となる

平成11年（1999年）3月7日実施

| 当①戸張　胤茂　51　無 | | 新　13,469 |
| 　　伊藤　正勝　61　無 | | 新　　7,812 |

(投票率 51.25%)

平成15年（2003年）2月16日実施

| 当②戸張　胤茂　55　無 | | 現　13,198 |
| 　　伊藤　正勝　65　無 | | 新　　6,992 |

(投票率 45.21%)

平成19年（2007年）2月13日実施

当③戸張　胤茂　59　無　　　現　無投票

平成23年（2011年）2月20日実施

当④戸張　胤茂　63　無		現　11,623
高鹿　栄助　62　無		新　　4,633
高崎　正夫　63　無		新　　3,660

(投票率 39.46%)

平成27年（2015年）2月22日実施

| 当①中原　恵人　44　無 | | 新　14,176 |
| 　　戸張　胤茂　67　無 | | 現　11,916 |

(投票率 48.98%)

平成31年（2019年）2月17日実施

当②中原　恵人　48　無　　　現　14,027

埼玉県

吉川　敏幸　40　無　　　新　　10,750
　　　　　　　　　　　（投票率 43.25%）

和光市長選挙

平成元年（1989年）5月14日実施

当①田中　　茂　63　無　　　新　　 9,450
　　柳下　　潔　73　無　　　現　　 6,481
　　富沢　　実　62　無　　　新　　 4,822
　　　　　　　　　　　（投票率 55.62%）

平成5年（1993年）5月9日実施

当②田中　　茂　67　無　　　現　　無投票

平成9年（1997年）5月18日実施

当③田中　　茂　71　無　　　現　　11,031
　　柳下　長治　46　無　　　新　　 5,916
　　大橋　昌次　50　共　　　新　　 2,298
　　　　　　　　　　　（投票率 42.06%）

平成13年（2001年）5月13日実施

当①野木　　実　59　無　　　新　　 9,415
　　木田　　亮　57　無　　　新　　 8,396
　　石川　淳一　48　無　　　新　　 5,778
　　　　　　　　　　　（投票率 46.57%）

平成17年（2005年）5月8日実施

当②野木　　実　63　無　　　現　　無投票

平成21年（2009年）5月17日実施

当①松本　武洋　40　無　　　新　　10,901
　　柳下　長治　58　無　　　新　　 7,837
　　野木　　実　67　無　　　現　　 6,509
　　　　　　　　　　　（投票率 43.29%）

平成25年（2013年）5月12日実施

当②松本　武洋　44　無　　　現　　無投票

平成29年（2017年）5月21日実施

当③松本　武洋　48　無　　　現　　19,873
　　大沢　雄一　52　無　　　新　　 2,082
　　　　　　　　　　　（投票率 35.23%）

蕨市長選挙

平成3年（1991年）4月14日実施

当⑤田中　啓一　65　無　　　現　　無投票

平成7年（1995年）4月23日実施

当⑥田中　啓一　69　無　　　現　　15,946
　　小林　一義　69　無　　　新　　11,887
　　　　　　　　　　　（投票率 51.13%）

平成11年（1999年）4月25日実施

当⑦田中　啓一　73　無　　　現　　14,787
　　頼高　英雄　35　無　　　新　　11,841
　　　　　　　　　　　（投票率 48.81%）

平成15年（2003年）6月1日実施

当⑧田中　啓一　77　無　　　前　　 9,939
　　頼高　英雄　39　無　　　新　　 9,506
　　池上　智康　47　無　　　新　　 7,568
　　三輪　一栄　56　無　　　新　　 3,810
　　福田　秀雄　56　無　　　新　　 3,209
　　　　　　　　　　　（投票率 62.26%）

平成19年（2007年）6月3日実施

当①頼高　英雄　43　無　　　新　　17,815
　　庄野　拓也　38　無　　　新　　14,506
　　　　　　　　　　　（投票率 59.24%）

平成23年（2011年）6月5日実施

当②頼高　英雄　47　無　　　前　　19,365
　　三輪　一栄　64　無　　　新　　10,622
　　　　　　　　　　　（投票率 53.53%）

平成27年（2015年）5月24日実施

当③頼高　英雄　51　無　　　現　　無投票

千葉県

県庁所在地	千葉市
市　　数	37市（平成31年4月現在）
市　　名	千葉市《指定都市/6区》・旭市・我孫子市・いすみ市・市川市・市原市・印西市・浦安市・大網白里市・柏市・勝浦市・香取市（佐原市）・鎌ケ谷市・鴨川市・木更津市・君津市・佐倉市・山武市・白井市・匝瑳市（八日市場市）・袖ケ浦市・館山市・銚子市・東金市・富里市・流山市・習志野市・成田市・野田市・富津市・船橋市・松戸市・南房総市・茂原市・八街市・八千代市・四街道市　　※（ ）内は廃止された市
主な政治団体（略称）	市民ネットワーク千葉県（ネ千）

【市に関わる合併・市制施行・名称変更】

市名	実施年月日	関係市町村名等	合併等の内容
千葉市	平成4年（1992年）4月1日	指定都市	【市制移行】
旭市	平成17年（2005年）7月1日	旭市・香取郡干潟町・海上郡海上町・飯岡町	【新設合併】
いすみ市	平成17年（2005年）12月5日	夷隅郡夷隅町・大原町・岬町	【新設合併・市制施行】
印西市	平成8年（1996年）4月1日	印旛郡印西町	【市制施行】
	平成22年（2010年）3月23日	印西市・印旛郡印旛村・本埜村	【編入合併】
大網白里市	平成25年（2013年）1月1日	山武郡大網白里町	【市制施行】
柏市	平成17年（2005年）3月28日	柏市・東葛飾郡沼南町	【編入合併】
香取市	平成18年（2006年）3月27日	佐原市・香取郡小見川町・山田町・栗源町	【新設合併】
鴨川市	平成17年（2005年）2月11日	鴨川市・安房郡天津小湊町	【新設合併】
山武市	平成18年（2006年）3月27日	山武郡成東町・山武町・蓮沼村・松尾町	【新設合併・市制施行】
白井市	平成13年（2001年）4月1日	印旛郡白井町	【市制施行】
匝瑳市	平成18年（2006年）1月23日	八日市場市・匝瑳郡野栄町	【新設合併】
袖ケ浦市	平成3年（1991年）4月1日	君津郡袖ヶ浦町	【市制施行】
富里市	平成14年（2002年）4月1日	印旛郡富里町	【市制施行】
成田市	平成18年（2006年）3月27日	成田市・香取郡下総町・大栄町	【編入合併】
野田市	平成15年（2003年）6月6日	野田市・東葛飾郡関宿町	【編入合併】
南房総市	平成18年（2006年）3月20日	安房郡富浦町・富山町・三芳村・白浜町・千倉町・丸山町・和田町	【新設合併・市制施行】
八街市	平成4年（1992年）4月1日	印旛郡八街町	【市制施行】

関東

【選挙結果】

千葉県知事選挙

平成元年（1989年）3月19日実施

当③	沼田	武	66	無 自民 公明 民社	現	971,687
	石井	正二	44	無 共産	新	786,238

（投票率 47.03%）

平成5年（1993年）3月14日実施

当④	沼田	武	70	無 自民 公明 民社	現	934,031
	池ノ谷忠敏		60	無 共産	新	312,630
	上村	勉	59	無	新	67,522

（投票率 31.90%）

平成9年（1997年）3月16日実施

当⑤	沼田	武	74	無 自民 新進 公明	現	767,461
	河野	泉	56	無 共産	新	493,683

（投票率 28.67%）

平成13年（2001年）3月25日実施

当①	堂本	暁子	68	無	新	491,205
	岩瀬	良三	67	無 自民 保守 自連	新	742,325
	若井	康彦	55	無 民主 社民	新	428,153
	河野	泉	60	無 共産	新	240,271
	門田	正則	53	無	新	53,865

（投票率 36.88%）

平成17年（2005年）3月13日実施

当②	堂本	暁子	72	無 公明 社民 ネ千	現	960,125
	森田	健作	55	無	新	954,039
	山田安太郎		62	無 共産 新社	新	162,684

（投票率 43.28%）

平成21年（2009年）3月29日実施

当①	森田	健作	59	無	新	1,015,978
	吉田	平	49	無 民主 社民 国新 日本 ネ千	新	636,991
	白石	真澄	50	無	新	346,002
	八田	英之	64	無 共産	新	136,551
	西尾	憲一	58	無	新	95,228

（投票率 45.56%）

平成25年（2013年）3月17日実施

当②	森田	健作	63	無	現	1,230,137
	三輪	定宣	75	無 共産	新	288,762
	佐藤	雄介	31	無	新	47,559

（投票率 31.96%）

平成29年（2017年）3月26日実施

当③	森田	健作	67	無	現	1,094,291
	松崎	秀樹	67	無	新	347,194
	角谷	信一	62	無	新	132,532
	竹浪	永和	42	無	新	16,072

（投票率 31.18%）

千葉市長選挙

平成元年（1989年）6月18日実施

当④	松井	旭	61	無 自民 民社	現	119,804
	小川	義人	55	社	新	85,408
	岡野	久	36	無	新	31,458
	上田不二夫		56	無	新	5,467

（投票率 43.03%）

平成5年（1993年）6月20日実施

当⑤	松井	旭	65	無 自民 公明 民社	現	125,459
	影山	秀夫	45	無 共産	新	54,609

（投票率 29.71%）

平成9年（1997年）6月15日実施

当⑥	松井	旭	69	無 自民 新進 公明	現	100,404
	千葉	通子	59	無 共産	新	67,764
	菅野	泰	53	無 民主 社民	新	41,930
	米持	克彦	56	無	新	34,900

（投票率 37.79%）

平成13年（2001年）6月17日実施

当①	鶴岡	啓一	61	無 自民 公明 保守	新	99,767
	千葉	通子	63	無 共産	新	65,062
	河野	俊紀	51	無 民主	新	55,576

橋本　　登	59	無		新	36,196
藤井　武徳	60	無		新	9,301
今村　敏昭	44	無		新	6,711

（投票率 40.03％）

平成17年（2005年）6月19日実施

当②鶴岡　啓一	65	無	自民 公明	現	96,660
奥野総一郎	40	無	民主 ネ千	新	84,933
島田　行信	64	無		新	47,426
結城　房江	61	無	共産	新	34,729

（投票率 37.20％）

平成21年（2009年）6月14日実施

当①熊谷　俊人	31	無	民主 ネ千 新社	新	170,629
林　孝二郎	63	無	自民 公明	新	117,560
結城　房江	65	共		新	30,933

（投票率 43.50％）

平成25年（2013年）5月26日実施

当②熊谷　俊人	35	無		現	175,126
黒須　康代	51	無	共産	新	30,087
今村　敏昭	56	無		新	27,639

（投票率 31.35％）

平成29年（2017年）5月28日実施

当③熊谷　俊人	39	無		現	182,081
大野　　隆	48	無	共産	新	41,870

（投票率 29.07％）

旭市長選挙

平成元年（1989年）12月17日実施

当①加瀬　五郎	58	無		新	無投票

平成5年（1993年）12月19日実施

当②加瀬　五郎	62	無		現	無投票

平成9年（1997年）12月14日実施

当③加瀬　五郎	66	無		現	無投票

平成13年（2001年）12月23日実施

当①伊藤　忠良	57	無		新	10,299
高橋　宏和	56	無		新	8,224

久須美佐内	51	無		新	2,302

（投票率 66.46％）

平成17年（2005年）7月24日実施

当①伊藤　忠良	61	無		新	無投票

平成21年（2009年）7月19日実施

当①明智　忠直	66	無		新	12,807
加瀬　義孝	50	無		新	12,669
高橋　利彦	66	無		新	8,830
藤田　昌功	72	無		新	668

（投票率 63.11％）

平成25年（2013年）7月21日実施

当②明智　忠直	70	無		現	20,683
有田　恵子	60	無		新	8,295

（投票率 53.43％）

平成29年（2017年）7月23日実施

当③明智　忠直	74	無		現	14,502
有田　恵子	64	無		新	7,667

（投票率 40.65％）

我孫子市長選挙

平成3年（1991年）1月20日実施

当②大井　一雄	62	無		現	25,363
栗山　栄子	64	無		新	20,387

（投票率 53.24％）

平成7年（1995年）1月22日実施

当①福島　浩彦	38	無		新	16,462
秋谷　　明	53	無		新	15,091
松島　　洋	59	無		新	11,111
藤本　正利	65	無		新	2,313

（投票率 47.86％）

平成11年（1999年）1月17日実施

当②福嶋　浩彦	42	無		現	31,985
吉松　達喜	64	無		新	5,510

（投票率 37.66％）

平成15年（2003年）1月12日実施

当③ 福嶋 浩彦 46 無　　現　　無投票

平成19年（2007年）1月21日実施

当① 星野 順一郎 49 無　　新　　30,177
　　 渥美 省一 63 無　　新　　16,738
　　　　　　　　　　　（投票率 44.38%）

平成23年（2011年）1月23日実施

当② 星野 順一郎 53 無　　現　　27,240
　　 坂巻 宗男 40 無　　新　　22,597
　　　　　　　　　　　（投票率 45.60%）

平成27年（2015年）1月11日実施

当③ 星野 順一郎 57 無　　現　　26,198
　　 海津 にいな 61 無　　新　　8,483
　　　　　　　　　　　（投票率 32.52%）

平成31年（2019年）1月20日実施

当④ 星野 順一郎 61 無　　現　　26,082
　　 飯塚 誠 49 無　　新　　18,663
　　　　　　　　　　　（投票率 40.86%）

いすみ市長選挙

平成17年（2005年）12月5日夷隅郡夷隅町・大原町・岬町が新設合併・市制施行していすみ市となる

平成17年（2005年）12月25日実施

当① 太田 洋 57 無　　新　　15,166
　　 近藤 万芳 66 無　　新　　11,060
　　　　　　　　　　　（投票率 72.96%）

平成21年（2009年）11月29日実施

当② 太田 洋 61 無　　現　　無投票

平成25年（2013年）11月24日実施

当③ 太田 洋 65 無　　現　　無投票

平成29年（2017年）11月19日実施

当④ 太田 洋 69 無　　現　　無投票

市川市長選挙

平成元年（1989年）11月26日実施

当④ 高橋 国雄 69 無　　現　　61,461
　　 樋口 義人 50 共　　新　　19,749
　　　　　　　　　　　（投票率 27.09%）

平成5年（1993年）11月28日実施

当⑤ 高橋 国雄 73 無　　現　　42,736
　　 高安 紘一 55 無　　新　　27,928
　　 境 泰子 55 無　　新　　12,085
　　 深川 保典 39 無　　新　　10,389
　　　　　　　　　　　（投票率 27.93%）

平成9年（1997年）11月30日実施

当① 千葉 光行 55 無　　新　　44,898
　　 増田 三郎 62 無　　新　　28,625
　　 小岩井 清 62 無　　新　　18,640
　　 高柳 俊暢 53 無　　新　　16,638
　　 竹中 泰子 40 諸　　新　　7,393
　　　　　　　　　　　（投票率 34.82%）

平成13年（2001年）11月25日実施

当② 千葉 光行 59 無　　現　　69,228
　　 黒沢 秀明 63 無　　新　　19,196
　　　　　　　　　　　（投票率 25.22%）

平成17年（2005年）11月27日実施

当③ 千葉 光行 63 無　　現　　63,307
　　 渡辺 正二 60 無　　新　　25,852
　　　　　　　　　　　（投票率 24.64%）

平成21年（2009年）11月29日実施

当① 大久保 博 60 無　　新　　38,620
　　 小泉 文人 36 無　　新　　35,132
　　 高橋 亮平 33 無　　新　　34,739
　　 一条 強 36 無　　新　　1,579
　　　　　　　　　　　（投票率 29.96%）

平成25年（2013年）11月24日実施

当② 大久保 博 64 無　　現　　57,295
　　 田中 長義 63 無　　新　　22,134
　　　　　　　　　　　（投票率 21.71%）

平成29年（2017年）11月26日実施

村越	祐民	43	無	新	28,109
坂下	茂樹	43	無	新	27,725
田中	甲	60	無	新	26,128
高橋	亮平	41	無	新	20,338
小泉	文人	44	無	新	16,778

（投票率 30.76％）

平成30年（2018年）4月22日実施（再選挙）

当①	村越	祐民	44	無	新	46,143
	田中	甲	61	無	新	42,931
	坂下	茂樹	43	無	新	41,880

（投票率 33.97％）

※平成29年（2017年）11月26日の選挙は法定得票数（有効投票総数の4分の1）に達する候補者がなく再選挙

市原市長選挙

平成3年（1991年）6月2日実施

当①	小出善三郎		60	無	新	66,347
	藤田	明男	57	無	新	51,706
	橋本	立	40	無	新	8,063

（投票率 71.14％）

平成7年（1995年）6月4日実施

当②	小出善三郎		64	無	現	92,828
	鈴木	博子	61	共	新	27,658

（投票率 61.57％）

平成11年（1999年）6月6日実施

当③	小出善三郎		68	無	現	69,213
	佐久間隆義		52	無	新	64,043

（投票率 63.41％）

平成15年（2003年）6月8日実施

当①	佐久間隆義		56	無	新	69,640
	小出善三郎		72	無	現	61,638

（投票率 59.88％）

平成19年（2007年）5月27日実施

当②	佐久間隆義		60	無	現	無投票

平成23年（2011年）6月5日実施

当③	佐久間隆義		64	無	現	61,582
	松本	靖彦	68	無	新	57,693

（投票率 53.94％）

平成27年（2015年）6月7日実施

当①	小出	譲治	54	無	新	57,667
	大西	英樹	60	無	新	42,816
	石井	一男	69	無	新	10,382

（投票率 50.81％）

印西市長選挙

平成8年（1996年）4月1日印旛郡印西町が市制施行して印西市となる

平成8年（1996年）7月28日実施

当①	海老原	栄	64	無	新	11,570
	平松	武彦	58	無	新	8,012

（投票率 49.65％）

平成12年（2000年）7月16日実施

当②	海老原	栄	68	無	現	11,545
	大橋	義行	57	無	新	4,568
	千田	啓介	58	無	新	3,864

（投票率 47.01％）

平成16年（2004年）7月11日実施

当①	山崎	山洋	53	無	新	9,199
	板橋	睦	52	無	新	7,898
	金丸	和史	44	無	新	4,634
	大橋	義行	62	無	新	3,127
	土山	道之	66	無	新	2,793

（投票率 63.92％）

平成20年（2008年）7月6日実施

当②	山崎	山洋	57	無	現	無投票

平成24年（2012年）7月8日実施

当①	板倉	正直	65	無	新	20,725
	山崎	山洋	61	無	現	14,252

（投票率 49.71％）

平成28年（2016年）7月10日実施

当②板倉 正直 69	無	現	23,592
中沢 俊介 49	無	新	20,954

（投票率 59.31％）

浦安市長選挙

平成元年（1989年）8月27日実施

当③熊川 好生 57	無	現	23,738
沖崎 利夫 58	無	新	10,744

（投票率 47.62％）

平成5年（1993年）8月29日実施

当④熊川 好生 61	無	現	22,029
古賀 孝 46	無	新	20,844

（投票率 50.78％）

平成9年（1997年）8月31日実施

当⑤熊川 好生 65	無	現	18,515
松崎 秀樹 47	無	新	10,151
若山 和生 55	無	新	7,935
島田 弘史 59	無	新	6,066
折本 豊 47	無	新	5,183

（投票率 51.36％）

平成10年（1998年）11月8日実施

当①松崎 秀樹 48	無	新	17,508
宇田川敬之助 62	無	新	15,109
若山 和生 57	無	新	10,229
元木美奈子 49	共	新	3,958

（投票率 49.05％）

平成14年（2002年）10月27日実施

当②松崎 秀樹 52	無	現	31,022
熊川 賢司 42	無	新	20,190

（投票率 48.50％）

平成18年（2006年）10月22日実施

当③松崎 秀樹 56	無	現	17,653
折本ひとみ 48	無	新	16,268
丹下 剛 64	無	新	11,581

西山 幸男 45	無	新	8,476

（投票率 45.71％）

平成22年（2010年）10月24日実施

当④松崎 秀樹 60	無	現	28,264
折本ひとみ 52	無	新	23,386
坪井 祐一 31	無	新	3,075
赤尾 嘉彦 56	無	新	993

（投票率 45.06％）

平成26年（2014年）10月26日実施

当⑤松崎 秀樹 64	無	現	29,144
折本ひとみ 56	無	新	18,608
厳 洋輔 28	無	新	2,291

（投票率 40.56％）

平成29年（2017年）3月26日実施

当①内田 悦嗣 52	無	新	27,448
折本ひとみ 59	無	新	16,312
岡野 純子 38	無	新	14,600

（投票率 45.20％）

大網白里市長選挙

平成25年（2013年）1月1日山武郡大網白里町が市制施行して大網白里市となる

平成26年（2014年）12月21日実施

当①金坂 昌典 46	無	現	12,135
黒須 俊隆 47	無	新	7,536

（投票率 47.89％）

平成30年（2018年）12月16日実施

当②金坂 昌典 50	無	現	無投票

柏市長選挙

平成2年（1990年）10月21日実施

当④鈴木 真 70	無	現	49,183
松崎 公昭 47	無	新	30,132
関口 真 41	無	新	19,490
日下 修 41	共	新	5,231

| 上橋 | 泉 | 41 | 無 | | 新 | 5,141 |

(投票率 51.52%)

平成5年（1993年）11月21日実施

当①	本多	晃	46	無		新	35,952
	関口	真	44	無		新	26,655
	伊東	幸市	61	無		新	24,712
	千葉	和郎	64	共		新	6,740

(投票率 40.93%)

平成9年（1997年）10月26日実施

| 当② | 本多 | 晃 | 50 | 無 | | 現 | 50,677 |
| | 馬場 | 英雄 | 60 | 無 | | 新 | 21,116 |

(投票率 29.62%)

平成13年（2001年）10月28日実施

当③	本多	晃	54	無		現	48,896
	馬場	英雄	64	無		新	10,481
	柴田	良子	56	無		新	6,141

(投票率 25.76%)

平成17年（2005年）10月23日実施

| 当④ | 本多 | 晃 | 58 | 無 | | 現 | 55,400 |
| | 加藤 | 英雄 | 52 | 無 | | 新 | 34,666 |

(投票率 30.18%)

平成21年（2009年）11月1日実施

当①	秋山	浩保	41	無		新	57,258
	海老原	久恵	42	無		新	36,255
	坂巻	重男	60	無		新	13,219

(投票率 34.14%)

平成25年（2013年）11月10日実施

| 当② | 秋山 | 浩保 | 45 | 無 | | 現 | 61,960 |
| | 武石 | 英紀 | 63 | 無 | | 新 | 17,320 |

(投票率 24.99%)

平成29年（2017年）10月22日実施

当③	秋山	浩保	49	無		現	112,083
	鈴木	清丞	58	無		新	23,985
	坂巻	重男	68	無		新	22,306

(投票率 49.14%)

勝浦市長選挙

平成3年（1991年）2月10日実施

| 当⑦ | 山口 | 吉暉 | 69 | 無 | | 現 | 9,047 |
| | 鈴木 | 四一 | 62 | 無 | | 新 | 3,188 |

(投票率 63.30%)

平成7年（1995年）2月5日実施

| 当⑧ | 山口 | 吉暉 | 73 | 無 | | 現 | 無投票 |

平成11年（1999年）2月21日実施

当①	藤平	輝夫	63	無		新	6,712
	屋代	良守	57	無		新	6,230
	梅森	繁	45	無		新	683

(投票率 71.59%)

平成15年（2003年）2月16日実施

| 当② | 藤平 | 輝夫 | 67 | 無 | | 現 | 8,234 |
| | 桃木 | 徹 | 59 | 無 | | 新 | 5,087 |

(投票率 70.27%)

平成19年（2007年）2月18日実施

| 当③ | 藤平 | 輝夫 | 71 | 無 | | 現 | 7,344 |
| | 梅森 | 繁 | 53 | 無 | | 新 | 1,877 |

(投票率 50.08%)

平成23年（2011年）2月13日実施

当①	山口	和彦	59	無		新	5,141
	水野	正美	74	無		新	2,908
	高梨	竹雄	63	無		新	2,221
	磯野	武	58	無		新	1,338

(投票率 66.70%)

平成23年（2011年）7月24日実施

| 当① | 猿田 | 寿男 | 62 | 無 | | 新 | 無投票 |

平成27年（2015年）7月5日実施

| 当② | 猿田 | 寿男 | 66 | 無 | | 現 | 無投票 |

香取市長選挙

平成18年（2006年）3月27日佐原市・香取郡小見川町・山田町・栗源町が新設合併して香取市となる

平成18年（2006年）4月30日実施

当①宇井　成一	47	無	新	23,054
岩瀬　良三	72	無	新	16,051
大里　やす	83	無	新	385

（投票率 55.35％）

平成22年（2010年）4月25日実施

当②宇井　成一	51	無	現	21,201
森　登美子	54	無	新	5,006

（投票率 37.91％）

平成26年（2014年）4月27日実施

当③宇井　成一	55	無	現	19,498
石引　庄一	57	無	新	13,650

（投票率 49.12％）

平成30年（2018年）4月22日実施

当④宇井　成一	58	無	現	16,649
伊藤　友則	45	無	新	15,469

（投票率 48.90％）

（佐原市長選挙）

平成3年（1991年）4月21日実施

当③鈴木　全一	46	無	元	18,818
宇井　隼平	56	無	現	13,988
大里　やす	68	無	新	323

（投票率 89.69％）

平成7年（1995年）4月23日実施

当④鈴木　全一	50	無	現	18,339
宇井　隼平	60	無	元	12,249

（投票率 80.27％）

平成11年（1999年）4月25日実施

当⑤鈴木　全一	54	無	現	17,446
坂部　勝義	40	無	新	12,669

（投票率 79.00％）

平成15年（2003年）4月27日実施

当①岩瀬　良三	69	無	新	14,644
宇井　成一	44	無	新	12,486

（投票率 72.08％）

※平成18年（2006年）3月27日佐原市は香取郡小見川町・山田町・栗源町と新設合併して香取市となる

鎌ケ谷市長選挙

平成3年（1991年）4月21日実施

当③皆川圭一郎	38	無	現	29,145
松本　進	53	無	新	12,974

（投票率 65.03％）

平成7年（1995年）4月23日実施

当④皆川圭一郎	42	無	現	22,076
渋谷　喜市	56	無	新	8,145
松本　進	57	無	新	6,521
野山　慶蔵	63	無	新	2,623

（投票率 55.00％）

平成11年（1999年）4月25日実施

当⑤皆川圭一郎	46	無	現	31,870
野山　慶蔵	67	無	新	9,683

（投票率 55.25％）

平成14年（2002年）7月28日実施

当①清水　聖士	41	無	新	12,977
荒井　茂行	52	無	新	12,214
桝井　論平	62	無	新	6,386
本田　満	44	無	新	4,023
野山　慶蔵	71	無	新	2,083
松本　進	64	無	新	1,843

（投票率 48.77％）

平成18年（2006年）7月2日実施

当②清水　聖士	45	無	現	24,890
松本　進	68	無	新	2,834

（投票率 33.10％）

平成22年（2010年）7月11日実施

当③清水　聖士	49	無	現	27,650

岡田　啓介 58　無　　　　　新　　　11,000
岩波　初美 51　無　　　　　新　　　10,822
　　　　　　　　　　　　（投票率 57.14%）

平成26年（2014年）7月6日実施
当④清水　聖士 53　無　　　　現　　　19,640
　　岩波　初美 55　無　　　　新　　　11,961
　　　　　　　　　　　　（投票率 35.85%）

平成30年（2018年）7月8日実施
当⑤清水　聖士 57　無　　　　現　　　18,851
　　岩波　初美 59　無　　　　新　　　11,182
　　　　　　　　　　　　（投票率 33.42%）

鴨川市長選挙

平成2年（1990年）7月8日実施
当①本多　利夫 50　無　　　　新　　　14,219
　　大久保友美 33　無　　　　新　　　 2,770
　　　　　　　　　　　　（投票率 73.17%）

平成6年（1994年）7月3日実施
当②本多　利夫 54　無　　　　現　　　無投票

平成10年（1998年）7月5日実施
当③本多　利夫 58　無　　　　現　　　無投票

平成14年（2002年）6月30日実施
当④本多　利夫 62　無　　　　現　　　無投票

平成17年（2005年）3月6日実施
当①本多　利夫 65　無　　　　新　　　無投票

平成21年（2009年）3月1日実施
当①片桐　有而 61　無　　　　新　　　 9,493
　　須田　　厚 49　無　　　　新　　　 7,477
　　宇山　光弘 52　無　　　　新　　　　 884
　　　　　　　　　　　　（投票率 59.36%）

平成25年（2013年）2月24日実施
当①長谷川孝夫 64　無　　　　新　　　無投票

平成29年（2017年）3月5日実施
当①亀田　郁夫 65　無　　　　新　　　 9,886
　　長谷川孝夫 68　無　　　　現　　　 8,995
　　　　　　　　　　　　（投票率 65.75%）

木更津市長選挙

平成3年（1991年）4月21日実施
当④石川　　昌 68　無　　　　現　　　34,459
　　須田　勝勇 62　無　　　　新　　　31,700
　　　　　　　　　　　　（投票率 78.35%）

平成7年（1995年）4月23日実施
当①須田　勝勇 66　無　　　　新　　　34,834
　　河辺伊知郎 48　無　　　　新　　　25,382
　　　　　　　　　　　　（投票率 68.59%）

平成11年（1999年）4月25日実施
当②須田　勝勇 70　無　　　　現　　　38,180
　　河辺伊知郎 52　無　　　　新　　　22,763
　　　　　　　　　　　　（投票率 66.72%）

平成14年（2002年）3月31日実施
当①水越　勇雄 62　無　　　　新　　　20,752
　　高橋てる子 51　無　　　　新　　　12,550
　　大野　俊幸 44　無　　　　新　　　 5,872
　　森田　　恵 38　無　　　　新　　　 5,297
　　河辺伊知郎 55　無　　　　新　　　 2,476
　　　　　　　　　　　　（投票率 48.85%）

平成18年（2006年）3月26日実施
当②水越　勇雄 66　無　　　　現　　　23,386
　　高橋てる子 55　無　　　　新　　　14,596
　　　　　　　　　　　　（投票率 39.04%）

平成22年（2010年）3月28日実施
当③水越　勇雄 70　無　　　　現　　　23,420
　　石川　哲久 62　無　　　　新　　　16,723
　　金子　康男 53　無　　　　新　　　 5,041
　　　　　　　　　　　　（投票率 44.59%）

千葉県

平成26年（2014年）3月23日実施

当①渡辺　芳邦　49　無　　　　新　　22,726
　　石川　哲久　66　無　　　　新　　20,818
　　　　　　　　　　　　　　（投票率41.94％）

平成30年（2018年）3月18日実施

当②渡辺　芳邦　53　無　　　　現　　無投票

君津市長選挙

平成2年（1990年）10月7日実施

当③白石　光雄　61　無　　　　現　　22,575
　　高橋　哲夫　43　無　　　　新　　 9,496
　　　　　　　　　　　　　　（投票率50.69％）

平成6年（1994年）10月16日実施

当①若月　　弘　66　無　　　　新　　19,102
　　白石　光雄　65　無　　　　現　　18,813
　　高橋　哲夫　47　無　　　　新　　 2,536
　　　　　　　　　　　　　　（投票率58.58％）

平成10年（1998年）10月18日実施

当①三浦　公明　66　無　　　　新　　23,311
　　若月　　弘　70　無　　　　現　　18,731
　　　　　　　　　　　　　　（投票率59.00％）

平成14年（2002年）10月27日実施

当②三浦　公明　70　無　　　　現　　21,589
　　高橋　哲夫　55　無　　　　新　　 4,792
　　山田　宥円　56　無　　　　新　　 1,730
　　　　　　　　　　　　　　（投票率39.75％）

平成18年（2006年）10月22日実施

当①鈴木　洋邦　65　無　　　　新　　17,133
　　杉浦　　伝　59　無　　　　新　　11,014
　　坂井　　昭　53　無　　　　新　　 6,368
　　安藤　　博　59　無　　　　新　　 5,955
　　塩沢　文男　76　無　　　　新　　　 362
　　　　　　　　　　　　　　（投票率56.62％）

平成22年（2010年）10月17日実施

当②鈴木　洋邦　69　無　　　　現　　無投票

平成26年（2014年）10月26日実施

当③鈴木　洋邦　73　無　　　　現　　18,120
　　下田　剣吾　33　無　　　　新　　12,413
　　天笠　　寛　52　無　　　　新　　 7,693
　　　　　　　　　　　　　　（投票率53.41％）

平成30年（2018年）10月14日実施

当①石井　宏子　53　無　　　　新　　16,084
　　渡辺　吉郎　61　無　　　　新　　14,736
　　安藤　敬治　70　無　　　　新　　 5,345
　　　　　　　　　　　　　　（投票率50.55％）

佐倉市長選挙

平成3年（1991年）9月22日実施

当⑤菊間　健夫　72　無　　　　現　　22,409
　　藤崎　良次　41　無　　　　新　　 9,914
　　　　　　　　　　　　　　（投票率31.09％）

平成7年（1995年）4月23日実施

当①渡貫　博孝　62　無　　　　新　　23,717
　　蕨　　和雄　45　無　　　　新　　21,958
　　清宮　　誠　55　無　　　　新　　18,709
　　　　　　　　　　　　　　（投票率56.10％）

平成11年（1999年）4月18日実施

当②渡貫　博孝　66　無　　　　現　　無投票

平成15年（2003年）4月27日実施

当③渡貫　博孝　70　無　　　　現　　38,251
　　中原　英雄　62　無　　　　新　　17,692
　　後藤　裕造　62　無　　　　新　　13,983
　　　　　　　　　　　　　　（投票率51.93％）

平成19年（2007年）4月22日実施

当①蕨　　和雄　57　無　　　　新　　28,312
　　密本　俊一　60　無　　　　新　　22,969
　　清宮　　誠　67　無　　　　新　　18,520
　　　　　　　　　　　　　　（投票率51.24％）

平成23年（2011年）4月24日実施

当②蕨　　和雄　61　無　　　　現　　43,044

密本　俊一　64　無　　　　新　　　25,840
(投票率 49.04%)

平成27年(2015年)4月26日実施

当③蕨　　和雄　65　無　　　　現　　　33,286
　　西田　　譲　39　無　　　　新　　　25,880
　　宇田実生子　50　無　　　　新　　　10,306
(投票率 49.16%)

平成31年(2019年)4月21日実施

当①西田三十五　54　無　　　　新　　　24,420
　　蕨　　和雄　69　無　　　　現　　　23,230
　　清田乃り子　66　無　　　　新　　　16,515
　　望月　圧子　54　無　　　　新　　　 5,151
(投票率 48.07%)

山武市長選挙

平成18年(2006年)3月27日山武郡成東町・山武町・蓮沼村・松尾町が新設合併・市制施行して山武市となる

平成18年(2006年)4月23日実施

当①椎名　千収　60　無　　　　新　　　17,686
　　古谷　　淳　66　無　　　　新　　　11,654
(投票率 61.58%)

平成22年(2010年)4月18日実施

当②椎名　千収　64　無　　　　現　　　13,942
　　八角　公二　58　無　　　　新　　　 5,718
(投票率 42.48%)

平成26年(2014年)4月20日実施

当③椎名　千収　68　無　　　　現　　　10,794
　　小川　一馬　59　無　　　　新　　　10,233
(投票率 46.66%)

平成30年(2018年)4月15日実施

当①松下　浩明　57　無　　　　新　　　11,432
　　小川　一馬　63　無　　　　新　　　 9,797
(投票率 48.10%)

白井市長選挙

平成13年(2001年)4月1日印旛郡白井町が市制施行して白井市となる

平成16年(2004年)11月28日実施

当①中村　教彰　57　無　　　　現　　　11,747
　　横山久雅子　54　無　　　　新　　　11,588
(投票率 57.01%)

平成20年(2008年)11月30日実施

当①横山久雅子　58　無　　　　新　　　13,920
　　伊藤　　仁　50　無　　　　新　　　10,204
(投票率 53.03%)

平成23年(2011年)5月22日実施

当①伊沢　史夫　55　無　　　　新　　　 9,546
　　柴田　圭子　53　無　　　　新　　　 8,382
　　横山久雅子　61　無　　　　前　　　 4,873
(投票率 48.23%)

平成27年(2015年)4月26日実施

当②伊沢　史夫　59　無　　　　現　　　14,987
　　徳本　　悟　65　無　　　　新　　　 9,133
(投票率 50.97%)

平成31年(2019年)4月14日実施

当①笠井喜久雄　59　無　　　　新　　　無投票

匝瑳市長選挙

平成18年(2006年)1月23日八日市場市・匝瑳郡野栄町が新設合併して匝瑳市となる

平成18年(2006年)2月19日実施

当①江波戸辰夫　77　無　　　　新　　　無投票

平成22年(2010年)2月7日実施

当①太田　安規　65　無　　　　新　　　12,880
　　佐藤　　悟　61　無　　　　新　　　 5,933
　　石田　勝一　65　無　　　　新　　　 3,758
(投票率 68.17%)

平成26年（2014年）2月2日実施

当② 太田　安規　69　無　　　現　　無投票

平成30年（2018年）1月28日実施

当③ 太田　安規　73　無　　　現　　無投票

（八日市場市長選挙）

平成2年（1990年）4月1日実施

当② 増田　健　57　無　　　現　　12,971
　　 太田　安規　46　無　　　新　　 7,032
　　　　　　　　　　　　　　（投票率 82.55%）

平成6年（1994年）4月3日実施

当③ 増田　健　61　無　　　現　　 9,348
　　 江波戸力雄　71　無　　　新　　 6,607
　　　　　　　　　　　　　　（投票率 63.80%）

平成10年（1998年）4月5日実施

当① 江波戸辰夫　70　無　　　新　　 9,181
　　 増田　健　65　無　　　現　　 7,101
　　 山崎　千里　60　無　　　新　　 2,061
　　　　　　　　　　　　　　（投票率 71.25%）

平成14年（2002年）3月31日実施

当② 江波戸辰夫　74　無　　　現　　無投票

※平成18年（2006年）1月23日八日市場市は匝瑳郡野栄町と新設合併して匝瑳市となる

袖ケ浦市長選挙

平成3年（1991年）4月1日君津郡袖ヶ浦町が市制施行して袖ケ浦市となる

平成3年（1991年）10月27日実施

当④ 吉堀慶一郎　70　無　　　現　　14,726
　　 進藤　秀一　49　無　　　新　　14,165
　　　　　　　　　　　　　　（投票率 78.26%）

平成7年（1995年）10月22日実施

当① 小泉　義弥　56　無　　　新　　無投票

平成11年（1999年）10月31日実施

当② 小泉　義弥　60　無　　　現　　無投票

平成15年（2003年）10月19日実施

当③ 小泉　義弥　64　無　　　現　　無投票

平成19年（2007年）10月28日実施

当① 出口　清　61　無　　　新　　 6,740
　　 田村　満広　64　無　　　新　　 5,019
　　 伊藤　彰正　66　無　　　新　　 4,716
　　 関　政彦　66　無　　　新　　 4,009
　　 高瀬　泰治　66　無　　　新　　 2,803
　　 御園　豊　59　無　　　新　　 2,561
　　 尾高　貴善　35　無　　　新　　 　693
　　　　　　　　　　　　　　（投票率 57.39%）

平成23年（2011年）10月30日実施

当② 出口　清　65　無　　　現　　10,067
　　 渡辺　薫　62　無　　　新　　 8,937
　　 大森　正行　63　無　　　新　　 6,589
　　　　　　　　　　　　　　（投票率 53.24%）

平成27年（2015年）10月25日実施

当③ 出口　清　69　無　　　現　　12,212
　　 福原　孝彦　59　無　　　新　　11,303
　　　　　　　　　　　　　　（投票率 48.30%）

館山市長選挙

平成2年（1990年）11月18日実施

当① 庄司　厚　66　無　　　新　　14,311
　　 高橋　弘之　51　無　　　新　　10,214
　　 辻田　実　57　無　　　新　　 5,611
　　　　　　　　　　　　　　（投票率 73.35%）

平成6年（1994年）11月13日実施

当② 庄司　厚　69　無　　　現　　16,328
　　 石橋　高一　46　無　　　新　　 5,076
　　　　　　　　　　　　　　（投票率 51.12%）

平成10年（1998年）11月15日実施

当① 辻田　実　65　無　　　新　　12,414

庄司　厚 73　無　　　　現　　11,737
(投票率 57.75%)

平成14年（2002年）11月24日実施

当②辻田　実 69　無　　　　現　　13,142
　　庄司　厚 78　無　　　　前　　10,032
(投票率 55.69%)

平成18年（2006年）11月19日実施

当①金丸　謙一 57　無　　　新　　9,593
　　鈴木　陽一 55　無　　　新　　7,956
　　辻田　実 73　無　　　　現　　7,366
(投票率 59.65%)

平成22年（2010年）11月14日実施

当②金丸　謙一 61　無　　　現　　13,570
　　石神　正義 62　無　　　新　　10,336
　　五十嵐　正 65　無　　　新　　1,105
(投票率 60.22%)

平成26年（2014年）11月16日実施

当③金丸　謙一 65　無　　　現　　12,344
　　渡辺　正史 57　無　　　新　　10,518
(投票率 56.70%)

平成30年（2018年）11月18日実施

当④金丸　謙一 69　無　　　現　　11,257
　　室　　厚美 53　無　　　新　　7,552
(投票率 47.71%)

銚子市長選挙

平成2年（1990年）7月29日実施

当②佐藤　幹彦 58　無　　　現　　20,365
　　阿部　明 73　無　　　　新　　15,260
(投票率 54.68%)

平成6年（1994年）7月24日実施

当①大川　政武 45　無　　　新　　19,977
　　佐藤　幹彦 62　無　　　現　　19,100
(投票率 60.00%)

平成10年（1998年）7月26日実施

当②大川　政武 49　無　　　現　　18,338
　　高橋　俊夫 55　無　　　新　　10,495
　　尾張　三郎 72　共　　　新　　5,478
　　高安　昇 49　無　　　　新　　1,005
(投票率 55.24%)

平成14年（2002年）7月21日実施

当①野平　匡邦 54　無　　　新　　27,583
　　大川　政武 53　無　　　現　　12,826
(投票率 64.01%)

平成18年（2006年）7月23日実施

当①岡野　俊昭 60　無　　　新　　13,235
　　野平　匡邦 58　無　　　現　　12,756
　　石上　允康 61　無　　　新　　9,041
(投票率 57.13%)

平成21年（2009年）5月17日実施

当②野平　匡邦 61　無　　　元　　15,289
　　岡野　俊昭 63　無　　　前　　7,969
　　茂木　薫 58　無　　　　新　　4,256
　　石上　允康 63　無　　　新　　3,151
　　松井　稔 45　無　　　　新　　2,709
　　高瀬　博史 59　無　　　新　　1,314
(投票率 58.87%)

平成25年（2013年）4月21日実施

当①越川　信一 51　無　　　新　　13,717
　　野平　匡邦 65　無　　　現　　13,007
(投票率 47.76%)

平成29年（2017年）4月23日実施

当②越川　信一 55　無　　　現　　16,932
　　野平　匡邦 69　無　　　前　　8,478
　　椎名　亮太 32　無　　　新　　2,995
(投票率 52.57%)

東金市長選挙

平成2年（1990年）4月15日実施

当③野口　洋一 63　無　　　現　　無投票

平成6年（1994年）4月10日実施

当①岡本　　健　60　無　　　　新　　無投票

平成10年（1998年）4月19日実施

当①志賀　直温　49　無　　　　新　　13,530
　　岡本　　健　64　無　　　　現　　12,790
　　　　　　　　　　　　　　（投票率 63.11%）

平成14年（2002年）4月14日実施

当②志賀　直温　53　無　　　　現　　無投票

平成18年（2006年）4月16日実施

当③志賀　直温　57　無　　　　現　　12,820
　　斉藤　範吉　55　無　　　　新　　 9,614
　　　　　　　　　　　　　　（投票率 48.45%）

平成22年（2010年）4月18日実施

当④志賀　直温　61　無　　　　現　　12,469
　　石崎　公一　62　無　　　　新　　 9,261
　　桑原　友義　39　無　　　　新　　 1,611
　　内山　文夫　48　無　　　　新　　　 860
　　　　　　　　　　　　　　（投票率 51.50%）

平成26年（2014年）4月20日実施

当⑤志賀　直温　65　無　　　　現　　11,155
　　鹿間　陸郎　63　無　　　　新　　 9,916
　　結城　武光　59　無　　　　新　　 1,385
　　　　　　　　　　　　　　（投票率 47.40%）

平成30年（2018年）4月15日実施

当①鹿間　陸郎　67　無　　　　新　　11,145
　　前嶋　里奈　53　無　　　　新　　 9,142
　　　　　　　　　　　　　　（投票率 42.53%）

富里市長選挙

平成14年（2002年）4月1日印旛郡富里町が市制施行して富里市となる

平成15年（2003年）8月3日実施

当①相川　堅治　63　無　　　　新　　 9,726
　　河合　孝彦　58　無　　　　新　　 3,423
　　　　　　　　　　　　　　（投票率 34.63%）

平成19年（2007年）7月29日実施

当②相川　堅治　67　無　　　　現　　15,902
　　西村　政次　67　無　　　　新　　 3,434
　　　　　　　　　　　　　　（投票率 51.58%）

平成23年（2011年）7月31日実施

当③相川　堅治　71　無　　　　現　　 8,280
　　西村　政次　71　無　　　　新　　　 878
　　　　　　　　　　　　　　（投票率 23.46%）

平成27年（2015年）8月2日実施

当④相川　堅治　75　無　　　　現　　 7,106
　　杉山　治男　57　無　　　　新　　 5,274
　　　　　　　　　　　　　　（投票率 31.77%）

流山市長選挙

平成3年（1991年）4月21日実施

当①眉山　俊光　68　無　　　　新　　31,449
　　秋元大吉郎　64　無　　　　現　　28,984
　　　　　　　　　　　　　　（投票率 63.23%）

平成7年（1995年）4月23日実施

当②眉山　俊光　72　無　　　　現　　42,583
　　草地　茂治　59　無　　　　新　　10,639
　　　　　　　　　　　　　　（投票率 51.53%）

平成11年（1999年）4月25日実施

当③眉山　俊光　76　無　　　　現　　28,333
　　井崎　義治　45　無　　　　新　　20,344
　　東畑　秀雄　67　無　　　　新　　 9,161
　　佐野　雅幸　52　無　　　　新　　 6,318
　　　　　　　　　　　　　　（投票率 57.32%）

平成15年（2003年）4月27日実施

当①井崎　義治　49　無　　　　新　　34,682
　　熊田　仁一　60　無　　　　新　　21,522
　　大作　浩志　45　無　　　　新　　 5,759
　　　　　　　　　　　　　　（投票率 54.08%）

平成19年（2007年）4月22日実施

当②井崎　義治　53　無　　　　現　　45,240

| 大作　浩志 49 | 無 | 新 | 7,863 |
| 草間　政一 56 | 無 | 新 | 7,691 |

(投票率 51.39％)

平成23年（2011年）4月24日実施

| 当③井崎　義治 57 | 無 | 現 | 49,864 |
| 大作　浩志 53 | 無 | 新 | 14,289 |

(投票率 50.36％)

平成27年（2015年）4月26日実施

| 当④井崎　義治 61 | 無 | 現 | 48,028 |
| 大作　浩志 57 | 無 | 新 | 14,822 |

(投票率 47.14％)

平成31年（2019年）4月21日実施

| 当⑤井崎　義治 65 | 無 | 現 | 50,810 |
| 徳増記代子 66 | 無 | 新 | 14,293 |

(投票率 43.87％)

習志野市長選挙

平成3年（1991年）4月21日実施

当①荒木　　勇 53	無	新	31,987
大木　五郎 65	社	新	15,518
峯尾　吉紀 50	無	新	10,295
菅原　忠夫 71	無	新	2,476

(投票率 59.13％)

平成7年（1995年）4月16日実施

| 当②荒木　　勇 57 | 無 | 現 | 無投票 |

平成11年（1999年）4月25日実施

当③荒木　　勇 61	無	現	37,340
綿貫　吉正 70	共	新	12,880
石井　　昭 52	無	新	8,119

(投票率 51.80％)

平成15年（2003年）4月27日実施

| 当④荒木　　勇 65 | 無 | 現 | 31,275 |
| 立崎　誠一 68 | 無 | 新 | 25,842 |

(投票率 49.31％)

平成19年（2007年）4月22日実施

当⑤荒木　　勇 69	無	現	24,190
村上　純丈 44	無	新	16,563
鴨　哲登志 60	無	新	14,062
立崎　誠一 72	無	新	8,083

(投票率 51.76％)

平成23年（2011年）4月24日実施

当①宮本　泰介 38	無	新	17,031
布施健太郎 39	無	新	14,219
鴨　哲登志 64	無	新	13,080
藤本　一磨 45	無	新	11,996
三浦　邦雄 67	無	新	6,051

(投票率 50.44％)

平成27年（2015年）4月26日実施

当②宮本　泰介 42	無	現	32,746
鴨　哲登志 68	無	新	18,710
三浦　邦雄 71	無	新	7,514

(投票率 46.57％)

平成31年（2019年）4月21日実施

| 当③宮本　泰介 46 | 無 | 現 | 39,798 |
| 垣内　常子 61 | 無 | 新 | 18,925 |

(投票率 43.85％)

成田市長選挙

平成3年（1991年）4月21日実施

| 当⑥長谷川録太郎 76 | 無 | 現 | 25,923 |
| 小林　　攻 48 | 無 | 新 | 17,135 |

(投票率 74.11％)

平成7年（1995年）4月23日実施

当①小川　国彦 62	無	新	15,601
小林　　攻 52	無	新	15,132
吉田　　茂 49	無	新	12,512

(投票率 67.08％)

平成11年（1999年）4月25日実施

| 当②小川　国彦 66 | 無 | 現 | 21,951 |
| 小林　　攻 56 | 無 | 新 | 19,773 |

日暮　澄子　72　無　　　　新　　　 3,741
　　　　　　　　　　　　　　（投票率65.95%）

平成15年（2003年）4月27日実施

当①小林　　攻　60　無　　　　新　　　21,593
　　小泉　一成　46　無　　　　新　　　20,131
　　相馬　　攻　60　無　　　　新　　　 1,352
　　　　　　　　　　　　　　（投票率60.94%）

平成19年（2007年）1月21日実施

当①小泉　一成　50　無　　　　新　　　28,066
　　湯浅　伸一　57　無　　　　新　　　16,341
　　鵜沢　　治　60　共　　　　新　　　 3,860
　　　　　　　　　　　　　　（投票率50.48%）

平成22年（2010年）12月26日実施

当②小泉　一成　54　無　　　　現　　　31,630
　　湯浅　伸一　61　無　　　　新　　　 9,361
　　　　　　　　　　　　　　（投票率40.96%）

平成26年（2014年）12月14日実施

当③小泉　一成　58　無　　　　現　　　無投票

平成30年（2018年）12月16日実施

当④小泉　一成　62　無　　　　現　　　無投票

野田市長選挙

平成4年（1992年）6月28日実施

当①根本　　崇　46　無　　　　新　　　30,144
　　篠塚　義正　59　無　　　　元　　　18,010
　　　　　　　　　　　　　　（投票率58.58%）

平成8年（1996年）6月23日実施

当②根本　　崇　50　無　　　　現　　　29,579
　　斉藤　　弘　65　共　　　　新　　　 8,751
　　　　　　　　　　　　　　（投票率43.01%）

平成12年（2000年）6月25日実施

当③根本　　崇　54　無　　　　現　　　40,402
　　松本　昌子　54　共　　　　新　　　13,319
　　　　　　　　　　　　　　（投票率59.99%）

平成16年（2004年）6月6日実施

当④根本　　崇　58　無　　　　現　　　30,381
　　松本　昌子　58　共　　　　新　　　 8,430
　　　　　　　　　　　　　　（投票率32.45%）

平成20年（2008年）6月22日実施

当⑤根本　　崇　62　無　　　　現　　　29,374
　　染谷　　司　61　無　　　　新　　　14,301
　　渡辺　勝男　62　共　　　　新　　　 3,684
　　立川　邦夫　45　無　　　　新　　　 2,400
　　　　　　　　　　　　　　（投票率40.26%）

平成24年（2012年）6月24日実施

当⑥根本　　崇　66　無　　　　現　　　26,539
　　高梨　　守　65　無　　　　新　　　11,269
　　高原　光雄　64　無　　　　新　　　 5,331
　　　　　　　　　　　　　　（投票率34.75%）

平成28年（2016年）6月12日実施

当①鈴木　　有　59　無　　　　新　　　25,680
　　遠藤　達也　34　無　　　　新　　　14,346
　　高梨　　守　69　無　　　　新　　　 7,087
　　工藤　由紀　48　無　　　　新　　　 1,795
　　　　　　　　　　　　　　（投票率40.03%）

富津市長選挙

平成3年（1991年）1月27日実施

当③黒坂　正則　66　無　　　　現　　　17,997
　　白井　　貫　61　無　　　　新　　　13,698
　　　　　　　　　　　　　　（投票率78.60%）

平成7年（1995年）1月22日実施

当①野口　岡治　70　無　　　　新　　　16,719
　　黒坂　正則　70　無　　　　現　　　13,496
　　　　　　　　　　　　　　（投票率70.65%）

平成8年（1996年）10月6日実施

当①白井　　貫　66　無　　　　新　　　 9,459
　　大久保芳一　56　無　　　　新　　　 8,094
　　石井　　隆　74　無　　　　新　　　 7,221

加地　　宏　60　無　　　　　新　　　6,195
　　　　　　　　　　　　　　　（投票率71.64％）

平成12年（2000年）9月24日実施

当②白井　　貫　70　無　　　　　現　　11,918
　　藤野　　勉　52　無　　　　　新　　 8,073
　　平野　堯暉　54　無　　　　　新　　 7,471
　　　　　　　　　　　　　　　（投票率64.11％）

平成16年（2004年）9月26日実施

当①佐久間清治　58　無　　　　　新　　16,145
　　白井　　貫　74　無　　　　　現　　11,137
　　　　　　　　　　　　　　　（投票率64.43％）

平成20年（2008年）9月21日実施

当②佐久間清治　62　無　　　　　現　　無投票

平成24年（2012年）9月30日実施

当③佐久間清治　66　無　　　　　現　　13,004
　　地引　直輝　32　無　　　　　新　　10,040
　　　　　　　　　　　　　　　（投票率57.01％）

平成28年（2016年）10月2日実施

当①高橋　恭市　46　無　　　　　新　　12,124
　　地引　直輝　36　無　　　　　新　　11,530
　　　　　　　　　　　　　　　（投票率59.50％）

船橋市長選挙

平成元年（1989年）6月18日実施

当③大橋　和夫　60　無　　　　　現　　81,636
　　松本　正二　50　無　　　　　新　　66,156
　　綿貫　吉正　61　無　　　　　新　　22,508
　　大友　知義　52　諸　　　　　新　　 2,264
　　　　　　　　　　　　　　　（投票率47.42％）

平成5年（1993年）6月20日実施

当④大橋　和夫　64　無　　　　　現　　90,160
　　綿貫　吉正　65　無　　　　　新　　41,605
　　　　　　　　　　　　　　　（投票率33.69％）

平成9年（1997年）6月22日実施

当①藤代　孝七　54　無　　　　　新　　67,246
　　大橋　和夫　68　無　　　　　現　　59,482
　　坪内　弘行　54　無　　　　　新　　43,471
　　佐古田聖一
　　　　　郎　　32　諸　　　　　新　　　 745
　　　　　　　　　　　　　　　（投票率41.12％）

平成13年（2001年）6月24日実施

当②藤代　孝七　58　無　　　　　現　　97,990
　　坪内　弘行　58　無　　　　　新　　29,313
　　田久保捷三　59　無　　　　　新　　22,365
　　古閑　雅之　69　無　　　　　新　　 6,298
　　　　　　　　　　　　　　　（投票率36.33％）

平成17年（2005年）6月19日実施

当③藤代　孝七　62　無　　　　　現　　102,974
　　仁木　利則　53　共　　　　　新　　36,011
　　　　　　　　　　　　　　　（投票率31.12％）

平成21年（2009年）6月21日実施

当④藤代　孝七　66　無　　　　　現　　67,280
　　野屋敷いと
　　　　　こ　　58　無　　　　　新　　62,627
　　門田　正則　62　無　　　　　新　　15,971
　　仁木　利則　57　共　　　　　新　　15,483
　　　　　　　　　　　　　　　（投票率34.25％）

平成25年（2013年）6月23日実施

当①松戸　　徹　58　無　　　　　新　　57,549
　　西尾　憲一　62　無　　　　　新　　52,060
　　斉藤　和子　38　無　　　　　新　　18,054
　　野屋敷いと
　　　　　こ　　62　無　　　　　新　　17,460
　　安藤　信宏　56　無　　　　　新　　15,336
　　門田　正則　66　無　　　　　新　　 4,716
　　　　　　　　　　　　　　　（投票率34.55％）

平成29年（2017年）6月18日実施

当②松戸　　徹　62　無　　　　　現　　86,712
　　西尾　憲一　66　無　　　　　新　　37,261
　　薮内　　好　69　無　　　　　新　　10,129
　　門田　正則　70　無　　　　　新　　 6,811
　　　　　　　　　　　　　　　（投票率28.10％）

千葉県

松戸市長選挙

平成元年（1989年）6月18日実施

当⑤	宮間満寿雄	65	無	現	70,026
	鈴木 庸夫	54	無	新	25,547
	鈴木 雄三	34	無	新	22,875
	沢間俊太郎	41	無	新	7,437

（投票率 41.10%）

平成5年（1993年）6月20日実施

当⑥	宮間満寿雄	69	無	現	67,317
	鈴木 雄三	38	無	新	31,670
	松岡 守雄	34	無	新	13,101
	町山 久子	57	無	新	4,372

（投票率 34.87%）

平成6年（1994年）7月3日実施

当①	川井 敏久	51	無	新	43,551
	藤沢 勇	62	無	新	35,865
	川崎 清雄	65	無	新	25,609
	向井 俊子	60	無	新	14,968

（投票率 35.42%）

平成10年（1998年）6月14日実施

当②	川井 敏久	55	無	現	70,787
	藤野 健正	49	無	新	26,108
	岡田 脩	63	無	新	14,048

（投票率 32.00%）

平成14年（2002年）6月23日実施

当③	川井 敏久	59	無	現	57,309
	樋口美智子	46	無	新	30,274
	戸塚 章介	65	無	新	17,208
	沢間俊太郎	54	無	新	12,610
	石井 弘	49	無	新	12,354

（投票率 35.65%）

平成18年（2006年）6月18日実施

当④	川井 敏久	63	無	現	59,734
	本郷谷健次	57	無	新	45,333
	中田 京	53	無	新	15,483
	林 千勝	45	無	新	7,612

（投票率 34.44%）

平成22年（2010年）6月13日実施

当①	本郷谷健次	61	無	新	55,369
	川井 敏久	67	無	現	47,897
	杉浦 誠一	60	無	新	29,354
	末松 裕人	45	無	新	19,051
	伊藤余一郎	68	共	新	9,292

（投票率 42.07%）

平成26年（2014年）6月15日実施

当②	本郷谷健次	65	無	現	47,560
	杉浦 誠一	64	無	新	44,236
	川井 敏久	71	無	前	32,076
	伊藤余一郎	72	共	新	11,302

（投票率 35.56%）

平成30年（2018年）6月10日実施

当③	本郷谷健次	69	無	現	66,498
	川井 友則	42	無	新	28,013
	ミール計恵	48	共	新	15,867
	中村 典子	40	諸	新	5,902

（投票率 29.33%）

南房総市長選挙

平成18年（2006年）3月20日安房郡富浦町・富山町・三芳村・白浜町・千倉町・丸山町・和田町が新設合併・市制施行して南房総市となる

平成18年（2006年）4月23日実施

当①	石井 裕	40	無	新	16,329
	木下 敬二	57	無	新	15,381

（投票率 83.57%）

平成22年（2010年）4月4日実施

当②	石井 裕	44	無	現	無投票

平成26年（2014年）4月13日実施

当③	石井 裕	48	無	現	無投票

平成30年（2018年）4月8日実施

当④	石井 裕	52	無	現	無投票

茂原市長選挙

平成4年（1992年）4月19日実施
当② 石井　常雄　63　無　　　現　　　無投票

平成8年（1996年）4月21日実施
当③ 石井　常雄　67　無　　　現　　23,931
　　 熊沢　高　　44　共　　　新　　 5,760
（投票率43.07％）

平成12年（2000年）4月23日実施
当④ 石井　常雄　71　無　　　現　　21,538
　　 竹本　正明　55　無　　　新　　11,160
　　 初谷　幸一　44　無　　　新　　 7,072
（投票率54.61％）

平成16年（2004年）4月25日実施
当⑤ 石井　常雄　75　無　　　現　　18,535
　　 竹本　正明　59　無　　　新　　17,469
（投票率48.39％）

平成20年（2008年）4月27日実施
当① 田中　豊彦　56　無　　　新　　23,096
　　 竹本　正明　63　無　　　新　　13,541
（投票率48.60％）

平成24年（2012年）4月22日実施
当② 田中　豊彦　59　無　　　現　　21,797
　　 三橋　弘明　59　無　　　新　　10,316
（投票率43.06％）

平成28年（2016年）4月17日実施
当③ 田中　豊彦　63　無　　　現　　無投票

八街市長選挙

平成4年（1992年）4月1日印旛郡八街町が市制施行して八街市となる

平成6年（1994年）11月27日実施
当① 長谷川健一　58　無　　　新　　12,629
　　 原口　行光　70　無　　　現　　11,996

　　 斎藤　恭子　51　無　　　新　　　 261
（投票率55.48％）

平成10年（1998年）11月15日実施
当② 長谷川健一　62　無　　　現　　15,858
　　 前田　衛　　67　無　　　新　　 3,342
（投票率37.46％）

平成14年（2002年）12月1日実施
当③ 長谷川健一　66　無　　　現　　12,755
　　 古場　正春　62　無　　　新　　 4,160
（投票率29.88％）

平成18年（2006年）11月26日実施
当④ 長谷川健一　70　無　　　現　　10,749
　　 石橋　輝勝　53　無　　　新　　 5,373
　　 古場　正春　66　無　　　新　　 5,098
（投票率36.53％）

平成22年（2010年）11月28日実施
当① 北村　新司　62　無　　　新　　10,725
　　 林　　政男　57　無　　　新　　 6,660
　　 古場　正春　70　無　　　新　　 3,238
　　 川村　卓哉　42　無　　　新　　 2,085
（投票率38.44％）

平成26年（2014年）11月9日実施
当② 北村　新司　66　無　　　現　　無投票

平成30年（2018年）11月11日実施
当③ 北村　新司　70　無　　　現　　無投票

八千代市長選挙

平成3年（1991年）4月21日実施
当⑥ 仲村　和平　54　無　　　現　　24,652
　　 小川　庄蔵　47　無　　　新　　 5,250
（投票率28.97％）

平成7年（1995年）4月23日実施
当① 大沢　一治　47　無　　　新　　27,263
　　 仲村　和平　58　無　　　現　　23,714

尾崎　直司　63　無　　　　新　　　2,279
（投票率46.21%）

平成11年（1999年）4月25日実施
当②大沢　一治　51　無　　　　現　　　29,029
　　藤田晃史郎　46　無　　　　新　　　15,642
（投票率35.37%）

平成15年（2003年）1月26日実施
当①豊田　俊郎　50　無　　　　新　　　18,682
　　尾崎美千生　65　無　　　　新　　　12,363
　　中野弥太一　36　無　　　　新　　　11,655
　　藤田晃史郎　50　無　　　　新　　　7,382
　　荒尾　宗弘　59　無　　　　新　　　2,774
（投票率38.77%）

平成18年（2006年）12月17日実施
当②豊田　俊郎　54　無　　　　現　　　32,314
　　松原　信吉　60　無　　　　新　　　30,760
（投票率45.46%）

平成22年（2010年）12月19日実施
当③豊田　俊郎　58　無　　　　現　　　24,969
　　西田　　譲　35　無　　　　新　　　23,049
　　岩井　　覚　60　無　　　　新　　　15,214
　　松原　信吉　64　無　　　　新　　　7,113
（投票率47.91%）

平成25年（2013年）5月26日実施
当①秋葉　就一　44　無　　　　新　　　22,126
　　服部　友則　55　無　　　　新　　　20,954
　　杉山　智基　54　無　　　　新　　　18,582
（投票率41.84%）

平成29年（2017年）5月21日実施
当①服部　友則　59　無　　　　新　　　22,422
　　秋葉　就一　48　無　　　　現　　　15,483
　　谷敷　時子　55　無　　　　新　　　9,135
　　嵐　　芳隆　51　無　　　　新　　　5,489
　　大塚　裕介　32　無　　　　新　　　5,203
（投票率37.29%）

四街道市長選挙

平成4年（1992年）4月19日実施
当①小川　　進　64　無　　　　新　　　14,817
　　桜井　靖彦　64　無　　　　新　　　5,370
　　清宮　義雄　68　無　　　　新　　　4,782
　　庄田　富夫　55　無　　　　新　　　1,030
（投票率49.75%）

平成8年（1996年）4月21日実施
当②小川　　進　68　無　　　　現　　　13,860
　　高橋　　操　40　無　　　　新　　　9,140
（投票率37.90%）

平成8年（1996年）10月20日実施
当①中台　良男　53　無　　　　新　　　14,553
　　岡村　泰明　51　無　　　　新　　　14,180
　　高橋　　操　41　無　　　　新　　　10,338
（投票率63.88%）

平成12年（2000年）10月15日実施
当①高橋　　操　45　無　　　　新　　　18,688
　　中台　良男　57　無　　　　現　　　15,905
（投票率52.77%）

平成16年（2004年）10月3日実施
当②高橋　　操　49　無　　　　現　　　14,261
　　中台　良男　61　無　　　　前　　　11,452
　　国生美南子　60　無　　　　新　　　7,612
（投票率49.34%）

平成20年（2008年）10月5日実施
当①小池　正孝　74　無　　　　新　　　14,591
　　高橋　　操　53　無　　　　現　　　14,441
（投票率42.06%）

平成22年（2010年）2月28日実施
当①佐渡　　斉　56　無　　　　新　　　11,437
　　森本　次郎　45　無　　　　新　　　7,554
　　坂本　弘幸　62　無　　　　新　　　5,968
　　清宮　一義　61　無　　　　新　　　4,546
　　大島　裕人　51　無　　　　新　　　2,455
（投票率45.87%）

平成26年（2014年）2月16日実施

当②佐渡　斉 60　無　　　現　　16,271
　　坂本　弘幸 66　無　　　新　　10,684
　　　　　　　　　　　（投票率 37.44％）

平成30年（2018年）2月18日実施

当③佐渡　斉 64　無　　　現　　15,868
　　広瀬　義積 63　無　　　新　　 8,882
　　山田　耕史 30　無　　　新　　 1,150
　　　　　　　　　　　（投票率 34.63％）

関東

東 京 都

特別区数	23区（平成31年4月現在）
区　名	足立区・荒川区・板橋区・江戸川区・大田区・葛飾区・北区・江東区・品川区・渋谷区・新宿区・杉並区・墨田区・世田谷区・台東区・中央区・千代田区・豊島区・中野区・練馬区・文京区・港区・目黒区
市　数	26市（平成31年4月現在）
市　名	昭島市・あきる野市（秋川市）・稲城市・青梅市・清瀬市・国立市・小金井市・国分寺市・小平市・狛江市・立川市・多摩市・調布市・西東京市（田無市, 保谷市）・八王子市・羽村市・東久留米市・東村山市・東大和市・日野市・府中市・福生市・町田市・三鷹市・武蔵野市・武蔵村山市　※( )内は廃止された市
主な政治団体（略称）	板橋・生活者ネットワーク（板ネ）, 市民の声ねりま（ねり）, 杉並・生活者ネットワーク（杉ネ）, 東京・生活者ネットワーク（東ネ）, 都民ファーストの会（都民）, 中野・生活者ネットワーク（中ネ）, 練馬・生活者ネットワーク（練ネ）

【市に関わる合併・市制施行・名称変更】

市名	実施年月日	関係市町村名等	合併等の内容
あきる野市	平成7年（1995年）9月1日	秋川市・西多摩郡五日市町	【新設合併】
西東京市	平成13年（2001年）1月21日	田無市・保谷市	【新設合併】
羽村市	平成3年（1991年）11月1日	西多摩郡羽村町	【市制施行】

【選挙結果】

東京都知事選挙

平成3年（1991年）4月7日実施

当④	鈴木　俊一	80	無		現	2,292,846
	磯村　尚徳	61	無	自民 公明 民社	新	1,437,233
	畑田　重夫	67	無	共産	新	421,775
	大原　光憲	64	無	社会	新	290,435
	内田　裕也	51	無		新	54,654
	浜田マキ子	49	無		新	45,247
	中松　義郎	62	無		新	27,145
	岡田　三男	65	諸		新	7,374
	対馬テツ子	38	諸		新	5,691
	東郷　健	58	諸		新	2,254
	志良以　栄	54	諸		新	1,643
	南　俊夫	79	諸		新	1,245
	福田　拓泉	63	諸		新	1,190
	三井　理峯	79	無		新	829
	増田　真一	67	諸		新	740
	橘高　明	58	諸		新	451

（投票率 51.56%）

平成7年（1995年）4月9日実施

当①	青島　幸男	62	無		新	1,700,993
	石原　信雄	68	無	自民 社会 さき 自由 公明	新	1,235,498
	岩国　哲人	58	無		新	824,385
	大前　研一	52	無		新	422,609
	黒木　三郎	73	無	共産	新	284,387
	上田　哲	67	無		新	162,710
	目片　文子	49	諸		新	10,142

山口 節生 45	無		新	6,579
			(投票率 50.67%)	

平成11年（1999年）4月11日実施

当① 石原慎太郎 66	無		新	1,664,558
鳩山 邦夫 50	無	民主	新	851,130
舛添 要一 50	無		新	836,104
明石 康 68	無	自民	新	690,308
三上 満 67	無	共産	新	661,881
柿沢 弘治 65	無		新	632,054
ドクター・中松 70	無		新	100,123
宮崎 喜文 30	無		新	5,076
川上 俊夫 55	無		新	4,733
羽柴誠三秀吉 49	無		新	2,894
佐藤 文治 56	諸		新	2,357
鈴木 昭治 57	無		新	2,240
石田 和男 61	無		新	2,031
小山 信一 47	無		新	1,985
鈴木 博之 36	無		新	1,968
中川 秀樹 38	無		新	1,576
大網 義明 61	無		新	1,347
津田 宣明 52	無		新	802
立岡 正一 47	無		新	599
			(投票率 57.87%)	

平成15年（2003年）4月13日実施

当② 石原慎太郎 70	無		現	3,087,190
樋口 恵子 70	無	民主 社民 みど 東ネ 新社	新	817,146
若林 義春 52	共		新	364,007
ドクター・中松 74	無		新	109,091
池田 一朝 70	無		新	19,860
			(投票率 44.94%)	

平成19年（2007年）4月8日実施

当③ 石原慎太郎 74	無		現	2,811,486
浅野 史郎 59	無		新	1,693,323
吉田 万三 59	無	共産	新	629,549
黒川 紀章 73	諸		新	159,126
ドクター・中松 78	無		新	85,946
桜 金造 50	無		新	69,526
内川久美子 49	無		新	21,626

外山 恒一 36	無		新	15,059
高橋 満 61	無		新	5,558
雄上 統 65	無		新	4,020
山口 節生 57	諸		新	3,589
高島 龍峰 71	無		新	3,240
佐々木崇徳 64	無		新	2,845
鞠子公一郎 33	無		新	1,373
			(投票率 54.35%)	

平成23年（2011年）4月10日実施

当④ 石原慎太郎 78	無		現	2,615,120
東国原英夫 53	無		新	1,690,669
渡辺 美樹 51	無		新	1,013,132
小池 晃 50	無	共産	新	623,913
ドクター・中松 82	無		新	48,672
谷山雄二朗 38	無		新	10,300
古川 圭吾 41	無		新	6,389
杉田 健 43	諸		新	5,475
マック赤坂 62	諸		新	4,598
雄上 統 69	諸		新	3,793
姫治けんじ 59	諸		新	3,278
			(投票率 57.80%)	

平成24年（2012年）12月16日実施

当① 猪瀬 直樹 66	無	自民 公明 維会	新	4,338,936
宇都宮健児 66	無	未来 共産 社民 新社 東ネ	新	968,960
松沢 成文 54	無		新	621,278
笹川 堯 77	諸		新	179,180
中松 義郎 84	無		新	129,406
吉田 重信 76	無		新	81,885
トクマ 46	諸		新	47,829
マック赤坂 64	諸		新	38,855
五十嵐政一 81	無		新	36,114
			(投票率 72.36%)	

平成26年（2014年）2月9日実施

当① 舛添 要一 65	無		新	2,112,979
宇都宮健児 67	無	共産 社民	新	982,594
細川 護熙 76	無		新	956,063
田母神俊雄 65	無		新	610,865
家入 一真 35	無		新	88,936
ドクター・中松 85	無		新	64,774
マック赤坂 65	諸		新	15,070

東京都

鈴木 達夫	73	無		新	12,684
中川 智晴	55	無		新	4,352
五十嵐政一	82	無		新	3,911
ひめじけんじ	61	無		新	3,727
内藤 久遠	57	無		新	3,575
金子 博	84	無		新	3,398
松山 親憲	72	無		新	2,968
根上 隆	64	無		新	1,904
酒向 英一	64	無		新	1,297

（投票率46.14％）

平成28年（2016年）7月31日実施

当①小池百合子	64	無		新	2,912,628
増田 寛也	64	無	自民 公明 こ党	新	1,793,453
鳥越俊太郎	76	無	民進 共産 社民 生山 東ネ グリねり	新	1,346,103
上杉 隆	48	無		新	179,631
桜井 誠	44	無		新	114,171
マック赤坂	67	無		新	51,056
七海ひろこ	32	諸		新	28,809
立花 孝志	48	諸		新	27,241
高橋 尚吾	32	無		新	16,664
中川 暢三	60	無		新	16,584
山口 敏夫	75	諸		新	15,986
岸本 雅吉	63	無		新	8,056
後藤 輝樹	33	無		新	7,031
谷山雄二朗	43	無		新	6,759
武井 直子	51	無		新	4,605
宮崎 正弘	61	無		新	4,010
望月 義彦	51	無		新	3,332
山中 雅明	52	諸		新	3,116
今尾 貞夫	76	無		新	3,105
内藤 久遠	59	無		新	2,695
関口 安弘	64	無		新	1,326

（投票率59.73％）

足立区長選挙

平成4年（1992年）9月13日実施

当④古性 直	70	無	自民 民社 公明	現	75,829
黒田 清	64	無	社会	新	50,521
平野 一郎	65	無	共産	新	42,586

（投票率34.99％）

平成8年（1996年）9月8日実施

当①吉田 万三	48	無	共産 新社	新	70,814
佐々木一彦	61	無	新進 公明	新	63,599
黒田 清	68	無	自民 社民	新	59,807

（投票率40.15％）

平成11年（1999年）6月20日実施

| 当①鈴木 恒年 | 66 | 無 | 自民 民主 公明 自由 | 新 | 131,969 |
| 吉田 万三 | 51 | 無 | 共産 | 前 | 114,227 |

（投票率50.17％）

平成15年（2003年）5月18日実施

| 当②鈴木 恒年 | 70 | 無 | 自民 民主 公明 自由 | 現 | 146,655 |
| 吉田 万三 | 55 | 無 | 共産 | 元 | 84,304 |

（投票率47.07％）

平成19年（2007年）6月3日実施

| 当①近藤 弥生 | 48 | 無 | 自民 民主 公明 | 新 | 110,556 |
| 宮崎和加子 | 51 | 無 | | 新 | 57,651 |

（投票率33.59％）

平成23年（2011年）5月15日実施

| 当②近藤 弥生 | 52 | 無 | 自民 公明 | 現 | 191,554 |
| 吉田 万三 | 63 | 無 | 共産 | 元 | 53,731 |

（投票率47.32％）

平成27年（2015年）5月17日実施

| 当③近藤 弥生 | 56 | 無 | 自民 公明 | 現 | 188,907 |
| 斉藤真里子 | 40 | 無 | 共産 | 新 | 52,349 |

（投票率46.07％）

荒川区長選挙

平成元年（1989年）9月17日実施

当①藤枝 和博	62	無	自民 公明 民社	新	19,527
井上 啓	46	無	社会 社連	新	10,377
吹野 信行	42	無	共産	新	6,746
関 猛	58	無		新	5,642

（投票率38.52％）

板橋区長選挙

平成5年（1993年）9月12日実施

当②	藤枝　和博	66	無	自民 社会 新生 公明 民社	現	28,939
	菅谷　安男	55	無		新	13,047
	西村冨佐多	53	無	共産	新	7,052

（投票率 35.65%）

平成9年（1997年）9月7日実施

当③	藤枝　和博	70	無	自民 新進 公明	現	31,877
	大塚　朗夫	39	無	共産	新	13,710

（投票率 33.01%）

平成13年（2001年）5月27日実施

当①	藤沢　志光	56	無	自民		新	27,685
	荒井　靖夫	62	無	保守 公明		新	17,228
	春日井　明	59	無	民主 自由		新	8,317
	竹内　一浩	39	無	共産		新	7,806

（投票率 43.40%）

平成16年（2004年）11月14日実施

当①	西川太一郎	62	無		新	23,865
	北城　貞治	53	無	自民	新	17,541
	市村由喜子	53	無		新	11,219
	上野　和彦	59	無		新	7,691
	伊坂　勝泰	50	無		新	1,813
	関　　猛	74	無		新	1,350

（投票率 43.72%）

平成20年（2008年）11月9日実施

当②	西川太一郎	66	無	自民 民主 公明	現	38,253
	竹内　一浩	47	無	共産	新	7,695
	今村　真弓	54	無		新	7,173

（投票率 34.98%）

平成24年（2012年）11月11日実施

当③	西川太一郎	70	無	民主 自民 国生 公明	現	37,844
	吉田　喜一	64	無	共産	新	11,619

（投票率 31.66%）

平成28年（2016年）11月6日実施

当④	西川太一郎	74	無	自民 公明	現	37,126
	茂木　正道	62	無	共産	新	12,148

（投票率 30.44%）

板橋区長選挙

平成3年（1991年）4月21日実施

当①	石塚　輝雄	63	無	自民 公明 民社 社連	新	109,368
	佐々木順二	59	無	共産	新	62,019

（投票率 47.11%）

平成7年（1995年）4月23日実施

当②	石塚　輝雄	67	無	自民 新進 社会 さき 公明	現	120,566
	日向寺淳一	43	無	共産	新	39,777

（投票率 42.85%）

平成11年（1999年）4月25日実施

当③	石塚　輝雄	71	無	自民 民主 公明 自由 社民	現	121,462
	むた　陽子	65	無	共産	新	55,053

（投票率 45.26%）

平成15年（2003年）4月27日実施

当④	石塚　輝雄	75	無	自民 公明	現	85,493
	渋谷　　修	52	無	民主 自由	新	59,553
	山岡　冨美	71	無	共産	新	27,156

（投票率 42.63%）

平成19年（2007年）4月22日実施

当①	坂本　　健	47	無	自民 公明	新	101,032
	倉持　和朗	66	無	民主 社民 国新 板ネ 新社	新	55,454
	臼田　征雄	64	無	共産	新	21,103

（投票率 44.76%）

平成23年（2011年）4月24日実施

当②	坂本　　健	51	無	自民 公明	現	136,795
	佐々木健市	51	無	共産	新	44,781

（投票率 44.00%）

平成27年（2015年）4月26日実施

当③	坂本　　健	55	無	自民 公明	現	139,944
	佐々木健市	55	無	共産	新	44,918

（投票率 43.96%）

平成31年（2019年）4月21日実施

当④	坂本　　健	59	無	自民 国民 公明	現	134,311

松島　道昌　64　無　立憲 共産 自由　新　60,975
　　　　　　　　　　社民
　　　　　　　　　　　　　　（投票率 43.95%）

江戸川区長選挙

平成3年（1991年）4月21日実施
当⑤中里　喜一　78　無　自民 社会 公明　現　171,792
　　　　　　　　　　民社
　　藤沢久美子　43　無　共産　　　新　31,865
　　　　　　　　　　　　　　（投票率 50.07%）

平成7年（1995年）4月23日実施
当⑥中里　喜一　82　無　自民 社会 公明　現　138,395
　　斎藤　勝　61　無　共産　　　新　41,216
　　　　　　　　　　　　　　（投票率 41.57%）

平成11年（1999年）4月25日実施
当①多田　正見　63　無　自民 自由　新　107,266
　　宇田川芳雄　70　無　民主 社民　新　99,125
　　八木橋公紀　51　無　共産　　　新　20,048
　　　　　　　　　　　　　　（投票率 49.26%）

平成15年（2003年）4月27日実施
当②多田　正見　67　無　自民 公明 社民　現　171,659
　　洞井　浩　66　無　共産　　　新　31,486
　　　　　　　　　　　　　　（投票率 42.79%）

平成19年（2007年）4月22日実施
当③多田　正見　71　無　自民 公明　現　179,871
　　八木橋公紀　59　無　共産　　　新　43,125
　　　　　　　　　　　　　　（投票率 45.10%）

平成23年（2011年）4月24日実施
当④多田　正見　75　無　自民 公明　現　175,429
　　河合　恭一　58　無　共産　　　新　44,044
　　　　　　　　　　　　　　（投票率 43.50%）

平成27年（2015年）4月26日実施
当⑤多田　正見　79　無　自民 公明　現　167,248
　　沢田　俊史　64　無　共産　　　新　29,386
　　田山　雅仁　31　無　　　　　新　19,948
　　　　　　　　　　　　　　（投票率 43.10%）

平成31年（2019年）4月21日実施
当①斉藤　猛　56　無　自民 公明　新　147,993
　　沢田　俊史　68　無　共産　　　新　46,851
　　姫路けんじ　67　無　　　　　新　17,643
　　　　　　　　　　　　　　（投票率 42.37%）

大田区長選挙

平成3年（1991年）1月27日実施
当②西野　善雄　57　無　自民 社会 公明　現　102,679
　　　　　　　　　　民社 社連
　　前沢　淑子　43　無　共産　　　新　21,776
　　野呂　恵子　36　諸　　　　　新　6,508
　　　　　　　　　　　　　　（投票率 26.26%）

平成7年（1995年）1月29日実施
当③西野　善雄　61　無　自民 新進 社会　現　87,756
　　　　　　　　　　さき 公明
　　色部　祐　52　無　共産　　　新　45,245
　　　　　　　　　　　　　　（投票率 26.35%）

平成11年（1999年）3月14日実施
当④西野　善雄　66　無　自民 民主 自由　前　151,118
　　　　　　　　　　社民 公明
　　坂井　茂徳　49　無　共産　　　新　78,507
　　　　　　　　　　　　　　（投票率 45.63%）

平成15年（2003年）4月27日実施
当⑤西野　善雄　70　無　自民 公明 自由　現　107,550
　　関根　勉　38　無　　　　　新　62,195
　　山森美意子　60　無　共産　　　新　29,611
　　岩崎弥太郎　44　無　　　　　新　21,003
　　　　　　　　　　　　　　（投票率 42.85%）

平成19年（2007年）4月22日実施
当①松原　忠義　64　無　自民　　　新　85,472
　　宇佐美　登　40　無　　　　　新　76,463
　　小松　恵一　58　無　　　　　新　30,414
　　佐伯　正隆　58　無　共産　　　新　20,415
　　内田　秀子　57　無　　　　　新　19,194
　　岩崎弥太郎　48　無　　　　　新　7,462
　　　　　　　　　　　　　　（投票率 45.55%）

平成23年（2011年）4月24日実施

当②	松原 忠義	68	無 自民 公明	現	140,181
	永井 敬臣	66	無 減税	新	41,572
	湯本良太郎	34	無 みん	新	28,867
	馬場 良彰	63	無 共産	新	22,287

（投票率 43.27%）

平成27年（2015年）4月26日実施

当③	松原 忠義	72	無 自民 公明	現	171,523
	馬場 良彰	67	無 共産	新	61,403

（投票率 42.32%）

平成31年（2019年）4月21日実施

当④	松原 忠義	76	無 自民 公明	現	135,930
	岡 高志	43	無	新	56,778
	神田 順	71	無 立憲 共産 自由 社民 東ネ グリ	新	54,986

（投票率 42.73%）

葛飾区長選挙

平成2年（1990年）8月26日実施

当④	小日向毅夫	80	無 自民 税金 スポ	現	50,215
	飯山 倉男	58	無 社会	新	35,093
	俵山 静子	59	無 共産	新	10,712
	高田 亮子	34	諸	新	2,701

（投票率 30.95%）

平成4年（1992年）9月6日実施

当①	出口 晴三	43	無	新	36,552
	渡辺 春夫	60	無	新	31,395
	伊東 米三	60	無	新	25,621
	犀川 三郎	66	無 共産	新	19,003

（投票率 34.51%）

平成5年（1993年）12月19日実施

当①	青木 勇	59	無 自民 公明 社会 新生	新	40,275
	俵山 静子	62	無 共産	新	16,153
	増田 充孝	40	無	新	11,135
	松本 博信	41	無	新	2,735
	沼辺 豊弘	32	諸	新	750

（投票率 21.73%）

平成9年（1997年）11月9日実施

当②	青木 勇	62	無 自民 新進 公明	現	106,705
	後藤 迪男	60	無 共産	新	37,724
	沼辺 豊弘	36	諸	新	4,196

（投票率 46.17%）

平成13年（2001年）11月11日実施

当③	青木 勇	66	無 自民 民主 公明 自由 保守	現	102,639
	工藤喜久治	56	無	新	31,127
	後藤 迪男	64	無 共産	新	20,911

（投票率 46.82%）

平成17年（2005年）11月13日実施

当④	青木 勇	70	無 自民 公明	現	85,677
	鈴木 烈	32	無 民主	新	53,243
	吉川 方章	65	無 共産	新	20,675

（投票率 47.10%）

平成21年（2009年）11月8日実施

当①	青木 克徳	60	無 自民	新	69,701
	内田 貴之	40	無 民主 社民 国新	新	38,345
	会田 浩貞	69	無	新	20,360
	新井 杉生	50	無 共産	新	18,976
	谷野正志朗	67	無	新	10,740

（投票率 47.44%）

平成25年（2013年）11月10日実施

当②	青木 克徳	64	無 自民 民主 公明	現	108,080
	野口 弘次	66	無 共産	新	36,699

（投票率 41.66%）

平成29年（2017年）11月12日実施

当③	青木 克徳	68	無 自民 公明 民進	現	107,794
	木原 敬一	64	無 共産	新	50,126

（投票率 43.61%）

北区長選挙

平成3年（1991年）4月21日実施

当③	北本 正雄	70	無 自民 社会 公明 民社	現	110,751

東京都

　八巻　直人 44　無 共産　　　新　　38,753
　　　　　　　　　　　　　(投票率 57.27％)

平成7年(1995年)4月23日実施

当④北本　正雄 74　無 自民 新進 社会　現　101,590
　　　　　　　　　　　公明
　　中祖百合子 69　無 共産　　　新　　32,892
　　　　　　　　　　　　　(投票率 52.29％)

平成11年(1999年)4月25日実施

当⑤北本　正雄 78　無 自民 民主 公明　現　69,020
　　　　　　　　　　　社民
　　高木　信幸 64　無　　　　　新　　35,699
　　大場　俊英 56　無 共産　　　新　　34,309
　　　　　　　　　　　　　(投票率 54.07％)

平成15年(2003年)4月27日実施

当①花川与惣太 68　無 自民 民主 公明　新　71,141
　　沢田　和子 61　無　　　　　新　　28,478
　　庄司　昌郎 60　無 共産　　　新　　26,829
　　　　　　　　　　　　　(投票率 49.91％)

平成19年(2007年)4月22日実施

当②花川与惣太 72　無 自民 民主 公明　現　92,348
　　　　　　　　　　　社民
　　庄司　昌郎 64　無 共産　　　新　　40,031
　　　　　　　　　　　　　(投票率 51.29％)

平成23年(2011年)4月24日実施

当③花川与惣太 76　無 民主 自民 公明　現　92,486
　　　　　　　　　　　社民
　　乾　　招雄 47　無 共産　　　新　　36,968
　　　　　　　　　　　　　(投票率 49.75％)

平成27年(2015年)4月26日実施

当④花川与惣太 80　無　　　　　現　　84,303
　　川和田　博 64　無 共産　　　新　　32,891
　　三宅　二郎 62　無　　　　　新　　 9,540
　　　　　　　　　　　　　(投票率 48.83％)

平成31年(2019年)4月21日実施

当⑤花川与惣太 84　無　　　　　現　　65,807
　　音喜多　駿 35　諸　　　　　新　　54,072
　　川和田　博 68　無 共産　　　新　　22,213
　　　　　　　　　　　　　(投票率 51.74％)

江東区長選挙

平成3年(1991年)4月21日実施

当①室橋　　昭 61　無 自民 民社　新　68,551
　　沢田　公夫 60　無 社会　　　新　46,218
　　小原うめ子 72　共　　　　　新　22,412
　　矢野三千男 54　無　　　　　新　 4,336
　　　　　　　　　　　　　(投票率 51.22％)

平成7年(1995年)4月23日実施

当②室橋　　昭 65　無 自民 新進 社会　現　103,386
　　　　　　　　　　　さき 自由 公明
　　木村　清子 60　共　　　　　新　27,673
　　　　　　　　　　　　　(投票率 47.11％)

平成11年(1999年)4月25日実施

当③室橋　　昭 69　無 自民 民主 公明　現　110,725
　　　　　　　　　　　自由
　　中野　幸則 48　無 共産　　　新　33,417
　　　　　　　　　　　　　(投票率 50.31％)

平成15年(2003年)4月27日実施

当④室橋　　昭 73　無 自民 民主 公明　現　95,760
　　　　　　　　　　　自由
　　堀内　勝彦 48　無　　　　　新　31,882
　　中田　兼司 32　無　　　　　新　16,676
　　　　　　　　　　　　　(投票率 47.15％)

平成19年(2007年)4月22日実施

当①山崎　孝明 63　無 自民 公明　新　83,486
　　川北　直人 32　無 民主　　　新　55,437
　　中野　幸則 56　無 共産　　　新　20,991
　　　　　　　　　　　　　(投票率 47.88％)

平成23年(2011年)4月24日実施

当②山崎　孝明 67　無 自民 公明　現　111,482
　　川北　直人 36　無 民主 国新 減税　新　37,900
　　吉田　年男 63　無 共産　　　新　16,271
　　　　　　　　　　　　　(投票率 45.75％)

平成27年(2015年)4月26日実施

当③山崎　孝明 71　無 自民 公明　現　123,643
　　吉田　年男 67　無 共産　　　新　27,101

| 猪野 　　隆 50 無　　　　　　新　　22,110 |
(投票率 46.37%)

平成31年（2019年）4月21日実施

当④	山崎	孝明	75	無	自民 公明	現	130,475
	吉田	年男	71	無	共産	新	29,164
	遠藤	洋平	39	無		新	22,783

(投票率 46.72%)

品川区長選挙

平成3年（1991年）4月21日実施

当②	高橋	久二	62	無	自民 社会 公明 民社	現	83,354
	長沢	利雄	63	無	共産	新	29,686
	沢尾	正一	39	諸		新	1,514

(投票率 46.45%)

平成7年（1995年）4月23日実施

| 当③ | 高橋 | 久二 | 66 | 無 | 自民 新進 社会 さき 公明 | 現 | 77,482 |
| | 増田 | 勉 | 62 | 無 | 共産 | 新 | 28,975 |

(投票率 43.27%)

平成11年（1999年）4月25日実施

| 当④ | 高橋 | 久二 | 70 | 無 | 自民 民主 公明 自由 社民 | 現 | 79,988 |
| | 原田 | 泰雄 | 59 | 無 | 共産 | 新 | 34,812 |

(投票率 45.70%)

平成15年（2003年）4月27日実施

当⑤	高橋	久二	74	無	自民 民主 公明 自由 社民	現	48,829
	内藤	尚	56	無		新	33,927
	桜井	恵子	56	無	共産	新	19,793
	船波	恵子	37	無		新	6,648
	神野	吉弘	45	無		新	4,830

(投票率 43.16%)

平成18年（2006年）10月8日実施

当①	浜野	健	59	無	自民 民主 公明 社民	新	35,422
	内藤	尚	60	無		新	31,778
	桜井	恵子	59	無	共産 新社	新	20,088
	佐藤	完二	56	無		新	5,877

| 金尾 　　丹 60 無　　　　　　新　　1,914 |
(投票率 33.92%)

平成22年（2010年）10月3日実施

| 当② | 浜野 | 健 | 63 | 無 | 民主 自民 公明 社民 | 現 | 66,315 |
| | 沢田 | 英次 | 67 | 無 | 共産 | 新 | 25,716 |

(投票率 31.75%)

平成26年（2014年）10月5日実施

| 当③ | 浜野 | 健 | 67 | 無 | 自民 民主 公明 | 現 | 51,378 |
| | 原田 | 泰雄 | 74 | 無 | 共産 | 新 | 17,427 |

(投票率 23.22%)

平成30年（2018年）9月30日実施

当④	浜野	健	71	無	自民 公明	現	49,965
	佐藤	裕彦	60	無	立憲 共産 自由 都民	新	37,607
	西本	貴子	57	無		新	16,240

(投票率 32.71%)

渋谷区長選挙

平成3年（1991年）4月21日実施

| 当⑤ | 天野 | 房三 | 71 | 無 | 自民 社会 公明 民社 | 現 | 51,024 |
| | 大野 | 静子 | 60 | 無 | 共産 | 新 | 15,553 |

(投票率 43.40%)

平成7年（1995年）4月23日実施

当①	小倉	基	63	無	自民 自由 公明	新	31,352
	杉浦	守	59	無	新進 さき	新	11,858
	染谷	賢治	60	無		新	8,389
	石川	清	67	無	共産	新	7,601

(投票率 41.43%)

平成11年（1999年）4月25日実施

当②	小倉	基	67	無	自民 民主 公明 自由	現	40,699
	大島	肇	53	無	共産	新	13,720
	上野	幸秀	47	無		新	9,106

(投票率 43.33%)

平成15年（2003年）4月27日実施

当①	桑原 敏武	67	無	自民 公明 社民 保新	新	25,703
	平田 昭広	55	無	みど	新	18,167
	大角 隆子	60	無		新	17,277

(投票率 39.31%)

平成19年（2007年）4月22日実施

当②	桑原 敏武	71	無	自民 公明	現	27,044
	矢部 一	56	無		新	20,729
	坂井 正市	59	無		新	12,424
	宅 八郎	44	諸		新	5,605

(投票率 40.60%)

平成23年（2011年）4月24日実施

当③	桑原 敏武	75	無	自民 公明	現	27,530
	矢部 一	60	無		新	20,217
	樽井 良和	43	無	民主 減税	新	10,919
	大井 一雄	57	無	共産	新	6,120

(投票率 40.22%)

平成27年（2015年）4月26日実施

当①	長谷部 健	43	無		新	25,326
	矢部 一	64	無	民主 維党 社民 生山	新	22,812
	村上 英子	59	無	自民 公明	新	21,267
	今城 陸人	67	無		新	728

(投票率 41.37%)

平成31年（2019年）4月21日実施

当②	長谷部 健	47	無	公明	現	55,601
	大井 一雄	65	無	共産 自由	新	15,067

(投票率 39.95%)

新宿区長選挙

平成3年（1991年）4月21日実施

当①	小野田 隆	67	無	自民 公明 民社	新	38,524
	山本 克忠	84	無		現	35,054
	福島 トシ子	58	無	社会 社連	新	13,817
	永盛 敦郎	46	無	共産	新	10,806
	高田 がん	60	無		新	1,504

(投票率 46.51%)

平成7年（1995年）4月23日実施

当②	小野田 隆	71	無	自民 公明	現	65,529
	瀬野 俊之	36	無	共産	新	20,689

(投票率 42.37%)

平成11年（1999年）4月25日実施

当③	小野田 隆	75	無	自民 公明	現	54,963
	漆原 順一	60	無	民主	新	24,897
	若月 幸夫	52	無	共産	新	17,684

(投票率 46.36%)

平成14年（2002年）11月24日実施

当①	中山 弘子	57	無	自民 民主 公明	新	25,847
	本葉 カツ子	60	無	共産	新	15,558
	漆原 順一	64	無		新	14,430

(投票率 25.15%)

平成18年（2006年）11月12日実施

当②	中山 弘子	61	無	自民 公明	現	44,472
	末吉 和	60	無	共産	新	12,372
	石岡 春二	48	無		新	5,168

(投票率 26.58%)

平成22年（2010年）11月14日実施

当③	中山 弘子	65	無	自民 公明 た日	現	51,384
	松ヶ谷匡男	72	無	共産	新	10,813
	山下 万葉	30	無		新	953

(投票率 26.33%)

平成26年（2014年）11月9日実施

当①	吉住 健一	42	無	自民 公明	新	39,127
	岸 松江	52	無	共産	新	24,262

(投票率 25.80%)

平成30年（2018年）11月11日実施

当②	吉住 健一	46	無	自民 公明	現	49,353
	野沢 哲夫	52	無	立憲 共産 自由 社民 グリ	新	23,973

(投票率 28.24%)

杉並区長選挙

平成3年（1991年）4月21日実施

当③	松田 良吉	77	無	自民 公明 民社	現	102,228
	和田 功	56	無	社会 社連	新	46,132
	伊藤 吉紀	73	無	共産	新	16,301

（投票率43.14%）

平成7年（1995年）4月23日実施

当①	本橋 保正	74	無	自民 社会 公明	新	61,184
	阿部 昭作	67	無	共産	新	27,667
	増田 卓二	57	無		新	27,310
	千葉 昇	52	無		新	23,865

（投票率37.79%）

平成11年（1999年）4月25日実施

当①	山田 宏	41	無	民主	新	83,653
	本橋 保正	78	無	自民	現	64,365
	梶原 志計雄	71	無	共産	新	21,875

（投票率42.85%）

平成15年（2003年）4月27日実施

当②	山田 宏	45	無		現	133,243
	小関 啓子	63	無		新	32,263

（投票率39.81%）

平成19年（2007年）4月22日実施

当③	山田 宏	49	無		現	132,952
	鳥生 千恵	53	無	共産 社民 新社	新	46,275

（投票率42.10%）

平成22年（2010年）7月11日実施

当①	田中 良	49	無	民主 社民 杉ネ	新	102,990
	千葉奈緒子	49	無		新	84,498
	沢田 俊史	59	共		新	22,289
	藤岡 隆雄	33	無	みん	新	19,306
	土田 三盛	60	無		新	4,450

（投票率57.63%）

平成26年（2014年）6月29日実施

当②	田中 良	53	無		現	56,342
	佐々木 浩	49	無		新	33,064
	堀部 康	44	無		新	19,775

	山崎 一彦	70	無	共産	新	14,961
	根上 隆	64	無		新	989

（投票率28.79%）

平成30年（2018年）6月24日実施

当③	田中 良	57	無		現	73,233
	三浦 佑哉	34	無	グリ 共産	新	37,067
	木梨 盛祥	68	無		新	29,806
	南 俊輔	33	無		新	5,467

（投票率32.02%）

墨田区長選挙

平成3年（1991年）4月21日実施

当②	奥山 澄雄	62	無	自民 社会 公明 民社	現	77,643
	南 よね	61	無	共産	新	21,256

（投票率59.90%）

平成7年（1995年）4月23日実施

当③	奥山 澄雄	66	無	自民 新進 社会 自由 公明	現	48,858
	伊藤 昌弘	67	無		新	33,132
	南 よね	65	無	共産	新	11,795

（投票率55.30%）

平成11年（1999年）4月25日実施

当①	山崎 昇	53	無	自民 民主 公明 自由 社民	新	39,432
	伊藤 昌弘	71	無		新	36,357
	石橋 正夫	66	無	共産	新	17,814

（投票率55.10%）

平成15年（2003年）4月27日実施

当②	山崎 昇	57	無	自民 民主 公明 社民 保守	現	52,750
	田部井稔夫	66	無	みど	新	19,039
	牛山 鈴子	60	共		新	16,334

（投票率50.07%）

平成19年（2007年）4月22日実施

当③	山崎 昇	61	無	自民 民主 公明	現	65,167
	牛山 鈴子	64	無	共産	新	26,146

（投票率48.91%）

平成23年（2011年）4月24日実施

当④	山崎　昇	65	無 民主 公明	現	40,311
	川松真一朗	30	無	新	20,551
	桜井　武	76	無	新	12,193
	木内　清	56	無	新	10,115
	牛山　鈴子	68	無 共産	新	9,632

（投票率 47.19%）

平成27年（2015年）4月26日実施

当①	山本　亨	53	無 自民 公明	新	61,296
	西　恭三郎	76	無 共産	新	18,967
	染谷　武男	78	諸	新	7,299

（投票率 44.77%）

平成31年（2019年）4月21日実施

当②	山本　亨	57	無 自民 公明	現	66,755
	鈴木　順子	71	無 共産	新	27,025

（投票率 43.76%）

世田谷区長選挙

平成3年（1991年）4月21日実施

当⑤	大場　啓二	68	無 自民 社会 公明 共産 民社	現	192,442
	後藤　雄一	41	諸	新	51,896

（投票率 43.60%）

平成7年（1995年）4月23日実施

当⑥	大場　啓二	72	無 自民 新進 社会 共産 公明	現	150,531
	後藤　雄一	45	諸	新	42,775
	下元　孝子	41	無	新	29,490

（投票率 39.00%）

平成11年（1999年）4月25日実施

当⑦	大場　啓二	76	無	現	90,487
	熊本　哲之	67	無 自民 自由	新	62,058
	清水　潤三	66	無	新	49,113
	鈴木　義浩	38	無	新	27,085
	宇藤　義隆	62	無 共産	新	21,677

（投票率 41.58%）

平成15年（2003年）4月27日実施

当①	熊本　哲之	71	無 自民 保新	新	69,926
	水間　賢一	62	無	新	68,753
	鈴木　義浩	42	無	新	45,463
	杉村　佳信	31	無	新	28,790
	笹尾　淑	69	無 共産	新	28,729

（投票率 40.62%）

平成19年（2007年）4月22日実施

当②	熊本　哲之	75	無 自民 公明	現	115,770
	水間　賢一	66	無 民主	新	77,962
	鈴木　義浩	46	無	新	74,325

（投票率 41.28%）

平成23年（2011年）4月24日実施

当①	保坂　展人	55	無 社民 国新 日本 東ネ	新	83,983
	花輪　智史	44	無 自民	新	78,444
	川上　和彦	52	無	新	60,340
	菅谷　康子	36	無 民主 減税	新	40,831
	慶野　靖幸	59	無 共産	新	9,963

（投票率 41.76%）

平成27年（2015年）4月26日実施

当②	保坂　展人	59	無	現	196,068
	久保田英文	55	無 自民 公明 次世	新	96,416

（投票率 42.83%）

平成31年（2019年）4月21日実施

当③	保坂　展人	63	無	現	189,640
	三井美穂子	56	無 自民	新	120,898

（投票率 43.02%）

台東区長選挙

平成3年（1991年）4月21日実施

当①	飯村　恵一	61	無 自民	新	38,629
	中山　義活	46	無 自民	新	28,460
	藤原　進	53	無 共産	新	6,251
	松本　守立	54	無	新	3,979

（投票率 62.00%）

平成7年（1995年）4月23日実施

当②	飯村	恵一	65	無 自民 新進 公明	現	57,281
	秋葉	千秋	49	共	新	11,620

（投票率 55.89%）

平成11年（1999年）4月25日実施

当③	飯村	恵一	69	無 自民 民主 公明	現	51,556
	田中	政明	72	無 共産	新	16,318

（投票率 55.92%）

平成15年（2003年）2月9日実施

当①	吉住	弘	61	自 公明 保新	新	15,158
	岩丸	昌司	62	無	新	13,296
	関根	博之	56	無	新	10,504
	堀越	秀生	37	無	新	7,142
	秋間	洋	44	無 共産	新	6,845

（投票率 40.62%）

平成19年（2007年）3月18日実施

当②	吉住	弘	65	無 自民 公明	前	29,883
	中山	寛進	34	無 民主	新	22,633
	関根	博之	60	無	新	14,828

（投票率 50.41%）

平成23年（2011年）4月24日実施

当③	吉住	弘	69	無	現	25,260
	保坂	三蔵	71	無 自民	新	18,706
	中山	寛進	38	無 民主 国新	新	14,718
	関根	博之	64	無	新	5,921
	杉山	光男	70	無 共産	新	4,862

（投票率 49.56%）

平成27年（2015年）3月1日実施

当①	服部	征夫	72	無 自民 公明	新	25,559
	中山	義活	70	無 民主 維党	新	19,876
	小柳	茂	42	無 共産	新	4,482
	鈴木	一郎	61	無 次世 元気	新	1,781
	垣内	常子	57	無	新	1,339
	武田	完兵	66	無	新	345

（投票率 35.73%）

平成31年（2019年）3月17日実施

当②	服部	征夫	76	無 自民 公明	前	47,332
	小高	明	70	無 共産	新	14,783
	武田	完兵	70	無	新	2,666

（投票率 42.56%）

中央区長選挙

平成3年（1991年）4月21日実施

当②	矢田	美英	50	無 自民 社会 公明 民社 社連	現	28,481
	井手口	史朗	62	無 共産	新	5,912

（投票率 61.85%）

平成7年（1995年）4月23日実施

当③	矢田	美英	54	無 自民 新進 社会 公明	現	25,955
	井手口	史朗	66	無 共産	新	5,536

（投票率 57.16%）

平成11年（1999年）4月25日実施

当④	矢田	美英	58	無 自民 民主 公明	現	27,077
	佐々木	浩	58	無 共産	新	6,068

（投票率 58.06%）

平成15年（2003年）4月27日実施

当⑤	矢田	美英	62	無 自民 民主 公明	現	27,992
	玉川	寛治	69	無 共産	新	5,773

（投票率 49.83%）

平成19年（2007年）4月22日実施

当⑥	矢田	美英	66	無 自民 公明	現	28,458
	佐藤	龍雄	69	無 共産	新	9,990

（投票率 46.70%）

平成23年（2011年）4月24日実施

当⑦	矢田	美英	70	無 自民 公明	現	24,056
	小坂	和輝	44	無	新	5,893
	二瓶	文隆	51	諸 創新	新	5,608
	高橋	義明	58	無	新	3,840
	田辺	七郎	69	無 共産	新	3,510

（投票率 45.59%）

平成27年（2015年）4月26日実施

当⑧	矢田	美英	74	無	現	22,376
	今野	弘美	55	無 自民	新	13,016
	高橋	伸治	61	無	新	6,850

田辺	七郎	73	無 共産	新	4,806	
梅原	義彦	63	無	新	1,220	

（投票率45.64％）

平成31年（2019年）4月21日実施

当①山本	泰人	70	無 自民 公明	新	25,278	
上杉	隆	50	無	新	12,289	
西田	主税	56	無 立憲 共産 自由 社民	新	9,126	
熊倉	哲也	55	無	新	3,282	
梅原	義彦	67	無	新	2,266	

（投票率44.04％）

千代田区長選挙

平成元年（1989年）2月5日実施

当①木村	茂	63	無 自民 公明 民社 進歩	新	11,161	
白石舜市郎		61	無 共産	新	2,220	
福田	撫子	45	諸	新	459	
南	俊夫	77	諸	新	169	
及川美千子		52	諸	新	159	

（投票率39.63％）

平成5年（1993年）1月31日実施

当②木村	茂	67	無 自民 民社	現	8,179	
小山隆太郎		55	無	新	7,721	
森	幹雄	45	無	新	127	

（投票率48.15％）

平成9年（1997年）2月2日実施

当③木村	茂	71	無 自民 太陽	現	7,927	
小山隆太郎		59	無 民主 共産	新	5,922	
小山	信一	45	無	新	360	

（投票率45.16％）

平成13年（2001年）2月4日実施

当①石川	雅己	59	無 自民	新	4,903	
坂本	起一	63	無	新	4,109	
小林	孝也	45	無	新	4,029	
仲築間卓蔵		69	無 共産	新	974	
中島	寿一	55	無	新	694	
小山	信一	49	無	新	188	

（投票率47.43％）

平成17年（2005年）2月6日実施

当②石川	雅己	63	無 自民 公明	現	8,901	
下田	武夫	67	無 民主	新	6,071	

（投票率43.15％）

平成21年（2009年）2月1日実施

当③石川	雅己	67	無 自民 公明	現	9,254	
下田	武夫	71	無 民主	新	7,251	

（投票率43.66％）

平成25年（2013年）2月3日実施

当④石川	雅己	71	無	現	8,287	
大山	恭司	71	無 自民 公明	新	7,023	
冨田	直樹	37	無 共産	新	1,433	
後藤	輝樹	30	無	新	202	
坂上	輝也	59	無	新	120	

（投票率42.27％）

平成29年（2017年）2月5日実施

当⑤石川	雅己	75	無	現	16,371	
与謝野	信	41	無 自民	新	4,758	
五十嵐朝青		41	無	新	3,976	

（投票率53.67％）

豊島区長選挙

平成3年（1991年）4月21日実施

当②加藤	一敏	65	無 自民 社会 公明 民社 社連	現	64,868	
橋本	克己	56	無 共産	新	25,048	

（投票率48.35％）

平成7年（1995年）4月23日実施

当③加藤	一敏	69	無 自民 新進 社会 公明	現	61,913	
榊原	貞良	69	無 共産	新	19,084	

（投票率44.28％）

平成11年（1999年）4月25日実施

当①高野	之夫	61	無 自民 民主 公明 自由 社民	新	57,554	
佐藤富美男		52	無 共産	新	14,659	
小林	裕	52	無	新	10,716	

	田村	忠	70	無	新	2,942

(投票率 46.87%)

平成15年（2003年）4月27日実施

当②	高野	之夫	65	無 自民 民主 公明 自由 社民 保新	現	62,142
	山本	敏江	54	共	新	16,032
	柿沼	久雄	65	無	新	6,294

(投票率 43.61%)

平成19年（2007年）4月22日実施

当③	高野	之夫	69	無 自民 民主 公明 社民	現	60,925
	山本	敏江	58	無 共産	新	28,116

(投票率 44.82%)

平成23年（2011年）4月24日実施

当④	高野	之夫	73	無 民主 自民 公明 社民	現	52,469
	日野	克彰	49	無 みん	新	20,365
	嶋田	紀子	69	無 共産	新	15,082

(投票率 43.07%)

平成27年（2015年）4月26日実施

当⑤	高野	之夫	77	無 自民 民主 公明 社民	現	57,309
	嶋田	紀子	73	無 共産	新	19,986
	湯浅	茂晴	52	無	新	10,868

(投票率 42.27%)

平成31年（2019年）4月21日実施

当⑥	高野	之夫	81	無	現	62,018
	山口	実	70	無 共産 自由	新	15,581
	鈴木	和夫	67	無	新	6,601
	湯浅	茂晴	56	無	新	5,149

(投票率 42.17%)

中野区長選挙

平成2年（1990年）6月3日実施

当②	神山	好市	61	無 社会 共産 社連	現	58,557
	宮川	知雄	60	無 自民 民社 進歩 税金 スポ	新	41,104

(投票率 41.56%)

平成6年（1994年）5月29日実施

当③	神山	好市	65	無 自民 社会 新生 公明 日新 共産	現	無投票

平成10年（1998年）5月24日実施

当④	神山	好市	69	無 自民 民主 公明	現	36,466
	安藤	通久	63	無	新	16,081
	悉知	藤也	40	無	新	4,349

(投票率 25.21%)

平成14年（2002年）6月9日実施

当①	田中	大輔	50	無 民主 自由 みど 中ネ	新	21,986
	高山	真三	65	無 共産 社民 新社	新	21,457
	篠	国昭	61	無 自民	新	20,515
	池田	学	61	無	新	14,783
	高橋	宏	25	無	新	2,782

(投票率 33.42%)

平成18年（2006年）6月11日実施

当②	田中	大輔	54	無 自民 民主 公明	現	36,554
	貞弘	優子	50	無 共産 社民 中ネ 新社	新	24,439
	内野大三郎		35	無	新	4,816
	小針	正江	61	無	新	1,605
	大沢	清高	72	無	新	1,442

(投票率 27.73%)

平成22年（2010年）5月23日実施

当③	田中	大輔	58	無	現	35,309
	喜治	賢次	49	無 みん	新	14,354
	大畑きぬ代		60	無 共産 新社	新	12,220
	奥田	憲二	35	無	新	10,675
	三好亜矢子		53	無	新	3,109

(投票率 30.28%)

平成26年（2014年）6月8日実施

当④	田中	大輔	62	無 自民 維会 公明	現	30,751
	喜治	賢次	53	無 民主 結い 中ネ	新	24,189
	宮本	智	66	無 共産	新	19,944

(投票率 29.49%)

平成30年（2018年）6月10日実施

当①	酒井	直人	46	無 立憲 国民 自由 社民	新	36,758

田中	大輔	66	無 維会	現	27,801	
吉田康一郎		51	無	新	14,534	
市川	稔	63	無	新	12,064	

(投票率 34.45%)

練馬区長選挙

平成3年（1991年）4月21日実施

当②	岩波 三郎	69	無 自民 公明 民社	現	116,528
	本尾 良	60	無 社会 共産	新	68,290
	島津 真尚	32	無 自民	新	48,396

(投票率 51.35%)

平成7年（1995年）4月23日実施

当③	岩波 三郎	73	無 新進 公明	現	97,143
	高沢 寅男	68	無 社会 さき	新	67,734
	島津 真尚	36	無	新	25,431
	菊池 紘	52	無 共産	新	25,246

(投票率 45.61%)

平成11年（1999年）4月25日実施

当④	岩波 三郎	77	無 自民	現	71,133
	中山 幹雄	59	無	新	58,480
	奥 典之	60	無 民主 自由 社民	新	57,739
	小番 劼	63	無 共産	新	25,062
	渕上 貫之	67	無	新	24,243
	高橋 徹	43	無	新	6,812

(投票率 49.55%)

平成15年（2003年）4月27日実施

当①	志村豊志郎	70	無 自民 公明	新	60,058
	中山 幹雄	63	無	新	51,725
	土屋 俊測	64	諸 みど	新	44,123
	高田千枝子	56	無	新	36,209
	沖山 一雄	52	無 民主	新	34,071

(投票率 44.30%)

平成19年（2007年）4月22日実施

当②	志村豊志郎	74	無 自民 公明	現	123,096
	鮫島 宗明	63	無 民主 社民 練ネ	新	75,510
	望月 康子	50	無 共産	新	53,164

(投票率 47.21%)

平成23年（2011年）4月24日実施

当③	志村豊志郎	78	無 自民 公明	現	131,048
	菅田 誠	42	無	新	56,756
	古賀 義弘	68	無 共産 新社	新	55,905

(投票率 45.33%)

平成26年（2014年）4月20日実施

当①	前川 燿男	68	無 自民 公明	新	77,651
	白石 恵子	59	無 民主 維会 生活	新	41,047
	池尻 成二	58	無	新	28,372
	菊池 紘	71	無 共産 新社	新	27,452

(投票率 31.68%)

平成30年（2018年）4月15日実施

当②	前川 燿男	72	無 自民 公明 民進	現	101,887
	松村 友昭	73	無 共産 ねり	新	46,514
	田中 将介	25	無	新	19,782
	大木 武夫	66	無	新	9,578

(投票率 31.38%)

文京区長選挙

平成3年（1991年）4月21日実施

当⑤	遠藤 正則	76	無 自民 公明 民社 社連	現	47,460
	酒井 良	62	無 社会	新	13,633
	鈴木 博行	65	無 共産	新	9,485

(投票率 53.29%)

平成7年（1995年）4月23日実施

当⑥	遠藤 正則	80	無 自民 新進 公明	現	20,281
	赤沢 潔	69	無 共産	新	16,746
	加藤 隆一	53	無	新	16,448
	高松 秀幸	65	無	新	13,039

(投票率 50.82%)

平成11年（1999年）4月25日実施

当①	煙山 力	60	無 民主 公明 改ク	新	24,165
	加藤 隆一	57	無 自民 自由	新	17,347
	永井 喜子	63	無	新	14,414
	赤沢 潔	73	無 共産	新	13,043

(投票率 52.43%)

平成15年（2003年）4月27日実施

当②	煙山	力	64	無 自民 民主 公明	現	48,589
	室	喜代一	47	共	新	18,364

（投票率 47.56%）

平成19年（2007年）4月22日実施

当①	成沢	広修	41	無 自民 民主 公明	新	27,763
	鹿倉	泰祐	49	無	新	20,056
	鳩山	太郎	32	無	新	17,402
	中川	さやか	44	無	新	10,031

（投票率 51.03%）

平成23年（2011年）4月24日実施

当②	成沢	広修	45	無 民主 自民 公明	現	47,383
	小竹	紘子	69	無 共産	新	23,424
	白砂	巌	63	無	新	3,110

（投票率 48.52%）

平成27年（2015年）4月26日実施

当③	成沢	広修	49	無 自民 民主 公明	現	56,258
	中島	東	71	無 共産	新	21,404

（投票率 49.92%）

平成31年（2019年）4月21日実施

当④	成沢	広修	53	無	現	56,890
	小竹	紘子	77	無 共産	新	29,112

（投票率 50.58%）

港区長選挙

平成元年（1989年）10月29日実施

当②	山田	敬治	65	無 自民 民社	現	23,735
	上田	惪淑	50	無 社会 社連	新	9,211
	多田	悟	56	無 共産	新	3,921

（投票率 28.47%）

平成4年（1992年）6月28日実施

当①	菅谷	真一	55	無 自民 公明 民社 社会	新	18,754
	伊藤	英司	59	無	新	15,953
	窪田	光	33	共	新	6,020

（投票率 33.67%）

平成8年（1996年）6月2日実施

当②	菅谷	真一	59	無 自民 新進 社民 公明	現	23,346
	清水	与四郎	65	無 共産	新	9,775

（投票率 27.69%）

平成12年（2000年）6月11日実施

当①	原田	敬美	51	無 自民 公明 民主 社民	新	15,803
	小林	洋子	57	無	新	8,905
	多田	悟	67	無 共産	新	6,779
	菊地	正彦	47	無	新	6,239

（投票率 29.98%）

平成16年（2004年）6月6日実施

当①	武井	雅昭	51	無 自民 民主 公明 社民	新	14,677
	小斉	太郎	34	無	新	9,535
	池田	一利	61	無 共産	新	5,821
	菊地	正彦	51	無	新	5,066

（投票率 25.81%）

平成20年（2008年）6月15日実施

当②	武井	雅昭	55	無 自民 民主 公明 社民	現	29,334
	金子	孝重	59	無 共産	新	11,803

（投票率 25.75%）

平成24年（2012年）6月10日実施

当③	武井	雅昭	59	無 民主 自民 公明 社民	現	29,250
	根本	正史	38	無 共産	新	5,955
	後藤	輝樹	29	無	新	2,420

（投票率 22.13%）

平成28年（2016年）6月12日実施

当④	武井	雅昭	63	無 自民 民進 公明 社民	現	33,803
	千葉	一成	62	無 共産	新	7,406
	梅原	義彦	64	無	新	2,785

（投票率 24.25%）

目黒区長選挙

平成2年（1990年）10月21日実施

当①	河原	勇	64	無 自民 社会 公明 民社 社連 進歩 スポ	新	40,105
	三浦	岩男	41	無 共産	新	11,592
	渡辺	千鶴	32	諸	新	3,324

（投票率 28.75%）

平成6年（1994年）10月16日実施

当②	河原	勇	68	無 自民 社会 新生 公明 日新 さき 民社	現	31,739
	三浦	岩男	45	無 共産	新	8,070
	宮本	尚美	58	無 護リ	新	7,328

（投票率 25.02%）

平成10年（1998年）10月18日実施

当①	薬師寺克一		65	無 自民 民主 自由 社民 公明 自由	新	29,482
	片岡	敏康	46	無 共産	新	20,962

（投票率 25.93%）

平成14年（2002年）10月6日実施

当②	薬師寺克一		69	無 自民 民主 公明 自由 社民	現	30,512
	堀田	武士	55	無 共産	新	16,928
	安久美与子		67	諸	新	6,966

（投票率 26.99%）

平成16年（2004年）4月25日実施

当①	青木	英二	49	無 民主	新	27,114
	桜井	雅彦	45	無 自民 公明	新	23,217
	中村	正子	60	無 共産	新	13,826

（投票率 31.75%）

平成20年（2008年）4月20日実施

当②	青木	英二	53	無 自民 民主 公明 社民	現	35,515
	野沢満理子		61	無 共産	新	13,042
	安久美与子		73	無	新	8,124

（投票率 27.27%）

平成24年（2012年）4月22日実施

当③	青木	英二	57	無 民主 公明 社民	現	29,203
	土屋	克彦	42	無	新	14,743
	松尾	信彦	66	無 共産	新	10,127
	後藤	輝樹	29	無	新	2,051

（投票率 26.94%）

平成28年（2016年）4月17日実施

当④	青木	英二	61	無 自民 民進 公明 社民	現	33,190
	小泉	一	65	無 共産	新	22,814

（投票率 26.02%）

昭島市長選挙

平成4年（1992年）10月18日実施

当③	伊藤	儻彦	64	無	現	23,853
	上原	久江	58	無	新	7,933

（投票率 41.08%）

平成8年（1996年）10月13日実施

当①	北川	穣一	53	無	新	24,746
	永川	勝則	54	無	新	10,131
	大山	慎吾	37	無	新	2,060

（投票率 46.60%）

平成12年（2000年）10月15日実施

当②	北川	穣一	57	無	現	22,501
	鈴木	和枝	46	無	新	10,546

（投票率 40.29%）

平成16年（2004年）10月17日実施

当③	北川	穣一	61	無	現	21,271
	鈴木	和枝	50	無	新	8,788

（投票率 35.07%）

平成20年（2008年）10月5日実施

当④	北川	穣一	65	無	現	19,321
	鈴木	和枝	54	無	新	8,456
	南雲	栄一	75	無	新	7,237

（投票率 39.67%）

平成24年（2012年）10月14日実施

当⑤	北川	穣一	69	無	現	21,556
	永川	勝則	70	無	新	7,411

（投票率 32.76%）

平成28年（2016年）10月16日実施

当①	臼井　伸介	61	無	新	20,271
	小玉　博美	52	無	新	8,648

（投票率 32.14%）

あきる野市長選挙

平成7年（1995年）9月1日秋川市・西多摩郡五日市町が新設合併してあきる野市となる

平成7年（1995年）10月15日実施

当①	田中　雅夫	63	無	新	20,525
	大和田一紘	52	無	新	7,198

（投票率 49.01%）

平成11年（1999年）10月10日実施

当②	田中　雅夫	67	無	現	20,762
	森田　勝彦	55	無	新	13,482

（投票率 57.77%）

平成15年（2003年）10月12日実施

当③	田中　雅夫	71	無	現	18,230
	野村　正夫	62	無	新	14,502

（投票率 53.54%）

平成19年（2007年）10月7日実施

当①	臼井　孝	66	無	新	15,070
	野村　正夫	66	無	新	13,173
	水谷　正紀	42	無	新	4,140
	並木　新平	75	無	新	608

（投票率 52.39%）

平成23年（2011年）10月2日実施

当②	臼井　孝	70	無	現	15,738
	影山　保	72	無	新	9,878

（投票率 40.35%）

平成27年（2015年）10月4日実施

当①	沢井　敏和	66	無	新	12,169
	村木　英幸	58	無	新	11,955
	松本由紀子	64	無	新	3,829
	立沢　晴美	47	無	新	393

（投票率 44.42%）

（秋川市長選挙）

平成元年（1989年）1月29日実施

当④	臼井　孝	48	無	現	12,601
	鈴木　進	49	無	新	5,709

（投票率 56.02%）

平成5年（1993年）1月31日実施

当⑤	臼井　孝	52	無	現	13,546
	秋野　英俊	31	無	新	3,352

（投票率 44.99%）

※平成7年（1995年）9月1日秋川市は西多摩郡五日市町と新設合併してあきる野市となる

稲城市長選挙

平成3年（1991年）4月21日実施

当①	石川　良一	38	無	新	13,193
	山田　元	62	無	現	12,080
	西脇甚右エ門	62	無	新	1,631

（投票率 66.43%）

平成7年（1995年）4月23日実施

当②	石川　良一	42	無	現	20,777
	新岡　豊子	62	無	新	3,076
	酒井　松美	54	無	新	1,261

（投票率 57.32%）

平成11年（1999年）4月25日実施

当③	石川　良一	46	無	現	21,336
	岡田　隆郎	60	無	新	6,991

（投票率 58.12%）

平成15年（2003年）4月27日実施

当④	石川　良一	50	無	現	21,770
	岡田　隆郎	64	無	新	7,116

（投票率 53.97%）

平成19年（2007年）4月22日実施

当⑤	石川　良一	54	無	現	22,035

岡田　隆郎　68　無　　　　　新　　　9,687
（投票率 53.43%）

平成23年（2011年）4月24日実施

当①高橋　勝浩　48　無　　　　　新　　　15,462
　　藤原　愛子　59　無　　　　　新　　　10,217
　　伊藤　正実　43　諸　　　　　新　　　 8,358
（投票率 53.48%）

平成27年（2015年）4月26日実施

当②高橋　勝浩　52　無　　　　　現　　　21,806
　　田島　菊子　60　無　　　　　新　　　11,549
（投票率 51.32%）

平成31年（2019年）4月21日実施

当③高橋　勝浩　56　無　　　　　現　　　25,836
　　早川　　寛　39　無　　　　　新　　　 9,707
（投票率 50.90%）

青梅市長選挙

平成3年（1991年）11月17日実施

当②田辺　栄吉　67　無　　　　　現　　　33,014
　　近藤　瑞枝　63　無　　　　　新　　　 7,860
（投票率 45.51%）

平成7年（1995年）11月19日実施

当③田辺　栄吉　71　無　　　　　現　　　30,250
　　中村　泰三　66　無　　　　　新　　　 8,351
　　柳沼　信幸　47　無　　　　　新　　　 2,421
（投票率 40.97%）

平成11年（1999年）11月14日実施

当①竹内　俊夫　55　無　　　　　新　　　23,723
　　川杉清太郎　54　無　　　　　新　　　20,974
　　吉永　洋司　73　無　　　　　新　　　 9,340
（投票率 51.15%）

平成15年（2003年）11月16日実施

当②竹内　俊夫　59　無　　　　　現　　　29,027
　　舩橋　伸介　31　無　　　　　新　　　13,664
（投票率 39.69%）

平成19年（2007年）11月18日実施

当③竹内　俊夫　63　無　　　　　現　　　23,574
　　舩橋　伸介　35　無　　　　　新　　　23,217
（投票率 42.62%）

平成23年（2011年）11月20日実施

当④竹内　俊夫　67　無　　　　　現　　　27,300
　　斉藤　光次　68　無　　　　　新　　　 8,802
　　溝江　言彦　53　無　　　　　新　　　 5,189
（投票率 37.67%）

平成27年（2015年）11月15日実施

当①浜中　啓一　63　無　　　　　新　　　22,760
　　宮崎　太朗　35　無　　　　　新　　　14,917
　　斉藤　光次　72　無　　　　　新　　　 7,436
（投票率 41.31%）

清瀬市長選挙

平成3年（1991年）4月21日実施

当⑥渋谷　邦蔵　78　無　　　　　現　　　19,693
　　福原　　哲　62　無　　　　　新　　　 9,426
（投票率 61.20%）

平成7年（1995年）4月23日実施

当①星野　　繁　60　無　　　　　新　　　12,331
　　川村　　幹　33　無　　　　　新　　　 7,371
　　松村　重雄　58　無　　　　　新　　　 4,796
　　前沢　延浩　61　共　　　　　新　　　 3,812
　　林　　　孝　58　無　　　　　新　　　 2,388
（投票率 60.63%）

平成11年（1999年）4月25日実施

当②星野　　繁　64　無　　　　　現　　　21,258
　　城田　尚彦　64　無　　　　　新　　　 9,519
（投票率 60.27%）

平成15年（2003年）4月27日実施

当③星野　　繁　68　無　　　　　現　　　18,030
　　布施　哲也　53　無　　　　　新　　　 6,850
　　中神　鎰夫　73　無　　　　　新　　　 4,324
（投票率 55.37%）

平成19年（2007年）4月22日実施

当④	星野　繁	72	無	現	19,401
	金丸　一孝	57	無	新	11,168

(投票率53.97%)

平成23年（2011年）4月24日実施

当①	渋谷金太郎	59	無	新	20,551
	金丸　一孝	61	無	新	10,458

(投票率54.35%)

平成27年（2015年）4月26日実施

当②	渋谷金太郎	63	無	現	20,722
	高田　豊	72	無	新	8,930

(投票率51.40%)

平成31年（2019年）4月21日実施

当③	渋谷金太郎	67	無	現	13,014
	池田いづみ	71	無	新	9,439
	中村　清治	69	無	新	9,105

(投票率52.48%)

国立市長選挙

平成3年（1991年）4月21日実施

当①	佐伯　有行	58	無	新	16,508
	加藤　正文	42	無	新	10,053

(投票率56.37%)

平成7年（1995年）4月23日実施

当②	佐伯　有行	62	無	現	15,648
	宮本　晋	56	無	新	9,807

(投票率53.06%)

平成11年（1999年）4月25日実施

当①	上原　公子	49	無	新	15,942
	佐伯　有行	66	無	現	14,691

(投票率58.13%)

平成15年（2003年）4月27日実施

当②	上原　公子	53	無	現	17,259
	菊地　亨	46	無	新	8,473

	蔵多得三郎	63	無	新	4,823

(投票率55.64%)

平成19年（2007年）4月22日実施

当①	関口　博	53	無	新	14,707
	嶋津　隆文	59	無	新	13,701
	山下　容子	48	無	新	4,268

(投票率57.77%)

平成23年（2011年）4月24日実施

当①	佐藤　一夫	63	無	新	14,937
	関口　博	57	無	現	11,404
	小沢　靖子	67	無	新	4,943

(投票率54.31%)

平成27年（2015年）4月26日実施

当②	佐藤　一夫	67	無	現	20,396
	神田　恭介	57	無	新	11,231

(投票率55.14%)

平成28年（2016年）12月25日実施

当①	永見　理夫	67	無	新	15,462
	小川　宏美	53	無	新	9,907

(投票率41.13%)

小金井市長選挙

平成3年（1991年）4月21日実施

当②	大久保慎七	70	無	現	16,174
	春原　利計	48	無	新	8,702
	若木　稜江	63	無	新	5,790

(投票率39.73%)

平成7年（1995年）4月23日実施

当③	大久保慎七	74	無	現	16,100
	若木　稜江	67	無	新	7,397
	青木ひかる	31	無	新	7,282

(投票率39.26%)

平成11年（1999年）4月25日実施

当①	稲葉　孝彦	54	無	新	14,209
	久保田俊二	47	無	新	13,600
	大鳥　竜男	60	無	新	6,868

鈴木　敏文　74　無　　　　新　　 2,334
（投票率45.32％）

平成15年（2003年）4月27日実施

当②稲葉　孝彦　58　無　　　　現　　20,499
　　土肥　英生　43　無　　　　新　　15,286
　　上田　　亨　65　無　　　　新　　 2,662
（投票率44.89％）

平成16年（2004年）7月11日実施

当③稲葉　孝彦　59　無　　　　前　　29,659
　　柴崎　健一　36　無　　　　新　　22,343
（投票率61.31％）

平成19年（2007年）4月22日実施

当④稲葉　孝彦　62　無　　　　現　　21,799
　　久保田俊二　55　無　　　　新　　14,434
　　小泉民未嗣　29　無　　　　新　　 4,580
（投票率46.91％）

平成23年（2011年）4月24日実施

当①佐藤　和雄　53　無　　　　新　　18,765
　　稲葉　孝彦　66　無　　　　現　　16,586
　　橋詰　雅博　60　無　　　　新　　 6,435
（投票率46.16％）

平成23年（2011年）12月18日実施

当⑤稲葉　孝彦　67　無　　　　元　　14,383
　　斎藤　康夫　56　無　　　　新　　12,749
　　野村　　隆　58　無　　　　新　　 9,147
　　小泉民未嗣　33　無　　　　新　　 3,434
（投票率43.27％）

平成27年（2015年）12月13日実施

当①西岡真一郎　46　無　　　　新　　12,849
　　五十嵐京子　65　無　　　　新　　10,048
　　白井　　亨　40　無　　　　新　　10,045
　　岩渕美智子　60　無　　　　新　　 5,786
（投票率41.42％）

国分寺市長選挙

平成元年（1989年）6月18日実施

当③本多　良雄　65　無　　　　現　　16,641
　　村松　俊武　45　無　　　　新　　14,313
　　佐藤茉莉子　44　無　　　　新　　 4,027
（投票率48.61％）

平成5年（1993年）6月27日実施

当④本多　良雄　69　無　　　　現　　20,671
　　進藤　文夫　63　無　　　　新　　20,038
（投票率53.14％）

平成9年（1997年）7月6日実施

当①山崎　真秀　66　無　　　　新　　17,790
　　本多　良雄　73　無　　　　現　　15,954
（投票率42.11％）

平成13年（2001年）6月24日実施

当①星野　信夫　57　無　　　　新　　17,190
　　山崎　真秀　70　無　　　　現　　16,790
　　柏谷由紀子　51　無　　　　新　　11,650
（投票率53.88％）

平成17年（2005年）7月3日実施

当②星野　信夫　61　無　　　　現　　19,538
　　木村　　徳　36　無　　　　新　　12,526
　　中村　八郎　59　無　　　　新　　10,564
（投票率47.84％）

平成21年（2009年）6月21日実施

当③星野　信夫　65　無　　　　現　　23,606
　　川合　洋行　67　無　　　　新　　13,031
（投票率39.89％）

平成25年（2013年）6月23日実施

当①井沢　邦夫　62　無　　　　新　　23,779
　　三葛　敦志　39　無　　　　新　　16,509
　　田中　　進　65　無　　　　新　　 2,682
（投票率48.07％）

平成29年（2017年）7月2日実施

当②井沢　邦夫　66　無　　　　現　　31,518

樋口	満雄	67	無	新	21,336

(投票率 55.25%)

小平市長選挙

平成3年(1991年)4月21日実施

当③	瀬沼	永真	74	無	現	34,987
	井上	健吉	65	無	新	15,547
	華表	てる	54	無	新	11,942

(投票率 55.13%)

平成5年(1993年)4月11日実施

当①	前田	雅尚	59	無	新	20,885
	髙橋	三男	51	無	新	18,899
	佐藤	充	41	無	新	7,325

(投票率 38.76%)

平成9年(1997年)4月6日実施

当②	前田	雅尚	63	無	現	24,157
	新堀	英夫	52	無	新	10,873

(投票率 27.53%)

平成13年(2001年)4月8日実施

当③	前田	雅尚	67	無	現	36,052
	山内	勝男	49	無	新	16,989

(投票率 40.55%)

平成17年(2005年)4月3日実施

当①	小林	正則	52	無	新	30,693
	前田	雅尚	71	無	現	25,622

(投票率 40.82%)

平成21年(2009年)4月5日実施

当②	小林	正則	56	無	現	38,776
	坂井	康宣	65	無	新	16,584

(投票率 39.31%)

平成25年(2013年)4月7日実施

当③	小林	正則	60	無	現	33,106
	永田	政弘	66	無	新	19,108
	小方	蔵人	71	無	新	837
	古川	徹	66	無	新	475

(投票率 37.28%)

平成29年(2017年)4月9日実施

当④	小林	正則	64	無	現	28,308
	松岡	篤	31	無	新	15,536
	水口	和恵	54	無	新	8,281

(投票率 34.64%)

狛江市長選挙

平成4年(1992年)7月5日実施

当③	石井	三雄	61	無	現	13,203
	原	正敏	69	無	新	9,456
	七宮	幸一	50	無	新	1,109

(投票率 42.37%)

平成8年(1996年)7月7日実施

当①	矢野	裕	49	無	新	10,238
	白井	明	51	無	新	8,881
	飯田	伸太	65	無	新	7,244
	小林	幸子	58	無	新	2,066

(投票率 49.16%)

平成12年(2000年)6月25日実施

当②	矢野	裕	53	無	現	19,940
	飯田	伸太	69	無	新	15,175
	浅野	和男	45	無	新	2,067
	菊地	二郎	49	無	新	733

(投票率 65.53%)

平成16年(2004年)6月20日実施

当③	矢野	裕	57	無	現	15,940
	河西	信美	59	無	新	15,804

(投票率 51.83%)

平成20年(2008年)6月22日実施

当④	矢野	裕	61	無	現	13,396
	髙橋	清治	57	無	新	9,727
	伊藤	正昭	41	無	新	7,173

(投票率 48.51%)

平成24年(2012年)6月24日実施

当①	髙橋	都彦	60	無	新	16,377

田辺 良彦	47	無	新	13,555

(投票率 48.42%)

山田 昌夫	66	無	新	5,016

(投票率 42.86%)

平成28年（2016年）6月19日実施

当② 高橋 都彦	64	無	現	17,433
平井 里美	54	無	新	12,856

(投票率 47.01%)

平成23年（2011年）9月4日実施

当② 清水 庄平	66	無	現	32,726
村田 光男	60	無	新	8,041
吉岡 正史	37	無	新	7,861

(投票率 34.62%)

平成30年（2018年）7月22日実施

当① 松原 俊雄	66	無	新	17,834
田中 智子	60	無	新	12,763

(投票率 45.31%)

平成27年（2015年）8月9日実施

当③ 清水 庄平	70	無	現	27,426
大野 誠	50	無	新	13,654

(投票率 29.20%)

立川市長選挙

平成3年（1991年）9月1日実施

当② 青木 久	66	無	現	29,877
松村 康夫	64	無	新	17,995

(投票率 42.26%)

多摩市長選挙

平成3年（1991年）4月21日実施

当④ 臼井 千秋	63	無	現	31,262
坂下 肇	59	無	新	9,575
高野 裕	65	無	新	9,117

(投票率 52.83%)

平成7年（1995年）9月3日実施

当③ 青木 久	70	無	現	25,691
松村 康夫	68	無	新	19,889
伊豆 善正	49	無	新	2,654
斎藤 員幸	47	無	新	2,071

(投票率 41.95%)

平成7年（1995年）4月23日実施

当⑤ 臼井 千秋	67	無	現	24,055
鈴木 邦彦	37	無	新	19,472
長沢 淑郎	60	無	新	8,830

(投票率 50.44%)

平成11年（1999年）9月5日実施

当④ 青木 久	74	無	現	34,097
加藤 敏治	61	無	新	21,090

(投票率 43.83%)

平成11年（1999年）4月25日実施

当① 鈴木 邦彦	41	無	新	25,759
篠塚 英雄	57	無	新	18,508
長沢 淑郎	64	無	新	10,828

(投票率 52.14%)

平成15年（2003年）8月31日実施

当⑤ 青木 久	78	無	現	23,658
清水 庄平	58	無	新	21,384
浅川 修一	48	無	新	14,482

(投票率 45.14%)

平成14年（2002年）4月21日実施

当① 渡辺 幸子	53	無	新	18,821
阿部 裕行	46	無	新	9,445
新田 孝	58	無	新	8,509
篠塚 英雄	60	無	新	7,361

(投票率 40.50%)

平成19年（2007年）9月2日実施

当① 清水 庄平	62	無	新	17,864
村田 光男	56	無	新	13,542
若松 貞康	62	無	新	12,914
戸井田 春子	71	無	新	9,562

平成18年（2006年）4月16日実施

当② 渡辺 幸子	56	無	現	26,869

妹尾 浩也 44 無　　　　　新　　23,300
　　　　　　　　　　　　（投票率 44.22%）

平成22年（2010年）4月11日実施

当①阿部 裕行 54 無　　　　　新　　20,904
　　遠藤 千尋 34 無　　　　　新　　19,429
　　小谷田 進 66 無　　　　　新　　12,657
　　　　　　　　　　　　（投票率 45.50%）

平成26年（2014年）4月13日実施

当②阿部 裕行 58 無　　　　　現　　31,828
　　相沢 慶太 33 無　　　　　新　　 4,237
　　松田 道人 40 無　　　　　新　　 3,509
　　　　　　　　　　　　（投票率 34.47%）

平成30年（2018年）4月15日実施

当③阿部 裕行 62 無　　　　　現　　34,603
　　高橋 俊彦 79 無　　　　　新　　 4,457
　　松田 道人 44 無　　　　　新　　 4,013
　　　　　　　　　　　　（投票率 36.38%）

調布市長選挙

平成2年（1990年）7月8日実施

当②吉尾 勝征 46 無　　　　　現　　35,670
　　前橋 弘子 56 無　　　　　新　　25,619
　　中島 二郎 39 無　　　　　新　　 1,737
　　　　　　　　　　　　（投票率 44.32%）

平成6年（1994年）7月10日実施

当③吉尾 勝征 50 無　　　　　現　　28,024
　　末松 義規 37 無　　　　　新　　20,847
　　梶原 政子 59 無　　　　　新　　 8,452
　　　　　　　　　　　　（投票率 38.52%）

平成10年（1998年）6月21日実施

当④吉尾 勝征 54 無　　　　　現　　26,611
　　任海 千衛 58 無　　　　　新　　16,929
　　雨宮 英雄 43 無　　　　　新　　15,244
　　　　　　　　　　　　（投票率 38.72%）

平成14年（2002年）7月7日実施

当①長友 貴樹 49 無　　　　　新　　26,518

　　吉尾 勝征 58 無　　　　　現　　26,202
　　片山 哲 60 無　　　　　新　　16,557
　　　　　　　　　　　　（投票率 43.02%）

平成18年（2006年）7月2日実施

当②長友 貴樹 53 無　　　　　現　　40,185
　　五嶋 幸弘 59 無　　　　　新　　22,043
　　　　　　　　　　　　（投票率 36.89%）

平成22年（2010年）6月20日実施

当③長友 貴樹 57 無　　　　　現　　無投票

平成26年（2014年）7月6日実施

当④長友 貴樹 61 無　　　　　現　　45,822
　　大須賀浩裕 54 無　　　　　新　　19,896
　　　　　　　　　　　　（投票率 37.12%）

平成30年（2018年）7月8日実施

当⑤長友 貴樹 65 無　　　　　現　　38,554
　　鮎川 有祐 45 無　　　　　新　　24,049
　　新井 匠 49 無　　　　　新　　 6,145
　　　　　　　　　　　　（投票率 36.65%）

西東京市長選挙

平成13年（2001年）1月21日田無市・保谷市
が新設合併して西東京市となる

平成13年（2001年）2月18日実施

当①保谷 高範 63 無　　　　　新　　26,052
　　末木 達男 70 無　　　　　新　　23,206
　　酒匂 一雄 70 無　　　　　新　　12,620
　　清水 君枝 48 無　　　　　新　　 8,284
　　　　　　　　　　　　（投票率 49.64%）

平成17年（2005年）2月6日実施

当①坂口 光治 57 無　　　　　新　　40,771
　　保谷 高範 67 無　　　　　現　　27,110
　　　　　　　　　　　　（投票率 45.69%）

平成21年（2009年）2月8日実施

当②坂口 光治 61 無　　　　　現　　25,844
　　保谷七緒美 46 無　　　　　新　　21,607

内田　直之　62　無　　　　新　　9,098
　　　　　　　　　　　　　（投票率37.19%）

平成25年（2013年）2月3日実施

当①丸山　浩一　65　無　　　　新　　30,291
　　森　　輝雄　65　無　　　　新　　18,565
　　杉山　昭吉　63　無　　　　新　　 8,402
　　　　　　　　　　　　　（投票率36.93%）

平成29年（2017年）2月5日実施

当②丸山　浩一　69　無　　　　現　　33,486
　　杉山　昭吉　67　無　　　　新　　19,698
　　　　　　　　　　　　　（投票率32.90%）

（田無市長選挙）

平成元年（1989年）4月23日実施

当②末木　達男　58　無　　　　現　　13,260
　　川崎　久一　75　無　　　　新　　 8,200
　　　　　　　　　　　　　（投票率41.53%）

平成5年（1993年）4月25日実施

当③末木　達男　62　無　　　　現　　14,100
　　酒井　一麿　54　無　　　　新　　 4,720
　　　　　　　　　　　　　（投票率34.34%）

平成9年（1997年）4月20日実施

当④末木　達男　66　無　　　　現　　12,237
　　金成　文夫　47　無　　　　新　　 5,461
　　朱通　守男　50　共　　　　新　　 3,184
　　　　　　　　　　　　　（投票率36.52%）

※平成13年（2001年）1月21日田無市は保谷市と
　新設合併して西東京市となる

（保谷市長選挙）

平成元年（1989年）1月22日実施

当④都丸　哲也　67　無　　　　現　　16,257
　　坪井　照子　56　無　　　　新　　 7,890
　　田中　和雄　58　無　　　　新　　 5,509
　　　　　　　　　　　　　（投票率42.94%）

平成5年（1993年）1月24日実施

当①保谷　高範　55　無　　　　新　　18,819

　　都丸　哲也　71　無　　　　現　　16,945
　　　　　　　　　　　　　（投票率48.50%）

平成9年（1997年）1月19日実施

当②保谷　高範　59　無　　　　現　　21,258
　　都丸　哲也　75　無　　　　前　　17,238
　　　　　　　　　　　　　（投票率49.94%）

※平成13年（2001年）1月21日保谷市は田無市と
　新設合併して西東京市となる

八王子市長選挙

平成4年（1992年）1月27日実施

当③波多野重雄　65　無　　　　現　　79,618
　　椚　　国男　65　無　　　　新　　58,460
　　　　　　　　　　　　　（投票率40.68%）

平成8年（1996年）1月21日実施

当④波多野重雄　69　無　　　　現　　47,160
　　馬場　栄次　49　無　　　　新　　38,966
　　山田　和也　69　無　　　　新　　38,531
　　吉本　良久　61　無　　　　新　　19,855
　　山本　忠雄　58　無　　　　新　　 6,972
　　　　　　　　　　　　　（投票率40.74%）

平成12年（2000年）1月24日実施

当①黒須　隆一　58　無　　　　新　　69,302
　　波多野重雄　73　無　　　　現　　31,999
　　伊沢　　明　59　無　　　　新　　28,184
　　石渡　照久　69　無　　　　新　　25,645
　　沢本　宣男　55　無　　　　新　　21,315
　　　　　　　　　　　　　（投票率44.17%）

平成16年（2004年）1月25日実施

当②黒須　隆一　62　無　　　　現　　75,970
　　伊沢　　明　63　無　　　　新　　46,383
　　　　　　　　　　　　　（投票率29.56%）

平成20年（2008年）1月27日実施

当③黒須　隆一　66　無　　　　現　　84,877
　　橋本　良仁　62　無　　　　新　　63,540
　　　　　　　　　　　　　（投票率34.37%）

平成24年（2012年）1月22日実施

当①石森　孝志 54　無　　　　新　　74,273
　　両角　　穣 49　無　　　　新　　62,673
　　峯岸　益生 63　無　　　　新　　17,619
　　　　　　　　　　　　（投票率 34.95%）

平成28年（2016年）1月24日実施

当②石森　孝志 58　無　　　　現　　93,641
　　五十嵐　仁 64　無　　　　新　　51,811
　　　　　　　　　　　　（投票率 32.60%）

羽村市長選挙

> 平成3年（1991年）11月1日西多摩郡羽村町が
> 市制施行して羽村市となる

平成5年（1993年）3月28日実施

当①井上篤太郎 64　無　　　　現　　無投票

平成9年（1997年）4月6日実施

当②井上篤太郎 68　無　　　　現　　11,363
　　山崎栄美子 48　無　　　　新　　 5,256
　　　　　　　　　　　　（投票率 40.93%）

平成13年（2001年）4月22日実施

当①並木　　心 56　無　　　　新　　13,441
　　野崎　　衷 75　無　　　　新　　 5,027
　　　　　　　　　　　　（投票率 44.41%）

平成17年（2005年）4月17日実施

当②並木　　心 60　無　　　　現　　無投票

平成21年（2009年）3月29日実施

当③並木　　心 64　無　　　　現　　11,710
　　山下　義基 45　無　　　　新　　 6,455
　　　　　　　　　　　　（投票率 41.69%）

平成25年（2013年）3月24日実施

当④並木　　心 68　無　　　　現　　無投票

平成29年（2017年）3月19日実施

当⑤並木　　心 72　無　　　　現　　無投票

東久留米市長選挙

平成2年（1990年）1月21日実施

当①稲葉三千男 62　無　　　　新　　20,064
　　番場　憲雅 54　無　　　　新　　18,651
　　　　　　　　　　　　（投票率 48.52%）

平成6年（1994年）1月16日実施

当②稲葉三千男 66　無　　　　現　　23,513
　　塚越　康吉 64　無　　　　新　　16,268
　　　　　　　　　　　　（投票率 47.08%）

平成10年（1998年）1月18日実施

当③稲葉三千男 70　無　　　　現　　17,570
　　小坂紀一郎 56　無　　　　新　　12,014
　　池田　治夫 47　無　　　　新　　 2,498
　　　　　　　　　　　　（投票率 36.69%）

平成14年（2002年）1月20日実施

当①野崎　重弥 47　無　　　　新　　16,627
　　井口　信治 62　無　　　　新　　11,947
　　小坂紀一郎 60　無　　　　新　　10,773
　　　　　　　　　　　　（投票率 44.13%）

平成18年（2006年）1月15日実施

当②野崎　重弥 50　無　　　　現　　19,491
　　君島　久康 53　無　　　　新　　18,579
　　　　　　　　　　　　（投票率 41.77%）

平成21年（2009年）12月20日実施

当①馬場　一彦 39　無　　　　新　　19,716
　　並木　克巳 40　無　　　　新　　18,252
　　　　　　　　　　　　（投票率 41.20%）

平成25年（2013年）12月22日実施

当①並木　克巳 44　無　　　　新　　16,024
　　草刈智のぶ 55　無　　　　新　　 8,789
　　前田　晃平 30　無　　　　新　　 6,958
　　　　　　　　　　　　（投票率 34.55%）

平成29年（2017年）12月24日実施

当②並木　克巳 48　無　　　　現　　18,847

桜木　善生 67　無　　　　　新　　 16,507
　　　　　　　　　　　　（投票率 37.05%）

東村山市長選挙

平成3年（1991年）4月21日実施

当③市川　一男 72　無　　　　　現　　 36,406
　　松坂伊智雄 66　無　　　　　新　　 16,058
　　　　　　　　　　　　（投票率 55.23%）

平成7年（1995年）4月23日実施

当①細渕　一男 59　無　　　　　新　　 18,463
　　上　　幸雄 49　無　　　　　新　　 17,270
　　野沢　秀夫 53　無　　　　　新　　 16,359
　　　　　　　　　　　　（投票率 52.04%）

平成11年（1999年）4月25日実施

当②細渕　一男 63　無　　　　　現　　 32,544
　　松浦　正博 60　無　　　　　新　　 13,540
　　青木　　泰 52　無　　　　　新　　　7,787
　　平井　　斉 68　無　　　　　新　　　　941
　　　　　　　　　　　　（投票率 52.89%）

平成15年（2003年）4月27日実施

当③細渕　一男 67　無　　　　　現　　 30,698
　　小倉　昌子 51　みど　　　　新　　 22,621
　　　　　　　　　　　　（投票率 49.31%）

平成19年（2007年）4月22日実施

当①渡部　　尚 45　無　　　　　新　　 25,873
　　小松　恭子 66　無　　　　　新　　 18,691
　　小倉　昌子 55　無　　　　　新　　 14,464
　　　　　　　　　　　　（投票率 52.13%）

平成23年（2011年）4月24日実施

当②渡部　　尚 49　無　　　　　現　　 31,333
　　小松　恭子 70　無　　　　　新　　 15,743
　　折笠　広樹 59　無　　　　　新　　 11,576
　　　　　　　　　　　　（投票率 49.70%）

平成27年（2015年）4月26日実施

当③渡部　　尚 53　無　　　　　現　　 38,129

保延　　務 74　無　　　　　新　　 18,363
　　　　　　　　　　　　（投票率 48.64%）

平成31年（2019年）4月21日実施

当④渡部　　尚 57　無　　　　　現　　 35,420
　　小松　恭子 78　無　　　　　新　　 22,160
　　　　　　　　　　　　（投票率 47.97%）

東大和市長選挙

平成3年（1991年）4月21日実施

当①中沢　重一 69　無　　　　　新　　 16,281
　　尾又　正則 44　無　　　　　新　　 15,056
　　　　　　　　　　　　（投票率 60.68%）

平成7年（1995年）4月23日実施

当①尾又　正則 48　無　　　　　新　　 14,166
　　武石　岩男 57　無　　　　　新　　 11,643
　　森田　　実 42　無　　　　　新　　　5,881
　　　　　　　　　　　　（投票率 56.73%）

平成11年（1999年）4月25日実施

当②尾又　正則 52　無　　　　　現　　 15,171
　　中野志乃夫 42　無　　　　　新　　 14,328
　　椎野　彰夫 59　共　　　　　新　　　4,136
　　　　　　　　　　　　（投票率 58.32%）

平成15年（2003年）4月27日実施

当③尾又　正則 56　無　　　　　現　　 18,579
　　中野志乃夫 46　無　　　　　新　　 16,215
　　　　　　　　　　　　（投票率 56.63%）

平成19年（2007年）4月22日実施

当④尾又　正則 60　無　　　　　現　　 17,121
　　尾崎　保夫 57　無　　　　　新　　 16,921
　　　　　　　　　　　　（投票率 54.26%）

平成23年（2011年）4月24日実施

当①尾崎　保夫 61　無　　　　　新　　 14,489
　　尾又　正則 64　無　　　　　現　　 12,131
　　小林　知久 33　無　　　　　新　　　7,518
　　　　　　　　　　　　（投票率 52.52%）

平成27年（2015年）4月26日実施

当②尾崎	保夫	65	無	現 19,618
尾又	正則	68	無	元 13,627

（投票率 50.25%）

平成31年（2019年）4月21日実施

当③尾崎	保夫	69	無	現 19,453
柳下	進	69	無	新 13,381

（投票率 48.09%）

日野市長選挙

平成元年（1989年）4月23日実施

当⑤森田喜美男		77	無	現 34,763
山口	達夫	44	無	新 27,434

（投票率 55.47%）

平成5年（1993年）4月18日実施

当⑥森田喜美男		81	無	現 26,329
佐藤	智春	61	無	新 20,854
山口	達夫	48	無	新 15,805

（投票率 51.85%）

平成9年（1997年）4月13日実施

当①馬場	弘融	52	無	新 34,550
窪田	之喜	51	無	新 30,231

（投票率 51.63%）

平成13年（2001年）4月15日実施

当②馬場	弘融	56	無	現 38,905
名取美佐子		47	無	新 23,476

（投票率 48.56%）

平成17年（2005年）4月17日実施

当③馬場	弘融	60	無	現 33,181
窪田	之喜	59	無	新 24,718

（投票率 43.15%）

平成21年（2009年）4月12日実施

当④馬場	弘融	64	無	現 35,059
窪田	之喜	63	無	新 19,228

渡辺	真	63	無	新 9,909

（投票率 46.58%）

平成25年（2013年）4月14日実施

当①大坪	冬彦	55	無	新 31,442
中谷	好幸	63	無	新 23,323

（投票率 39.71%）

平成29年（2017年）4月16日実施

当②大坪	冬彦	59	無	現 36,919
磯崎	四郎	64	無	新 16,915

（投票率 36.65%）

府中市長選挙

平成4年（1992年）1月26日実施

当④吉野	和男	68	無	現 50,327
鈴木	功	57	無	新 10,798

（投票率 39.35%）

平成8年（1996年）1月28日実施

当⑤吉野	和男	72	無	現 42,162
三輪	芳郎	74	無	新 19,500

（投票率 37.59%）

平成12年（2000年）1月30日実施

当①野口	忠直	64	無	新 35,145
平田	嘉之	45	無	新 27,635
吉岡	淳	52	無	新 21,390

（投票率 48.92%）

平成16年（2004年）2月1日実施

当②野口	忠直	68	無	現 46,762
金指	光恵	53	無	新 19,364

（投票率 36.43%）

平成20年（2008年）1月27日実施

当③野口	忠直	72	無	現 44,154
桑島耕太郎		48	無	新 14,125
志摩	和寿	55	無	新 12,533

（投票率 37.16%）

平成24年（2012年）1月22日実施

当①	高野 律雄	50	無	新	43,608
	坂内 淳	50	無	新	14,626

（投票率 30.09%）

平成28年（2016年）1月31日実施

当②	高野 律雄	54	無	現	50,824
	寺下 章夫	69	無	新	14,841

（投票率 32.79%）

福生市長選挙

平成4年（1992年）5月17日実施

当②	石川 弥八郎	57	無	現	14,186
	土屋 勝美	40	共	新	2,266
	越川 陽治郎	32	無	新	1,281

（投票率 41.87%）

平成8年（1996年）5月12日実施

当③	石川 弥八郎	61	無	現	12,285
	奥富 喜一	47	無	新	4,336

（投票率 37.07%）

平成12年（2000年）5月14日実施

当①	野沢 久人	61	無	新	12,660
	西村 雅人	33	無	新	4,827

（投票率 38.39%）

平成16年（2004年）5月9日実施

当②	野沢 久人	65	無	現	無投票

平成20年（2008年）5月11日実施

当①	加藤 育男	54	無	新	7,924
	町田 成司	58	無	新	5,710
	田辺 恒久	60	無	新	5,306
	西村 雅人	41	無	新	2,339

（投票率 45.91%）

平成24年（2012年）5月13日実施

当②	加藤 育男	58	無	現	12,867
	西村 雅人	45	無	新	5,164

（投票率 39.54%）

平成28年（2016年）5月15日実施

当③	加藤 育男	62	無	現	12,867
	西村 雅人	49	無	新	4,452

（投票率 38.31%）

町田市長選挙

平成2年（1990年）3月4日実施

当①	寺田 和雄	58	無	新	75,584
	佐藤 光平	47	無	新	68,125

（投票率 59.60%）

平成6年（1994年）2月27日実施

当②	寺田 和雄	62	無	現	94,603
	皆越 宰	60	無	新	16,091
	原 武夫	55	無	新	12,916
	橋本 真一	46	諸	新	8,140

（投票率 50.09%）

平成10年（1998年）3月1日実施

当③	寺田 和雄	66	無	現	73,741
	長尾 彰久	56	無	新	23,500
	三溝 裕子	60	無	新	22,965

（投票率 43.29%）

平成14年（2002年）2月24日実施

当④	寺田 和雄	70	無	現	63,573
	井上 勉	51	無	新	34,119
	三溝 裕子	64	無	新	23,918
	戸塚 雅夫	54	無	新	13,125
	吉田 稔	46	無	新	10,390

（投票率 48.74%）

平成18年（2006年）2月26日実施

当①	石阪 丈一	58	無	新	41,013
	真木 茂	41	無	新	34,907
	大西 宣也	64	無	新	21,120
	三溝 裕子	68	無	新	16,328
	藤田 学	36	無	新	13,041
	西山 由之	64	無	新	12,131

（投票率 44.10%）

平成22年（2010年）2月21日実施

当②	石阪　丈一	62	無	現	80,299
	秋山　哲男	61	無	新	48,435
	宮本　聖士	43	無	新	16,458
	古橋　良恭	48	共	新	13,715
	仲　　政江	58	無	新	5,540

（投票率 50.02％）

平成26年（2014年）2月23日実施

当③	石阪　丈一	66	無	現	76,869
	斎藤　祐善	40	無	新	31,583
	木原　信義	64	無	新	22,909
	仲　　政江	62	無	新	5,004

（投票率 41.33％）

平成30年（2018年）2月25日実施

当④	石阪　丈一	70	無	現	81,677
	木原　信義	68	無	新	36,187
	河辺康太郎	38	無	新	26,956

（投票率 42.34％）

三鷹市長選挙

平成3年（1991年）4月21日実施

当①	安田養次郎	60	無	新	41,238
	両角　宗武	61	無	新	12,700
	中渡　朋江	67	無	新	3,172

（投票率 48.75％）

平成7年（1995年）4月23日実施

当②	安田養次郎	64	無	現	39,923
	両角　宗武	65	無	新	12,391

（投票率 43.51％）

平成11年（1999年）4月25日実施

当③	安田養次郎	68	無	現	45,035
	両角　宗武	69	無	新	14,752

（投票率 47.87％）

平成15年（2003年）4月27日実施

当①	清原　慶子	51	無	新	27,366
	高井　章博	37	無	新	21,781

	太田　正子	70	無	新	8,136

（投票率 44.54％）

平成19年（2007年）4月22日実施

当②	清原　慶子	55	無	現	49,570
	藤沢　時雄	58	無	新	15,369

（投票率 47.79％）

平成23年（2011年）4月24日実施

当③	清原　慶子	59	無	現	50,135
	久保田昌宏	69	無	新	14,327

（投票率 46.27％）

平成27年（2015年）4月26日実施

当④	清原　慶子	63	無	現	49,603
	岩田　康男	72	無	新	16,870

（投票率 46.83％）

平成31年（2019年）4月21日実施

当①	河村　　孝	65	無	新	37,074
	清原　慶子	67	無	現	35,451

（投票率 48.60％）

武蔵野市長選挙

平成3年（1991年）4月21日実施

当③	土屋　正忠	49	無	現	36,891
	喜多　克雄	67	無	新	9,122
	梶　　雅子	49	無	新	7,009

（投票率 52.52％）

平成7年（1995年）4月23日実施

当④	土屋　正忠	53	無	現	24,887
	深沢　達也	42	無	新	13,350
	桜井　国俊	51	無	新	10,900
	佐久間正勝	57	共	新	2,545

（投票率 51.21％）

平成11年（1999年）4月25日実施

当⑤	土屋　正忠	57	無	現	27,590
	桜井　国俊	55	無	新	25,470
	栗原　信之	64	無	新	3,964

（投票率 55.04％）

東京都

平成15年（2003年）4月27日実施

当⑥	土屋 正忠	61	無	現	27,741
	邑上 守正	45	無	新	22,068
	新実 信正	69	無	新	3,451

（投票率 50.44%）

平成17年（2005年）10月9日実施

当①	邑上 守正	48	無	新	22,013
	落合 恒	46	無	新	19,698
	山本 敦	48	無	新	7,461

（投票率 44.67%）

平成21年（2009年）10月4日実施

当②	邑上 守正	51	無	現	33,668
	田中 節男	64	無	新	14,567

（投票率 43.03%）

平成25年（2013年）10月6日実施

当③	邑上 守正	55	無	現	25,573
	木崎 剛	44	無	新	14,203
	深田 貴美子	54	無	新	7,164

（投票率 41.29%）

平成29年（2017年）10月1日実施

当①	松下 玲子	47	無	新	34,166
	高野 恒一郎	45	無	新	17,933

（投票率 44.26%）

武蔵村山市長選挙

平成2年（1990年）5月20日実施

当③	渡辺 礼一	61	無	現	12,630
	冨田 明	41	無	新	2,004
	馬込 文夫	46	無	新	1,910

（投票率 36.83%）

平成6年（1994年）5月22日実施

当①	志々田浩太郎	27	無	新	13,814
	比留間市郎	52	無	新	10,986
	山口喜久男	61	無	新	1,929

（投票率 54.42%）

平成10年（1998年）5月17日実施

当②	志々田浩太郎	31	無	現	17,432
	清沢 葉子	54	無	新	5,407

（投票率 45.59%）

平成14年（2002年）5月19日実施

当①	荒井 三男	63	無	新	15,366
	志々田浩太郎	35	無	現	11,247

（投票率 52.80%）

平成18年（2006年）5月21日実施

当②	荒井 三男	67	無	現	10,994
	藤野 勝	59	無	新	8,092
	清沢 葉子	63	無	新	4,590

（投票率 45.37%）

平成22年（2010年）5月23日実施

当①	藤野 勝	63	無	新	12,011
	清沢 葉子	67	無	新	6,030

（投票率 33.46%）

平成26年（2014年）5月25日実施

当②	藤野 勝	67	無	現	13,414
	佐藤 直樹	70	無	新	4,395

（投票率 32.33%）

平成30年（2018年）5月20日実施

当③	藤野 勝	71	無	現	無投票

神奈川県

県庁所在地	横浜市
市　　数	19市（平成31年4月現在）
市　　名	横浜市《指定都市/18区》・厚木市・綾瀬市・伊勢原市・海老名市・小田原市・鎌倉市・川崎市《指定都市/7区》・相模原市《指定都市/3区》・座間市・逗子市・茅ヶ崎市・秦野市・平塚市・藤沢市・三浦市・南足柄市・大和市・横須賀市
主な政治団体（略称）	神奈川ネットワーク運動（神ネ），ネットワーク横浜（ネ横）

【市に関わる合併・市制施行・名称変更】

市名	実施年月日	関係市町村名等	合併等の内容
相模原市	平成18年（2006年）3月20日	相模原市・津久井郡津久井町・相模湖町	【編入合併】
	平成19年（2007年）3月11日	相模原市・津久井郡城山町・藤野町	【編入合併】
	平成22年（2010年）4月1日	指定都市	【市制移行】

【選挙結果】

神奈川県知事選挙

平成3年（1991年）4月7日実施

当⑤	長洲　一二	71	無	社会 社連 進歩 自民 公明 民社	現	2,079,546
	土屋　恒篤	56	無	共産	新	271,865
	山本　正治	45	諸		新	215,512

（投票率 45.17%）

平成7年（1995年）4月9日実施

当①	岡崎　洋	63	無	自民 新進 社会 さき 公明	新	1,537,857
	中里　龍夫	61	無	共産	新	671,776
	山本　正治	49	諸		新	448,062

（投票率 46.15%）

平成11年（1999年）4月11日実施

当②	岡崎　洋	67	無	自民 民主 公明 自由 社民 改ク 自連	現	1,730,724
	中里　龍夫	65	無	共産	新	480,256
	山本　正治	53	諸		新	317,176
	関山　泰雄	66	無		新	159,640
	佐々木　栄	81	無		新	109,802

（投票率 45.68%）

平成15年（2003年）4月13日実施

当①	松沢　成文	45	無		新	1,040,594
	宝田　良一	55	無	自民 公明 保新	新	676,534
	飛鳥田一朗	56	無		新	643,583
	田嶋　陽子	62	無		新	496,319
	吉村　成子	49	無	共産	新	197,402
	山本　節子	54	無		新	92,879
	遠藤賢次郎	60	無		新	43,298

（投票率 48.44%）

平成19年（2007年）4月8日実施

当②	松沢　成文	49	無		現	2,008,335
	杉野　正	48	無		新	627,607
	鴨居　洋子	62	無	共産	新	561,906

（投票率 47.04%）

神奈川県

平成23年（2011年）4月10日実施

当①黒岩	祐治	56	無	公明	新	1,728,862
露木	順一	55	無	みん 神ネ ネ横	新	821,981
鴨居	洋子	66	無	共産	新	466,223
照屋	修	58	無		新	99,751

（投票率 45.24%）

平成27年（2015年）4月12日実施

当②黒岩	祐治	60	無	自民 民主 公明 元気	現	2,195,764
岡本	一	69	無	共産	新	665,751

（投票率 40.72%）

平成31年（2019年）4月7日実施

当③黒岩	祐治	64	無	自民 国民 公明	現	2,251,289
岸	牧子	62	無	共産	新	700,091

（投票率 40.28%）

横浜市長選挙

平成2年（1990年）4月8日実施

当①高秀	秀信	60	無	自民 公明 民社	新	357,419
大久保英太郎		69		社	新	294,393
黒川万千代		61	諸	共産	新	66,837
木内	博	33	無		新	45,006
佐藤	哲善	59	無		新	29,451

（投票率 34.32%）

平成6年（1994年）4月3日実施

当②高秀	秀信	64	無	自民 社会 新生 公明 民社	現	422,481
野村	隆	40	無	さき 社連	新	213,602
伊豆	利彦	67	無	共産	新	163,951

（投票率 32.37%）

平成10年（1998年）4月5日実施

当③高秀	秀信	68	無	自民 自由 平和 民政 社民 友愛 改ク 公明	現	459,744
森	卓爾	52	無	共産	新	172,603
向田	映子	51	無		新	165,882
仲本	宏章	55	無		新	33,793
小杉	秀紀	49	諸		新	23,528

大山	祐一	54	無		新	20,506

（投票率 34.11%）

平成14年（2002年）3月31日実施

当①中田	宏	37	無		新	447,998
高秀	秀信	72	無	自民 公明 社民 保守	現	426,833
松川	康夫	60	無	共産	新	158,088
稲垣	隆彦	28	無		新	34,855

（投票率 39.35%）

平成18年（2006年）3月26日実施

当②中田	宏	41	無	自民 民主 公明	現	834,815
松川	康夫	64	無		新	144,208
遠藤賢次郎		63	無		新	18,607

（投票率 35.30%）

平成21年（2009年）8月30日実施

当①林	文子	63	無	民主 国新	新	910,297
中西	健治	45	無		新	874,626
岡田	政彦	43	共		新	200,283

（投票率 68.76%）

平成25年（2013年）8月25日実施

当②林	文子	67	無	自民 民主 公明	現	694,360
柴田	豊勝	66	無	共産	新	134,644
矢野未来歩		38	無		新	19,259

（投票率 29.05%）

平成29年（2017年）7月30日実施

当③林	文子	71	無	自民 公明	現	598,115
長島	一由	50	無		新	269,897
伊藤	大貴	39	無		新	257,665

（投票率 37.21%）

厚木市長選挙

平成3年（1991年）2月17日実施

当④足立原茂徳		70	無		現	43,286
平島	庸作	50	無		新	11,757

（投票率 41.07%）

平成7年（1995年）2月12日実施

当①山口	巌雄	52	無		新	42,993

徳間　和男 59　無　　　　新　　23,051
奈良　　握 33　無　　　　新　　 7,744
高岡　良助 51　無　　　　新　　 2,093
　　　　　　　　　　（投票率 51.26%）

　　　平成11年（1999年）2月14日実施
当②山口　巌雄 56　無　　　　現　　46,044
　滝沢　市三 59　無　　　　新　　14,821
　　　　　　　　　　（投票率 38.61%）

　　　平成15年（2003年）2月16日実施
当③山口　巌雄 60　無　　　　現　　39,801
　又木　京子 53　無　　　　新　　21,152
　奈良　　握 41　無　　　　新　　11,305
　　　　　　　　　　（投票率 43.33%）

　　　平成19年（2007年）1月28日実施
当①小林　常良 57　無　　　　新　　44,307
　山口　巌雄 64　無　　　　現　　33,427
　　　　　　　　　　（投票率 45.34%）

　　　平成23年（2011年）2月6日実施
当②小林　常良 61　無　　　　現　　39,168
　石射　正英 57　無　　　　新　　31,142
　　　　　　　　　　（投票率 40.44%）

　　　平成27年（2015年）2月15日実施
当③小林　常良 65　無　　　　現　　40,001
　石射　正英 61　無　　　　新　　35,801
　　　　　　　　　　（投票率 42.60%）

　　　平成31年（2019年）2月17日実施
当④小林　常良 69　無　　　　現　　28,712
　石射　正英 65　無　　　　新　　25,179
　佐藤　知一 49　無　　　　新　　20,241
　　　　　　　　　　（投票率 40.60%）

綾瀬市長選挙

　　　平成4年（1992年）7月5日実施
当①見上　和由 62　無　　　　新　　12,561
　鈴木　　進 70　無　　　　現　　12,065
　峰尾　利行 48　無　　　　新　　 2,541

　永井　清治 61　無　　　　新　　 1,822
　　　　　　　　　　（投票率 52.29%）

　　　平成8年（1996年）7月21日実施
当②見上　和由 66　無　　　　現　　13,785
　細川　良夫 36　無　　　　新　　 5,624
　　　　　　　　　　（投票率 32.54%）

　　　平成12年（2000年）7月16日実施
当③見上　和由 70　無　　　　現　　12,638
　近藤　　洋 56　無　　　　新　　11,993
　上田　博之 41　無　　　　新　　 4,945
　　　　　　　　　　（投票率 48.01%）

　　　平成16年（2004年）7月11日実施
当①笠間城治郎 60　無　　　　新　　24,185
　見上　和由 74　無　　　　現　　13,315
　　　　　　　　　　（投票率 60.30%）

　　　平成20年（2008年）7月13日実施
当②笠間城治郎 64　無　　　　現　　18,270
　高橋　　聡 47　無　　　　新　　 3,627
　　　　　　　　　　（投票率 34.42%）

　　　平成24年（2012年）7月8日実施
当③笠間城治郎 68　無　　　　現　　15,965
　笠間信一郎 63　無　　　　新　　 6,574
　　　　　　　　　　（投票率 34.79%）

　　　平成28年（2016年）7月10日実施
当①古塩　政由 65　無　　　　新　　24,874
　笠間信一郎 67　無　　　　新　　10,904
　　　　　　　　　　（投票率 54.17%）

伊勢原市長選挙

　　　平成4年（1992年）9月20日実施
当①堀江　　侃 55　無　　　　新　　30,525
　永井　高夫 64　無　　　　現　　13,115
　　　　　　　　　　（投票率 65.59%）

　　　平成8年（1996年）9月22日実施
当②堀江　　侃 59　無　　　　現　　19,086

	酒井	邦男 54	無	新	5,230

(投票率 33.68%)

平成12年（2000年）9月10日実施

当③	堀江	侃 63	無	現	無投票

平成16年（2004年）9月26日実施

当①	長塚	幾子 50	無	新	15,945
	堀江	侃 67	無	現	14,780
	新津	淳一 44	無	新	3,212
	安藤	美保 53	無	新	655

(投票率 45.58%)

平成20年（2008年）9月21日実施

当②	長塚	幾子 54	無	現	20,501
	麻生	捷二 66	無	新	5,520
	宮川	一彦 42	無	新	1,705

(投票率 36.15%)

平成24年（2012年）9月23日実施

当①	高山松太郎 62		無	新	16,334
	長塚	幾子 58	無	現	15,515
	宮川	一彦 46	無	新	1,994

(投票率 42.93%)

平成28年（2016年）9月18日実施

当②	高山松太郎 66		無	現	無投票

海老名市長選挙

平成3年（1991年）8月18日実施

当⑤	左藤	究 72	無	現	無投票

平成7年（1995年）8月27日実施

当①	竹内	吉宣 58	無	新	22,275
	井出	紀彦 54	無	新	18,094

(投票率 48.62%)

平成7年（1995年）12月24日実施

当①	亀井	英一 63	無	新	14,463
	並河	実 62	無	新	7,358

(投票率 26.61%)

平成11年（1999年）11月14日実施

当②	亀井	英一 67	無	現	26,648
	内野	優 44	無	新	22,221

(投票率 55.79%)

平成15年（2003年）11月9日実施

当①	内野	優 48	無	新	23,159
	三田	高司 55	無	新	23,110
	堀	誠 36	無	新	13,217

(投票率 66.05%)

平成19年（2007年）11月11日実施

当②	内野	優 52	無	現	31,679
	渡部	美憲 42	無	新	19,328

(投票率 52.19%)

平成23年（2011年）11月13日実施

当③	内野	優 56	無	現	28,079
	渡部	美憲 46	無	新	25,072

(投票率 53.24%)

平成27年（2015年）11月15日実施

当④	内野	優 60	無	現	29,592
	瀬戸	清規 63	無	新	21,584

(投票率 50.46%)

小田原市長選挙

平成元年（1989年）2月5日実施

当②	山橋敬一郎 64		無	現	46,108
	関野	隆司 41	共	新	10,370

(投票率 41.46%)

平成4年（1992年）5月24日実施

当①	小沢	良明 48	無	新	46,482
	鈴木	八郎 74	無	新	43,837

(投票率 62.05%)

平成8年（1996年）5月19日実施

当②	小沢	良明 52	無	現	50,191
	鈴木新三郎 49		共	新	11,908

(投票率 41.15%)

平成12年（2000年）5月21日実施

当③小沢　良明　56　無　　　　　現　　52,356
　　金子あそみ　44　無　　　　　新　　20,229
　　　　　　　　　　　　　　（投票率47.11%）

平成16年（2004年）5月16日実施

当④小沢　良明　60　無　　　　　現　　37,266
　　加藤　憲一　40　無　　　　　新　　31,244
　　　　　　　　　　　　　　（投票率43.80%）

平成20年（2008年）5月18日実施

当①加藤　憲一　44　無　　　　　新　　44,108
　　豊島　輝慶　64　無　　　　　新　　29,382
　　山田　文雄　60　無　　　　　新　　12,852
　　　　　　　　　　　　　　（投票率53.93%）

平成24年（2012年）5月20日実施

当②加藤　憲一　48　無　　　　　現　　41,818
　　大野　真一　70　無　　　　　新　　19,010
　　鈴木　美伸　60　無　　　　　新　　 4,951
　　　　　　　　　　　　　　（投票率41.87%）

平成28年（2016年）5月8日実施

当③加藤　憲一　52　無　　　　　現　　無投票

鎌倉市長選挙

平成元年（1989年）10月22日実施

当②中西　　功　52　無　　　　　現　　31,218
　　梅沢　庄一　62　無　　　　　新　　13,221
　　森田　邦彦　53　無　　　　　新　　13,179
　　　　　　　　　　　　　　（投票率43.11%）

平成5年（1993年）10月24日実施

当①竹内　　謙　52　諸　　　　　新　　27,544
　　中村　省司　48　無　　　　　新　　21,870
　　中西　　功　56　無　　　　　現　　20,365
　　　　　　　　　　　　　　（投票率50.41%）

平成9年（1997年）10月19日実施

当②竹内　　謙　56　無　　　　　現　　30,782
　　谷　　弘一　57　無　　　　　新　　27,480

　　吉岡　顕一　50　無　　　　　新　　 8,387
　　　　　　　　　　　　　　（投票率48.25%）

平成13年（2001年）10月21日実施

当①石渡　徳一　48　無　　　　　新　　21,427
　　森野　美徳　51　無　　　　　新　　17,769
　　松尾　英洋　59　無　　　　　新　　 8,427
　　前野　正司　51　無　　　　　新　　 5,955
　　田中　義彦　63　無　　　　　新　　 5,618
　　　　　　　　　　　　　　（投票率42.38%）

平成17年（2005年）10月23日実施

当②石渡　徳一　52　無　　　　　現　　38,342
　　渡辺　光子　55　無　　　　　新　　23,828
　　仲地　漱祐　59　無　　　　　新　　 5,811
　　　　　　　　　　　　　　（投票率47.49%）

平成21年（2009年）10月25日実施

当①松尾　　崇　36　無　　　　　新　　40,096
　　渡辺　光子　59　無　　　　　新　　24,244
　　　　　　　　　　　　　　（投票率44.60%）

平成25年（2013年）10月27日実施

当②松尾　　崇　40　無　　　　　現　　32,875
　　岩田　　薫　60　無　　　　　新　　20,574
　　　　　　　　　　　　　　（投票率37.40%）

平成29年（2017年）10月22日実施

当③松尾　　崇　44　無　　　　　現　　46,666
　　飯田　能生　55　無　　　　　新　　20,816
　　岩田　　薫　64　無　　　　　新　　 9,893
　　石田　智嗣　55　無　　　　　新　　 8,247
　　　　　　　　　　　　　　（投票率60.12%）

川崎市長選挙

平成元年（1989年）11月19日実施

当①髙橋　　清　64　無　社会 共産 社連　新　　228,595
　　永井　英慈　52　無　民社 進歩 自民　新　　173,487
　　　　　　　　　　　　　　（投票率48.03%）

平成5年（1993年）10月24日実施

当②髙橋　　清　68　無　社会 民社 社連　現　　168,967
　　　　　　　　　　　　自民 公明

神奈川県

小島	達司	64	無 共産	新	60,090
青木	悦子	57	無	新	32,527

（投票率 29.29％）

平成9年（1997年）10月26日実施

当③	高橋	清	72	無 自民 新進 民主 社民 公明	現	188,565
	土屋	恒篤	63	無 共産	新	144,328

（投票率 35.82％）

平成13年（2001年）10月21日実施

当①	阿部	孝夫	58	無 民主 公明 自由 保守 無会	新	127,530
	高橋	清	76	無 社民	現	100,686
	斎藤	良夫	64	無 共産	新	72,809
	奥田久仁夫		62	無	新	32,365
	奥津	茂樹	41	無	新	28,074

（投票率 36.76％）

平成17年（2005年）10月23日実施

当②	阿部	孝夫	62	無 自民 民主 公明 社民	現	229,021
	岡本	一	60	無 共産	新	137,767

（投票率 36.32％）

平成21年（2009年）10月25日実施

当③	阿部	孝夫	66	無	現	145,688
	福田	紀彦	37	無 民主	新	117,456
	原	修一	60	無	新	66,462
	岡本	一	64	無 共産	新	60,698

（投票率 36.09％）

平成25年（2013年）10月27日実施

当①	福田	紀彦	41	無	新	142,672
	秀嶋	善雄	44	無 自民 民主 公明	新	139,814
	君嶋千佳子		63	無 共産	新	85,475

（投票率 32.82％）

平成29年（2017年）10月22日実施

当②	福田	紀彦	45	無	現	402,016
	吉沢	章子	53	無	新	122,235
	市古	博一	69	無 共産	新	78,793

（投票率 52.30％）

相模原市長選挙

平成元年（1989年）1月29日実施

当④	舘盛	静光	74	無 自民 民社 社会 公明	現	86,835
	瀬川	典男	53	無 共産	新	26,947

（投票率 32.46％）

平成5年（1993年）1月24日実施

当⑤	舘盛	静光	78	無 自民 民社 公明	現	73,724
	山下	広一	66	無 共産	新	25,405

（投票率 24.79％）

平成9年（1997年）1月26日実施

当①	小川	勇夫	66	無 自民	新	52,678
	赤間	一之	60	無 自民	新	37,775
	長友	義樹	52	無 新進 公明	新	32,404
	中屋	重勝	52	無 共産	新	18,464
	鈴木	毅	41	無 民主 さき	新	9,982
	秋山	原宏	59	無	新	9,838
	中村	洋子	47	無	新	8,221
	野村	誠一	61	無	新	7,581

（投票率 40.48％）

平成13年（2001年）1月21日実施

当②	小川	勇夫	70	無 自民 民主 公明 自由 社民	現	88,862
	中里	龍夫	67	無 共産	新	22,855
	長友	義樹	56	無	新	20,680

（投票率 28.68％）

平成17年（2005年）1月23日実施

当③	小川	勇夫	74	無	現	79,933
	大谷	直敏	61	無	新	57,488
	長崎	克央	48	無	新	21,912

（投票率 33.02％）

平成19年（2007年）4月22日実施

当①	加山	俊夫	62	無	新	133,611
	大谷	直敏	63	無	新	115,371

（投票率 47.38％）

平成23年（2011年）4月10日実施

当②	加山	俊夫	66	無 公明	現	177,899

| 榎本　与助 | 65 | 無 | | 新 | 67,131 |
| 菅野　通子 | 69 | 共 | | 新 | 31,846 |

（投票率 50.60％）

平成27年（2015年）4月12日実施

| 当③加山　俊夫 | 70 | 無 | 自民 民主 公明 | 現 | 208,579 |
| 中野渡　旬 | 66 | 共 | | 新 | 52,253 |

（投票率 46.87％）

平成31年（2019年）4月7日実施

当①本村賢太郎	48	無	新	132,186
加山　俊夫	74	無	現	74,456
宮崎雄一郎	52	無	新	40,467
八木大二郎	55	無	新	35,753

（投票率 48.91％）

座間市長選挙

平成4年（1992年）9月20日実施

当③星野　勝司	50	無	現	28,903
久保田俊二	40	無	新	11,712
田嶋　勝雄	50	共	新	4,782

（投票率 55.38％）

平成8年（1996年）9月22日実施

| 当④星野　勝司 | 54 | 無 | 現 | 24,631 |
| 伊藤　忠 | 57 | 無 | 新 | 13,113 |

（投票率 42.86％）

平成12年（2000年）9月24日実施

| 当⑤星野　勝司 | 58 | 無 | 現 | 32,764 |
| 田嶋　勝雄 | 58 | 共 | 新 | 15,722 |

（投票率 51.96％）

平成16年（2004年）9月26日実施

当⑥星野　勝司	62	無	現	22,656
小田　哲	39	無	新	18,840
鴨居　洋子	60	無	新	10,166

（投票率 52.16％）

平成20年（2008年）9月21日実施

| 当①遠藤三紀夫 | 50 | 無 | 新 | 20,283 |
| 小田　哲 | 43 | 無 | 新 | 19,173 |

| 鴨居　洋子 | 64 | 無 | 新 | 10,265 |

（投票率 50.29％）

平成24年（2012年）9月16日実施

| 当②遠藤三紀夫 | 54 | 無 | 現 | 無投票 |

平成28年（2016年）9月18日実施

| 当③遠藤三紀夫 | 58 | 無 | 現 | 無投票 |

逗子市長選挙

平成4年（1992年）11月8日実施

当①沢　光代	51	無	新	11,942
平井　義男	56	無	新	7,810
小谷　章	56	無	新	4,549
矢部和多妻	53	無	新	2,948
五十嵐　忠	60	無	新	1,998
宇佐美秀樹	51	無	新	125

（投票率 64.60％）

平成6年（1994年）12月25日実施

当①平井　義男	58	無	新	10,350
沢　光代	53	無	前	8,779
梅川　照子	55	無	新	2,405
田口　汎	59	無	新	942
橋本　正博	58	無	新	349

（投票率 49.87％）

平成10年（1998年）12月13日実施

当①長島　一由	31	無	新	9,120
平井　義男	62	無	現	8,405
長島　孝一	62	無	新	3,265
田口　汎	63	無	新	3,263
田中　俊樹	46	無	新	1,285

（投票率 53.86％）

平成14年（2002年）12月1日実施

当②長島　一由	35	無	現	12,471
鈴木　安之	63	無	新	6,867
近藤　大輔	32	無	新	6,161

（投票率 52.48％）

神奈川県

平成15年（2003年）9月14日実施

当③	長島 一由	36	無	前	14,232
	池上 晃子	64	無	新	10,310

（投票率 50.48%）

平成18年（2006年）12月10日実施

当①	平井 竜一	40	無	新	14,065
	網倉 大介	40	無	新	9,611

（投票率 48.55%）

平成22年（2010年）12月12日実施

当②	平井 竜一	44	無	現	14,396
	一柳 康男	59	無	新	4,315
	松本 治子	68	無	新	3,134

（投票率 44.32%）

平成26年（2014年）12月7日実施

当③	平井 竜一	48	無	現	無投票

平成30年（2018年）12月16日実施

当①	桐ケ谷 覚	69	無	新	13,237
	平井 竜一	52	無	現	10,326

（投票率 47.46%）

茅ヶ崎市長選挙

平成3年（1991年）4月21日実施

当③	根本 康明	56	無	現	52,460
	小島 幸生	59	無	新	30,086

（投票率 57.46%）

平成7年（1995年）4月23日実施

当④	根本 康明	60	無	現	38,884
	吉開 輝隆	62	無	新	33,061

（投票率 45.64%）

平成11年（1999年）4月25日実施

当①	添田 高明	63	無	新	38,986
	池田 東一郎	37	無	新	30,632
	瀬田 恵子	46	無	新	9,274
	小林 久司	41	無	新	7,962

	吉開 輝隆	66	無	新	6,346

（投票率 55.07%）

平成15年（2003年）4月27日実施

当①	服部 信明	41	無	新	54,415
	江沢 城司	44	無	新	15,870
	桂 秀光	46	無	新	11,996

（投票率 49.04%）

平成19年（2007年）4月22日実施

当②	服部 信明	45	無	現	69,644
	桂 秀光	50	無	新	15,618

（投票率 49.04%）

平成23年（2011年）4月24日実施

当③	服部 信明	49	無	現	35,287
	藤間 明男	56	無	新	29,206
	永田 輝樹	47	無	新	23,079

（投票率 46.56%）

平成27年（2015年）4月26日実施

当④	服部 信明	53	無	現	44,473
	鈴木 毅	59	無	新	31,053
	桂 秀光	58	無	新	10,028

（投票率 46.37%）

平成30年（2018年）11月18日実施

当①	佐藤 光	49	無	新	53,586
	鈴木 毅	63	無	新	20,547
	桂 秀光	62	無	新	6,676

（投票率 40.86%）

秦野市長選挙

平成2年（1990年）1月21日実施

当③	柏木 幹雄	60	無	現	無投票

平成6年（1994年）1月23日実施

当①	二宮 忠夫	57	無	新	32,129
	白石 正	51	無	新	15,121
	草山 忠文	50	無	新	9,372
	出口 文雄	44	無	新	2,941

（投票率 52.58%）

平成10年（1998年）1月25日実施

当②	二宮	忠夫 61	無	現	34,760
	露木	順三 45	無	新	10,898
	長田	弘邦 51	無	新	1,313
	藤原	春臣 56	無	新	675

（投票率 39.46%）

平成14年（2002年）1月27日実施

当③	二宮	忠夫 65	無	現	26,864
	古谷	義幸 54	無	新	22,083
	露木	順三 49	無	新	6,379

（投票率 43.94%）

平成18年（2006年）1月22日実施

当①	古谷	義幸 58	無	新	30,348
	宇山	忠男 62	無	新	21,930

（投票率 40.99%）

平成22年（2010年）1月17日実施

当②	古谷	義幸 62	無	現	無投票

平成26年（2014年）1月19日実施

当③	古谷	義幸 66	無	現	31,084
	高橋	徹夫 65	無	新	18,252
	岡本	治郎 43	無	新	2,559

（投票率 39.62%）

平成30年（2018年）1月21日実施

当①	高橋	昌和 61	無	新	33,466
	古谷	義幸 70	無	現	20,739

（投票率 40.56%）

平塚市長選挙

平成3年（1991年）4月21日実施

当④	石川	京一 72	無	現	56,690
	吉野	稜威雄 50	無	新	52,433

（投票率 63.22%）

平成7年（1995年）4月23日実施

当①	吉野	稜威雄 54	無	新	62,866

	落合	良延 64	無	新	42,645

（投票率 56.96%）

平成11年（1999年）4月18日実施

当②	吉野稜威雄 58	無	現	無投票

平成15年（2003年）4月27日実施

当①	大蔵	律子 64	無	新	57,133
	吉野稜威雄 62	無	現	49,030

（投票率 53.58%）

平成19年（2007年）4月22日実施

当②	大蔵	律子 68	無	現	55,582
	相原	清 44	無	新	46,005
	真	敏昭 40	無	新	7,721

（投票率 53.75%）

平成23年（2011年）4月24日実施

当①	落合	克宏 53	無	新	46,127
	柏木	徹 48	無	新	34,480
	水嶋	一耀 67	諸	新	19,980

（投票率 49.88%）

平成27年（2015年）4月26日実施

当②	落合	克宏 57	無	現	57,802
	石黒	昭雄 65	無	新	30,063

（投票率 43.80%）

平成31年（2019年）4月21日実施

当③	落合	克宏 61	無	現	55,912
	谷	容子 54	無	新	29,685

（投票率 41.30%）

藤沢市長選挙

平成4年（1992年）2月23日実施

当⑥	葉山	峻 58	無	現	67,008
	山本	捷雄 47	無	新	64,906

（投票率 51.01%）

平成8年（1996年）2月18日実施

当①	山本	捷雄 51	無	新	40,500
	今井	重信 57	無	新	34,516

	河野	顕子 56	無	新	15,108
	紺野	君子 60	無	新	6,912
	三觜	貴義 47	無	新	5,920
	滝沢	茂男 48	無	新	2,917
				(投票率 37.65%)	

平成12年（2000年）2月13日実施

当②	山本	捷雄 55	無	現	71,450
	江成	兵衛 56	無	新	15,184
	鈴木	博 45	無	新	3,918
				(投票率 30.99%)	

平成16年（2004年）2月15日実施

当③	山本	捷雄 59	無	現	62,148
	渡辺	博明 61	無	新	30,341
	平本	茂子 74	無	新	3,811
				(投票率 31.33%)	

平成20年（2008年）2月17日実施

当①	海老根靖典 52		無	新	44,869
	星野	剛士 44	無	新	42,020
	柳谷	亮子 62	無	新	20,067
	矢後清太郎 59		無	新	6,019
	平本	茂子 78	無	新	1,866
				(投票率 36.25%)	

平成24年（2012年）2月12日実施

当①	鈴木	恒夫 62	無	新	51,876
	海老根靖典 56		無	現	40,944
	三野由美子 46		無	新	22,320
				(投票率 35.08%)	

平成28年（2016年）2月14日実施

当②	鈴木	恒夫 66	無	現	68,600
	鈴木	とも子 66	無	新	17,324
	田中	重徳 49	無	新	7,366
				(投票率 27.81%)	

三浦市長選挙

平成元年（1989年）6月4日実施

当②	久野	隆作 52	無	現	無投票

平成5年（1993年）6月13日実施

当③	久野	隆作 56	無	現	無投票

平成9年（1997年）6月22日実施

当④	久野	隆作 60	無	現	11,686
	小林	一也 60	無	新	10,379
	立本真須美 53		無	新	3,102
				(投票率 59.97%)	

平成13年（2001年）6月17日実施

当①	小林	一也 64	無	新	12,990
	矢田	正勝 58	無	新	10,904
				(投票率 57.06%)	

平成17年（2005年）6月19日実施

当①	吉田	英男 49	無	新	12,149
	小林	一也 68	無	現	10,944
				(投票率 55.95%)	

平成21年（2009年）6月14日実施

当②	吉田	英男 53	無	現	無投票

平成25年（2013年）6月9日実施

当③	吉田	英男 57	無	現	無投票

平成29年（2017年）6月18日実施

当④	吉田	英男 61	無	現	8,571
	飯田	俊行 68	無	新	6,262
				(投票率 38.90%)	

南足柄市長選挙

平成3年（1991年）4月21日実施

当①	鈴木	佑 60	無	新	14,173
	川上	賢治 52	無	新	11,215
				(投票率 83.26%)	

平成7年（1995年）4月16日実施

当②	鈴木	佑 64	無	現	無投票

平成11年（1999年）4月18日実施

当③	鈴木	佑 68	無	現	無投票

平成15年（2003年）4月27日実施

当① 沢　　長生　55　無　　　　新　　13,254
　　桜井　孝一　56　無　　　　新　　 8,773
　　石田　久良　61　無　　　　新　　 3,705
　　　　　　　　　　　　（投票率 74.10%）

平成19年（2007年）4月22日実施

当② 沢　　長生　59　無　　　　現　　14,151
　　加藤　修平　58　無　　　　新　　10,777
　　　　　　　　　　　　（投票率 71.17%）

平成23年（2011年）4月24日実施

当① 加藤　修平　62　無　　　　新　　10,306
　　沢　　長生　63　無　　　　現　　 9,686
　　杉本　健二　55　無　　　　新　　 1,670
　　滝本　妙子　61　無　　　　新　　 1,618
　　　　　　　　　　　　（投票率 65.74%）

平成27年（2015年）4月26日実施

当② 加藤　修平　66　無　　　　現　　11,744
　　鎌田　雅博　63　無　　　　新　　 9,550
　　　　　　　　　　　　（投票率 60.93%）

平成31年（2019年）4月21日実施

当③ 加藤　修平　70　無　　　　現　　10,629
　　星崎　健次　46　無　　　　新　　 8,843
　　諏訪部　均　56　無　　　　新　　　 437
　　　　　　　　　　　　（投票率 57.17%）

大和市長選挙

平成3年（1991年）4月14日実施

当② 井上　孝俊　63　無　　　　現　　無投票

平成7年（1995年）4月23日実施

当① 土屋　侯保　49　無　　　　新　　35,664
　　石川　公弘　60　無　　　　新　　35,428
　　　　　　　　　　　　（投票率 48.57%）

平成11年（1999年）4月18日実施

当② 土屋　侯保　53　無　　　　現　　無投票

平成15年（2003年）4月27日実施

当③ 土屋　侯保　57　無　　　　現　　44,321
　　池田健三郎　34　無　　　　新　　33,890
　　　　　　　　　　　　（投票率 47.13%）

平成19年（2007年）4月22日実施

当① 大木　　哲　58　無　　　　新　　40,053
　　土屋　侯保　61　無　　　　現　　36,946
　　　　　　　　　　　　（投票率 44.86%）

平成23年（2011年）4月24日実施

当② 大木　　哲　62　無　　　　現　　48,157
　　荻窪　幸一　55　無　　　　新　　25,899
　　　　　　　　　　　　（投票率 42.40%）

平成27年（2015年）4月26日実施

当③ 大木　　哲　66　無　　　　現　　37,584
　　橘　　秀徳　45　無　　　　新　　18,829
　　安藤　博夫　67　無　　　　新　　12,246
　　村上　寛光　68　無　　　　新　　 4,276
　　　　　　　　　　　　（投票率 40.80%）

平成31年（2019年）4月21日実施

当④ 大木　　哲　70　無　　　　現　　43,959
　　二見　健介　41　無　　　　新　　27,954
　　　　　　　　　　　　（投票率 38.40%）

横須賀市長選挙

平成元年（1989年）6月11日実施

当⑤ 横山　和夫　74　無　　　　現　　73,475
　　二宮　三郎　63　無　　　　新　　22,115
　　迫田　富雄　39　諸　　　　新　　 8,569
　　東堂　文泉　43　無　　　　新　　 1,372
　　　　　　　　　　　　（投票率 34.03%）

平成5年（1993年）6月27日実施

当① 沢田　秀男　59　無　　　　新　　84,847
　　二宮　三郎　67　無　　　　新　　31,175
　　　　　　　　　　　　（投票率 35.47%）

平成9年（1997年）6月29日実施

当②沢田 秀男	63	無	現	80,284
二宮 三郎	71	無	新	28,380

（投票率 32.22％）

平成13年（2001年）6月10日実施

当③沢田 秀男	67	無	現	90,738
今野 宏	69	無	新	25,810

（投票率 33.95％）

平成17年（2005年）6月26日実施

当①蒲谷 亮一	60	無	新	64,545
木村 正孝	62	無	新	57,862
有谷 隆敏	56	無	新	9,850
小堀 徹	56	諸	新	5,928

（投票率 40.19％）

平成21年（2009年）6月28日実施

当①吉田 雄人	33	無	新	68,628
蒲谷 亮一	64	無	現	64,147
呉東 正彦	49	無	新	23,134

（投票率 45.22％）

平成25年（2013年）6月30日実施

当②吉田 雄人	37	無	現	87,185
広川 聡美	61	無	新	76,961
岸 牧子	56	無	新	8,121

（投票率 50.72％）

平成29年（2017年）6月25日実施

当①上地 克明	63	無	新	81,004
吉田 雄人	41	無	現	69,035
林 伸明	51	無	新	6,640

（投票率 46.10％）

新　潟　県

県庁所在地　　新潟市
市　　　数　　20市（平成31年4月現在）
市　　　名　　新潟市《指定都市/8区》（白根市, 豊栄市, 新津市）・阿賀野市・糸魚川市・魚沼市・小千谷市・柏崎市・加茂市・五泉市・佐渡市（両津市）・三条市・新発田市・上越市・胎内市・燕市・十日町市・長岡市（栃尾市）・見附市・南魚沼市・妙高市（新井市）・村上市　　　　　　　　　　※（　）内は廃止された市

【市に関わる合併・市制施行・名称変更】

市名	実施年月日	関係市町村名等	合併等の内容
新潟市	平成13年（2001年）1月1日	新潟市・西蒲原郡黒埼町	【編入合併】
	平成17年（2005年）3月21日	新潟市・白根市・豊栄市・新津市・中蒲原郡小須戸町・横越町・亀田町・西蒲原郡岩室村・西川町・味方村・潟東村・月潟村・中之口村	【編入合併】
	平成17年（2005年）10月10日	新潟市・西蒲原郡巻町	【編入合併】
	平成19年（2007年）4月1日	指定都市	【市制移行】
阿賀野市	平成16年（2004年）4月1日	北蒲原郡安田町・京ヶ瀬村・水原町・笹神村	【新設合併・市制施行】
糸魚川市	平成17年（2005年）3月19日	糸魚川市・西頸城郡能生町・青海町	【新設合併】
魚沼市	平成16年（2004年）11月1日	北魚沼郡堀之内町・小出町・湯之谷村・広神村・守門村・入広瀬村	【新設合併・市制施行】
柏崎市	平成17年（2005年）5月1日	柏崎市・刈羽郡高柳町・西山町	【編入合併】
五泉市	平成18年（2006年）1月1日	五泉市・中蒲原郡村松町	【新設合併】
佐渡市	平成16年（2004年）3月1日	両津市・佐渡郡相川町・佐和田町・金井町・新穂村・畑野町・真野町・小木町・羽茂町・赤泊村	【新設合併】
三条市	平成17年（2005年）5月1日	三条市・南蒲原郡栄町・下田村	【新設合併】
新発田市	平成15年（2003年）7月7日	新発田市・北蒲原郡豊浦町	【編入合併】
	平成17年（2005年）5月1日	新発田市・北蒲原郡加治川村・紫雲寺町	【編入合併】
上越市	平成17年（2005年）1月1日	上越市・東頸城郡安塚町・浦川原村・大島村・牧村・中頸城郡柿崎町・大潟町・頸城村・吉川町・中郷村・板倉町・清里村・三和村・西頸城郡名立町	【編入合併】
胎内市	平成17年（2005年）9月1日	北蒲原郡中条町・黒川村	【新設合併・市制施行】
燕市	平成18年（2006年）3月20日	燕市・西蒲原郡分水町・吉田町	【新設合併】
十日町市	平成17年（2005年）4月1日	十日町市・中魚沼郡川西町・中里村・東頸城郡松代町・松之山町	【新設合併】
長岡市	平成17年（2005年）4月1日	長岡市・南蒲原郡中之島町・三島郡越路町・三島町・古志郡山古志村・刈羽郡小国町	【編入合併】
	平成18年（2006年）1月1日	長岡市・栃尾市・三島郡与板町・和島村・寺泊町	【編入合併】

	平成22年（2010年）3月31日	長岡市・北魚沼郡川口町	【編入合併】
南魚沼市	平成16年（2004年）11月1日	南魚沼郡六日町・大和町	【新設合併・市制施行】
	平成17年（2005年）10月1日	南魚沼市・南魚沼郡塩沢町	【編入合併】
妙高市	平成17年（2005年）4月1日	新井市・中頸城郡妙高高原町・妙高村	【編入合併・名称変更】
村上市	平成20年（2008年）4月1日	村上市・岩船郡荒川町・神林村・朝日村・山北町	【新設合併】

【選挙結果】

新潟県知事選挙

平成元年（1989年）6月4日実施

当① 金子　清　56　無 自民　　　　新　658,086
　　 志苣　裕　61　無 社連 進歩 年金　新　611,986
　　 長崎　明　65　無 共産　　　　新　140,161
　　　　　　　　　　　　　（投票率 79.07%）

平成4年（1992年）10月25日実施

当① 平山　征夫　48　無 自民 社会 公明 民社　新　560,210
　　 長崎　明　68　無　　　　　　　　　　新　354,116
　　　　　　　　　　　　　（投票率 50.66%）

平成8年（1996年）10月20日実施

当② 平山　征夫　52　無 自民 新進 社民 公明　現　1,053,379
　　 吉田　三男　66　無 共産 新社　　　　新　233,139
　　　　　　　　　　　　　（投票率 69.28%）

平成12年（2000年）10月22日実施

当③ 平山　征夫　56　無 自民 民主 公明 自由 社民 保守 自連 改ク　現　691,849
　　 小林　一三　64　無　　　　　　　　　　新　447,089
　　 富樫　昭次　69　無 共産　　　　　　　新　97,932
　　　　　　　　　　　　　（投票率 63.59%）

平成16年（2004年）10月17日実施

当① 泉田　裕彦　42　無 自民 公明　新　344,904
　　 多賀　秀敏　54　無 社民　　　新　299,145
　　 小林　一三　68　無　　　　　新　198,675

　　 宮越　馨　63　無　　　　　新　109,539
　　 川俣　幸雄　49　無 共産　　新　46,207
　　 伊藤　雄二　39　無　　　　新　41,626
　　　　　　　　　　　　　（投票率 53.88%）

平成20年（2008年）10月19日実施

当② 泉田　裕彦　46　無 自民 公明　現　759,936
　　 山崎　栄三　65　無 共産　　　新　138,099
　　　　　　　　　　　　　（投票率 46.49%）

平成24年（2012年）10月21日実施

当③ 泉田　裕彦　50　無 民主 自民 国生 公明 社民　現　759,718
　　 樋渡士自夫　59　共　　　　　　　新　59,876
　　 マック赤坂　64　諸　　　　　　　新　17,884
　　　　　　　　　　　　　（投票率 43.95%）

平成28年（2016年）10月16日実施

当① 米山　隆一　49　無 共産 社民 自由　新　528,455
　　 森　民夫　67　無 自民 公明　　　新　465,044
　　 後藤　浩昌　55　無　　　　　　　新　11,086
　　 三村　誉一　70　無　　　　　　　新　8,704
　　　　　　　　　　　　　（投票率 53.05%）

平成30年（2018年）6月10日実施

当① 花角　英世　60　無 自民 公明　新　546,670
　　 池田千賀子　57　無 立憲 国民 共産 自由 社民　新　509,568
　　 安中　聡　40　無　　　　　　　新　45,628
　　　　　　　　　　　　　（投票率 58.25%）

新潟市長選挙

平成2年（1990年）11月18日実施

当①長谷川義明 56 無 社会 公明 共産 民社 新 114,609
　　吉田六左エ門 50 無 自民 新 100,066
　　　　　　　　　　　（投票率61.89%）

平成6年（1994年）11月6日実施

当②長谷川義明 60 無 自民 社会 新生 公明 民社 現 88,606
　　山田　洋子 51 無 新 17,135
　　山口賢次郎 69 無 共産 新 15,455
　　　　　　　　　　　（投票率33.39%）

平成10年（1998年）11月8日実施

当③長谷川義明 64 無 自民 民主 公明 社民 改ク 現 98,488
　　丸山　久明 60 無 共産 新 41,403
　　　　　　　　　　　（投票率36.97%）

平成14年（2002年）11月10日実施

当①篠田　昭 54 無 新 74,554
　　渡辺　洋 65 無 自民 公明 新 69,381
　　高橋　弘之 62 無 共産 新 16,200
　　　　　　　　　　　（投票率39.18%）

平成18年（2006年）11月12日実施

当②篠田　昭 58 無 現 188,028
　　荻荘　誠 46 無 新 52,440
　　高橋　弘之 66 共 新 22,655
　　　　　　　　　　　（投票率40.71%）

平成22年（2010年）11月14日実施

当③篠田　昭 62 無 現 154,880
　　石口　徳夫 60 無 共産 新 43,821
　　　　　　　　　　　（投票率31.04%）

平成26年（2014年）11月9日実施

当④篠田　昭 66 無 現 95,301
　　吉田　孝志 52 無 新 88,206
　　斎藤　裕 40 無 新 79,851
　　　　　　　　　　　（投票率40.57%）

平成30年（2018年）10月28日実施

当①中原　八一 59 無 自民 新 98,975
　　小柳　聡 31 無 共産 自由 社民 新 90,902
　　吉田　孝志 56 無 新 90,539
　　飯野　晋 45 無 新 49,425
　　　　　　　　　　　（投票率49.83%）

（白根市長選挙）

平成元年（1989年）1月15日実施

当②滝沢　昌三 61 無 現 無投票

平成5年（1993年）1月17日実施

当①竹内　正 43 無 新 11,714
　　滝沢　昌三 65 無 現 9,785
　　巳亦　清 44 無 新 256
　　　　　　　　　　　（投票率80.31%）

平成9年（1997年）1月19日実施

当②竹内　正 47 無 現 10,627
　　巳亦　清 48 無 新 1,206
　　　　　　　　　　　（投票率41.12%）

平成13年（2001年）1月21日実施

当①吉沢　真澄 48 無 新 12,425
　　竹内　正 51 無 現 9,041
　　　　　　　　　　　（投票率69.70%）

平成17年（2005年）1月16日実施

当②吉沢　真澄 52 無 現 無投票

※平成17年（2005年）3月21日白根市は旧新潟市・豊栄市・新津市・中蒲原郡小須戸町・横越町・亀田町・西蒲原郡岩室村・西川町・味方村・潟東村・月潟村・中之口村と編入合併して新潟市となる

（豊栄市長選挙）

平成3年（1991年）4月14日実施

当②小川　竹二 53 無 現 無投票

平成7年（1995年）4月16日実施

当③小川　竹二 57 無 現 無投票

新潟県　　　地方選挙総覧＜知事・市長・特別区長＞ 平成篇1989-2019

平成11年（1999年）4月18日実施

当④小川　竹二　61　無　　　　現　　　無投票

平成15年（2003年）4月20日実施

当⑤小川　竹二　65　無　　　　現　　　無投票

※平成17年（2005年）3月21日豊栄市は旧新潟市・白根市・新津市・中蒲原郡小須戸町・横越町・亀田町・西蒲原郡岩室村・西川町・味方村・潟東村・月潟村・中之口村と編入合併して新潟市となる

（新津市長選挙）

平成元年（1989年）1月22日実施

当③斎藤　富雄　56　無　　　　現　　19,114
　　上杉　国武　44　無　　　　新　　10,254
　　　　　　　　　　　　　　（投票率 62.65％）

平成3年（1991年）3月17日実施

当①小林　一三　55　無　　　　新　　23,767
　　関川　金吾　53　無　　　　新　　13,263
　　　　　　　　　　　　　　（投票率 76.88％）

平成7年（1995年）2月19日実施

当②小林　一三　59　無　　　　現　　22,419
　　木村　元　　62　共　　　　新　　 5,935
　　　　　　　　　　　　　　（投票率 56.55％）

平成11年（1999年）2月14日実施

当③小林　一三　63　無　　　　現　　　無投票

平成12年（2000年）11月5日実施

当①湯田　幸永　63　無　　　　新　　13,932
　　青野　寛一　55　無　　　　新　　 6,450
　　中野　保　　72　無　　　　新　　 6,067
　　田辺　典茂　41　無　　　　新　　 5,718
　　楠原　光政　57　無　　　　新　　　 543
　　　　　　　　　　　　　　（投票率 61.80％）

平成16年（2004年）2月29日実施

当②湯田　幸永　67　無　　　　前　　25,491
　　青野　寛一　58　無　　　　新　　12,049
　　　　　　　　　　　　　　（投票率 70.16％）

平成16年（2004年）10月10日実施

当③湯田　幸永　67　無　　　　現　　　無投票

※平成17年（2005年）3月21日新津市は旧新潟市・白根市・豊栄市・中蒲原郡小須戸町・横越町・亀田町・西蒲原郡岩室村・西川町・味方村・潟東村・月潟村・中之口村と編入合併して新潟市となる

阿賀野市長選挙

平成16年（2004年）4月1日北蒲原郡安田町・京ヶ瀬村・水原町・笹神村が新設合併・市制施行して阿賀野市となる

平成16年（2004年）4月25日実施

当①本田　富雄　82　無　　　　新　　17,574
　　五十嵐雄介　67　無　　　　新　　13,643
　　　　　　　　　　　　　　（投票率 81.78％）

平成20年（2008年）4月20日実施

当①天野　市栄　49　無　　　　新　　14,384
　　田中　潔　　65　無　　　　新　　10,706
　　　　　　　　　　　　　　（投票率 66.18％）

平成24年（2012年）4月22日実施

当①田中　清善　60　無　　　　新　　10,335
　　雪　　正文　49　無　　　　新　　 7,887
　　天野　市栄　53　諸　　　　現　　 7,195
　　　　　　　　　　　　　　（投票率 68.54％）

平成28年（2016年）4月17日実施

当②田中　清善　64　無　　　　現　　13,933
　　天野　市栄　57　無　　　　前　　 5,715
　　　　　　　　　　　　　　（投票率 54.71％）

糸魚川市長選挙

平成元年（1989年）10月15日実施

当②木島長右エ門　57　無　　　現　　　無投票

平成5年（1993年）10月17日実施

当③木島長右エ
　　門　　　　61　無　　　　　現　　無投票

平成9年（1997年）10月26日実施

当①山田　紀之　56　無　　　　　新　　　9,523
　　吉岡　静夫　61　無　　　　　新　　　7,340
　　後藤　善和　47　無　　　　　新　　　3,605
（投票率 78.40%）

平成13年（2001年）10月21日実施

当①吉岡　静夫　65　無　　　　　新　　10,933
　　山田　紀之　60　無　　　　　現　　　9,874
（投票率 80.07%）

平成17年（2005年）4月24日実施

当①米田　　徹　56　無　　　　　新　　15,824
　　山岸　美隆　50　無　　　　　新　　10,346
　　吉岡　静夫　68　無　　　　　新　　　8,777
（投票率 84.44%）

平成21年（2009年）4月12日実施

当②米田　　徹　60　無　　　　　現　　無投票

平成25年（2013年）4月14日実施

当③米田　　徹　64　無　　　　　現　　無投票

平成29年（2017年）4月16日実施

当④米田　　徹　68　無　　　　　現　　19,554
　　古畑　浩一　57　無　　　　　新　　　7,274
（投票率 72.04%）

魚沼市長選挙

平成16年（2004年）11月1日北魚沼郡堀之内町・小出町・湯之谷村・広神村・守門村・入広瀬村が新設合併・市制施行して魚沼市となる

平成16年（2004年）12月12日実施

当①星野　芳昭　67　無　　　　　新　　13,448
　　高橋　利勝　63　無　　　　　新　　10,630
　　桜井　洋三　63　無　　　　　新　　　3,202
（投票率 77.67%）

平成20年（2008年）11月30日実施

当①大平　悦子　52　無　　　　　新　　13,461
　　星野　芳昭　71　無　　　　　現　　11,772
（投票率 73.89%）

平成24年（2012年）12月2日実施

当②大平　悦子　56　無　　　　　現　　11,214
　　森島　守人　58　無　　　　　新　　10,618
　　大桃　　聡　56　無　　　　　新　　　1,724
（投票率 72.34%）

平成28年（2016年）12月4日実施

当①佐藤　雅一　65　無　　　　　新　　10,794
　　大平　悦子　60　無　　　　　現　　10,554
（投票率 67.90%）

小千谷市長選挙

平成元年（1989年）7月9日実施

当①小出　　弘　57　無　　　　　新　　12,088
　　仲　　健一　62　無　　　　　新　　　9,573
　　清野　正男　39　無　　　　　新　　　6,485
（投票率 88.22%）

平成5年（1993年）6月20日実施

当②小出　　弘　60　無　　　　　現　　無投票

平成9年（1997年）6月29日実施

当①広井　庄一　65　無　　　　　新　　13,625
　　山崎　　晄　52　無　　　　　新　　10,512
（投票率 74.63%）

平成10年（1998年）11月29日実施

当①関　　広一　63　無　　　　　新　　15,241
　　広井　庄一　66　無　　　　　前　　11,336
（投票率 80.83%）

平成14年（2002年）11月10日実施

当②関　　広一　67　無　　　　　現　　無投票

平成18年（2006年）11月12日実施

当①谷井　靖夫　68　無　　　　　新　　無投票

新潟県

平成22年（2010年）11月14日実施

当② 谷井　靖夫　72　無　　　現　　15,664
　　 佐藤　信幸　61　無　　　新　　 7,044
　　　　　　　　　　　　（投票率71.04％）

平成26年（2014年）11月9日実施

当① 大塚　昇一　63　無　　　新　　無投票

平成30年（2018年）11月11日実施

当② 大塚　昇一　67　無　　　現　　無投票

柏崎市長選挙

平成3年（1991年）4月21日実施

当② 飯塚　　正　62　無　　　現　　42,258
　　 藤巻　泰男　62　共　　　新　　11,385
　　　　　　　　　　　　（投票率85.31％）

平成4年（1992年）12月6日実施

当① 西川　正純　49　無　　　新　　30,372
　　 飯塚　晴紀　61　無　　　新　　10,353
　　 芝井　美智　65　無　　　新　　 2,633
　　　　　　　　　　　　（投票率66.21％）

平成8年（1996年）11月17日実施

当② 西川　正純　53　無　　　現　　30,536
　　 植木　正直　46　無　　　新　　 9,410
　　　　　　　　　　　　（投票率59.01％）

平成12年（2000年）11月19日実施

当③ 西川　正純　57　無　　　現　　26,197
　　 村山　史彦　65　無　　　新　　16,082
　　　　　　　　　　　　（投票率62.60％）

平成16年（2004年）11月14日実施

当① 会田　　洋　57　無　　　新　　17,293
　　 西川　正純　61　無　　　現　　16,520
　　 桜井　雅浩　42　無　　　新　　15,385
　　　　　　　　　　　　（投票率71.85％）

平成20年（2008年）11月16日実施

当② 会田　　洋　61　無　　　現　　27,394
　　 桜井　雅浩　46　無　　　新　　26,373
　　　　　　　　　　　　（投票率71.42％）

平成24年（2012年）11月18日実施

当③ 会田　　洋　65　無　　　現　　26,734
　　 西川　孝純　64　無　　　新　　20,968
　　　　　　　　　　　　（投票率64.93％）

平成28年（2016年）11月20日実施

当① 桜井　雅浩　54　無　　　新　　30,220
　　 竹内　英子　47　無　　　新　　16,459
　　　　　　　　　　　　（投票率64.06％）

加茂市長選挙

平成3年（1991年）4月14日実施

当② 太田大三郎　67　無　　　現　　無投票

平成7年（1995年）4月23日実施

当① 小池　清彦　58　無　　　新　　12,189
　　 川崎　一維　44　無　　　新　　 9,102
　　 市川　年栄　55　無　　　新　　　454
　　　　　　　　　　　　（投票率83.92％）

平成11年（1999年）4月25日実施

当② 小池　清彦　62　無　　　現　　14,534
　　 高橋　誠一　56　無　　　新　　 7,863
　　　　　　　　　　　　（投票率84.54％）

平成15年（2003年）4月27日実施

当③ 小池　清彦　66　無　　　現　　12,726
　　 坂上　時平　53　無　　　新　　 6,784
　　　　　　　　　　　　（投票率75.41％）

平成19年（2007年）4月22日実施

当④ 小池　清彦　70　無　　　現　　11,570
　　 鶴巻　貴弘　64　無　　　新　　 4,159
　　 田沢　弘一　60　無　　　新　　 3,596
　　　　　　　　　　　　（投票率74.92％）

平成23年（2011年）4月17日実施

当⑤ 小池　清彦　74　無　　　現　　無投票

平成27年（2015年）4月26日実施

当⑥	小池　清彦	78	無	現	9,976
	坂上　時平	65	無	新	6,224

（投票率 68.54%）

平成31年（2019年）4月21日実施

当①	藤田　明美	48	無	新	8,650
	小池　清彦	82	無	現	7,388

（投票率 69.58%）

五泉市長選挙

平成2年（1990年）11月4日実施

当③　林　十一郎　65　無　　　現　　無投票

平成6年（1994年）11月6日実施

当④　林　十一郎　69　無　　　現　　無投票

平成10年（1998年）3月15日実施

当①　五十嵐　基　57　無　　　新　　15,752
　　土田　春夫　51　無　　　新　　 7,991

（投票率 77.73%）

平成14年（2002年）2月10日実施

当②　五十嵐　基　61　無　　　現　　無投票

平成18年（2006年）1月22日実施

当①　五十嵐　基　65　無　　　新　　無投票

平成22年（2010年）1月24日実施

当①　伊藤　勝美　59　無　　　新　　13,530
　　林　　茂　　61　無　　　新　　10,395
　　町田　俊夫　61　無　　　新　　 7,529

（投票率 68.26%）

平成26年（2014年）1月19日実施

当②　伊藤　勝美　63　無　　　現　　無投票

平成30年（2018年）1月21日実施

当③　伊藤　勝美　67　無　　　現　　15,050
　　安中　聡　　40　無　　　新　　 7,632

　　後藤　浩昌　56　無　　　新　　　318

（投票率 52.93%）

佐渡市長選挙

平成16年（2004年）3月1日両津市・佐渡郡相川町・佐和田町・金井町・新穂村・畑野町・真野町・小木町・羽茂町・赤泊村が新設合併して佐渡市となる

平成16年（2004年）4月18日実施

当①　高野宏一郎　64　無　　　新　　27,221
　　川口　徳一　　64　無　　　新　　21,792

（投票率 87.35%）

平成20年（2008年）4月13日実施

当②　高野宏一郎　68　無　　　現　　18,520
　　川口　徳一　　68　無　　　新　　17,171
　　雑賀　徹男　　52　無　　　新　　 8,558

（投票率 81.69%）

平成24年（2012年）4月8日実施

当①　甲斐　元也　　66　無　　　新　　23,822
　　大桃　一浩　　41　無　　　新　　13,244
　　小南舘清子　　63　無　　　新　　 1,383

（投票率 76.06%）

平成28年（2016年）4月10日実施

当①　三浦　基裕　59　無　　　新　　20,703
　　甲斐　元也　70　無　　　現　　15,221

（投票率 75.07%）

（両津市長選挙）

平成3年（1991年）12月8日実施

当③　伊豆野一郎　66　無　　　現　　7,261
　　斎藤甲子郎　61　無　　　新　　6,698

（投票率 90.25%）

平成7年（1995年）12月24日実施

当①　川口　徳一　56　無　　　新　　7,360
　　石川　忍　　63　無　　　新　　5,681

（投票率 87.44%）

(両津市長選挙続き)

平成11年（1999年）11月28日実施

当②	川口 徳一	60	無	現	9,631
	市橋 長助	94	無	新	2,965

(投票率 87.76%)

平成15年（2003年）11月23日実施

当③	川口 徳一	64	無	現	6,287
	加賀 博昭	68	無	新	3,548

(投票率 70.59%)

※平成16年（2004年）3月1日両津市は佐渡郡相川町・佐和田町・金井町・新穂村・畑野町・真野町・小木町・羽茂町・赤泊村と新設合併して佐渡市となる

三条市長選挙

平成3年（1991年）4月21日実施

当③	内山 裕一	62	無	現	22,532
	高坂 純	64	無	新	14,126
	長谷川長二郎	61	無	新	13,758
	枡沢 勇	69	共	新	1,962

(投票率 83.64%)

平成7年（1995年）4月23日実施

当①	長谷川長二郎	65	無	新	20,037
	滝口 恵介	57	無	新	12,224
	久住 久俊	45	無	新	10,115
	馬場 信彦	54	無	新	9,181

(投票率 79.88%)

平成11年（1999年）4月25日実施

当①	高橋 一夫	61	無	新	30,317
	長谷川長二郎	69	無	現	21,814

(投票率 78.80%)

平成15年（2003年）4月20日実施

当②	高橋 一夫	65	無	現	無投票

平成17年（2005年）6月5日実施

当①	高橋 一夫	67	無	新	無投票

平成18年（2006年）11月12日実施

当①	国定 勇人	34	無	新	28,866
	山井 伸泰	59	無	新	24,927

(投票率 62.85%)

平成22年（2010年）10月31日実施

当②	国定 勇人	38	無	現	37,035
	山井 伸泰	63	無	新	19,071

(投票率 66.32%)

平成26年（2014年）10月19日実施

当③	国定 勇人	42	無	現	無投票

平成30年（2018年）10月21日実施

当④	国定 勇人	46	無	現	無投票

新発田市長選挙

平成2年（1990年）11月18日実施

当④	近 寅彦	60	無	現	25,683
	梁取 彰三	58	無	新	17,858

(投票率 75.01%)

平成6年（1994年）11月20日実施

当⑤	近 寅彦	64	無	現	17,496
	小池 雄治	51	無	新	17,312
	佐藤 浩雄	50	無	新	11,583

(投票率 76.63%)

平成10年（1998年）11月15日実施

当①	片山 吉忠	66	無	新	22,218
	近 寅彦	68	無	現	15,678
	佐藤 茂	48	無	新	5,074

(投票率 68.82%)

平成14年（2002年）11月10日実施

当②	片山 吉忠	70	無	現	無投票

平成18年（2006年）11月19日実施

当③	片山 吉忠	74	無	現	21,706
	小柳 肇	41	無	新	10,466

(投票率 38.57%)

平成22年（2010年）11月21日実施

当①	二階堂	馨 58	無	新	21,173
	佐藤	浩雄 66	無	新	17,298
	鬼嶋	正之 63	無	新	15,758
	三村	誉一 64	無	新	689

（投票率 65.47%）

平成26年（2014年）11月16日実施

当②	二階堂	馨 62	無	現	24,134
	三村	誉一 68	無	新	4,715

（投票率 35.65%）

平成30年（2018年）11月18日実施

当③	二階堂	馨 66	無	現	26,292
	小林	誠 42	無	新	17,400

（投票率 53.12%）

上越市長選挙

平成2年（1990年）1月28日実施

当⑤	植木	公 66	無	現	29,930
	須藤	友三郎 65	共	新	10,765

（投票率 44.72%）

平成5年（1993年）11月7日実施

当①	宮越	馨 52	無	新	37,647
	佐藤	英一 59	無	新	23,624
	田中	徳光 48	共	新	4,221

（投票率 68.20%）

平成9年（1997年）10月26日実施

当②	宮越	馨 56	無	現	33,899
	関原	忠良 48	無	新	23,601
	阿部	正義 53	共	新	3,908

（投票率 61.05%）

平成13年（2001年）10月28日実施

当①	木浦	正幸 48	無	新	51,301
	宮越	馨 60	無	現	28,612

（投票率 76.78%）

平成17年（2005年）10月30日実施

当②	木浦	正幸 52	無	現	81,402
	宮越	馨 64	無	前	30,110

（投票率 67.01%）

平成21年（2009年）10月25日実施

当①	村山	秀幸 61	無	新	53,071
	大島	誠 49	無	新	30,400
	宮越	馨 68	無	元	24,020

（投票率 65.09%）

平成25年（2013年）10月20日実施

当②	村山	秀幸 65	無	現	無投票

平成29年（2017年）10月22日実施

当③	村山	秀幸 69	無	現	52,609
	中川	幹太 42	無	新	51,147

（投票率 64.34%）

胎内市長選挙

平成17年（2005年）9月1日北蒲原郡中条町・黒川村が新設合併・市制施行して胎内市となる

平成17年（2005年）10月2日実施

当①	吉田	和夫 60	無	新	12,186
	丸岡	隆二 64	無	新	9,364

（投票率 80.78%）

平成21年（2009年）9月6日実施

当②	吉田	和夫 64	無	現	無投票

平成25年（2013年）9月15日実施

当③	吉田	和夫 68	無	現	無投票

平成29年（2017年）9月17日実施

当①	井畑	明彦 56	無	新	9,724
	三宅	政一 63	無	新	7,695

（投票率 68.74%）

新潟県

燕市長選挙

平成2年（1990年）6月10日実施

当①	登坂　健児	63	無	新	15,497
	杉山　光映	58	無	新	11,540
	柳原　伍郎	66	無	新	1,579

（投票率 88.37%）

平成6年（1994年）6月12日実施

当①杉山　光映 62 無　　　新　15,017
　　登坂　健児 67 無　　　現　13,422
（投票率 85.71%）

平成8年（1996年）9月8日実施

当①髙橋　甚一 60 無　　　新　12,414
　　早渡　伊一 51 無　　　新　7,676
（投票率 59.65%）

平成12年（2000年）9月3日実施

当②髙橋　甚一 64 無　　　現　15,060
　　阿部　健二 61 無　　　新　8,911
（投票率 69.22%）

平成15年（2003年）12月7日実施

当③髙橋　甚一 67 無　　　前　9,795
　　杉山　光映 72 無　　　元　9,488
（投票率 57.03%）

平成16年（2004年）9月5日実施

当④髙橋　甚一 68 無　　　現　11,534
　　杉山　光映 72 無　　　元　9,317
（投票率 60.69%）

平成18年（2006年）4月23日実施

当①小林　　清 69 無　　　新　23,674
　　髙橋　甚一 70 無　　　新　15,923
　　斎藤紀美江 59 無　　　新　7,947
（投票率 70.81%）

平成22年（2010年）4月4日実施

当①鈴木　　力 49 無　　　新　無投票

平成26年（2014年）4月6日実施

当②鈴木　　力 53 無　　　現　無投票

平成30年（2018年）4月1日実施

当③鈴木　　力 57 無　　　現　無投票

十日町市長選挙

平成元年（1989年）11月19日実施

当②丸山　尚政 67 無　　　現　16,236
　　本田欣二郎 58 無　　　新　13,071
（投票率 86.56%）

平成5年（1993年）11月21日実施

当①本田欣二郎 62 無　　　新　17,029
　　須藤　誠也 57 無　　　新　13,437
（投票率 88.89%）

平成9年（1997年）11月16日実施

当②本田欣二郎 66 無　　　現　16,040
　　滝沢　信一 60 無　　　新　12,235
（投票率 81.94%）

平成13年（2001年）11月18日実施

当①滝沢　信一 64 無　　　新　13,948
　　本田欣二郎 70 無　　　現　13,497
（投票率 80.07%）

平成17年（2005年）5月1日実施

当①田口　直人 59 無　　　新　11,510
　　滝沢　信一 67 無　　　新　11,048
　　村山　　薫 60 無　　　新　9,099
　　白川　勝彦 59 無　　　新　8,339
　　樋口　利明 50 無　　　新　3,676
（投票率 84.85%）

平成21年（2009年）4月26日実施

当①関口　芳史 50 無　　　新　21,886
　　田口　直人 63 無　　　現　19,866
（投票率 83.78%）

平成25年（2013年）4月21日実施

当②	関口　芳史	54	無	現	26,939
	樋口　明弘	65	無	新	9,059

（投票率 76.20%）

平成29年（2017年）4月23日実施

当③	関口　芳史	58	無	現	23,355
	樋口　明弘	69	無	新	10,024

（投票率 73.12%）

長岡市長選挙

平成4年（1992年）5月24日実施

当③	日浦晴三郎	73	無	現	53,024
	真貝　秀二	67	共	新	6,986

（投票率 44.69%）

平成8年（1996年）5月25日実施

当④	日浦晴三郎	77	無	現	51,816
	丸山　久明	57	無	新	13,993

（投票率 46.86%）

平成11年（1999年）11月21日実施

当①	森　民夫	50	無	新	43,469
	大原　久治	65	無	新	42,770
	矢尾板恒雄	67	無	新	5,836

（投票率 62.30%）

平成15年（2003年）11月2日実施

当②	森　民夫	54	無	現	無投票

平成19年（2007年）11月11日実施

当③	森　民夫	58	無	現	72,344
	宍戸　末雄	64	無	新	26,035

（投票率 44.04%）

平成23年（2011年）10月30日実施

当④	森　民夫	62	無	現	無投票

平成27年（2015年）11月8日実施

当⑤	森　民夫	66	無	現	63,588

	藤井　盛光	37	無	新	36,973

（投票率 45.20%）

平成28年（2016年）10月16日実施

当①	磯田　達伸	65	無	新	63,969
	小熊　正志	66	無	新	37,879
	藤井　盛光	38	無	新	31,529

（投票率 59.38%）

（栃尾市長選挙）

平成2年（1990年）11月18日実施

当②	杵渕　衛	57	無	現	9,906
	林　欣治	57	無	新	8,710

（投票率 87.88%）

平成6年（1994年）11月13日実施

当③	杵渕　衛	61	無	現	10,035
	林　欣治	61	無	新	8,012

（投票率 86.01%）

平成10年（1998年）11月15日実施

当④	杵渕　衛	65	無	現	9,155
	林　欣治	65	無	新	8,112

（投票率 83.47%）

平成14年（2002年）11月17日実施

当①	馬場潤一郎	62	無	新	9,212
	杵渕　衛	69	無	現	8,012

（投票率 85.42%）

※平成18年（2006年）1月1日栃尾市は旧長岡市・三島郡与板町・和島村・寺泊町と編入合併して長岡市となる

見附市長選挙

平成2年（1990年）10月21日実施

当⑥	内山　文雄	68	無	現	18,816
	石田　秋雄	47	無	新	8,181

（投票率 87.99%）

平成6年（1994年）10月16日実施

当①	大塩　満雄	61	無	新	無投票

新潟県　地方選挙総覧＜知事・市長・特別区長＞平成篇1989-2019

　　　平成10年（1998年）10月18日実施
当②大塩　満雄　65　無　　　　現　　　無投票

　　　平成14年（2002年）10月20日実施
当①久住　時男　52　諸　　　　新　　　14,550
　　山口　登　63　無　　　　新　　　11,698
　　田巻　栄一　54　無　　　　新　　　　845
　　　　　　　　　　　　　　　（投票率78.87%）

　　　平成18年（2006年）10月22日実施
当②久住　時男　56　無　　　　現　　　14,012
　　三本　進一　48　無　　　　新　　　12,001
　　　　　　　　　　　　　　　（投票率76.56%）

　　　平成22年（2010年）10月24日実施
当③久住　時男　60　無　　　　現　　　11,274
　　桑山　三郎　65　無　　　　新　　　 3,062
　　　　　　　　　　　　　　　（投票率42.70%）

　　　平成26年（2014年）10月26日実施
当④久住　時男　64　無　　　　現　　　16,353
　　桑山　三郎　69　無　　　　新　　　 4,757
　　　　　　　　　　　　　　　（投票率65.57%）

　　　平成30年（2018年）10月14日実施
当⑤久住　時男　68　無　　　　現　　　無投票

南魚沼市長選挙

平成16年（2004年）11月1日南魚沼郡六日町・大和町が新設合併・市制施行して南魚沼市となる

　　　平成16年（2004年）11月21日実施
当①井口　一郎　56　無　　　　新　　　無投票

　　　平成20年（2008年）11月16日実施
当②井口　一郎　60　無　　　　現　　　18,350
　　小山　信二　56　無　　　　新　　　12,734
　　　　　　　　　　　　　　　（投票率63.23%）

　　　平成24年（2012年）11月18日実施
当③井口　一郎　64　無　　　　現　　　13,993

　　笠原喜一郎　58　無　　　　新　　　11,805
　　駒形　正明　58　無　　　　新　　　 7,288
　　　　　　　　　　　　　　　（投票率68.62%）

　　　平成28年（2016年）11月20日実施
当①林　茂男　49　無　　　　新　　　16,665
　　山田　勝　60　無　　　　新　　　10,166
　　今井　久美　64　無　　　　新　　　 3,805
　　　　　　　　　　　　　　　（投票率64.26%）

妙高市長選挙

平成17年（2005年）4月1日新井市・中頸城郡妙高高原町・妙高村が編入合併・名称変更して妙高市となる

　　　平成18年（2006年）11月5日実施
当②入村　明　59　無　　　　現　　　無投票

　　　平成22年（2010年）11月7日実施
当③入村　明　63　無　　　　現　　　11,581
　　岡山紘一郎　67　無　　　　新　　　 8,138
　　　　　　　　　　　　　　　（投票率66.59%）

　　　平成26年（2014年）10月26日実施
当④入村　明　67　無　　　　現　　　11,609
　　平　大次郎　37　無　　　　新　　　 5,784
　　　　　　　　　　　　　　　（投票率61.13%）

　　　平成30年（2018年）10月28日実施
当⑤入村　明　71　無　　　　現　　　 9,451
　　渡部　道宏　53　無　　　　新　　　 7,814
　　　　　　　　　　　　　　　（投票率62.61%）

（新井市長選挙）

　　　平成2年（1990年）11月4日実施
当②大塚　久郎　62　無　　　　現　　　無投票

　　　平成6年（1994年）11月6日実施
当③大塚　久郎　66　無　　　　現　　　無投票

　　　平成10年（1998年）11月15日実施
当④大塚　久郎　70　無　　　　現　　　10,043

渡部　一彦 61　無　　　新　　　7,131
(投票率 78.48%)

平成14年（2002年）11月17日実施

当①入村　　明 55　無　　　新　　　7,527
　町井　昭雄 62　無　　　新　　　3,805
　渡部　一彦 65　無　　　新　　　2,911
　相羽　利子 53　無　　　新　　　2,072
(投票率 74.86%)

※平成17年（2005年）4月1日新井市は中頸城郡妙高高原町・妙高村と編入合併・名称変更して妙高市となる

村上市長選挙

平成2年（1990年）4月22日実施

当②若林　久徳 61　無　　　現　　　12,041
　岩田　　孝 57　無　　　新　　　7,535
(投票率 82.78%)

平成6年（1994年）4月17日実施

当③若林　久徳 65　無　　　現　　　10,338
　片野　　猛 43　無　　　新　　　8,792
(投票率 79.28%)

平成10年（1998年）4月19日実施

当④若林　久徳 69　無　　　現　　　10,162
　板垣　　清 75　無　　　新　　　5,427
(投票率 63.30%)

平成14年（2002年）4月28日実施

当①佐藤　　順 56　無　　　新　　　10,844
　若林　久徳 73　無　　　現　　　7,461
(投票率 74.48%)

平成18年（2006年）4月23日実施

当①佐藤　　度 51　無　　　新　　　9,264
　佐藤　　順 60　無　　　現　　　9,110
(投票率 75.59%)

平成20年（2008年）4月27日実施

当①大滝　平正 59　無　　　新　　　16,501
　佐藤　　度 53　無　　　新　　　15,948

佐藤　　順 62　無　　　新　　　15,268
(投票率 83.90%)

平成24年（2012年）4月15日実施

当②大滝　平正 63　無　　　現　　　29,791
　斎藤　寿明 64　無　　　新　　　9,247
(投票率 74.31%)

平成27年（2015年）6月28日実施

当①高橋　邦芳 55　無　　　新　　　18,330
　佐藤　　順 69　無　　　新　　　13,503
　姫路　　敏 54　無　　　新　　　4,649
　斎藤　寿明 67　無　　　新　　　729
(投票率 69.88%)

富山県

富山県

県庁所在地　富山市
市　　数　　10市（平成31年4月現在）
市　　名　　富山市・射水市（新湊市）・魚津市・小矢部市・黒部市・高岡市・砺波市・滑川市・南砺市・氷見市　　　　　　　　　　※（）内は廃止された市

【市に関わる合併・市制施行・名称変更】

市名	実施年月日	関係市町村名等	合併等の内容
富山市	平成17年（2005年）4月1日	富山市・上新川郡大沢野町・大山町・婦負郡八尾町・婦中町・山田村・細入村	【新設合併】
射水市	平成17年（2005年）11月1日	新湊市・射水郡小杉町・大門町・下村・大島町	【新設合併】
黒部市	平成18年（2006年）3月31日	黒部市・下新川郡宇奈月町	【新設合併】
高岡市	平成17年（2005年）11月1日	高岡市・西礪波郡福岡町	【新設合併】
砺波市	平成16年（2004年）11月1日	砺波市・東礪波郡庄川町	【新設合併】
南砺市	平成16年（2004年）11月1日	東礪波郡城端町・平村・上平村・利賀村・井波町・井口村・福野町・西礪波郡福光町	【新設合併・市制施行】

【選挙結果】

富山県知事選挙

平成4年（1992年）10月25日実施

当④中沖　　豊　65　自 民社　　　現　　357,990
　広瀬　信夫　62　無 共産　　　新　　 56,597
　　　　　　　　　　　　　　（投票率 49.29%）

平成8年（1996年）10月20日実施

当⑤中沖　　豊　69　自 公明　　　現　　472,113
　泉野　和之　39　共　　　　　　新　　 70,906
　　　　　　　　　　　　　　（投票率 63.16%）

平成12年（2000年）10月9日実施

当⑥中沖　　豊　73　無 自民 民主 公明 現　　297,447
　　　　　　　　　　　　保守
　東山　福治　61　無 共産　　　新　　 88,409
　　　　　　　　　　　　　　（投票率 43.91%）

平成16年（2004年）10月17日実施

当①石井　隆一　58　無 自民 民主 公明 新　　256,389
　　　　　　　　　　　　社民
　黒田　英夫　54　無 共産　　　新　　 72,015
　　　　　　　　　　　　　　（投票率 37.27%）

平成20年（2008年）10月19日実施

当②石井　隆一　62　無 自民 公明　現　　314,122
　米谷　寛治　61　無 共産　　　新　　 54,113
　　　　　　　　　　　　　　（投票率 41.44%）

平成24年（2012年）10月28日実施

当③石井　隆一　66　無 自民 国生 公明 現　　305,043
　　　　　　　　　　　　みん 国新
　米谷　寛治　65　無 共産　　　新　　 34,676
　　　　　　　　　　　　　　（投票率 38.66%）

平成28年（2016年）10月23日実施

当④石井　隆一　70　無　　　　　　　現　266,673
　　米谷　寛治　69　無 共産　　　　新　 46,081
　　　　　　　　　　　　　　　（投票率 35.34％）

富山市長選挙

平成2年（1990年）1月21日実施

当②正橋　正一　63　無 自民 社会 公明　現　63,320
　　　　　　　　　　　　民社
　　反保　直樹　40　共　　　　　　新　10,937
　　　　　　　　　　　　　　　（投票率 32.15％）

平成5年（1993年）12月26日実施

当③正橋　正一　67　無 自民 社会 新生　現　59,468
　　　　　　　　　　　　公明 民社
　　山崎　乙吉　63　無 共産　　　　新　17,208
　　　　　　　　　　　　　　　（投票率 31.85％）

平成9年（1997年）12月28日実施

当④正橋　正一　71　無 自民 民主 社民　現　44,055
　　　　　　　　　　　　公明
　　大野　孝明　47　無 共産　　　　新　33,125
　　　　　　　　　　　　　　　（投票率 31.13％）

平成14年（2002年）1月20日実施

当①森　　雅志　49　無 自民 民主 公明　新　69,901
　　　　　　　　　　　　自由 保守
　　大野　孝明　51　無 共産　　　　新　29,322
　　　　　　　　　　　　　　　（投票率 39.35％）

平成17年（2005年）4月24日実施

当①森　　雅志　52　無 自民 民主 公明　新　172,012
　　　　　　　　　　　　社民
　　山田　哲男　57　共　　　　　　新　28,287
　　　　　　　　　　　　　　　（投票率 61.17％）

平成21年（2009年）4月19日実施

当②森　　雅志　56　無 自民 民主 公明　現　160,393
　　　　　　　　　　　　社民 国新
　　吉田　　修　58　無 共産　　　　新　31,479
　　　　　　　　　　　　　　　（投票率 58.11％）

平成25年（2013年）4月14日実施

当③森　　雅志　60　無 自民 民主 公明　現　147,594
　　　　　　　　　　　　みん 生活 社民
　　吉田　　修　62　無 共産　　　　新　15,580
　　松永　定夫　63　無　　　　　　新　11,546
　　　　　　　　　　　　　　　（投票率 53.06％）

平成29年（2017年）4月16日実施

当④森　　雅志　64　無 自民 民進 公明　現　117,825
　　高野　善久　65　無 共産　　　　新　 40,636
　　　　　　　　　　　　　　　（投票率 47.84％）

射水市長選挙

> 平成17年（2005年）11月1日新湊市・射水郡
> 小杉町・大門町・下村・大島町が新設合併
> して射水市となる

平成17年（2005年）11月27日実施

当①分家　静男　59　無　　　　　　新　26,351
　　吉田　　力　58　無　　　　　　新　20,680
　　土井　由三　64　無　　　　　　新　15,135
　　　　　　　　　　　　　　　（投票率 82.30％）

平成21年（2009年）11月15日実施

当①夏野　元志　37　無　　　　　　新　31,915
　　分家　静男　63　無　　　　　　現　27,238
　　　　　　　　　　　　　　　（投票率 78.25％）

平成25年（2013年）11月17日実施

当②夏野　元志　41　無　　　　　　現　35,047
　　渡辺　謙一　76　無　　　　　　新　14,664
　　　　　　　　　　　　　　　（投票率 67.40％）

平成29年（2017年）11月12日実施

当③夏野　元志　45　無　　　　　　現　無投票

（新湊市長選挙）

平成3年（1991年）7月7日実施

当①松木　康祐　65　無　　　　　　新　12,842
　　京谷　　甜　51　無　　　　　　新　 6,013
　　　　　　　　　　　　　　　（投票率 63.65％）

富山県

平成7年（1995年）7月2日実施

当②	松木　康祐	69	無	現	12,072
	京谷　甜	55	無	新	3,866

（投票率 53.19%）

平成11年（1999年）7月11日実施

当①	分家　静男	52	無	新	10,806
	太田　晃	61	無	新	6,046
	稲垣　利恭	52	無	新	5,850
	京谷　甜	59	無	新	986

（投票率 78.73%）

平成15年（2003年）7月6日実施

当②	分家　静男	56	無	現	無投票

※平成17年（2005年）11月1日新湊市は射水郡小杉町・大門町・下村・大島町と新設合併して射水市となる

魚津市長選挙

平成4年（1992年）4月26日実施

当①	石川　精二	64	無	新	15,623
	若島　正敬	59	無	新	13,319
	横田　一男	57	無	新	3,654

（投票率 88.87%）

平成8年（1996年）4月14日実施

当②	石川　精二	68	無	現	無投票

平成12年（2000年）4月16日実施

当③	石川　精二	72	無	現	無投票

平成16年（2004年）4月18日実施

当①	沢崎　義敬	57	無	新	12,435
	石川　精二	76	無	現	10,052
	越川　隆文	43	無	新	3,574

（投票率 69.44%）

平成20年（2008年）4月13日実施

当②	沢崎　義敬	61	無	現	無投票

平成24年（2012年）4月15日実施

当③	沢崎　義敬	65	無	現	無投票

平成28年（2016年）4月17日実施

当①	村椿　晃	58	無	新	14,002
	沢崎　豊	53	無	新	10,903

（投票率 71.15%）

小矢部市長選挙

平成2年（1990年）11月18日実施

当②	大家　啓一	55	無	現	無投票

平成6年（1994年）11月13日実施

当③	大家　啓一	59	無	現	無投票

平成10年（1998年）11月8日実施

当④	大家　啓一	63	無	現	無投票

平成14年（2002年）11月17日実施

当⑤	大家　啓一	67	無	現	10,320
	美谷　克己	58	無	新	4,177
	斉藤　寛明	55	無	新	1,209

（投票率 57.24%）

平成18年（2006年）11月19日実施

当①	桜井　森夫	52	無	新	12,298
	松尾　春郎	60	無	新	9,253

（投票率 78.14%）

平成22年（2010年）11月14日実施

当②	桜井　森夫	56	無	現	無投票

平成26年（2014年）11月9日実施

当③	桜井　森夫	60	無	現	無投票

平成30年（2018年）11月11日実施

当④	桜井　森夫	64	無	現	無投票

黒部市長選挙

平成4年（1992年）1月26日実施
当④荻野　幸和 53　自　　　現　　　無投票

平成8年（1996年）1月28日実施
当⑤荻野　幸和 57　自　　　現　　　無投票

平成12年（2000年）1月23日実施
当⑥荻野　幸和 61　無　　　現　　　無投票

平成16年（2004年）1月25日実施
当⑦荻野　幸和 65　自　　　現　　　無投票

平成16年（2004年）8月1日実施
当①堀内　康男 50　無　　　新　　　9,354
　　木島　信秋 51　無　　　新　　　8,152
　　能村　常穂 58　無　　　新　　　5,175
（投票率 76.90%）

平成18年（2006年）4月16日実施
当①堀内　康男 52　無　　　新　　　無投票

平成22年（2010年）4月4日実施
当②堀内　康男 56　無　　　現　　　無投票

平成26年（2014年）4月13日実施
当③堀内　康男 60　無　　　現　　　11,242
　　西江　嘉晃 58　無　　　新　　　4,397
（投票率 46.44%）

平成30年（2018年）4月15日実施
当①大野　久芳 69　無　　　新　　　9,480
　　川上　浩 62　無　　　新　　　8,409
　　川本　敏和 60　無　　　新　　　4,548
（投票率 65.35%）

高岡市長選挙

平成4年（1992年）4月19日実施
当②佐藤　孝志 53　無　　　現　　　無投票

平成8年（1996年）4月28日実施
当③佐藤　孝志 57　無　　　現　　　41,524
　　上田　俊彦 42　共　　　新　　　5,850
（投票率 35.02%）

平成12年（2000年）5月21日実施
当④佐藤　孝志 61　無　　　現　　　42,646
　　岩瀬　広志 50　共　　　新　　　10,299
（投票率 38.95%）

平成16年（2004年）5月23日実施
当①橘　慶一郎 43　無　　　新　　　55,137
　　向井　英二 58　無　　　新　　　45,172
（投票率 73.12%）

平成17年（2005年）11月13日実施
当①橘　慶一郎 44　無　　　新　　　無投票

平成21年（2009年）7月12日実施
当①高橋　正樹 55　無　　　新　　　43,681
　　高橋　渡 46　共　　　新　　　8,490
（投票率 36.26%）

平成25年（2013年）6月23日実施
当②高橋　正樹 59　無　　　現　　　無投票

平成29年（2017年）6月25日実施
当③高橋　正樹 63　無　　　現　　　無投票

砺波市長選挙

平成元年（1989年）12月17日実施
当②岡部　昇栄 70　自　　　現　　　無投票

平成5年（1993年）12月12日実施
当③岡部　昇栄 74　自　　　現　　　無投票

平成9年（1997年）12月21日実施
当①安念　鉄夫 65　無　　　新　　　12,326
　　岡部　昇栄 78　自　　　現　　　12,277
（投票率 80.76%）

富山県

平成13年（2001年）12月16日実施

当② 安念　鉄夫 69　無　　　現　　無投票

平成16年（2004年）11月21日実施

当① 安念　鉄夫 72　無　　　新　　無投票

平成20年（2008年）11月9日実施

当① 上田　信雅 67　無　　　新　　無投票

平成24年（2012年）10月28日実施

当① 夏野　　修 57　無　　　新　　17,446
　　堀田　信一 63　無　　　新　　 6,213
　　宝田　　実 51　無　　　新　　 2,041
　　　　　　　　　　　　（投票率 65.93%）

平成28年（2016年）11月6日実施

当② 夏野　　修 61　無　　　現　　無投票

滑川市長選挙

平成2年（1990年）2月4日実施

当② 沢田　寿朗 64　無　　　現　　無投票

平成6年（1994年）2月6日実施

当③ 沢田　寿朗 68　無　　　現　　無投票

平成10年（1998年）2月8日実施

当④ 沢田　寿朗 72　無　　　現　　無投票

平成14年（2002年）2月10日実施

当① 中屋　一博 54　無　　　新　　11,336
　　沢田　寿朗 76　無　　　現　　 8,178
　　　　　　　　　　　　（投票率 73.24%）

平成18年（2006年）2月5日実施

当② 中屋　一博 58　無　　　現　　無投票

平成22年（2010年）2月14日実施

当① 上田　昌孝 66　無　　　新　　 9,884
　　中屋　一博 62　無　　　現　　 7,918
　　　　　　　　　　　　（投票率 65.85%）

平成26年（2014年）2月9日実施

当② 上田　昌孝 70　無　　　現　　 9,395
　　久保　真人 59　無　　　新　　 4,164
　　中屋　一博 66　無　　　前　　 3,805
　　　　　　　　　　　　（投票率 64.70%）

平成30年（2018年）2月4日実施

当③ 上田　昌孝 74　無　　　現　　 7,749
　　水野　達夫 54　無　　　新　　 7,371
　　　　　　　　　　　　（投票率 55.12%）

南砺市長選挙

平成16年（2004年）11月1日東礪波郡城端町・平村・上平村・利賀村・井波町・井口村・福野町・西礪波郡福光町が新設合併・市制施行して南砺市となる

平成16年（2004年）11月28日実施

当① 溝口　　進 74　無　　　新　　29,949
　　開　　真一 57　無　　　新　　10,635
　　　　　　　　　　　　（投票率 86.69%）

平成20年（2008年）11月16日実施

当① 田中　幹夫 47　無　　　新　　20,998
　　清都　邦夫 65　無　　　新　　17,738
　　　　　　　　　　　　（投票率 82.62%）

平成24年（2012年）10月21日実施

当② 田中　幹夫 51　無　　　現　　無投票

平成28年（2016年）11月6日実施

当③ 田中　幹夫 55　無　　　現　　無投票

氷見市長選挙

平成2年（1990年）3月11日実施

当① 七尾晶一朗 53　無　　　新　　23,554
　　茶谷　一男 69　無　　　現　　16,550
　　　　　　　　　　　　（投票率 86.23%）

平成6年（1994年）3月20日実施

当②七尾晶一朗 57　無　　　　現　　無投票

平成10年（1998年）3月22日実施

当①堂故　　茂 45　無　　　　新　　23,423
　野畑　圭造 55　無　　　　新　　15,121
　　　　　　　　　　　　（投票率 81.63%）

平成14年（2002年）3月17日実施

当②堂故　　茂 49　無　　　　現　　無投票

平成18年（2006年）3月12日実施

当③堂故　　茂 53　無　　　　現　　無投票

平成22年（2010年）3月14日実施

当④堂故　　茂 57　無　　　　現　　無投票

平成25年（2013年）4月7日実施

当①本川祐治郎 46　無　　　　新　　16,992
　寺下　利宏 53　無　　　　新　　14,459
　　　　　　　　　　　　（投票率 72.95%）

平成29年（2017年）4月2日実施

当①林　　正之 60　無　　　　新　　18,017
　本川祐治郎 49　無　　　　現　　11,422
　沢田　　勇 75　無　　　　新　　　724
　　　　　　　　　　　　（投票率 71.94%）

石 川 県

県庁所在地　　金沢市
市　　数　　　11市（平成31年4月現在）
市　　名　　　金沢市・加賀市・かほく市・小松市・珠洲市・七尾市・野々市市・能美市・羽咋市・白山市（松任市）・輪島市　　　　　　※（）内は廃止された市
主な政治団体　新進石川（進石）
（略称）

【市に関わる合併・市制施行・名称変更】

市名	実施年月日	関係市町村名等	合併等の内容
加賀市	平成17年（2005年）10月1日	加賀市・江沼郡山中町	【新設合併】
かほく市	平成16年（2004年）3月1日	河北郡高松町・七塚町・宇ノ気町	【新設合併・市制施行】
七尾市	平成16年（2004年）10月1日	七尾市・鹿島郡田鶴浜町・中島町・能登島町	【新設合併】
野々市市	平成23年（2011年）11月11日	石川郡野々市町	【市制施行】
能美市	平成17年（2005年）2月1日	能美郡根上町・寺井町・辰口町	【新設合併・市制施行】
白山市	平成17年（2005年）2月1日	松任市・石川郡美川町・鶴来町・河内村・吉野谷村・鳥越村・尾口村・白峰村	【新設合併】
輪島市	平成18年（2006年）2月1日	輪島市・鳳珠郡門前町	【新設合併】

【選挙結果】

石川県知事選挙

平成3年（1991年）2月3日実施

当⑧	中西　陽一	73	無		現	310,259
	杉山栄太郎	67	無	社会 公明 民社	新	298,601
	内藤　英一	40	共		新	31,923

（投票率 76.47%）

平成6年（1994年）3月27日実施

当①	谷本　正憲	48	無	社会 新生 公明 日新 民社 さき 社連	新	288,085
	石川　　弘	65	無	自民	新	277,426
	清水　　巍	51	無		新	48,417

（投票率 70.90%）

平成10年（1998年）3月15日実施

当②	谷本　正憲	52	無	自民 民主 自由 民政 社民 友愛 公明	現	358,426
	清水　　巍	55	無	共産	新	81,737

（投票率 49.51%）

平成14年（2002年）3月17日実施

当③	谷本　正憲	56	無	自民 民主 公明 自由 社民 保守 進石	現	332,669
	新井田義弘	49	無	共産	新	61,192

（投票率 43.16%）

平成18年（2006年）3月19日実施

当④	谷本	正憲	60	無	自民 公明 社民 進石	現	304,763
	木村	吉伸	54	無	共産	新	64,019

（投票率 40.10％）

平成22年（2010年）3月14日実施

当⑤	谷本	正憲	64	無	社民	現	296,628
	桑原	豊	64	無		新	105,166
	木村	吉伸	58	無	共産	新	33,817
	米村	照夫	70	無		新	9,056

（投票率 48.13％）

平成26年（2014年）3月16日実施

当⑥	谷本	正憲	68	無	社民	現	285,242
	川	裕一郎	42	無		新	94,212
	木村	吉伸	62	無	共産	新	34,464

（投票率 44.98％）

平成30年（2018年）3月11日実施

| 当⑦ | 谷本 | 正憲 | 72 | 無 | 社民 | 現 | 288,531 |
| | 小倉 | 恵美 | 65 | 無 | 共産 | 新 | 72,414 |

（投票率 39.07％）

金沢市長選挙

平成2年（1990年）11月18日実施

当①	山出	保	58	無	自民 社会 公明 民社	新	118,490
	北元	喜雄	66	無		新	59,708
	中島	省三	62	諸	共産	新	12,139

（投票率 61.70％）

平成6年（1994年）11月13日実施

| 当② | 山出 | 保 | 62 | 無 | 自民 社会 新生 公明 さき 民社 | 現 | 98,967 |
| | 東 | 孝二 | 63 | 無 | 共産 | 新 | 15,478 |

（投票率 35.30％）

平成10年（1998年）11月15日実施

| 当③ | 山出 | 保 | 66 | 無 | 民主 公明 社民 | 現 | 90,718 |
| | 杉浦 | 常男 | 74 | 無 | 共産 | 新 | 18,511 |

（投票率 32.40％）

平成14年（2002年）11月17日実施

当④	山出	保	70	無	自民 民主 公明 自由 社民 無会 進石	現	72,608
	内藤	英一	52	無	共産	新	12,597
	高木	義信	59	諸		新	5,152

（投票率 26.38％）

平成18年（2006年）11月19日実施

当⑤	山出	保	74	無	自民 民主 公明 社民 進石	現	68,566
	平田	俊一	55	無	共産	新	15,763
	中川	隆幸	59	無		新	10,232

（投票率 27.39％）

平成22年（2010年）11月28日実施

当①	山野	之義	48	無		新	58,204
	山出	保	79	無	民主 社民 国新	現	56,840
	黒崎	清則	62	無	共産	新	7,370
	米村	照夫	71	無		新	2,244
	沖野	正憲	63	無		新	2,170

（投票率 35.93％）

平成26年（2014年）10月5日実施

当②	山野	之義	52	無		前	93,698
	下沢	佳充	53	無	自民 公明	新	35,924
	石坂	修一	61	無	民主 社民	新	28,316
	升	きよみ	71	無	共産	新	10,311

（投票率 47.03％）

平成26年（2014年）11月23日実施

| 当③ | 山野 | 之義 | 52 | 無 | | 現 | 無投票 |

平成30年（2018年）11月11日実施

| 当④ | 山野 | 之義 | 56 | 無 | 国民 公明 | 現 | 76,346 |
| | 南 | 章治 | 63 | 無 | 共産 | 新 | 14,968 |

（投票率 24.92％）

加賀市長選挙

平成3年（1991年）1月27日実施

| 当② | 矢田松太郎 | | 62 | 無 | | 現 | 無投票 |

石川県

平成7年（1995年）1月22日実施
当③矢田松太郎	66	無	現	21,956
下口　進	45	無	新	17,536

（投票率 75.46%）

平成11年（1999年）1月31日実施
当①大幸　甚	57	無	新	24,824
菊知　龍雄	68	無	新	15,631

（投票率 75.21%）

平成15年（2003年）1月12日実施
当②大幸　甚　61　無　　現　　無投票

平成17年（2005年）10月30日実施
当①大幸　甚	63	無	新	27,186
宮尾　三郎	58	無	新	19,239

（投票率 76.26%）

平成21年（2009年）10月18日実施
当①寺前　秀一	60	無	新	27,166
林　茂信	59	無	新	18,216

（投票率 75.59%）

平成25年（2013年）10月6日実施
当①宮元　陸	56	無	新	25,107
寺前　秀一	64	無	現	18,115

（投票率 74.48%）

平成29年（2017年）9月24日実施
当②宮元　陸　60　無　　現　　無投票

かほく市長選挙

平成16年（2004年）3月1日河北郡高松町・七塚町・宇ノ気町が新設合併・市制施行してかほく市となる

平成16年（2004年）4月11日実施
当①油野和一郎	54	無	新	14,616
城村孝一郎	56	無	新	7,312

（投票率 79.39%）

平成20年（2008年）3月16日実施
当②油野和一郎　58　無　　現　　無投票

平成24年（2012年）3月18日実施
当③油野和一郎　62　無　　現　　無投票

平成28年（2016年）3月13日実施
当④油野和一郎　66　無　　現　　無投票

小松市長選挙

平成4年（1992年）7月12日実施
当①北　栄一郎	44	無	新	36,252
竹田　又男	65	無	現	31,127

（投票率 86.45%）

平成8年（1996年）7月7日実施
当②北　栄一郎	48	無	現	37,594
新井田義弘	43	共	新	5,414

（投票率 54.75%）

平成9年（1997年）4月13日実施
当①西村　徹	57	無	新	33,513
北　栄一郎	49	無	前	21,324
谷口　堯男	73	無	新	4,934

（投票率 74.00%）

平成13年（2001年）3月25日実施
当②西村　徹	61	無	現	37,375
新井田義弘	48	無	新	5,649

（投票率 52.35%）

平成17年（2005年）3月27日実施
当③西村　徹	65	無	現	28,633
和田　慎司	53	無	新	25,973
北　栄一郎	57	無	元	8,658

（投票率 73.75%）

平成21年（2009年）3月29日実施
当①和田　慎司	57	無	新	34,646
西村　徹	69	無	現	27,221

（投票率 72.10%）

平成25年（2013年）3月24日実施

当②	和田　慎司	61	無	現	34,490
	北　栄一郎	65	無	元	9,650
	浜崎　茂	45	無	新	1,453

（投票率54.42％）

平成29年（2017年）3月26日実施

当③	和田　慎司	65	無	現	27,735
	宮橋　勝栄	37	無	新	22,678
	浜崎　茂	49	無	新	1,065

（投票率59.06％）

珠洲市長選挙

平成元年（1989年）4月16日実施

当②	林　幹人	59	自	現	8,021
	北野　進	29	無	新	6,295
	米村　照夫	49	無	新	2,166

（投票率85.47％）

平成5年（1993年）4月18日実施

当③	林　幹人	63	無	現	9,199
	樫田準一郎	62	無	新	8,241

（投票率92.41％）

平成8年（1996年）7月14日実施

当①	貝蔵　治	58	無	新	9,356
	樫田準一郎	65	無	新	7,498

（投票率91.86％）

平成12年（2000年）6月18日実施

当②	貝蔵　治	62	無	現	9,300
	泉谷満寿裕	36	無	新	6,690

（投票率90.54％）

平成16年（2004年）6月13日実施

当③	貝蔵　治	66	無	現	8,428
	小谷内　毅	43	無	新	5,497

（投票率83.07％）

平成18年（2006年）6月11日実施

当①	泉谷満寿裕	42	無	新	8,413
	木之下　明	67	無	新	5,287

（投票率84.19％）

平成22年（2010年）5月23日実施

当②	泉谷満寿裕	46	無	現	9,481
	落合　誓子	63	無	新	2,504

（投票率79.73％）

平成26年（2014年）5月25日実施

当③	泉谷満寿裕	50	無	現	7,939
	浜田　隆伸	52	無	新	2,712

（投票率76.91％）

平成30年（2018年）5月20日実施

当④	泉谷満寿裕	54	無	現	8,012
	米村　照夫	78	無	新	609

（投票率67.24％）

七尾市長選挙

平成元年（1989年）10月22日実施

当②	石垣　宏	54	無	現	無投票

平成5年（1993年）10月17日実施

当③	石垣　宏	58	無	現	無投票

平成9年（1997年）10月26日実施

当④	石垣　宏	62	無	現	15,537
	山崎　憲三	62	無	新	5,047
	黒崎　清則	49	共	新	2,897

（投票率63.17％）

平成13年（2001年）10月28日実施

当①	武元　文平	61	無	新	18,338
	石垣　宏	66	無	現	11,285

（投票率78.92％）

平成16年（2004年）11月7日実施

当①	武元　文平	64	無	新	24,750
	中村　康夫	60	無	新	15,399

（投票率78.12％）

平成20年（2008年）10月26日実施
当② 武元　文平　68　無　　　現　　20,667
　　 政浦幸太郎　40　無　　　新　　14,289
　　　　　　　　　　　　　　（投票率71.30％）

平成24年（2012年）10月28日実施
当① 不嶋　豊和　63　無　　　新　　16,763
　　 西川　栄紀　68　無　　　新　　 6,201
　　 坂井　助光　64　無　　　新　　 6,098
　　　　　　　　　　　　　　（投票率61.63％）

平成28年（2016年）10月16日実施
当② 不嶋　豊和　67　無　　　現　　無投票

野々市市長選挙

平成23年（2011年）11月11日石川郡野々市町が市制施行して野々市市となる

平成27年（2015年）4月19日実施
当① 粟　　貴章　54　無　　　現　　無投票

平成31年（2019年）4月14日実施
当② 粟　　貴章　58　無　　　現　　無投票

能美市長選挙

平成17年（2005年）2月1日能美郡根上町・寺井町・辰口町が新設合併・市制施行して能美市となる

平成17年（2005年）2月27日実施
当① 酒井悌次郎　71　無　　　新　　19,524
　　 佐伯　勝雄　61　無　　　新　　 3,477
　　　　　　　　　　　　　　（投票率63.97％）

平成21年（2009年）2月1日実施
当② 酒井悌次郎　75　無　　　現　　15,744
　　 吉田　歳嗣　70　無　　　新　　10,083
　　　　　　　　　　　　　　（投票率70.05％）

平成25年（2013年）1月27日実施
当③ 酒井悌次郎　79　無　　　現　　無投票

平成29年（2017年）2月5日実施
当① 井出　敏朗　54　無　　　新　　15,763
　　 橋本　崇史　32　無　　　新　　11,712
　　　　　　　　　　　　　　（投票率70.13％）

羽咋市長選挙

平成4年（1992年）9月27日実施
当② 塩谷　一雄　67　無　　　現　　無投票

平成8年（1996年）10月6日実施
当① 本吉　達也　44　無　　　新　　 9,359
　　 塩谷　一雄　71　無　　　現　　 8,391
　　　　　　　　　　　　　　（投票率84.10％）

平成12年（2000年）9月24日実施
当② 本吉　達也　48　無　　　現　　無投票

平成16年（2004年）10月3日実施
当① 橋中　義憲　55　無　　　新　　 8,645
　　 本吉　達也　52　無　　　現　　 8,442
　　　　　　　　　　　　　　（投票率82.35％）

平成20年（2008年）10月5日実施
当① 山辺　芳宣　67　無　　　新　　 8,135
　　 橋中　義憲　59　無　　　現　　 7,479
　　　　　　　　　　　　　　（投票率77.44％）

平成24年（2012年）10月7日実施
当② 山辺　芳宣　71　無　　　現　　 8,362
　　 山本　泰夫　63　無　　　新　　 7,314
　　　　　　　　　　　　　　（投票率80.51％）

平成28年（2016年）10月2日実施
当③ 山辺　芳宣　75　無　　　現　　 7,528
　　 岸　　博一　61　無　　　新　　 7,017
　　　　　　　　　　　　　　（投票率75.81％）

白山市長選挙

平成17年（2005年）2月1日松任市・石川郡美川町・鶴来町・河内村・吉野谷村・鳥越村・尾口村・白峰村が新設合併して白山市となる

平成17年（2005年）2月27日実施

当①角　　光雄　73　無　　　　新　　無投票

平成21年（2009年）2月15日実施

当②角　　光雄　77　無　　　　現　　無投票

平成22年（2010年）12月5日実施

当①| 作野	広昭	53	無	新	26,350
	竹内	信孝	67	無	新	14,495
	山本	大道	57	無	新	2,738

（投票率 49.56%）

平成26年（2014年）11月16日実施

当①山田　憲昭　63　無　　　　新　　30,355
　　作野　広昭　57　無　　　　現　　23,578

（投票率 60.96%）

平成30年（2018年）11月11日実施

当②山田　憲昭　67　無　　　　現　　無投票

（松任市長選挙）

平成4年（1992年）5月3日実施

当④細川久米夫　64　無　　　　現　　無投票

平成8年（1996年）5月12日実施

当⑤細川久米夫　68　無　　　　現　　16,138
　　中山　信美　72　無　　　　新　　10,245

（投票率 58.88%）

平成10年（1998年）11月29日実施

当①角　　光雄　67　無　　　　新　　14,675
　　福田　　功　58　無　　　　新　　 9,493
　　福田　　裕　51　無　　　　新　　 8,366
　　窪田　　功　59　無　　　　新　　 1,904
　　二口　直勝　56　無　　　　新　　 1,659

（投票率 73.56%）

平成14年（2002年）10月27日実施

当②角　　光雄　71　無　　　　現　　無投票

※平成17年（2005年）2月1日松任市は石川郡美川町・鶴来町・河内村・吉野谷村・鳥越村・尾口村・白峰村と新設合併して白山市となる

輪島市長選挙

平成2年（1990年）4月8日実施

当②五嶋耕太郎　52　自　　　　現　　無投票

平成6年（1994年）4月3日実施

当③五嶋耕太郎　56　無　　　　現　　無投票

平成10年（1998年）3月29日実施

当①梶　　文秋　49　無　　　　新　　10,256
　　五嶋耕太郎　60　無　　　　現　　 8,945

（投票率 83.73%）

平成14年（2002年）3月31日実施

当②梶　　文秋　53　無　　　　現　　無投票

平成18年（2006年）3月19日実施

当①梶　　文秋　57　無　　　　新　　16,463
　　新村　吉雄　80　無　　　　新　　 1,358

（投票率 64.38%）

平成22年（2010年）3月14日実施

当②梶　　文秋　61　無　　　　現　　13,752
　　中浦　政克　46　無　　　　新　　 7,316

（投票率 78.26%）

平成26年（2014年）3月9日実施

当③梶　　文秋　65　無　　　　現　　無投票

平成30年（2018年）3月11日実施

当④梶　　文秋　69　無　　　　現　　 8,389
　　林平　成人　58　無　　　　新　　 8,322

（投票率 69.92%）

福　井　県

県庁所在地　　福井市
市　　　数　　9市（平成31年4月現在）
市　　　名　　福井市・あわら市・越前市（武生市）・大野市・小浜市・勝山市・坂井市・鯖江
　　　　　　　市・敦賀市　　　　　　　　　　　　　　　　※（　）内は廃止された市

【市に関わる合併・市制施行・名称変更】

市名	実施年月日	関係市町村名等	合併等の内容
福井市	平成18年（2006年）2月1日	福井市・足羽郡美山町・丹生郡越廼村・清水町	【編入合併】
あわら市	平成16年（2004年）3月1日	坂井郡芦原町・金津町	【新設合併・市制施行】
越前市	平成17年（2005年）10月1日	武生市・今立郡今立町	【新設合併】
大野市	平成17年（2005年）11月7日	大野市・大野郡和泉村	【編入合併】
坂井市	平成18年（2006年）3月20日	坂井郡三国町・丸岡町・春江町・坂井町	【新設合併・市制施行】

【選挙結果】

福井県知事選挙

平成3年（1991年）4月7日実施

当② 栗田　幸雄 61 無 自民 社会 公明 民社 現 269,743
　　 上野　寿雄 60 共 　　　　　　　　　 新 　36,539
（投票率 51.77%）

平成7年（1995年）4月9日実施

当③ 栗田　幸雄 65 無 自民 新進 社会 公明 現 344,091
　　 能登　勝治 52 無 共産 　　　　　　　 新 　51,846
　　 大道　昭仁 45 無 　　　　　　　　　　新 　31,971
（投票率 70.23%）

平成11年（1999年）4月11日実施

当④ 栗田　幸雄 69 無 自民 民主 公明 自由 社民 現 267,551
　　 山本　　拓 46 無 　　　　　　　　　　　　新 138,575
　　 高木　文堂 44 無 　　　　　　　　　　　　新 　57,386

　　 北出　芳久 63 無 　　　　　　　　　　　　新 　18,935
（投票率 76.28%）

平成15年（2003年）4月13日実施

当① 西川　一誠 58 無 自民 民主 公明 社民 保新 新 245,538
　　 高木　文堂 48 無 　　　　　　　　　　　　新 199,497
　　 山川知一郎 59 無 共産 　　　　　　　　　 新 　16,643
（投票率 72.18%）

平成19年（2007年）4月8日実施

当② 西川　一誠 62 無 自民 民主 公明 国新 現 322,604
　　 宇野　邦弘 55 共 　　　　　　　　　　 新 　58,486
（投票率 59.83%）

平成23年（2011年）4月10日実施

当③ 西川　一誠 66 無 自民 公明 現 298,307
　　 宇野　邦弘 59 共 　　　　　　 新 　67,459
（投票率 58.05%）

平成27年（2015年）4月12日実施

当④	西川 一誠 70	無 公明	現	242,544	
	金元 幸枝 57	共	新	59,115	

（投票率 48.59%）

平成31年（2019年）4月7日実施

当①	杉本 達治 56	無 自民	新	220,774
	西川 一誠 74	無	現	131,098
	金元 幸枝 61	共	新	20,462

（投票率 58.35%）

福井市長選挙

平成2年（1990年）4月22日実施

当⑤	大武 幸夫 67	無 自民 社会 公明 民社	現	43,156
	南 秀一 40	共	新	7,926

（投票率 28.72%）

平成6年（1994年）3月13日実施

当①	酒井 哲夫 60	無	新	58,771
	三谷 政敏 55	無	新	49,316
	田中 広昌 59	無	新	17,975
	南 秀一 44	共	新	3,014

（投票率 68.68%）

平成10年（1998年）3月1日実施

当②	酒井 哲夫 64	無 民主 社民 公明	現	61,314
	五十嵐力男 57	共	新	8,763

（投票率 36.90%）

平成14年（2002年）3月3日実施

当③	酒井 哲夫 68	無	現	56,771
	柳沢 峰生 46	無	新	15,305
	奥出 春行 50	無 共産	新	7,565

（投票率 41.01%）

平成18年（2006年）3月5日実施

当①	坂川 優 53	無 国新	新	55,563
	高木 文堂 50	無	新	44,900
	酒生 文弥 49	無	新	7,149
	西村 高治 63	共	新	5,304

	坪田 正博 55	無	新	1,362

（投票率 54.16%）

平成19年（2007年）12月23日実施

当①	東村 新一 55	無 自民 民主 公明 社民 国新	新	54,384
	高木 文堂 52	無	新	35,142
	西村 高治 64	無 共産	新	6,464

（投票率 45.30%）

平成23年（2011年）12月18日実施

当②	東村 新一 59	無 民主 自民 公明 社民	現	40,845
	西村 高治 68	共	新	8,752

（投票率 23.64%）

平成27年（2015年）12月13日実施

当③	東村 新一 63	無 自民 公明 社民	現	51,708
	笹木 竜三 59	無	新	29,736

（投票率 38.83%）

あわら市長選挙

平成16年（2004年）3月1日坂井郡芦原町・金津町が新設合併・市制施行してあわら市となる

平成16年（2004年）4月4日実施

当①	松木 幹夫 56	無	新	無投票

平成19年（2007年）4月22日実施

当①	橋本 達也 52	無	新	10,054
	松木 幹夫 59	無	元	9,645

（投票率 79.15%）

平成23年（2011年）4月17日実施

当②	橋本 達也 56	無	現	無投票

平成27年（2015年）4月26日実施

当③	橋本 達也 60	無	現	7,541
	大下 重一 68	無	新	7,260

（投票率 62.10%）

平成30年（2018年）2月4日実施

当①	佐々木康男 59	無	新	7,095

福井県

| 大下 | 重一 | 70 | 無 | 新 | 5,516 |
| 中川 | 智和 | 55 | 無 | 新 | 2,237 |

(投票率 62.01%)

越前市長選挙

平成17年（2005年）10月1日武生市・今立郡今立町が新設合併して越前市となる

平成17年（2005年）11月6日実施

当①	奈良	俊幸	43	無	新	36,118
	池端	幸彦	50	自	新	12,613
	増田太左衛門		58	無	新	1,570

(投票率 75.67%)

平成21年（2009年）10月11日実施

当② 奈良 俊幸 47 無 現 無投票

平成25年（2013年）10月20日実施

| 当③ | 奈良 | 俊幸 | 51 | 無 | 現 | 22,535 |
| | 大久保恵子 | | 62 | 無 | 新 | 7,972 |

(投票率 47.06%)

平成29年（2017年）10月22日実施

| 当④ | 奈良 | 俊幸 | 55 | 無 | 現 | 25,494 |
| | 大久保恵子 | | 66 | 無 | 新 | 12,046 |

(投票率 57.80%)

（武生市長選挙）

平成元年（1989年）5月28日実施

当①	小泉	剛康	50	無	新	18,821
	服部	岩雄	61	無	新	18,520
	大西	通代	37	無	新	3,157

(投票率 82.74%)

平成5年（1993年）5月16日実施

当② 小泉 剛康 54 無 現 無投票

平成9年（1997年）5月18日実施

| 当① | 三木 | 勅男 | 55 | 無 | 新 | 20,405 |
| | 小泉 | 剛康 | 58 | 無 | 現 | 19,875 |

(投票率 76.26%)

平成13年（2001年）5月20日実施

| 当② | 三木 | 勅男 | 59 | 無 | 現 | 20,595 |
| | 小泉 | 剛康 | 62 | 無 | 前 | 19,349 |

(投票率 73.64%)

平成17年（2005年）5月15日実施

当① 奈良 俊幸 43 無 新 無投票

※平成17年（2005年）10月1日武生市は今立郡今立町と新設合併して越前市となる

大野市長選挙

平成2年（1990年）6月17日実施

当②	山内	武士	62	無	現	11,612
	兼井	藤波	64	無	新	8,008
	伊藤	武治	56	無	新	6,751
	山内	宗則	26	無	新	57
	西野	清敏	46	無	新	37
	山崎	正	50	無	新	35

(投票率 86.58%)

平成6年（1994年）6月19日実施

| 当① | 天谷 | 光治 | 45 | 無 | 新 | 14,473 |
| | 山内 | 武士 | 66 | 無 | 現 | 10,706 |

(投票率 81.49%)

平成10年（1998年）6月7日実施

当② 天谷 光治 49 無 現 無投票

平成14年（2002年）6月16日実施

| 当③ | 天谷 | 光治 | 53 | 無 | 現 | 11,764 |
| | 岡田 | 高大 | 43 | 無 | 新 | 10,136 |

(投票率 70.69%)

平成18年（2006年）6月18日実施

| 当① | 岡田 | 高大 | 47 | 無 | 新 | 13,012 |
| | 兼井 | 大 | 32 | 無 | 新 | 9,646 |

(投票率 73.39%)

平成22年（2010年）6月13日実施

当② 岡田 高大 51 無 現 13,291

石塚　義徳 58　無　　　　　新　　　3,929
　　　　　　　　　　　　　（投票率 57.40%）

平成26年（2014年）6月8日実施
当③岡田　高大 55　無　　　　　現　　　無投票

平成30年（2018年）6月17日実施
当①石山　志保 43　無　　　　　新　　 10,316
　　高田　育昌 57　無　　　　　新　　　7,039
　　　　　　　　　　　　　（投票率 61.40%）

小浜市長選挙

平成4年（1992年）7月5日実施
当②辻　与太夫 62　無　　　　　現　　　無投票

平成8年（1996年）7月21日実施
当③辻　与太夫 66　無　　　　　現　　 11,507
　　三木　　尚 42　無　　　　　新　　　7,662
　　横山　政直 51　無　　　　　新　　　2,222
　　　　　　　　　　　　　（投票率 83.28%）

平成12年（2000年）7月16日実施
当①村上　利夫 68　無　　　　　新　　　無投票

平成16年（2004年）7月25日実施
当②村上　利夫 72　無　　　　　現　　 11,806
　　杓子　　明 58　無　　　　　新　　　8,163
　　　　　　　　　　　　　（投票率 77.46%）

平成20年（2008年）7月13日実施
当①松崎　晃治 50　無　　　　　新　　　無投票

平成24年（2012年）7月15日実施
当②松崎　晃治 54　無　　　　　現　　　無投票

平成28年（2016年）7月17日実施
当③松崎　晃治 58　無　　　　　現　　　無投票

勝山市長選挙

平成4年（1992年）11月29日実施
当②今井三右衛
　　　　　門　 61　無　　　　　現　　 11,219
　　松村　与平 72　無　　　　　新　　　3,892
　　　　　　　　　　　　　（投票率 67.88%）

平成8年（1996年）11月24日実施
当③今井三右衛
　　　　　門　 65　無　　　　　現　　　無投票

平成12年（2000年）11月26日実施
当①山岸　正裕 55　無　　　　　新　　 11,180
　　乾　　　滋 64　無　　　　　新　　　2,722
　　笠松　哲郎 50　無　　　　　新　　　1,549
　　　　　　　　　　　　　（投票率 69.33%）

平成16年（2004年）11月28日実施
当②山岸　正裕 59　無　　　　　現　　 10,446
　　中村　重夫 64　無　　　　　新　　　6,985
　　　　　　　　　　　　　（投票率 78.10%）

平成20年（2008年）11月23日実施
当③山岸　正裕 63　無　　　　　現　　　無投票

平成24年（2012年）11月18日実施
当④山岸　正裕 67　無　　　　　現　　　無投票

平成28年（2016年）11月27日実施
当⑤山岸　正裕 71　無　　　　　現　　　6,546
　　松村　治門 48　無　　　　　新　　　6,335
　　　　　　　　　　　　　（投票率 63.35%）

坂井市長選挙

平成18年（2006年）3月20日坂井郡三国町・丸岡町・春江町・坂井町が新設合併・市制施行して坂井市となる

平成18年（2006年）4月23日実施
当①坂本　憲男 59　無　　　　　新　　 30,826
　　林田　恒正 66　無　　　　　新　　 27,199
　　　　　　　　　　　　　（投票率 80.60%）

福井県

平成22年（2010年）4月11日実施
当②坂本　憲男　63　無　　　現　　無投票

平成26年（2014年）4月13日実施
当③坂本　憲男　67　無　　　現　　無投票

平成30年（2018年）4月15日実施
当④坂本　憲男　71　無　　　現　　32,299
　　東　外喜夫　68　無　　　新　　 5,368
　　　　　　　　　　　　（投票率 52.40%）

鯖江市長選挙

平成2年（1990年）1月7日実施
当②西沢　省三　58　無　　　現　　無投票

平成6年（1994年）1月16日実施
当③西沢　省三　62　無　　　現　　20,896
　　丹尾　広樹　44　無　　　新　　 9,508
　　　　　　　　　　　　（投票率 65.80%）

平成10年（1998年）1月11日実施
当①辻嘉右ェ門　57　無　　　新　　19,865
　　西沢　省三　66　無　　　現　　18,262
　　　　　　　　　　　　（投票率 78.77%）

平成14年（2002年）1月13日実施
当②辻嘉右ェ門　61　無　　　現　　16,273
　　西沢　省三　70　無　　　前　　13,639
　　　　　　　　　　　　（投票率 59.54%）

平成16年（2004年）10月17日実施
当①牧野　百男　62　無　　　新　　22,820
　　辻嘉右ェ門　64　無　　　前　　 9,846
　　　　　　　　　　　　（投票率 63.53%）

平成20年（2008年）10月5日実施
当②牧野　百男　66　無　　　現　　19,023
　　山本又一郎　66　無　　　新　　 2,753
　　　　　　　　　　　　（投票率 41.42%）

平成24年（2012年）9月30日実施
当③牧野　百男　70　無　　　現　　無投票

平成28年（2016年）9月25日実施
当④牧野　百男　74　無　　　現　　無投票

敦賀市長選挙

平成3年（1991年）4月21日実施
当④高木　孝一　72　無　　　現　　17,026
　　右近　賢蔵　59　無　　　新　　14,139
　　沢崎　　貢　51　無　　　新　　 8,594
　　　　　　　　　　　　（投票率 85.95%）

平成7年（1995年）4月23日実施
当①河瀬　一治　43　無　　　新　　20,793
　　高木　孝一　76　無　　　現　　14,791
　　沢崎　　貢　55　無　　　新　　 2,976
　　坪田嘉奈弥　68　無　　　新　　 2,952
　　　　　　　　　　　　（投票率 84.90%）

平成11年（1999年）4月18日実施
当②河瀬　一治　47　無　　　現　　無投票

平成15年（2003年）4月27日実施
当③河瀬　一治　51　無　　　現　　30,349
　　山本　雅彦　46　共　　　新　　 8,696
　　　　　　　　　　　　（投票率 75.83%）

平成19年（2007年）4月15日実施
当④河瀬　一治　55　無　　　現　　無投票

平成23年（2011年）4月24日実施
当⑤河瀬　一治　59　無　　　現　　14,107
　　渕上　隆信　50　無　　　新　　11,622
　　岡本　正治　63　無　　　新　　 7,118
　　多仁　照広　63　無　　　新　　 4,964
　　　　　　　　　　　　（投票率 70.74%）

平成27年（2015年）4月26日実施
当①渕上　隆信　54　無　　　新　　18,540

中村　紀明 60　無　　　　　新　　17,542
　　　　　　　　　　　　　（投票率 68.81%）

平成31年（2019年）4月21日実施

当②渕上　隆信 58　無　　　　　現　　15,829
　　米沢　光治 51　無　　　　　新　　15,128
　　　　　　　　　　　　　（投票率 58.21%）

山梨県

県庁所在地　甲府市
市　数　　　13市（平成31年4月現在）
市　名　　　甲府市・上野原市・大月市・甲斐市・甲州市（塩山市）・中央市・都留市・韮崎市・笛吹市・富士吉田市・北杜市・南アルプス市・山梨市

※（ ）内は廃止された市

【市に関わる合併・市制施行・名称変更】

市名	実施年月日	関係市町村名等	合併等の内容
甲府市	平成18年（2006年）3月1日	甲府市・東八代郡中道町・西八代郡上九一色村（分村：梯・古関）	【編入合併】
上野原市	平成17年（2005年）2月13日	北都留郡上野原町・南都留郡秋山村	【新設合併・市制施行】
甲斐市	平成16年（2004年）9月1日	中巨摩郡竜王町・敷島町・北巨摩郡双葉町	【新設合併・市制施行】
甲州市	平成17年（2005年）11月1日	塩山市・東山梨郡勝沼町・大和村	【新設合併】
中央市	平成18年（2006年）2月20日	東八代郡豊富村・中巨摩郡玉穂町・田富町	【新設合併・市制施行】
笛吹市	平成16年（2004年）10月12日	東山梨郡春日居町・東八代郡石和町・御坂町・一宮町・八代町・境川村	【新設合併・市制施行】
	平成18年（2006年）8月1日	笛吹市・東八代郡芦川村	【編入合併】
北杜市	平成16年（2004年）11月1日	北巨摩郡明野村・須玉町・高根町・長坂町・大泉村・白州町・武川村	【新設合併・市制施行】
	平成18年（2006年）3月15日	北杜市・北巨摩郡小淵沢町	【編入合併】
南アルプス市	平成15年（2003年）4月1日	中巨摩郡八田村・白根町・芦安村・若草町・櫛形町・甲西町	【新設合併・市制施行】
山梨市	平成17年（2005年）3月22日	山梨市・東山梨郡牧丘町・三富村	【新設合併】

【選挙結果】

山梨県知事選挙

平成3年（1991年）2月3日実施

当①	天野	建	62	無		新	253,709
	小沢	澄夫	60	無	自民 社会 公明 民社	新	248,929
	平沢	欣吾	61	無	共産	新	14,081
	大森	啓充	61	無		新	2,379

（投票率 82.36%）

平成7年（1995年）1月22日実施

当②	天野	建	66	無	自民 新進 さき 公明 社会	現	263,642
	岡	猛	69	共		新	60,971

（投票率 49.65%）

平成11年（1999年）1月24日実施

当③	天野	建	70	無	自民 民主 公明 自由 自連	現	238,382
	小林	義次	60	無 共産		新	66,311

（投票率 45.13%）

平成15年（2003年）2月2日実施

当①	山本	栄彦	67	無 民主 自由	新	167,196
	横内	正明	60	無	新	158,227
	井上	幸彦	65	無	新	121,115
	福田	剛司	57	無 共産	新	19,718

（投票率 67.45%）

平成19年（2007年）1月21日実施

当①	横内	正明	64	無	新	235,383
	山本	栄彦	71	無	現	187,955
	石原	秀文	63	共	新	24,203
	金子	望	61	無	新	13,315

（投票率 66.23%）

平成23年（2011年）1月30日実施

当②	横内	正明	68	無	現	240,058
	大久保令子		60	無 共産	新	49,294

（投票率 42.29%）

平成27年（2015年）1月25日実施

当①	後藤	斎	57	無 自民 民主 公明	新	216,493
	花田	仁	53	共	新	48,693
	林	祥三	67	無	新	13,704

（投票率 41.85%）

平成31年（2019年）1月27日実施

当①	長崎幸太郎		50	無 自民 公明	新	198,047
	後藤	斎	61	無 立憲 国民	現	166,666
	米長	晴信	53	無	新	17,198
	花田	仁	57	諸 共産	新	16,467

（投票率 57.93%）

甲府市長選挙

平成3年（1991年）4月21日実施

当①	山本	栄彦	55	無 自民	新	46,493
	飯田	祥雄	54	無	新	32,540
	末	利光	58	無	新	11,506
	中込	孝文	54	無 社会	新	11,188
	島田	明	54	共	新	2,419

（投票率 71.63%）

平成7年（1995年）4月23日実施

当②	山本	栄彦	59	無 自民 新進 社会 さきがけ 公明	現	66,579
	小越	進	33	共	新	13,227

（投票率 55.42%）

平成11年（1999年）4月25日実施

当③	山本	栄彦	63	無 自民 民主 公明 自由	現	62,819
	川上	弘郁	33	共	新	18,683

（投票率 55.67%）

平成15年（2003年）2月2日実施

当①	宮島	雅展	57	無 民主	新	46,234
	臼井	成夫	58	無	新	40,312
	遠藤	昭子	51	共	新	8,100
	後藤	臣彦	57	無	新	5,567

（投票率 67.17%）

平成19年（2007年）1月21日実施

当②	宮島	雅展	61	無 民主 公明	現	78,407
	植村	道隆	33	共	新	15,432

（投票率 61.72%）

平成23年（2011年）1月30日実施

当③	宮島	雅展	65	無 民主 自民 公明 社民	現	46,407
	長田	正弘	64	共	新	9,984

（投票率 36.66%）

平成27年（2015年）1月25日実施

当①	樋口	雄一	55	無 民主 維党 公明	新	38,892
	神山	玄太	32	無	新	13,442
	宮本	秀憲	36	無	新	7,622
	長坂	正春	63	共	新	5,336

（投票率 43.13%）

平成31年（2019年）1月27日実施

当②	樋口	雄一	59	無 自民 立憲 国民 公明 社民	現	71,191

山梨県

野尻　正樹　70　共　　　　　新　　7,908
　　　　　　　　　　　　（投票率 52.48%）

上野原市長選挙

平成17年（2005年）2月13日北都留郡上野原町・南都留郡秋山村が新設合併・市制施行して上野原市となる

平成17年（2005年）3月20日実施

当①奈良　明彦　67　無　　　　新　　8,494
　　杉本　公文　53　無　　　　新　　7,077
　　　　　　　　　　　　（投票率 68.42%）

平成21年（2009年）2月22日実施

当①江口　英雄　66　無　　　　新　　11,057
　　中村　照夫　57　無　　　　新　　7,431
　　　　　　　　　　　　（投票率 83.05%）

平成25年（2013年）2月17日実施

当②江口　英雄　70　無　　　　現　　5,761
　　市川　正末　57　無　　　　新　　4,917
　　山口　照義　62　無　　　　新　　4,087
　　渡辺　敦雄　65　無　　　　新　　1,721
　　　　　　　　　　　　（投票率 76.94%）

平成29年（2017年）2月12日実施

当③江口　英雄　74　無　　　　現　　6,065
　　村上　信行　67　無　　　　新　　5,493
　　渡辺　敦雄　69　無　　　　新　　2,635
　　　　　　　　　　　　（投票率 68.63%）

大月市長選挙

平成4年（1992年）2月2日実施

当①秋山　重友　60　無　　　　新　　11,668
　　西室　　覚　59　無　　　　新　　11,551
　　　　　　　　　　　　（投票率 89.57%）

平成7年（1995年）8月6日実施

当①西室　　覚　62　無　　　　新　　14,861
　　秋山　甚一　59　無　　　　新　　3,457
　　　　　　　　　　　　（投票率 70.32%）

平成11年（1999年）6月20日実施

当②西室　　覚　66　無　　　　現　　無投票

平成15年（2003年）7月6日実施

当③西室　　覚　70　無　　　　現　　11,791
　　白川　寿一　66　無　　　　新　　10,730
　　　　　　　　　　　　（投票率 89.61%）

平成19年（2007年）7月1日実施

当①石井由己雄　60　無　　　　新　　12,454
　　相馬　紀夫　60　無　　　　新　　8,660
　　　　　　　　　　　　（投票率 86.69%）

平成23年（2011年）6月26日実施

当②石井由己雄　64　無　　　　現　　無投票

平成27年（2015年）7月5日実施

当③石井由己雄　68　無　　　　現　　10,268
　　棚本　邦由　59　無　　　　新　　7,849
　　　　　　　　　　　　（投票率 82.06%）

甲斐市長選挙

平成16年（2004年）9月1日中巨摩郡竜王町・敷島町・北巨摩郡双葉町が新設合併・市制施行して甲斐市となる

平成16年（2004年）9月26日実施

当①藤巻　義麿　68　無　　　　新　　無投票

平成20年（2008年）9月21日実施

当①保坂　　武　63　無　　　　新　　無投票

平成24年（2012年）9月16日実施

当②保坂　　武　67　無　　　　現　　無投票

平成28年（2016年）9月11日実施

当③保坂　　武　71　無　　　　現　　無投票

甲州市長選挙

平成17年（2005年）11月1日塩山市・東山梨郡勝沼町・大和村が新設合併して甲州市となる

平成17年（2005年）11月27日実施

当①田辺　篤　60　無　　　新　　16,798
　須山　邦昭　72　諸　　　新　　 4,786
　　　　　　　　　　　　（投票率 75.41%）

平成21年（2009年）11月8日実施

当②田辺　篤　64　無　　　現　　無投票

平成25年（2013年）11月10日実施

当③田辺　篤　68　無　　　現　　12,786
　広瀬　重治　64　無　　　新　　 6,920
　　　　　　　　　　　　（投票率 72.06%）

平成29年（2017年）11月12日実施

当④田辺　篤　72　無　　　現　　 8,083
　相沢　俊行　62　無　　　新　　 5,494
　荻原　博夫　66　無　　　新　　 3,339
　　　　　　　　　　　　（投票率 62.04%）

（塩山市長選挙）

平成元年（1989年）7月16日実施

当②植野　保　57　無　　　前　　 9,161
　向山　吉苗　64　無　　　現　　 8,718
　　　　　　　　　　　　（投票率 89.72%）

平成5年（1993年）8月1日実施

当①三枝　剛　60　無　　　新　　 9,802
　向山　吉苗　68　無　　　前　　 7,847
　　　　　　　　　　　　（投票率 86.20%）

平成9年（1997年）7月27日実施

当②三枝　剛　64　無　　　現　　 9,965
　佐藤　清　49　無　　　新　　　 780
　　　　　　　　　　　　（投票率 52.30%）

平成13年（2001年）7月29日実施

当③三枝　剛　68　無　　　現　　10,230
　広瀬　重治　52　無　　　新　　 5,212
　野尻　陽子　54　無　　　新　　　525
　大里　文子　57　無　　　新　　　397
　　　　　　　　　　　　（投票率 78.18%）

平成17年（2005年）8月7日実施

当①田辺　篤　60　無　　　新　　 7,210
　広瀬　重治　56　無　　　新　　 5,003
　　　　　　　　　　　　（投票率 59.15%）

※平成17年（2005年）11月1日塩山市は東山梨郡勝沼町・大和村と新設合併して甲州市となる

中央市長選挙

平成18年（2006年）2月20日東八代郡豊富村・中巨摩郡玉穂町・田富町が新設合併・市制施行して中央市となる

平成18年（2006年）4月9日実施

当①田中　久雄　58　無　　　新　　 8,566
　山口　敦司　59　無　　　新　　 7,387
　　　　　　　　　　　　（投票率 69.93%）

平成22年（2010年）3月14日実施

当②田中　久雄　62　無　　　現　　無投票

平成26年（2014年）3月23日実施

当③田中　久雄　66　無　　　現　　 7,749
　山村　一　62　無　　　新　　 5,903
　　　　　　　　　　　　（投票率 57.78%）

平成30年（2018年）3月25日実施

当④田中　久雄　70　無　　　現　　 7,380
　山村　一　66　無　　　新　　 6,444
　　　　　　　　　　　　（投票率 57.34%）

都留市長選挙

平成元年（1989年）11月12日実施

当②都倉　昭二　56　無　　　現　　11,242
　吉野　嘉男　53　無　　　新　　 1,757
　　　　　　　　　　　　（投票率 56.00%）

山梨県

| | 秋山　幸一　74　無 | 現 | 8,788 |

(投票率 77.15%)

平成5年（1993年）11月14日実施

| 当③ | 都倉　昭二　60　無 | 現 | 11,117 |
| | 渡辺　輝宜　60　無 | 新 | 10,832 |

(投票率 88.41%)

平成9年（1997年）11月9日実施

| 当① | 小林　義光　49　無 | 新 | 無投票 |

平成13年（2001年）11月4日実施

| 当② | 小林　義光　53　無 | 現 | 無投票 |

平成17年（2005年）11月6日実施

| 当③ | 小林　義光　57　無 | 現 | 無投票 |

平成21年（2009年）11月8日実施

| 当④ | 小林　義光　61　無 | 現 | 11,716 |
| | 小俣　政英　54　無 | 新 | 8,467 |

(投票率 79.36%)

平成25年（2013年）11月10日実施

| 当① | 堀内　富久　64　無 | 新 | 11,334 |
| | 谷内　茂浩　50　無 | 新 | 7,958 |

(投票率 76.73%)

平成29年（2017年）11月5日実施

| 当② | 堀内　富久　68　無 | 現 | 無投票 |

韮崎市長選挙

平成2年（1990年）10月28日実施

| 当④ | 内藤　登　67　無 | 現 | 8,592 |
| | 小倉　唯次　58　無 | 新 | 7,125 |

(投票率 75.33%)

平成6年（1994年）11月23日実施

当①	秋山　幸一　70　無	新	8,372
	小野　修一　51　無	新	7,437
	向山　官次　67　無	新	3,810

(投票率 85.38%)

平成10年（1998年）11月1日実施

| 当① | 小野　修一　54　無 | 新 | 9,774 |

平成14年（2002年）11月3日実施

| 当② | 小野　修一　58　無 | 現 | 10,793 |
| | 成沢　勇記　65　無 | 新 | 2,211 |

(投票率 53.53%)

平成18年（2006年）11月19日実施

| 当① | 横内　公明　62　無 | 新 | 10,444 |
| | 小野　修一　62　無 | 現 | 8,136 |

(投票率 74.95%)

平成22年（2010年）11月7日実施

| 当② | 横内　公明　66　無 | 現 | 10,265 |
| | 渡辺　栄司　37　無 | 新 | 950 |

(投票率 45.75%)

平成26年（2014年）11月9日実施

| 当① | 内藤　久夫　60　無 | 新 | 無投票 |

平成30年（2018年）11月4日実施

| 当② | 内藤　久夫　64　無 | 現 | 無投票 |

笛吹市長選挙

平成16年（2004年）10月12日東山梨郡春日居町・東八代郡石和町・御坂町・一宮町・八代町・境川村が新設合併・市制施行して笛吹市となる

平成16年（2004年）11月14日実施

当①	荻野　正直　59　無	新	19,649
	中村　正則　63　無	新	17,449
	小沢　栄真　59　無	新	6,914

(投票率 79.58%)

平成20年（2008年）10月26日実施

| 当② | 荻野　正直　63　無 | 現 | 23,751 |
| | 海野利比古　59　無 | 新 | 16,517 |

(投票率 72.21%)

平成24年（2012年）10月21日実施

| 当① | 倉嶋　清次　64　無 | 新 | 23,004 |

荻野　正直　67　無　　現　　15,640
（投票率 68.85%）

平成28年（2016年）10月23日実施

当①山下　政樹　50　無　　新　　16,775
　　荻野　正直　71　無　　前　　11,511
　　倉嶋　清次　68　無　　現　　 6,847
　　岡　　仁　　54　無　　新　　　　836
（投票率 62.79%）

富士吉田市長選挙

平成3年（1991年）4月14日実施

当②渡辺　皓彦　58　無　　現　　無投票

平成7年（1995年）4月23日実施

当①栗原　雅智　53　無　　新　　18,487
　　渡辺　皓彦　62　無　　現　　17,638
（投票率 89.11%）

平成11年（1999年）4月25日実施

当①武川　　勉　51　無　　新　　18,126
　　栗原　雅智　57　無　　現　　15,260
　　上嶋　和男　58　無　　新　　 2,885
　　高尾　松男　57　無　　新　　　　355
　　宮沢　忠之　54　無　　新　　　　123
（投票率 89.47%）

平成15年（2003年）4月27日実施

当①萱沼　俊夫　67　無　　新　　20,106
　　武川　　勉　55　無　　現　　14,212
　　後藤　恒男　49　無　　新　　 1,016
（投票率 85.64%）

平成19年（2007年）4月22日実施

当①堀内　　茂　58　無　　新　　17,105
　　渡辺　正志　57　無　　新　　16,583
（投票率 81.07%）

平成23年（2011年）4月24日実施

当②堀内　　茂　62　無　　現　　19,421
　　渡辺　正志　61　無　　新　　13,439
（投票率 80.38%）

平成27年（2015年）4月26日実施

当③堀内　　茂　66　無　　現　　18,413
　　勝俣　　進　59　無　　新　　11,516
（投票率 74.74%）

平成31年（2019年）4月21日実施

当④堀内　　茂　70　無　　現　　16,146
　　勝俣　　進　63　無　　新　　13,279
（投票率 73.12%）

北杜市長選挙

平成16年（2004年）11月1日北巨摩郡明野村・須玉町・高根町・長坂町・大泉村・白州町・武川村が新設合併・市制施行して北杜市となる

平成16年（2004年）11月21日実施

当①白倉　政司　57　無　　新　　無投票

平成20年（2008年）11月16日実施

当②白倉　政司　61　無　　現　　19,410
　　鈴木　隆一　68　無　　新　　12,377
（投票率 79.11%）

平成24年（2012年）11月11日実施

当③白倉　政司　65　無　　現　　無投票

平成28年（2016年）11月13日実施

当①渡辺　英子　70　無　　新　　10,371
　　上村　英司　46　無　　新　　10,045
　　篠原　真清　65　無　　新　　 8,689
（投票率 71.99%）

南アルプス市長選挙

平成15年（2003年）4月1日中巨摩郡八田村・白根町・芦安村・若草町・櫛形町・甲西町が新設合併・市制施行して南アルプス市となる

平成15年（2003年）4月27日実施

当①石川　　豊　75　無　　新　　21,269
　　斎藤　公夫　64　無　　新　　14,897

山梨県

志村 昭郎 73	無	新	1,465	

(投票率 70.31%)

平成19年（2007年）4月22日実施

当①今沢 忠文 69	無	新	14,701
小池 通義 64	無	新	14,676
斎藤 公夫 68	無	新	9,396
清水 元春 60	無	新	904

(投票率 71.63%)

平成23年（2011年）4月24日実施

当①中込 博文 62	無	新	18,467
今沢 忠文 73	無	現	16,439

(投票率 61.21%)

平成27年（2015年）4月26日実施

当①金丸 一元 66	無	新	18,109
中込 博文 66	無	現	16,235

(投票率 60.63%)

平成31年（2019年）4月21日実施

当②金丸 一元 70	無	現	17,367
中込 博文 70	無	元	12,487

(投票率 52.19%)

平成17年（2005年）4月24日実施

当①中村 照人 55	無	新	無投票

平成21年（2009年）4月5日実施

当②中村 照人 59	無	現	無投票

平成22年（2010年）2月7日実施

当①竹越 久高 63	無	新	無投票

平成26年（2014年）2月2日実施

当①望月 清賢 66	無	新	10,162
竹越 久高 67	無	現	9,773

(投票率 66.75%)

平成29年（2017年）10月1日実施

当①髙木 晴雄 67	無	新	10,591
奥山 弘昌 57	無	新	8,629

(投票率 65.00%)

山梨市長選挙

平成2年（1990年）7月14日実施

当①高田 清一 60	無	新	無投票

平成6年（1994年）7月16日実施

当②高田 清一 64	無	現	無投票

平成10年（1998年）7月25日実施

当③高田 清一 68	無	現	9,833
吉田 昭男 56	共	新	3,377

(投票率 53.71%)

平成14年（2002年）7月20日実施

当①中村 照人 52	無	新	11,199
竹越 久高 56	無	新	8,348

(投票率 77.70%)

長　野　県

県庁所在地	長野市
市　数	19市（平成31年4月現在）
市　名	長野市・安曇野市・飯田市・飯山市・伊那市・上田市・大町市・岡谷市・駒ヶ根市・小諸市・佐久市・塩尻市・須坂市・諏訪市・千曲市（更埴市）・茅野市・東御市・中野市・松本市　　　　　　　　　　　※（ ）内は廃止された市

【市に関わる合併・市制施行・名称変更】

市名	実施年月日	関係市町村名等	合併等の内容
長野市	平成17年（2005年）1月1日	長野市・更級郡大岡村・上水内郡豊野町・戸隠村・鬼無里村	【編入合併】
	平成22年（2010年）1月1日	長野市・上水内郡信州新町・中条村	【編入合併】
安曇野市	平成17年（2005年）10月1日	東筑摩郡明科町・南安曇郡豊科町・穂高町・三郷村・堀金村	【新設合併・市制施行】
飯田市	平成5年（1993年）7月1日	飯田市・下伊那郡上郷町	【編入合併】
	平成17年（2005年）10月1日	飯田市・下伊那郡上村・南信濃村	【編入合併】
伊那市	平成18年（2006年）3月31日	伊那市・上伊那郡高遠町・長谷村	【新設合併】
上田市	平成18年（2006年）3月6日	上田市・小県郡丸子町・真田町・武石村	【新設合併】
大町市	平成18年（2006年）1月1日	大町市・北安曇郡八坂村・美麻村	【編入合併】
佐久市	平成17年（2005年）4月1日	佐久市・南佐久郡臼田町・北佐久郡望月町・浅科村	【新設合併】
塩尻市	平成17年（2005年）4月1日	塩尻市・木曽郡楢川村	【編入合併】
千曲市	平成15年（2003年）9月1日	更埴市・更級郡上山田町・埴科郡戸倉町	【新設合併】
東御市	平成16年（2004年）4月1日	北佐久郡北御牧村・小県郡東部町	【新設合併・市制施行】
中野市	平成17年（2005年）4月1日	中野市・下水内郡豊田村	【新設合併】
松本市	平成17年（2005年）4月1日	松本市・東筑摩郡四賀村・南安曇郡奈川村・安曇村・梓川村	【編入合併】
	平成22年（2010年）3月31日	松本市・東筑摩郡波田町	【編入合併】

【選挙結果】

長野県知事選挙

平成4年（1992年）10月18日実施

当④	吉村	午良	66	無 自民 社会 公明 民社	現 736,038
	片岡	稚夫	62	無	新 132,749

（投票率 54.05%）

平成8年（1996年）10月20日実施

当⑤	吉村	午良	70	無 自民 新進 社民 さき 公明	現 905,272
	中野	友貴	46	無 共産	新 219,842
	草間	重男	46	無	新 42,378

（投票率 70.71%）

平成12年（2000年）10月15日実施

当①	田中	康夫	44	無	新 589,324
	池田	典隆	58	無	新 473,717
	中野	早苗	52	無 共産	新 122,615
	草間	重男	50	無	新 14,770

（投票率 69.57%）

平成14年（2002年）9月1日実施

当②	田中	康夫	46	無	前 822,897
	長谷川	敬子	50	無	新 406,559
	市川	周	51	無	新 24,261
	中川	暢三	46	無	新 15,255
	羽柴	秀吉	52	無	新 9,061
	福井	富男	77	無	新 2,058

（投票率 73.78%）

平成18年（2006年）8月6日実施

当①	村井	仁	69	無	新 612,725
	田中	康夫	50	無	現 534,229

（投票率 65.98%）

平成22年（2010年）8月8日実施

当①	阿部	守一	49	無 民主 社民 国新	新 362,903
	腰原	愛正	63	無	新 357,882
	松本	猛	59	無	新 189,793

（投票率 52.70%）

平成26年（2014年）8月10日実施

当②	阿部	守一	53	無 自民 民主 公明 次世 結い 社民	現 626,462
	野口	俊邦	71	無 共産	新 106,120
	根上	隆	64	無	新 11,209

（投票率 43.56%）

平成30年（2018年）8月5日実施

当③	阿部	守一	57	無 自民 立憲 国民 公明 社民	現 635,365
	金井	忠一	68	無 共産	新 110,930

（投票率 43.28%）

長野市長選挙

平成元年（1989年）10月29日実施

当②	塚田	佐	53	無 自民 公明 民社	現 103,650
	江沢	紀子	30	無	新 15,406
	竹村	利幸	45	無 共産	新 10,601

（投票率 52.63%）

平成5年（1993年）10月31日実施

当③	塚田	佐	57	無 自民 社会 新生 公明 日新 民社 さき	現 97,374
	竹村	利幸	49	無	新 15,520

（投票率 43.55%）

平成9年（1997年）10月26日実施

当④	塚田	佐	61	無 自民 新進 民主 社民 太陽 さき 公明	現 97,638
	堀内	瑛	57	無 共産	新 19,762
	草間	重男	47	無	新 3,681

（投票率 44.46%）

平成13年（2001年）10月28日実施

当①	鷲沢 正一	60	無	新	73,769
	山口 光昭	62	無	新	24,410
	永田 栄一	48	無	新	6,276
	中本 浩	34	無	新	2,953
	松下 幸治	28	無	新	2,287

（投票率 39.59%）

平成17年（2005年）10月30日実施

当②	鷲沢 正一	64	無	現	78,683
	菅田 敏夫	53	無 共産	新	31,741

（投票率 36.96%）

平成21年（2009年）10月25日実施

当③	鷲沢 正一	68	無	現	58,379
	高野 登	56	無	新	57,728
	小林 計正	61	無 民主	新	31,184

（投票率 48.82%）

平成25年（2013年）10月27日実施

当①	加藤 久雄	70	無	新	56,424
	高島 陽子	45	無	新	34,656
	菅田 敏夫	61	無	新	19,496
	河合 博	64	無	新	9,968
	橋本 将之	33	無	新	7,681

（投票率 42.00%）

平成29年（2017年）10月29日実施

当②	加藤 久雄	74	無 自民 公明 民進	現	69,778
	土屋龍一郎	56	無	新	52,812

（投票率 39.29%）

安曇野市長選挙

平成17年（2005年）10月1日東筑摩郡明科町・南安曇郡豊科町・穂高町・三郷村・堀金村が新設合併・市制施行して安曇野市となる

平成17年（2005年）10月23日実施

当①	平林伊三郎	68	無	新	23,709
	村上 広志	56	無	新	22,591
	古幡開太郎	54	無	新	9,309
	本山修一郎	61	無	新	1,521

（投票率 74.84%）

平成21年（2009年）10月11日実施

当①	宮沢 宗弘	69	無	新	26,318
	古幡開太郎	58	無	新	14,264
	藤森 康友	48	無	新	13,201

（投票率 69.29%）

平成25年（2013年）10月6日実施

当②	宮沢 宗弘	73	無	現	28,847
	古幡開太郎	62	無	新	15,538
	北村 正弘	50	無	新	6,254

（投票率 64.65%）

平成29年（2017年）10月15日実施

当③	宮沢 宗弘	77	無	現	22,332
	宮沢 豊次	69	無	新	18,685
	松沢 好哲	73	無	新	9,144

（投票率 62.65%）

飯田市長選挙

平成4年（1992年）10月18日実施

当②	田中 秀典	51	無	現	36,644
	大池 一彦	36	無	新	6,951
	土屋 彰	64	無	新	606

（投票率 64.80%）

平成8年（1996年）10月20日実施

当③	田中 秀典	55	無	現	32,978
	串原 義直	70	無	新	28,649
	阿部 清	39	無	新	3,858

（投票率 80.69%）

平成12年（2000年）10月15日実施

当④	田中 秀典	59	無	現	40,108
	大坪 勇	61	無	新	18,626

（投票率 71.73%）

平成16年（2004年）10月24日実施

当①	牧野 光朗	43	無	新	20,707
	小島 康晴	48	無	新	17,301
	井坪 隆	51	無	新	12,533

今井　勝幸　64　無　　　　新　　　7,695
　　　　　　　　　　　　　（投票率69.70%）

平成20年（2008年）10月19日実施

当②牧野　光朗　47　無　　　　現　　　31,373
　　原　　久　　54　無　　　　新　　　12,787
　　　　　　　　　　　　　（投票率52.03%）

平成24年（2012年）10月7日実施

当③牧野　光朗　51　無　　　　現　　　無投票

平成28年（2016年）10月9日実施

当④牧野　光朗　55　無　　　　現　　　無投票

飯山市長選挙

平成2年（1990年）9月9日実施

当①小山　邦武　54　無　　　　新　　　9,224
　　木鋪　　巌　61　無　　　　新　　　6,872
　　丸山　惣平　64　無　　　　新　　　3,362
　　　　　　　　　　　　　（投票率89.38%）

平成6年（1994年）9月11日実施

当②小山　邦武　58　無　　　　現　　　13,105
　　猪瀬　明司　59　無　　　　新　　　2,052
　　　　　　　　　　　　　（投票率69.92%）

平成10年（1998年）9月6日実施

当③小山　邦武　62　無　　　　現　　　10,697
　　田中　清見　66　無　　　　新　　　6,459
　　　　　　　　　　　　　（投票率79.26%）

平成14年（2002年）9月1日実施

当①木内　正勝　57　無　　　　新　　　9,935
　　坪根　繁喜　58　無　　　　新　　　7,489
　　　　　　　　　　　　　（投票率82.61%）

平成18年（2006年）9月3日実施

当①石田　正人　73　無　　　　新　　　無投票

平成22年（2010年）9月5日実施

当①足立　正則　59　無　　　　新　　　8,234

江沢　岸生　56　無　　　　新　　　6,012
　　　　　　　　　　　　　（投票率71.81%）

平成26年（2014年）9月7日実施

当②足立　正則　63　無　　　　現　　　7,533
　　江沢　岸生　60　無　　　　新　　　6,390
　　　　　　　　　　　　　（投票率74.25%）

平成30年（2018年）10月28日実施

当③足立　正則　67　無　　　　前　　　6,720
　　江沢　岸生　64　無　　　　新　　　6,304
　　　　　　　　　　　　　（投票率72.34%）

伊那市長選挙

平成2年（1990年）2月4日実施

当②原　　久夫　69　無　　　　現　　　20,173
　　神田　福治　60　無　　　　新　　　11,779
　　　　　　　　　　　　　（投票率72.92%）

平成6年（1994年）2月6日実施

当①唐沢　茂人　65　無　　　　新　　　13,395
　　木下　茂人　58　無　　　　新　　　12,917
　　向山　公人　51　無　　　　新　　　12,082
　　　　　　　　　　　　　（投票率83.87%）

平成8年（1996年）1月28日実施

当①小坂　樫男　60　無　　　　新　　　18,629
　　神田　彰夫　46　無　　　　新　　　17,141
　　　　　　　　　　　　　（投票率77.15%）

平成12年（2000年）1月16日実施

当②小坂　樫男　64　無　　　　現　　　無投票

平成16年（2004年）1月25日実施

当③小坂　樫男　68　無　　　　現　　　19,079
　　向山　信二　53　無　　　　新　　　9,211
　　　　　　　　　　　　　（投票率59.07%）

平成18年（2006年）4月23日実施

当①小坂　樫男　70　無　　　　新　　　無投票

平成22年（2010年）4月25日実施

当①白鳥	孝 54	無	新	25,988
野口	俊邦 67	無	新	14,468

（投票率 73.39%）

平成26年（2014年）4月27日実施

当②白鳥	孝 58	無	現	27,684
有坂	ちひろ 39	無	新	8,231

（投票率 66.45%）

平成30年（2018年）4月22日実施

当③白鳥	孝 62	無	現	17,269
八木	択真 39	無	新	9,602
三石	佳代 41	無	新	1,702

（投票率 52.03%）

上田市長選挙

平成2年（1990年）3月18日実施

当③永野	裕貞 67	無	現	25,812
藤原	信一 49	無	新	16,035
柄沢	義郎 55	無	新	4,538

（投票率 53.83%）

平成6年（1994年）3月13日実施

当①竹下	悦男 58	無	新	31,068
永井	孝一 64	無	新	9,071

（投票率 45.00%）

平成10年（1998年）3月22日実施

当①平尾	哲男 64	無	新	34,630
竹下	悦男 62	無	現	22,719

（投票率 60.80%）

平成14年（2002年）3月17日実施

当①母袋	創一 49	無	新	34,906
平尾	哲男 68	無	現	25,331

（投票率 62.72%）

平成18年（2006年）4月2日実施

当①母袋	創一 53	無	新	無投票

平成22年（2010年）3月28日実施

当②母袋	創一 57	無	現	53,890
西沢	弘行 62	無	新	21,784
今井	和昭 78	無	新	2,975

（投票率 62.04%）

平成26年（2014年）3月30日実施

当③母袋	創一 61	無	現	43,271
金井	忠一 63	無	新	27,829

（投票率 56.87%）

平成30年（2018年）3月25日実施

当①土屋	陽一 61	無	新	29,131
寺島	義幸 64	無	新	27,546
金井	忠一 67	無	新	17,459

（投票率 58.14%）

大町市長選挙

平成2年（1990年）7月1日実施

当①腰原	愛正 43	無	新	12,238
高橋	恭男 69	無	現	8,513

（投票率 88.55%）

平成6年（1994年）6月19日実施

当②腰原	愛正 47	無	現	無投票

平成10年（1998年）6月21日実施

当③腰原	愛正 51	無	現	無投票

平成14年（2002年）6月30日実施

当④腰原	愛正 55	無	現	10,622
傘木	宏夫 42	無	新	6,373
高橋	正 56	諸	新	1,403
米田	竜二 57	無	新	323

（投票率 76.93%）

平成18年（2006年）6月25日実施

当①牛越	徹 55	無	新	無投票

平成22年（2010年）6月27日実施

当②牛越	徹 59	無	現	12,121

傘木　宏夫 50	無		新	4,486

(投票率 67.51%)

平成26年（2014年）6月22日実施

当③牛越　　徹 63　無　　　現　　無投票

平成30年（2018年）7月1日実施

当④牛越　　徹 67	無		現	9,077
太谷　優子 60	無		新	4,777

(投票率 59.33%)

岡谷市長選挙

平成3年（1991年）9月22日実施

当⑤林　　泰章 52	無		現	22,687
羽吹　義雄 60	無		新	9,875

(投票率 74.61%)

平成7年（1995年）9月10日実施

当①林　新一郎 47	無		新	21,495
林　　泰章 56	無		現	15,002
北原　　実 41	無		新	874

(投票率 83.32%)

平成11年（1999年）9月19日実施

当②林　新一郎 51	無		現	18,409
原　　　宏 55	無		新	8,659
林　　　稔 57	無		新	5,450

(投票率 72.32%)

平成15年（2003年）9月21日実施

当③林　新一郎 55	無		現	17,070
宮下三喜夫 51	無		新	5,172

(投票率 50.63%)

平成19年（2007年）9月23日実施

当①今井　竜五 55	無		新	19,809
藤森　　弘 44	無		新	5,097

(投票率 57.79%)

平成23年（2011年）9月18日実施

当②今井　竜五 59　無　　　現　　無投票

平成27年（2015年）9月6日実施

当③今井　竜五 63　無　　　現　　無投票

駒ヶ根市長選挙

平成4年（1992年）1月19日実施

当②中原　正純 51　無　　　現　　無投票

平成8年（1996年）1月14日実施

当③中原　正純 55　無　　　現　　無投票

平成12年（2000年）1月23日実施

当④中原　正純 59	無		現	11,075
林　　奉文 54	無		新	7,381

(投票率 70.97%)

平成16年（2004年）1月25日実施

当⑤中原　正純 63	無		現	10,219
杉本　幸治 54	無		新	10,021

(投票率 76.24%)

平成20年（2008年）1月20日実施

当①杉本　幸治 58	無		新	8,975
北沢　　洋 56	無		新	7,908
林　　高文 69	無		新	2,725

(投票率 72.41%)

平成24年（2012年）1月15日実施

当②杉本　幸治 62　無　　　現　　無投票

平成28年（2016年）1月17日実施

当③杉本　幸治 66　無　　　現　　無投票

小諸市長選挙

平成4年（1992年）4月12日実施

当⑤塩川　忠巳 75	無		現	12,707
大森　正文 46	無		新	5,959
河村小太郎 65	無		新	3,787

(投票率 69.63%)

平成8年（1996年）4月14日実施
当①	小林　俊弘	65	無	新	11,702
	依田　忠一	64	無	新	9,495
	井出　勇	65	無	新	2,037
	大池　一彦	40	無	新	1,158
	岩田　薫	43	無	新	263

（投票率 73.09％）

平成12年（2000年）4月2日実施
当②	小林　俊弘	68	無	現	無投票

平成16年（2004年）4月11日実施
当①	芹沢　勤	63	無	新	11,565
	小泉　俊博	40	無	新	11,217
	草間　重男	54	無	新	566

（投票率 66.95％）

平成20年（2008年）4月6日実施
当②	芹沢　勤	67	無	現	無投票

平成24年（2012年）4月15日実施
当①	柳田　剛彦	72	無	新	9,465
	芹沢　勤	71	無	現	8,301
	大森　豊也	35	無	新	5,376

（投票率 66.88％）

平成28年（2016年）4月10日実施
当①	小泉　俊博	52	無	新	7,239
	柳沢　恵二	67	無	新	4,466
	大森　豊也	39	無	新	4,310
	芹沢　勤	75	無	前	3,601
	饗場　道博	57	無	新	2,301

（投票率 63.97％）

佐久市長選挙

平成元年（1989年）4月2日実施
当①	三浦　大助	61	無	新	25,347
	浅沼　藤嗣	63	無	新	12,449

（投票率 87.17％）

平成5年（1993年）4月4日実施
当②	三浦　大助	65	無	現	31,356
	柳沢　久長	52	無	新	6,407

（投票率 83.32％）

平成9年（1997年）4月6日実施
当③	三浦　大助	69	無	現	22,277
	神津　武士	70	無	元	17,253

（投票率 82.60％）

平成13年（2001年）4月15日実施
当④	三浦　大助	73	無	現	22,261
	木内　均	36	無	新	17,411

（投票率 79.15％）

平成17年（2005年）4月24日実施
当①	三浦　大助	77	無	新	33,791
	吉岡　攻	60	無	新	28,095

（投票率 79.66％）

平成21年（2009年）4月19日実施
当①	柳田　清二	39	無	新	34,842
	木曽　茂	60	無	新	25,466

（投票率 77.41％）

平成25年（2013年）4月14日実施
当②	柳田　清二	43	無	現	28,601
	花里　信彦	53	無	新	21,362
	柳沢　重也	67	無	新	4,498

（投票率 69.57％）

平成29年（2017年）4月16日実施
当③	柳田　清二	47	無	現	29,221
	花里　信彦	57	無	新	24,740

（投票率 66.93％）

塩尻市長選挙

平成2年（1990年）9月23日実施
当①	三沢　光広	63	無	新	18,312
	三沢　一夫	58	無	新	8,719

野村　信之　48　無　　　　　新　　　5,440
　　　　　　　　　　　　　　（投票率77.82％）

平成6年（1994年）9月18日実施

当②三沢　光広　67　無　　　　　現　　　無投票

平成10年（1998年）9月20日実施

当③三沢　光広　71　無　　　　　現　　　無投票

平成14年（2002年）9月29日実施

当①小口　利幸　51　無　　　　　新　　　14,097
　　中村　善行　61　無　　　　　新　　　11,002
　　青柳　充茂　49　無　　　　　新　　　 3,196
　　小野　光明　40　無　　　　　新　　　 2,423
　　　　　　　　　　　　　　（投票率62.36％）

平成18年（2006年）9月24日実施

当②小口　利幸　55　無　　　　　現　　　17,834
　　青柳　充茂　53　無　　　　　新　　　11,666
　　　　　　　　　　　　　　（投票率55.80％）

平成22年（2010年）9月19日実施

当③小口　利幸　59　無　　　　　現　　　14,934
　　青柳　充茂　57　無　　　　　新　　　11,392
　　　　　　　　　　　　　　（投票率49.19％）

平成26年（2014年）9月21日実施

当④小口　利幸　63　無　　　　　現　　　14,919
　　小野　光明　52　無　　　　　新　　　 6,514
　　　　　　　　　　　　　　（投票率40.36％）

平成30年（2018年）9月23日実施

当⑤小口　利幸　67　無　　　　　現　　　12,902
　　平間　正治　65　無　　　　　新　　　12,523
　　　　　　　　　　　　　　（投票率46.26％）

須坂市長選挙

平成4年（1992年）1月19日実施

当①永井　順裕　58　無　　　　　新　　　18,525
　　竹内　　勉　32　共　　　　　新　　　 2,791
　　　　　　　　　　　　　　（投票率55.64％）

平成8年（1996年）1月21日実施

当②永井　順裕　62　無　　　　　現　　　15,070
　　浦野　治郎　47　無　　　　　新　　　 4,143
　　永井　常雄　66　共　　　　　新　　　 1,649
　　　　　　　　　　　　　　（投票率51.24％）

平成12年（2000年）1月16日実施

当③永井　順裕　66　無　　　　　現　　　16,419
　　山口　長志　58　無　　　　　新　　　11,187
　　　　　　　　　　　　　　（投票率64.85％）

平成16年（2004年）1月18日実施

当①三木　正夫　54　無　　　　　新　　　13,548
　　永田　栄一　50　無　　　　　新　　　 8,305
　　　　　　　　　　　　　　（投票率51.61％）

平成20年（2008年）1月20日実施

当②三木　正夫　58　無　　　　　現　　　16,060
　　永田　栄一　54　無　　　　　新　　　 5,404
　　　　　　　　　　　　　　（投票率50.62％）

平成24年（2012年）1月22日実施

当③三木　正夫　62　無　　　　　現　　　13,062
　　永田　栄一　58　無　　　　　新　　　 5,263
　　　　　　　　　　　　　　（投票率43.89％）

平成28年（2016年）1月17日実施

当④三木　正夫　66　無　　　　　現　　　13,915
　　永田　栄一　62　無　　　　　新　　　 5,060
　　　　　　　　　　　　　　（投票率46.39％）

諏訪市長選挙

平成3年（1991年）4月14日実施

当③笠原　俊一　64　無　　　　　現　　　無投票

平成7年（1995年）4月23日実施

当④笠原　俊一　68　無　　　　　現　　　17,266
　　伊藤　幸平　62　無　　　　　新　　　12,629
　　　　　　　　　　　　　　（投票率77.61％）

平成11年（1999年）4月25日実施

当①山田　勝文 48　無　　　新　16,228
　　藤森　常雄 71　無　　　新　 8,568
　　栗田　勝　56　無　　　新　 6,022
　　　　　　　　　　　　　（投票率 76.63%）

平成15年（2003年）4月27日実施

当②山田　勝文 52　無　　　現　17,625
　　丸山　茂夫 65　無　　　新　12,150
　　　　　　　　　　　　　（投票率 72.49%）

平成19年（2007年）4月22日実施

当③山田　勝文 56　無　　　現　18,713
　　大木　秀行 45　無　　　新　 8,933
　　　　　　　　　　　　　（投票率 67.83%）

平成23年（2011年）4月24日実施

当④山田　勝文 60　無　　　現　13,503
　　今井　愛郎 41　無　　　新　 8,260
　　芳沢　範朗 54　無　　　新　 4,846
　　　　　　　　　　　　　（投票率 66.69%）

平成27年（2015年）4月19日実施

当①金子ゆかり 56　無　　　新　無投票

平成31年（2019年）4月14日実施

当②金子ゆかり 60　無　　　現　無投票

千曲市長選挙

平成15年（2003年）9月1日更埴市・更級郡上山田町・埴科郡戸倉町が新設合併して千曲市となる

平成15年（2003年）10月5日実施

当①宮坂　博敏 75　無　　　新　19,595
　　滝沢　弘　65　無　　　新　16,076
　　　　　　　　　　　　　（投票率 69.56%）

平成19年（2007年）9月30日実施

当①近藤清一郎 67　無　　　新　13,555
　　柳町　博之 43　無　　　新　12,806
　　　　　　　　　　　　　（投票率 51.84%）

平成23年（2011年）9月18日実施

当②近藤清一郎 71　無　　　現　無投票

平成24年（2012年）11月11日実施

当①岡田　昭雄 61　無　　　新　10,549
　　柳町　博之 49　無　　　新　 9,676
　　宇田川弘子 53　無　　　新　 6,080
　　　　　　　　　　　　　（投票率 52.35%）

平成28年（2016年）10月30日実施

当②岡田　昭雄 65　無　　　現　12,257
　　早志　圭司 59　無　　　新　12,007
　　　　　　　　　　　　　（投票率 47.74%）

（更埴市長選挙）

平成元年（1989年）2月26日実施

当①宮坂　博敏 61　無　　　新　13,687
　　原　　利夫 53　無　　　新　 9,710
　　　　　　　　　　　　　（投票率 87.38%）

平成5年（1993年）2月14日実施

当②宮坂　博敏 65　無　　　現　無投票

平成9年（1997年）2月16日実施

当③宮坂　博敏 69　無　　　現　11,698
　　馬場　修　62　無　　　新　 3,715
　　　　　　　　　　　　　（投票率 51.65%）

平成13年（2001年）2月18日実施

当④宮坂　博敏 73　無　　　現　12,353
　　山下　哲夫 62　無　　　新　 5,692
　　　　　　　　　　　　　（投票率 58.33%）

※平成15年（2003年）9月1日更埴市は更級郡上山田町・埴科郡戸倉町と新設合併して千曲市となる

茅野市長選挙

平成3年（1991年）4月21日実施

当⑥原田　文也 75　無　　　現　17,849

長野県

| 矢崎　和広　44　無　　　新　　14,292 |
| (投票率 89.51%) |

平成7年(1995年)4月23日実施

当①矢崎　和広　48　無　　　新　　26,378
　　池上　三男　68　無　　　新　　 4,921
(投票率 82.37%)

平成11年(1999年)4月25日実施

当②矢崎　和広　52　無　　　現　　26,475
　　矢島　和明　44　無　　　新　　 5,019
(投票率 78.48%)

平成15年(2003年)4月20日実施

当③矢崎　和広　56　無　　　現　　無投票

平成19年(2007年)4月22日実施

当①柳平千代一　53　無　　　新　　16,577
　　牛山　晴一　72　無　　　新　　12,674
(投票率 67.50%)

平成23年(2011年)4月24日実施

当②柳平千代一　57　無　　　現　　20,079
　　清水　強治　60　無　　　新　　 8,193
(投票率 64.60%)

平成27年(2015年)4月26日実施

当③柳平千代一　61　無　　　現　　16,148
　　野沢　明夫　60　無　　　新　　10,080
(投票率 59.93%)

平成31年(2019年)4月14日実施

当①今井　敦　57　無　　　新　　無投票

東御市長選挙

平成16年(2004年)4月1日北佐久郡北御牧村・小県郡東部町が新設合併・市制施行して東御市となる

平成16年(2004年)4月25日実施

当①土屋　哲男　56　無　　　新　　10,032
　　花岡　利夫　53　無　　　新　　 8,793
(投票率 77.62%)

平成20年(2008年)4月13日実施

当①花岡　利夫　57　無　　　新　　 9,054
　　土屋　哲男　60　無　　　現　　 8,118
(投票率 69.63%)

平成24年(2012年)4月8日実施

当②花岡　利夫　61　無　　　現　　無投票

平成28年(2016年)4月10日実施

当③花岡　利夫　65　無　　　現　　 8,757
　　吉田　周平　74　無　　　新　　 5,774
(投票率 59.95%)

中野市長選挙

平成4年(1992年)2月16日実施

当③土屋　武則　65　無　　　現　　15,639
　　町田　幸男　52　共　　　新　　 2,219
(投票率 59.15%)

平成8年(1996年)2月11日実施

当①綿貫　隆夫　57　無　　　新　　10,775
　　玉木　徳重　64　無　　　新　　 6,981
　　原　修一郎　62　無　　　新　　 6,329
(投票率 74.98%)

平成12年(2000年)2月13日実施

当②綿貫　隆夫　61　無　　　現　　無投票

平成16年(2004年)2月15日実施

当①青木　一　55　無　　　新　　10,776
　　玉木　一徳　47　無　　　新　　 9,583
(投票率 60.95%)

平成17年(2005年)4月17日実施

当①青木　一　56　無　　　新　　無投票

平成20年(2008年)11月23日実施

当①小田切治世　57　無　　　新　　13,626
　　高木　尚史　64　無　　　新　　 7,128
(投票率 55.34%)

平成24年（2012年）11月18日実施

当① 池田　　茂　59　無　　　　新　　8,848
　　小田切治世　61　無　　　　現　　8,417
　　　　　　　　　　　　（投票率 46.72%）

平成28年（2016年）11月13日実施

当② 池田　　茂　63　無　　　　現　　無投票

臥雲　義尚　52　無　　　　新　　35,850
鈴木　満雄　65　無　　　　新　　5,457
　　　　　　　　　　　（投票率 49.89%）

松本市長選挙

平成4年（1992年）3月15日実施

当① 有賀　　正　60　無　　　　新　　53,215
　　和合　正治　75　無　　　　現　　53,123
　　　　　　　　　　　（投票率 71.95%）

平成8年（1996年）3月17日実施

当② 有賀　　正　64　無　　　　現　　51,039
　　深沢賢一郎　57　無　　　　新　　32,438
　　蓑島　宗夫　39　無　　　　新　　10,327
　　　　　　　　　　　（投票率 60.59%）

平成12年（2000年）3月12日実施

当③ 有賀　　正　68　無　　　　現　　56,116
　　福元　　博　58　無　　　　新　　18,288
　　　　　　　　　　　（投票率 47.09%）

平成16年（2004年）3月14日実施

当① 菅谷　　昭　60　無　　　　新　　48,758
　　有賀　　正　72　無　　　　現　　39,043
　　田口　敏子　57　無　　　　新　　12,118
　　　　　　　　　　　（投票率 62.14%）

平成20年（2008年）3月16日実施

当② 菅谷　　昭　64　無　　　　現　　66,764
　　市川　博美　49　無　　　　新　　17,299
　　　　　　　　　　　（投票率 47.43%）

平成24年（2012年）3月4日実施

当③ 菅谷　　昭　68　無　　　　現　　無投票

平成28年（2016年）3月13日実施

当④ 菅谷　　昭　72　無　　　　現　　53,978

岐 阜 県

県庁所在地　岐阜市
市　　数　　21市（平成31年4月現在）
市　　名　　岐阜市・恵那市・大垣市・海津市・各務原市・可児市・郡上市・下呂市・関市・高山市・多治見市・土岐市・中津川市・羽島市・飛騨市・瑞浪市・瑞穂市・美濃市・美濃加茂市・本巣市・山県市

【市に関わる合併・市制施行・名称変更】

市名	実施年月日	関係市町村名等	合併等の内容
岐阜市	平成18年（2006年）1月1日	岐阜市・羽島郡柳津町	【編入合併】
恵那市	平成16年（2004年）10月25日	恵那市・恵那郡岩村町・山岡町・明智町・串原村・上矢作町	【新設合併】
大垣市	平成18年（2006年）3月27日	大垣市・養老郡上石津町・安八郡墨俣町	【編入合併】
海津市	平成17年（2005年）3月28日	海津郡海津町・平田町・南濃町	【新設合併・市制施行】
各務原市	平成16年（2004年）11月1日	各務原市・羽島郡川島町	【編入合併】
可児市	平成17年（2005年）5月1日	可児市・可児郡兼山町	【編入合併】
郡上市	平成16年（2004年）3月1日	郡上郡八幡町・大和町・白鳥町・高鷲村・美並村・明宝村・和良村	【新設合併・市制施行】
下呂市	平成16年（2004年）3月1日	益田郡萩原町・小坂町・下呂町・金山町・馬瀬村	【新設合併・市制施行】
関市	平成17年（2005年）2月7日	関市・武儀郡洞戸村・板取村・武芸川町・武儀町・上之保村	【編入合併】
高山市	平成17年（2005年）2月1日	高山市・大野郡丹生川村・清見村・荘川村・宮村・久々野町・朝日村・高根村・吉城郡国府町・上宝村	【編入合併】
多治見市	平成18年（2006年）1月23日	多治見市・土岐郡笠原町	【編入合併】
中津川市	平成17年（2005年）2月13日	中津川市・恵那郡坂下町・川上村・加子母村・付知町・福岡町・蛭川村・長野県木曽郡山口村	【編入合併】
飛騨市	平成16年（2004年）2月1日	吉城郡古川町・河合村・宮川村・神岡町	【新設合併・市制施行】
瑞穂市	平成15年（2003年）5月1日	本巣郡穂積町・巣南町	【新設合併・市制施行】
本巣市	平成16年（2004年）2月1日	本巣郡本巣町・真正町・糸貫町・根尾村	【新設合併・市制施行】
山県市	平成15年（2003年）4月1日	山県郡高富町・美山町・伊自良村	【新設合併・市制施行】

【選挙結果】

岐阜県知事選挙

平成元年（1989年）1月29日実施
当①	梶原　　拓	55	無 自民 社会 公明 民社 社連	新	544,069
	岡本　　靖	61	無 共産	新	204,309
	児玉　浄司	40	無	新	42,465

（投票率 54.87%）

平成5年（1993年）1月31日実施
当②	梶原　　拓	59	無 自民 社会 公明 民社 社連	現	605,046
	岡本　　靖	65	無 共産	新	187,496

（投票率 51.86%）

平成9年（1997年）2月2日実施
当③	梶原　　拓	63	無 自民 新進 民主 公明	現	499,766
	松本　　稔	62	無 共産	新	138,848
	近藤　正尚	51	無	新	80,116

（投票率 45.44%）

平成13年（2001年）1月28日実施
当④	梶原　　拓	67	無 自民 民主 公明 保守 自連	現	555,902
	長谷川金重	65	無 共産	新	197,152

（投票率 46.49%）

平成17年（2005年）1月23日実施
当①	古田　　肇	57	無 自民 民主 公明	新	507,810
	木下　一彦	63	無 共産	新	114,978
	垣田　達哉	51	無	新	94,495

（投票率 43.50%）

平成21年（2009年）1月25日実施
当②	古田　　肇	61	無 自民 公明	現	514,112
	木下　一彦	67	無 共産	新	124,378

（投票率 38.44%）

平成25年（2013年）1月27日実施
当③	古田　　肇	65	無 自民 民主 維会 公明	現	474,731
	鈴木　正典	49	共	新	83,859

（投票率 33.92%）

平成29年（2017年）1月29日実施
当④	古田　　肇	69	無 公明	現	493,224
	高木　光弘	57	無 共産	新	112,382

（投票率 36.39%）

岐阜市長選挙

平成元年（1989年）1月29日実施
当④	蒔田　　浩	68	無 自民 社会 公明 民社 社連	現	118,486
	井深　冴子	56	無 共産	新	33,640

（投票率 52.13%）

平成5年（1993年）1月31日実施
当①	浅野　　勇	66	無 社会	新	82,981
	笠原　潤一	60	無 自民 社連	新	69,482
	井深　冴子	60	無 共産	新	13,732
	山岸　竹吉	63	無	新	2,963

（投票率 55.43%）

平成9年（1997年）2月2日実施
当②	浅野　　勇	70	無 自民 新進 民主 公明	現	75,481
	森　　昭男	52	無 共産	新	26,896
	山岸　竹吉	67	無	新	11,092

（投票率 37.22%）

平成13年（2001年）1月28日実施
当③	浅野　　勇	74	無 自民 公明	現	55,419
	吉田　好成	61	無	新	44,771
	岩田多加子	62	無 共産	新	26,955
	鵜飼　武彦	61	無	新	16,990

山岸　竹吉　71　無　　　　　新　　　2,157
（投票率 46.36%）

平成14年（2002年）2月24日実施
当①細江　茂光　53　無 民主　　新　　53,051
　　平野　恭弘　67　無 自民　　新　　36,962
　　森川　幸江　55　無　　　　　新　　28,752
　　吉田　好成　62　無　　　　　新　　23,373
　　岩田多加子　63　無 共産　　新　　13,092
　　玉井　宏光　60　無　　　　　新　　 2,151
（投票率 49.55%）

平成18年（2006年）1月29日実施
当②細江　茂光　57　無 自民 民主 公明　現　67,561
　　高田　一朗　52　無 共産　　新　　30,921
（投票率 30.28%）

平成21年（2009年）1月18日実施
当③細江　茂光　60　無　　　　　前　　無投票

平成22年（2010年）2月7日実施
当④細江　茂光　61　無　　　　　現　　64,700
　　浅野　　真　41　無　　　　　新　　52,743
　　大西　隆博　44　無　　　　　新　　10,446
　　岩田　良子　52　無　　　　　新　　 2,357
（投票率 39.54%）

平成26年（2014年）2月2日実施
当⑤細江　茂光　65　無 自民 公明　現　51,713
　　柴橋　正直　34　無　　　　　新　　50,206
　　浅野　裕司　59　無 自民　　新　　25,861
（投票率 38.93%）

平成30年（2018年）1月28日実施
当①柴橋　正直　38　無　　　　　新　　64,598
　　中西　謙司　56　無 自民 公明　新　30,074
　　棚橋　保之　37　無　　　　　新　　 8,263
　　吉田　里江　52　無　　　　　新　　 7,017
　　小森　忠良　59　無　　　　　新　　 5,140
　　森下満寿美　57　無 共産　　新　　 4,566
　　中根　西光　69　無　　　　　新　　 1,329
（投票率 36.35%）

恵那市長選挙

平成4年（1992年）5月24日実施
当②森川　正昭　63　無　　　　　現　　無投票

平成8年（1996年）6月2日実施
当③森川　正昭　67　無　　　　　現　　12,168
　　小倉　富枝　46　無　　　　　新　　 4,823
（投票率 63.78%）

平成12年（2000年）6月11日実施
当④森川　正昭　71　無　　　　　現　　13,090
　　駒宮　博男　46　無　　　　　新　　 7,702
（投票率 75.69%）

平成16年（2004年）5月23日実施
当⑤森川　正昭　75　無　　　　　現　　無投票

平成16年（2004年）11月28日実施
当①可知　義明　68　無　　　　　新　　22,306
　　山内　章裕　64　無　　　　　新　　 8,968
　　水野　善文　51　共　　　　　新　　 4,466
（投票率 79.56%）

平成20年（2008年）11月9日実施
当②可知　義明　72　無　　　　　現　　無投票

平成24年（2012年）11月18日実施
当③可知　義明　76　無　　　　　現　　22,325
　　纐纈　　満　56　無　　　　　新　　 9,300
（投票率 73.58%）

平成28年（2016年）11月13日実施
当①小坂　喬峰　53　無　　　　　新　　17,581
　　可知　孝司　60　無　　　　　新　　 9,938
　　駒宮　博男　62　無　　　　　新　　 2,783
（投票率 71.63%）

大垣市長選挙

平成元年（1989年）4月16日実施
当②小倉　　満　56　無　　　　　現　　39,038

鈴木　栄代　40　共　　　　新　　10,783
　　　　　　　　　　　　　　（投票率 48.4%）

平成5年（1993年）4月4日実施

当③小倉　　満　60　無　　　　現　　35,109
　　鈴木　栄代　44　共　　　　新　　 5,787
　　　　　　　　　　　　　　（投票率 37.52%）

平成9年（1997年）4月13日実施

当④小倉　　満　64　無　　　　現　　34,646
　　長谷川金重　61　無　　　　新　　 8,672
　　　　　　　　　　　　　　（投票率 38.91%）

平成13年（2001年）4月22日実施

当①小川　　敏　50　無　　　　新　　33,666
　　伊藤　秀光　50　無　　　　新　　26,850
　　船田　義博　46　無　　　　新　　 4,488
　　　　　　　　　　　　　　（投票率 56.64%）

平成17年（2005年）4月10日実施

当②小川　　敏　54　無　　　　現　　34,401
　　中島　鉄久　50　無　　　　新　　 3,764
　　　　　　　　　　　　　　（投票率 33.21%）

平成21年（2009年）4月12日実施

当③小川　　敏　58　無　　　　現　　無投票

平成25年（2013年）4月14日実施

当④小川　　敏　62　無　　　　現　　33,700
　　伊藤　秀光　62　無　　　　新　　25,620
　　　　　　　　　　　　　　（投票率 46.99%）

平成29年（2017年）4月9日実施

当⑤小川　　敏　66　無　　　　現　　無投票

海津市長選挙

平成17年（2005年）3月28日海津郡海津町・平田町・南濃町が新設合併・市制施行して海津市となる

平成17年（2005年）5月8日実施

当①松永　清彦　59　無　　　　新　　14,104
　　牧野　誠照　64　無　　　　新　　 7,451

六鹿　正規　52　無　　　　新　　 747
　　　　　　　　　　　　　　（投票率 70.95%）

平成21年（2009年）4月12日実施

当②松永　清彦　63　無　　　　現　　無投票

平成25年（2013年）4月14日実施

当③松永　清彦　67　無　　　　現　　無投票

平成29年（2017年）4月23日実施

当④松永　清彦　71　無　　　　現　　 6,951
　　藤田　敏彦　65　無　　　　新　　 5,684
　　松田　芳明　61　無　　　　新　　 3,612
　　　　　　　　　　　　　　（投票率 54.31%）

各務原市長選挙

平成元年（1989年）4月23日実施

当⑤平野喜八郎　68　無　　　　現　　29,216
　　黒田　　靖　60　無　　　　新　　 8,388
　　目片　文子　44　無　　　　新　　 1,256
　　　　　　　　　　　　　　（投票率 44.45%）

平成5年（1993年）4月18日実施

当⑥平野喜八郎　72　無　　　　現　　無投票

平成9年（1997年）4月27日実施

当①森　　　真　57　無　　　　新　　32,475
　　今尾　東雄　65　無　　　　新　　 5,753
　　　　　　　　　　　　　　（投票率 38.55%）

平成13年（2001年）4月22日実施

当②森　　　真　61　無　　　　現　　32,482
　　原　　伸代　50　無　　　　新　　 7,770
　　石崎安佐雄　52　無　　　　新　　 1,160
　　　　　　　　　　　　　　（投票率 40.29%）

平成17年（2005年）4月24日実施

当③森　　　真　65　無　　　　現　　29,520
　　木下　律子　58　共　　　　新　　10,240
　　　　　　　　　　　　　　（投票率 35.39%）

平成21年（2009年）4月26日実施

当④	森	真 69	無	現	26,063
	足立	宣夫 65	無	新	15,321

（投票率 36.55%）

平成25年（2013年）4月21日実施

当①	浅野	健司 41	無	新	30,106
	森	真 73	無	現	18,098
	足立	宣夫 69	無	新	4,509

（投票率 45.78%）

平成29年（2017年）4月23日実施

当②	浅野	健司 45	無	現	30,860
	三丸	文也 75	無	新	12,098

（投票率 36.39%）

可児市長選挙

平成2年（1990年）10月28日実施

当③	鈴木	告也 67	無	現	22,262
	石黒	一誠 55	無	新	1,748

（投票率 44.92%）

平成6年（1994年）10月16日実施

当①	山田	豊 62	無	新	無投票

平成10年（1998年）10月25日実施

当②	山田	豊 66	無	現	21,279
	交告	義昭 62	無	新	14,488

（投票率 53.74%）

平成14年（2002年）10月20日実施

当③	山田	豊 70	無	現	無投票

平成18年（2006年）10月22日実施

当④	山田	豊 74	無	現	17,551
	近松	武弘 66	無	新	11,106
	山根	一男 49	無	新	5,547
	中村	悟 50	無	新	3,725

（投票率 50.85%）

平成22年（2010年）10月24日実施

当①	冨田	成輝 57	無	新	21,948
	近藤	登 56	無	新	16,412

（投票率 50.53%）

平成26年（2014年）10月26日実施

当②	冨田	成輝 61	無	現	22,845
	山口	正博 56	無	新	5,839

（投票率 37.87%）

平成30年（2018年）10月28日実施

当③	冨田	成輝 65	無	現	20,572
	山口	正博 60	無	新	5,632

（投票率 33.70%）

郡上市長選挙

平成16年（2004年）3月1日郡上郡八幡町・大和町・白鳥町・高鷲村・美並村・明宝村・和良村が新設合併・市制施行して郡上市となる

平成16年（2004年）4月11日実施

当①	礒	孝司 62	無	新	18,068
	小森	久二男 70	無	新	15,712
	西村	敏行 54	無	新	1,068

（投票率 89.73%）

平成20年（2008年）3月23日実施

当①	日置	敏明 64	無	新	無投票

平成24年（2012年）4月1日実施

当②	日置	敏明 68	無	現	26,451
	石丸	裕之 64	無	新	2,922

（投票率 80.26%）

平成28年（2016年）3月27日実施

当③	日置	敏明 72	無	現	無投票

下呂市長選挙

平成16年（2004年）3月1日益田郡萩原町・小坂町・下呂町・金山町・馬瀬村が新設合併・市制施行して下呂市となる

平成16年（2004年）4月18日実施

当①	山田　良司	43	無	新	12,322
	金山　鎮雄	66	無	新	12,032
	中川　護	61	無	新	1,684
	伊藤　栄一	44	無	新	1,406

（投票率 87.92%）

平成20年（2008年）4月13日実施

当①	野村　誠	59	無	新	13,056
	山田　良司	47	無	現	12,697

（投票率 84.60%）

平成24年（2012年）4月15日実施

当②	野村　誠	63	無	現	13,336
	石田　芳弘	66	無	新	11,303

（投票率 84.11%）

平成28年（2016年）4月10日実施

当①	服部　秀洋	57	無	新	12,227
	山田　良司	55	無	元	9,753

（投票率 79.74%）

関市長選挙

平成2年（1990年）1月28日実施

当③	堀部　四郎	66	無	現	16,236
	船戸安太郎	59	共	新	4,766

（投票率 44.55%）

平成3年（1991年）9月15日実施

当①	後藤　昭夫	63	無	新	無投票

平成7年（1995年）9月10日実施

当②	後藤　昭夫	67	無	現	19,237
	安田　英雄	60	無	新	16,121

（投票率 66.84%）

平成11年（1999年）9月12日実施

当③	後藤　昭夫	71	無	現	22,083
	安田　英雄	64	無	新	15,219

（投票率 66.40%）

平成15年（2003年）8月31日実施

当④	後藤　昭夫	75	無	現	無投票

平成19年（2007年）9月16日実施

当①	尾藤　義昭	61	無	新	25,941
	岡田　洋一	62	無	新	10,443

（投票率 50.21%）

平成23年（2011年）9月11日実施

当①	尾関　健治	39	無	新	24,863
	尾藤　義昭	65	無	現	20,340

（投票率 62.03%）

平成27年（2015年）9月6日実施

当②	尾関　健治	43	無	現	無投票

高山市長選挙

平成3年（1991年）4月21日実施

当①	日下部　尚	61	無	新	24,612
	池田　芳一	50	無	新	14,571

（投票率 85.52%）

平成6年（1994年）9月4日実施

当①	土野　守	57	無	新	20,254
	老田　正夫	57	無	新	14,964
	池田　芳一	54	無	新	3,431

（投票率 78.99%）

平成10年（1998年）8月9日実施

当②	土野　守	61	無	現	21,398
	池田　芳一	58	無	新	9,894

（投票率 62.16%）

平成14年（2002年）8月25日実施

当③	土野　守	65	無	現	19,855

岐阜県

上島　栄一　62　共　　　　　新　　8,605
（投票率55.15%）

平成18年（2006年）8月20日実施
当④土野　　守　69　無　　　現　　無投票

平成22年（2010年）8月29日実施
当①国島　芳明　60　無　　　新　　26,134
　　荒井　信一　60　無　　　新　　17,891
　　中田　清介　62　無　　　新　　 8,388
（投票率70.35%）

平成26年（2014年）8月24日実施
当②国島　芳明　64　無　　　現　　無投票

平成30年（2018年）8月26日実施
当③国島　芳明　68　無　　　現　　25,866
　　益田　大輔　43　無　　　新　　19,361
（投票率61.94%）

多治見市長選挙

平成3年（1991年）4月14日実施
当④加藤　直樹　57　無　　　現　　無投票

平成7年（1995年）4月23日実施
当①西寺　雅也　51　無　　　新　　28,385
　　加藤　直樹　61　無　　　現　　26,920
（投票率76.20%）

平成11年（1999年）4月18日実施
当②西寺　雅也　55　無　　　現　　無投票

平成15年（2003年）4月27日実施
当③西寺　雅也　59　無　　　現　　32,373
　　山本　勝敏　39　無　　　新　　21,972
（投票率68.51%）

平成19年（2007年）4月22日実施
当①古川　雅典　54　無　　　新　　32,345
　　中道　育夫　62　無　　　新　　15,480
　　水野　忠勝　62　無　　　新　　 9,387
（投票率64.00%）

平成23年（2011年）4月17日実施
当②古川　雅典　58　無　　　現　　無投票

平成27年（2015年）4月19日実施
当③古川　雅典　62　無　　　現　　無投票

平成31年（2019年）4月14日実施
当④古川　雅典　66　無　　　現　　無投票

土岐市長選挙

平成3年（1991年）4月14日実施
当③塚本　保夫　55　無　　　現　　無投票

平成7年（1995年）4月16日実施
当④塚本　保夫　59　無　　　現　　無投票

平成11年（1999年）4月25日実施
当⑤塚本　保夫　63　無　　　現　　18,292
　　金津　　保　61　無　　　新　　17,632
（投票率71.92%）

平成15年（2003年）4月27日実施
当⑥塚本　保夫　67　無　　　現　　26,058
　　加藤　三好　44　無　　　新　　 9,156
（投票率73.32%）

平成19年（2007年）4月22日実施
当①大野　信彦　62　無　　　新　　20,624
　　久米　要次　60　無　　　新　　14,611
（投票率72.70%）

平成23年（2011年）4月24日実施
当①加藤　靖也　56　無　　　新　　19,000
　　大野　信彦　67　無　　　現　　10,259
　　籠橋　健治　62　無　　　新　　 5,260
（投票率70.60%）

平成27年（2015年）4月26日実施
当②加藤　靖也　60　無　　　現　　19,719
　　加藤　　修　42　無　　　新　　 8,948
（投票率60.56%）

平成31年（2019年）4月14日実施

当①加藤　淳司　62　無　　　　　新　　無投票

中津川市長選挙

平成4年（1992年）4月12日実施

当②小林　房吉　67　無　　　　　現　　無投票

平成8年（1996年）4月14日実施

当③小林　房吉　71　無　　　　　現　　無投票

平成12年（2000年）4月16日実施

当①中川　　鮮　63　無　　　　　新　　17,926
　　小林　房吉　75　無　　　　　現　　13,255
　　　　　　　　　　　　　（投票率 72.68%）

平成16年（2004年）4月18日実施

当①大山　耕二　54　無　　　　　新　　19,628
　　中川　　鮮　67　無　　　　　現　　13,137
　　　　　　　　　　　　　（投票率 75.40%）

平成20年（2008年）4月20日実施

当②大山　耕二　58　無　　　　　現　　25,418
　　中川　　鮮　71　無　　　　　前　　18,641
　　中村　正人　70　無　　　　　新　　 1,988
　　　　　　　　　　　　　（投票率 68.83%）

平成24年（2012年）1月22日実施

当①青山　節児　60　無　　　　　新　　18,755
　　大山　耕二　62　無　　　　　前　　13,383
　　藤井　四郎　66　無　　　　　新　　 7,090
　　中川　　鮮　74　無　　　　　元　　 5,047
　　木下　律子　64　共　　　　　新　　 1,717
　　　　　　　　　　　　　（投票率 70.02%）

平成28年（2016年）1月17日実施

当②青山　節児　64　無　　　　　現　　24,716
　　西尾　慶太　27　無　　　　　新　　11,821
　　松原　　弘　40　無　　　　　新　　 1,896
　　　　　　　　　　　　　（投票率 59.91%）

羽島市長選挙

平成4年（1992年）11月29日実施

当②岩田　博正　67　無　　　　　現　　無投票

平成8年（1996年）11月24日実施

当①吉田　三郎　61　無　　　　　新　　19,105
　　岩田　博正　71　無　　　　　現　　10,616
　　　　　　　　　　　　　（投票率 60.90%）

平成12年（2000年）12月3日実施

当②吉田　三郎　65　無　　　　　現　　13,746
　　渡辺　丈展　33　無　　　　　新　　 7,223
　　倉田　倬治　68　無　　　　　新　　 4,117
　　　　　　　　　　　　　（投票率 49.79%）

平成16年（2004年）12月5日実施

当①白木　義春　55　無　　　　　新　　12,763
　　吉田　三郎　69　無　　　　　現　　10,580
　　吉田　幸一　69　無　　　　　新　　 3,358
　　　　　　　　　　　　　（投票率 51.43%）

平成20年（2008年）11月23日実施

当②白木　義春　59　無　　　　　現　　無投票

平成24年（2012年）11月25日実施

当①松井　　聡　61　無　　　　　新　　13,974
　　白木　義春　63　無　　　　　現　　13,442
　　　　　　　　　　　　　（投票率 51.43%）

平成28年（2016年）11月13日実施

当②松井　　聡　65　無　　　　　現　　無投票

飛驒市長選挙

　平成16年（2004年）2月1日吉城郡古川町・河合村・宮川村・神岡町が新設合併・市制施行して飛驒市となる

平成16年（2004年）2月29日実施

当①船坂　勝美　62　無　　　　　新　　無投票

平成20年（2008年）2月17日実施
当①井上　久則　58　無　　　新　　10,827
　　船坂　勝美　66　無　　　現　　 9,770
　　　　　　　　　　　　（投票率88.26%）

平成24年（2012年）2月19日実施
当②井上　久則　62　無　　　現　　10,150
　　船坂　勝美　70　無　　　前　　 8,947
　　　　　　　　　　　　（投票率86.23%）

平成28年（2016年）2月7日実施
当①都竹　淳也　48　無　　　新　　無投票

瑞浪市長選挙

平成3年（1991年）6月30日実施
当②安藤　三郎　69　無　　　現　　無投票

平成7年（1995年）7月9日実施
当①高嶋　芳男　55　無　　　新　　15,427
　　宇野　和夫　63　無　　　新　　 6,860
　　　　　　　　　　　　（投票率72.31%）

平成11年（1999年）7月11日実施
当②高嶋　芳男　59　無　　　現　　14,843
　　藤中智恵美　43　無　　　新　　 4,768
　　　　　　　　　　　　（投票率62.35%）

平成15年（2003年）7月13日実施
当③高嶋　芳男　63　無　　　現　　14,042
　　加藤　三好　44　無　　　新　　 2,167
　　　　　　　　　　　　（投票率51.07%）

平成19年（2007年）7月22日実施
当①水野　光二　53　無　　　新　　12,574
　　井沢　康樹　54　無　　　新　　 7,893
　　　　　　　　　　　　（投票率64.24%）

平成23年（2011年）7月3日実施
当②水野　光二　57　無　　　現　　無投票

平成27年（2015年）7月12日実施
当③水野　光二　61　無　　　現　　12,634
　　井沢　康樹　62　無　　　新　　 4,393
　　　　　　　　　　　　（投票率55.11%）

瑞穂市長選挙

平成15年（2003年）5月1日本巣郡穂積町・巣南町が新設合併・市制施行して瑞穂市となる

平成15年（2003年）6月1日実施
当①松野　幸信　69　無　　　新　　 9,939
　　山田　隆義　63　無　　　新　　 8,663
　　　　　　　　　　　　（投票率54.12%）

平成19年（2007年）4月22日実施
当①堀　　孝正　65　無　　　新　　 9,444
　　松野　幸信　73　無　　　現　　 9,086
　　　　　　　　　　　　（投票率51.32%）

平成23年（2011年）4月24日実施
当②堀　　孝正　69　無　　　現　　 9,534
　　広瀬　時男　63　無　　　新　　 7,364
　　　　　　　　　　　　（投票率44.71%）

平成27年（2015年）4月26日実施
当①棚橋　敏明　65　無　　　新　　 7,591
　　堀　　孝正　73　無　　　現　　 7,300
　　鳥居　佳史　60　無　　　新　　 2,734
　　　　　　　　　　　　（投票率45.09%）

平成31年（2019年）4月21日実施
当①森　　和之　60　無　　　新　　 9,436
　　棚橋　敏明　69　無　　　現　　 7,697
　　　　　　　　　　　　（投票率41.60%）

美濃市長選挙

平成3年（1991年）6月30日実施
当②西部　晃彦　61　無　　　現　　無投票

平成7年（1995年）7月2日実施

当①石川	道政	54	無	新	8,438
西部	晃彦	65	無	現	8,303

（投票率 84.42%）

平成11年（1999年）7月11日実施

当②石川　道政　58　無　　　現　　無投票

平成15年（2003年）7月6日実施

当③石川　道政　62　無　　　現　　無投票

平成19年（2007年）7月15日実施

当④石川　道政　66　無　　　現　　無投票

平成23年（2011年）7月3日実施

当⑤石川　道政　70　無　　　現　　無投票

平成26年（2014年）1月26日実施

当①武藤	鉄弘	61	無	新	6,397
古田	秀文	55	無	新	5,609

（投票率 66.09%）

平成30年（2018年）1月14日実施

当②武藤　鉄弘　65　無　　　現　　無投票

美濃加茂市長選挙

平成元年（1989年）8月27日実施

当②渡辺　博万　63　無　　　現　　無投票

平成5年（1993年）8月22日実施

当①川合　良樹　60　無　　　新　　無投票

平成9年（1997年）8月24日実施

当②川合　良樹　64　無　　　現　　無投票

平成13年（2001年）8月26日実施

当③川合　良樹　68　無　　　現　　無投票

平成17年（2005年）8月28日実施

当①渡辺	直由	60	無	新	13,711
三宅	稔	64	無	新	7,294

柘植	宏一	51	無	新	3,005

（投票率 65.01%）

平成21年（2009年）8月23日実施

当②渡辺　直由　64　無　　　現　　無投票

平成25年（2013年）6月2日実施

当①藤井	浩人	28	無	新	11,394
森	弓子	58	無	新	9,138

（投票率 52.86%）

平成29年（2017年）1月29日実施

当②藤井	浩人	32	無	前	19,088
鈴木	勲	72	無	新	4,105

（投票率 57.10%）

平成29年（2017年）5月14日実施

当③藤井　浩人　32　無　　　現　　無投票

平成30年（2018年）1月28日実施

当①伊藤	誠一	61	無	新	14,022
小野	正勝	68	無	新	1,819

（投票率 38.62%）

本巣市長選挙

平成16年（2004年）2月1日本巣郡本巣町・真正町・糸貫町・根尾村が新設合併・市制施行して本巣市となる

平成16年（2004年）3月7日実施

当①内藤	正行	67	無	新	9,712
鍔本	規之	55	無	新	2,871

（投票率 47.15%）

平成20年（2008年）2月17日実施

当①藤原	勉	60	無	新	10,770
鍔本	規之	59	無	新	4,569

（投票率 55.93%）

平成24年（2012年）2月5日実施

当②藤原　勉　64　無　　　現　　無投票

岐阜県

平成28年（2016年）2月7日実施

当③藤原　　勉 68　無　　　　現　　無投票

山県市長選挙

平成15年（2003年）4月1日山県郡高富町・美山町・伊自良村が新設合併・市制施行して山県市となる

平成15年（2003年）4月20日実施

当①平野　　元 72　無　　　　新　　無投票

平成19年（2007年）4月15日実施

当②平野　　元 76　無　　　　現　　無投票

平成23年（2011年）4月24日実施

当①林　　宏優 59　無　　　　新　　5,973
　　寺町　知正 57　無　　　　新　　4,670
　　山崎　　通 62　無　　　　新　　3,722
　　　　　　　　　　　　（投票率60.27%）

平成27年（2015年）4月19日実施

当②林　　宏優 63　無　　　　現　　無投票

平成31年（2019年）4月14日実施

当③林　　宏優 67　無　　　　現　　無投票

静岡県

県庁所在地　静岡市
市　　　数　23市（平成31年4月現在）
市　　　名　静岡市《指定都市/3区》(清水市)・熱海市・伊豆市・伊豆の国市・伊東市・磐田市・御前崎市・掛川市・菊川市・湖西市・御殿場市・島田市・下田市・裾野市・沼津市・浜松市《指定都市/7区》(天竜市, 浜北市)・袋井市・富士市・藤枝市・富士宮市・牧之原市・三島市・焼津市　　※（ ）内は廃止された市

【市に関わる合併・市制施行・名称変更】

市名	実施年月日	関係市町村名等	合併等の内容
静岡市	平成15年（2003年）4月1日	静岡市・清水市	【新設合併】
	平成17年（2005年）4月1日	指定都市	【市制移行】
	平成18年（2006年）3月31日	静岡市・庵原郡蒲原町	【編入合併】
	平成20年（2008年）11月1日	静岡市・庵原郡由比町	【編入合併】
伊豆市	平成16年（2004年）4月1日	田方郡修善寺町・土肥町・天城湯ヶ島町・中伊豆町	【新設合併・市制施行】
伊豆の国市	平成17年（2005年）4月1日	田方郡伊豆長岡町・韮山町・大仁町	【新設合併・市制施行】
磐田市	平成17年（2005年）4月1日	磐田市・磐田郡福田町・竜洋町・豊田町・豊岡村	【新設合併】
御前崎市	平成16年（2004年）4月1日	榛原郡御前崎町・小笠郡浜岡町	【新設合併・市制施行】
掛川市	平成17年（2005年）4月1日	掛川市・小笠郡大須賀町・大東町	【新設合併】
菊川市	平成17年（2005年）1月17日	小笠郡小笠町・菊川町	【新設合併・市制施行】
湖西市	平成22年（2010年）3月23日	湖西市・浜名郡新居町	【編入合併】
島田市	平成17年（2005年）5月5日	島田市・榛原郡金谷町	【編入合併】
	平成20年（2008年）4月1日	島田市・榛原郡川根町	【編入合併】
沼津市	平成17年（2005年）4月1日	沼津市・田方郡戸田村	【編入合併】
浜松市	平成3年（1991年）5月1日	浜松市・浜名郡可美村	【編入合併】
	平成17年（2005年）7月1日	浜松市・天竜市・浜北市・周智郡春野町・磐田郡龍山村・佐久間町・水窪町・浜名郡舞阪町・雄踏町・引佐郡細江町・引佐町・三ヶ日町	【編入合併】
	平成19年（2007年）4月1日	指定都市	【市制移行】
袋井市	平成17年（2005年）4月1日	袋井市・磐田郡浅羽町	【新設合併】
藤枝市	平成21年（2009年）1月1日	藤枝市・志太郡岡部町	【編入合併】
富士市	平成20年（2008年）11月1日	富士市・庵原郡富士川町	【編入合併】
富士宮市	平成22年（2010年）3月23日	富士宮市・富士郡芝川町	【編入合併】
牧之原市	平成17年（2005年）10月11日	榛原郡相良町・榛原町	【新設合併・市制施行】
焼津市	平成20年（2008年）11月1日	焼津市・志太郡大井川町	【編入合併】

【選挙結果】

静岡県知事選挙

平成2年（1990年）6月17日実施

当②	斉藤滋与史	71	無	自民 公明 民社 社会	現	942,938
	坂田 博嗣	51	共		新	128,856
	高尾 勇美	43	無		新	35,804

（投票率 42.81%）

平成5年（1993年）8月1日実施

当①	石川 嘉延	52	無	自民 社会 新生 公明 民社 社連	新	820,355
	坂田 博嗣	54	共		新	133,343

（投票率 35.14%）

平成9年（1997年）7月6日実施

当②	石川 嘉延	56	無	自民 新進 民主 社民 太陽 公明	現	869,388
	島野 房巳	64	無		新	156,258
	板垣 和子	53	無	共産	新	150,272

（投票率 41.64%）

平成13年（2001年）7月29日実施

当③	石川 嘉延	60	無	自民 公明 保守	現	1,024,604
	水野 誠一	55	無		新	568,008
	鈴木 良治	70	無	共産	新	95,461
	岡崎 渓子	55	無		新	63,482
	山本 康夫	37	無		新	49,754

（投票率 62.15%）

平成17年（2005年）7月24日実施

当④	石川 嘉延	64	無	自民 公明	現	821,492
	吉田 寿昭	51	無	共産	新	502,919

（投票率 44.49%）

平成21年（2009年）7月5日実施

当①	川勝 平太	60	無	民主 社民 国新	新	728,706
	坂本由紀子	60	無	自民 公明	新	713,654
	海野 徹	60	無		新	332,952
	平野 定義	59	共		新	65,669

（投票率 61.06%）

平成25年（2013年）6月16日実施

当②	川勝 平太	64	無		現	1,080,609
	広瀬 一郎	57	無	自民	新	345,617
	島津 幸広	56	共		新	61,980

（投票率 49.49%）

平成29年（2017年）6月25日実施

当③	川勝 平太	68	無		現	833,389
	溝口 紀子	45	無		新	563,316

（投票率 46.44%）

静岡市長選挙

平成3年（1991年）4月21日実施

当②	天野 進吾	49	無	自民 社会 公明 民社 社連 進歩	現	171,968
	坂田 博嗣	52	共		新	32,472

（投票率 61.63%）

平成6年（1994年）8月28日実施

当①	小嶋 善吉	47	無	自民	新	72,328
	鈴木 正孝	54	無	新生 公明 日新 民社 みら 自民 社会	新	55,938
	天野 一	51	無	さき 自民	新	50,517
	山本 明久	40	共		新	7,507
	大沢 俊子	41	無		新	3,014

（投票率 53.10%）

平成10年（1998年）8月2日実施

当②	小嶋 善吉	51	無	自民 民主 平和 社民 公明	現	92,231
	池野 元章	38	共		新	30,845

（投票率 33.93%）

平成14年（2002年）8月4日実施

当③	小嶋 善吉	55	無	自民 民主 公明 社民	現	78,555

池野　元章　42　共　　　新　　23,723
(投票率 27.91%)

平成15年(2003年)4月13日実施
当①小嶋　善吉　55　無 自民　新　181,456
　　天野　進吾　61　無　　　新　110,221
　　小沢　猛男　59　無 共産　新　 21,665
　　松永也州彦　71　無　　　新　 3,424
(投票率 57.37%)

平成19年(2007年)4月8日実施
当②小嶋　善吉　59　無 自民 公明　現　144,842
　　海野　徹　　57　無　　　　　　新　143,539
(投票率 50.76%)

平成23年(2011年)4月10日実施
当①田辺　信宏　49　無 自民　新　135,224
　　海野　徹　　61　諸　　　新　125,419
　　安竹　信男　64　無　　　新　 39,275
(投票率 52.58%)

平成27年(2015年)4月12日実施
当②田辺　信宏　53　無 自民 公明 改革　現　184,856
　　高田　都子　62　無　　　　　　　　新　 68,895
　　松浦　敏夫　62　無 共産　　　　　 新　 22,066
(投票率 48.42%)

平成31年(2019年)4月7日実施
当③田辺　信宏　57　無 自民　現　138,454
　　天野　進吾　77　無　　　新　107,407
　　林　　克　　63　無 共産　新　 33,322
(投票率 48.76%)

（清水市長選挙）

平成元年(1989年)7月23日実施
当②宮城島弘正　47　無　　　現　71,917
　　赤堀　晃　　62　無　　　新　49,712
　　安本　芳輔　60　無　　　新　 9,017
(投票率 74.88%)

平成5年(1993年)7月25日実施
当③宮城島弘正　51　無　　　現　73,203

　　鈴木　威雄　50　無　　　新　54,588
(投票率 70.07%)

平成9年(1997年)7月27日実施
当④宮城島弘正　55　無　　　現　52,499
　　山口　数洋　48　共　　　新　13,171
　　山口　賢三　49　無　　　新　 7,185
(投票率 39.41%)

平成13年(2001年)7月29日実施
当⑤宮城島弘正　59　無　　　現　71,993
　　田所真佐子　59　無　　　新　21,199
　　平塚　倫豊　41　無　　　新　19,087
(投票率 61.63%)

※平成15年(2003年)4月1日清水市は静岡市と新設合併

熱海市長選挙

平成2年(1990年)9月9日実施
当③内田　滋　　70　無　　　現　14,422
　　竹内　静香　66　無　　　新　13,956
(投票率 75.90%)

平成6年(1994年)9月11日実施
当①川口　市雄　57　無　　　新　15,210
　　竹内　静香　70　無　　　新　13,060
(投票率 75.11%)

平成10年(1998年)8月30日実施
当②川口　市雄　61　無　　　現　無投票

平成14年(2002年)9月8日実施
当③川口　市雄　65　無　　　現　11,661
　　片桐　達夫　70　諸　　　新　 5,379
(投票率 47.94%)

平成18年(2006年)9月10日実施
当①斉藤　栄　　43　無　　　新　7,216
　　川口　市雄　69　無　　　現　7,154
　　鵜沢　精一　62　無　　　新　6,111
　　猪木　快守　68　無　　　新　　771
(投票率 59.70%)

平成22年（2010年）9月12日実施

当② 斉藤　栄 47 無　　現　　12,996
　　 田島　秀雄 52 無　　新　　 8,596
　　　　　　　　　　　（投票率 62.13%）

平成26年（2014年）9月7日実施

当③ 斉藤　栄 51 無　　現　　11,131
　　 森田　金清 46 無　　新　　 6,420
　　 田中　秀宝 46 無　　新　　 2,307
　　　　　　　　　　　（投票率 59.41%）

平成30年（2018年）9月2日実施

当④ 斉藤　栄 55 無　　現　　無投票

伊豆市長選挙

平成16年（2004年）4月1日田方郡修善寺町・土肥町・天城湯ヶ島町・中伊豆町が新設合併・市制施行して伊豆市となる

平成16年（2004年）4月25日実施

当① 大城　伸彦 65 無　　新　　12,533
　　 森　　良雄 60 無　　新　　 5,739
　　　　　　　　　　　（投票率 60.65%）

平成20年（2008年）4月20日実施

当① 菊地　豊 49 無　　新　　11,535
　　 小森　勝彦 56 無　　新　　 3,946
　　 渡辺　公司 63 無　　新　　 3,549
　　 森　　良雄 64 無　　新　　 2,238
　　　　　　　　　　　（投票率 70.82%）

平成24年（2012年）4月15日実施

当② 菊地　豊 53 無　　現　　12,273
　　 西島　信也 65 無　　新　　 5,802
　　　　　　　　　　　（投票率 63.68%）

平成28年（2016年）4月17日実施

当③ 菊地　豊 57 無　　現　　10,132
　　 森　　良雄 71 無　　新　　 3,120
　　　　　　　　　　　（投票率 50.20%）

伊豆の国市長選挙

平成17年（2005年）4月1日田方郡伊豆長岡町・韮山町・大仁町が新設合併・市制施行して伊豆の国市となる

平成17年（2005年）4月24日実施

当① 望月　良和 63 無　　新　　13,141
　　 渡辺解太郎 67 無　　新　　10,444
　　 大川　清仁 55 無　　新　　 8,059
　　　　　　　　　　　（投票率 78.67%）

平成21年（2009年）4月19日実施

当② 望月　良和 67 無　　現　　21,704
　　 浅井　邦容 68 無　　新　　 4,340
　　　　　　　　　　　（投票率 66.51%）

平成25年（2013年）4月21日実施

当① 小野登志子 69 無　　新　　10,469
　　 望月　良和 71 無　　現　　 9,924
　　 大川　清仁 63 無　　新　　 5,422
　　　　　　　　　　　（投票率 64.37%）

平成29年（2017年）4月16日実施

当② 小野登志子 72 無　　現　　13,045
　　 秋田　清 66 無　　新　　 8,509
　　 柴田三智子 58 無　　新　　 3,012
　　　　　　　　　　　（投票率 61.31%）

伊東市長選挙

平成2年（1990年）7月22日実施

当③ 芹沢　昭三 62 無　　現　　20,495
　　 井原　一夫 65 無　　新　　20,437
　　　　　　　　　　　（投票率 74.36%）

平成6年（1994年）7月24日実施

当① 鈴木藤一郎 57 無　　新　　19,929
　　 芹沢　昭三 66 無　　現　　15,672
　　 久保田　光 46 無　　新　　 6,535
　　　　　　　　　　　（投票率 72.28%）

平成10年（1998年）7月12日実施

当②鈴木藤一郎 61 無　　　現　　22,284
　　伊藤　秀男 49 無　　　新　　13,166
　　　　　　　　　　　（投票率 60.16%）

平成14年（2002年）7月21日実施

当③鈴木藤一郎 65 無　　　現　　20,051
　　伊藤　秀男 53 無　　　新　　 8,692
　　　　　　　　　　　（投票率 47.69%）

平成17年（2005年）5月29日実施

当①佃　　弘巳 58 無　　　新　　19,625
　　佐藤　美音 57 無　　　新　　11,501
　　大川　尚孝 39 無　　　新　　 1,470
　　　　　　　　　　　（投票率 53.45%）

平成21年（2009年）5月24日実施

当②佃　　弘巳 62 無　　　現　　20,120
　　掬川　武義 56 無　　　新　　19,173
　　　　　　　　　　　（投票率 64.19%）

平成25年（2013年）5月19日実施

当③佃　　弘巳 66 無　　　現　　17,072
　　佐藤　　裕 52 無　　　新　　16,202
　　　　　　　　　　　（投票率 55.06%）

平成29年（2017年）5月21日実施

当①小野　達也 54 無　　　新　　17,128
　　佐藤　　裕 56 無　　　新　　15,090
　　　　　　　　　　　（投票率 53.92%）

磐田市長選挙

平成2年（1990年）8月5日実施

当②神谷　　明 69 無　　　現　　17,145
　　後藤　桂一 57 無　　　新　　 6,406
　　　　　　　　　　　（投票率 40.05%）

平成6年（1994年）8月7日実施

当①山下　　重 68 無　　　新　　13,606
　　鈴木　　望 45 無　　　新　　12,790
　　高橋　一良 42 無　　　新　　 8,678

　　鳥山　昭好 61 無　　　新　　 5,278
　　　　　　　　　　　（投票率 64.96%）

平成10年（1998年）8月9日実施

当①鈴木　　望 49 無　　　新　　22,720
　　山下　　重 72 無　　　現　　18,752
　　　　　　　　　　　（投票率 63.74%）

平成14年（2002年）8月4日実施

当②鈴木　　望 53 無　　　現　　21,487
　　寺田伊勢男 63 無　　　新　　19,960
　　　　　　　　　　　（投票率 61.87%）

平成17年（2005年）4月24日実施

当①鈴木　　望 56 無　　　新　　49,771
　　寺田　正捷 62 無　　　新　　42,927
　　　　　　　　　　　（投票率 71.78%）

平成21年（2009年）4月19日実施

当①渡部　　修 58 無　　　新　　43,495
　　鶴田　春男 56 無　　　新　　37,780
　　大橋　仁満 49 無　　　新　　 7,143
　　　　　　　　　　　（投票率 67.22%）

平成25年（2013年）4月21日実施

当②渡部　　修 62 無　　　現　　50,174
　　安間　英雄 65 無　　　新　　30,031
　　　　　　　　　　　（投票率 61.00%）

平成29年（2017年）4月16日実施

当③渡部　　修 66 無　　　現　　47,121
　　柏木　　健 48 無　　　新　　31,680
　　　　　　　　　　　（投票率 59.22%）

御前崎市長選挙

平成16年（2004年）4月1日榛原郡御前崎町・小笠郡浜岡町が新設合併・市制施行して御前崎市となる

平成16年（2004年）4月18日実施

当①石原　茂雄 56 無　　　新　　10,731
　　本間　義明 76 無　　　新　　 9,575

	藪内	伸哉	59	無		新	2,478

(投票率 84.06%)

平成20年（2008年）4月6日実施

当②	石原	茂雄	60	無		現	無投票

平成24年（2012年）4月15日実施

当③	石原	茂雄	64	無		現	12,018
	水野	克尚	58	無		新	6,840
	村松	晴久	60	無		新	1,891

(投票率 76.69%)

平成28年（2016年）4月10日実施

当①	柳沢	重夫	69	無		新	9,884
	曽根	正浩	54	無		新	8,828

(投票率 72.90%)

掛川市長選挙

平成元年（1989年）9月10日実施

当④	榛村	純一	55	無		現	25,554
	水谷	陽一	41	共		新	5,803

(投票率 62.01%)

平成5年（1993年）9月12日実施

当⑤	榛村	純一	59	無		現	22,799
	平野	定義	43	共		新	4,574

(投票率 50.68%)

平成9年（1997年）9月7日実施

当⑥	榛村	純一	63	無		現	20,834
	鷲山	喜久	50	無		新	7,215

(投票率 49.21%)

平成13年（2001年）9月9日実施

当⑦	榛村	純一	67	無		現	19,467
	松井	正二	51	無		新	13,843
	松浦	敏夫	48	無		新	4,090

(投票率 61.43%)

平成17年（2005年）4月24日実施

当①	戸塚	進也	65	無		新	35,292

	榛村	純一	70	無		新	31,593

(投票率 76.22%)

平成21年（2009年）4月19日実施

当①	松井	三郎	62	無		新	40,238
	戸塚	進也	69	無		現	26,657

(投票率 73.69%)

平成25年（2013年）4月21日実施

当②	松井	三郎	66	無		現	43,346
	戸塚	進也	73	無		前	16,314

(投票率 66.09%)

平成29年（2017年）4月16日実施

当③	松井	三郎	70	無		現	35,519
	平出	隆敏	47	無		新	23,981

(投票率 64.54%)

菊川市長選挙

平成17年（2005年）1月17日小笠郡小笠町・菊川町が新設合併・市制施行して菊川市となる

平成17年（2005年）1月30日実施

当①	太田	順一	54	無		新	16,590
	沢田	穆志	62	無		新	11,803

(投票率 79.73%)

平成21年（2009年）1月18日実施

当②	太田	順一	58	無		現	無投票

平成25年（2013年）1月27日実施

当③	太田	順一	62	無		現	14,693
	落合	良子	65	無		新	10,017

(投票率 68.60%)

平成29年（2017年）1月22日実施

当④	太田	順一	66	無		現	15,667
	小笠原	宏昌	52	無		新	9,347

(投票率 68.27%)

湖西市長選挙

平成3年（1991年）8月18日実施

当②白井富次郎 79 無　　　現　　　無投票

平成4年（1992年）12月6日実施

当①山本　昌寛 57 無　　　新　　14,438
　　佐藤　満明 50 無　　　新　　 4,766
　　　　　　　　　（投票率 63.53%）

平成8年（1996年）11月3日実施

当②山本　昌寛 61 無　　　現　　　無投票

平成12年（2000年）11月5日実施

当③山本　昌寛 65 無　　　現　　　無投票

平成16年（2004年）11月21日実施

当①三上　　元 59 無　　　新　　11,795
　　山本　昌寛 69 無　　　現　　10,356
　　　　　　　　　（投票率 66.93%）

平成20年（2008年）11月16日実施

当②三上　　元 63 無　　　現　　12,222
　　豊田　俊雄 66 無　　　新　　10,764
　　　　　　　　　（投票率 68.68%）

平成24年（2012年）11月18日実施

当③三上　　元 67 無　　　現　　15,583
　　佐原　徹朗 63 無　　　新　　12,701
　　　　　　　　　（投票率 60.38%）

平成28年（2016年）11月20日実施

当①影山　剛士 42 無　　　新　　19,663
　　菅沼　泰久 40 無　　　新　　12,386
　　　　　　　　　（投票率 67.02%）

御殿場市長選挙

平成元年（1989年）1月29日実施

当③大庭　健三 66 無　　　現　　21,695
　　稲葉隆一郎 58 無　　　新　　19,277
　　　　　　　　　（投票率 77.50%）

平成5年（1993年）1月31日実施

当①内海　重忠 48 無　　　新　　27,270
　　宮下　英彦 59 無　　　新　　16,947
　　　　　　　　　（投票率 78.17%）

平成9年（1997年）2月2日実施

当②内海　重忠 52 無　　　現　　21,326
　　厚見　一正 48 共　　　新　　 7,688
　　　　　　　　　（投票率 49.05%）

平成13年（2001年）1月28日実施

当①長田　開蔵 59 無　　　新　　20,595
　　内海　重忠 56 無　　　現　　16,523
　　　　　　　　　（投票率 59.78%）

平成17年（2005年）1月30日実施

当②長田　開蔵 63 無　　　現　　22,604
　　内海　重忠 60 無　　　元　　19,550
　　　　　　　　　（投票率 64.53%）

平成21年（2009年）2月1日実施

当①若林　洋平 37 無　　　新　　21,319
　　長田　開蔵 67 無　　　現　　19,530
　　　　　　　　　（投票率 60.05%）

平成25年（2013年）1月20日実施

当②若林　洋平 41 無　　　現　　　無投票

平成29年（2017年）1月29日実施

当③若林　洋平 45 無　　　現　　22,119
　　石橋　淳弘 53 無　　　新　　17,837
　　　　　　　　　（投票率 56.60%）

島田市長選挙

平成元年（1989年）4月16日実施

当⑤加藤　太郎 57 無　　　現　　　無投票

平成5年（1993年）4月18日実施

当①岩村　越司 58 無　　　新　　　無投票

静岡県

平成9年（1997年）4月20日実施
当②	岩村　越司	62	無	現	18,110
	中村　睦	63	無	新	4,112
	鈴木　貞夫	70	共	新	3,786

（投票率46.23％）

平成13年（2001年）4月22日実施
|当①|桜井　勝郎|57|無|新|23,231|
| |岩村　越司|66|無|現|16,016|

（投票率67.05％）

平成17年（2005年）5月29日実施
|当①|桜井　勝郎|61|無|新|31,649|
| |沢脇　圭司|67|無|新|24,437|

（投票率74.40％）

平成21年（2009年）5月24日実施
当②	桜井　勝郎	65	無	現	27,260
	大塚修一郎	69	無	新	20,116
	津田　恵子	61	無	新	11,847

（投票率72.64％）

平成25年（2013年）5月19日実施
|当①|染谷　絹代|58|無|新|31,722|
| |桜井　勝郎|69|無|現|25,213|

（投票率70.80％）

平成29年（2017年）5月21日実施
当②	染谷　絹代	62	無	現	27,604
	大池　幸男	61	無	新	12,881
	青山　真虎	39	無	新	11,151

（投票率64.07％）

下田市長選挙

平成4年（1992年）6月21日実施
|当③|池谷　淳|60|無|現|9,588|
| |中村　光広|50|無|新|843|

（投票率47.42％）

平成8年（1996年）6月23日実施
|当④|池谷　淳|64|無|現|9,579|

| |土屋　磯雄|52|無|新|7,107|
| |土屋　安孝|76|無|新|631|

（投票率76.07％）

平成12年（2000年）6月25日実施
|当①|石井　直樹|56|無|新|10,567|
| |原　秀三郎|65|無|新|7,745|

（投票率80.97％）

平成16年（2004年）6月6日実施
|当②|石井　直樹|59|無|現|無投票|

平成20年（2008年）6月8日実施
|当③|石井　直樹|63|無|現|無投票|

平成24年（2012年）6月17日実施
|当①|楠山　俊介|58|無|新|無投票|

平成28年（2016年）6月12日実施
|当①|福井　祐輔|68|無|新|8,327|
| |楠山　俊介|62|無|現|4,638|

（投票率67.45％）

裾野市長選挙

平成2年（1990年）1月14日実施
|当④|市川　武|65|無|現|14,933|
| |高村　和夫|64|無|新|10,436|

（投票率77.08％）

平成6年（1994年）1月23日実施
|当①|大橋　俊二|57|無|新|15,178|
| |小林　俊|42|無|新|13,359|

（投票率79.97％）

平成10年（1998年）1月18日実施
|当②|大橋　俊二|61|無|現|無投票|

平成14年（2002年）1月13日実施
|当③|大橋　俊二|65|無|現|無投票|

平成18年（2006年）1月22日実施
|当④|大橋　俊二|69|無|現|16,468|

岡本	裕市 57	無	新	4,922	

（投票率 52.65％）

平成22年（2010年）1月24日実施

当⑤	大橋	俊二 73	無	現	17,043
	原	文雄 66	無	新	9,735

（投票率 63.38％）

平成26年（2014年）1月26日実施

当①	高村	謙二 49	無	新	9,247
	岩田	広行 56	無	新	7,214
	土屋	龍司 62	無	新	7,150

（投票率 56.59％）

平成30年（2018年）1月21日実施

当②	高村	謙二 53	無	現	12,026
	土屋	龍司 66	無	新	9,136

（投票率 50.42％）

沼津市長選挙

平成2年（1990年）9月9日実施

当①	桜田	光雄 45	無	新	54,380
	東	賞平 64	無	新	29,034
	鶴谷	鉄男 57	共	新	4,471
	土倉	章晴 46	無	新	1,807

（投票率 57.73％）

平成6年（1994年）8月21日実施

当②	桜田	光雄 48	無	現	無投票

平成8年（1996年）11月10日実施

当①	斎藤	衛 59	無	新	38,407
	川口	茂路 67	無	新	19,312

（投票率 35.67％）

平成12年（2000年）10月22日実施

当②	斎藤	衛 63	無	現	無投票

平成16年（2004年）10月24日実施

当③	斎藤	衛 67	無	現	36,235
	桜田	光雄 59	無	元	34,470

五十嵐	博 54	無	新	6,392	

（投票率 46.47％）

平成20年（2008年）10月26日実施

当①	栗原	裕康 59	無	新	23,983
	桜田	光雄 63	無	元	20,480
	近藤	泰平 48	無	新	19,097
	加藤	元章 44	無	新	16,341

（投票率 47.40％）

平成24年（2012年）10月28日実施

当②	栗原	裕康 63	無	現	35,622
	中山	康之 67	無	新	24,320

（投票率 36.21％）

平成28年（2016年）10月30日実施

当①	大沼	明穂 57	無	新	43,159
	栗原	裕康 67	無	現	24,538

（投票率 40.94％）

平成30年（2018年）4月29日実施

当①	頼重	秀一 49	無	新	33,037
	加藤	元章 54	無	新	21,811
	山下	富美子 64	無	新	15,410
	渡辺	大輔 36	無	新	1,960
	土倉	章晴 73	無	新	1,236

（投票率 45.13％）

浜松市長選挙

平成3年（1991年）4月21日実施

当④	栗原	勝 66	無	自民 社会 公明 民社	現	197,778
	平賀	高成 36	共		新	34,391

（投票率 61.59％）

平成7年（1995年）4月23日実施

当⑤	栗原	勝 70	無	自民 新進 社会 公明	現	195,063
	大石	悦子 46	共		新	49,785

（投票率 60.84％）

静岡県

平成11年（1999年）4月25日実施

当①	北脇 保之	47	無	民主 公明 自由 社民	新	177,227
	高林 順	48	無	共産	新	65,888

（投票率 58.23％）

平成15年（2003年）4月27日実施

当②	北脇 保之	51	無	自民 民主 公明 社民 保新	現	147,104
	大岡 敏孝	31	無		新	79,426
	高林 順	52	無	共産	新	23,116

（投票率 56.21％）

平成19年（2007年）4月8日実施

当①	鈴木 康友	49	無		新	203,923
	北脇 保之	55	無		現	192,293
	高林 順	56	無	共産	新	19,783

（投票率 66.86％）

平成23年（2011年）3月27日実施

当② 鈴木 康友 53 無　　　現　無投票

平成27年（2015年）4月12日実施

当③	鈴木 康友	57	無		現	265,234
	嶋田 博	66	無	共産	新	68,007

（投票率 53.56％）

平成31年（2019年）4月7日実施

当④	鈴木 康友	61	無		現	195,728
	山本 遼太郎	32	無		新	134,611
	野沢 正司	69	無	共産	新	25,195

（投票率 55.75％）

（天竜市長選挙）

平成4年（1992年）10月18日実施

当①	中谷 良作	60	無		新	11,595
	今場 嘉一	63	無		新	4,669

（投票率 88.90％）

平成8年（1996年）10月13日実施

当② 中谷 良作 64 無　　　現　無投票

平成12年（2000年）10月22日実施

当③	中谷 良作	68	無		現	9,551
	大村 邦男	59	無		新	5,840

（投票率 83.99％）

平成16年（2004年）10月17日実施

当④ 中谷 良作 72 無　　　現　無投票

※平成17年（2005年）7月1日天竜市は旧浜松市・浜北市・周智郡春野町・磐田郡龍山村・佐久間町・水窪町・浜名郡舞阪町・雄踏町・引佐郡細江町・引佐町・三ヶ日町と編入合併して浜松市となる

（浜北市長選挙）

平成2年（1990年）10月28日実施

当①	森島 宏光	47	無		新	26,850
	足立 誠一	73	無		現	13,334

（投票率 70.16％）

平成6年（1994年）10月30日実施

当② 森島 宏光 51 無　　　現　無投票

平成8年（1996年）4月14日実施

当①	長谷川 正栄	50	無		新	25,839
	村松 辰芳	44	無		新	13,917
	森島 倫生	47	共		新	5,352

（投票率 73.16％）

平成12年（2000年）4月2日実施

当② 長谷川 正栄 54 無　　　現　無投票

平成16年（2004年）4月4日実施

当③ 長谷川 正栄 58 無　　　現　無投票

※平成17年（2005年）7月1日浜北市は旧浜松市・天竜市・周智郡春野町・磐田郡龍山村・佐久間町・水窪町・浜名郡舞阪町・雄踏町・引佐郡細江町・引佐町・三ヶ日町と編入合併して浜松市となる

袋井市長選挙

平成4年（1992年）9月27日実施
当② 豊田 舜次 65 無　　現　　無投票

平成8年（1996年）9月29日実施
当③ 豊田 舜次 69 無　　現　　無投票

平成12年（2000年）10月8日実施
当④ 豊田 舜次 73 無　　現　　15,838
　　 奥之山 隆 52 無　　新　　15,477
　　　　　　　　　　　　（投票率 70.21%）

平成13年（2001年）1月14日実施
当① 原田 英之 58 無　　新　　15,348
　　 広岡 宥樹 61 無　　新　　 6,202
　　　　　　　　　　　　（投票率 49.01%）

平成16年（2004年）12月12日実施
当② 原田 英之 61 無　　現　　無投票

平成17年（2005年）4月24日実施
当① 原田 英之 62 無　　新　　31,441
　　 高橋 桂一 60 無　　新　　11,904
　　　　　　　　　　　　（投票率 70.80%）

平成21年（2009年）4月12日実施
当② 原田 英之 66 無　　現　　無投票

平成25年（2013年）4月21日実施
当③ 原田 英之 70 無　　現　　28,122
　　 奥之山 隆 65 無　　新　　15,242
　　　　　　　　　　　　（投票率 66.48%）

平成29年（2017年）4月9日実施
当④ 原田 英之 74 無　　現　　無投票

富士市長選挙

平成元年（1989年）12月24日実施
当① 鈴木 清見 62 無　　新　　61,468
　　 渡辺 彦太郎 64 無　　現　　51,490
　　 小桜 博司 39 無　　新　　 1,132
　　　　　　　　　　　　（投票率 72.65%）

平成5年（1993年）12月19日実施
当② 鈴木 清見 66 無　　現　　41,622
　　 小桜 博司 43 無　　新　　 4,008
　　　　　　　　　　　　（投票率 27.71%）

平成9年（1997年）12月21日実施
当③ 鈴木 清見 70 無　　現　　45,823
　　 五十嵐 博 47 共　　新　　12,658
　　　　　　　　　　　　（投票率 33.66%）

平成13年（2001年）12月23日実施
当① 鈴木 尚 55 無　　新　　56,072
　　 鈴木 清見 74 無　　現　　36,356
　　　　　　　　　　　　（投票率 50.59%）

平成17年（2005年）12月18日実施
当② 鈴木 尚 59 無　　現　　無投票

平成21年（2009年）12月20日実施
当③ 鈴木 尚 63 無　　現　　44,192
　　 杉田 保雄 63 無　　新　　10,338
　　　　　　　　　　　　（投票率 27.06%）

平成25年（2013年）12月22日実施
当① 小長井義正 58 無　　新　　41,030
　　 植田 徹 64 無　　新　　38,838
　　　　　　　　　　　　（投票率 39.59%）

平成29年（2017年）12月24日実施
当② 小長井義正 62 無　　現　　43,115
　　 植田 徹 68 無　　新　　34,417
　　　　　　　　　　　　（投票率 37.59%）

藤枝市長選挙

平成4年（1992年）5月31日実施
当① 八木 金平 71 無　　新　　34,679
　　 矢部 正行 48 無　　新　　29,133
　　　　　　　　　　　　（投票率 73.32%）

平成8年（1996年）5月26日実施

当②	八木	金平 75	無	現	34,677
	浅羽	広吉 61	共	新	9,499

（投票率 47.40%）

平成12年（2000年）5月28日実施

当①	松野	輝洋 58	無	新	30,094
	秋山	一男 64	無	新	21,812
	浅羽	広吉 65	無	新	6,136
	後藤	彰 62	無	新	4,336

（投票率 63.01%）

平成16年（2004年）5月23日実施

当②	松野	輝洋 62	無	現	37,501
	臼井	勝夫 66	無	新	10,290

（投票率 47.35%）

平成20年（2008年）5月25日実施

当①	北村	正平 61	無	新	36,322
	松野	輝洋 66	無	現	23,908

（投票率 58.13%）

平成24年（2012年）5月13日実施

当②	北村	正平 65	無	現	無投票

平成28年（2016年）5月15日実施

当③	北村	正平 69	無	現	無投票

富士宮市長選挙

平成3年（1991年）4月14日実施

当①	渡辺	紀 60	無	新	無投票

平成7年（1995年）4月23日実施

当②	渡辺	紀 64	無	現	43,098
	吉田	廉 68	無	元	20,357

（投票率 72.18%）

平成11年（1999年）4月25日実施

当③	渡辺	紀 68	無	現	35,347
	小室	直義 50	無	新	31,908

（投票率 73.24%）

平成15年（2003年）4月27日実施

当①	小室	直義 54	無	新	30,920
	秋鹿	博 59	無	新	17,827
	佐野	堯春 63	無	新	12,096
	深沢	竜介 40	無	新	7,784

（投票率 72.21%）

平成19年（2007年）4月22日実施

当②	小室	直義 58	無	現	47,360
	酒井	松美 66	無	新	11,556

（投票率 62.12%）

平成23年（2011年）4月24日実施

当①	須藤	秀忠 64	無	新	32,396
	深沢	竜介 48	無	新	29,971
	長谷沼邦彦 43		無	新	945

（投票率 59.99%）

平成27年（2015年）4月26日実施

当②	須藤	秀忠 68	無	現	40,102
	近藤	千鶴 59	無	新	18,130

（投票率 55.48%）

平成31年（2019年）4月14日実施

当③	須藤	秀忠 72	無	現	無投票

牧之原市長選挙

平成17年（2005年）10月11日榛原郡相良町・榛原町が新設合併・市制施行して牧之原市となる

平成17年（2005年）10月30日実施

当①	西原	茂樹 51	無	新	14,581
	前田	昌利 69	無	新	6,853
	杉山	年男 55	無	新	4,660
	木下	勝朗 58	無	新	4,089
	鈴木	幹夫 68	無	新	1,185

（投票率 78.21%）

平成21年（2009年）10月18日実施

当②	西原	茂樹 55	無	現	無投票

平成25年（2013年）10月27日実施

当③	西原　茂樹	59	無	現	15,908
	名波　　力	67	無	新	7,722

(投票率 62.29%)

平成29年（2017年）10月22日実施

当①	杉本基久雄	60	無	新	11,987
	大石　健司	52	無	新	7,198
	名波　　力	71	無	新	5,532

(投票率 66.59%)

三島市長選挙

平成元年（1989年）1月29日実施

当④	奥田　吉郎	58	無	現	24,157
	矢岸　克行	41	無	新	13,796
	土屋　寿山	62	無	新	10,272

(投票率 66.93%)

平成5年（1993年）1月24日実施

当①	石井　　茂	65	無	新	25,718
	白方　圭一	61	無	新	18,051
	渡辺　浩美	32	共	新	2,531

(投票率 60.01%)

平成9年（1997年）1月26日実施

当②	石井　　茂	69	無	現	20,598
	寺田美智子	64	無	新	11,907
	加藤　　昭	52	無	新	7,011

(投票率 48.38%)

平成10年（1998年）12月20日実施

当①	小池　政臣	58	無	新	18,059
	豊岡　武士	55	無	新	13,873
	大村　雅彦	51	無	新	12,927
	寺田美智子	66	無	新	6,583

(投票率 60.85%)

平成14年（2002年）11月17日実施

当②	小池　政臣	62	無	現	無投票

平成18年（2006年）11月19日実施

当③	小池　政臣	66	無	現	25,041
	豊岡　武士	63	無	新	23,380

(投票率 54.35%)

平成22年（2010年）12月12日実施

当①	豊岡　武士	67	無	新	23,252
	遠藤　行洋	48	無	新	16,295
	前田　　磨	49	無	新	8,921

(投票率 54.10%)

平成26年（2014年）12月7日実施

当②	豊岡　武士	71	無	現	無投票

平成30年（2018年）12月16日実施

当③	豊岡　武士	75	無	現	20,447
	宮沢　正美	69	無	新	14,968
	石井　真人	39	無	新	9,776

(投票率 49.83%)

焼津市長選挙

平成3年（1991年）8月4日実施

当①	長谷川孝之	65	無	新	34,423
	服部　穀一	72	無	現	26,464
	早崎　末浩	46	共	新	1,905

(投票率 76.30%)

平成7年（1995年）8月6日実施

当②	長谷川孝之	69	無	現	27,487
	斉藤喜四郎	67	共	新	9,727

(投票率 43.34%)

平成11年（1999年）8月1日実施

当③	長谷川孝之	73	無	現	26,471
	望月　　誠	49	無	新	24,744
	斉藤喜四郎	71	共	新	3,374

(投票率 59.73%)

平成12年（2000年）12月24日実施

当①	戸本　隆雄	68	無	新	20,242
	川口　英義	57	無	新	13,332

宮崎壮之助 57　無　　　　　新　　10,090
　望月　永司 50　無　　　　　新　　 1,300
　　　　　　　　　　　　（投票率 49.18%）

平成16年（2004年）11月21日実施

当②戸本　隆雄 72　無　　　　現　　無投票

平成20年（2008年）12月21日実施

当①清水　　泰 64　無　　　　新　　30,119
　八木　健次 74　無　　　　　新　　28,732
　　　　　　　　　　　　（投票率 51.65%）

平成24年（2012年）11月25日実施

当①中野　弘道 55　無　　　　新　　32,474
　清水　　泰 68　無　　　　　現　　26,548
　　　　　　　　　　　　（投票率 51.93%）

平成28年（2016年）12月18日実施

当②中野　弘道 59　無　　　　現　　31,197
　岡田　光正 64　無　　　　　新　　18,841
　　　　　　　　　　　　（投票率 43.88%）

愛 知 県

県庁所在地	名古屋市
市　　数	38市（平成31年4月現在）
市　　名	名古屋市《指定都市/16区》・愛西市・あま市・安城市・一宮市（尾西市）・稲沢市・犬山市・岩倉市・大府市・岡崎市・尾張旭市・春日井市・蒲郡市・刈谷市・北名古屋市・清須市・江南市・小牧市・新城市・瀬戸市・高浜市・田原市・知多市・知立市・津島市・東海市・常滑市・豊明市・豊川市・豊田市・豊橋市・長久手市・西尾市・日進市・半田市・碧南市・みよし市・弥富市

※（　）内は廃止された市

主な政治団体（略称）	減税日本（減税）

【市に関わる合併・市制施行・名称変更】

市名	実施年月日	関係市町村名等	合併等の内容
愛西市	平成17年（2005年）4月1日	海部郡佐屋町・立田村・八開村・佐織町	【新設合併・市制施行】
あま市	平成22年（2010年）3月22日	海部郡七宝町・美和町・甚目寺町	【新設合併・市制施行】
一宮市	平成17年（2005年）4月1日	一宮市・尾西市・葉栗郡木曽川町	【編入合併】
稲沢市	平成17年（2005年）4月1日	稲沢市・中島郡祖父江町・平和町	【編入合併】
岡崎市	平成18年（2006年）1月1日	岡崎市・額田郡額田町	【編入合併】
北名古屋市	平成18年（2006年）3月20日	西春日井郡師勝町・西春町	【新設合併・市制施行】
清須市	平成17年（2005年）7月7日	西春日井郡西枇杷島町・清洲町・新川町	【新設合併・市制施行】
	平成21年（2009年）10月1日	清須市・西春日井郡春日町	【編入合併】
新城市	平成17年（2005年）10月1日	新城市・南設楽郡鳳来町・作手村	【新設合併】
田原市	平成15年（2003年）8月20日	渥美郡田原町・赤羽根町	【編入合併・市制施行】
	平成17年（2005年）10月1日	田原市・渥美郡渥美町	【編入合併】
豊川市	平成18年（2006年）2月1日	豊川市・宝飯郡一宮町	【編入合併】
	平成20年（2008年）1月15日	豊川市・宝飯郡音羽町・御津町	【編入合併】
	平成22年（2010年）2月1日	豊川市・宝飯郡小坂井町	【編入合併】
豊田市	平成17年（2005年）4月1日	豊田市・西加茂郡藤岡町・小原村・東加茂郡足助町・下山村・旭町・稲武町	【編入合併】
長久手市	平成24年（2012年）1月4日	愛知郡長久手町	【市制施行】
西尾市	平成23年（2011年）4月1日	西尾市・幡豆郡一色町・吉良町・幡豆町	【編入合併】
日進市	平成6年（1994年）10月1日	愛知郡日進町	【市制施行】
みよし市	平成22年（2010年）1月4日	西加茂郡三好町	【市制施行・名称変更】
弥富市	平成18年（2006年）4月1日	海部郡弥富町・十四山村	【編入合併・市制施行】

【選挙結果】

愛知県知事選挙

平成3年（1991年）2月3日実施

当③ 鈴木　礼治　62　無　自民 社会 公明　現　1,342,489
　　　　　　　　　　　　民社
　　堀　　一　　42　無　共産　　　　新　　374,841
（投票率 36.06%）

平成7年（1995年）2月5日実施

当④ 鈴木　礼治　66　無　自民 新進 社会　現　1,143,913
　　　　　　　　　　　　公明
　　徳田　秋　　63　無　共産　　　　新　　247,951
　　牧野　剛　　49　無　護リ　　　　新　　238,925
（投票率 32.38%）

平成11年（1999年）2月7日実施

当① 神田　真秋　47　無　自民 民主 公明　新　1,353,414
　　　　　　　　　　　　自由 社民 自連
　　影山　健　　68　無　共産　　　　新　　796,361
　　柴田　隆治　70　無　　　　　　　新　　 61,813
（投票率 41.92%）

平成15年（2003年）2月2日実施

当② 神田　真秋　51　無　自民 民主 公明　現　1,494,974
　　　　　　　　　　　　保新
　　池住　義憲　58　無　　　　　　　新　　349,725
　　井桁　亮　　33　無　　　　　　　新　　238,892
　　吉野　康治　71　無　　　　　　　新　　 36,410
（投票率 38.91%）

平成19年（2007年）2月4日実施

当③ 神田　真秋　55　無　自民 公明　　現　1,424,761
　　石田　芳弘　61　無　民主 社民 国新　新　1,355,713
　　阿部　精六　67　無　共産　　　　新　　160,827
（投票率 52.11%）

平成23年（2011年）2月6日実施

当① 大村　秀章　50　無　減税　　　　新　1,502,571
　　重徳　和彦　40　無　　　　　　　新　　546,610
　　御園慎一郎　57　無　民主 社民 国新　新　487,896
　　薬師寺道代　46　みん　　　　　　新　　324,222

　　土井　敏彦　64　無　共産　　　　新　　141,320
（投票率 52.52%）

平成27年（2015年）2月1日実施

当② 大村　秀章　54　無　民主 維党 公明　現　1,629,147
　　　　　　　　　　　　生山 次世 減税
　　小松　民子　64　無　共産　　　　新　　391,308
（投票率 34.93%）

平成31年（2019年）2月3日実施

当③ 大村　秀章　58　無　立憲 国民 公明　現　1,774,763
　　榑松　佐一　62　無　共産　　　　新　　355,311
（投票率 35.51%）

名古屋市長選挙

平成元年（1989年）4月23日実施

当② 西尾　武喜　64　無　自民 社会 公明　現　371,333
　　　　　　　　　　　　民社 社連
　　竹内　平　　40　無　共産　　　　新　289,421
（投票率 43.66%）

平成5年（1993年）4月25日実施

当③ 西尾　武喜　68　無　自民 社会 公明　現　343,063
　　　　　　　　　　　　民社 社連
　　竹内　平　　44　無　共産　　　　新　128,770
　　辻　　淳夫　54　無　　　　　　　新　 26,841
（投票率 31.70%）

平成9年（1997年）4月20日実施

当① 松原　武久　60　無　自民 新進 民主　新　261,806
　　　　　　　　　　　　社民 さき 公明
　　大島　良満　61　無　共産　　　　新　145,747
　　梅村　忠直　46　無　　　　　　　新　140,595
（投票率 34.28%）

平成13年（2001年）4月22日実施

当② 松原　武久　64　無　自民 民主 公明　現　342,133
　　　　　　　　　　　　自由 社民 保守
　　うのていを　67　無　共産　　　　新　107,503

|牧野　　剛　55　無　　　　　　新　　64,478
（投票率 31.41％）

平成17年（2005年）4月24日実施

当③松原　武久　68　無 自民 民主 公明　現　320,149
　　樽松　佐一　49　無 共産　　　　新　139,576
（投票率 27.50％）

平成21年（2009年）4月26日実施

当①河村たかし　60　無 民主　　　　新　514,514
　　細川　昌彦　54　無　　　　　　新　282,990
　　太田　義郎　65　無 共産　　　　新　 73,640
　　黒田　克明　36　無　　　　　　新　 7,335
（投票率 50.54％）

平成23年（2011年）2月6日実施

当②河村たかし　62　減　　　　　　前　662,251
　　石田　芳弘　65　無 民主 社民 国新　新　216,764
　　八田ひろ子　64　無 共産　　　　新　 46,405
　　杉山　　均　54　無　　　　　　新　 23,185
（投票率 54.14％）

平成25年（2013年）4月21日実施

当③河村たかし　64　無 減税　　　　現　427,542
　　藤沢　忠将　43　無　　　　　　新　192,472
　　柴田　民雄　48　無 共産　　　　新　 67,353
（投票率 39.35％）

平成29年（2017年）4月23日実施

当④河村たかし　68　無 減税　　　　現　454,837
　　岩城　正光　62　無　　　　　　新　195,563
　　太田　敏光　68　無　　　　　　新　 20,099
（投票率 36.90％）

愛西市長選挙

平成17年（2005年）4月1日海部郡佐屋町・立田村・八開村・佐織町が新設合併・市制施行して愛西市となる

平成17年（2005年）5月15日実施

当①八木　忠男　58　無　　　　　　新　 16,125
　　大島　一郎　54　無　　　　　　新　 15,740
　　永井　初子　55　無　　　　　　新　 3,494
（投票率 67.28％）

平成21年（2009年）4月26日実施

当②八木　忠男　62　無　　　　　　現　 18,927
　　石崎たか子　69　無　　　　　　新　 8,449
　　服部　　貢　55　無　　　　　　新　 2,155
（投票率 56.96％）

平成25年（2013年）4月28日実施

当①日永　貴章　39　無　　　　　　新　 14,531
　　松崎　省三　66　共　　　　　　新　 5,772
（投票率 40.08％）

平成29年（2017年）4月23日実施

当②日永　貴章　43　無　　　　　　現　 15,309
　　松崎　省三　70　無　　　　　　新　 5,402
（投票率 39.94％）

あま市長選挙

平成22年（2010年）3月22日海部郡七宝町・美和町・甚目寺町が新設合併・市制施行してあま市となる

平成22年（2010年）4月18日実施

当①村上　浩司　47　無　　　　　　新　　無投票

平成26年（2014年）4月13日実施

当②村上　浩司　51　無　　　　　　現　 18,118
　　亀掛川参生　66　無　　　　　　新　 5,039
（投票率 34.54％）

平成30年（2018年）4月22日実施

当③村上　浩司　55　無　　　　　　現　 15,649
　　林　　　悟　68　無　　　　　　新　 5,878
（投票率 30.91％）

安城市長選挙

平成3年（1991年）1月27日実施

当①杉浦　正行　54　無　　　　　　新　　無投票

平成7年（1995年）1月29日実施

当②	杉浦　正行	58	無	現	無投票

平成11年（1999年）1月31日実施

当③	杉浦　正行	62	無	現	無投票

平成15年（2003年）2月2日実施

当①	神谷　学	44	無	新	37,854
	杉浦　正行	66	無	現	31,808

（投票率 57.02%）

平成19年（2007年）1月28日実施

当②	神谷　学	48	無	現	無投票

平成23年（2011年）2月6日実施

当③	神谷　学	52	無	現	60,062
	永田　敦史	40	無	新	26,381

（投票率 64.56%）

平成27年（2015年）2月1日実施

当④	神谷　学	56	無	現	47,145
	近藤　正俊	66	無	新	22,683

（投票率 50.81%）

平成31年（2019年）2月3日実施

当⑤	神谷　学	60	無	現	38,839
	大見　正	60	無	新	24,864
	永田　敦史	48	無	新	13,768

（投票率 53.26%）

一宮市長選挙

平成元年（1989年）11月12日実施

当①	神田　真秋	38	無	新	57,634
	福島　義信	55	無	新	45,355
	新谷　俊夫	62	無	新	7,057

（投票率 59.87%）

平成5年（1993年）10月31日実施

当②	神田　真秋	42	無	現	52,009
	福岡　正男	56	共	新	5,532

（投票率 29.13%）

平成9年（1997年）10月26日実施

当③	神田　真秋	46	無	現	51,594
	吉川　正吾	65	無	新	11,371

（投票率 30.40%）

平成11年（1999年）1月24日実施

当①	谷　一夫	57	無	新	49,416
	矢田　政弘	47	無	新	18,317
	吉川　正吾	67	無	新	7,983
	石川　敬	61	無	新	6,952

（投票率 39.59%）

平成14年（2002年）12月29日実施

当②	谷　一夫	61	無	現	47,324
	伊藤　俊	70	無	新	9,243
	鈴木　義一	44	無	新	7,047

（投票率 29.40%）

平成18年（2006年）12月24日実施

当③	谷　一夫	65	無	現	57,572
	丹羽　厚詞	45	無	新	31,174
	森　治男	60	無	新	13,630
	伊藤　幸康	62	無	新	6,866

（投票率 37.13%）

平成22年（2010年）12月26日実施

当④	谷　一夫	69	無	現	55,794
	高橋　一	50	無	新	41,072

（投票率 32.33%）

平成27年（2015年）2月1日実施

当①	中野　正康	48	無	新	40,752
	神戸健太郎	54	無	新	35,795
	細谷　正希	46	無	新	27,279
	高橋　一	54	無	新	14,101
	鈴木　義一	57	諸	新	8,916

（投票率 42.50%）

平成31年（2019年）1月13日実施

当②	中野　正康	51	無	現	69,737
	伊藤　幸康	74	無	新	15,059

（投票率 27.35%）

（尾西市長選挙）

平成3年（1991年）4月14日実施
当② 森　秀夫　61　無　　現　　無投票

平成7年（1995年）4月23日実施
当③ 森　秀夫　65　無　　現　　16,540
　　　筧　猛　56　無　　新　　2,534
　　　　　　　　　　　（投票率 45.29％）

平成11年（1999年）4月25日実施
当① 大島　晋作　54　無　　新　　12,855
　　浅田　清喜　61　無　　新　　8,518
　　北岸　節男　50　無　　新　　4,231
　　　　　　　　　　　（投票率 58.42％）

平成15年（2003年）4月27日実施
当① 丹羽　厚詞　41　無　　新　　14,805
　　大島　晋作　58　無　　現　　11,008
　　　　　　　　　　　（投票率 56.55％）

※平成17年（2005年）4月1日尾西市は旧一宮市・葉栗郡木曽川町と編入合併して一宮市となる

稲沢市長選挙

平成3年（1991年）4月21日実施
当① 加藤　勝見　55　無　　新　　19,899
　　住田　隆　70　無　　現　　19,102
　　　　　　　　　　　（投票率 58.14％）

平成6年（1994年）12月18日実施
当① 服部　幸道　59　無　　新　　無投票

平成10年（1998年）11月29日実施
当② 服部　幸道　63　無　　現　　19,075
　　小川　透　38　無　　新　　7,324
　　勅使河原勇　60　無　　新　　6,547
　　　　　　　　　　　（投票率 44.05％）

平成14年（2002年）12月1日実施
当③ 服部　幸道　67　無　　現　　16,882
　　野々部尚昭　32　無　　新　　14,047

　　渡辺　幸保　51　無　　新　　4,137
　　　　　　　　　　　（投票率 45.81％）

平成18年（2006年）11月26日実施
当① 大野　紀明　61　無　　新　　23,461
　　鈴木　純　48　無　　新　　13,247
　　野々部尚昭　36　無　　新　　13,004
　　　　　　　　　　　（投票率 46.93％）

平成22年（2010年）11月21日実施
当② 大野　紀明　65　無　　現　　無投票

平成26年（2014年）12月7日実施
当③ 大野　紀明　69　無　　現　　31,281
　　茶原　正士　66　無　　新　　8,997
　　　　　　　　　　　（投票率 37.33％）

平成28年（2016年）12月4日実施
当① 加藤錠司郎　61　無　　新　　15,465
　　星野　俊次　41　無　　新　　14,824
　　野々部尚昭　46　無　　新　　14,587
　　曽我部博隆　62　無　　新　　4,847
　　　　　　　　　　　（投票率 44.90％）

犬山市長選挙

平成3年（1991年）4月14日実施
当④ 松山　邦夫　63　無　　現　　無投票

平成7年（1995年）4月23日実施
当① 石田　芳弘　49　無　　新　　23,150
　　松山　邦夫　67　無　　現　　16,110
　　　　　　　　　　　（投票率 74.34％）

平成11年（1999年）4月25日実施
当② 石田　芳弘　53　無　　現　　23,798
　　高木　靖臣　56　無　　新　　15,031
　　　　　　　　　　　（投票率 70.61％）

平成15年（2003年）4月27日実施
当③ 石田　芳弘　57　無　　現　　22,080
　　増田　徳男　63　無　　新　　7,274

柴山　一生　44　無　　　　　新　　　7,197
　　　　　　　　　　　　（投票率 64.63%）

平成18年（2006年）12月17日実施

当①田中　志典　48　無　　　　　新　　　13,068
　　山田　拓郎　33　無　　　　　新　　　 5,132
　　ビアンキ・
　　アンソニー　48　無　　　　　新　　　 4,837
　　坂部　太一　35　無　　　　　新　　　 4,275
　　村田　恵子　65　無　　　　　新　　　 2,111
　　前田　英男　53　無　　　　　新　　　 2,081
　　川村佳代子　64　無　　　　　新　　　 1,208
　　稲垣　岩男　63　無　　　　　新　　　　279
　　　　　　　　　　　　（投票率 56.72%）

平成22年（2010年）12月12日実施

当②田中　志典　52　無　　　　　現　　　17,194
　　渡辺　昭美　66　無　　　　　新　　　12,804
　　　　　　　　　　　　（投票率 50.82%）

平成26年（2014年）11月30日実施

当①山田　拓郎　41　無　　　　　新　　　16,970
　　田中　志典　56　無　　　　　現　　　14,564
　　　　　　　　　　　　（投票率 54.13%）

平成30年（2018年）11月25日実施

当②山田　拓郎　45　無　　　　　現　　　20,471
　　田中　志典　60　無　　　　　前　　　 9,136
　　　　　　　　　　　　（投票率 49.63%）

岩倉市長選挙

平成元年（1989年）1月29日実施

当①石黒　靖明　48　無　　　　　新　　　10,487
　　桑山　浩子　49　無　　　　　新　　　 3,470
　　　　　　　　　　　　（投票率 47.65%）

平成5年（1993年）1月24日実施

当②石黒　靖明　52　無　　　　　現　　　12,696
　　杉村　実紀　56　共　　　　　新　　　 2,574
　　　　　　　　　　　　（投票率 47.10%）

平成9年（1997年）1月26日実施

当③石黒　靖明　56　無　　　　　現　　　 9,839
　　杉村　実紀　60　無　　　　　新　　　 4,227
　　　　　　　　　　　　（投票率 40.13%）

平成13年（2001年）1月21日実施

当④石黒　靖明　60　無　　　　　現　　　10,409
　　川尻　輝三　56　無　　　　　新　　　 3,956
　　　　　　　　　　　　（投票率 40.17%）

平成17年（2005年）1月23日実施

当⑤石黒　靖明　64　無　　　　　現　　　 9,257
　　西村　一男　69　無　　　　　新　　　 5,416
　　　　　　　　　　　　（投票率 40.75%）

平成21年（2009年）1月25日実施

当①片岡　恵一　59　無　　　　　新　　　 9,764
　　三輪　佳幸　67　無　　　　　新　　　 5,416
　　浅田　光治　65　無　　　　　新　　　 2,702
　　　　　　　　　　　　（投票率 49.49%）

平成25年（2013年）1月20日実施

当②片岡　恵一　63　無　　　　　現　　　 8,677
　　大野　慎治　44　無　　　　　新　　　 8,114
　　　　　　　　　　　　（投票率 46.06%）

平成29年（2017年）1月15日実施

当①久保田桂朗　55　無　　　　　新　　　無投票

大府市長選挙

平成4年（1992年）3月29日実施

当①福島　務　57　無　　　　　新　　　無投票

平成8年（1996年）3月31日実施

当②福島　務　61　無　　　　　現　　　無投票

平成12年（2000年）4月9日実施

当③福島　務　65　無　　　　　現　　　17,212
　　村上美恵子　55　無　　　　　新　　　 9,063
　　　　　　　　　　　　（投票率 46.47%）

平成16年（2004年）4月4日実施

当①久野	孝保	57	無	新	15,486
鷹羽	正人	38	無	新	8,044

（投票率39.85％）

平成20年（2008年）3月30日実施

当②久野	孝保	61	無	現	16,029
村上	敏彦	67	無	新	5,800
鷹羽	正人	42	無	新	5,074

（投票率42.90％）

平成24年（2012年）3月18日実施

当③久野	孝保	65	無	現	無投票

平成28年（2016年）3月27日実施

当①岡村	秀人	62	無	新	17,860
山口	広文	72	無	新	7,358

（投票率37.68％）

岡崎市長選挙

平成4年（1992年）7月26日実施

当④中根	鎮夫	67	無	現	70,319
都築	末二	53	無	新	29,005
中根	薫	57	無	新	22,900
八木	隆宜	55	共	新	6,343

（投票率59.37％）

平成8年（1996年）7月21日実施

当⑤中根	鎮夫	71	無	現	48,789
鈴木	雅美	48	無	新	26,816

（投票率32.11％）

平成12年（2000年）9月10日実施

当①柴田	紘一	59	無	新	75,826
中根	鎮夫	75	無	前	57,047
河澄	亨	57	無	新	20,265
川島	健	64	無	新	13,479

（投票率67.22％）

平成16年（2004年）9月12日実施

当②柴田	紘一	63	無	現	138,350

吉野	康治	73	無	新	11,337

（投票率58.73％）

平成20年（2008年）10月5日実施

当③柴田	紘一	67	無	前	124,917
中根	友治	61	無	新	39,270

（投票率59.05％）

平成24年（2012年）10月21日実施

当①内田	康宏	59	無	新	87,269
園山	康男	47	無	新	72,801

（投票率57.81％）

平成28年（2016年）10月16日実施

当②内田	康宏	63	無	現	115,215
横山	浩一	58	無	新	46,446

（投票率54.70％）

尾張旭市長選挙

平成元年（1989年）11月19日実施

当②朝見	政冨	63	無	現	15,740
松原	隆	54	共	新	3,050

（投票率42.50％）

平成5年（1993年）11月21日実施

当③朝見	政冨	67	無	現	13,225
水野	恵教	45	無	新	4,779
松原	隆	58	共	新	1,900

（投票率39.97％）

平成9年（1997年）11月16日実施

当④朝見	政冨	71	無	現	12,149
水野	恵教	49	無	新	4,274
原田	秀俊	49	共	新	4,037

（投票率37.32％）

平成13年（2001年）11月18日実施

当①谷口	幸治	56	無	新	13,003
三宅	義樹	62	無	新	8,648
水野	昇	49	無	新	2,351
赤尾	勝男	59	無	新	2,286

（投票率44.65％）

愛知県

平成17年（2005年）11月13日実施

当② 谷口　幸治　60　無　　　現　　無投票

平成21年（2009年）11月15日実施

当③ 谷口　幸治　64　無　　　現　　15,062
　　坂江　章演　50　無　　　新　　 8,274
　　水野　鐘太　25　無　　　新　　 3,256
　　　　　　　　　　　　（投票率 42.31%）

平成24年（2012年）3月25日実施

当① 水野　義則　40　無　　　新　　10,990
　　坂江　章演　53　無　　　新　　 8,284
　　佐藤　勝美　60　無　　　新　　 6,398
　　　　　　　　　　　　（投票率 40.88%）

平成28年（2016年）2月21日実施

当② 水野　義則　44　無　　　現　　無投票

平成31年（2019年）2月3日実施

当① 森　　和実　69　無　　　新　　16,650
　　大島　もえ　42　無　　　新　　15,664
　　　　　　　　　　　　（投票率 48.70%）

春日井市長選挙

平成3年（1991年）2月3日実施

当① 鵜飼　一郎　62　無　　　新　　57,264
　　児島　貢　　60　無　　　新　　44,849
　　　　　　　　　　　　（投票率 55.52%）

平成7年（1995年）2月5日実施

当② 鵜飼　一郎　66　無　　　現　　62,641
　　宮地　隆　　46　共　　　新　　12,156
　　　　　　　　　　　　（投票率 37.06%）

平成11年（1999年）1月24日実施

当③ 鵜飼　一郎　70　無　　　現　　54,539
　　立松　暁一　62　無　　　新　　19,111
　　　　　　　　　　　　（投票率 33.89%）

平成15年（2003年）2月2日実施

当④ 鵜飼　一郎　74　無　　　現　　75,956

　　石黒　一誠　67　無　　　新　　13,443
　　　　　　　　　　　　（投票率 40.31%）

平成18年（2006年）5月28日実施

当① 伊藤　太　　56　無　　　新　　54,537
　　伊藤ひろみ　60　共　　　新　　17,995
　　　　　　　　　　　　（投票率 31.79%）

平成22年（2010年）5月23日実施

当② 伊藤　太　　60　無　　　現　　54,795
　　伊藤ひろみ　64　共　　　新　　12,770
　　　　　　　　　　　　（投票率 28.81%）

平成26年（2014年）5月25日実施

当③ 伊藤　太　　64　無　　　現　　58,337
　　末永真一朗　52　無　　　新　　10,974
　　　　　　　　　　　　（投票率 29.47%）

平成30年（2018年）5月20日実施

当④ 伊藤　太　　68　無　　　現　　54,243
　　石田　裕信　40　無　　　新　　15,866
　　　　　　　　　　　　（投票率 28.64%）

蒲郡市長選挙

平成2年（1990年）2月4日実施

当③ 大場　進　　64　無　　　現　　24,394
　　角岡　修　　63　共　　　新　　 4,685
　　　　　　　　　　　　（投票率 46.99%）

平成6年（1994年）2月6日実施

当① 鈴木　克昌　50　無　　　新　　30,102
　　浅井　英行　49　無　　　新　　13,642
　　　　　　　　　　　　（投票率 68.55%）

平成10年（1998年）2月1日実施

当② 鈴木　克昌　54　無　　　現　　23,173
　　竹内　康子　47　無　　　新　　 7,062
　　　　　　　　　　　　（投票率 46.96%）

平成11年（1999年）10月31日実施

当① 金原　久雄　53　無　　　新　　無投票

平成15年（2003年）10月5日実施

当②金原　久雄　57　無　　　　現　　無投票

平成19年（2007年）10月14日実施

当③金原　久雄　61　無　　　　現　　16,101
　　大場　久充　59　無　　　　新　　12,476
　　鈴木　基夫　34　無　　　　新　　 7,663
（投票率 55.68%）

平成23年（2011年）10月16日実施

当①稲葉　正吉　59　無　　　　新　　12,477
　　大場　久充　63　無　　　　新　　11,578
　　大竹　正人　58　無　　　　新　　 7,881
　　竹内　元一　61　無　　　　新　　 2,948
（投票率 53.66%）

平成27年（2015年）10月11日実施

当②稲葉　正吉　63　無　　　　現　　無投票

刈谷市長選挙

平成3年（1991年）7月7日実施

当③角岡　　与　60　無　　　　現　　32,986
　　大野　元三　72　無　　　　新　　27,788
（投票率 73.88%）

平成7年（1995年）7月2日実施

当①榎並　邦夫　59　無　　　　新　　28,812
　　杉浦世志朗　47　無　　　　新　　18,082
　　本多　耕三　56　無　　　　新　　16,695
（投票率 71.86%）

平成11年（1999年）6月27日実施

当②榎並　邦夫　63　無　　　　現　　無投票

平成15年（2003年）7月6日実施

当③榎並　邦夫　67　無　　　　現　　38,374
　　宮田　剛治　58　無　　　　新　　24,549
（投票率 64.61%）

平成19年（2007年）7月1日実施

当①竹中　良則　63　無　　　　新　　35,133
　　岡本　守二　56　無　　　　新　　21,777
　　宮田　剛治　62　無　　　　新　　10,722
（投票率 65.70%）

平成23年（2011年）7月3日実施

当②竹中　良則　67　無　　　　現　　45,327
　　岡本　守二　60　諸　　　　新　　20,473
（投票率 60.64%）

平成27年（2015年）6月28日実施

当③竹中　良則　71　無　　　　現　　無投票

北名古屋市長選挙

平成18年（2006年）3月20日西春日井郡師勝町・西春町が新設合併・市制施行して北名古屋市となる

平成18年（2006年）4月23日実施

当①長瀬　　保　65　無　　　　新　　20,292
　　鈴木　至彦　62　無　　　　新　　 5,762
　　山下　隆義　65　無　　　　新　　 5,740
　　大原　久直　61　無　　　　新　　 4,299
（投票率 60.62%）

平成22年（2010年）4月18日実施

当②長瀬　　保　69　無　　　　現　　18,984
　　日栄　政敏　61　無　　　　新　　15,673
（投票率 55.97%）

平成26年（2014年）4月20日実施

当③長瀬　　保　73　無　　　　現　　24,326
　　吉田　祐貴　29　無　　　　新　　 4,814
（投票率 47.81%）

平成30年（2018年）4月15日実施

当④長瀬　　保　77　無　　　　現　　15,637
　　太田　考則　50　無　　　　新　　15,214
（投票率 46.12%）

清須市長選挙

平成17年(2005年)7月7日西春日井郡西枇杷島町・清洲町・新川町が新設合併・市制施行して清須市となる

平成17年(2005年)8月7日実施

当①	加藤 静治	63	無	新	13,509
	渡辺 ひでと	46	無	新	8,809
	辻 一幸	69	無	新	1,382

(投票率 54.32%)

平成21年(2009年)7月19日実施

当②	加藤 静治	67	無	現	無投票

平成25年(2013年)7月21日実施

当③	加藤 静治	71	無	現	16,169
	渡辺 秀人	54	無	新	12,961

(投票率 57.43%)

平成29年(2017年)7月23日実施

当①	永田 純夫	62	無	新	13,505
	渡辺 秀人	58	無	新	9,575

(投票率 42.99%)

江南市長選挙

平成3年(1991年)4月14日実施

当①	大池 良平	46	無	新	無投票

平成7年(1995年)4月16日実施

当②	大池 良平	50	無	現	無投票

平成11年(1999年)4月18日実施

当③	大池 良平	54	無	現	無投票

平成15年(2003年)4月27日実施

当①	堀 元	58	無	新	17,277
	安田 力	46	無	新	11,904
	大塚 祥敬	56	無	新	11,873
	能美 節子	50	無	新	6,227

(投票率 63.39%)

平成19年(2007年)4月22日実施

当②	堀 元	61	無	現	24,156
	江口 雅明	48	無	新	20,300
	加藤 孔一	60	無	新	1,703

(投票率 60.19%)

平成23年(2011年)4月24日実施

当③	堀 元	65	無	現	26,213
	山本 悦雄	62	無	新	14,335

(投票率 52.36%)

平成27年(2015年)4月26日実施

当①	沢田 和延	60	無	新	24,962
	堀 元	69	無	現	17,131

(投票率 53.64%)

平成31年(2019年)4月14日実施

当②	沢田 和延	64	無	現	無投票

小牧市長選挙

平成3年(1991年)8月11日実施

当④	佐橋 薫	66	無	現	無投票

平成7年(1995年)2月26日実施

当①	中野 直輝	49	無	新	17,312
	岩瀬 克世	61	無	新	14,522
	永田 清成	53	無	新	9,874
	佐々木 朗	36	共	新	3,280
	宮田 勝三	52	無	新	716

(投票率 47.19%)

平成11年(1999年)2月7日実施

当②	中野 直輝	53	無	現	40,403
	宮田 勝三	56	無	新	5,033

(投票率 45.03%)

平成15年(2003年)2月2日実施

当③	中野 直輝	57	無	現	37,123
	宮田 勝三	60	無	新	4,334

(投票率 39.75%)

平成19年（2007年）2月4日実施

当④中野 直輝 61	無	現	35,597
荒川 孝 60	無	新	25,679

（投票率 55.50%）

平成23年（2011年）2月6日実施

当①山下史守朗 35	無	新	30,650
中野 直輝 65	無	現	26,393
宮田 勝三 68	無	新	1,902

（投票率 52.13%）

平成27年（2015年）2月1日実施

当②山下史守朗 39	無	現	31,537
上襴 幹也 32	無	新	14,977
宮田 勝三 72	無	新	1,646

（投票率 41.94%）

平成31年（2019年）2月3日実施

当③山下史守朗 43	無	現	28,205
上襴 幹也 36	無	新	20,915

（投票率 41.92%）

新城市長選挙

平成3年（1991年）4月14日実施

当①山本 芳央 60 無 新 無投票

平成7年（1995年）4月16日実施

当②山本 芳央 64 無 現 無投票

平成11年（1999年）4月18日実施

当③山本 芳央 68 無 現 無投票

平成15年（2003年）4月27日実施

当④山本 芳央 72	無	現	13,489
玉井 良治 51	無	新	8,853

（投票率 79.80%）

平成17年（2005年）11月13日実施

当①穂積 亮次 53	無	新	16,904
小林 常男 66	無	新	12,838

関口 真史 56 無 新 4,336

（投票率 80.71%）

平成21年（2009年）11月1日実施

当②穂積 亮次 57	無	現	15,268
山本 拓哉 49	無	新	9,647
白井 倫啓 52	無	新	7,076

（投票率 77.32%）

平成25年（2013年）11月10日実施

当③穂積 亮次 61	無	現	14,724
山本 拓哉 53	無	新	13,813

（投票率 71.07%）

平成29年（2017年）10月29日実施

当④穂積 亮次 65	無	現	13,461
山本 拓哉 57	無	新	8,246
白井 倫啓 60	無	新	5,648

（投票率 69.23%）

瀬戸市長選挙

平成3年（1991年）4月21日実施

当②井上 博通 64	無	現	42,151
酒向 英一 42	無	新	17,015

（投票率 67.79%）

平成7年（1995年）4月23日実施

当③井上 博通 68	無	現	34,410
鵜飼 諦 65	無	新	16,758
丸山 悦子 45	無	新	7,029

（投票率 61.93%）

平成11年（1999年）4月25日実施

当①増岡 錦也 63	無	新	44,481
本村 映一 58	共	新	12,279
加藤 明海 55	無	新	2,651
山田みち江 51	無	新	2,472

（投票率 63.96%）

平成15年（2003年）4月27日実施

当②増岡 錦也 67 無 現 41,946

酒向　英一　54　無　　　　新　　14,393
(投票率 57.19%)

平成19年(2007年)4月22日実施

当③増岡　錦也　71　無　　　　現　　32,040
　　水野　　昇　55　無　　　　新　　24,147
(投票率 56.00%)

平成23年(2011年)4月24日実施

当④増岡　錦也　75　無　　　　現　　20,276
　　伊藤　保徳　64　無　　　　新　　20,095
　　水野　　昇　59　諸　　　　新　　14,124
　　三宅　訓子　64　無　　　　新　　 4,303
(投票率 57.06%)

平成27年(2015年)4月26日実施

当①伊藤　保徳　68　無　　　　新　　19,500
　　須崎　徳之　33　無　　　　新　　16,532
　　川本　雅之　49　無　　　　新　　13,875
　　早川　幸介　60　無　　　　新　　 5,606
(投票率 55.01%)

平成31年(2019年)4月21日実施

当②伊藤　保徳　72　無　　　　現　　25,761
　　川本　雅之　53　無　　　　新　　17,979
　　光部　武信　55　無　　　　新　　 5,346
(投票率 48.32%)

高浜市長選挙

平成元年(1989年)8月27日実施

当①森　　貞述　46　無　　　　新　　無投票

平成5年(1993年)8月29日実施

当②森　　貞述　50　無　　　　現　　無投票

平成9年(1997年)8月17日実施

当③森　　貞述　54　無　　　　現　　無投票

平成13年(2001年)8月19日実施

当④森　　貞述　58　無　　　　現　　無投票

平成17年(2005年)8月28日実施

当⑤森　　貞述　62　無　　　　現　　10,300
　　渡辺　　肇　63　無　　　　新　　 6,222
　　原田　文彦　65　無　　　　新　　　294
(投票率 56.11%)

平成21年(2009年)8月30日実施

当①吉岡　初浩　53　無　　　　新　　13,137
　　佐野　勝巳　62　無　　　　新　　 9,768
(投票率 72.93%)

平成25年(2013年)8月18日実施

当②吉岡　初浩　57　無　　　　現　　無投票

平成29年(2017年)8月27日実施

当③吉岡　初浩　61　無　　　　現　　 9,846
　　長谷川広昌　42　無　　　　新　　 8,202
(投票率 51.09%)

田原市長選挙

平成15年(2003年)8月20日渥美郡田原町・赤羽根町が編入合併・市制施行して田原市となる

平成19年(2007年)4月22日実施

当①鈴木　克幸　62　無　　　　新　　17,203
　　河合　正仁　58　無　　　　新　　13,795
(投票率 60.51%)

平成23年(2011年)4月24日実施

当②鈴木　克幸　66　無　　　　現　　18,802
　　河合　正仁　62　減　　　　新　　11,850
　　山田　光弥　59　無　　　　新　　 1,399
(投票率 62.00%)

平成27年(2015年)4月26日実施

当①山下　政良　66　無　　　　新　　13,943
　　北野谷一樹　53　無　　　　新　　12,557
　　岡本　重明　54　無　　　　新　　 4,839
(投票率 62.37%)

平成31年（2019年）4月14日実施
当②山下　政良　70　無　　　　　現　　無投票

知多市長選挙

平成元年（1989年）9月24日実施
当①安藤　嘉治　54　無　　　　　新　　22,313
　　古川　洋明　55　無　　　　　新　　 3,575
　　　　　　　　　　　　　　　（投票率 51.12%）

平成5年（1993年）9月26日実施
当②安藤　嘉治　58　無　　　　　現　　19,274
　　古川　洋明　59　無　　　　　新　　 2,272
　　　　　　　　　　　　　　　（投票率 38.34%）

平成9年（1997年）9月28日実施
当③安藤　嘉治　62　無　　　　　現　　17,851
　　児玉　孝子　61　無　　　　　新　　 5,100
　　伊藤　達成　57　無　　　　　新　　 3,904
　　　　　　　　　　　　　　　（投票率 44.69%）

平成13年（2001年）9月23日実施
当①加藤　功　60　無　　　　　　新　　無投票

平成17年（2005年）9月25日実施
当②加藤　功　64　無　　　　　　現　　21,935
　　黒川　親治　63　無　　　　　新　　 7,609
　　　　　　　　　　　　　　　（投票率 45.63%）

平成21年（2009年）9月27日実施
当③加藤　功　68　無　　　　　　現　　18,037
　　黒川　親治　67　無　　　　　新　　10,614
　　　　　　　　　　　　　　　（投票率 43.03%）

平成25年（2013年）9月29日実施
当①宮島　寿男　65　無　　　　　新　　17,023
　　竹内　元一　63　無　　　　　新　　 7,337
　　滝沢　俊雄　63　無　　　　　新　　 3,801
　　　　　　　　　　　　　　　（投票率 42.71%）

平成29年（2017年）9月24日実施
当②宮島　寿男　69　無　　　　　現　　18,702
　　黒川　親治　75　無　　　　　新　　 7,612
　　　　　　　　　　　　　　　（投票率 38.50%）

知立市長選挙

平成4年（1992年）11月22日実施
当②塚本　昭二　65　無　　　　　現　　無投票

平成8年（1996年）12月1日実施
当①永田　太三　52　無　　　　　新　　13,671
　　岩瀬　義春　68　無　　　　　新　　 6,836
　　　　　　　　　　　　　　　（投票率 47.12%）

平成12年（2000年）11月19日実施
当②永田　太三　56　無　　　　　現　　無投票

平成16年（2004年）11月21日実施
当①本多　正幸　54　無　　　　　新　　無投票

平成20年（2008年）11月30日実施
当①林　郁夫　48　無　　　　　　新　　16,454
　　本多　正幸　58　無　　　　　現　　11,598
　　　　　　　　　　　　　　　（投票率 55.82%）

平成24年（2012年）12月2日実施
当②林　郁夫　52　無　　　　　　現　　16,478
　　杉原　透恭　48　無　　　　　新　　 7,943
　　　　　　　　　　　　　　　（投票率 47.42%）

平成28年（2016年）11月27日実施
当③林　郁夫　56　無　　　　　　現　　16,754
　　岩城　道雄　67　無　　　　　新　　 4,045
　　　　　　　　　　　　　　　（投票率 38.67%）

津島市長選挙

平成4年（1992年）2月16日実施
当②山田　克己　62　無　　　　　現　　無投票

平成8年（1996年）2月18日実施
当③山田　克己　66　無　　　　　現　　11,842

椙村　静雄　63　無　　　　新　　11,749
（投票率 48.76％）

平成12年（2000年）2月27日実施

当①水谷　　尚　66　無　　　　新　　 9,180
　　椙村　静雄　67　無　　　　新　　 9,032
　　杉山　利雄　64　無　　　　新　　 7,910
　　冨永　英輔　61　無　　　　新　　　 353
（投票率 53.07％）

平成15年（2003年）4月27日実施

当①三輪　　優　63　無　　　　新　　14,819
　　井桁　　亮　33　無　　　　新　　 7,574
　　伊藤　博明　57　無　　　　新　　 7,271
　　横江　勇雄　52　無　　　　新　　 2,649
　　入山　　修　42　無　　　　新　　　 516
　　冨永　英輔　65　無　　　　新　　　 186
（投票率 65.28％）

平成15年（2003年）8月10日実施

当②三輪　　優　63　無　　　　前　　 8,720
　　花井　幸二　36　無　　　　新　　 6,605
　　井桁　　克　63　無　　　　元　　 4,666
　　横江　勇雄　53　無　　　　新　　 2,463
（投票率 44.18％）

平成19年（2007年）4月22日実施

当①伊藤　文郎　53　無　　　　新　　16,150
　　横江　勇雄　56　無　　　　新　　 8,562
　　古野　　暁　71　無　　　　新　　 5,469
（投票率 60.79％）

平成23年（2011年）4月24日実施

当②伊藤　文郎　57　無　　　　現　　17,840
　　浅井　直樹　58　無　　　　新　　10,156
（投票率 55.09％）

平成26年（2014年）4月27日実施

当①日比　一昭　61　無　　　　新　　11,830
　　浅井　直樹　61　無　　　　新　　 4,989
　　山口　欽秀　60　無　　　　新　　 2,659
　　藤原　大俊　75　無　　　　新　　　 482
（投票率 39.95％）

平成30年（2018年）4月15日実施

当②日比　一昭　65　無　　　　現　　10,263
　　杉山　良介　78　無　　　　新　　 6,201
（投票率 31.91％）

東海市長選挙

平成元年（1989年）5月14日実施

当②久野　　弘　63　無　　　　現　　26,282
　　松井　高男　49　共　　　　新　　 7,329
（投票率 50.92％）

平成5年（1993年）4月18日実施

当③久野　　弘　67　無　　　　現　　無投票

平成9年（1997年）4月20日実施

当④久野　　弘　71　無　　　　現　　19,380
　　神谷　　暢　55　無　　　　新　　 5,013
　　伴野　　修　47　無　　　　新　　 1,980
（投票率 35.87％）

平成13年（2001年）4月22日実施

当①鈴木　淳雄　55　無　　　　新　　20,209
　　高津　　理　39　無　　　　新　　 9,713
　　片桐　康子　62　無　　　　新　　 5,283
（投票率 46.44％）

平成17年（2005年）4月24日実施

当②鈴木　淳雄　59　無　　　　現　　22,569
　　平田　哲彦　62　無　　　　新　　 4,833
（投票率 34.89％）

平成21年（2009年）4月19日実施

当③鈴木　淳雄　63　無　　　　現　　無投票

平成25年（2013年）4月21日実施

当④鈴木　淳雄　67　無　　　　現　　22,784
　　村瀬　晃代　60　無　　　　新　　 7,943
（投票率 36.37％）

平成29年（2017年）4月16日実施

当⑤鈴木　淳雄　71　無　　　　現　　無投票

常滑市長選挙

平成3年（1991年）4月21日実施
当②	中村　克巳	61	無	現	27,760
	石田　和朗	44	無	新	2,807

（投票率 83.93%）

平成3年（1991年）12月1日実施
当①	石橋　誠晃	55	無	新	14,440
	加古　猛二	41	無	新	6,313
	沢田　信也	57	無	新	4,062

（投票率 64.94%）

平成7年（1995年）11月19日実施
当②	石橋　誠晃	59	無	現	14,636
	加古　猛二	45	無	新	2,994
	細川　裕二	38	共	新	1,997

（投票率 49.74%）

平成11年（1999年）11月21日実施
当③	石橋　誠晃	63	無	現	16,304
	杉江　秀一	48	無	新	6,124
	沢田　信也	65	無	新	2,730

（投票率 62.67%）

平成15年（2003年）11月9日実施
当④	石橋　誠晃	67	無	現	19,620
	鈴木　輝明	68	無	新	6,743

（投票率 67.77%）

平成19年（2007年）11月18日実施
当①	片岡　憲彦	53	無	新	7,881
	中村　　勤	44	無	新	5,009
	杉江　秀一	56	無	新	4,917
	山本　幸治	52	無	新	4,909

（投票率 54.47%）

平成23年（2011年）11月20日実施
当②	片岡　憲彦	57	無	現	12,579
	藤井　友二	58	無	新	8,836

（投票率 48.84%）

平成27年（2015年）11月15日実施
当③	片岡　憲彦	61	無	現	11,655
	中野　正代	69	無	新	1,215

（投票率 29.19%）

平成31年（2019年）4月21日実施
当①	伊藤　辰矢	41	無	新	15,841
	西村　昭彦	58	無	新	7,952

（投票率 52.12%）

豊明市長選挙

平成3年（1991年）4月21日実施
当①	外山　半三	59	無	新	13,460
	都築　龍治	51	無	新	13,114
	稲垣　雅臣	60	無	新	2,989

（投票率 69.69%）

平成7年（1995年）4月23日実施
当①	都築　龍治	55	無	新	16,547
	外山　半三	63	無	現	13,612

（投票率 63.82%）

平成11年（1999年）4月18日実施
当②	都築　龍治	59	無	現	無投票

平成15年（2003年）4月27日実施
当③	都築　龍治	63	無	現	21,806
	小松　　猛	60	無	新	6,430

（投票率 56.75%）

平成19年（2007年）4月22日実施
当①	相羽　英勝	67	無	新	18,356
	前田　庄介	59	無	新	10,919

（投票率 57.89%）

平成23年（2011年）4月24日実施
当①	石川　英明	57	無	新	13,209
	石川　源一	62	無	新	10,217
	前田　庄介	63	無	新	5,218

（投票率 55.69%）

平成27年（2015年）4月26日実施

当①	小浮	正典	46	無	新	12,613
	石川	英明	61	無	現	11,386
	伊藤	清	46	無	新	4,991

（投票率 55.94%）

平成31年（2019年）4月14日実施

当②	小浮	正典	50	無	現	無投票

豊川市長選挙

平成3年（1991年）10月6日実施

当②	田中	泰雄	64	無	現	28,875
	山口	寿昭	53	無	新	5,872

（投票率 44.22%）

平成7年（1995年）10月1日実施

当③	田中	泰雄	68	無	現	無投票

平成11年（1999年）10月3日実施

当①	中野	勝之	58	無	新	27,467
	佐藤	準三	51	共	新	7,328

（投票率 39.87%）

平成15年（2003年）10月5日実施

当②	中野	勝之	62	無	現	23,870
	彦坂	千津子	53	無	新	15,641
	田中	四郎	67	無	新	3,550

（投票率 47.90%）

平成19年（2007年）9月30日実施

当①	山脇	実	63	無	新	34,097
	中野	勝之	66	無	現	23,183

（投票率 53.97%）

平成23年（2011年）10月2日実施

当②	山脇	実	67	無	現	44,011
	高柳	淳子	51	無	新	14,398

（投票率 41.22%）

平成27年（2015年）10月4日実施

当③	山脇	実	71	無	現	40,692
	中村	優子	67	無	新	12,406

（投票率 37.24%）

豊田市長選挙

平成4年（1992年）2月16日実施

当②	加藤	正一	63	無	現	93,979
	本村	映一	51	共	新	6,576
	畔柳	博	45	無	新	5,157

（投票率 46.85%）

平成8年（1996年）2月4日実施

当③	加藤	正一	67	無	現	78,275
	大村	義則	39	共	新	9,945
	畔柳	博	49	無	新	5,983

（投票率 39.12%）

平成12年（2000年）2月6日実施

当①	鈴木	公平	60	無	新	93,220
	木村	映一	59	共	新	16,634

（投票率 43.37%）

平成16年（2004年）2月8日実施

当②	鈴木	公平	64	無	現	105,234
	土屋	元義	53	無	新	15,596

（投票率 46.03%）

平成20年（2008年）2月3日実施

当③	鈴木	公平	68	無	現	125,133
	本多	弘司	61	無	新	28,889

（投票率 49.51%）

平成24年（2012年）1月29日実施

当①	太田	稔彦	57	無	新	無投票

平成28年（2016年）2月7日実施

当②	太田	稔彦	61	無	現	132,611
	田中	勝美	70	無	新	19,605

（投票率 47.76%）

豊橋市長選挙

平成3年（1991年）4月14日実施

当③髙橋アキラ 67 無　　　現　　　無投票

平成7年（1995年）4月16日実施

当④髙橋アキラ 71 無　　　現　　　無投票

平成8年（1996年）11月17日実施

当①早川　　勝 55 無　　　新　　53,931
　山本ゆかり 57 無　　　新　　27,626
　山崎　雄朗 55 無　　　新　　15,686
　柴田　隆治 68 無　　　新　　 2,633
（投票率 38.86％）

平成12年（2000年）11月12日実施

当②早川　　勝 59 無　　　現　　72,840
　太田　晴也 45 無　　　新　　49,674
　山崎　雄朗 59 無　　　新　　 8,768
（投票率 48.16％）

平成16年（2004年）11月7日実施

当③早川　　勝 63 無　　　現　　66,293
　栗谷建一郎 55 共　　　新　　21,030
（投票率 31.75％）

平成20年（2008年）11月9日実施

当①佐原　光一 55 無　　　新　　51,102
　小久保三夫 67 無　　　新　　43,481
　早川　　勝 67 無　　　現　　35,868
（投票率 45.55％）

平成24年（2012年）11月11日実施

当②佐原　光一 59 無　　　現　　62,867
　杉田　元司 61 無　　　新　　55,671
（投票率 41.16％）

平成28年（2016年）11月13日実施

当③佐原　光一 63 無　　　現　　63,600
　串田　真吾 40 無　　　新　　24,239
（投票率 29.82％）

長久手市長選挙

平成24年（2012年）1月4日愛知郡長久手町が市制施行して長久手市となる

平成27年（2015年）8月30日実施

当②吉田　一平 69 無　　　現　　10,868
　森岡　　稔 62 無　　　新　　 2,493
（投票率 33.23％）

西尾市長選挙

平成元年（1989年）9月10日実施

当①本田　忠彦 52 無　　　新　　29,104
　宮地　松男 56 無　　　新　　20,641
（投票率 76.21％）

平成5年（1993年）8月29日実施

当②本田　忠彦 56 無　　　現　　無投票

平成9年（1997年）9月7日実施

当③本田　忠彦 60 無　　　現　　25,341
　嶋村　直彦 65 無　　　新　　 7,711
（投票率 44.76％）

平成13年（2001年）9月9日実施

当④本田　忠彦 64 無　　　現　　24,779
　中村　晃毅 63 無　　　新　　21,277
（投票率 60.82％）

平成17年（2005年）9月4日実施

当①中村　晃毅 67 無　　　新　　14,864
　杉田登志雄 60 無　　　新　　14,819
　榊原　武示 62 無　　　新　　13,864
　鈴木　規之 58 無　　　新　　 5,845
　青山　文子 62 無　　　新　　 3,172
（投票率 67.45％）

平成21年（2009年）6月28日実施

当①榊原　康正 69 無　　　新　　無投票

平成25年（2013年）5月26日実施

当②榊原　康正 73 無　　　現　　34,173

| 都築　　譲　62　無 | 新 | 29,826 |

| 黒柳　和義　65　無 | 新 | 20,992 |
| 結城　道哉　56　無 | 新 | 5,354 |

（投票率 71.10％）

平成29年（2017年）6月25日実施

| 当①中村　　健　38　無 | 新 | 58,351 |
| 榊原　康正　77　無 | 現 | 31,187 |

（投票率 68.05％）

日進市長選挙

平成6年（1994年）10月1日愛知郡日進町が市制施行して日進市となる

平成7年（1995年）6月25日実施

| 当①山田　一麿　60　無 | 現 | 無投票 |

平成11年（1999年）7月4日実施

当①佐護　　彰　57　無	新	11,829
山田　一麿　64　無	現	11,008
北村　三郎　65　無	新	1,078

（投票率 48.59％）

平成15年（2003年）7月13日実施

当②佐藤　　彰　61　無	現	11,517
萩野　幸三　61　無	新	7,527
福岡　術夫　68　無	新	6,335

（投票率 47.01％）

平成19年（2007年）7月22日実施

当①萩野　幸三　65　無	新	13,699
白井えり子　56　無	新	13,637
寺本　芳樹　52　無	新	5,554

（投票率 56.23％）

平成23年（2011年）7月3日実施

| 当②萩野　幸三　69　無 | 現 | 15,692 |
| 奥田　　貢　53　無 | 新 | 3,111 |

（投票率 30.87％）

平成27年（2015年）7月5日実施

| 当③萩野　幸三　73　無 | 現 | 13,937 |
| 古谷　徳生　43　無 | 新 | 13,165 |

（投票率 41.84％）

平成31年（2019年）4月21日実施

| 当①近藤　裕貴　49　無 | 新 | 17,926 |
| 島村紀代美　56　無 | 新 | 17,808 |

（投票率 52.03％）

半田市長選挙

平成3年（1991年）4月21日実施

| 当④竹内　　弘　67　無 | 元 | 27,204 |
| 山田　耕市　69　無 | 現 | 26,299 |

（投票率 75.39％）

平成7年（1995年）4月23日実施

当⑤竹内　　弘　71　無	現	22,748
山田　耕市　73　無	元	20,978
石川　勝彦　47　無	新	11,134

（投票率 70.39％）

平成11年（1999年）4月25日実施

当①酒井　義弘　59　無	新	21,342
新美　勝彦　64　無	新	20,854
石川　勝彦　51　無	新	12,068

（投票率 66.44％）

平成13年（2001年）6月24日実施

| 当①榊原　伊三　60　無 | 新 | 23,865 |
| 近藤　良三　52　無 | 新 | 23,229 |

（投票率 56.22％）

平成17年（2005年）6月12日実施

当②榊原　伊三　64　無	現	22,733
松村　　薫　49　無	新	5,687
長野　俊夫　61　無	新	1,010

（投票率 33.90％）

平成21年（2009年）6月7日実施

| 当①榊原　純夫　60　無 | 新 | 27,666 |
| 加藤　精重　59　無 | 新 | 21,530 |

（投票率 54.52％）

平成25年（2013年）6月9日実施

当②	榊原　純夫 64	無	現	24,810
	伊藤　彰 64	無	新	7,753

（投票率 35.97％）

平成29年（2017年）6月4日実施

当③	榊原　純夫 68	無	現	19,903
	浅野麻里奈 37	無	新	18,939
	松井　秀樹 67	無	新	2,885

（投票率 43.66％）

碧南市長選挙

平成4年（1992年）4月19日実施

当③	小林　淳三 64	無	現	26,350
	柳田　孝二 37	共	新	6,984

（投票率 71.87％）

平成8年（1996年）4月21日実施

当①	永島　卓 61	無	新	14,392
	久田　昭一 63	無	新	13,181
	鈴木　正徳 48	無	新	7,175

（投票率 71.37％）

平成12年（2000年）4月16日実施

当②	永島　卓 65	無	現	無投票

平成16年（2004年）4月25日実施

当③	永島　卓 69	無	現	22,511
	禰宜田知司 64	無	新	13,140

（投票率 68.86％）

平成20年（2008年）4月20日実施

当①	禰宜田政信 56	無	新	15,617
	鍔本　達朗 55	無	新	12,313
	生田　哲也 70	無	新	8,288

（投票率 68.40％）

平成24年（2012年）4月15日実施

当②	禰宜田政信 60	無	現	無投票

平成28年（2016年）4月17日実施

当③	禰宜田政信 64	無	現	無投票

みよし市長選挙

平成22年（2010年）1月4日西加茂郡三好町が市制施行・名称変更してみよし市となる

平成25年（2013年）11月10日実施

当①	小野田賢治 62	無	新	無投票

平成29年（2017年）11月12日実施

当②	小野田賢治 66	無	現	無投票

弥富市長選挙

平成18年（2006年）4月1日海部郡弥富町・十四山村が編入合併・市制施行して弥富市となる

平成19年（2007年）1月21日実施

当①	服部　彰文 59	無	新	11,454
	川瀬　輝夫 77	無	現	9,390

（投票率 62.65％）

平成23年（2011年）1月16日実施

当②	服部　彰文 63	無	現	無投票

平成27年（2015年）1月25日実施

当③	服部　彰文 67	無	現	無投票

平成30年（2018年）12月2日実施

当①	安藤　正明 56	無	新	10,927
	江崎　貴大 29	無	新	4,366
	平野　洋 71	無	新	2,739

（投票率 51.30％）

三　重　県

県庁所在地	津市
市　　数	14市（平成31年4月現在）
市　　名	津市（久居市）・伊賀市（上野市）・伊勢市・いなべ市・尾鷲市・亀山市・熊野市・桑名市・志摩市・鈴鹿市・鳥羽市・名張市・松阪市・四日市市

※（ ）内は廃止された市

主な政治団体 （略称）	新政みえ（新政），三重民主連合（民連）

【市に関わる合併・市制施行・名称変更】

市名	実施年月日	関係市町村名等	合併等の内容
津市	平成18年（2006年）1月1日	津市・久居市・安芸郡河芸町・芸濃町・美里村・安濃町・一志郡香良洲町・一志町・白山町・美杉村	【新設合併】
伊賀市	平成16年（2004年）11月1日	上野市・阿山郡伊賀町・島ヶ原村・阿山町・大山田村・名賀郡青山町	【新設合併】
伊勢市	平成17年（2005年）11月1日	伊勢市・度会郡二見町・小俣町・御薗村	【新設合併】
いなべ市	平成15年（2003年）12月1日	員弁郡北勢町・員弁町・大安町・藤原町	【新設合併・市制施行】
亀山市	平成17年（2005年）1月11日	亀山市・鈴鹿郡関町	【新設合併】
熊野市	平成17年（2005年）11月1日	熊野市・南牟婁郡紀和町	【新設合併】
桑名市	平成16年（2004年）12月6日	桑名市・桑名郡多度町・長島町	【新設合併】
志摩市	平成16年（2004年）10月1日	志摩郡浜島町・大王町・志摩町・阿児町・磯部町	【新設合併・市制施行】
松阪市	平成17年（2005年）1月1日	松阪市・一志郡嬉野町・三雲町・飯南郡飯南町・飯高町	【新設合併】
四日市市	平成17年（2005年）2月7日	四日市市・三重郡楠町	【編入合併】

【選挙結果】

三重県知事選挙

平成4年（1992年）11月29日実施

当⑥	田川	亮三	73	無	自民 社会 公明 民社	現	367,635
	鈴木	茂	64	無	共産	新	139,040

（投票率 37.77%）

平成7年（1995年）4月9日実施

当①	北川	正恭	50	無	新進 さき 公明	新	456,676
	尾崎	彪夫	65	無	自民 社会	新	443,861
	安井	彦光	41	無	共産	新	25,931
	宮西	俊秀	57	無		新	17,084

（投票率 68.24%）

平成11年（1999年）4月11日実施

当② 北川　正恭 54	無	自民 民主 公明 自由 社民	現	737,790
大野　　章 64	無	共産	新	146,474

（投票率 62.19%）

平成15年（2003年）4月13日実施

当① 野呂　昭彦 56	無	民主 自由 社民	新	473,246
水谷　俊郎 51	無		新	173,433
村尾　信尚 47	無		新	171,200
鈴木　　茂 75	無	共産	新	48,616

（投票率 59.97%）

平成19年（2007年）4月8日実施

| 当② 野呂　昭彦 60 | 無 | 自民 民主 公明 社民 | 現 | 675,805 |
| 　辻井　良和 71 | 無 | 共産 | 新 | 118,405 |

（投票率 54.35%）

平成23年（2011年）4月10日実施

当① 鈴木　英敬 36	無	自民 公明 みん	新	379,472
松田　直久 56	無	民主	新	369,105
岡野　恵美 58	無	共産	新	68,253

（投票率 55.69%）

平成27年（2015年）4月12日実施

| 当② 鈴木　英敬 40 | 無 | 自民 公明 新政 | 現 | 603,697 |
| 　藤井　新一 56 | 無 | 共産 | 新 | 100,860 |

（投票率 48.35%）

平成31年（2019年）4月7日実施

| 当③ 鈴木　英敬 44 | 無 | 自民 公明 新政 | 現 | 615,281 |
| 　鈴木加奈子 79 | 無 | 共産 | 新 | 70,657 |

（投票率 46.68%）

津市長選挙

平成2年（1990年）6月24日実施

| 当⑤ 岡村　初博 67 | 無 | 自民 社会 公明 民社 | 現 | 27,764 |
| 　堀　　義和 55 | 共 | | 新 | 9,035 |

（投票率 33.69%）

平成6年（1994年）6月26日実施

当① 近藤　康雄 61	無	自民 社会 新生 公明 日新 民社 自由	新	37,370
小林　　弘 48	無	さき	新	20,338
槙岡三枝子 51	無	共産	新	6,605

（投票率 54.68%）

平成10年（1998年）7月12日実施

| 当② 近藤　康雄 65 | 無 | 自民 民主 自由 平和 社民 公明 | 現 | 54,718 |
| 　真弓　俊郎 50 | 無 | 共産 | 新 | 19,841 |

（投票率 61.34%）

平成14年（2002年）6月16日実施

当③ 近藤　康雄 69	無	自民 民主 公明 自由 社民	現	32,780
小倉　昌行 55	無		新	23,697
後藤　宏行 30	無		新	3,343
藤前　吏司 25	無		新	1,649

（投票率 50.02%）

平成18年（2006年）2月5日実施

当① 松田　直久 51	無		新	63,388
溝口　昭三 56	無		新	46,846
小倉　昌行 59	無		新	37,050

（投票率 66.52%）

平成22年（2010年）1月31日実施

| 当② 松田　直久 55 | 無 | | 現 | 101,024 |
| 　岡野　恵美 57 | 共 | | 新 | 28,575 |

（投票率 58.24%）

平成23年（2011年）4月24日実施

当① 前葉　泰幸 49	無	新政	新	44,534
村主　英明 51	無	自民	新	40,536
藤岡　和美 64	無		新	22,865

（投票率 48.56%）

平成27年（2015年）4月19日実施

| 当② 前葉　泰幸 53 | 無 | 自民 民主 維党 公明 新政 | 現 | 無投票 |

平成31年（2019年）4月14日実施

| 当③ 前葉　泰幸 57 | 無 | 自民 立憲 国民 公明 民連 | 現 | 無投票 |

（久居市長選挙）

平成4年（1992年）2月9日実施

当③	田中　功	66	無	現	無投票

平成8年（1996年）2月11日実施

当①	藤岡　和美	49	無	新	無投票

平成12年（2000年）2月6日実施

当②	藤岡　和美	53	無	現	無投票

平成13年（2001年）5月20日実施

当①	池田　幸一	54	無	新	無投票

平成17年（2005年）5月8日実施

当②	池田　幸一	58	無	現	無投票

※平成18年（2006年）1月1日久居市は旧津市・安芸郡河芸町・芸濃町・美里村・安濃町・一志郡香良洲町・一志町・白山町・美杉村と新設合併して津市となる

伊賀市長選挙

平成16年（2004年）11月1日上野市・阿山郡伊賀町・島ヶ原村・阿山町・大山田村・名賀郡青山町が新設合併して伊賀市となる

平成16年（2004年）11月21日実施

当①	今岡　睦之	65	無	新	29,484
	森永　勝二	62	共	新	9,360
				（投票率 49.22%）	

平成20年（2008年）11月9日実施

当①	内保　博仁	65	無	新	25,581
	安本美栄子	61	無	新	12,680
	桐田　昭彦	63	無	新	5,504
				（投票率 56.23%）	

平成24年（2012年）11月11日実施

当①	岡本　栄	61	無	新	25,962
	赤沢　行宏	62	無	新	16,769
				（投票率 55.94%）	

平成28年（2016年）11月13日実施

当②	岡本　栄	65	無	現	16,555
	市川　岳人	34	無	新	14,009
	森野　真治	46	無	新	13,048
				（投票率 57.78%）	

（上野市長選挙）

平成元年（1989年）4月23日実施

当④	今中　原夫	71	無	現	18,658
	森永　勝二	47	共	新	5,855
				（投票率 55.16%）	

平成5年（1993年）4月4日実施

当①	今岡　睦之	53	無	新	13,544
	豊岡　鐐尓	51	無	新	10,854
	稲垣　白洋	63	無	新	9,753
				（投票率 74.81%）	

平成9年（1997年）3月23日実施

当②	今岡　睦之	57	無	現	無投票

平成13年（2001年）3月18日実施

当③	今岡　睦之	61	無	現	無投票

※平成16年（2004年）11月1日上野市は阿山郡伊賀町・島ヶ原村・阿山町・大山田村・名賀郡青山町と新設合併して伊賀市となる

伊勢市長選挙

平成4年（1992年）4月26日実施

当③	水谷　光男	68	無	現	31,497
	井上　敏行	54	無	新	17,324
	戸島　国治	47	無	新	201
				（投票率 62.87%）	

平成8年（1996年）4月21日実施

当④	水谷　光男	72	無	現	26,890
	中山　一幸	62	無	新	15,324
	戸上　健	50	共	新	3,289
				（投票率 57.26%）	

平成12年（2000年）4月23日実施

当⑤	水谷 光男	76	無	現	18,393
	森下 隆生	49	無	新	17,011
	井上 敏行	62	無	新	10,658
	中山 一幸	66	無	新	6,795

（投票率 66.62％）

平成16年（2004年）4月25日実施

当①	加藤 光徳	55	無	新	28,012
	山中 精一	71	無	新	1,732

（投票率 38.28％）

平成17年（2005年）11月27日実施

当①	加藤 光徳	57	無	新	35,403
	奥野 英介	59	無	新	31,642
	辻 三千宣	63	無	新	11,730
	山中 精一	73	無	新	813

（投票率 73.82％）

平成18年（2006年）4月16日実施

当①	森下 隆生	55	無	新	33,103
	山中 精一	73	無	新	1,769

（投票率 33.10％）

平成21年（2009年）11月15日実施

当①	鈴木 健一	33	無	新	30,389
	森下 隆生	59	無	前	25,570
	山村 健	52	無	新	13,610

（投票率 66.89％）

平成25年（2013年）10月27日実施

当②	鈴木 健一	37	無	現	40,294
	長田 朗	59	無	新	18,971
	田合 豪	49	無	新	4,840

（投票率 61.20％）

平成29年（2017年）10月22日実施

当③	鈴木 健一	41	無	現	無投票

いなべ市長選挙

平成15年（2003年）12月1日員弁郡北勢町・員弁町・大安町・藤原町が新設合併・市制施行していなべ市となる

平成15年（2003年）12月21日実施

当①	日沖 靖	44	無	新	16,607
	太田 嘉明	82	無	新	9,568

（投票率 74.41％）

平成19年（2007年）11月18日実施

当②	日沖 靖	48	無	現	無投票

平成23年（2011年）11月20日実施

当③	日沖 靖	52	無	現	無投票

平成27年（2015年）11月22日実施

当④	日沖 靖	56	無	現	14,002
	安田 喜正	66	無	新	5,093
	西井真理子	30	無	新	2,387

（投票率 59.93％）

尾鷲市長選挙

平成4年（1992年）3月22日実施

当②	杉田 晴良	50	無	現	無投票

平成8年（1996年）3月31日実施

当③	杉田 晴良	54	無	現	8,784
	真井 紀夫	55	無	新	6,253

（投票率 73.25％）

平成12年（2000年）3月26日実施

当①	伊藤 允久	48	無	新	9,658
	真井 紀夫	59	無	新	5,612

（投票率 77.34％）

平成16年（2004年）3月21日実施

当②	伊藤 允久	52	無	現	無投票

平成20年（2008年）3月23日実施

当①	奥田 尚佳	40	無	新	6,470

伊藤　允久　56　無　　　　現　　　6,227
(投票率 68.83%)

平成21年（2009年）7月26日実施

当①岩田　昭人　59　無　　　　新　　　6,549
村田　幸隆　60　無　　　　新　　　4,649
奥田　尚佳　41　無　　　　前　　　2,385
榎本　順一　59　無　　　　新　　　　368
(投票率 77.39%)

平成25年（2013年）6月9日実施

当②岩田　昭人　63　無　　　　現　　　6,648
大川　真清　37　無　　　　新　　　6,245
(投票率 77.92%)

平成29年（2017年）6月11日実施

当①加藤　千速　68　無　　　　新　　　8,039
榎本　隆吉　67　無　　　　新　　　4,316
(投票率 77.89%)

亀山市長選挙

平成2年（1990年）6月3日実施

当⑥今井　正郎　74　無　　　　現　　　無投票

平成6年（1994年）2月13日実施

当①田中　亮太　59　無　　　　新　　　8,871
橋本　孝一　56　無　　　　新　　　5,858
河戸　　昇　65　無　　　　新　　　5,595
(投票率 71.79%)

平成10年（1998年）2月1日実施

当②田中　亮太　63　無　　　　現　　　無投票

平成14年（2002年）1月27日実施

当③田中　亮太　67　無　　　　現　　　無投票

平成17年（2005年）1月30日実施

当①田中　亮太　70　無　　　　新　　　無投票

平成21年（2009年）2月1日実施

当①桜井　義之　45　無　　　　新　　　12,727

清水　孝哉　66　無　　　　新　　　11,193
(投票率 62.65%)

平成25年（2013年）1月27日実施

当②桜井　義之　49　無　　　　現　　　無投票

平成29年（2017年）1月29日実施

当③桜井　義之　53　無　　　　現　　　12,229
豊田　恵理　41　無　　　　新　　　7,332
(投票率 50.00%)

熊野市長選挙

平成2年（1990年）12月2日実施

当①西地　茂樹　63　無　　　　新　　　10,883
前川　佳丈　46　無　　　　新　　　3,643
(投票率 82.27%)

平成6年（1994年）11月20日実施

当②西地　茂樹　67　無　　　　現　　　8,543
竹内策一郎　51　無　　　　新　　　5,177
(投票率 78.75%)

平成10年（1998年）11月22日実施

当①河上　敢二　42　無　　　　新　　　8,626
更谷　令治　59　無　　　　新　　　5,710
(投票率 84.11%)

平成14年（2002年）11月24日実施

当②河上　敢二　46　無　　　　現　　　無投票

平成17年（2005年）11月13日実施

当①河上　敢二　49　無　　　　新　　　10,587
山本　良正　45　無　　　　新　　　3,085
(投票率 76.98%)

平成21年（2009年）11月1日実施

当②河上　敢二　53　無　　　　現　　　無投票

平成25年（2013年）10月27日実施

当③河上　敢二　57　無　　　　現　　　5,799
中田　征治　70　無　　　　新　　　4,516
(投票率 65.89%)

平成29年（2017年）10月22日実施

当④	河上　敢二	61	無	現	6,124
	中田　征治	74	無	新	2,270
	山本　良正	57	無	新	1,367
	峪　　照行	63	無	新	690

（投票率 70.30%）

桑名市長選挙

平成3年（1991年）2月3日実施

当②　中川　重哉　73　無　　現　22,756
　　　坂本　幸広　45　無　　新　 4,699
　　　壷内　四郎　62　無　　新　 1,108
（投票率 40.97%）

平成7年（1995年）1月29日実施

当③　中川　重哉　77　無　　現　26,000
　　　内藤　昌弘　63　無　　新　16,629
（投票率 56.36%）

平成8年（1996年）1月14日実施

当①　水谷　　元　39　無　　新　23,930
　　　伊藤　　明　55　無　　新　20,398
（投票率 57.88%）

平成11年（1999年）12月19日実施

当②　水谷　　元　43　無　　現　無投票

平成15年（2003年）12月21日実施

当③　水谷　　元　47　無　　現　22,774
　　　倉本　崇弘　27　無　　新　 7,735
（投票率 36.35%）

平成16年（2004年）12月19日実施

当①　水谷　　元　48　無　　新　30,537
　　　倉本　崇弘　28　無　　新　 7,658
　　　星野　律子　53　共　　新　 4,728
（投票率 40.59%）

平成20年（2008年）11月30日実施

当②　水谷　　元　52　無　　現　23,249
　　　伊藤　徳宇　32　無　　新　17,486

　　　津坂　勝哉　65　無　　新　 7,235
　　　岡村　信子　65　無　　新　 6,566
（投票率 50.21%）

平成24年（2012年）12月2日実施

当①　伊藤　徳宇　36　無　　新　42,352
　　　水谷　　元　56　無　　現　16,254
（投票率 53.25%）

平成28年（2016年）11月27日実施

当②　伊藤　徳宇　40　無　　現　30,568
　　　小川　満美　57　無　　新　 8,584
　　　小林　正和　52　無　　新　 4,020
（投票率 37.97%）

志摩市長選挙

平成16年（2004年）10月1日志摩郡浜島町・大王町・志摩町・阿児町・磯部町が新設合併・市制施行して志摩市となる

平成16年（2004年）10月31日実施

当①　竹内　千尋　45　無　　新　14,423
　　　大口　秀和　53　無　　新　11,393
　　　西尾　文治　71　無　　新　10,733
（投票率 73.27%）

平成20年（2008年）10月19日実施

当①　大口　秀和　57　無　　新　14,950
　　　竹内　千尋　49　無　　現　13,568
　　　大西　美幸　58　無　　新　 3,749
（投票率 66.67%）

平成24年（2012年）10月21日実施

当②　大口　秀和　61　無　　現　13,406
　　　竹内　千尋　53　無　　前　 8,978
　　　野名　澄代　63　無　　新　 6,288
　　　松尾　昌男　71　無　　新　 1,869
（投票率 65.62%）

平成28年（2016年）10月23日実施

当②　竹内　千尋　57　無　　元　14,266
　　　大口　秀和　65　無　　現　10,295

浜口　淳子　65　無　　　　　　新　　　1,379
(投票率 58.03%)

鈴鹿市長選挙

平成3年（1991年）4月14日実施

当②衣斐　賢譲　51　無　　　　現　　　無投票

平成7年（1995年）4月23日実施

当①加藤　　栄　67　無　　　　新　　　57,866
　　衣斐　賢譲　55　無　　　　現　　　37,015
(投票率 73.12%)

平成11年（1999年）4月25日実施

当②加藤　　栄　71　無　　　　現　　　57,556
　　末松　充生　54　無　　　　新　　　38,947
(投票率 70.27%)

平成15年（2003年）4月27日実施

当①川岸　光男　60　無　　　　新　　　40,016
　　伊藤多喜夫　66　無　　　　新　　　39,274
　　光永　　強　54　無　　　　新　　　10,195
(投票率 63.73%)

平成19年（2007年）4月15日実施

当②川岸　光男　64　無　　　　現　　　無投票

平成23年（2011年）4月24日実施

当①末松　則子　40　無　　　　新　　　34,889
　　明石　孝利　55　無　　　　新　　　31,394
　　杉本　信之　53　無　　　　新　　　20,750
(投票率 58.45%)

平成27年（2015年）4月26日実施

当②末松　則子　44　無　　　　現　　　56,953
　　杉本　信之　57　無　　　　新　　　25,366
(投票率 54.57%)

平成31年（2019年）4月14日実施

当③末松　則子　48　無　　　　現　　　無投票

鳥羽市長選挙

平成元年（1989年）4月9日実施

当①水谷　皓一　68　無　　　　新　　　6,879
　　斎藤　和巳　54　無　　　　新　　　6,466
　　辻本　徳男　58　無　　　　新　　　4,908
(投票率 90.20%)

平成5年（1993年）4月4日実施

当②水谷　皓一　72　無　　　　現　　　無投票

平成9年（1997年）4月13日実施

当①井村　　均　60　無　　　　新　　　8,143
　　寺本　春夫　56　無　　　　新　　　5,532
　　小久保純一　39　無　　　　新　　　2,945
(投票率 81.83%)

平成13年（2001年）4月15日実施

当②井村　　均　64　無　　　　現　　　9,424
　　山本　市平　54　無　　　　新　　　2,032
(投票率 59.39%)

平成17年（2005年）4月17日実施

当①木田久主一　57　無　　　　新　　　6,502
　　谷口　守行　56　無　　　　新　　　6,124
　　村山　俊幸　56　無　　　　新　　　3,255
(投票率 83.29%)

平成21年（2009年）4月5日実施

当②木田久主一　61　無　　　　現　　　無投票

平成25年（2013年）4月7日実施

当③木田久主一　65　無　　　　現　　　無投票

平成29年（2017年）4月9日実施

当①中村欣一郎　58　無　　　　新　　　無投票

名張市長選挙

平成2年（1990年）4月22日実施

当①富永　英輔　54　無　　　　新　　　13,020
　　森永　孝尚　61　無　　　　新　　　7,379

| 井上　延郎 | 54 | 無 | 　 | 新 | 7,084 |

| 岡山　博義 | 63 | 無 | 　 | 新 | 6,231 |

（投票率 75.01％）

平成6年（1994年）4月10日実施

当② 富永　英輔　58　無　　現　19,723
　　　辻本　進　　58　無　　新　 9,396
　　　　　　　　　　（投票率 53.83％）

平成10年（1998年）4月12日実施

当③ 富永　英輔　62　無　　現　21,069
　　　藤川　基之　44　無　　新　15,985
　　　　　　　　　　（投票率 60.90％）

平成14年（2002年）4月7日実施

当① 亀井　利克　50　無　　新　24,281
　　　富永　英輔　66　無　　現　16,355
　　　小田　俊朗　55　共　　新　 2,246
　　　　　　　　　　（投票率 66.51％）

平成18年（2006年）4月2日実施

当② 亀井　利克　54　無　　現　22,564
　　　富永　英輔　70　無　　前　 9,136
　　　田合　豪　　41　無　　新　 4,987
　　　　　　　　　　（投票率 55.87％）

平成22年（2010年）4月4日実施

当③ 亀井　利克　58　無　　現　20,975
　　　辻　　安治　52　無　　新　17,468
　　　　　　　　　　（投票率 58.31％）

平成26年（2014年）4月6日実施

当④ 亀井　利克　62　無　　現　22,744
　　　浦崎　陽介　39　無　　新　 4,377
　　　　　　　　　　（投票率 42.00％）

平成30年（2018年）4月15日実施

当⑤ 亀井　利克　66　無　　現　13,795
　　　北川　裕之　59　無　　新　12,829
　　　森脇　和徳　44　無　　新　 7,106
　　　　　　　　　　（投票率 51.69％）

松阪市長選挙

平成4年（1992年）5月10日実施

当② 奥田　清晴　70　無　　現　無投票

平成8年（1996年）5月12日実施

当③ 奥田　清晴　74　無　　現　25,823
　　　加藤　又義　60　無　　新　 8,733
　　　久松　倫生　43　共　　新　 8,710
　　　冨田　家睦　81　無　　新　　 407
　　　　　　　　　　（投票率 47.08％）

平成12年（2000年）4月30日実施

当① 野呂　昭彦　53　無　　新　34,142
　　　加藤　又義　64　無　　新　 7,823
　　　久松　倫生　47　共　　新　 6,677
　　　　　　　　　　（投票率 51.16％）

平成15年（2003年）4月20日実施

当① 下村　猛　　63　無　　新　無投票

平成17年（2005年）1月30日実施

当① 下村　猛　　64　無　　新　無投票

平成21年（2009年）1月25日実施

当① 山中　光茂　33　無　　新　38,571
　　　下村　猛　　68　無　　現　30,742
　　　　　　　　　　（投票率 51.53％）

平成25年（2013年）1月27日実施

当② 山中　光茂　37　無　　現　40,650
　　　竹上　真人　50　無　　新　32,727
　　　　　　　　　　（投票率 54.57％）

平成27年（2015年）10月4日実施

当① 竹上　真人　53　無　　新　25,935
　　　梅本　陽子　42　無　　新　24,429
　　　森本　哲生　66　無　　新　19,363
　　　　　　　　　　（投票率 52.65％）

四日市市長選挙

平成4年（1992年）11月29日実施

当⑤	加藤　寛嗣	72	無	現	47,697
	藤岡アンリ	61	無	新	19,491

（投票率 32.96%）

平成8年（1996年）12月1日実施

当①	井上　哲夫	58	無	新	45,475
	片岡　一三	61	無	新	40,562
	松岡　三郎	50	共	新	7,522

（投票率 43.11%）

平成12年（2000年）11月26日実施

当②	井上　哲夫	62	無	現	56,302
	松岡　三郎	54	共	新	13,154

（投票率 31.41%）

平成16年（2004年）11月28日実施

当③	井上　哲夫	66	無	現	48,734
	水谷　俊郎	53	無	新	39,676
	佐野　光信	61	共	新	6,778

（投票率 42.07%）

平成20年（2008年）11月30日実施

当①	田中　俊行	57	無	新	64,225
	岩名　秀樹	68	無	新	37,260

（投票率 42.24%）

平成24年（2012年）11月25日実施

当②	田中　俊行	61	無	現	56,792
	伊藤　昌志	42	無	新	24,288
	谷口りつ子	63	無	新	3,582

（投票率 34.90%）

平成28年（2016年）11月27日実施

当①	森　智広	38	無	新	46,051
	稲垣　昭義	44	無	新	43,964

（投票率 36.02%）

滋 賀 県

県庁所在地	大津市
市　数	13市（平成31年4月現在）
市　名	大津市・近江八幡市・草津市・甲賀市・湖南市・高島市・長浜市・東近江市（八日市市）・彦根市・米原市・守山市・野洲市・栗東市　※（　）内は廃止された市
主な政治団体（略称）	対話でつなごう滋賀の会（対話）

【市に関わる合併・市制施行・名称変更】

市名	実施年月日	関係市町村名等	合併等の内容
大津市	平成18年（2006年）3月20日	大津市・滋賀郡志賀町	【編入合併】
近江八幡市	平成22年（2010年）3月21日	近江八幡市・蒲生郡安土町	【新設合併】
甲賀市	平成16年（2004年）10月1日	甲賀郡水口町・土山町・甲賀町・甲南町・信楽町	【新設合併・市制施行】
湖南市	平成16年（2004年）10月1日	甲賀郡石部町・甲西町	【新設合併・市制施行】
高島市	平成17年（2005年）1月1日	高島郡マキノ町・今津町・朽木村・安曇川町・高島町・新旭町	【新設合併・市制施行】
長浜市	平成18年（2006年）2月13日	長浜市・東浅井郡浅井町・びわ町	【新設合併】
	平成22年（2010年）1月1日	長浜市・東浅井郡虎姫町・湖北町・伊香郡高月町・木之本町・余呉町・西浅井町	【編入合併】
東近江市	平成17年（2005年）2月11日	八日市市・神崎郡永源寺町・五個荘町・愛知郡愛東町・湖東町	【新設合併】
	平成18年（2006年）1月1日	東近江市・蒲生郡蒲生町・神崎郡能登川町	【編入合併】
米原市	平成17年（2005年）2月14日	坂田郡山東町・伊吹町・米原町	【新設合併・市制施行】
	平成17年（2005年）10月1日	米原市・坂田郡近江町	【編入合併】
野洲市	平成16年（2004年）10月1日	野洲郡中主町・野洲町	【新設合併・市制施行】
栗東市	平成13年（2001年）10月1日	栗太郡栗東町	【市制施行】

【選挙結果】

滋賀県知事選挙

平成2年（1990年）6月24日実施

当②稲葉	稔	60	無	自民 社会 公明 民社 社連 進歩	現	273,042	
林	俊郎	45	無	共産	新	90,972	

（投票率 43.27%）

平成6年（1994年）6月26日実施

当③稲葉	稔	64	無	自民 社会 新生 公明 日新 民社 さき	現	319,563	
大竹	昭郎	66	無	共産	新	48,784	
斉藤	和久	42	無		新	24,753	

滋賀県

　　武部　正幸　57　無　　　　　　　新　　21,333
　　　　　　　　　　　　　（投票率 46.01％）

平成10年（1998年）7月12日実施

当①国松　善次　60　無　自民 民主 社民　新　267,675
　　　　　　　　　　　　さき 公明
　　高井　八良　61　無　　　　　　　新　153,376
　　吉沢　　健　54　無　　　　　　　新　107,601
　　谷本　善弘　59　無　共産　　　　新　 94,814
　　　　　　　　　　　　　（投票率 65.96％）

平成14年（2002年）7月7日実施

当②国松　善次　64　無　自民 民主 公明　現　285,002
　　　　　　　　　　　　社民 保守
　　谷本　善弘　63　無　共産　　　　新　 88,636
　　山中　雅和　48　無　　　　　　　新　 9,556
　　高田　謹語　47　無　　　　　　　新　 6,642
　　　　　　　　　　　　　（投票率 38.67％）

平成18年（2006年）7月2日実施

当①嘉田由紀子　56　無　社民　　　　新　217,842
　　国松　善次　68　無　自民 民主 公明　現　185,344
　　辻　　義則　59　無　共産　　　　新　 70,110
　　　　　　　　　　　　　（投票率 44.94％）

平成22年（2010年）7月11日実施

当②嘉田由紀子　60　無　　　　　　　現　419,921
　　上野賢一郎　44　無　　　　　　　新　208,707
　　丸岡　英明　61　無　共産　　　　新　 36,126
　　　　　　　　　　　　　（投票率 61.56％）

平成26年（2014年）7月13日実施

当①三日月大造　43　無　　　　　　　新　253,728
　　小鑓　隆史　47　無　自民 公明　　新　240,652
　　坪田五久男　55　無　共産　　　　新　 53,280
　　　　　　　　　　　　　（投票率 50.15％）

平成30年（2018年）6月24日実施

当②三日月大造　47　無　　　　　　　現　377,132
　　近藤　　学　68　無　共産　　　　新　 77,213
　　　　　　　　　　　　　（投票率 40.62％）

大津市長選挙

平成4年（1992年）6月7日実施

当④山田豊三郎　69　無　自民 社会 公明　現　55,865
　　　　　　　　　　　　民社 社連
　　和所　英二　53　共　　　　　　　新　15,749
　　　　　　　　　　　　　（投票率 38.63％）

平成8年（1996年）6月9日実施

当⑤山田豊三郎　73　無　自民 新進 社民　現　47,064
　　　　　　　　　　　　さき 公明
　　田村　六郎　58　無　共産　　　　新　21,934
　　　　　　　　　　　　　（投票率 34.11％）

平成12年（2000年）5月28日実施

当⑥山田豊三郎　77　無　自民 民主 公明　現　46,802
　　　　　　　　　　　　さき
　　八幡　和郎　48　無　社民 無会　　新　30,846
　　佐藤　　昇　45　無　共産　　　　新　15,770
　　　　　　　　　　　　　（投票率 43.54％）

平成16年（2004年）1月25日実施

当①目片　　信　62　無　　　　　　　新　28,766
　　木津　　稔　61　無　　　　　　　新　24,381
　　八幡　和郎　52　無　　　　　　　新　21,425
　　藤崎ヨシヲ　64　無　共産　　　　新　13,404
　　竹内　照夫　47　無　　　　　　　新　 6,758
　　田中　敏雄　62　無　　　　　　　新　 2,051
　　　　　　　　　　　　　（投票率 42.50％）

平成20年（2008年）1月20日実施

当②目片　　信　66　無　自民 公明　　現　50,208
　　黄瀬紀美子　55　無　民主 社民 対話　新　46,569
　　井上　敏一　55　無　共産　　　　新　11,847
　　　　　　　　　　　　　（投票率 42.31％）

平成24年（2012年）1月22日実施

当①越　　直美　36　無　民主 社民 対話　新　51,735
　　目片　　信　70　無　自民 公明　　現　42,232
　　東　　昌子　49　無　共産　　　　新　22,712
　　　　　　　　　　　　　（投票率 44.15％）

平成28年（2016年）1月17日実施

当②越　　直美　40　無　　　　　　　現　54,255

| 蔦田　恵子　54　無　　　　新　　45,738 |
| 川本　勇　　56　無　　　　新　　18,335 |
| 川内　卓　　60　無 共産　　新　　10,631 |
|　　　　　　　　　　　　（投票率 47.97%）|

近江八幡市長選挙

平成2年（1990年）3月25日実施

当②奥野　　登　58　無　　　　現　　無投票

平成6年（1994年）4月3日実施

当①玉田　盛二　51　無　　　　新　　16,022
　　岡地　勝二　51　無　　　　新　　11,626
　　　　　　　　　　　　（投票率 57.94%）

平成10年（1998年）4月5日実施

当②玉田　盛二　55　無　　　　現　　17,867
　　西　　克　　60　無　　　　新　　 9,660
　　　　　　　　　　　　（投票率 54.71%）

平成10年（1998年）12月13日実施

当①川端五兵衛　61　無　　　　新　　13,078
　　山本　清麿　63　無　　　　新　　12,727
　　小川　広司　49　共　　　　新　　 4,160
　　　　　　　　　　　　（投票率 58.43%）

平成14年（2002年）11月24日実施

当②川端五兵衛　65　無　　　　現　　無投票

平成18年（2006年）11月26日実施

当①冨士谷英正　59　無　　　　新　　11,761
　　有村　国俊　42　無　　　　新　　 7,309
　　深井　博正　56　無　　　　新　　 6,298
　　伊地知久凱　63　無　　　　新　　 3,319
　　　　　　　　　　　　（投票率 53.32%）

平成22年（2010年）4月25日実施

当①冨士谷英正　63　無　　　　新　　18,583
　　深井　俊秀　55　無　　　　新　　17,289
　　　　　　　　　　　　（投票率 56.44%）

平成26年（2014年）4月20日実施

当②冨士谷英正　67　無　　　　現　　14,272

| 桧山　秋彦　71　無　　　　新　　10,490 |
| 福本　幸夫　63　無　　　　新　　 2,932 |
|　　　　　　　　　　　　（投票率 43.66%）|

平成30年（2018年）4月15日実施

当①小西　理　　59　無　　　　新　　21,047
　　冨士谷英正　71　無　　　　現　　11,647
　　　　　　　　　　　　（投票率 49.97%）

草津市長選挙

平成元年（1989年）1月29日実施

当②高田　三郎　63　無　　　　現　　23,635
　　藤崎　良一　47　共　　　　新　　 5,852
　　　　　　　　　　　　（投票率 48.47%）

平成5年（1993年）1月24日実施

当③高田　三郎　67　無　　　　現　　20,725
　　藤井　晃　　33　無　　　　新　　 7,062
　　　　　　　　　　　　（投票率 41.45%）

平成7年（1995年）2月26日実施

当①古川　研二　63　無　　　　新　　18,000
　　藤井　晃　　35　無　　　　新　　 4,632
　　　　　　　　　　　　（投票率 31.89%）

平成11年（1999年）2月7日実施

当②古川　研二　67　無　　　　現　　無投票

平成15年（2003年）2月9日実施

当①芥川　正次　44　無　　　　新　　21,031
　　古川　研二　71　無　　　　現　　19,180
　　　　　　　　　　　　（投票率 46.42%）

平成16年（2004年）3月21日実施

当①伊庭嘉兵衛　61　無　　　　新　　13,115
　　西村　義則　58　無　　　　新　　12,824
　　稲森　善稔　58　無　　　　新　　 6,406
　　　　　　　　　　　　（投票率 37.66%）

平成20年（2008年）2月24日実施

当①橋川　渉　　59　無　　　　新　　17,584

滋賀県

伊庭嘉兵衛　65　無　　　　現　　17,281
　　　　　　　　　　　　　（投票率38.50％）

平成24年（2012年）2月12日実施
当②橋川　　渉　63　無　　　現　　無投票

平成28年（2016年）2月21日実施
当③橋川　　渉　67　無　　　現　　25,783
　　白井　幸則　53　無　　　新　　14,121
　　　　　　　　　　　　　（投票率39.92％）

甲賀市長選挙

平成16年（2004年）10月1日甲賀郡水口町・土山町・甲賀町・甲南町・信楽町が新設合併・市制施行して甲賀市となる

平成16年（2004年）10月31日実施
当①中嶋　武嗣　56　無　　　新　　23,363
　　西川　勝彦　59　無　　　新　　19,465
　　田代　君代　61　無　　　新　　 3,275
　　　　　　　　　　　　　（投票率64.57％）

平成20年（2008年）10月26日実施
当②中嶋　武嗣　60　無　　　現　　25,068
　　田中　喜克　58　無　　　新　　17,445
　　　　　　　　　　　　　（投票率58.79％）

平成24年（2012年）10月14日実施
当③中嶋　武嗣　64　無　　　現　　23,899
　　国松　嘉仲　71　無　　　新　　15,299
　　　　　　　　　　　　　（投票率54.37％）

平成28年（2016年）10月16日実施
当①岩永　裕貴　43　無　　　新　　20,783
　　中嶋　武嗣　68　無　　　現　　19,085
　　　　　　　　　　　　　（投票率55.06％）

湖南市長選挙

平成16年（2004年）10月1日甲賀郡石部町・甲西町が新設合併・市制施行して湖南市となる

平成16年（2004年）11月7日実施
当①谷畑　英吾　38　無　　　新　　11,518
　　関　　治夫　69　無　　　新　　 7,112
　　今井　洸一　64　無　　　新　　 2,111
　　　　　　　　　　　　　（投票率51.62％）

平成20年（2008年）10月5日実施
当②谷畑　英吾　42　無　　　現　　無投票

平成24年（2012年）10月14日実施
当③谷畑　英吾　46　無　　　現　　10,769
　　生田　邦夫　64　無　　　新　　 9,894
　　　　　　　　　　　　　（投票率49.98％）

平成28年（2016年）10月9日実施
当④谷畑　英吾　50　無　　　現　　無投票

高島市長選挙

平成17年（2005年）1月1日高島郡マキノ町・今津町・朽木村・安曇川町・高島町・新旭町が新設合併・市制施行して高島市となる

平成17年（2005年）2月13日実施
当①海東　英和　45　無　　　新　　12,744
　　石田　幸雄　72　無　　　新　　11,928
　　福井　俊一　67　無　　　新　　 8,949
　　万木　綱一　67　無　　　新　　 2,055
　　　　　　　　　　　　　（投票率81.77％）

平成21年（2009年）1月25日実施
当①西川喜代治　60　無　　　新　　17,920
　　海東　英和　49　無　　　現　　15,054
　　　　　　　　　　　　　（投票率76.25％）

平成25年（2013年）1月27日実施
当①福井　正明　61　無　　　新　　16,789

西川喜代治 64　無　　　　　現　　13,816
（投票率 72.14%）

平成29年（2017年）1月29日実施

当②福井　正明 65　無　　　　　現　　18,714
　　熊谷　もも 40　無　　　　　新　　 8,871
（投票率 66.19%）

長浜市長選挙

平成3年（1991年）10月27日実施

当①川島　信也 55　無　　　　　新　　11,198
　　中野戸ヱ門 71　無　　　　　新　　 7,844
　　宮尾　吉治 63　無　　　　　新　　 6,374
　　北村　富生 54　共　　　　　新　　 1,235
（投票率 66.87%）

平成7年（1995年）10月29日実施

当①清水　久行 66　無　　　　　新　　16,001
　　川島　信也 59　無　　　　　現　　11,805
　　北野　省三 63　無　　　　　新　　 192
（投票率 66.32%）

平成11年（1999年）10月24日実施

当②川島　信也 63　無　　　　　元　　15,689
　　清水　久行 70　無　　　　　現　　12,968
　　三橋　俊夫 61　共　　　　　新　　 1,454
（投票率 68.99%）

平成15年（2003年）10月12日実施

当①宮腰　健 65　無　　　　　新　　10,778
　　川島　信也 67　無　　　　　現　　10,535
　　佐藤啓太郎 56　無　　　　　新　　 4,266
（投票率 56.89%）

平成18年（2006年）3月5日実施

当①川島　信也 69　無　　　　　新　　15,368
　　宮腰　健 67　無　　　　　新　　13,137
　　角川　誠 70　無　　　　　新　　 9,306
（投票率 61.07%）

平成22年（2010年）2月14日実施

当①藤井　勇治 59　無　　　　　新　　33,703

　　川島　信也 73　無　　　　　現　　22,075
（投票率 58.40%）

平成26年（2014年）2月23日実施

当②藤井　勇治 63　無　　　　　現　　32,895
　　石井　幸子 50　維会　　　　新　　10,885
（投票率 46.28%）

平成30年（2018年）2月25日実施

当③藤井　勇治 67　無　　　　　現　　27,062
　　中川　勇 66　無　　　　　新　　14,781
（投票率 43.98%）

東近江市長選挙

平成17年（2005年）2月11日八日市市・神崎郡永源寺町・五個荘町・愛知郡愛東町・湖東町が新設合併して東近江市となる

平成17年（2005年）2月27日実施

当①中村　功一 72　無　　　　　新　　16,120
　　西沢　久夫 52　無　　　　　新　　14,465
（投票率 51.68%）

平成21年（2009年）2月15日実施

当①西沢　久夫 56　無　　　　　新　　21,477
　　小寺　裕雄 48　無　　　　　新　　16,392
　　藤田　淳子 63　無　　　　　新　　 9,500
（投票率 53.40%）

平成25年（2013年）2月17日実施

当①小椋　正清 61　無　　　　　新　　23,194
　　西沢　久夫 60　無　　　　　現　　16,751
（投票率 44.68%）

平成29年（2017年）1月29日実施

当②小椋　正清 65　無　　　　　現　　無投票

（八日市市長選挙）

平成2年（1990年）11月18日実施

当③望田宇三郎 67　無　　　　　現　　 9,724
　　西村　富弥 64　無　　　　　新　　 5,583
（投票率 53.42%）

平成6年（1994年）11月13日実施

当①中村　功一　62　無　　　新　　無投票

平成10年（1998年）11月8日実施

当②中村　功一　66　無　　　現　　無投票

平成14年（2002年）11月17日実施

当③中村　功一　70　無　　　現　　9,059
　丁野　永正　59　無　　　新　　4,516
　　　　　　　　　　　（投票率 41.31%）

※平成17年（2005年）2月11日八日市市は神崎郡永源寺町・五個荘町・愛知郡愛東町・湖東町と新設合併して東近江市となる

彦根市長選挙

平成元年（1989年）4月16日実施

当①獅山　向洋　48　無　　　新　　20,509
　井伊　直愛　78　無　　　現　　17,454
　是金　昭三　60　無　　　新　　4,408
　　　　　　　　　　　（投票率 62.83%）

平成5年（1993年）4月25日実施

当①中島　一　67　無　　　新　　22,399
　獅山　向洋　52　無　　　現　　16,743
　酒井　紳一　34　共　　　新　　2,680
　　　　　　　　　　　（投票率 57.91%）

平成9年（1997年）4月20日実施

当②中島　一　71　無　　　現　　19,027
　大森修太郎　58　無　　　新　　12,089
　獅山　向洋　56　無　　　前　　6,831
　川内　卓　41　共　　　新　　2,636
　　　　　　　　　　　（投票率 53.04%）

平成13年（2001年）4月22日実施

当③中島　一　75　無　　　現　　16,915
　中居　正威　58　無　　　新　　10,104
　大久保　貴　37　無　　　新　　6,984
　山内　善男　47　無　　　新　　3,855
　　　　　　　　　　　（投票率 47.16%）

平成17年（2005年）4月24日実施

当②獅山　向洋　64　無　　　元　　14,926
　和田　裕行　34　無　　　新　　13,838
　大久保　貴　41　無　　　新　　9,937
　　　　　　　　　　　（投票率 47.19%）

平成21年（2009年）4月26日実施

当③獅山　向洋　68　無　　　現　　9,675
　大久保　貴　45　無　　　新　　9,636
　和田　裕行　38　無　　　新　　8,644
　辻橋　正一　61　無　　　新　　7,669
　伊藤　善規　61　無　　　新　　2,288
　　　　　　　　　　　（投票率 44.89%）

平成25年（2013年）4月21日実施

当①大久保　貴　49　無　　　新　　16,903
　獅山　向洋　72　無　　　現　　9,600
　有村　国知　38　無　　　新　　9,412
　　　　　　　　　　　（投票率 41.82%）

平成29年（2017年）4月23日実施

当②大久保　貴　53　無　　　現　　15,311
　前川　恒広　61　無　　　新　　10,846
　田原　達雄　68　無　　　新　　8,630
　　　　　　　　　　　（投票率 39.16%）

米原市長選挙

平成17年（2005年）2月14日坂田郡山東町・伊吹町・米原町が新設合併・市制施行して米原市となる

平成17年（2005年）2月27日実施

当①平尾　道雄　54　無　　　新　　無投票

平成21年（2009年）2月22日実施

当①泉　峰一　59　無　　　新　　11,277
　平尾　道雄　58　無　　　現　　10,988
　　　　　　　　　　　（投票率 68.73%）

平成25年（2013年）2月17日実施

当②平尾　道雄　62　無　　　前　　9,981

泉　　峰一　63　無　　　現　　9,796
　　　　　　　　　　　　　　　　（投票率 61.88%）

平成29年（2017年）2月12日実施
当③平尾　道雄　66　無　　　現　　12,116
　　松崎　　淳　40　無　　　新　　 4,498
　　　　　　　　　　　　　　　　（投票率 51.73%）

守山市長選挙

平成3年（1991年）1月27日実施
当⑤髙田　信昭　69　無　　　現　　14,671
　　小島　幸雄　69　無　　　新　　11,030
　　　　　　　　　　　　　　　　（投票率 64.37%）

平成7年（1995年）1月29日実施
当①甲斐　道清　57　無　　　新　　11,307
　　山田　亘宏　48　無　　　新　　10,487
　　三谷　信夫　66　無　　　新　　 4,795
　　　　　　　　　　　　　　　　（投票率 60.92%）

平成11年（1999年）1月24日実施
当②甲斐　道清　61　無　　　現　　無投票

平成15年（2003年）1月26日実施
当①山田　亘宏　56　無　　　新　　15,406
　　甲斐　道清　65　無　　　現　　12,114
　　　　　　　　　　　　　　　　（投票率 53.53%）

平成19年（2007年）1月28日実施
当②山田　亘宏　60　無　　　現　　18,848
　　山本　利男　57　無　　　新　　 6,327
　　　　　　　　　　　　　　　　（投票率 46.12%）

平成23年（2011年）1月30日実施
当①宮本　和宏　38　無　　　新　　18,443
　　小嶋　宣秀　60　無　　　新　　13,073
　　　　　　　　　　　　　　　　（投票率 53.88%）

平成27年（2015年）1月25日実施
当②宮本　和宏　42　無　　　現　　無投票

平成31年（2019年）1月20日実施
当③宮本　和宏　46　無　　　現　　無投票

野洲市長選挙

平成16年（2004年）10月1日野洲郡中主町・野洲町が新設合併・市制施行して野洲市となる

平成16年（2004年）10月24日実施
当①山崎甚右衛門　70　無　　　新　　無投票

平成20年（2008年）10月12日実施
当①山仲　善彰　57　無　　　新　　 8,044
　　藤村　洋二　61　無　　　新　　 6,449
　　荒川　泰宏　55　無　　　新　　 5,083
　　舩橋登志夫　54　無　　　新　　 2,010
　　　　　　　　　　　　　　　　（投票率 55.91%）

平成24年（2012年）10月7日実施
当②山仲　善彰　61　無　　　現　　無投票

平成28年（2016年）10月23日実施
当③山仲　善彰　65　無　　　現　　10,449
　　栢木　　進　60　無　　　新　　 8,935
　　西村　明夫　68　無　　　新　　　 828
　　　　　　　　　　　　　　　　（投票率 50.01%）

栗東市長選挙

平成13年（2001年）10月1日栗太郡栗東町が市制施行して栗東市となる

平成14年（2002年）10月27日実施
当①国松　正一　55　無　　　新　　10,770
　　髙田　徳次　62　無　　　新　　 8,909
　　馬場　宏三　63　共　　　新　　 2,149
　　　　　　　　　　　　　　　　（投票率 51.95%）

平成18年（2006年）10月22日実施
当②国松　正一　59　無　　　現　　12,082
　　田村　隆光　49　無　　　新　　11,053

滋賀県

　　杉田　聡司 58　無　　　　　　新　　5,992
　　　　　　　　　　　　　　　（投票率 63.93%）

平成22年（2010年）10月31日実施

当①野村　昌弘 44　無　　　　　　新　　10,884
　　中村　洋三 62　無　　　　　　新　　6,522
　　馬場美代子 65　無　　　　　　新　　3,635
　　　　　　　　　　　　　　　（投票率 44.69%）

平成26年（2014年）11月2日実施

当②野村　昌弘 48　無　　　　　　現　　無投票

平成30年（2018年）10月21日実施

当③野村　昌弘 52　無　　　　　　現　　無投票

京都府

県庁所在地	京都市
市　数	15市（平成31年4月現在）
市　名	京都市《指定都市/11区》・綾部市・宇治市・亀岡市・木津川市・京田辺市・京丹後市・城陽市・長岡京市・南丹市・福知山市・舞鶴市・宮津市・向日市・八幡市

【市に関わる合併・市制施行・名称変更】

市名	実施年月日	関係市町村名等	合併等の内容
京都市	平成17年（2005年）4月1日	京都市・北桑田郡京北町	【編入合併】
木津川市	平成19年（2007年）3月12日	相楽郡山城町・木津町・加茂町	【新設合併・市制施行】
京田辺市	平成9年（1997年）4月1日	綴喜郡田辺町	【市制施行・名称変更】
京丹後市	平成16年（2004年）4月1日	中郡峰山町・大宮町・竹野郡網野町・丹後町・弥栄町・熊野郡久美浜町	【新設合併・市制施行】
南丹市	平成18年（2006年）1月1日	北桑田郡美山町・船井郡園部町・八木町・日吉町	【新設合併・市制施行】
福知山市	平成18年（2006年）1月1日	福知山市・天田郡三和町・夜久野町・加佐郡大江町	【編入合併】

【選挙結果】

京都府知事選挙

平成2年（1990年）4月8日実施

当②	荒巻　禎一	58	無 自民 社会 公明 民社 社連 進歩	現	503,623
	木村　万平	66	無 共産	新	303,279
	平山　幸生	48	諸	新	1,107
	吉弘　清美	46	諸	新	828
	楠木三十四	46	諸	新	721

（投票率 43.74%）

平成6年（1994年）4月10日実施

当③	荒巻　禎一	62	無 自民 社会 新生 公明 日新 民社 さき 社連	現	539,952
	木村　万平	70	無 共産	新	285,614

（投票率 43.02%）

平成10年（1998年）4月12日実施

当④	荒巻　禎一	66	無 自民 民主 自由 平和 民政 社民 友愛 民改 公明	現	512,238
	森川　明	49	無 共産 新社	新	361,864

（投票率 44.11%）

平成14年（2002年）4月7日実施

当①	山田　啓二	48	無 自民 民主 公明 自由 社民 保守	新	482,158
	森川　明	53	無 共産	新	391,638
	中川　泰宏	50	無	新	99,144
	今田　浩	36	無	新	17,240

（投票率 49.18%）

平成18年（2006年）4月9日実施

当②	山田　啓二	52	無 自民 民主 公明 社民	現	514,893

衣笠　洋子　56　無 共産　　　新　269,740
　　　　　　　　　　　　　　　（投票率 38.44%）

平成22年（2010年）4月11日実施

当③山田　啓二　56　無　　　　　現　529,927
　　門　　祐輔　54　無 共産　　　新　307,826
　　　　　　　　　　　　　　　（投票率 41.09%）

平成26年（2014年）4月6日実施

当④山田　啓二　60　無 公明　　　現　481,195
　　尾崎　　望　59　無 共産　　　新　215,744
　　　　　　　　　　　　　　　（投票率 34.45%）

平成30年（2018年）4月8日実施

当①西脇　隆俊　62　無 自民 立憲 希望　新　402,672
　　　　　　　　　　　公明 民進
　　福山　和人　57　無 共産　　　新　317,617
　　　　　　　　　　　　　　　（投票率 35.17%）

京都市長選挙

平成元年（1989年）8月27日実施

当①田辺　朋之　64　無 公明 民社 自民　新　148,836
　　木村　万平　65　無 共産　　　新　148,515
　　中野　　進　66　無 社会 社連　新　73,025
　　城守　昌二　61　無　　　　　新　50,493
　　倉田　宇山　33　無　　　　　新　1,825
　　由良　　隆　41　諸　　　　　新　1,613
　　三浦　貴代　47　諸　　　　　新　1,332
　　重野　誠男　57　諸　　　　　新　　772
　　斉藤　昝義　43　無　　　　　新　　558
　　　　　　　　　　　　　　　（投票率 40.60%）

平成5年（1993年）8月8日実施

当②田辺　朋之　68　無 自民 社会 公明　現　246,452
　　　　　　　　　　　民社 社連 新生
　　　　　　　　　　　日新
　　井上　吉郎　47　無 共産　　　新　199,893
　　　　　　　　　　　　　　　（投票率 41.55%）

平成8年（1996年）2月25日実施

当①桝本　頼兼　55　無 自民 新進 社民　新　222,579
　　　　　　　　　　　さき 公明
　　井上　吉郎　50　無 共産　　　新　218,487

　　蜷川　澄村　44　無　　　　　新　13,023
　　　　　　　　　　　　　　　（投票率 41.59%）

平成12年（2000年）2月6日実施

当②桝本　頼兼　59　無 自民 民主 公明　現　284,225
　　　　　　　　　　　自由 社民 自連
　　井上　吉郎　54　無 共産　　　新　211,727
　　蜷川　澄村　48　無　　　　　新　14,103
　　　　　　　　　　　　　　　（投票率 45.90%）

平成16年（2004年）2月8日実施

当③桝本　頼兼　63　無 自民 民主 公明　現　231,822
　　　　　　　　　　　社民
　　広原　盛明　65　無　　　　　新　174,847
　　新井　信介　46　無　　　　　新　25,090
　　　　　　　　　　　　　　　（投票率 38.58%）

平成20年（2008年）2月17日実施

当①門川　大作　57　無 自民 公明　新　158,472
　　中村　和雄　53　無 共産　　　新　157,521
　　村山　祥栄　30　無　　　　　新　84,750
　　岡田登史彦　61　無　　　　　新　24,702
　　　　　　　　　　　　　　　（投票率 37.82%）

平成24年（2012年）2月5日実施

当②門川　大作　61　無 民主 自民 社民　現　221,765
　　　　　　　　　　　公明 みん
　　中村　和雄　57　無 共産　　　新　189,971
　　　　　　　　　　　　　　　（投票率 36.77%）

平成28年（2016年）2月7日実施

当③門川　大作　65　無 自民 民主 公明　現　254,545
　　本田久美子　66　無 共産　　　新　129,119
　　三上　　隆　85　無　　　　　新　15,334
　　　　　　　　　　　　　　　（投票率 35.68%）

綾部市長選挙

平成2年（1990年）1月14日実施

当③谷口　昭二　62　無　　　　　現　15,025
　　森本　博之　61　無　　　　　新　7,278
　　　　　　　　　　　　　　　（投票率 71.80%）

平成6年（1994年）1月23日実施

当④	谷口 昭二	66	無	現	14,518
	塩見 光夫	65	無	新	6,187

（投票率 66.45％）

平成10年（1998年）1月25日実施

当①	四方八洲男	57	無	新	12,550
	川崎 繁	46	無	新	8,105

（投票率 66.70％）

平成14年（2002年）1月27日実施

当②	四方八洲男	61	無	現	12,709
	堀口 達也	54	無	新	7,344

（投票率 64.05％）

平成18年（2006年）1月22日実施

当③	四方八洲男	65	無	現	12,148
	山口 昭雄	69	無	新	5,108

（投票率 55.54％）

平成22年（2010年）1月24日実施

当①	山崎 善也	51	無	新	11,900
	梅原 晃	53	無	新	5,830
	渡辺 洋子	63	無	新	3,789

（投票率 70.66％）

平成26年（2014年）1月26日実施

当②	山崎 善也	55	無	現	12,351
	梅原 康生	64	無	新	3,932

（投票率 55.84％）

平成30年（2018年）1月28日実施

当③	山崎 善也	59	無	現	9,845
	堀口 達也	70	無	新	3,379

（投票率 46.28％）

宇治市長選挙

平成4年（1992年）12月6日実施

当④	池本 正夫	72	無	現	30,185
	則包 雄三	55	無	新	21,421

（投票率 40.18％）

平成8年（1996年）12月8日実施

当①	久保田 勇	48	無	新	26,281
	則包 雄三	59	無	新	21,351
	野口 一美	58	無	新	14,883

（投票率 45.12％）

平成12年（2000年）12月10日実施

当②	久保田 勇	52	無	現	33,889
	山内 佳子	46	無	新	19,809

（投票率 37.10％）

平成16年（2004年）12月5日実施

当③	久保田 勇	56	無	現	30,006
	江守 順子	60	無	新	14,801
	吉武 信昭	51	無	新	2,480

（投票率 32.07％）

平成20年（2008年）12月7日実施

当④	久保田 勇	60	無	現	28,804
	宮本 繁夫	62	無	新	16,795
	片岡 英治	73	無	新	9,899

（投票率 37.02％）

平成24年（2012年）12月16日実施

当①	山本 正	65	無	新	36,349
	堀 明人	49	無	新	27,654
	能塚 耐子	67	無	新	19,226
	宮川 利一郎	59	諸	新	1,244

（投票率 59.22％）

平成28年（2016年）12月11日実施

当②	山本 正	69	無	現	23,302
	大島 仁	64	無	新	20,944
	田村 和久	52	無	新	10,774

（投票率 36.04％）

亀岡市長選挙

平成3年（1991年）1月13日実施

当④	谷口 義久	63	無	現	17,834
	高向 吉朗	42	無	新	11,191

京都府

玉島　準久　40　無　　　新　　　9,938
　　　　　　　　　　　　　（投票率 66.54%）

平成7年（1995年）1月15日実施

当⑤谷口　義久　67　無　　　現　　 19,829
　　高向　吉朗　46　無　　　新　　 17,112
　　伊藤　欽介　57　無　　　新　　　6,958
　　　　　　　　　　　　　（投票率 68.59%）

平成11年（1999年）1月15日実施

当①田中　英夫　54　無　　　新　　 30,057
　　高向　吉朗　50　無　　　新　　 15,532
　　田中日出男　55　無　　　新　　　1,201
　　　　　　　　　　　　　（投票率 67.03%）

平成15年（2003年）1月19日実施

当②田中　英夫　58　無　　　現　　 32,929
　　山岡　良右　56　無　　　新　　 11,416
　　　　　　　　　　　　　（投票率 62.12%）

平成15年（2003年）11月9日実施

当①栗山　正隆　58　無　　　新　　 29,898
　　馬場　　隆　51　無　　　新　　 12,616
　　　　　　　　　　　　　（投票率 61.53%）

平成19年（2007年）10月28日実施

当②栗山　正隆　62　無　　　現　　 21,815
　　松野　好秀　54　無　　　新　　　7,050
　　　　　　　　　　　　　（投票率 39.25%）

平成23年（2011年）10月23日実施

当③栗山　正隆　66　無　　　現　　 20,562
　　松野　好秀　58　無　　　新　　　5,676
　　　　　　　　　　　　　（投票率 35.89%）

平成27年（2015年）11月1日実施

当①桂川　孝裕　52　無　　　新　　 19,847
　　高向　吉朗　67　無　　　新　　 12,096
　　　　　　　　　　　　　（投票率 44.45%）

木津川市長選挙

平成19年（2007年）3月12日相楽郡山城町・木津町・加茂町が新設合併・市制施行して木津川市となる

平成19年（2007年）4月22日実施

当①河井　規子　51　無　　　新　　 18,708
　　田中　康夫　67　無　　　新　　 10,571
　　大西　和巳　61　無　　　新　　　2,767
　　　　　　　　　　　　　（投票率 64.36%）

平成23年（2011年）4月17日実施

当②河井　規子　55　無　　　現　　 無投票

平成27年（2015年）4月26日実施

当③河井　規子　59　無　　　現　　 13,728
　　呉羽　真弓　56　無　　　新　　　9,059
　　　　　　　　　　　　　（投票率 41.35%）

平成31年（2019年）4月21日実施

当④河井　規子　63　無　　　現　　 16,655
　　呉羽　真弓　60　無　　　新　　 11,639
　　　　　　　　　　　　　（投票率 47.72%）

京田辺市長選挙

平成9年（1997年）4月1日綴喜郡田辺町が市制施行・名称変更して京田辺市となる

平成11年（1999年）4月25日実施

当①久村　　哲　65　無　　　現　　 17,048
　　山村　武正　59　無　　　新　　　8,653
　　　　　　　　　　　　　（投票率 64.29%）

平成15年（2003年）4月27日実施

当②久村　　哲　69　無　　　現　　 16,629
　　次田　典子　49　無　　　新　　　7,428
　　今田　　浩　37　無　　　新　　　　964
　　　　　　　　　　　　　（投票率 57.87%）

平成19年（2007年）4月22日実施

当①石井　明三　59　無　　　新　　 12,399
　　岡本　茂樹　62　無　　　新　　 10,603

橘　　雄介　59　無　　　　新　　　4,394
　　　　　　　　　　　　　　　　　（投票率 60.68％）

平成23年（2011年）4月17日実施
当②石井　明三　63　無　　　　現　　無投票

平成27年（2015年）4月26日実施
当③石井　明三　67　無　　　　現　　 10,799
　　上村　　崇　42　無　　　　新　　 10,657
　　大植　　登　67　無　　　　新　　　3,006
　　　　　　　　　　　　　　　　　（投票率 48.57％）

平成31年（2019年）4月21日実施
当①上村　　崇　46　無　　　　新　　 15,233
　　尾形　　賢　38　無　　　　新　　 13,500
　　　　　　　　　　　　　　　　　（投票率 53.64％）

京丹後市長選挙

平成16年（2004年）4月1日中郡峰山町・大宮町・竹野郡網野町・丹後町・弥栄町・熊野郡久美浜町が新設合併・市制施行して京丹後市となる

平成16年（2004年）5月16日実施
当①中山　　泰　44　無　　　　新　　 18,800
　　浜岡六右衛
　　　　　門　　　62　無　　　　新　　 17,703
　　石井　内海　60　無　　　　新　　　6,170
　　　　　　　　　　　　　　　　　（投票率 85.24％）

平成20年（2008年）4月27日実施
当②中山　　泰　48　無　　　　現　　 18,552
　　早川　雅映　45　無　　　　新　　 12,857
　　石井　内海　63　無　　　　新　　　6,942
　　　　　　　　　　　　　　　　　（投票率 78.45％）

平成24年（2012年）4月22日実施
当③中山　　泰　52　無　　　　現　　 12,830
　　大同　　衛　51　無　　　　新　　 11,056
　　奥野　重治　60　無　　　　新　　　8,140
　　安田　政教　57　無　　　　新　　　3,461
　　　　　　　　　　　　　　　　　（投票率 74.23％）

平成28年（2016年）4月24日実施
当①三崎　政直　64　無　　　　新　　 17,960
　　中山　　泰　56　無　　　　現　　 15,313
　　　　　　　　　　　　　　　　　（投票率 72.71％）

城陽市長選挙

平成元年（1989年）9月10日実施
当④今道　仙次　58　無　　　　現　　 21,760
　　岩佐　英夫　45　無　　　　新　　 10,922
　　　　　　　　　　　　　　　　　（投票率 57.06％）

平成5年（1993年）9月12日実施
当⑤今道　仙次　62　無　　　　現　　 21,354
　　村中　　昭　64　無　　　　新　　　9,078
　　　　　　　　　　　　　　　　　（投票率 50.42％）

平成9年（1997年）9月7日実施
当①大西　　忠　61　無　　　　新　　 19,307
　　今道　仙次　66　無　　　　現　　 16,302
　　　　　　　　　　　　　　　　　（投票率 54.92％）

平成13年（2001年）9月9日実施
当①橋本　昭男　57　無　　　　新　　 16,846
　　大西　　忠　65　無　　　　現　　 15,230
　　　　　　　　　　　　　　　　　（投票率 48.52％）

平成17年（2005年）9月11日実施
当②橋本　昭男　61　無　　　　現　　 19,607
　　大西　　忠　69　無　　　　前　　 13,244
　　本城　隆志　51　無　　　　新　　 12,061
　　　　　　　　　　　　　　　　　（投票率 68.92％）

平成21年（2009年）8月30日実施
当③橋本　昭男　65　無　　　　現　　 20,069
　　酒井　常雄　47　無　　　　新　　 16,608
　　岡本やすよ　59　無　　　　新　　　8,171
　　　　　　　　　　　　　　　　　（投票率 69.68％）

平成25年（2013年）9月8日実施
当①奥田　敏晴　68　無　　　　新　　 13,200
　　橋本　昭男　69　無　　　　現　　　6,596

京都府

| 大西　吉文　73　無　　　新　　5,055
| 岡本やすよ　63　無　　　新　　5,014
（投票率 46.45%）

平成29年（2017年）9月10日実施

当②奥田　敏晴　72　無　　　現　　17,186
　　岡本やすよ　67　無　　　新　　6,789
（投票率 37.52%）

長岡京市長選挙

平成3年（1991年）1月13日実施

当①今井　民雄　53　無　　　新　　14,881
　　田中　正美　39　共　　　新　　6,072
（投票率 38.88%）

平成7年（1995年）1月15日実施

当②今井　民雄　57　無　　　現　　13,462
　　中村　隆雄　43　無　　　新　　6,947
（投票率 35.24%）

平成11年（1999年）1月15日実施

当③今井　民雄　61　無　　　現　　13,906
　　中村　隆雄　47　無　　　新　　9,381
（投票率 38.91%）

平成15年（2003年）1月12日実施

当①小田　豊　58　無　　　新　　14,172
　　竹林　光美　58　無　　　新　　10,249
（投票率 40.20%）

平成19年（2007年）1月14日実施

当②小田　豊　62　無　　　現　　12,766
　　大畑　京子　63　無　　　新　　9,470
　　竹林　光美　62　無　　　新　　5,528
（投票率 44.65%）

平成23年（2011年）1月16日実施

当③小田　豊　66　無　　　現　　15,269
　　小原　明大　33　共　　　新　　7,361
（投票率 35.92%）

平成27年（2015年）1月11日実施

当①中小路健吾　41　無　　　新　　13,212
　　冨岡　浩史　53　無　　　新　　9,790
　　中平一二三　61　無　　　新　　4,708
（投票率 43.86%）

平成31年（2019年）1月13日実施

当②中小路健吾　45　無　　　現　　18,508
　　堀川　圭太　41　無　　　新　　4,969
（投票率 36.04%）

南丹市長選挙

平成18年（2006年）1月1日北桑田郡美山町・船井郡園部町・八木町・日吉町が新設合併・市制施行して南丹市となる

平成18年（2006年）2月19日実施

当①中川　圭一　63　無　　　新　　9,330
　　佐々木稔納　51　無　　　新　　9,313
　　佐々谷元秀　55　無　　　新　　4,243
（投票率 80.52%）

平成18年（2006年）4月30日実施

当①佐々木稔納　51　無　　　新　　10,338
　　奥村　善晴　63　無　　　新　　6,448
　　井尻　勇助　64　無　　　新　　2,881
（投票率 69.09%）

平成22年（2010年）4月11日実施

当②佐々木稔納　55　無　　　現　　9,669
　　杣田　勇市　58　無　　　新　　5,728
　　小林　毅　56　無　　　新　　3,598
（投票率 69.22%）

平成26年（2014年）4月6日実施

当③佐々木稔納　59　無　　　現　　8,523
　　西村　良平　60　無　　　新　　6,603
　　井尻　勇助　72　無　　　新　　1,804
（投票率 62.36%）

平成30年（2018年）4月8日実施

当①西村　良平　64　無　　　新　　7,088

| 野中　一秀 51 無 | 新 | 6,820 |

| 小林　　毅 64 無 | 新 | 2,223 |

（投票率 60.62%）

福知山市長選挙

平成2年（1990年）7月22日実施

当① 中村　　稔 61 無　　　　新　　19,713
　　 塩見　敏治 56 共　　　　新　　 5,962
（投票率 54.09%）

平成6年（1994年）7月17日実施

当② 中村　　稔 65 無　　　　現　　18,951
　　 杉本玄太郎 40 共　　　　新　　 4,270
（投票率 47.41%）

平成10年（1998年）7月26日実施

当③ 中村　　稔 69 無　　　　現　　19,461
　　 塩見卯太郎 55 共　　　　新　　 6,906
（投票率 51.71%）

平成14年（2002年）7月28日実施

当④ 中村　　稔 73 無　　　　現　　16,199
　　 杉本玄太郎 48 無　　　　新　　 4,907
　　 古池　悦子 49 無　　　　新　　 2,680
（投票率 46.30%）

平成16年（2004年）6月20日実施

当① 高日　音彦 64 無　　　　新　　14,874
　　 松山　正治 66 無　　　　新　　10,310
　　 塩見卯太郎 61 無　　　　新　　 3,695
（投票率 55.55%）

平成20年（2008年）6月15日実施

当① 松山　正治 70 無　　　　新　　15,907
　　 高日　音彦 68 無　　　　現　　15,487
　　 大槻　公一 54 共　　　　新　　 6,259
（投票率 58.82%）

平成24年（2012年）6月10日実施

当② 松山　正治 74 無　　　　現　　17,826
　　 荒川　浩司 50 無　　　　新　　12,497
　　 杉本玄太郎 58 無　　　　新　　 3,428

　　 衣川　元嗣 32 無　　　　新　　 1,019
（投票率 54.72%）

平成28年（2016年）6月12日実施

当① 大橋　一夫 62 無　　　　新　　21,493
　　 松山　正治 78 無　　　　現　　11,962
（投票率 53.66%）

舞鶴市長選挙

平成3年（1991年）2月3日実施

当④ 町井　正登 67 無　　　　現　　27,608
　　 塩田　芳子 61 無　　　　新　　 9,455
　　 竹田　博明 34 無　　　　新　　　 702
　　 増田　真一 67 諸　　　　新　　　 323
（投票率 54.26%）

平成7年（1995年）2月12日実施

当① 江守　光起 50 無　　　　新　　27,258
　　 塩田　芳子 65 無　　　　新　　 8,008
　　 増田　真一 71 諸　　　　新　　　 663
（投票率 50.85%）

平成11年（1999年）2月7日実施

当② 江守　光起 54 無　　　　現　　28,357
　　 石束　輝己 63 無　　　　新　　 8,501
（投票率 50.69%）

平成15年（2003年）2月9日実施

当③ 江守　光起 58 無　　　　現　　27,574
　　 橋本　安彦 64 無　　　　新　　 9,921
（投票率 51.49%）

平成19年（2007年）2月13日実施

当① 斎藤　　彰 51 無　　　　新　　16,802
　　 馬場　俊一 61 無　　　　新　　13,911
　　 小林　哲也 36 無　　　　新　　10,381
　　 瀬尾　純爾 61 無　　　　新　　 5,423
（投票率 64.19%）

平成23年（2011年）2月6日実施

当① 多々見良三 60 無　　　　新　　27,823

| 斎藤　　彰　55　無 | | | | 現 | 15,766 |

（投票率61.41％）

平成27年（2015年）2月8日実施

| 当②多々見良三　64　無 | | | | 現 | 21,151 |
| 山内　　健　47　無 | | | | 新 | 7,725 |

（投票率42.88％）

平成31年（2019年）2月3日実施

| 当③多々見良三　68　無 | | | | 現 | 19,496 |
| 塚崎　泰史　43　無 | | | | 新 | 7,880 |

（投票率41.15％）

宮津市長選挙

平成4年（1992年）7月12日実施

| 当③徳田　敏夫　66　無 | | | | 現 | 10,315 |
| 山崎　住男　53　無 | | | | 新 | 3,195 |

（投票率68.88％）

平成8年（1996年）7月21日実施

| 当④徳田　敏夫　70　無 | | | | 現 | 8,724 |
| 山崎　住男　57　無 | | | | 新 | 3,611 |

（投票率65.08％）

平成12年（2000年）7月16日実施

| 当⑤徳田　敏夫　74　無 | | | | 現 | 7,038 |
| 中川　昭一　55　無 | | | | 新 | 4,275 |

（投票率60.85％）

平成16年（2004年）7月11日実施

| 当⑥徳田　敏夫　78　無 | | | | 現 | 7,119 |
| 中川　昭一　59　無 | | | | 新 | 5,061 |

（投票率68.30％）

平成18年（2006年）7月2日実施

当①井上　正嗣　57　無				新	7,084
福井　愿則　67　無				新	3,920
野間野正和　57　無				新	3,059

（投票率78.68％）

平成22年（2010年）6月13日実施

| 当②井上　正嗣　61　無 | | | | 現 | 無投票 |

平成26年（2014年）6月22日実施

当③井上　正嗣　65　無				現	7,325
福井　愿則　75　無				新	2,569
木下　恵子　72　無				新	1,415

（投票率71.40％）

平成30年（2018年）6月17日実施

| 当①城崎　雅文　47　無 | | | | 新 | 無投票 |

向日市長選挙

平成3年（1991年）4月21日実施

| 当⑤民秋　徳夫　71　無 | | | | 現 | 9,569 |
| 木村　義治　48　共 | | | | 新 | 4,817 |

（投票率38.86％）

平成7年（1995年）4月23日実施

| 当①岡崎　誠之　50　無 | | | | 新 | 10,633 |
| 松重　幹雄　55　無 | | | | 新 | 7,471 |

（投票率46.01％）

平成11年（1999年）4月25日実施

| 当②岡崎　誠之　54　無 | | | | 現 | 11,481 |
| 松重　幹雄　59　無 | | | | 新 | 7,141 |

（投票率45.51％）

平成15年（2003年）4月27日実施

当①久嶋　　務　47　無				新	8,714
八木　勝光　50　無				新	7,123
太田　秀明　55　無				新	4,373

（投票率48.66％）

平成19年（2007年）4月22日実施

| 当②久嶋　　務　51　無 | | | | 現 | 10,152 |
| 杉本　　猛　62　無 | | | | 新 | 8,527 |

（投票率43.04％）

平成23年（2011年）4月24日実施

| 当③久嶋　　務　55　無 | | | | 現 | 10,253 |
| 桜田　忠衛　62　無 | | | | 新 | 7,454 |

（投票率41.38％）

平成27年（2015年）4月26日実施

当①安田　　守	50	無	新	10,895
桜田　忠衞	66	無	新	5,903

（投票率 39.49%）

平成31年（2019年）4月21日実施

当②安田　　守	54	無	現	11,047
佐藤　新一	69	無	新	4,585

（投票率 34.00%）

八幡市長選挙

平成4年（1992年）5月10日実施

当④西村　正男	63	無	現	14,884
荒木　敬一	58	無	新	3,388

（投票率 35.33%）

平成5年（1993年）12月26日実施

当①菱田　嘉明	50	無	新	13,346
東　　吉信	65	無	新	7,175
碩　健一郎	60	無	新	5,807

（投票率 48.98%）

平成9年（1997年）11月30日実施

当②菱田　嘉明	54	無	現	15,301
碩　健一郎	64	無	新	9,218

（投票率 44.35%）

平成12年（2000年）2月27日実施

当①牟礼　勝弥	61	無	新	13,480
藤田　　洋	51	無	新	9,466

（投票率 41.33%）

平成16年（2004年）2月15日実施

当②牟礼　勝弥	65	無	現	10,270
福田　　勇	61	無	新	10,006
上谷　耕造	54	無	新	5,493

（投票率 44.64%）

平成20年（2008年）2月17日実施

当①明田　　功	64	無	新	10,583
福田　　勇	65	無	新	9,963

日名子大介	58	無	新	6,931

（投票率 46.83%）

平成24年（2012年）2月12日実施

当①堀口　文昭	60	無	新	13,076
長村　善平	53	無	新	11,155

（投票率 41.29%）

平成28年（2016年）2月14日実施

当②堀口　文昭	64	無	現	13,538
横須賀昭男	65	無	新	6,194
井筒かおる	62	無	新	3,941

（投票率 41.20%）

大阪府

県庁所在地	大阪市
市数	33市（平成31年4月現在）
市名	大阪市《指定都市/24区》・池田市・和泉市・泉大津市・泉佐野市・茨木市・大阪狭山市・貝塚市・柏原市・交野市・門真市・河内長野市・岸和田市・堺市《指定都市/7区》・四條畷市・吹田市・摂津市・泉南市・大東市・高石市・高槻市・豊中市・富田林市・寝屋川市・羽曳野市・阪南市・東大阪市・枚方市・藤井寺市・松原市・箕面市・守口市・八尾市
主な政治団体（略称）	大阪維新の会（大維），おおさか維新の会（お維），龍馬プロジェクト×吹田新選会（龍）

【市に関わる合併・市制施行・名称変更】

市名	実施年月日	関係市町村名等	合併等の内容
堺市	平成17年（2005年）2月1日	堺市・南河内郡美原町	【編入合併】
	平成18年（2006年）4月1日	指定都市	【市制移行】
阪南市	平成3年（1991年）10月1日	泉南郡阪南町	【市制施行】

【選挙結果】

大阪府知事選挙

平成3年（1991年）4月7日実施

当①	中川 和雄	64	無	社会 民社 社連 進歩 自民 公明	新	2,064,708
	角橋 徹也	56	無	共産	新	964,554

（投票率 49.68%）

平成7年（1995年）4月9日実施

当①	横山ノック	63	無		新	1,625,256
	平野 拓也	60	無	自民 新進 社会 さき 公明	新	1,147,416
	小林 勤武	62	無	共産	新	570,869
	芝谷 英夫	51	無		新	21,356
	橘高 明	62	諸		新	4,548

（投票率 52.27%）

平成11年（1999年）4月11日実施

当②	横山ノック	67	無		現	2,350,959
	鯵坂 真	65	無	共産	新	920,432
	藤木美奈子	39	無		新	80,161
	加藤 成一	58	無		新	25,823
	上野 健一	38	無		新	25,311
	山口 康雄	49	無		新	19,603
	中野 俊夫	51	無		新	18,834
	河村 良彦	74	無		新	18,385
	坂本 昌弘	68	無		新	16,351

（投票率 53.24%）

平成12年（2000年）2月6日実施

当①	太田 房江	48	無	自民 民主 公明 自由 改ク	新	1,380,583
	鯵坂 真	66	無	共産	新	1,020,483
	平岡 龍人	59	無	自連	新	574,821
	羽柴誠三秀吉	50	無		新	26,781

（投票率 44.58%）

平成16年（2004年）2月1日実施

当②	太田	房江	52	無	自民 民主 公明 社民	現	1,558,626
	江本	孟紀	56	無		新	670,717
	梅田	章二	53	無	共産 新社	新	505,167
	小山	広明	61	無		新	25,851
	西村	重蔵	74	無		新	13,885

（投票率 40.49％）

平成20年（2008年）1月27日実施

当①	橋下	徹	38	無		新	1,832,857
	熊谷	貞俊	63	無	民主 社民 国新	新	999,082
	梅田	章二	57	無	共産 新社	新	518,563
	高橋	正明	65	無		新	22,154
	杉浦	清一	59	無		新	20,161

（投票率 48.95％）

平成23年（2011年）11月27日実施

当①	松井	一郎	47	大維		新	2,006,195
	倉田	薫	63	諸		新	1,201,034
	梅田	章二	61	無	共産	新	357,159
	岸田	修	70	無		新	29,487
	高橋	正明	69	無		新	27,809
	中村	勝	60	諸		新	22,347
	マック赤坂		63	諸		新	21,479

（投票率 52.88％）

平成27年（2015年）11月22日実施

当②	松井	一郎	51	大維		現	2,025,387
	栗原	貴子	53	無	自民	新	1,051,174
	美馬	幸則	65	無		新	84,762

（投票率 45.47％）

平成31年（2019年）4月7日実施

当①	吉村	洋文	43	大維		新	2,266,103
	小西	禎一	64	無	自民	新	1,254,200

（投票率 49.49％）

大阪市長選挙

平成3年（1991年）12月1日実施

当②	西尾	正也	65	無	自民 社会 公明 民社 社連 進歩	現	452,594

	藤永	延代	51	無	共産	新	145,095
	森	一貫	48	無		新	49,586
	稲垣	浩	47	無		新	12,797
	兵頭	浩一	37	諸		新	1,825

（投票率 34.26％）

平成7年（1995年）12月10日実施

当①	磯村	隆文	65	無	自民 新進 社会 さき 公明	新	351,382
	井上	賢二	53	無	共産	新	187,442
	新	富造	64	無		新	15,320

（投票率 28.45％）

平成11年（1999年）11月28日実施

当②	磯村	隆文	68	無	自民 民主 公明 自由 社民 改ク 自連	現	433,469
	井上	賢二	57	無		新	203,599
	松下	幸治	27	無		新	26,507

（投票率 33.55％）

平成15年（2003年）11月30日実施

当①	関	淳一	68	無	自民 民主 公明 社民	新	368,433
	渡辺	武	66	無	共産	新	195,682
	中川	暢三	48	無		新	43,494
	羽柴	秀吉	54	無		新	32,126
	小谷	豪純	25	無		新	23,696

（投票率 33.31％）

平成17年（2005年）11月27日実施

当②	関	淳一	70	無	自民 公明	前	278,914
	辻	恵	57	無		新	189,193
	姫野	浄	70	無	共産	新	165,874
	松下	幸治	33	無		新	46,709

（投票率 33.92％）

平成19年（2007年）11月18日実施

当①	平松	邦夫	59	無	民主 社民 国新	新	367,058
	関	淳一	72	無	自民 公明	現	317,429
	姫野	浄	72	無	共産	新	113,201
	橋爪	紳也	46	無		新	89,843
	藤井	永悟	31	無		新	8,199

（投票率 43.61％）

大阪府

平成23年（2011年）11月27日実施
当①橋下　徹　42　大維　　　　新　　750,813
　　平松　邦夫　63　無　　　　　現　　522,641
　　　　　　　　　　　　　　　　（投票率60.92%）

平成26年（2014年）3月23日実施
当②橋下　徹　44　大維 維会　前　　377,472
　　藤島　利久　51　無　　　　　新　　 24,004
　　マック赤坂　65　諸　　　　　新　　 18,618
　　二野宮茂雄　37　無　　　　　新　　 11,273
　　　　　　　　　　　　　　　　（投票率23.59%）

平成27年（2015年）11月22日実施
当①吉村　洋文　40　大維　　　　新　　596,045
　　柳本　顕　41　無 自民　　　新　　406,595
　　中川　暢三　59　無　　　　　新　　 35,019
　　高尾　英尚　33　無　　　　　新　　 18,807
　　　　　　　　　　　　　　　　（投票率50.51%）

平成31年（2019年）4月7日実施
当①松井　一郎　55　大維　　　　新　　660,819
　　柳本　顕　45　無 自民　　　新　　476,351
　　　　　　　　　　　　　　　　（投票率52.70%）

池田市長選挙

平成3年（1991年）4月14日実施
当⑤若生　正　67　無　　　　　現　　無投票

平成7年（1995年）4月23日実施
当①倉田　薫　46　無　　　　　新　　 20,041
　　片山　久男　68　無　　　　　新　　 17,778
　　堀辺　邦夫　66　共　　　　　新　　　5,647
　　　　　　　　　　　　　　　　（投票率57.37%）

平成11年（1999年）4月25日実施
当②倉田　薫　50　無　　　　　現　　 32,566
　　垣田　猛　52　無　　　　　新　　 10,263
　　　　　　　　　　　　　　　　（投票率56.30%）

平成15年（2003年）4月27日実施
当③倉田　薫　54　無　　　　　現　　 28,740

　　藤原美知子　54　無　　　　　新　　 11,659
　　　　　　　　　　　　　　　　（投票率52.28%）

平成19年（2007年）4月15日実施
当④倉田　薫　58　無　　　　　現　　無投票

平成23年（2011年）4月24日実施
当⑤倉田　薫　62　無　　　　　現　　 29,769
　　柴田外志明　61　無　　　　　新　　 11,735
　　　　　　　　　　　　　　　　（投票率51.62%）

平成23年（2011年）12月25日実施
当①小南　修身　64　無　　　　　新　　 16,471
　　柴田外志明　62　無　　　　　新　　　7,427
　　安座間　肇　34　無　　　　　新　　　5,634
　　　　　　　　　　　　　　　　（投票率36.73%）

平成27年（2015年）12月6日実施
当⑥倉田　薫　67　無　　　　　元　　 16,893
　　小南　修身　68　無　　　　　現　　 14,200
　　山元　建　54　無　　　　　新　　　4,863
　　　　　　　　　　　　　　　　（投票率44.87%）

平成31年（2019年）4月21日実施
当①冨田　裕樹　42　大維　　　　新　　 25,133
　　倉田　晃　46　無　　　　　新　　 20,193
　　　　　　　　　　　　　　　　（投票率55.52%）

和泉市長選挙

平成3年（1991年）11月17日実施
当⑤池田　忠雄　59　無　　　　　現　　 21,132
　　山岡　丈己　45　共　　　　　新　　　8,696
　　　　　　　　　　　　　　　　（投票率29.02%）

平成7年（1995年）11月5日実施
当①稲田　順三　54　無　　　　　新　　無投票

平成11年（1999年）11月21日実施
当②稲田　順三　58　無　　　　　現　　無投票

平成15年（2003年）11月9日実施
当③稲田　順三　62　無　　　　　現　　 43,941

| 井坂　善行　48　無　　　　　新　　36,526
(投票率 61.13%)

平成17年（2005年）6月19日実施

当①井坂　善行　50　無　　　　　新　　24,310
　　辻　　宏康　45　無　　　　　新　　22,654
　　池田　邦子　58　無　　　　　新　　10,920
(投票率 42.91%)

平成21年（2009年）6月14日実施

当①辻　　宏康　49　無　　　　　新　　31,310
　　井坂　善行　54　無　　　　　現　　23,292
　　稲田　順三　68　無　　　　　元　　 8,930
(投票率 45.62%)

平成25年（2013年）6月2日実施

当②辻　　宏康　53　無　　　　　現　　39,792
　　井坂　善行　58　無　　　　　前　　18,462
(投票率 41.21%)

平成29年（2017年）5月28日実施

当③辻　　宏康　57　無　　　　　現　　無投票

泉大津市長選挙

平成4年（1992年）9月20日実施

当①茶谷　輝和　51　無　　　　　新　　14,406
　　近森　照治　62　無　　　　　新　　14,347
(投票率 58.99%)

平成8年（1996年）9月22日実施

当②茶谷　輝和　55　無　　　　　現　　15,906
　　矢野　忠重　46　共　　　　　新　　 4,734
(投票率 39.09%)

平成12年（2000年）9月10日実施

当③茶谷　輝和　59　無　　　　　現　　無投票

平成16年（2004年）9月12日実施

当①神谷　　昇　55　無　　　　　新　　18,048
　　茶谷　輝和　63　無　　　　　現　　10,883
(投票率 49.76%)

平成20年（2008年）8月31日実施

当②神谷　　昇　59　無　　　　　現　　無投票

平成24年（2012年）9月2日実施

当③神谷　　昇　63　無　　　　　現　　無投票

平成25年（2013年）1月13日実施

当①伊藤　晴彦　59　無　　　　　新　　10,979
　　小西日出夫　64　無　　　　　新　　10,352
(投票率 36.69%)

平成28年（2016年）12月18日実施

当①南出　賢一　36　無　　　　　新　　13,575
　　伊藤　晴彦　63　無　　　　　現　　10,207
(投票率 39.30%)

泉佐野市長選挙

平成4年（1992年）2月16日実施

当⑤向江　　昇　58　無　　　　　現　　23,417
　　森　　孝一　62　無　　　　　新　　 7,929
(投票率 47.55%)

平成8年（1996年）2月4日実施

当⑥向江　　昇　62　無　　　　　現　　19,171
　　森　　孝一　66　無　　　　　新　　11,784
(投票率 44.61%)

平成12年（2000年）2月6日実施

当①新田谷修司　49　無　　　　　新　　19,544
　　向江　　昇　66　無　　　　　現　　19,013
　　森　　孝一　70　無　　　　　新　　 6,376
(投票率 60.91%)

平成16年（2004年）2月1日実施

当②新田谷修司　53　無　　　　　現　　23,126
　　西口　　健　57　無　　　　　新　　 8,920
(投票率 42.58%)

平成20年（2008年）1月20日実施

当③新田谷修司　57　無　　　　　現　　無投票

大阪府

平成23年（2011年）4月24日実施
当①千代松大耕	37	無	新	17,886
戸野　茂	57	無	新	8,544
高道　一郎	52	無	新	5,047

（投票率 40.10%）

平成27年（2015年）4月26日実施
当②千代松大耕	41	無	現	18,177
竹崎　博一	62	無	新	8,097

（投票率 33.67%）

平成31年（2019年）4月21日実施
当③千代松大耕	45	無	現	22,211
竹崎　博一	66	無	新	4,799

（投票率 32.78%）

平成20年（2008年）4月6日実施
当②野村　宣一	66	無	現	無投票

平成24年（2012年）4月8日実施
当①大本　保平	67	無	新	32,266
桂　睦子	43	無	新	24,692
山下　慶喜	59	無	新	12,166
吉野　宏一	44	無	新	7,260

（投票率 36.45%）

平成28年（2016年）4月10日実施
当①福岡　洋一	40	無	新	36,865
木本　保平	71	無	現	20,226
末武　和美	69	無	新	14,842

（投票率 34.12%）

茨木市長選挙

平成4年（1992年）4月12日実施
当①山本　末男	62	無	新	34,316
大友　康亘	58	無	新	30,785
新　幹生	60	無	新	8,098

（投票率 40.71%）

平成8年（1996年）4月7日実施
当②山本　末男	66	無	現	41,476
荒木　和子	44	無	新	13,507

（投票率 29.20%）

平成12年（2000年）4月9日実施
当③山本　末男	70	無	現	43,716
清藤詔八郎	58	共	新	10,462
岡本　博	59	無	新	10,000
松下　陽一	63	無	新	4,272

（投票率 34.86%）

平成16年（2004年）4月11日実施
当①野村　宣一	62	無	新	30,948
桂　睦子	35	無	新	24,607
千葉　邦英	66	無	新	15,957

（投票率 35.41%）

大阪狭山市長選挙

平成2年（1990年）8月26日実施
当⑧吉川　悦次	72	無	現	12,934
松尾　巧	46	無	新	4,803

（投票率 48.64%）

平成4年（1992年）11月1日実施
当①酒谷　忠生	60	無	新	無投票

平成8年（1996年）10月20日実施
当②酒谷　忠生	64	無	現	無投票

平成11年（1999年）4月25日実施
当①井上　武	54	無	新	7,722
深田　三郎	73	無	新	5,953
宮崎　務	55	無	新	4,157
坂本　邦子	51	無	新	3,504
相木　守鋭	56	無	新	2,827

（投票率 58.97%）

平成15年（2003年）4月27日実施
当①吉田　友好	51	無	新	11,195
井上　武	58	無	現	9,976
相木　守鋭	60	共	新	3,340

（投票率 57.41%）

平成19年（2007年）4月22日実施

当②吉田　友好　55　無		現	16,728
井上　武　62　無		元	7,390

（投票率54.35%）

平成23年（2011年）4月17日実施

当③吉田　友好　59　無　　　　現　　無投票

平成27年（2015年）4月19日実施

当①古川　照人　43　無　　　　新　　無投票

平成31年（2019年）4月21日実施

当②古川　照人　47　無　　　　現　　12,137
　　丸山　高広　44　無　　　　新　　10,836

（投票率49.51%）

貝塚市長選挙

平成2年（1990年）1月28日実施

当⑥吉道　勇　62　無　　　　現　　14,787
　　本田　剛　48　諸　　　　新　　　　868

（投票率28.06%）

平成6年（1994年）1月23日実施

当⑦吉道　勇　66　無　　　　現　　無投票

平成10年（1998年）2月1日実施

当⑧吉道　勇　70　無　　　　現　　18,080
　　南　英太郎　50　無　　　新　　8,033
　　小池　義清　51　無　　　新　　5,031

（投票率47.94%）

平成14年（2002年）1月27日実施

当⑨吉道　勇　74　無　　　　現　　16,619
　　小池　義清　55　無　　　新　　9,059

（投票率38.47%）

平成18年（2006年）1月22日実施

当⑩吉道　勇　78　無　　　　現　　11,808
　　赤坂　誠一　56　無　　　新　　5,936

（投票率26.21%）

平成22年（2010年）1月24日実施

当①藤原　龍男　57　無　　　新　　16,557
　　山中　義仁　57　無　　　新　　16,103

（投票率47.59%）

平成26年（2014年）1月19日実施

当②藤原　龍男　61　無　　　現　　無投票

平成30年（2018年）1月21日実施

当③藤原　龍男　65　無　　　現　　無投票

柏原市長選挙

平成元年（1989年）2月19日実施

当⑤山西　敏一　59　無　　　現　　18,117
　　長尾　達也　41　共　　　新　　5,689

（投票率46.99%）

平成5年（1993年）2月14日実施

当⑥山西　敏一　63　無　　　現　　15,344
　　長尾　達也　45　共　　　新　　5,050

（投票率37.36%）

平成9年（1997年）2月9日実施

当⑦山西　敏一　67　無　　　現　　15,674
　　高野　寿久　64　無　　　新　　8,961

（投票率41.74%）

平成13年（2001年）2月11日実施

当⑧山西　敏一　71　無　　　現　　15,714
　　友田　昌秀　55　無　　　新　　11,437

（投票率45.72%）

平成17年（2005年）2月13日実施

当①岡本　泰明　65　無　　　新　　16,772
　　上田　学　46　無　　　　新　　9,528
　　桝谷　政則　54　無　　　新　　6,153

（投票率54.66%）

平成21年（2009年）2月8日実施

当②岡本　泰明　69　無　　　現　　19,477

浜浦　佳子 67	無	新	5,496	

(投票率 43.54%)

平成25年（2013年）2月10日実施

当①中野　隆司 56	大維	新	17,753
浜浦　佳子 71	無	新	4,591
江村　　淳 41	無	新	2,961

(投票率 45.31%)

平成29年（2017年）2月12日実施

当①冨宅　正浩 41	無	新	11,757
友田　　景 40	無	新	9,227
浜浦　佳子 75	無	新	2,283
江村　　淳 45	無	新	1,734

(投票率 43.38%)

交野市長選挙

平成2年（1990年）9月2日実施

当①北田　輝雄 55	無	新	15,661
深町　一郎 55	無	新	13,095

(投票率 63.15%)

平成6年（1994年）9月4日実施

当②北田　輝雄 59	無	現	16,481
中田　仁公 47	無	新	13,946
立花　勝博 51	共	新	2,315
本田　　剛 52	諸	新	219

(投票率 63.42%)

平成10年（1998年）9月13日実施

当③北田　輝雄 63	無	現	18,900
中田　仁公 51	無	新	18,765

(投票率 65.34%)

平成14年（2002年）9月8日実施

当①中田　仁公 55	無	新	18,547
綱本　　守 64	無	新	9,153

(投票率 47.45%)

平成18年（2006年）9月3日実施

当②中田　仁公 59	無	現	17,985

綱本　　守 68	無	新	8,702

(投票率 44.21%)

平成22年（2010年）9月5日実施

当③中田　仁公 63	無	現	16,041
綱本　　守 72	無	新	8,923

(投票率 41.13%)

平成26年（2014年）9月7日実施

当①黒田　　実 45	無	新	13,825
中田　仁公 67	無	現	13,698

(投票率 45.60%)

平成30年（2018年）9月9日実施

当②黒田　　実 49	無	現	16,009
山本　　景 38	無	新	9,602
坂野　光雄 71	無	新	4,021

(投票率 46.99%)

門真市長選挙

平成元年（1989年）6月18日実施

当②東　　　潤 56	無	現	26,707
吉岡　勝之 44	共	新	10,079
中本　　完 55	諸	新	466

(投票率 37.82%)

平成5年（1993年）6月27日実施

当③東　　　潤 60	無	現	28,134
吉岡　勝之 48	共	新	8,503

(投票率 34.87%)

平成9年（1997年）6月29日実施

当④東　　　潤 64	無	現	25,098
河野登美子 58	無	新	10,595

(投票率 33.34%)

平成13年（2001年）6月17日実施

当⑤東　　　潤 68	無	現	24,614
弘瀬　和臣 54	無	新	9,826

(投票率 32.69%)

平成17年（2005年）6月26日実施

当①園部　一成	67	無		新	20,774
東　　潤	72	無		現	12,742
河原林昌樹	43	無		新	8,339

（投票率 40.02%）

平成21年（2009年）6月21日実施

当②園部　一成	71	無		現	23,942
佐々木由人	59	無		新	9,922

（投票率 33.40%）

平成25年（2013年）6月16日実施

当③園部　一成	75	無		現	19,023
佐々木由人	63	無		新	8,419

（投票率 27.77%）

平成28年（2016年）7月24日実施

当①宮本　一孝	45	大維		新	24,004
川本　雅弘	61	無		新	16,219

（投票率 39.38%）

河内長野市長選挙

平成4年（1992年）7月26日実施

当④東　　　武	71	無		現	27,753
下休場由晴	65	無		新	11,006
竹田　　宏	58	無		新	7,792

（投票率 58.96%）

平成8年（1996年）7月28日実施

当①橋上　義孝	66	無		新	16,774
下休場由晴	69	無		新	11,483
藤岡　竜二	40	無		新	7,482

（投票率 40.38%）

平成12年（2000年）7月16日実施

当②橋上　義孝	70	無		現	21,948
藤原　　誠	73	無		新	11,186
大宅　一博	52	無		新	5,737

（投票率 41.49%）

平成16年（2004年）7月4日実施

当③橋上　義孝	74	無		現	無投票

平成20年（2008年）7月27日実施

当①芝田　啓治	58	無		新	15,477
島田　洋行	44	無		新	13,266
駄場中　光	67	無		新	9,072
三村　文男	67	無		新	4,390
高橋　正明	66	無		新	761

（投票率 46.25%）

平成24年（2012年）7月8日実施

当②芝田　啓治	62	無		現	20,550
島田　智明	42	無		新	14,304

（投票率 38.00%）

平成28年（2016年）7月10日実施

当①島田　智明	46	無		新	28,539
芝田　啓治	66	無		現	21,397

（投票率 55.29%）

岸和田市長選挙

平成元年（1989年）11月26日実施

当⑤原　　　昇	67	無		現	31,553
山原　博文	50	諸		新	1,065

（投票率 24.47%）

平成5年（1993年）11月28日実施

当⑥原　　　昇	71	無		現	49,291
寺田　茂治	52	無		新	44,366

（投票率 65.97%）

平成9年（1997年）11月30日実施

当⑦原　　　昇	75	無		現	37,344
西川　　治	60	無		新	19,309
久保　治雄	54	無		新	3,337
岩井万知子	48	無		新	1,745

（投票率 41.62%）

平成13年（2001年）11月25日実施

当⑧原　　　昇	79	無		現	37,152

	深井	武利	66	無	新	34,804
	岩井万知子		52	無	新	1,528
	高橋	敬治	56	無	新	1,089

（投票率48.24%）

平成17年（2005年）11月27日実施

当①	野口	聖	64	無	新	30,910
	谷口	誠	62	無	新	26,827
	〆野久寿喜		56	無	新	20,661
	西川	治	68	無	新	4,373

（投票率52.66%）

平成21年（2009年）11月29日実施

当②	野口	聖	68	無	現	36,902
	西出	秋雄	61	無	新	34,295

（投票率45.27%）

平成25年（2013年）11月24日実施

当①	信貴	芳則	52	無	新	32,465
	原田	栄夫	64	無	新	21,785

（投票率34.69%）

平成29年（2017年）11月26日実施

当②	信貴	芳則	56	無	現	31,831
	西田	武史	52	無	新	17,745
	吉野	富博	69	無	新	4,394

（投票率33.61%）

平成30年（2018年）2月4日実施

当①	永野	耕平	39	大維	新	20,165
	信貴	芳則	56	無	前	18,198
	西田	武史	52	無	新	11,615

（投票率31.43%）

堺市長選挙

平成元年（1989年）10月8日実施

当①	幡谷	豪男	60	無 自民 社会 公明 民社	新	113,880
	平山	正和	44	無 共産	新	77,353
	本田	剛	48	諸	新	1,754

（投票率33.86%）

平成5年（1993年）10月3日実施

当②	幡谷	豪男	64	無 自民 社会 新生 公明 日新 民社 さき 社連	現	110,016
	安賀	昇	61	無 共産	新	71,411
	中野	清	53	無	新	35,809
	本田	剛	52	諸	新	2,913

（投票率37.03%）

平成9年（1997年）10月5日実施

当③	幡谷	豪男	68	無 自民 新進 民主 社民 太陽 さき 公明	現	122,294
	安賀	昇	65	無 共産	新	111,378
	三浦	健志	68	無	新	5,308

（投票率39.25%）

平成13年（2001年）9月30日実施

当①	木原	敬介	61	無 自民 民主 公明 自由 社民	新	114,289
	宮田	幸永	59	無 共産	新	55,879
	平田	晶	60	無	新	39,864

（投票率34.39%）

平成17年（2005年）10月2日実施

当②	木原	敬介	65	無 自民 民主 公明	現	89,741
	長川堂いく子		56	無 共産	新	59,146
	森山	浩行	34	無	新	55,028
	山口	道義	52	無	新	8,280

（投票率32.39%）

平成21年（2009年）9月27日実施

当①	竹山	修身	59	無	新	136,212
	木原	敬介	69	無 自民 公明	現	89,006
	小林	宏至	66	無 共産	新	48,631
	井関	貴史	35	無	新	18,537

（投票率43.93%）

平成25年（2013年）9月29日実施

当②	竹山	修身	63	無 自民 民主	現	198,431
	西林	克敏	43	大維	新	140,569

（投票率50.69%）

平成29年（2017年）9月24日実施

当③	竹山　修身	67	無 自民 民進 社民 こころ	現	162,318
	永藤　英機	41	大維	新	139,301

（投票率 44.31%）

四條畷市長選挙

平成4年（1992年）9月27日実施

当⑥	森本　稔	63	無	現	9,706
	村田　明敏	46	無	新	3,537

（投票率 35.92%）

平成8年（1996年）9月29日実施

当⑦	森本　稔	67	無	現	12,704
	村田　明敏	50	無	新	3,881

（投票率 40.85%）

平成12年（2000年）9月24日実施

当⑧	森本　稔	71	無	現	9,369
	空地　秀晃	58	無	新	4,530
	植田　ふき	40	共	新	3,194

（投票率 40.49%）

平成14年（2002年）9月8日実施

当①	田中　夏木	68	無	新	6,150
	扇谷　昭	53	無	新	6,115
	吉村　宏一	63	無	新	4,238
	宮田　浩	60	無	新	4,136

（投票率 48.33%）

平成18年（2006年）8月27日実施

当②	田中　夏木	72	無	現	7,870
	長畑　浩則	45	無	新	7,281
	重田　初江	55	共	新	3,414

（投票率 42.27%）

平成22年（2010年）8月29日実施

当③	田中　夏木	76	無	現	6,358
	土井　一憲	55	無	新	6,235
	扇谷　昭	61	無	新	4,885
	長畑　浩則	49	無	新	3,510

（投票率 47.67%）

平成25年（2013年）1月20日実施

当①	土井　一憲	57	諸	新	11,131
	三ツ川敏雄	63	無	新	5,664
	神原　泰晴	63	無	新	2,315

（投票率 43.39%）

平成29年（2017年）1月15日実施

当①	東　修平	28	無	新	10,659
	土井　一憲	61	無	現	8,407

（投票率 42.18%）

吹田市長選挙

平成3年（1991年）4月21日実施

当①	岸田　恒夫	60	無	新	66,601
	藤川　重一	57	無	新	32,353

（投票率 43.78%）

平成7年（1995年）4月16日実施

当②	岸田　恒夫	64	無	現	無投票

平成11年（1999年）4月25日実施

当①	阪口　善雄	50	無	新	46,639
	広田　修	67	無	新	33,332
	井上　哲也	42	無	新	32,009
	高根　秀人	44	無	新	4,995

（投票率 47.01%）

平成15年（2003年）4月27日実施

当②	阪口　善雄	54	無	現	63,891
	山口　克也	39	無	新	45,758

（投票率 41.54%）

平成19年（2007年）4月22日実施

当③	阪口　善雄	58	無	現	56,540
	岩根　良	50	無	新	44,811
	寺尾　恵子	55	無	新	22,963

（投票率 45.96%）

平成23年（2011年）4月24日実施

当①	井上　哲也	54	大維	新	54,662
	阪口　善雄	62	無	現	45,881

大阪府

正森　克也　44　無　　　新　　17,832
石川　　勝　42　龍　　　新　　16,524
　　　　　　　　　　　（投票率 49.71%）

平成27年（2015年）4月26日実施

当①後藤　圭二　57　無　　　新　　43,368
　　阪口　善雄　66　無　　　元　　42,450
　　井上　哲也　58　無　　　現　　36,092
　　山口　克也　51　無　　　新　　13,786
　　　　　　　　　　　（投票率 49.09%）

平成31年（2019年）4月21日実施

当②後藤　圭二　61　無　　　現　　60,708
　　榎内　　智　40　大維　　新　　46,565
　　阪口　善雄　70　無　　　元　　34,357
　　　　　　　　　　　（投票率 48.20%）

摂津市長選挙

平成4年（1992年）9月20日実施

当②森川　　薫　50　無　　　現　　20,044
　　木村　芳夫　51　共　　　新　　 3,989
　　　　　　　　　　　（投票率 38.71%）

平成8年（1996年）9月29日実施

当③森川　　薫　54　無　　　現　　18,305
　　金田　一郎　63　無　　　新　　 5,499
　　　　　　　　　　　（投票率 36.56%）

平成12年（2000年）9月24日実施

当④森川　　薫　58　無　　　現　　15,629
　　寺西　雄治　48　無　　　新　　 7,677
　　金田　一郎　66　無　　　新　　 4,477
　　　　　　　　　　　（投票率 42.24%）

平成16年（2004年）9月26日実施

当①森山　一正　60　無　　　新　　16,068
　　藤井　幸子　56　無　　　新　　 7,939
　　　　　　　　　　　（投票率 36.17%）

平成20年（2008年）9月14日実施

当②森山　一正　64　無　　　現　　14,082
　　山下　信行　63　無　　　新　　 7,217
　　　　　　　　　　　（投票率 32.52%）

平成24年（2012年）9月16日実施

当③森山　一正　68　無　　　現　　14,528
　　山下　信行　67　無　　　新　　 5,554
　　　　　　　　　　　（投票率 30.45%）

平成28年（2016年）9月18日実施

当④森山　一正　72　無　　　現　　14,471
　　大沢千恵子　48　無　　　新　　 4,744
　　清水　信行　69　無　　　新　　 3,506
　　　　　　　　　　　（投票率 32.88%）

泉南市長選挙

平成2年（1990年）8月5日実施

当②平島仁三郎　69　無　　　現　　13,997
　　稲留　照雄　53　無　　　前　　11,038
　　　　　　　　　　　（投票率 60.75%）

平成6年（1994年）5月22日実施

当①向井　通彦　52　無　　　新　　15,553
　　角谷　英男　47　無　　　新　　10,723
　　岸上倭文樹　48　共　　　新　　 1,809
　　　　　　　　　　　（投票率 64.02%）

平成10年（1998年）5月10日実施

当②向井　通彦　56　無　　　現　　無投票

平成14年（2002年）4月28日実施

当③向井　通彦　60　無　　　現　　11,000
　　小山　広明　60　無　　　新　　 6,517
　　　　　　　　　　　（投票率 36.31%）

平成18年（2006年）4月30日実施

当④向井　通彦　64　無　　　現　　10,451
　　角谷　英男　59　無　　　新　　 8,604
　　小山　広明　64　無　　　新　　 3,812
　　　　　　　　　　　（投票率 46.49%）

平成22年（2010年）4月25日実施

当⑤向井　通彦　68　無　　　現　　12,676

田畑　　仁 33　無　　　　新　　　8,623
(投票率 42.97%)

平成26年（2014年）5月18日実施

当①竹中　勇人 60　無　　　　新　　　8,904
　　森　　裕文 64　無　　　　新　　　8,888
　　小山　広明 72　無　　　　新　　　3,687
(投票率 43.45%)

平成30年（2018年）4月22日実施

当②竹中　勇人 64　無　　　　現　　　9,678
　　小山　広明 76　無　　　　新　　　4,016
(投票率 27.71%)

大東市長選挙

平成4年（1992年）4月19日実施

当①近藤　松次 67　無　　　　新　　 29,351
　　西村　　昭 56　無　　　　現　　 25,987
(投票率 61.94%)

平成8年（1996年）4月21日実施

当②近藤　松次 71　無　　　　現　　 24,234
　　品川　公男 46　無　　　　新　　 23,627
　　隅田　　優 55　無　　　　新　　　4,718
(投票率 55.84%)

平成12年（2000年）4月16日実施

当①岡本日出士 64　無　　　　新　　 28,799
　　近藤　松次 75　無　　　　現　　 24,305
(投票率 54.32%)

平成16年（2004年）4月18日実施

当②岡本日出士 68　無　　　　現　　 32,399
　　松久　芳樹 52　無　　　　新　　 15,647
(投票率 50.31%)

平成20年（2008年）4月13日実施

当③岡本日出士 72　無　　　　現　　 28,779
　　松久　芳樹 56　無　　　　新　　 18,024
(投票率 48.46%)

平成24年（2012年）4月15日実施

当①東坂　浩一 49　無　　　　新　　 20,167
　　小松　正明 63　無　　　　新　　 11,025
　　岡井　康弘 54　無　　　　新　　　6,242
　　村岡千鶴男 69　無　　　　新　　　5,778
(投票率 46.37%)

平成28年（2016年）4月17日実施

当②東坂　浩一 53　無　　　　現　　 27,434
　　小松　正明 67　無　　　　新　　 13,288
(投票率 43.62%)

高石市長選挙

平成3年（1991年）2月17日実施

当①寺田　為三 54　無　　　　新　　 18,846
　　嶋田　祐史 49　無　　　　新　　 11,778
(投票率 66.81%)

平成7年（1995年）2月19日実施

当②寺田　為三 58　無　　　　現　　 17,358
　　小谷　　喬 62　共　　　　新　　　6,991
(投票率 51.15%)

平成11年（1999年）4月11日実施

当③寺田　為三 62　無　　　　現　　 25,011
　　松田　克城 59　共　　　　新　　　7,471
(投票率 69.27%)

平成15年（2003年）4月27日実施

当①阪口　伸六 46　無　　　　新　　 22,559
　　寺田　為三 66　無　　　　現　　 11,645
(投票率 72.56%)

平成17年（2005年）1月30日実施

当②阪口　伸六 48　無　　　　前　　 無投票

平成19年（2007年）4月22日実施

当③阪口　伸六 50　無　　　　現　　 20,170
　　山敷　　恵 42　無　　　　新　　　4,468
　　桜田　東士 63　無　　　　新　　　3,968
(投票率 61.57%)

大阪府

平成23年（2011年）4月24日実施

当④阪口　伸六　54　無　　　現　　17,418
　　木戸　　晃　55　無　　　新　　10,204
　　　　　　　　　　　　（投票率 60.00%）

平成27年（2015年）4月19日実施

当⑤阪口　伸六　58　無　　　現　　無投票

平成31年（2019年）4月21日実施

当⑥阪口　伸六　62　無　　　現　　16,143
　　出川　康二　72　無　　　新　　 7,833
　　　　　　　　　　　　（投票率 52.31%）

平成23年（2011年）4月24日実施

当①浜田　剛史　46　無　　　新　　73,701
　　吉田　康人　46　無　　　新　　70,412
　　　　　　　　　　　　（投票率 51.46%）

平成27年（2015年）4月26日実施

当②浜田　剛史　50　無　　　現　　114,724
　　高谷　　仁　57　無　　　新　　 16,241
　　　　　　　　　　　　（投票率 47.99%）

平成31年（2019年）4月14日実施

当③浜田　剛史　54　無　　　現　　無投票

高槻市長選挙

平成4年（1992年）4月12日実施

当③江村　利雄　67　無　　　現　　60,655
　　岩城　宏介　53　無　　　新　　27,725
　　　　　　　　　　　　（投票率 34.11%）

平成8年（1996年）4月7日実施

当④江村　利雄　71　無　　　現　　47,661
　　岩城　宏介　57　無　　　新　　27,913
　　藤川　和夫　55　無　　　新　　23,098
　　　　　　　　　　　　（投票率 35.96%）

平成11年（1999年）4月25日実施

当①奥本　　務　64　無　　　新　　83,035
　　岩城　宏介　60　無　　　新　　53,483
　　　　　　　　　　　　（投票率 50.86%）

平成15年（2003年）4月27日実施

当②奥本　　務　68　無　　　現　　56,299
　　吉田　康人　38　無　　　新　　52,391
　　岩城　宏介　64　無　　　新　　18,092
　　　　　　　　　　　　（投票率 46.37%）

平成19年（2007年）4月22日実施

当③奥本　　務　72　無　　　現　　70,177
　　吉田　康人　42　無　　　新　　67,444
　　　　　　　　　　　　（投票率 49.03%）

豊中市長選挙

平成2年（1990年）5月13日実施

当①林　　　実　67　無　　　新　　54,035
　　鳥居　義昭　45　無　　　新　　30,059
　　　　　　　　　　　　（投票率 29.08%）

平成6年（1994年）4月24日実施

当②林　　　実　71　無　　　現　　57,224
　　岩崎　一芳　53　無　　　新　　21,528
　　河合左千夫　42　諸　　　新　　 3,656
　　　　　　　　　　　　（投票率 27.68%）

平成10年（1998年）4月26日実施

当①一色　貞輝　62　無　　　新　　60,008
　　堀田　文一　50　無　　　新　　39,015
　　　　　　　　　　　　（投票率 32.95%）

平成14年（2002年）4月21日実施

当②一色　貞輝　66　無　　　現　　55,761
　　仲　　進久　62　無　　　新　　24,953
　　　　　　　　　　　　（投票率 26.61%）

平成18年（2006年）4月23日実施

当①浅利敬一郎　60　無　　　新　　55,204
　　熊野　以素　61　無　　　新　　37,860
　　　　　　　　　　　　（投票率 30.73%）

平成22年（2010年）4月25日実施

当②	浅利　敬一郎	64	無	現	66,153
	堀田　明美	61	無	新	27,919

（投票率 30.92％）

平成26年（2014年）4月13日実施

当③	浅利　敬一郎	68	無	現	無投票

平成30年（2018年）4月22日実施

当①	長内　繁樹	59	無	新	49,863
	中川　隆弘	58	大維	新	43,152
	松岡　信道	37	無	新	26,114

（投票率 36.92％）

富田林市長選挙

平成3年（1991年）7月28日実施

当⑤	内田　次郎	71	無	現	15,677
	山田　弘	64	無	新	2,680

（投票率 23.16％）

平成7年（1995年）7月30日実施

当⑥	内田　次郎	75	無	現	無投票

平成11年（1999年）8月8日実施

当⑦	内田　次郎	79	無	現	20,212
	多田　利喜	48	無	新	18,750

（投票率 41.56％）

平成15年（2003年）4月27日実施

当①	多田　利喜	52	無	新	28,834
	徳山　博一	53	無	新	23,035

（投票率 56.25％）

平成19年（2007年）4月15日実施

当②	多田　利喜	56	無	現	無投票

平成23年（2011年）4月24日実施

当③	多田　利喜	60	無	現	30,055
	久保　作美	63	無	新	12,178
	高橋　正明	69	無	新	2,658

（投票率 49.19％）

平成27年（2015年）4月19日実施

当④	多田　利喜	64	無	現	無投票

平成31年（2019年）4月21日実施

当①	吉村　善美	54	無	新	27,001
	岡本　聡子	46	無	新	11,463
	武藤　宏	67	無	新	3,356

（投票率 46.34％）

寝屋川市長選挙

平成3年（1991年）4月14日実施

当③	西川　忠博	65	無	現	無投票

平成7年（1995年）4月23日実施

当①	高橋　茂	66	無	新	45,536
	馬場　好弘	52	無	新	30,871
	馬場桂一郎	50	無	新	17,131

（投票率 49.83％）

平成11年（1999年）4月25日実施

当①	馬場　好弘	56	無	新	45,021
	草薙　孝	67	無	新	32,432
	長野　晃	55	共	新	18,177

（投票率 50.17％）

平成15年（2003年）4月27日実施

当②	馬場　好弘	60	無	現	63,998
	西森　洋一	54	共	新	22,423

（投票率 45.34％）

平成19年（2007年）4月22日実施

当③	馬場　好弘	64	無	現	49,598
	長野　邦子	63	無	新	40,291

（投票率 47.61％）

平成23年（2011年）4月24日実施

当④	馬場　好弘	68	無	現	40,519
	広瀬　慶輔	40	無	新	36,582
	長野　邦子	67	無	新	17,286

（投票率 49.38％）

平成27年（2015年）4月26日実施

当①北川	法夫	66	無	新	33,710
南部	創	51	無	新	32,476
宮本	正一	47	無	新	27,299

（投票率49.54%）

平成31年（2019年）4月21日実施

当①広瀬	慶輔	48	無	新	53,056
南部	創	55	無	新	38,545

（投票率50.44%）

羽曳野市長選挙

平成元年（1989年）4月16日実施

当①福谷	剛蔵	47	無	新	29,756
津田	一朗	62	無	現	25,856

（投票率69.91%）

平成5年（1993年）4月18日実施

当②福谷	剛蔵	51	無	現	32,590
湯浅	省吾	52	無	新	15,184

（投票率56.28%）

平成9年（1997年）4月13日実施

当③福谷	剛蔵	55	無	現	29,040
杉山	弥生	56	無	新	18,915

（投票率53.70%）

平成13年（2001年）4月15日実施

当④福谷	剛蔵	59	無	現	30,308
塩満	恭子	66	無	新	12,280

（投票率46.22%）

平成16年（2004年）7月25日実施

当①北川	嗣雄	61	無	新	18,207
杉山	弥生	63	無	新	17,730
田仲	基一	39	無	新	8,185

（投票率47.18%）

平成20年（2008年）7月13日実施

当②北川	嗣雄	65	無	現	20,993
若林	信一	59	無	新	14,107

（投票率38.08%）

平成24年（2012年）7月1日実施

当③北川	嗣雄	69	無	現	18,796
麻野	佳秀	62	無	新	13,373
宇山	鉄雄	65	無	新	7,666

（投票率43.25%）

平成28年（2016年）7月10日実施

当④北川	嗣雄	73	無	現	33,629
笹井喜世子		64	無	新	16,151

（投票率54.71%）

阪南市長選挙

平成3年（1991年）10月1日泉南郡阪南町が市制施行して阪南市となる

平成4年（1992年）11月1日実施

当①成子	芳昭	65	無	現	15,603
関	佳哉	49	無	新	1,396

（投票率45.51%）

平成8年（1996年）10月27日実施

当②成子	芳昭	69	無	現	11,610
岩室	敏和	49	無	新	11,477

（投票率54.98%）

平成12年（2000年）10月29日実施

当①岩室	敏和	53	無	新	12,632
沓抜	猛	68	無	新	7,569
釜江	弘和	48	無	新	1,404

（投票率48.22%）

平成16年（2004年）10月24日実施

当②岩室	敏和	57	無	現	無投票

平成20年（2008年）10月26日実施

当①福山	敏博	58	無	新	11,091
岩室	敏和	61	無	現	9,503

（投票率45.07%）

平成24年（2012年）10月28日実施

当②	福山	敏博 62	無	現	9,803
	白石	誠治 45	無	新	9,058

（投票率 41.81%）

平成28年（2016年）10月30日実施

当①	水野	謙二 62	無	新	11,150
	福山	敏博 66	無	現	7,050
	吉羽	美華 36	無	新	5,445

（投票率 51.04%）

東大阪市長選挙

平成元年（1989年）12月24日実施

当①	清水	行雄 56	無	新	64,784
	生田	五男 50	無	新	58,399

（投票率 33.85%）

平成5年（1993年）12月12日実施

当②	清水	行雄 60	無	現	72,013
	三好ヒロ子 60	無		新	43,438
	西嶌	隆雄 57	無	新	13,902

（投票率 34.34%）

平成9年（1997年）12月7日実施

当③	清水	行雄 64	無	現	75,742
	長尾	淳三 45	無	新	56,696
	鳥居	晴次 57	無	新	18,974
	横山	純児 45	無	新	8,674
	北村	隆幸 51	無	新	2,730
	浅田伊佐男 62	無		新	1,491

（投票率 42.87%）

平成10年（1998年）7月12日実施

当①	長尾	淳三 46	無	新	99,471
	松見	正宣 55	無	新	94,624
	石井	逸夫 61	無	新	25,728
	辻山	清 53	諸	新	8,919

（投票率 60.89%）

平成14年（2002年）6月30日実施

当①	松見	正宣 59	無	新	83,066
	長尾	淳三 50	無	現	65,508
	東口	貞男 69	無	新	34,338

（投票率 46.99%）

平成18年（2006年）7月2日実施

当②	長尾	淳三 54	無	前	51,821
	松見	正宣 63	無	現	50,842
	西野	茂 62	無	新	38,151

（投票率 36.03%）

平成19年（2007年）10月28日実施

当①	野田	義和 50	無	新	72,820
	長尾	淳三 55	無	前	70,454
	西野	茂 64	無	新	22,014

（投票率 42.06%）

平成23年（2011年）10月2日実施

当②	野田	義和 54	無	現	86,744
	長尾	淳三 59	無	元	57,353
	西野	茂 68	無	新	37,706
	美馬	幸則 61	無	新	4,550

（投票率 48.41%）

平成27年（2015年）9月27日実施

当③	野田	義和 58	無	現	118,759
	浜	正幸 63	無	新	53,625

（投票率 45.52%）

枚方市長選挙

平成3年（1991年）7月28日実施

当①	大塩	和男 62	無	新	無投票

平成7年（1995年）4月23日実施

当①	中司	宏 39	無	新	62,542
	山口平八郎 62	無		新	60,968
	吉瀬	孝子 63	共	新	16,178

（投票率 48.88%）

平成11年（1999年）4月25日実施

当②	中司	宏 43	無	現	119,243
	吉瀬	孝子 67	共	新	29,361

（投票率 49.97%）

大阪府

平成15年（2003年）4月27日実施
当③	中司	宏 47	無	現	111,827
	広原	秀憲 48	無	新	20,198
	円若	正彦 59	無	新	6,469

（投票率 45.74%）

平成19年（2007年）4月22日実施
当④	中司	宏 51	無	現	102,492
	野田	隆治 60	無	新	15,709
	西岡	豊 58	無	新	14,242
	大田	幸世 58	無	新	13,999

（投票率 46.93%）

平成19年（2007年）9月23日実施
当①	竹内	脩 58	無	新	50,680
	野田	隆治 60	無	新	27,081
	大田	幸世 58	無	新	26,619

（投票率 33.16%）

平成23年（2011年）8月28日実施
当②	竹内	脩 62	無	現	54,246
	中司	宏 55	無	元	42,649
	三和	智之 36	共	新	9,056
	大田	幸世 62	無	新	8,937
	円若	正彦 67	無	新	1,306

（投票率 36.13%）

平成27年（2015年）8月30日実施
当①	伏見	隆 47	大維	新	55,156
	竹内	脩 66	無	現	52,801
	難波	秀哉 60	無	新	9,517
	福川妃路子 52		無	新	7,122

（投票率 38.70%）

藤井寺市長選挙

平成3年（1991年）4月14日実施
当④	堀端	宏 67	無	現	無投票

平成7年（1995年）4月23日実施
当⑤	堀端	宏 71	無	現	15,307

	大西	茂男 68	無	新	14,096

（投票率 59.43%）

平成11年（1999年）4月25日実施
当①	井関	和彦 56	無	新	10,177
	鈴木	孝承 45	無	新	9,008
	狭霧	勁 58	無	新	7,349
	中島	孝夫 56	無	新	6,054

（投票率 64.24%）

平成15年（2003年）4月27日実施
当②	井関	和彦 60	無	現	16,807
	国下	和男 61	無	新	14,799

（投票率 62.07%）

平成19年（2007年）4月22日実施
当①	国下	和男 65	無	新	16,359
	井関	和彦 64	無	現	14,191

（投票率 59.22%）

平成23年（2011年）4月24日実施
当②	国下	和男 69	無	現	20,312
	石本	良介 64	無	新	7,183

（投票率 54.09%）

平成27年（2015年）4月26日実施
当③	国下	和男 73	無	現	14,149
	林	均 64	無	新	12,608

（投票率 52.02%）

平成31年（2019年）4月21日実施
当①	岡田	一樹 53	無	新	13,793
	松浦	信孝 64	無	新	6,975
	北本	義和 64	無	新	5,750

（投票率 51.87%）

松原市長選挙

平成2年（1990年）9月23日実施
当⑤	土橋	忠昭 63	無	現	無投票

平成6年（1994年）9月4日実施
当⑥	土橋	忠昭 67	無	現	無投票

平成10年（1998年）9月6日実施

当⑦土橋　忠昭　71　無　　　現　　無投票

平成13年（2001年）6月17日実施

当①中野　孝則　59　無　　　新　　21,432
　　坂田　繁数　50　無　　　新　　17,148
　　中野　俊夫　53　無　　　新　　 3,811
　　　　　　　　　　　　　（投票率 41.60%）

平成17年（2005年）5月22日実施

当②中野　孝則　63　無　　　現　　無投票

平成21年（2009年）5月31日実施

当①沢井　宏文　38　無　　　新　　23,066
　　梅木　佳章　58　無　　　新　　18,277
　　　　　　　　　　　　　（投票率 41.98%）

平成25年（2013年）5月19日実施

当②沢井　宏文　42　無　　　現　　22,395
　　梅木　佳章　62　無　　　新　　11,316
　　　　　　　　　　　　　（投票率 34.55%）

平成29年（2017年）5月28日実施

当③沢井　宏文　46　無　　　現　　21,344
　　植松　栄次　55　無　　　新　　15,683
　　　　　　　　　　　　　（投票率 37.35%）

箕面市長選挙

平成元年（1989年）9月10日実施

当⑤中井武兵衛　65　無　　　現　　23,557
　　清田　庸久　42　共　　　新　　 5,964
　　　　　　　　　　　　　（投票率 36.31%）

平成5年（1993年）9月5日実施

当①橋本　卓　55　無　　　新　　20,285
　　真木　和義　62　無　　　新　　 8,288
　　杉田　恵一　56　無　　　新　　 3,318
　　　　　　　　　　　　　（投票率 36.40%）

平成9年（1997年）9月7日実施

当②橋本　卓　59　無　　　現　　20,453
　　池永　稔　56　無　　　新　　15,230
　　　　　　　　　　　　　（投票率 38.65%）

平成12年（2000年）8月27日実施

当①梶田　功　60　無　　　新　　14,557
　　藤沢　純一　52　無　　　新　　13,552
　　平野クニ子　63　無　　　新　　12,137
　　池永　稔　59　無　　　新　　 9,834
　　　　　　　　　　　　　（投票率 54.26%）

平成16年（2004年）8月22日実施

当①藤沢　純一　56　無　　　新　　16,565
　　梶田　功　64　無　　　現　　15,596
　　内海　辰郷　57　無　　　新　　10,027
　　村上　弘充　58　共　　　新　　 5,834
　　　　　　　　　　　　　（投票率 49.93%）

平成20年（2008年）8月24日実施

当①倉田　哲郎　34　無　　　新　　23,217
　　藤沢　純一　60　無　　　現　　16,316
　　小林ひとみ　60　無　　　新　　10,283
　　　　　　　　　　　　　（投票率 50.75%）

平成24年（2012年）8月5日実施

当②倉田　哲郎　38　無　　　現　　無投票

平成28年（2016年）8月21日実施

当③倉田　哲郎　42　無　　　現　　39,787
　　住谷　昇　69　無　　　新　　 9,327
　　　　　　　　　　　　　（投票率 46.30%）

守口市長選挙

平成3年（1991年）9月8日実施

当②喜多　洋三　60　無　　　現　　31,260
　　松本　愛輔　54　共　　　新　　 7,631
　　　　　　　　　　　　　（投票率 33.19%）

平成7年（1995年）9月10日実施

当③喜多　洋三　64　無　　　現　　27,599
　　正垣　伸夫　35　共　　　新　　 7,517
　　　　　　　　　　　　　（投票率 29.10%）

平成11年（1999年）9月5日実施

当④	喜多	洋三	68	無	現 29,631
	大河	信弘	52	共	新 9,052

（投票率 32.15%）

平成15年（2003年）9月7日実施

当⑤	喜多	洋三	72	無	現 19,925
	今西	良一	67	無	新 15,689
	土川	秀孝	41	無	新 7,161

（投票率 36.33%）

平成19年（2007年）9月9日実施

当①	西口	勇	62	無	新 26,198
	小笹	智子	53	無	新 17,931

（投票率 38.10%）

平成23年（2011年）8月7日実施

当①	西端	勝樹	48	無	新 25,183
	藤川	博史	59	無	新 20,797

（投票率 39.54%）

平成27年（2015年）8月2日実施

当②	西端	勝樹	52	無	現 23,294
	茶畑	保夫	67	無	新 11,269

（投票率 30.16%）

八尾市長選挙

平成3年（1991年）4月21日実施

当⑤	山脇	悦司	62	無	現 85,115
	奥村	貴夫	52	無	新 18,340

（投票率 54.39%）

平成7年（1995年）4月23日実施

当①	西辻	豊	64	無	新 65,064
	田中	誠太	38	無	新 35,268

（投票率 50.44%）

平成11年（1999年）4月25日実施

当①	柴谷	光謹	60	無	新 37,698
	田中	順治	59	無	新 28,144
	露原	正行	55	無	新 24,133
	内藤	義道	70	無	新 23,002

（投票率 56.13%）

平成15年（2003年）4月27日実施

当②	柴谷	光謹	64	無	現 52,908
	露原	正行	59	無	新 29,402
	野沢	倫昭	55	無	新 23,016

（投票率 52.02%）

平成19年（2007年）4月22日実施

当①	田中	誠太	50	無	新 38,076
	柴谷	光謹	68	無	現 25,026
	永井貴美子		67	無	新 21,752
	露原	正行	63	無	新 16,504
	奥村	信夫	68	無	新 7,283

（投票率 52.63%）

平成23年（2011年）4月24日実施

当②	田中	誠太	54	無	現 72,058
	永井貴美子		71	無	新 25,397

（投票率 47.61%）

平成27年（2015年）4月26日実施

当③	田中	誠太	58	無	現 60,945
	大松	桂右	45	無	新 38,841

（投票率 47.49%）

平成31年（2019年）4月21日実施

当①	大松	桂右	49	大維	新 49,960
	田中	誠太	62	無	現 45,573
	田中美智子		76	無	新 9,034

（投票率 48.69%）

兵 庫 県

県庁所在地	神戸市
市　数	29市（平成31年4月現在）
市　名	神戸市《指定都市/9区》・相生市・明石市・赤穂市・朝来市・芦屋市・尼崎市・淡路市・伊丹市・小野市・加古川市・加西市・加東市・川西市・篠山市・三田市・宍粟市・洲本市・高砂市・宝塚市・たつの市（龍野市）・丹波市・豊岡市・西宮市・西脇市・姫路市・三木市・南あわじ市・養父市 ※( )内は廃止された市, 篠山市は令和元年5月1日に「丹波篠山市」に名称変更
主な政治団体（略称）	自民党神戸市連（自神）, 自民党兵庫県連（自兵）

【市に関わる合併・市制施行・名称変更】

市名	実施年月日	関係市町村名等	合併等の内容
朝来市	平成17年（2005年）4月1日	朝来郡生野町・和田山町・山東町・朝来町	【新設合併・市制施行】
淡路市	平成17年（2005年）4月1日	津名郡津名町・淡路町・北淡町・一宮町・東浦町	【新設合併・市制施行】
加東市	平成18年（2006年）3月20日	加東郡社町・滝野町・東条町	【新設合併・市制施行】
篠山市	平成11年（1999年）4月1日	多紀郡篠山町・西紀町・丹南町・今田町	【新設合併・市制施行】
宍粟市	平成17年（2005年）4月1日	宍粟郡山崎町・一宮町・波賀町・千種町	【新設合併・市制施行】
洲本市	平成18年（2006年）2月11日	洲本市・津名郡五色町	【新設合併】
たつの市	平成17年（2005年）10月1日	龍野市・揖保郡新宮町・揖保川町・御津町	【新設合併】
丹波市	平成16年（2004年）11月1日	氷上郡柏原町・氷上町・青垣町・春日町・山南町・市島町	【新設合併・市制施行】
豊岡市	平成17年（2005年）4月1日	豊岡市・城崎郡城崎町・竹野町・日高町・出石郡出石町・但東町	【新設合併】
西脇市	平成17年（2005年）10月1日	西脇市・多可郡黒田庄町	【新設合併】
姫路市	平成18年（2006年）3月27日	姫路市・飾磨郡家島町・夢前町・神崎郡香寺町・宍粟郡安富町	【編入合併】
三木市	平成17年（2005年）10月24日	三木市・美嚢郡吉川町	【編入合併】
南あわじ市	平成17年（2005年）1月11日	三原郡緑町・西淡町・三原町・南淡町	【新設合併・市制施行】
養父市	平成16年（2004年）4月1日	養父郡八鹿町・養父町・大屋町・関宮町	【新設合併・市制施行】

【選挙結果】

兵庫県知事選挙

平成2年（1990年）10月28日実施

当②	貝原	俊民	57	無	自民 社会 公明 民社 社連	現 1,195,921
	小田	満	58	無	共産	新 259,526
	高橋	秀夫	49	無		新 19,525
	轟	一夫	42	諸		新 15,724

（投票率 38.49％）

平成6年（1994年）10月30日実施

当③	貝原	俊民	61	無	自民 社会 新生 公明 日新 さき 民社 自由 みら	現 1,127,914
	大沢	辰美	54	共		新 238,665
	安田	三郎	46	無		新 41,085

（投票率 34.35％）

平成10年（1998年）10月25日実施

当④	貝原	俊民	65	無	自民 民主 自由 平和 社民 公明	現 1,230,723
	梶本	修史	50	無	共産	新 452,332

（投票率 39.90％）

平成13年（2001年）7月29日実施

当①	井戸	敏三	55	無	自民 公明 自由 社民 保守 自連	新 1,399,173
	小室	豊允	59	無		新 473,809
	鷲田	豊明	46	無		新 435,000

（投票率 56.21％）

平成17年（2005年）7月3日実施

当②	井戸	敏三	59	無	自民 民主 公明 社民	現 1,094,211
	金田	峰生	39	無	共産	新 354,584

（投票率 33.33％）

平成21年（2009年）7月5日実施

当③	井戸	敏三	63	無	自民 公明 社民	現 1,087,279
	田中耕太郎		60	無	共産	新 492,140

（投票率 36.02％）

平成25年（2013年）7月21日実施

当④	井戸	敏三	67	無	公明 社民	現 1,684,146
	田中耕太郎		64	無	共産	新 627,874

（投票率 53.48％）

平成29年（2017年）7月2日実施

当⑤	井戸	敏三	71	無		現 944,544
	勝谷	誠彦	56	無		新 646,967
	津川	知久	66	無	共産	新 148,961
	中川	暢三	61	無		新 102,919

（投票率 40.86％）

神戸市長選挙

平成元年（1989年）10月29日実施

当①	笹山	幸俊	65	無	社会 民社 共産 社連 自神	新 238,199
	宮岡	寿雄	59	無	自兵	新 126,063
	佐藤絢一郎		56	無		新 90,388
	高橋	秀夫	48	無		新 3,612

（投票率 43.72％）

平成5年（1993年）10月24日実施

当②	笹山	幸俊	69	無	自民 社会 新生 公明 日新 民社 共産 さき 社連	現 203,464
	目片	文子	48	諸		新 15,661

（投票率 20.43％）

平成9年（1997年）10月26日実施

当③	笹山	幸俊	73	無	自民 新進 民主 社民 民改 公明	現 271,035
	大西	和雄	44	無	共産 新社	新 225,230
	村井	勉	63	無		新 6,458

（投票率 45.04％）

平成13年（2001年）10月28日実施

当①	矢田	立郎	61	無	自民 民主 公明 社民 保守	新 209,681

| 木村 史暁 51 | 無 | 共産 新社 | 新 | 118,893 |

吉田 順一 48	無		新	60,904
池上 徹 61	無		新	38,645
上野 泰昭 58	無		新	14,189

(投票率 38.14%)

平成17年(2005年)10月23日実施

当②	矢田 立郎 65	無	自民 民主 公明 社民	現	198,661
	瀬戸 恵子 43	無	共産 新社	新	105,780
	松村 勉 42	無		新	56,903

(投票率 30.23%)

平成21年(2009年)10月25日実施

当③	矢田 立郎 69	無	民主	現	164,030
	樫野 孝人 46	無		新	156,178
	松田 隆彦 50	共		新	61,765

(投票率 31.51%)

平成25年(2013年)10月27日実施

当①	久元 喜造 59	無	自民 民主 公明	新	161,889
	樫野 孝人 50	無		新	156,214
	森下 裕子 48	無		新	53,393
	貫名ユウナ 61	無	共産 新社	新	46,692
	久本 信也 58	無		新	26,548

(投票率 36.55%)

平成29年(2017年)10月22日実施

当②	久元 喜造 63	無	自民 公明 民進	現	340,064
	光田あまね 40	無	維会	新	103,490
	松田 隆彦 58	無	共産 新社	新	72,627
	中川 暢三 61	無		新	57,794

(投票率 47.58%)

相生市長選挙

平成元年(1989年)11月19日実施

| 当③ | 片山 力夫 64 | 無 | | 現 | 11,368 |
| | 玉田 国弘 69 | 共 | | 新 | 5,514 |

(投票率 62.47%)

平成4年(1992年)6月14日実施

| 当① | 藤田 義明 59 | 無 | | 新 | 10,857 |
| | 魚橋 武司 53 | 無 | | 新 | 6,943 |

| 山田 泰信 52 | 無 | | 新 | 3,410 |

(投票率 77.89%)

平成8年(1996年)6月9日実施

| 当② | 藤田 義明 63 | 無 | | 現 | 11,781 |
| | 小西 清一 52 | 無 | | 新 | 2,481 |

(投票率 51.80%)

平成12年(2000年)6月11日実施

| 当① | 谷口 芳紀 51 | 無 | | 新 | 10,777 |
| | 宮崎 国生 58 | 無 | | 新 | 9,416 |

(投票率 73.87%)

平成16年(2004年)5月16日実施

| 当② | 谷口 芳紀 55 | 無 | | 現 | 無投票 |

平成20年(2008年)5月25日実施

| 当③ | 谷口 芳紀 59 | 無 | | 現 | 無投票 |

平成24年(2012年)5月13日実施

| 当④ | 谷口 芳紀 63 | 無 | | 現 | 無投票 |

平成28年(2016年)5月15日実施

| 当⑤ | 谷口 芳紀 67 | 無 | | 現 | 無投票 |

明石市長選挙

平成3年(1991年)7月21日実施

| 当① | 岡田 進裕 63 | 無 | | 新 | 34,699 |
| | 石井 晋 50 | 共 | | 新 | 8,625 |

(投票率 22.17%)

平成7年(1995年)7月2日実施

| 当② | 岡田 進裕 67 | 無 | | 現 | 35,490 |
| | 古田 勇 61 | 無 | | 新 | 25,036 |

(投票率 28.82%)

平成11年(1999年)7月18日実施

| 当③ | 岡田 進裕 71 | 無 | | 現 | 39,299 |
| | 多田 光男 64 | 無 | | 新 | 30,131 |

(投票率 31.11%)

平成15年（2003年）4月27日実施

当①北口　寛人　37　無	新	60,182
松本　誠　58　無	新	28,212
藤本　欣三　61　無	新	19,141
藤谷誠一郎　67　無	新	4,206

（投票率 50.92%）

平成19年（2007年）4月22日実施

当②北口　寛人　41　無	現	88,297
三好　和彦　64　共	新	27,355

（投票率 51.43%）

平成23年（2011年）4月24日実施

当①泉　房穂　47　無	新	54,062
宮野　敏明　59　無	新	53,993

（投票率 47.64%）

平成27年（2015年）4月26日実施

当②泉　房穂　51　無	現	51,000
榎本　和夫　58　無	新	30,494
増田　幸美　53　無	新	23,143

（投票率 45.50%）

平成31年（2019年）3月17日実施

当③泉　房穂　55　無	前	80,795
北口　寛人　53　無	元	26,580
新町美千代　71　共	新	7,321

（投票率 46.84%）

平成31年（2019年）4月14日実施

当④泉　房穂　55　無	現	無投票

赤穂市長選挙

平成元年（1989年）5月14日実施

当①岩崎　俊男　57　無	新	14,498
前田　稔朗　42　無	新	11,974

（投票率 72.63%）

平成3年（1991年）1月27日実施

当①北爪　照夫　59　無	新	17,660
清水　正興　34　無	新	7,177

（投票率 68.41%）

平成7年（1995年）1月22日実施

当②北爪　照夫　63　無	現	11,571
越智　正　59　共	新	6,870

（投票率 47.94%）

平成11年（1999年）1月24日実施

当③北爪　照夫　67　無	現	13,561
八木　進　55　無	新	12,639

（投票率 65.01%）

平成15年（2003年）1月19日実施

当①豆田　正明　58　無	新	17,795
八木　進　59　無	新	10,271

（投票率 68.60%）

平成19年（2007年）1月21日実施

当②豆田　正明　62　無	現	14,392
村阪産代一　52　共	新	6,457

（投票率 51.13%）

平成23年（2011年）1月16日実施

当③豆田　正明　66　無	現	無投票

平成27年（2015年）1月11日実施

当①明石　元秀　64　無	新	9,061
牟礼　正稔　60　無	新	8,858
矢野　英樹　44　無	新	6,579

（投票率 61.00%）

平成31年（2019年）1月20日実施

当①牟礼　正稔　64　無	新	11,486
明石　元秀　68　無	現	9,943

（投票率 53.62%）

朝来市長選挙

平成17年（2005年）4月1日朝来郡生野町・和田山町・山東町・朝来町が新設合併・市制施行して朝来市となる

平成17年（2005年）5月8日実施

当①井上	英俊	59	無	新	12,569
高本	勤	60	無	新	9,610

（投票率78.92％）

平成21年（2009年）4月19日実施

当①多次	勝昭	59	無	新	14,916
清水	隆夫	71	無	新	1,736

（投票率61.93％）

平成25年（2013年）4月14日実施

当②多次	勝昭	63	無	現	無投票

平成29年（2017年）4月16日実施

当③多次	勝昭	67	無	現	無投票

芦屋市長選挙

平成3年（1991年）4月21日実施

当①北村	春江	62	無	新	18,424
山村	康六	69	無	現	16,651

（投票率55.58％）

平成7年（1995年）6月11日実施

当②北村	春江	66	無	現	24,799
山村	康六	73	無	元	10,183
田原	潮二	46	無	新	3,904
鈴木	昭三	66	無	新	727

（投票率64.44％）

平成11年（1999年）4月25日実施

当③北村	春江	70	無	現	29,335
北村	勝美	72	無	新	7,681

（投票率59.19％）

平成15年（2003年）4月27日実施

当①山中	健	53	無	新	18,827
杉原	佳尭	37	無	新	15,220
菊池	泰平	49	無	新	2,742

（投票率54.34％）

平成19年（2007年）4月22日実施

当②山中	健	57	無	現	25,087
田中恵美子		68	無	新	12,243

（投票率51.15％）

平成23年（2011年）4月24日実施

当③山中	健	61	無	現	26,048
山田美智子		64	無	新	9,793

（投票率48.48％）

平成27年（2015年）4月26日実施

当④山中	健	65	無	現	22,484
北村	豊	52	無	新	12,843
村田	勝英	60	無	新	4,223

（投票率53.36％）

平成31年（2019年）4月21日実施

当①伊藤	舞	49	無	新	18,555
幣原	都	48	無	新	17,962

（投票率48.69％）

尼崎市長選挙

平成2年（1990年）11月11日実施

当①六島誠之助		62	無	新	50,039
木和田武司		70	無	新	47,164
内藤	尚武	61	無	新	44,114

（投票率38.49％）

平成6年（1994年）11月20日実施

当①宮田	良雄	67	無	新	67,289
六島誠之助		66	無	現	62,415
横山	等	65	無	新	13,674

（投票率37.95％）

平成10年（1998年）11月15日実施

当②宮田	良雄	71	無	現	63,275
六島誠之助		70	無	前	48,910

兵庫県　　　　　地方選挙総覧＜知事・市長・特別区長＞平成篇1989-2019

　西沢　　慎　64　無　　　　新　　28,978
　　　　　　　　　　　　　　（投票率37.70%）

平成14年（2002年）11月17日実施
当①白井　　文　42　無　　　　新　　62,308
　宮田　良雄　75　無　　　　現　　57,385
　　　　　　　　　　　　　　（投票率32.25%）

平成18年（2006年）11月19日実施
当②白井　　文　46　無　　　　現　101,388
　谷川　正秀　43　無　　　　新　　47,487
　　　　　　　　　　　　　　（投票率39.87%）

平成22年（2010年）11月21日実施
当①稲村　和美　38　無　　　　新　　58,034
　吉岡健一郎　50　無　　　　新　　22,050
　徳田　　稔　63　無　　　　新　　17,053
　土田　裕史　31　無　　　　新　　11,387
　　　　　　　　　　　　　　（投票率29.35%）

平成26年（2014年）11月16日実施
当②稲村　和美　42　無　　　　現　　70,642
　広瀬　幸夫　67　無　　　　新　　23,585
　　　　　　　　　　　　　　（投票率25.69%）

平成30年（2018年）11月18日実施
当③稲村　和美　46　無　　　　現　　72,390
　流目　　茂　70　無　　　　新　　19,596
　　　　　　　　　　　　　　（投票率24.71%）

淡路市長選挙

平成17年（2005年）4月1日津名郡津名町・淡路町・北淡町・一宮町・東浦町が新設合併・市制施行して淡路市となる

平成17年（2005年）5月8日実施
当①門　　康彦　59　無　　　　新　　16,578
　原　　哲明　54　無　　　　新　　13,088
　　　　　　　　　　　　　　（投票率71.56%）

平成21年（2009年）4月26日実施
当②門　　康彦　63　無　　　　現　　12,989
　戸田　種彦　77　無　　　　新　　 6,649

　松原　幸作　64　無　　　　新　　 5,095
　　　　　　　　　　　　　　（投票率61.78%）

平成25年（2013年）4月21日実施
当③門　　康彦　67　無　　　　現　　11,714
　奥野　幸男　66　無　　　　新　　10,475
　　　　　　　　　　　　　　（投票率57.37%）

平成29年（2017年）4月23日実施
当④門　　康彦　71　無　　　　現　　12,525
　戸田　雄士　59　無　　　　新　　 8,859
　　　　　　　　　　　　　　（投票率56.61%）

伊丹市長選挙

平成元年（1989年）4月16日実施
当④矢埜　与一　66　無　　　　現　　33,409
　河内綾次郎　65　共　　　　新　　10,185
　穂積　幸一　42　無　　　　新　　 7,128
　　　　　　　　　　　　　　（投票率39.82%）

平成5年（1993年）4月11日実施
当①松下　　勉　58　無　　　　新　　32,912
　矢埜　与一　70　無　　　　現　　25,483
　久村真知子　41　無　　　　新　　 3,904
　　　　　　　　　　　　　　（投票率46.16%）

平成9年（1997年）4月13日実施
当②松下　　勉　62　無　　　　現　　31,298
　川本　英郎　61　共　　　　新　　 7,230
　　　　　　　　　　　　　　（投票率27.14%）

平成13年（2001年）4月15日実施
当③松下　　勉　66　無　　　　現　　34,454
　川井田清信　46　無　　　　新　　14,671
　川本　英郎　65　共　　　　新　　 5,559
　　　　　　　　　　　　　　（投票率37.22%）

平成17年（2005年）4月10日実施
当①藤原　保幸　50　無　　　　新　　33,172
　吉村万里子　59　無　　　　新　　 9,585
　　　　　　　　　　　　　　（投票率28.86%）

平成21年（2009年）4月5日実施

当②	藤原	保幸	54	無	現	無投票

平成25年（2013年）4月14日実施

当③	藤原	保幸	58	無	現	41,267
	岩城	敏之	52	維会	新	13,041
	阪上	聡樹	53	無	新	7,510
	服部	好広	61	諸	新	3,194

(投票率 41.92%)

平成29年（2017年）4月9日実施

|当④|藤原|保幸|62|無|現|無投票|

小野市長選挙

平成4年（1992年）10月18日実施

|当②|広瀬|博司|68|無|現|無投票|

平成8年（1996年）10月27日実施

当③	広瀬	博司	72	無	現	11,226
	定田	稔	60	無	新	6,019

(投票率 47.72%)

平成11年（1999年）2月7日実施

当①	蓬莱	務	52	無	新	8,786
	江原	良和	60	無	新	6,362
	坂上	良祐	62	無	新	5,514
	宮永	桂介	55	無	新	3,228
	定田	稔	62	無	新	867

(投票率 66.64%)

平成15年（2003年）1月26日実施

|当②|蓬莱|務|56|無|現|無投票|

平成19年（2007年）1月21日実施

|当③|蓬莱|務|60|無|現|無投票|

平成23年（2011年）1月23日実施

|当④|蓬莱|務|64|無|現|無投票|

平成27年（2015年）1月25日実施

|当⑤|蓬莱|務|68|無|現|無投票|

平成31年（2019年）2月3日実施

当⑥	蓬莱	務	72	無	現	13,308
	中川	暢三	63	無	新	3,229

(投票率 42.81%)

加古川市長選挙

平成2年（1990年）5月20日実施

|当②|木下|正一|61|無|現|無投票|

平成6年（1994年）5月15日実施

当③	木下	正一	65	無	現	42,295
	前田	清	58	共	新	9,977

(投票率 29.03%)

平成10年（1998年）6月21日実施

当④	木下	正一	69	無	前	85,143
	前田	清	62	共	新	26,136

(投票率 57.83%)

平成14年（2002年）6月30日実施

当①	樽本	庄一	61	無	新	70,819
	高田	智	70	無	新	40,530

(投票率 57.75%)

平成18年（2006年）7月2日実施

|当②|樽本|庄一|65|無|前|無投票|

平成22年（2010年）6月6日実施

|当③|樽本|庄一|69|無|現|無投票|

平成26年（2014年）6月22日実施

当①	岡田	康裕	38	無	新	51,386
	石堂	求	62	無	新	34,824
	三戸	政和	35	無	新	11,163
	岸本	勝	67	無	新	8,321
	東田	巧	57	無	新	3,851

(投票率 52.49%)

平成30年（2018年）6月24日実施

|当②|岡田|康裕|42|無|現|81,131|

岸本　勝　71　無　　　　新　　16,494
　　　　　　　　　　　（投票率45.93％）

加西市長選挙

平成3年（1991年）10月20日実施

当②藤岡　重弘　55　無　　　　現　　無投票

平成7年（1995年）10月22日実施

当③藤岡　重弘　59　無　　　　現　　無投票

平成11年（1999年）10月24日実施

当④藤岡　重弘　63　無　　　　現　　無投票

平成13年（2001年）7月29日実施

当①柏原　正之　58　無　　　　新　　16,158
　大西　啓之　62　無　　　　新　　11,539
　　　　　　　　　　　（投票率71.54％）

平成17年（2005年）7月3日実施

当①中川　暢三　49　無　　　　新　　12,138
　柏原　正之　62　無　　　　現　　11,260
　　　　　　　　　　　（投票率59.93％）

平成19年（2007年）6月17日実施

当②中川　暢三　51　無　　　　前　　12,236
　民輪　正秀　53　無　　　　新　　11,179
　柏原　正之　64　無　　　　元　　 4,815
　　　　　　　　　　　（投票率72.55％）

平成23年（2011年）5月22日実施

当①西村　和平　55　無　　　　新　　16,475
　中川　暢三　55　無　　　　現　　10,909
　　　　　　　　　　　（投票率72.45％）

平成27年（2015年）5月17日実施

当②西村　和平　59　無　　　　現　　14,451
　東郷　邦昭　64　無　　　　新　　 9,680
　　　　　　　　　　　（投票率65.96％）

加東市長選挙

平成18年（2006年）3月20日加東郡社町・滝野町・東条町が新設合併・市制施行して加東市となる

平成18年（2006年）4月30日実施

当①山本　広一　64　無　　　　新　　11,941
　高橋　修一　57　無　　　　新　　 8,135
　　　　　　　　　　　（投票率65.10％）

平成22年（2010年）4月25日実施

当①安田　正義　55　無　　　　新　　10,584
　氷見　彰弘　58　無　　　　新　　 4,260
　　　　　　　　　　　（投票率48.24％）

平成26年（2014年）4月13日実施

当②安田　正義　59　無　　　　現　　無投票

平成30年（2018年）4月22日実施

当③安田　正義　63　無　　　　現　　 8,790
　北原　豊　　55　無　　　　新　　 4,213
　　　　　　　　　　　（投票率41.39％）

川西市長選挙

平成2年（1990年）8月26日実施

当①辻　　正男　67　無　　　　新　　30,234
　内藤　近蔵　66　無　　　　新　　 5,414
　安田　末則　71　無　　　　新　　 5,396
　　　　　　　　　　　（投票率40.29％）

平成2年（1990年）10月28日実施

当①柴生　進　　50　無　　　　新　　23,331
　西良　富雄　70　無　　　　新　　16,226
　植木　安　　60　無　　　　新　　15,804
　角地　正純　58　無　　　　新　　 7,400
　安田　末則　71　無　　　　新　　 4,838
　　　　　　　　　　　（投票率66.67％）

平成6年（1994年）10月2日実施

当②柴生　進　　54　無　　　　現　　54,942

内藤　近蔵 70　無　　　　新　　10,189
　　　　　　　　　　　　　　（投票率 60.84%）

平成10年（1998年）10月25日実施
当③柴生　　進 58　無　　　　現　　43,402
　　倉谷八千子 60　無　　　　新　　17,951
　　栗栖喜代美 51　無　　　　新　　10,021
　　　　　　　　　　　　　　（投票率 60.51%）

平成14年（2002年）10月20日実施
当④柴生　　進 62　無　　　　現　　46,911
　　大塚　寿夫 63　無　　　　新　　22,040
　　　　　　　　　　　　　　（投票率 56.55%）

平成18年（2006年）10月22日実施
当①大塩　民生 60　無　　　　新　　30,640
　　柴生　　進 66　無　　　　現　　26,773
　　北野　紀子 43　無　　　　新　　17,283
　　　　　　　　　　　　　　（投票率 59.02%）

平成22年（2010年）10月17日実施
当②大塩　民生 64　無　　　　現　　38,790
　　木挽　　司 52　無　　　　新　　18,017
　　大塚　寿夫 71　共　　　　新　　 8,611
　　黒田　靖敏 68　無　　　　新　　 5,042
　　　　　　　　　　　　　　（投票率 55.49%）

平成26年（2014年）10月12日実施
当③大塩　民生 68　無　　　　現　　無投票

平成30年（2018年）10月21日実施
当①越田謙治郎 41　無　　　　新　　43,212
　　森本　猛史 38　無　　　　新　　23,281
　　　　　　　　　　　　　　（投票率 51.70%）

篠山市長選挙

平成11年（1999年）4月1日多紀郡篠山町・西紀町・丹南町・今田町が新設合併・市制施行して篠山市となる

平成11年（1999年）4月25日実施
当①瀬戸　亀男 63　無　　　　新　　17,647

　　鈴木　一誠 56　無　　　　新　　 3,241
　　　　　　　　　　　　　　（投票率 58.83%）

平成15年（2003年）4月27日実施
当②瀬戸　亀男 67　無　　　　現　　14,644
　　谷掛加津一 53　無　　　　新　　 5,638
　　　　　　　　　　　　　　（投票率 55.94%）

平成19年（2007年）2月25日実施
当①酒井　隆明 52　無　　　　新　　16,798
　　谷掛加津一 57　無　　　　新　　 4,105
　　鈴木　一誠 64　無　　　　新　　　928
　　　　　　　　　　　　　　（投票率 59.64%）

平成23年（2011年）2月20日実施
当②酒井　隆明 56　無　　　　現　　16,199
　　鈴木　一誠 68　無　　　　新　　 1,081
　　　　　　　　　　　　　　（投票率 48.45%）

平成27年（2015年）2月8日実施
当③酒井　隆明 60　無　　　　現　　無投票

平成30年（2018年）11月18日実施
当④酒井　隆明 64　無　　　　前　　16,939
　　奥土居帥心 60　無　　　　新　　 6,808
　　　　　　　　　　　　　　（投票率 69.80%）

平成31年（2019年）2月10日実施
当⑤酒井　隆明 64　無　　　　現　　無投票

三田市長選挙

平成3年（1991年）7月14日実施
当④塔下　真次 65　無　　　　現　　17,586
　　西岡　久一 48　無　　　　新　　 3,180
　　　　　　　　　　　　　　（投票率 46.56%）

平成7年（1995年）7月2日実施
当⑤塔下　真次 69　無　　　　現　　無投票

平成11年（1999年）7月25日実施
当①岡田　義弘 61　無　　　　新　　20,552
　　松原　丈夫 64　無　　　　新　　 8,045

兵庫県

```
         安永  紀六 58 無        新     4,219
                              (投票率 44.20%)
```

平成15年（2003年）7月13日実施

```
当② 岡田  義弘 65 無        現    16,933
     前川武比古 60 無        新    16,439
                              (投票率 41.51%)
```

平成19年（2007年）7月29日実施

```
当① 竹内  英昭 64 無        新    18,045
     中田  初美 54 無        新    16,956
     野村  弘子 52 無        新     9,544
     高木  伸明 49 無        新     7,936
                              (投票率 63.70%)
```

平成23年（2011年）7月24日実施

```
当② 竹内  英昭 68 無        現    21,891
     高木  伸明 53 諸        新     7,900
                              (投票率 34.11%)
```

平成27年（2015年）7月26日実施

```
当① 森    哲男 63 無        新    14,606
     笠谷  圭司 35 無        新     9,773
     芝野  照久 63 無        新     7,630
     肥後  淳三 57 無        新     5,128
                              (投票率 41.74%)
```

宍粟市長選挙

平成17年（2005年）4月1日宍粟郡山崎町・一宮町・波賀町・千種町が新設合併・市制施行して宍粟市となる

平成17年（2005年）5月15日実施

```
当① 白谷  敏明 61 無        新    10,708
     田路   勝  62 無        新    10,473
     高嶋  利憲 52 無        新     8,861
                              (投票率 84.39%)
```

平成21年（2009年）5月3日実施

```
当① 田路   勝  66 無        新    17,536
     白谷  敏明 65 無        現    10,590
                              (投票率 81.21%)
```

平成25年（2013年）5月12日実施

```
当① 福元  晶三 59 無        新    11,856
     田路   勝  70 無        現     9,388
     高嶋  利憲 60 無        新     4,807
                              (投票率 77.86%)
```

平成29年（2017年）4月30日実施

```
当② 福元  晶三 63 無        現    19,020
     鈴木  浩之 46 無        新     4,928
                              (投票率 73.90%)
```

洲本市長選挙

平成4年（1992年）8月23日実施

```
当① 中川  啓一 48 無        新    13,711
     谷    安司 59 無        現    10,537
     影山  次郎 44 諸        新        65
                              (投票率 73.50%)
```

平成8年（1996年）8月25日実施

```
当② 中川  啓一 52 無        現    11,506
     谷    安司 63 無        前    10,516
                              (投票率 66.41%)
```

平成12年（2000年）7月16日実施

```
当③ 中川  啓一 56 無        現    13,546
     谷    安司 67 無        元    11,697
                              (投票率 76.54%)
```

平成16年（2004年）8月8日実施

```
当① 柳    実郎 58 無        新     9,182
     生田  進三 41 無        新     9,171
                              (投票率 56.35%)
```

平成18年（2006年）3月12日実施

```
当① 柳    実郎 60 無        新    無投票
```

平成22年（2010年）3月7日実施

```
当① 竹内  通弘 64 無        新     6,867
     砂尾   治  67 無        新     6,170
     氏田  年行 41 無        新     5,753
     生田  進三 47 無        新     4,771
```

| 浜野　　隆　46　無　　　　　新　　　　731
(投票率 61.33%)

平成26年（2014年）3月9日実施

当②竹内　通弘　68　無　　　　　現　　 16,700
　　山木　佳宏　59　無　　　　　新　　　8,170
(投票率 66.35%)

平成30年（2018年）3月11日実施

当③竹内　通弘　72　無　　　　　現　　 13,376
　　伊郷　浩芳　60　無　　　　　新　　　8,614
(投票率 59.63%)

高砂市長選挙

平成2年（1990年）9月30日実施

当⑤足立　正夫　64　無　　　　　現　　無投票

平成6年（1994年）10月2日実施

当①大内　秀夫　62　無　　　　　新　　 20,245
　　足立　正夫　68　無　　　　　現　　 19,526
(投票率 56.59%)

平成10年（1998年）9月6日実施

当①田村　広一　48　無　　　　　新　　 16,484
　　大内　秀夫　66　無　　　　　現　　 16,185
　　中須　多門　54　無　　　　　新　　 12,858
　　赤井　浩康　40　無　　　　　新　　　7,942
　　宝野　正義　72　無　　　　　新　　　1,478
(投票率 75.35%)

平成14年（2002年）9月1日実施

当②田村　広一　52　無　　　　　現　　無投票

平成18年（2006年）9月10日実施

当①岡　　恒雄　56　無　　　　　新　　 30,198
　　田村　広一　56　無　　　　　現　　 20,320
(投票率 67.90%)

平成20年（2008年）4月13日実施

当①登　　幸人　57　無　　　　　新　　 22,312
　　加古　秋晴　70　無　　　　　新　　 12,789
(投票率 47.14%)

平成24年（2012年）4月8日実施

当②登　　幸人　61　無　　　　　現　　 16,642
　　山本　琉介　66　無　　　　　新　　　6,092
(投票率 30.70%)

平成28年（2016年）4月10日実施

当③登　　幸人　65　無　　　　　現　　 16,725
　　中西　一智　40　無　　　　　新　　　6,997
　　生嶋　洋一　73　無　　　　　新　　　5,822
(投票率 40.41%)

宝塚市長選挙

平成3年（1991年）2月3日実施

当①正司泰一郎　55　無　　　　　新　　 27,708
　　友金　信雄　68　無　　　　　現　　 24,849
　　和田　一成　63　無　　　　　新　　 11,322
　　広田　陽子　53　無　　　　　新　　　5,699
　　田渕　正俊　36　無　　　　　新　　　4,193
　　北　　秀侃　47　無　　　　　新　　　　254
(投票率 51.01%)

平成7年（1995年）1月22日実施

当②正司泰一郎　59　無　　　　　現　　無投票

平成11年（1999年）3月14日実施

当③正司泰一郎　63　無　　　　　前　　 47,792
　　長谷川圭市　67　無　　　　　新　　 30,490
(投票率 50.47%)

平成15年（2003年）4月27日実施

当①渡部　　完　44　無　　　　　新　　 51,270
　　芝　　拓哉　41　無　　　　　新　　 24,682
　　沼田　信夫　47　無　　　　　新　　　7,802
(投票率 50.38%)

平成18年（2006年）4月9日実施

当①阪上　善秀　58　無　　　　　新　　 31,378
　　青木伊知郎　43　無　　　　　新　　 16,981
　　草野　義雄　53　無　　　　　新　　 15,944
　　岡野　多甫　52　無　　　　　新　　　8,010
　　大川　浩幸　31　無　　　　　新　　　3,748

兵庫県

	城内 美紀	52	無	新	3,033
	小林 崇徳	63	無	新	302

(投票率 45.62%)

平成21年(2009年)4月19日実施

当①	中川 智子	61	無	新	25,851
	伊藤 順一	46	無	新	20,060
	芝 拓哉	47	無	新	12,228
	西田 雅彦	44	無	新	8,277
	菊川 美善	69	無	新	6,348
	中原 等	63	無	新	5,132

(投票率 44.20%)

平成25年(2013年)4月14日実施

当②	中川 智子	65	無	現	43,347
	多田浩一郎	40	維会	新	23,561
	樋之内登志	58	無	新	9,748
	渡部 完	54	無	元	6,106
	山田 利恵	43	無	新	997

(投票率 45.94%)

平成29年(2017年)4月16日実施

当③	中川 智子	69	無	現	42,222
	伊藤 順一	54	無	新	19,597
	山本 敬子	66	無	新	11,801

(投票率 39.13%)

たつの市長選挙

平成17年(2005年)10月1日龍野市・揖保郡新宮町・揖保川町・御津町が新設合併してたつの市となる

平成17年(2005年)11月13日実施

当①	西田 正則	72	無	新	24,448
	平岡 弘一	58	無	新	6,858

(投票率 48.53%)

平成21年(2009年)10月18日実施

当②	西田 正則	76	無	現	20,726
	堀 譲	59	無	新	8,015

(投票率 44.61%)

平成25年(2013年)10月20日実施

当①	栗原 一	63	無	新	15,760
	山本 実	61	無	新	10,634
	徳永 耕造	65	無	新	7,656
	田中 優太	31	無	新	790

(投票率 54.74%)

平成29年(2017年)10月22日実施

当①	山本 実	65	無	新	17,909
	栗原 一	67	無	現	17,684

(投票率 56.49%)

(龍野市長選挙)

平成2年(1990年)9月23日実施

当②	尾西 堯	72	無	現	無投票

平成6年(1994年)9月25日実施

当③	尾西 堯	76	無	現	無投票

平成10年(1998年)9月27日実施

当①	西田 正則	65	無	新	13,223
	塩谷 義明	57	無	新	6,563

(投票率 63.54%)

平成14年(2002年)9月22日実施

当②	西田 正則	69	無	現	無投票

※平成17年(2005年)10月1日龍野市は揖保郡新宮町・揖保川町・御津町と新設合併してたつの市となる

丹波市長選挙

平成16年(2004年)11月1日氷上郡柏原町・氷上町・青垣町・春日町・山南町・市島町が新設合併・市制施行して丹波市となる

平成16年(2004年)12月5日実施

当①	辻 重五郎	65	無	新	28,087
	小倉 文雄	55	無	新	15,605

(投票率 78.59%)

平成20年（2008年）11月9日実施

当②	辻 重五郎	69	無	現	無投票

平成24年（2012年）11月18日実施

当③	辻 重五郎	73	無	現	17,752
	稲上 芳郎	39	無	新	13,026
	足立 又男	64	無	新	7,447

（投票率 70.35%）

平成28年（2016年）11月20日実施

当①	谷口 進一	63	無	新	31,454
	岩崎 政義	61	無	新	4,676

（投票率 68.04%）

豊岡市長選挙

平成元年（1989年）7月2日実施

当①	今井 晶三	58	無	新	15,284
	平尾源太夫	66	無	現	12,738

（投票率 83.66%）

平成5年（1993年）7月11日実施

当②	今井 晶三	62	無	現	15,931
	山本 金彦	59	無	新	11,439

（投票率 78.59%）

平成9年（1997年）7月6日実施

当③	今井 晶三	66	無	現	12,905
	荒木 啓喜	54	無	新	12,286
	山中 真和	45	無	新	554

（投票率 71.49%）

平成13年（2001年）7月1日実施

当①	中貝 宗治	46	無	新	14,661
	山本 金彦	67	無	新	7,649
	今井 晶三	70	無	現	6,647

（投票率 78.71%）

平成17年（2005年）4月24日実施

当①	中貝 宗治	50	無	新	無投票

平成21年（2009年）4月19日実施

当②	中貝 宗治	54	無	現	無投票

平成25年（2013年）4月21日実施

当③	中貝 宗治	58	無	現	24,806
	西垣 善之	65	無	新	8,165

（投票率 47.84%）

平成29年（2017年）4月16日実施

当④	中貝 宗治	62	無	現	無投票

西宮市長選挙

平成4年（1992年）11月1日実施

当①	馬場 順三	67	無	新	56,102
	小林 久盛	66	無	新	30,422
	樫村 庸一	41	共	新	10,670
	竹林 伸幸	56	無	新	4,643

（投票率 33.18%）

平成8年（1996年）11月17日実施

当②	馬場 順三	71	無	現	63,406
	杉島寿美子	64	諸	新	20,762
	竹林 伸幸	60	無	新	6,645

（投票率 30.23%）

平成12年（2000年）11月19日実施

当①	山田 知	66	無	新	40,768
	大前 繁雄	58	無	新	40,740
	川内 一男	53	共	新	13,569
	武内 純子	48	無	新	12,764
	竹林 伸幸	64	無	新	5,736

（投票率 34.34%）

平成16年（2004年）11月14日実施

当②	山田 知	70	無	現	60,430
	皿海 碩	66	無	新	32,748

（投票率 26.81%）

平成20年（2008年）11月16日実施

当③	山田 知	74	無	現	47,515
	八木米太朗	59	無	新	21,151

兵庫県

| 跡田 直澄 | 54 | 無 | 新 | 18,651 |

| 藤井 隆幸 | 58 | 無 | 新 | 13,736 |

| 塚田 誠二 | 59 | 無 | 新 | 12,395 |

| 野々村竜太郎 | 42 | 無 | 新 | 6,184 |

(投票率 32.93%)

平成22年（2010年）5月16日実施

当①	河野 昌弘	64	無	新	48,816
	大前 繁雄	67	無	新	46,168
	野々村竜太郎	43	無	新	25,924

(投票率 33.65%)

平成26年（2014年）4月20日実施

当①	今村 岳司	41	無	新	59,576
	河野 昌弘	68	無	現	55,010
	髙橋 倫恵	52	無	新	20,288

(投票率 36.41%)

平成30年（2018年）4月15日実施

当①	石井登志郎	46	無	新	37,831
	吉岡 政和	43	無	新	37,723
	本井 敏雄	67	無	新	27,589
	上田 幸子	70	無	新	19,692
	村上 博	57	無	新	14,286
	中川 暢三	62	無	新	5,705

(投票率 37.52%)

西脇市長選挙

平成2年（1990年）2月4日実施

| 当② | 石野 重則 | 61 | 無 | 現 | 10,733 |
| | 藤原 教 | 48 | 無 | 新 | 787 |

(投票率 41.66%)

平成6年（1994年）2月6日実施

| 当③ | 石野 重則 | 65 | 無 | 現 | 9,462 |
| | 芦田 忠 | 48 | 無 | 新 | 5,812 |

(投票率 53.15%)

平成10年（1998年）2月1日実施

| 当① | 内橋 直昭 | 61 | 無 | 新 | 10,826 |

| 藤原 通裕 | 63 | 無 | 新 | 3,382 |

(投票率 48.45%)

平成14年（2002年）1月27日実施

| 当② | 内橋 直昭 | 65 | 無 | 現 | 無投票 |

平成17年（2005年）11月13日実施

| 当① | 来住 寿一 | 61 | 無 | 新 | 16,321 |
| | 芦田 忠 | 60 | 無 | 新 | 9,174 |

(投票率 72.28%)

平成21年（2009年）10月18日実施

| 当② | 来住 寿一 | 65 | 無 | 現 | 無投票 |

平成25年（2013年）10月27日実施

| 当① | 片山 象三 | 52 | 無 | 新 | 11,643 |
| | 池田 勝雄 | 58 | 無 | 新 | 7,013 |

(投票率 54.73%)

平成29年（2017年）10月15日実施

| 当② | 片山 象三 | 56 | 無 | 現 | 無投票 |

姫路市長選挙

平成3年（1991年）4月21日実施

| 当③ | 戸谷 松司 | 69 | 無 | 現 | 149,752 |
| | 渡辺 正浩 | 62 | 無 | 新 | 44,208 |

(投票率 60.85%)

平成7年（1995年）4月23日実施

当①	堀川 和洋	52	無	新	118,843
	五島 壮	51	無	新	89,548
	南光 勝美	56	共	新	11,160
	安原 宏和	51	諸	新	2,729

(投票率 65.44%)

平成11年（1999年）4月25日実施

当②	堀川 和洋	56	無	現	135,909
	中嶋 野花	37	無	新	44,681
	河盛 史郎	57	無	新	24,697

(投票率 58.41%)

平成15年（2003年）4月27日実施

当①	石見 利勝	61	無	新	120,285
	堀川 和洋	60	無	現	83,703
	田中 孝	72	無	新	8,177

（投票率 58.03%）

平成19年（2007年）4月15日実施

当②	石見 利勝	65	無	現	無投票

平成23年（2011年）4月24日実施

当③	石見 利勝	69	無	現	129,137
	沖 幸子	64	無	新	50,627
	高橋 敏之	58	無	新	12,066
	浜野 伸二郎	59	無	新	3,968

（投票率 47.74%）

平成27年（2015年）4月26日実施

当④	石見 利勝	73	無	現	121,838
	北野 実	55	無	新	75,093

（投票率 47.45%）

平成31年（2019年）4月21日実施

当①	清元 秀泰	55	無	新	109,365
	飯島 義雄	59	無	新	84,507

（投票率 45.84%）

三木市長選挙

平成2年（1990年）1月21日実施

当①	加古 房夫	60	無	新	15,888
	清原 佶	51	無	新	7,170

（投票率 44.20%）

平成6年（1994年）1月16日実施

当②	加古 房夫	64	無	現	14,771
	永田 和稔	52	無	新	11,692

（投票率 46.79%）

平成10年（1998年）1月18日実施

当③	加古 房夫	68	無	現	15,735
	永田 和稔	56	無	新	8,294

	礒野 曉男	61	無	新	6,321

（投票率 50.62%）

平成14年（2002年）1月6日実施

当④	加古 房夫	72	無	現	無投票

平成18年（2006年）1月15日実施

当①	藪本 吉秀	47	無	新	23,752
	加古 房夫	76	無	現	12,954

（投票率 54.50%）

平成22年（2010年）1月17日実施

当②	藪本 吉秀	51	無	現	23,727
	稲田 三郎	56	無	新	16,658

（投票率 60.61%）

平成26年（2014年）1月12日実施

当③	藪本 吉秀	55	無	現	無投票

平成29年（2017年）7月2日実施

当①	仲田 一彦	44	無	新	26,727
	藪本 吉秀	58	無	前	9,667

（投票率 56.20%）

南あわじ市長選挙

平成17年（2005年）1月11日三原郡緑町・西淡町・三原町・南淡町が新設合併・市制施行して南あわじ市となる

平成17年（2005年）2月13日実施

当①	中田 勝久	67	無	新	18,854
	森 紘一	64	無	新	17,698

（投票率 83.78%）

平成21年（2009年）2月1日実施

当②	中田 勝久	71	無	現	17,341
	榎本 喜一	60	無	新	7,975

（投票率 60.23%）

平成25年（2013年）2月3日実施

当③	中田 勝久	75	無	現	13,940
	岡本 治樹	55	無	新	11,597

（投票率 62.19%）

平成29年（2017年）1月29日実施

当①守本　憲弘　56　無　　　　　新　　無投票

養父市長選挙

> 平成16年（2004年）4月1日養父郡八鹿町・養父町・大屋町・関宮町が新設合併・市制施行して養父市となる

平成16年（2004年）5月16日実施

当①佐々木憲二　57　無　　　　　新　　12,442
　　浜　　道雄　59　無　　　　　新　　 5,685
　　　　　　　　　　　　　　（投票率 77.39%）

平成17年（2005年）1月30日実施

当①梅谷　　馨　73　無　　　　　新　　11,068
　　浜　　道雄　60　無　　　　　新　　 5,780
　　　　　　　　　　　　　　（投票率 71.64%）

平成20年（2008年）10月26日実施

当①広瀬　　栄　60　無　　　　　新　　 9,377
　　和田　金男　60　無　　　　　新　　 7,090
　　浜　　道雄　64　無　　　　　新　　 1,677
　　　　　　　　　　　　　　（投票率 80.26%）

平成24年（2012年）10月14日実施

当②広瀬　　栄　64　無　　　　　現　　無投票

平成28年（2016年）10月23日実施

当③広瀬　　栄　68　無　　　　　現　　 8,544
　　大森　賢一　47　無　　　　　新　　 7,241
　　　　　　　　　　　　　　（投票率 75.50%）

奈 良 県

県庁所在地　奈良市
市　　　数　12市（平成31年4月現在）
市　　　名　奈良市・生駒市・宇陀市・香芝市・橿原市・葛城市・五條市・御所市・桜井市・天理市・大和郡山市・大和高田市

【市に関わる合併・市制施行・名称変更】

市名	実施年月日	関係市町村名等	合併等の内容
奈良市	平成17年（2005年）4月1日	奈良市・添上郡月ケ瀬村・山辺郡都祁村	【編入合併】
宇陀市	平成18年（2006年）1月1日	宇陀郡大宇陀町・菟田野町・榛原町・室生村	【新設合併・市制施行】
香芝市	平成3年（1991年）10月1日	北葛城郡香芝町	【市制施行】
葛城市	平成16年（2004年）10月1日	北葛城郡新庄町・當麻町	【新設合併・市制施行】
五條市	平成17年（2005年）9月25日	五條市・吉野郡西吉野村・大塔村	【編入合併】

【選挙結果】

奈良県知事選挙

平成3年（1991年）11月24日実施

当① 柿本　善也　53　無　自民 公明 民社　新　274,974
　　紺谷日出雄　59　無　共産　　　　　新　 90,848
（投票率 36.73%）

平成7年（1995年）11月12日実施

当② 柿本　善也　57　無　自民 新進 社会 公明　現　270,084
　　中村　泰士　56　無　　　　　　新　 90,744
　　紺谷日出雄　63　無　共産　　　新　 50,624
　　松原　脩雄　50　無　　　　　　新　 49,030
（投票率 42.82%）

平成11年（1999年）11月7日実施

当③ 柿本　善也　61　無　自民 民主 公明 社民 自連　現　281,298
　　上田　　清　48　無　　　　　　新　129,172
　　沢田　　博　49　共　　　　　　新　 56,419
（投票率 41.81%）

平成15年（2003年）11月9日実施

当④ 柿本　善也　65　無　自民 公明 社民　現　343,294
　　前田　武志　66　無　　　　　　新　292,834
　　沢田　　博　53　共　　　　　　新　 55,553
（投票率 61.96%）

平成19年（2007年）4月8日実施

当① 荒井　正吾　62　無　自民 公明　新　372,747
　　西　ふみ子　71　無　共産　　　新　183,910
（投票率 51.47%）

平成23年（2011年）4月10日実施

当② 荒井　正吾　66　無　　　　　　現　292,654
　　塩見　俊次　61　無　　　　　　新　223,519
　　北野　重一　73　無　共産　　　新　 60,318
（投票率 52.21%）

奈良県

平成27年（2015年）4月12日実施

当③	荒井 正吾	70	無	自民 民主 公明 改革 現	283,432
	山下 真	46	無	新	227,687
	谷川 和広	36	共	新	39,127
	岩崎 孝彦	44	無	新	14,903

（投票率 51.05%）

平成31年（2019年）4月7日実施

当④	荒井 正吾	74	無	現	256,451
	前川 清成	56	無	新	174,277
	川島 実	44	無	新	108,701

（投票率 48.49%）

奈良市長選挙

平成4年（1992年）9月20日実施

当①	大川 靖則	61	無	自民 社会 公明 民社 新	54,646
	坂本 由朗	45	無	共産 新	19,448

（投票率 29.29%）

平成8年（1996年）9月8日実施

当②	大川 靖則	64	無	自民 新進 社民 公明 現	57,312
	沢田 博	46	共	新	24,040

（投票率 30.01%）

平成12年（2000年）9月10日実施

当③	大川 靖則	68	無	自民 民主 公明 社民 自連 現	52,829
	寺本 敏夫	73	無	共産 新	21,251

（投票率 26.40%）

平成16年（2004年）9月5日実施

当①	鍵田忠兵衛	47	無	新	48,255
	大川 靖則	72	無	自民 公明 社民 現	44,988
	日和佐穣甫	65	無	共産 新	12,599

（投票率 36.77%）

平成17年（2005年）7月31日実施

当①	藤原 昭	61	無	自民 民主 公明 社民 新	72,302
	鍵田忠兵衛	47	無	前	65,289

	辻山 清	60	諸	新	7,600

（投票率 50.91%）

平成21年（2009年）7月12日実施

当①	仲川 元庸	33	無	民主 新	76,707
	鍵田忠兵衛	51	無	自民 公明 元	62,958
	小林 照代	69	無	共産 新	24,340

（投票率 56.12%）

平成25年（2013年）7月21日実施

当②	仲川 げん	37	無	現	55,154
	森岡 正宏	70	無	自民 新	38,141
	池田 慎久	44	無	新	24,751
	中村 篤子	55	無	共産 新	14,631
	浅川 清仁	58	無	みん 新	14,131
	天野 秀治	51	無	新	13,671
	大野 祐司	52	無	新	12,016

（投票率 60.06%）

平成29年（2017年）7月9日実施

当③	仲川 げん	41	無	現	61,934
	山下 真	49	無	新	59,912
	朝広 佳子	56	無	自民 新	20,472
	井上 良子	53	共	新	10,615

（投票率 51.01%）

生駒市長選挙

平成2年（1990年）1月21日実施

当⑤	前川 具治	74	無	現	無投票

平成6年（1994年）1月30日実施

当①	中本 幸一	57	無	新	14,092
	吉田 正人	53	無	新	11,464
	粒谷 友示	49	無	新	11,341

（投票率 50.29%）

平成10年（1998年）1月25日実施

当②	中本 幸一	61	無	現	18,256
	上原 しのぶ	55	共	新	10,262

（投票率 33.96%）

平成14年（2002年）1月20日実施

当③	中本　幸一	65	無	現	18,910
	浜田　佳資	43	無	新	12,069

（投票率 35.31%）

平成18年（2006年）1月22日実施

当①	山下　真	37	無	新	27,540
	中本　幸一	69	無	現	13,867

（投票率 45.64%）

平成22年（2010年）1月24日実施

当②	山下　真	41	無	現	26,997
	樋口　清士	48	無	新	15,983
	溝川　悠介	65	無	新	6,772

（投票率 53.15%）

平成26年（2014年）1月26日実施

当③	山下　真	45	無	現	24,729
	久保　秀徳	59	無	新	7,764
	土倉　幸雄	77	諸	新	3,609

（投票率 38.87%）

平成27年（2015年）4月26日実施

当①	小紫　雅史	41	無	新	24,955
	中谷由里子	47	無	新	19,660
	都築　直人	64	無	新	3,140

（投票率 52.34%）

平成31年（2019年）4月21日実施

当②	小紫　雅史	45	無	現	28,902
	中谷由里子	51	無	新	18,816

（投票率 50.40%）

宇陀市長選挙

平成18年（2006年）1月1日宇陀郡大宇陀町・菟田野町・榛原町・室生村が新設合併・市制施行して宇陀市となる

平成18年（2006年）2月12日実施

当①	前田　禎郎	74	無	新	12,341
	大西　宏	71	無	新	5,720

（投票率 58.47%）

平成22年（2010年）3月28日実施

当①	竹内　幹郎	61	無	新	12,174
	玉岡　武	66	無	新	9,904

（投票率 76.94%）

平成26年（2014年）4月27日実施

当②	竹内　幹郎	65	無	前	10,856
	高見　省次	54	無	新	8,198
	滝谷　宗宏	52	無	新	1,888

（投票率 76.21%）

平成30年（2018年）4月22日実施

当①	高見　省次	57	無	新	8,515
	西浦　正哲	62	無	新	6,645
	勝井　太郎	39	無	新	3,718

（投票率 72.77%）

香芝市長選挙

平成3年（1991年）10月1日北葛城郡香芝町が市制施行して香芝市となる

平成4年（1992年）5月17日実施

当①	瀬田　道弘	66	無	新	13,999
	長谷川芳治	57	無	新	10,070

（投票率 65.88%）

平成8年（1996年）5月19日実施

当①	先山　昭夫	56	無	新	12,750
	瀬田　道弘	70	無	現	9,826

（投票率 54.81%）

平成12年（2000年）5月7日実施

当②	先山　昭夫	60	無	現	無投票

平成16年（2004年）5月16日実施

当③	先山　昭夫	64	無	現	13,473
	松原　隆博	52	無	新	4,869

（投票率 35.97%）

平成20年（2008年）5月11日実施

当①	梅田　善久	62	無	新	無投票

奈良県

橿原市長選挙

平成3年（1991年）4月21日実施
当⑤三浦　太郎 62 無		現	27,471
岡橋　四郎 70 無		新	24,339
三浦　明勝 63 諸		新	317
中村　公一 47 諸		新	154

（投票率 63.99%）

平成4年（1992年）12月27日実施
- 当①岡橋　四郎 72 無　　新　23,455
- 窪田　育弘 49 無　　新　13,587
- 中田　郁江 67 共　　新　2,567

（投票率 46.87%）

平成7年（1995年）11月12日実施
- 当①安曽田　豊 61 無　　新　29,939
- 上田　順一 49 無　　新　21,641

（投票率 57.85%）

平成11年（1999年）11月7日実施
- 当②安曽田　豊 65 無　　現　30,702
- 水本　純 48 無　　新　10,823

（投票率 45.41%）

平成15年（2003年）10月19日実施
- 当③安曽田　豊 69 無　　現　20,741
- 水本　純 52 無　　新　12,559

（投票率 35.07%）

平成19年（2007年）10月28日実施
- 当①森下　豊 49 無　　新　19,188
- 安曽田　豊 73 無　　現　18,262

吉田　浩巳 45 無　　新　6,421

（投票率 45.19%）

平成23年（2011年）10月30日実施
- 当②森下　豊 53 無　　現　24,252
- 霜鳥　純一 50 無　　新　4,150

（投票率 29.02%）

平成27年（2015年）10月25日実施
- 当③森下　豊 57 無　　現　21,087
- 神田加津代 71 無　　新　20,724

（投票率 42.79%）

葛城市長選挙

平成16年（2004年）10月1日北葛城郡新庄町・當麻町が新設合併・市制施行して葛城市となる

平成16年（2004年）10月31日実施
- 当①吉川　義彦 64 無　　新　8,263
- 西川　均 57 無　　新　6,112
- 松本　光茂 55 無　　新　3,363

（投票率 64.67%）

平成20年（2008年）10月26日実施
- 当①山下　和弥 39 無　　新　8,909
- 吉川　義彦 68 無　　現　7,686

（投票率 59.45%）

平成24年（2012年）10月7日実施
- 当②山下　和弥 43 無　　現　9,829
- 藤井本　浩 51 無　　新　8,170

（投票率 63.31%）

平成28年（2016年）10月23日実施
- 当①阿古　和彦 57 無　　新　10,182
- 山下　和弥 47 無　　現　7,665

（投票率 60.72%）

平成24年（2012年）5月20日実施
- 当①吉田　弘明 51 無　　新　10,285
- 川田　裕 50 無　　新　9,603
- 中井　政友 53 無　　新　3,118

（投票率 40.60%）

平成28年（2016年）5月15日実施
- 当②吉田　弘明 55 無　　現　無投票

五條市長選挙

平成4年（1992年）12月27日実施

当④	今田	武 51	無	現	11,536
	辻山	清 48	諸	新	730

（投票率 48.59%）

平成9年（1997年）1月19日実施

当①	榎	信晴 57	無	新	13,233
	今田	武 55	無	現	9,470

（投票率 83.85%）

平成13年（2001年）1月14日実施

当②	榎	信晴 61	無	現	12,342
	辻山	清 56	諸	新	598

（投票率 48.72%）

平成16年（2004年）12月26日実施

当③	榎	信晴 65	無	現	10,679
	吉野	晴夫 63	無	新	8,445

（投票率 71.08%）

平成19年（2007年）4月22日実施

当①	吉野	晴夫 66	無	新	11,888
	中山	俊樹 62	無	新	4,906

（投票率 59.21%）

平成23年（2011年）4月24日実施

当①	太田	好紀 49	無	新	12,392
	吉野	晴夫 70	無	現	8,397

（投票率 72.94%）

平成27年（2015年）4月19日実施

当②	太田	好紀 53	無	現	無投票

平成31年（2019年）4月14日実施

当③	太田	好紀 57	無	現	無投票

御所市長選挙

平成2年（1990年）9月23日実施

当④	芳本	甚二 70	無	現	無投票

平成6年（1994年）10月2日実施

当⑤	芳本	甚二 74	無	現	12,336
	辻山	清 49	諸	新	190
	平	捨文 59	無	新	157

（投票率 45.68%）

平成8年（1996年）6月16日実施

当①	前川	正 59	無	新	9,643
	辻山	清 51	諸	新	304

（投票率 36.03%）

平成12年（2000年）5月21日実施

当②	前川	正 63	無	現	無投票

平成16年（2004年）5月23日実施

当③	前川	正 67	無	現	無投票

平成20年（2008年）6月8日実施

当①	東川	裕 46	無	新	8,462
	上村庄三郎 63		無	新	7,446

（投票率 62.06%）

平成24年（2012年）5月20日実施

当②	東川	裕 50	無	現	無投票

平成28年（2016年）5月22日実施

当③	東川	裕 54	無	現	無投票

桜井市長選挙

平成3年（1991年）11月10日実施

当①	長谷川	明 64	無	新	無投票

平成7年（1995年）11月12日実施

当②	長谷川	明 68	無	現	18,141
	辻山	清 51	諸	新	1,346

（投票率 42.20%）

平成11年（1999年）11月7日実施

当③	長谷川	明 72	無	現	17,544
	谷奥	昭弘 56	無	新	11,389

（投票率 59.46%）

奈良県

平成15年（2003年）11月9日実施

当④長谷川　明　76　無　　　　現　　17,778
　　谷奥　昭弘　60　無　　　　新　　14,316
　　　　　　　　　　　　　　（投票率 66.65%）

平成19年（2007年）11月4日実施

当①谷奥　昭弘　64　無　　　　新　　無投票

平成23年（2011年）11月13日実施

当①松井　正剛　58　無　　　　新　　18,093
　　谷奥　昭弘　68　無　　　　現　　 8,286
　　　　　　　　　　　　　　（投票率 54.62%）

平成27年（2015年）11月8日実施

当②松井　正剛　62　無　　　　現　　無投票

平成17年（2005年）10月23日実施

当②南　　佳策　68　無　　　　現　　16,043
　　諸井　英二　50　無　　　　新　　11,343
　　　　　　　　　　　　　　（投票率 52.30%）

平成21年（2009年）10月18日実施

当③南　　佳策　72　無　　　　現　　12,856
　　諸井　英二　54　無　　　　新　　 9,939
　　今西　康世　57　無　　　　新　　 6,187
　　　　　　　　　　　　　　（投票率 55.43%）

平成25年（2013年）10月20日実施

当①並河　　健　34　無　　　　新　　11,114
　　藤本　昭広　67　無　　　　新　　 9,048
　　沢田　昌久　57　無　　　　新　　 8,590
　　　　　　　　　　　　　　（投票率 55.61%）

平成29年（2017年）9月24日実施

当②並河　　健　38　無　　　　現　　無投票

天理市長選挙

平成4年（1992年）5月10日実施

当①市原　文雄　61　無　　　　新　　14,221
　　堀田　昌男　64　無　　　　新　　13,977
　　竹森　　衛　39　無　　　　新　　 1,442
　　　　　　　　　　　　　　（投票率 63.00%）

平成8年（1996年）4月7日実施

当②市原　文雄　65　無　　　　現　　無投票

平成12年（2000年）4月16日実施

当③市原　文雄　69　無　　　　現　　14,293
　　今村　禎彦　59　無　　　　新　　10,863
　　　　　　　　　　　　　　（投票率 48.87%）

平成13年（2001年）10月28日実施

当①南　　佳策　64　無　　　　新　　 8,623
　　藤本　昭広　55　無　　　　新　　 8,345
　　諸井　英二　46　無　　　　新　　 5,538
　　上田　嘉昌　61　無　　　　新　　 3,851
　　今西　康世　49　無　　　　新　　 3,176
　　細野　　歩　44　共　　　　新　　 1,106
　　　　　　　　　　　　　　（投票率 58.27%）

大和郡山市長選挙

平成元年（1989年）6月11日実施

当①阪奥　　明　61　無　　　　新　　16,197
　　吉田泰一郎　78　無　　　　現　　 8,641
　　清水　　貢　59　無　　　　新　　 8,442
　　田村　雅勇　44　無　　　　新　　 8,230
　　田村　　俊　39　無　　　　新　　　939
　　　　　　　　　　　　　　（投票率 66.39%）

平成5年（1993年）6月6日実施

当②阪奥　　明　65　無　　　　現　　21,567
　　厚見　泰子　60　無　　　　新　　 5,745
　　　　　　　　　　　　　　（投票率 39.55%）

平成9年（1997年）6月8日実施

当③阪奥　　明　69　無　　　　現　　18,140
　　太垣和一郎　67　無　　　　新　　10,848
　　　　　　　　　　　　　　（投票率 40.18%）

平成13年（2001年）6月17日実施

当①上田　　清　49　無　　　　新　　19,591

小泉	米造	58	無	新	15,851
吉兼	和子	55	無	新	6,259

(投票率 56.30％)

平成17年（2005年）6月12日実施

当②	上田	清	53	無	現	21,283
	辻山	清	60	諸	新	2,290

(投票率 33.39％)

平成21年（2009年）6月7日実施

当③	上田	清	57	無	現	無投票

平成25年（2013年）6月16日実施

当④	上田	清	61	無	現	16,352
	丸谷	利一	64	無	新	9,543
	岡林	史子	67	無	新	2,041

(投票率 39.07％)

平成29年（2017年）6月18日実施

当⑤	上田	清	65	無	現	17,096
	北門	勇気	36	無	新	7,931
	梅野	行男	71	無	新	6,095

(投票率 43.19％)

松田	至康	51	無	新	1,115

(投票率 74.74％)

平成15年（2003年）4月27日実施

当①	吉田	誠克	52	無	新	15,138
	島田	保継	62	無	新	10,996
	稲葉	吉彦	63	無	新	9,637

(投票率 64.78％)

平成19年（2007年）4月15日実施

当②	吉田	誠克	56	無	現	無投票

平成23年（2011年）4月24日実施

当③	吉田	誠克	60	無	現	18,141
	植田	龍一	46	無	新	14,734

(投票率 60.08％)

平成27年（2015年）4月19日実施

当④	吉田	誠克	64	無	現	無投票

平成31年（2019年）4月14日実施

当①	堀内	大造	51	無	新	無投票

大和高田市長選挙

平成3年（1991年）9月29日実施

当①	田中	信英	74	無	新	13,747
	松尾	忠	50	共	新	5,505
	中川	保久	55	無	新	1,264

(投票率 40.95％)

平成7年（1995年）3月26日実施

当①	松田	利治	64	無	新	15,389
	戸谷	隆史	53	無	新	7,890
	坂本	博道	40	無	新	3,946
	中川	保久	58	無	新	595

(投票率 51.09％)

平成11年（1999年）4月25日実施

当②	松田	利治	68	無	現	28,131
	高崎	大史	37	無	新	7,279
	万津	力治	59	無	新	5,027

和　歌　山　県

県庁所在地　　和歌山市
市　　数　　9市（平成31年4月現在）
市　　名　　和歌山市・有田市・岩出市・海南市・紀の川市・御坊市・新宮市・田辺市・橋本市

【市に関わる合併・市制施行・名称変更】

市名	実施年月日	関係市町村名等	合併等の内容
岩出市	平成18年（2006年）4月1日	那賀郡岩出町	【市制施行】
海南市	平成17年（2005年）4月1日	海南市・海草郡下津町	【新設合併】
紀の川市	平成17年（2005年）11月7日	那賀郡打田町・粉河町・那賀町・桃山町・貴志川町	【新設合併・市制施行】
新宮市	平成17年（2005年）10月1日	新宮市・東牟婁郡熊野川町	【新設合併】
田辺市	平成17年（2005年）5月1日	田辺市・日高郡龍神村・西牟婁郡中辺路町・大塔村・東牟婁郡本宮町	【新設合併】
橋本市	平成18年（2006年）3月1日	橋本市・伊都郡高野口町	【新設合併】

【選挙結果】

和歌山県知事選挙

平成3年（1991年）10月27日実施
当⑤　仮谷　志良　69　無　自民 社会 公明 民社　現　370,603
　　　真田　寿雄　63　無　共産　新　72,122
　　　（投票率 55.49%）

平成7年（1995年）11月5日実施
当①　西口　勇　68　無　自民 新進 公明　新　306,697
　　　旅田　卓宗　50　無　新　244,105
　　　平井　章夫　63　無　共産　新　20,212
　　　貴志　八郎　65　無　新　16,397
　　　玉置　義博　45　諸　新　2,073
　　　（投票率 70.27%）

平成11年（1999年）10月31日実施
当②　西口　勇　72　無　自民 民主 自由 社民 自連　現　332,969

中津　孝司　52　無　共産　新　80,022
（投票率 49.14%）

平成12年（2000年）9月3日実施
当①　木村　良樹　48　無　自民 民主 公明 社民 保守 自連　新　229,264
　　　大江　康弘　46　無　新　153,192
　　　中津　孝司　53　無　共産　新　47,652
　　　（投票率 51.31%）

平成16年（2004年）8月8日実施
当②　木村　良樹　52　無　自民 民主 公明 社民　現　255,792
　　　泉　敏孝　66　無　共産　新　57,257
　　　（投票率 37.29%）

平成18年（2006年）12月17日実施
当①　仁坂　吉伸　56　無　自民 公明　新　195,719

泉　　敏孝 69　無 共産　　　新　　90,680
　　　　　　　　　　　　　　　（投票率 35.21％）

平成22年（2010年）11月28日実施

当②仁坂　吉伸 60　無 自民 公明　現　259,200
　　　藤本真利子 56　無 民主 国新　新　 76,051
　　　洞　　佳和 62　無 共産　　　新　 24,467
　　　　　　　　　　　　　　　（投票率 43.37％）

平成26年（2014年）11月30日実施

当③仁坂　吉伸 64　無 自民 民主 公明　現　266,093
　　　畑中　正好 62　無 共産　　　新　 54,164
　　　　　　　　　　　　　　　（投票率 39.65％）

平成30年（2018年）11月25日実施

当④仁坂　吉伸 68　無　　　　　　現　246,303
　　　畑中　正好 66　無 共産　　　新　 61,064
　　　　　　　　　　　　　　　（投票率 38.33％）

和歌山市長選挙

平成2年（1990年）6月24日実施

当②旅田　卓宗 45　無 社会 民社　現　 90,542
　　　滝本　昭次 62　無　　　　　　新　 56,108
　　　引地　延子 59　無 共産　　　新　 13,942
　　　越渡　一一 58　無　　　　　　新　　8,602
　　　　　　　　　　　　　　　（投票率 58.14％）

平成6年（1994年）6月19日実施

当③旅田　卓宗 49　無　　　　　　現　 84,321
　　　和田　秀教 45　無 自民　　　新　 52,664
　　　津野　　実 63　無　　　　　　新　 23,197
　　　住岡　慶治 48　無　　　　　　新　　1,500
　　　　　　　　　　　　　　　（投票率 54.15％）

平成7年（1995年）12月3日実施

当①尾崎　吉弘 59　無 自民　　　新　 58,545
　　　浜田　真輔 34　無 新進 公明　新　 45,558
　　　渡辺　　勲 55　無　　　　　　新　 37,162
　　　津野　　実 65　無 共産　　　新　 13,427
　　　　　　　　　　　　　　　（投票率 50.44％）

平成11年（1999年）1月17日実施

当④旅田　卓宗 53　無　　　　　　元　 75,466
　　　岩橋　延直 64　無 自民 公明 自由 社民　新　 67,089
　　　埴谷　美幸 45　無 共産　　　新　 22,080
　　　浅井　周英 62　無　　　　　　新　 13,849
　　　玉置　義博 48　諸　　　　　　新　　　678
　　　　　　　　　　　　　　　（投票率 57.72％）

平成14年（2002年）8月25日実施

当①大橋　建一 56　無 自民 社民 保守　新　 93,668
　　　旅田　卓宗 57　無　　　　　　前　 43,181
　　　前岡　正男 45　無　　　　　　新　　7,586
　　　永長　敏昭 53　無　　　　　　新　　2,080
　　　住岡　慶治 56　無　　　　　　新　　　652
　　　　　　　　　　　　　　　（投票率 48.16％）

平成18年（2006年）7月30日実施

当②大橋　建一 60　無　　　　　　現　 71,112
　　　宇治田栄蔵 56　無　　　　　　新　 24,297
　　　山下　大輔 38　無　　　　　　新　 23,919
　　　旅田　卓宗 61　無　　　　　　前　 14,279
　　　永長　敏昭 57　無　　　　　　新　　1,956
　　　山路　由紀 71　無　　　　　　新　　　882
　　　　　　　　　　　　　　　（投票率 44.42％）

平成22年（2010年）8月1日実施

当③大橋　建一 64　無　　　　　　現　 54,344
　　　小田　　章 67　無　　　　　　新　 45,725
　　　小野原典子 55　無 共産　　　新　 11,818
　　　　　　　　　　　　　　　（投票率 36.45％）

平成26年（2014年）8月10日実施

当①尾花　正啓 61　無 自民 民主 公明　新　 44,723
　　　遠藤富士雄 67　無　　　　　　新　 21,450
　　　浜田　真輔 52　無　　　　　　新　　9,534
　　　中津　孝司 66　無 共産　　　新　　8,630
　　　芝本　和己 46　無　　　　　　新　　6,668
　　　小早川正和 61　無　　　　　　新　　1,627
　　　　　　　　　　　　　　　（投票率 30.84％）

平成30年（2018年）7月29日実施

当②尾花　正啓 65　無 自民 国民 公明　現　 68,081

島　久美子　62　無　共産 社民　　　新　　28,145
　　　　　　　　　　　　　　　(投票率 31.56%)

有田市長選挙

平成元年(1989年)11月12日実施

当⑤中本　重夫　70　無　　　　　現　　無投票

平成5年(1993年)11月21日実施

当⑥中本　重夫　74　無　　　　　現　　 8,881
　　中村　輝夫　62　無　　　　　新　　 6,336
　　　　　　　　　　　　　　　(投票率 59.01%)

平成9年(1997年)11月23日実施

当①玉置　三夫　63　無　　　　　新　　15,427
　　花田　順子　51　無　　　　　新　　 6,351
　　玉置　三男　60　無　　　　　新　　　　36
　　　　　　　　　　　　　　　(投票率 81.80%)

平成12年(2000年)9月10日実施

当①松本　泰造　64　無　　　　　新　　無投票

平成16年(2004年)9月5日実施

当②玉置　三夫　70　無　　　　　前　　10,452
　　松本　泰造　68　無　　　　　現　　10,099
　　　　　　　　　　　　　　　(投票率 77.45%)

平成20年(2008年)9月7日実施

当①望月　良男　36　無　　　　　新　　 9,860
　　玉置　三夫　74　無　　　　　現　　 9,451
　　　　　　　　　　　　　　　(投票率 75.09%)

平成24年(2012年)9月2日実施

当②望月　良男　40　無　　　　　現　　無投票

平成28年(2016年)8月28日実施

当③望月　良男　44　無　　　　　現　　無投票

岩出市長選挙

平成18年(2006年)4月1日那賀郡岩出町が市制施行して岩出市となる

平成20年(2008年)9月28日実施

当①中芝　正幸　65　無　　　　　現　　10,175
　　土岐　健二　57　無　　　　　新　　 5,722
　　下村　雅洋　53　共　　　　　新　　 2,238
　　　　　　　　　　　　　　　(投票率 46.98%)

平成24年(2012年)9月30日実施

当②中芝　正幸　69　無　　　　　現　　 9,060
　　尾和　弘一　65　無　　　　　新　　 4,946
　　　　　　　　　　　　　　　(投票率 35.04%)

平成28年(2016年)10月2日実施

当③中芝　正幸　73　無　　　　　現　　10,116
　　尾和　弘一　69　無　　　　　新　　 5,192
　　　　　　　　　　　　　　　(投票率 36.41%)

海南市長選挙

平成2年(1990年)4月8日実施

当④山本　有造　63　無　　　　　現　　15,010
　　神出　政巳　39　無　　　　　新　　14,827
　　　　　　　　　　　　　　　(投票率 79.04%)

平成6年(1994年)4月10日実施

当①石田　真敏　42　無　　　　　新　　15,878
　　神出　政巳　43　無　　　　　新　　15,104
　　　　　　　　　　　　　　　(投票率 81.48%)

平成10年(1998年)3月29日実施

当②石田　真敏　45　無　　　　　現　　無投票

平成14年(2002年)3月31日実施

当①神出　政巳　51　無　　　　　新　　無投票

平成17年(2005年)4月17日実施

当①神出　政巳　54　無　　　　　新　　無投票

平成21年（2009年）4月12日実施

当②神出　政巳　58　無　　　　現　　無投票

平成25年（2013年）4月14日実施

当③神出　政巳　62　無　　　　現　　無投票

平成29年（2017年）4月9日実施

当④神出　政巳　66　無　　　　現　　無投票

紀の川市長選挙

平成17年（2005年）11月7日那賀郡打田町・粉河町・那賀町・桃山町・貴志川町が新設合併・市制施行して紀の川市となる

平成17年（2005年）12月11日実施

当①中村　慎司　63　無　　　　新　　23,820
　　服部　一　　64　無　　　　新　　20,946
　　　　　　　　　　　　　（投票率 80.97%）

平成21年（2009年）11月15日実施

当②中村　慎司　67　無　　　　現　　25,338
　　根来　博　　64　無　　　　新　　13,622
　　　　　　　　　　　　　（投票率 71.93%）

平成25年（2013年）11月10日実施

当③中村　慎司　71　無　　　　現　　無投票

平成29年（2017年）11月12日実施

当④中村　慎司　75　無　　　　現　　無投票

御坊市長選挙

平成4年（1992年）5月17日実施

当①柏木　征夫　51　無　　　　新　　無投票

平成8年（1996年）5月26日実施

当②柏木　征夫　55　無　　　　現　　11,917
　　林　　勤　　44　無　　　　新　　 2,639
　　　　　　　　　　　　　（投票率 69.44%）

平成12年（2000年）5月21日実施

当③柏木　征夫　59　無　　　　現　　無投票

平成16年（2004年）5月16日実施

当④柏木　征夫　63　無　　　　現　　無投票

平成20年（2008年）5月18日実施

当⑤柏木　征夫　67　無　　　　現　　無投票

平成24年（2012年）5月27日実施

当⑥柏木　征夫　71　無　　　　現　　 8,558
　　山本　勝也　51　無　　　　新　　 3,070
　　　　　　　　　　　　　（投票率 58.25%）

平成28年（2016年）5月22日実施

当⑦柏木　征夫　75　無　　　　現　　 9,375
　　二階　俊樹　51　無　　　　新　　 5,886
　　　　　　　　　　　　　（投票率 78.10%）

新宮市長選挙

平成3年（1991年）4月21日実施

当①岸　　順三　63　無　　　　新　　13,719
　　田阪　匡玄　62　無　　　　現　　 9,365
　　　　　　　　　　　　　（投票率 88.12%）

平成7年（1995年）4月16日実施

当②岸　　順三　67　無　　　　現　　無投票

平成11年（1999年）4月25日実施

当①佐藤　春陽　57　無　　　　新　　 8,303
　　岸　　順三　71　無　　　　現　　 5,915
　　上野　哲弘　54　無　　　　新　　 4,490
　　中瀬古晶一　65　無　　　　新　　 3,995
　　　　　　　　　　　　　（投票率 86.96%）

平成15年（2003年）4月27日実施

当①上野　哲弘　58　無　　　　新　　10,335
　　佐藤　春陽　61　無　　　　現　　10,042
　　　　　　　　　　　　　（投票率 80.22%）

和歌山県

平成17年（2005年）10月30日実施
当①	佐藤 春陽	63	無	新	11,609
	上野 哲弘	61	無	新	8,172

（投票率 72.23%）

平成21年（2009年）10月25日実施
当①	田岡実千年	48	無	新	6,909
	下川 俊樹	66	無	新	6,792
	岸 芳男	56	無	新	4,071
	上野 哲弘	65	無	新	2,061

（投票率 74.90%）

平成25年（2013年）10月27日実施
当②	田岡実千年	52	無	現	9,777
	上田 勝之	48	無	新	5,116
	大西 強	69	無	新	2,728

（投票率 69.00%）

平成29年（2017年）10月22日実施
当③	田岡実千年	56	無	現	9,285
	並河 哲次	32	無	新	7,562

（投票率 68.62%）

田辺市長選挙

平成2年（1990年）4月22日実施
当②	生駒 啓三	68	無	現	17,403
	安井 澄夫	42	無	新	1,599

（投票率 38.25%）

平成6年（1994年）2月20日実施
当①	脇中 孝	61	無	新	25,731
	木下 義夫	57	無	新	16,219

（投票率 79.67%）

平成10年（1998年）2月1日実施
当②	脇中 孝	64	無	現	無投票

平成14年（2002年）2月3日実施
当③	脇中 孝	68	無	現	20,293
	村上 有司	61	無	新	8,214
	馬頭 哲弥	68	無	新	5,675

	町田 升伯	66	無	新	2,403
	和田 庶吾	49	無	新	231

（投票率 66.65%）

平成17年（2005年）5月22日実施
当①	真砂 充敏	47	無	新	20,982
	西 芳男	57	無	新	18,543
	鈴木 信行	65	無	新	12,611

（投票率 78.50%）

平成21年（2009年）4月26日実施
当②	真砂 充敏	51	無	現	34,019
	大倉 勝行	57	無	新	11,229

（投票率 71.03%）

平成25年（2013年）4月21日実施
当③	真砂 充敏	55	無	現	34,888
	久保 文子	63	無	新	4,917

（投票率 65.76%）

平成29年（2017年）4月16日実施
当④	真砂 充敏	59	無	現	無投票

橋本市長選挙

平成3年（1991年）1月20日実施
当③	塙坂治郎五郎	66	無	現	無投票

平成5年（1993年）5月30日実施
当①	北村 翼	66	無	新	無投票

平成9年（1997年）5月11日実施
当②	北村 翼	70	無	現	無投票

平成13年（2001年）5月20日実施
当③	北村 翼	74	無	現	14,192
	平林 崇行	45	無	新	8,688

（投票率 55.70%）

平成17年（2005年）5月22日実施
当①	木下 善之	69	無	新	12,242
	寺本 伸行	55	無	新	10,507

羽根　春興　68　無　　　　　新　　　3,640
　　　　　　　　　　　　　　（投票率 62.45%）

平成18年（2006年）3月26日実施
当①木下　善之　70　無　　　　　新　　　無投票

平成22年（2010年）3月14日実施
当②木下　善之　74　無　　　　　現　　　15,464
　　平林　崇行　54　無　　　　　新　　　 8,721
　　中塚　裕久　49　無　　　　　新　　　 5,681
　　　　　　　　　　　　　　（投票率 54.83%）

平成26年（2014年）3月16日実施
当①平木　哲朗　56　無　　　　　新　　　16,683
　　岩田　弘彦　54　無　　　　　新　　　14,500
　　　　　　　　　　　　　　（投票率 58.93%）

平成30年（2018年）3月11日実施
当②平木　哲朗　60　無　　　　　現　　　無投票

鳥 取 県

県庁所在地　　鳥取市
市　　　数　　4市（平成31年4月現在）
市　　　名　　鳥取市・倉吉市・境港市・米子市

【市に関わる合併・市制施行・名称変更】

市名	実施年月日	関係市町村名等	合併等の内容
鳥取市	平成16年（2004年）11月1日	鳥取市・岩美郡国府町・福部村・八頭郡河原町・用瀬町・佐治村・気高郡気高町・鹿野町・青谷町	【編入合併】
倉吉市	平成17年（2005年）3月22日	倉吉市・東伯郡関金町	【編入合併】
米子市	平成17年（2005年）3月31日	米子市・西伯郡淀江町	【新設合併】

【選挙結果】

鳥取県知事選挙

平成3年（1991年）4月7日実施

当③西尾　邑次　70　無　自民 民社 社会 公明　現　281,329
　　坂口　猛虎　62　無　共産　　　新　43,059
（投票率 73.32%）

平成7年（1995年）4月9日実施

当④西尾　邑次　74　無　自民 社会 公明　現　254,121
　　村口　徳康　60　無　共産　　　新　39,100
（投票率 65.12%）

平成11年（1999年）4月11日実施

当①片山　善博　47　無　自民 民主 公明 自由 社民　新　209,148
　　田村耕太郎　35　無　　　新　125,618
　　岩永　尚之　42　共　　　新　21,411
（投票率 76.26%）

平成15年（2003年）3月27日実施

当②片山　善博　51　無　現　無投票

平成19年（2007年）4月8日実施

当①平井　伸治　45　無　自民 公明　新　232,897
　　山内　淳子　64　無　共産　　　新　55,768
（投票率 61.46%）

平成23年（2011年）4月10日実施

当②平井　伸治　49　無　現　255,367
　　山内　淳子　68　無　共産　　　新　23,218
（投票率 59.11%）

平成27年（2015年）4月12日実施

当③平井　伸治　53　無　自民 民主 公明　現　234,291
　　岩永　尚之　58　無　共産　　　新　29,425
（投票率 56.96%）

平成31年（2019年）4月7日実施

当④平井　伸治　57　無　立憲　現　225,883
　　福住　英行　43　無　共産　　　新　14,056
　　井上　洋　70　無　　　新　4,905
（投票率 53.09%）

鳥取市長選挙

平成2年（1990年）4月15日実施
当①西尾　沼富　62　無　自民 社会 公明 民社　新　31,121
　 松本　芳彬　53　共　　　　　　　　　　　新　 6,304
（投票率 38.61%）

平成6年（1994年）4月10日実施
当②西尾　沼富　66　無　自民 社会 民社 公明　現　30,095
　 牛尾　甫　　69　無　共産　　　　　　　　　新　 4,741
（投票率 34.07%）

平成10年（1998年）4月12日実施
当③西尾　沼富　70　無　自民 社民 公明　現　26,929
　 山田　弘　　58　無　　　　　　　　　新　16,411
　 岩永　尚之　41　共　　　　　　　　　新　 4,957
（投票率 44.67%）

平成14年（2002年）4月7日実施
当①竹内　功　　50　無　　　　　　新　30,349
　 西尾　沼富　74　無　自民 民主　現　18,418
　 奥田　保明　42　無　　　　　　　新　16,967
　 岩永　尚之　45　共　　　　　　　新　 2,965
（投票率 60.91%）

平成18年（2006年）4月9日実施
当②竹内　功　　54　無　自民 公明　現　41,372
　 市谷　尚三　68　無　共産　　　　新　15,774
（投票率 37.70%）

平成22年（2010年）4月11日実施
当③竹内　功　　58　無　自民 公明　現　47,322
　 砂場　隆浩　46　無　民主 共産 社民　新　26,953
（投票率 48.34%）

平成26年（2014年）4月13日実施
当①深沢　義彦　61　無　　新　29,625
　 鉄永　幸紀　66　無　　新　25,690
　 福浜　隆宏　48　無　　新　25,645
（投票率 52.96%）

平成30年（2018年）3月25日実施
当②深沢　義彦　65　無　自民 公明　現　37,187
　 塚田　成幸　54　無　共産　　　　新　11,148
（投票率 31.51%）

倉吉市長選挙

平成2年（1990年）4月8日実施
当①早川　芳忠　52　無　　新　18,528
　 谷口　充　　62　無　　新　 9,221
　 山口　義行　63　無　　新　 4,074
（投票率 85.32%）

平成6年（1994年）3月27日実施
当②早川　芳忠　56　無　　現　16,817
　 長谷川　稔　47　無　　新　 8,992
（投票率 68.38%）

平成10年（1998年）3月29日実施
当③早川　芳忠　60　無　　現　15,415
　 伊藤美都夫　60　無　　新　14,931
（投票率 78.87%）

平成14年（2002年）3月31日実施
当①長谷川　稔　55　無　　新　16,342
　 早川　芳忠　64　無　　現　11,820
（投票率 73.38%）

平成18年（2006年）3月19日実施
当②長谷川　稔　59　無　　現　無投票

平成21年（2009年）11月1日実施
当③長谷川　稔　62　無　　前　10,987
　 増井　寿雄　62　無　　新　 9,730
　 川部　洋　　44　無　　新　 5,795
（投票率 64.66%）

平成22年（2010年）3月28日実施
当①石田耕太郎　60　無　　新　15,612
　 岡本　義範　58　無　　新　 2,410
（投票率 45.39%）

平成26年（2014年）3月23日実施

当②石田耕太郎 64 無　　　現　　無投票

平成30年（2018年）3月25日実施

当③石田耕太郎 68 無　　　現　　14,072
　岡本　義範 66 無　　　新　　 1,340
　　　　　　　　　（投票率 39.46%）

境港市長選挙

平成元年（1989年）12月10日実施

当①黒見　哲夫 57 無　　　新　　14,313
　小村　勝洋 35 共　　　新　　 1,920
　　　　　　　　　（投票率 59.87%）

平成5年（1993年）11月28日実施

当②黒見　哲夫 61 無　　　現　　13,042
　長尾　達也 62 共　　　新　　 1,557
　　　　　　　　　（投票率 51.86%）

平成9年（1997年）11月9日実施

当③黒見　哲夫 65 無　　　現　　無投票

平成14年（2002年）1月27日実施

当④黒見　哲夫 69 無　　　前　　11,212
　森田　英雄 57 無　　　新　　11,056
　　　　　　　　　（投票率 76.17%）

平成16年（2004年）7月25日実施

当①中村　勝治 59 無　　　新　　10,158
　森田　英雄 59 無　　　新　　 8,657
　　　　　　　　　（投票率 63.39%）

平成20年（2008年）7月6日実施

当②中村　勝治 63 無　　　現　　無投票

平成24年（2012年）7月1日実施

当③中村　勝治 67 無　　　現　　無投票

平成28年（2016年）7月17日実施

当④中村　勝治 71 無　　　現　　11,582

　田中　文也 60 無　　　新　　 3,306
　　　　　　　　　（投票率 51.95%）

米子市長選挙

平成3年（1991年）4月21日実施

当①森田　隆朝 65 無　　　新　　42,627
　松本　　徹 68 無　　　現　　33,660
　　　　　　　　　（投票率 80.54%）

平成7年（1995年）4月16日実施

当②森田　隆朝 69 無　　　現　　無投票

平成11年（1999年）4月25日実施

当③森田　隆朝 73 無　　　現　　39,991
　野坂　康夫 53 無　　　新　　37,270
　　　　　　　　　（投票率 74.13%）

平成15年（2003年）4月27日実施

当①野坂　康夫 57 無　　　新　　50,384
　林　　道夫 45 無　　　新　　 7,765
　鷲見　節夫 58 共　　　新　　 4,576
　石川　行一 54 無　　　新　　 3,928
　　　　　　　　　（投票率 63.31%）

平成17年（2005年）4月24日実施

当①野坂　康夫 59 無　　　新　　39,979
　大谷　輝子 68 無　　　新　　 8,850
　石川　行一 56 諸　　　新　　 3,333
　　　　　　　　　（投票率 44.89%）

平成21年（2009年）4月19日実施

当②野坂　康夫 63 無　　　現　　25,455
　八幡　美博 58 無　　　新　　22,274
　上場　重俊 60 無　　　新　　20,666
　　　　　　　　　（投票率 58.59%）

平成25年（2013年）4月21日実施

当③野坂　康夫 67 無　　　現　　32,085
　佐々木康子 75 共　　　新　　 8,242
　　　　　　　　　（投票率 35.27%）

平成29年(2017年)4月16日実施

当①伊木　隆司　43　無　　　新　　29,922
　　山川　智帆　39　無　　　新　　20,625
　　福住　英行　41　無　　　新　　 4,631
　　　　　　　　　　　　（投票率 46.09%）

島　根　県

県庁所在地　　松江市
市　　数　　8市（平成31年4月現在）
市　　名　　松江市・出雲市（平田市）・雲南市・大田市・江津市・浜田市・益田市・安来市
　　　　　　　　　　　　　　　　　　　　　　　　　　　※（　）内は廃止された市

【市に関わる合併・市制施行・名称変更】

市名	実施年月日	関係市町村名等	合併等の内容
松江市	平成17年（2005年）3月31日	松江市・八束郡鹿島町・島根町・美保関町・八雲村・玉湯町・宍道町・八束町	【新設合併】
	平成23年（2011年）8月1日	松江市・八束郡東出雲町	【編入合併】
出雲市	平成17年（2005年）3月22日	出雲市・平田市・簸川郡佐田町・多伎町・湖陵町・大社町	【新設合併】
	平成23年（2011年）10月1日	出雲市・簸川郡斐川町	【編入合併】
雲南市	平成16年（2004年）11月1日	大原郡大東町・加茂町・木次町・飯石郡三刀屋町・吉田村・掛合町	【新設合併・市制施行】
大田市	平成17年（2005年）10月1日	大田市・邇摩郡温泉津町・仁摩町	【新設合併】
江津市	平成16年（2004年）10月1日	江津市・邑智郡桜江町	【編入合併】
浜田市	平成17年（2005年）10月1日	浜田市・那賀郡金城町・旭町・弥栄村・三隅町	【新設合併】
益田市	平成16年（2004年）11月1日	益田市・美濃郡美都町・匹見町	【編入合併】
安来市	平成16年（2004年）10月1日	安来市・能義郡広瀬町・伯太町	【新設合併】

【選挙結果】

島根県知事選挙

平成3年（1991年）4月7日実施

当② 澄田　信義　56　無　自民 民社 公明　現　400,714
　　 森脇　勝弘　61　無　共産　　　　　　新　　61,314
　　　　　　　　　　　　　　　　　（投票率 80.63％）

平成7年（1995年）4月9日実施

当③ 澄田　信義　60　無　自民 新進 公明　現　305,421
　　 本田　幸雄　52　無　社会 さき　　　新　132,866
　　 勝部　庸一　64　共　　　　　　　　　新　 15,646
　　　　　　　　　　　　　　　　　（投票率 78.13％）

平成11年（1999年）4月11日実施

当④ 澄田　信義　64　無　自民 公明　現　349,116
　　 佐々木洋子　48　共　　　　　　　新　 86,399
　　　　　　　　　　　　　　　　　（投票率 74.51％）

平成15年（2003年）4月13日実施

当⑤ 澄田　信義　68　無　自民 公明 保新　現　245,509
　　 太田　満保　55　無　　　　　　　　　新　105,113
　　 九重　匡江　64　無　　　　　　　　　新　 44,925
　　 佐々木洋子　52　共　　　　　　　　　新　 26,967
　　　　　　　　　　　　　　　　　（投票率 71.55％）

平成19年（2007年）4月8日実施

当①溝口善兵衛 61　無 自民 公明　　新　　306,254
　　小笠原年康 53　共　　　　　　　新　　 73,777
　　　　　　　　　　　　　　　（投票率 65.86%）

平成23年（2011年）4月10日実施

当②溝口善兵衛 65　無 自民 公明　　現　　269,636
　　向瀬　慎一 40　共　　　　　　　新　　 33,571
　　　　　　　　　　　　　　　（投票率 52.70%）

平成27年（2015年）4月12日実施

当③溝口善兵衛 69　無 自民 公明　　現　　268,284
　　万代　弘美 65　共　　　　　　　新　　 65,088
　　　　　　　　　　　　　　　（投票率 59.56%）

平成31年（2019年）4月7日実施

当①丸山　達也 49　無　　　　　　　新　　150,338
　　大庭　誠司 59　無 自民　　　　　新　　120,276
　　島田　二郎 65　無　　　　　　　新　　 40,694
　　山崎　泰子 57　無 共産　　　　　新　　 33,699
　　　　　　　　　　　　　　　（投票率 62.04%）

松江市長選挙

平成元年（1989年）10月15日実施

当①石倉　孝昭 64　無 社会 社連 共産　新　 35,705
　　浅野　俊雄 59　無 自民　　　　　新　　 33,464
　　　　　　　　　　　　　　　（投票率 69.51%）

平成5年（1993年）10月17日実施

当①宮岡　寿雄 63　無 自民 公明　　新　　 38,761
　　石倉　孝昭 68　無 社会 さき 社連　現　 31,571
　　西尾　輝夫 65　無 共産　　　　　新　　 2,513
　　　　　　　　　　　　　　　（投票率 70.14%）

平成9年（1997年）10月5日実施

当②宮岡　寿雄 67　無 自民 民主 公明　現　 35,801
　　小笹　義治 51　無 共産　　　　　新　　 9,150
　　　　　　　　　　　　　　　（投票率 41.66%）

平成12年（2000年）6月18日実施

当①松浦　正敬 52　無 自民 公明　　新　　 48,820

　　尾村　利成 37　共　　　　　　　新　　 12,524
　　　　　　　　　　　　　　　（投票率 56.51%）

平成16年（2004年）5月23日実施

当②松浦　正敬 56　無 自民 民主 公明　現　 32,392
　　小笹　義治 58　共　　　　　　　新　　 6,537
　　　　　　　　　　　　　　　（投票率 34.74%）

平成17年（2005年）4月24日実施

当①松浦　正敬 57　無 自民 民主 公明　新　 61,116
　　川島　光雅 55　無　　　　　　　新　　 39,129
　　　　　　　　　　　　　　　（投票率 66.82%）

平成21年（2009年）4月19日実施

当②松浦　正敬 61　無 自民 民主 公明　現　 58,741
　　川上　　大 50　無　　　　　　　新　　 46,166
　　　　　　　　　　　　　　　（投票率 69.54%）

平成25年（2013年）4月21日実施

当③松浦　正敬 65　無 自民 公明　　現　　 55,658
　　川上　　大 54　無　　　　　　　新　　 40,727
　　石飛　育久 34　共　　　　　　　新　　 5,765
　　　　　　　　　　　　　　　（投票率 63.07%）

平成29年（2017年）4月16日実施

当④松浦　正敬 69　無 自民 公明　　現　　 63,453
　　山崎　泰子 55　無 共産　　　　　新　　 29,414
　　　　　　　　　　　　　　　（投票率 57.66%）

出雲市長選挙

平成元年（1989年）3月26日実施

当①岩国　哲人 52　無　　　　　　　新　　 28,308
　　松下　勝久 48　共　　　　　　　新　　 7,241
　　　　　　　　　　　　　　　（投票率 61.68%）

平成5年（1993年）3月28日実施

当②岩国　哲人 56　無　　　　　　　現　　 32,093
　　佐々木洋子 41　共　　　　　　　新　　 4,691
　　　　　　　　　　　　　　　（投票率 60.85%）

平成7年（1995年）4月23日実施

当①西尾　理弘 53　無　　　　　　　新　　 29,425

島根県

| 珍部　全吾 44 無 | 新 | 18,476 |
| 佐々木洋子 44 共 | 新 | 2,736 |

(投票率 82.25%)

平成11年（1999年）4月18日実施

当② 西尾　理弘 57 無　　現　　無投票

平成15年（2003年）4月20日実施

当③ 西尾　理弘 61 無　　現　　無投票

平成17年（2005年）4月10日実施

当① 西尾　理弘 63 無　　新　　無投票

平成21年（2009年）4月12日実施

当① 長岡　秀人 58 無	新	54,703
菊地　恵介 33 無	新	18,683
西尾　理弘 67 無	現	16,832

(投票率 78.56%)

平成25年（2013年）4月7日実施

当② 長岡　秀人 62 無　　現　　無投票

平成29年（2017年）4月9日実施

| 当③ 長岡　秀人 66 無 | 現 | 73,363 |
| 吉田　博義 45 無 | 新 | 13,665 |

(投票率 63.47%)

（平田市長選挙）

平成3年（1991年）5月19日実施

| 当② 太田　満保 43 無 | 現 | 11,696 |
| 福田　治夫 59 無 | 新 | 9,449 |

(投票率 92.12%)

平成7年（1995年）5月21日実施

当③ 太田　満保 47 無　　現　　無投票

平成11年（1999年）5月23日実施

当④ 太田　満保 51 無	現	10,525
多久和忠雄 66 無	新	8,934
木佐　宏 55 無	新	535

(投票率 86.14%)

平成15年（2003年）4月20日実施

当① 長岡　秀人 52 無　　新　　無投票

※平成17年（2005年）3月22日平田市は旧出雲市・簸川郡佐田町・多伎町・湖陵町・大社町と新設合併して出雲市となる

雲南市長選挙

平成16年（2004年）11月1日大原郡大東町・加茂町・木次町・飯石郡三刀屋町・吉田村・掛合町が新設合併・市制施行して雲南市となる

平成16年（2004年）11月21日実施

当① 速水　雄一 58 無　　新　　無投票

平成20年（2008年）11月9日実施

当② 速水　雄一 62 無　　現　　無投票

平成24年（2012年）11月18日実施

| 当③ 速水　雄一 66 無 | 現 | 17,496 |
| 藤原　隆広 63 無 | 新 | 10,784 |

(投票率 81.61%)

平成28年（2016年）11月6日実施

当④ 速水　雄一 70 無　　現　　無投票

大田市長選挙

平成元年（1989年）3月26日実施

当① 熊谷　国彦 61 無	新	13,605
石田　良三 57 無	現	11,800
岡田　健治 40 無	新	534

(投票率 92.38%)

平成5年（1993年）3月28日実施

当② 熊谷　国彦 65 無	現	13,413
渡辺　晴夫 67 無	新	9,616
福田佳代子 43 共	新	1,154

(投票率 87.94%)

平成9年（1997年）3月30日実施

当③	熊谷　国彦	69	無	現	12,702
	岸　　秀司	64	無	新	5,534

（投票率69.12％）

平成13年（2001年）3月18日実施

|当④|熊谷　国彦|73|無|現|無投票|

平成17年（2005年）3月27日実施

|当⑤|熊谷　国彦|77|無|現|10,175|
| |山崎　　哲|65|無|新|1,736|

（投票率45.42％）

平成17年（2005年）10月30日実施

当①	竹腰　創一	55	無	新	15,792
	生越　俊一	48	無	新	10,356
	波多野　誠	52	無	新	449

（投票率78.82％）

平成21年（2009年）10月25日実施

|当②|竹腰　創一|59|無|現|16,762|
| |温泉川　孝|68|無|新|4,051|

（投票率64.17％）

平成25年（2013年）10月13日実施

|当③|竹腰　創一|63|無|現|無投票|

平成29年（2017年）10月15日実施

|当①|楫野　弘和|62|無|新|無投票|

江津市長選挙

平成2年（1990年）7月8日実施

|当①|牛尾　一弘|69|無|新|9,052|
| |福原　友宏|66|無|現|8,603|

（投票率86.68％）

平成6年（1994年）6月26日実施

|当②|牛尾　一弘|73|無|現|無投票|

平成10年（1998年）5月31日実施

|当①|田中　増次|53|無|新|12,712|
| |岩田　年次|63|共|新|4,736|

（投票率86.94％）

平成14年（2002年）5月19日実施

|当②|田中　増次|57|無|現|無投票|

平成18年（2006年）5月21日実施

|当③|田中　増次|61|無|現|無投票|

平成22年（2010年）5月23日実施

|当④|田中　増次|65|無|現|無投票|

平成26年（2014年）5月25日実施

|当①|山下　　修|65|無|新|無投票|

平成30年（2018年）5月27日実施

|当②|山下　　修|69|無|現|11,426|
| |森谷　公昭|62|諸|新|2,022|

（投票率68.49％）

浜田市長選挙

平成4年（1992年）4月5日実施

|当③|大谷　久満|66|無|現|無投票|

平成8年（1996年）4月7日実施

|当①|宇津　徹男|52|無|新|17,307|
| |小笠原年康|42|共|新|2,276|

（投票率54.66％）

平成12年（2000年）4月2日実施

|当②|宇津　徹男|56|無|現|17,553|
| |竹下　逸郎|65|共|新|2,016|

（投票率54.77％）

平成16年（2004年）4月4日実施

|当③|宇津　徹男|60|無|現|無投票|

平成17年（2005年）10月16日実施

|当①|宇津　徹男|62|無|新|無投票|

平成21年（2009年）10月18日実施

|当②|宇津　徹男|66|無|現|27,625|

島根県

森谷　公昭　53　諸　　　　新　　　9,685
　　　　　　　　　　　　（投票率 76.83%）

平成25年（2013年）10月20日実施

当①久保田章市　62　無　　　新　　　25,753
　　川神　裕司　56　無　　　新　　　　7,821
　　　　　　　　　　　　（投票率 70.55%）

平成29年（2017年）10月15日実施

当②久保田章市　66　無　　　現　　　26,189
　　森谷　公昭　61　諸　　　新　　　　4,931
　　　　　　　　　　　　（投票率 68.06%）

益田市長選挙

平成4年（1992年）7月26日実施

当①渋谷　義人　64　無　　　新　　　18,132
　　水津　卓夫　64　無　　　新　　　16,343
　　　　　　　　　　　　（投票率 90.62%）

平成8年（1996年）7月28日実施

当①田中八洲男　52　無　　　新　　　17,841
　　渋谷　義人　68　無　　　現　　　15,637
　　　　　　　　　　　　（投票率 86.54%）

平成12年（2000年）7月30日実施

当①牛尾　郁夫　57　無　　　新　　　18,821
　　田中八洲男　56　無　　　現　　　14,719
　　　　　　　　　　　　（投票率 86.01%）

平成16年（2004年）7月25日実施

当②牛尾　郁夫　61　無　　　現　　　18,178
　　福原慎太郎　31　無　　　新　　　14,188
　　　　　　　　　　　　（投票率 82.91%）

平成20年（2008年）7月27日実施

当①福原慎太郎　35　無　　　新　　　15,925
　　牛尾　郁夫　65　無　　　現　　　14,337
　　　　　　　　　　　　（投票率 73.25%）

平成24年（2012年）7月29日実施

当①山本　浩章　43　無　　　新　　　14,645

福原慎太郎　39　無　　　現　　　13,494
　　　　　　　　　　　　（投票率 68.89%）

平成28年（2016年）7月24日実施

当②山本　浩章　47　無　　　現　　　17,447
　　福原慎太郎　43　無　　　前　　　10,086
　　　　　　　　　　　　（投票率 68.56%）

安来市長選挙

平成元年（1989年）10月22日実施

当①加藤　節夫　60　無　　　新　　　10,671
　　青戸　　保　55　無　　　新　　　　9,271
　　米田三喜男　36　無　　　新　　　　1,424
　　　　　　　　　　　　（投票率 91.21%）

平成5年（1993年）10月17日実施

当②加藤　節夫　64　無　　　現　　　無投票

平成9年（1997年）10月26日実施

当①島田　二郎　44　無　　　新　　　13,202
　　飯橋　一春　56　無　　　新　　　　7,944
　　　　　　　　　　　　（投票率 88.41%）

平成13年（2001年）10月28日実施

当②島田　二郎　48　無　　　現　　　14,934
　　越野　宗男　57　無　　　新　　　　4,963
　　　　　　　　　　　　（投票率 84.67%）

平成16年（2004年）10月24日実施

当①島田　二郎　51　無　　　新　　　16,317
　　越野　宗男　60　無　　　新　　　　4,470
　　　　　　　　　　　　（投票率 58.57%）

平成20年（2008年）10月19日実施

当①近藤　宏樹　63　無　　　新　　　14,507
　　島田　二郎　55　無　　　現　　　　9,332
　　越野　宗男　63　無　　　新　　　　1,479
　　　　　　　　　　　　（投票率 71.73%）

平成24年（2012年）10月21日実施

当②近藤　宏樹　67　無　　　現　　　12,695

勝部　幸治　53　無　　　　　新　　11,587
(投票率 71.29%)

平成28年(2016年)10月16日実施

当③近藤　宏樹　71　無　　　　現　　12,562
　　葉田　茂美　65　無　　　　新　　 6,586
(投票率 57.35%)

岡　山　県

県庁所在地　　岡山市
市　　　数　　15市（平成31年4月現在）
市　　　名　　岡山市《指定都市/4区》・赤磐市・浅口市・井原市・笠岡市・倉敷市・瀬戸内市・総社市・高梁市・玉野市・津山市・新見市・備前市・真庭市・美作市

【市に関わる合併・市制施行・名称変更】

市名	実施年月日	関係市町村名等	合併等の内容
岡山市	平成17年（2005年）3月22日	岡山市・御津郡御津町・児島郡灘崎町	【編入合併】
	平成19年（2007年）1月22日	岡山市・御津郡建部町・赤磐郡瀬戸町	【編入合併】
	平成21年（2009年）4月1日	指定都市	【市制移行】
赤磐市	平成17年（2005年）3月7日	赤磐郡山陽町・赤坂町・熊山町・吉井町	【新設合併・市制施行】
浅口市	平成18年（2006年）3月21日	浅口郡金光町・鴨方町・寄島町	【新設合併・市制施行】
井原市	平成17年（2005年）3月1日	井原市・小田郡美星町・後月郡芳井町	【編入合併】
倉敷市	平成17年（2005年）8月1日	倉敷市・浅口郡船穂町・吉備郡真備町	【編入合併】
瀬戸内市	平成16年（2004年）11月1日	邑久郡牛窓町・邑久町・長船町	【新設合併・市制施行】
総社市	平成17年（2005年）3月22日	総社市・都窪郡山手村・清音村	【新設合併】
高梁市	平成16年（2004年）10月1日	高梁市・上房郡有漢町・川上郡成羽町・川上町・備中町	【新設合併】
津山市	平成17年（2005年）2月28日	津山市・苫田郡加茂町・阿波村・勝田郡勝北町・久米郡久米町	【編入合併】
新見市	平成17年（2005年）3月31日	新見市・阿哲郡大佐町・神郷町・哲多町・哲西町	【新設合併】
備前市	平成17年（2005年）3月22日	備前市・和気郡日生町・吉永町	【新設合併】
真庭市	平成17年（2005年）3月31日	上房郡北房町・真庭郡勝山町・落合町・湯原町・久世町・美甘村・川上村・八束村・中和村	【新設合併・市制施行】
美作市	平成17年（2005年）3月31日	勝田郡勝田町・英田郡大原町・東粟倉村・美作町・作東町・英田町	【新設合併・市制施行】

【選挙結果】

岡山県知事選挙

平成4年（1992年）10月25日実施

当⑥	長野	士郎	75	無 自民 民社 公明	現	294,406
	西岡	憲康	51	無	新	219,246
	水谷	賢	46	無 共産	新	160,008

（投票率46.97％）

平成8年（1996年）10月27日実施

当①石井　正弘　50　無 自民　新　441,696
　江田　五月　55　無 新進 社民 民改 公明　新　435,984
　前　律夫　58　無 共産　新　45,786
　辻山　清　52　諸　新　3,528
　橘高　明　64　諸　新　619
（投票率61.90％）

平成12年（2000年）10月22日実施

当②石井　正弘　54　無 自民 公明 自由 社民 保守　現　575,674
　石井　淳平　63　無 共産　新　106,997
（投票率44.71％）

平成16年（2004年）10月24日実施

当③石井　正弘　58　無 自民 民主 公明 社民　現　503,487
　平井　昭夫　60　無 共産　新　83,073
（投票率37.99％）

平成20年（2008年）10月26日実施

当④石井　正弘　62　無　現　368,095
　住宅　正人　44　無　新　310,677
（投票率43.78％）

平成24年（2012年）10月28日実施

当①伊原木隆太　46　無 自民 公明 た日　新　358,564
　一井　暁子　42　無　新　188,089
　大西　幸一　72　無 共産　新　33,577
　山崎俊一郎　46　無　新　13,893
（投票率38.64％）

平成28年（2016年）10月23日実施

当②伊原木隆太　50　無 自民 民進 公明　現　471,906
　植本　完治　57　無 共産　新　60,692
（投票率33.91％）

岡山市長選挙

平成3年（1991年）2月10日実施

当①安宅　敬祐　49　無 社連　新　81,207
　松本　一　76　無　前　64,696
　福武　彦三　63　無 共産　新　24,422
（投票率40.09％）

平成7年（1995年）1月29日実施

当②安宅　敬祐　53　無 新進 社会 公明　現　108,010
　亀井　章　49　無　新　49,393
　石村　英子　52　無 共産　新　14,471
（投票率38.17％）

平成11年（1999年）1月31日実施

当①萩原　誠司　42　無 自民 社民　新　136,638
　安宅　敬祐　57　無 民主　現　108,368
　宇野　武夫　55　無 共産　新　16,043
（投票率54.55％）

平成15年（2003年）3月23日実施

当②萩原　誠司　46　無　前　198,249
　大西　幸一　63　無 共産　新　44,329
（投票率51.18％）

平成17年（2005年）10月9日実施

当①高谷　茂男　68　無 自民 公明　新　95,635
　熊代　昭彦　65　無　新　68,940
　高井　崇志　36　無　新　58,165
（投票率43.31％）

岡山県　　地方選挙総覧＜知事・市長・特別区長＞ 平成篇1989-2019

平成21年（2009年）9月13日実施

当②	高谷	茂男	72	無	現	88,918
	天野	勝昭	64	無	新	60,289
	安宅	敬祐	67	無	元	40,893
	井上	和宣	53	無	新	32,278
	氏平	長親	62	無 共産	新	12,426
	馬場	勉	67	無	新	3,541

（投票率 44.06%）

平成25年（2013年）10月6日実施

当①	大森	雅夫	59	無 自民 民主 公明	新	76,487
	高井	崇志	44	無	新	56,371
	熊代	昭彦	73	無	新	32,929
	氏平	長親	66	無 共産	新	14,592
	西嶋	朋生	37	無	新	2,319

（投票率 33.34%）

平成29年（2017年）10月1日実施

当②	大森	雅夫	63	無 自民 民進 公明	現	128,821
	矢引	亮介	47	無 共産	新	31,644

（投票率 28.35%）

赤磐市長選挙

平成17年（2005年）3月7日赤磐郡山陽町・赤坂町・熊山町・吉井町が新設合併・市制施行して赤磐市となる

平成17年（2005年）4月17日実施

当①	荒嶋	龍一	66	無	新	11,008
	遠藤	雅晴	61	無	新	9,639
	保田	守	53	無	新	5,634

（投票率 75.24%）

平成21年（2009年）3月29日実施

当①	井上	稔朗	57	無	新	14,024
	荒嶋	龍一	70	無	現	10,035

（投票率 67.64%）

平成25年（2013年）3月24日実施

当①	友実	武則	55	無	新	11,605
	井上	稔朗	61	無	現	11,123
	蜷川	澄村	61	無	新	315

（投票率 65.01%）

平成29年（2017年）3月26日実施

当②	友実	武則	59	無	現	11,486
	沢	健	62	無	新	10,673

（投票率 61.45%）

浅口市長選挙

平成18年（2006年）3月21日浅口郡金光町・鴨方町・寄島町が新設合併・市制施行して浅口市となる

平成18年（2006年）4月23日実施

当①	田主	智彦	67	無	新	13,325
	栗山	康彦	51	無	新	11,269

（投票率 79.56%）

平成22年（2010年）4月11日実施

当①	栗山	康彦	55	無	新	12,710
	姫井	成	68	無	新	10,750

（投票率 77.12%）

平成26年（2014年）4月6日実施

当②	栗山	康彦	59	無	現	無投票

平成30年（2018年）4月15日実施

当③	栗山	康彦	63	無	現	11,000
	福田	玄	36	無	新	7,477

（投票率 63.38%）

井原市長選挙

平成元年（1989年）4月23日実施

当②	西山	公夫	60	無	現	13,516
	石丸	一枝	71	無	新	8,931

（投票率 83.33%）

平成2年（1990年）9月9日実施

当①	谷本	巌	54	無	新	無投票

平成6年（1994年）9月4日実施

当②	谷本	巌	58	無	現	無投票

平成10年（1998年）8月30日実施

当③	谷本	巖 62	無	現	11,239
	川上	泉 42	無	新	8,723
				（投票率 71.03%）	

平成14年（2002年）8月25日実施

当④	谷本	巖 66	無	現	無投票

平成18年（2006年）9月3日実施

当①	滝本	豊文 50	無	新	14,926
	谷本	巖 70	無	現	13,512
				（投票率 75.75%）	

平成22年（2010年）9月5日実施

当②	滝本	豊文 54	無	現	16,461
	木口	京子 42	無	新	8,479
				（投票率 68.01%）	

平成26年（2014年）8月31日実施

当③	滝本	豊文 58	無	現	無投票

平成30年（2018年）9月2日実施

当①	大舌	勲 59	無	新	12,078
	滝本	豊文 62	無	現	7,972
				（投票率 58.08%）	

笠岡市長選挙

平成4年（1992年）4月12日実施

当⑤	渡辺	嘉久 67	無	現	無投票

平成8年（1996年）4月14日実施

当⑥	渡辺	嘉久 71	無	現	20,937
	天野	昭彦 52	無	新	17,060
				（投票率 81.78%）	

平成12年（2000年）4月16日実施

当①	高木	直矢 59	無	新	22,725
	天野	昭彦 56	無	新	15,838
				（投票率 82.14%）	

平成16年（2004年）4月18日実施

当②	高木	直矢 63	無	現	26,809
	藤井	一彦 61	無	新	6,758
				（投票率 73.47%）	

平成20年（2008年）4月13日実施

当③	高木	直矢 67	無	現	無投票

平成24年（2012年）4月15日実施

当①	三島	紀元 65	無	新	15,674
	柚木	義和 63	無	新	14,085
				（投票率 68.69%）	

平成28年（2016年）4月17日実施

当①	小林	嘉文 55	無	新	14,682
	三島	紀元 69	無	現	13,232
				（投票率 66.52%）	

倉敷市長選挙

平成3年（1991年）2月24日実施

当①	渡辺	行雄 59	無	新	116,687
	滝沢	義夫 73	無	現	80,496
				（投票率 66.24%）	

平成7年（1995年）2月19日実施

当②	渡辺	行雄 63	無	現	87,328
	室山	貴義 65	無	新	81,731
				（投票率 53.50%）	

平成8年（1996年）5月19日実施

当①	中田	武志 63	無	新	92,871
	室山	貴義 67	無	新	85,020
				（投票率 55.68%）	

平成12年（2000年）4月30日実施

当②	中田	武志 67	無	現	65,974
	古市	健三 52	無	新	48,767
	安田	忠弘 59	無	新	26,699
	室山	貴義 71	無	新	23,958
	高橋	武良 29	無	新	1,587
	滝沢	一彦 58	無	新	1,138

山磨　豊　34　諸　　　　新　　　　503
　　　　　　　　　　　　　（投票率 51.19%）

平成16年（2004年）4月25日実施

当①古市　健三　56　無　　　　新　　 55,386
　　中田　武志　71　無　　　　現　　 53,773
　　佐古　信五　54　無　　　　新　　 47,140
　　　　　　　　　　　　　（投票率 46.49%）

平成20年（2008年）4月27日実施

当①伊東　香織　41　無　　　　新　　 79,135
　　古市　健三　60　無　　　　現　　 70,915
　　秋山　　正　53　無　　　　新　　 24,445
　　　　　　　　　　　　　（投票率 47.13%）

平成24年（2012年）4月22日実施

当②伊東　香織　45　無　　　　現　　112,634
　　矢引　亮介　41　無　　　　新　　 13,477
　　　　　　　　　　　　　（投票率 33.72%）

平成28年（2016年）4月24日実施

当③伊東　香織　49　無　　　　現　　118,676
　　田中　容子　62　無　　　　新　　 11,167
　　木村　圭司　56　無　　　　新　　 10,618
　　　　　　　　　　　　　（投票率 37.19%）

瀬戸内市長選挙

平成16年（2004年）11月1日邑久郡牛窓町・邑久町・長船町が新設合併・市制施行して瀬戸内市となる

平成16年（2004年）12月5日実施

当①立岡　脩二　64　無　　　　新　　　8,197
　　山本　秀一　43　無　　　　新　　　6,559
　　清家　隆宣　60　無　　　　新　　　6,183
　　　　　　　　　　　　　（投票率 65.21%）

平成20年（2008年）11月16日実施

当①島村　俊一　68　無　　　　新　　 10,908
　　立岡　脩二　68　無　　　　現　　　7,986
　　　　　　　　　　　　　（投票率 59.45%）

平成21年（2009年）7月12日実施

当①武久　顕也　40　無　　　　新　　　無投票

平成25年（2013年）5月26日実施

当②武久　顕也　44　無　　　　現　　　無投票

平成29年（2017年）5月28日実施

当③武久　顕也　48　無　　　　現　　　無投票

総社市長選挙

平成2年（1990年）4月15日実施

当④本行　節夫　65　無　　　　現　　　無投票

平成6年（1994年）4月17日実施

当⑤本行　節夫　69　無　　　　現　　 18,208
　　竹内　洋二　44　無　　　　新　　 13,330
　　　　　　　　　　　　　（投票率 78.70%）

平成10年（1998年）4月19日実施

当①竹内　洋二　48　無　　　　新　　 12,582
　　有可　洋典　65　無　　　　新　　 10,529
　　小野喜代行　58　無　　　　新　　　9,896
　　　　　　　　　　　　　（投票率 77.90%）

平成14年（2002年）4月21日実施

当②竹内　洋二　52　無　　　　現　　 17,442
　　渡辺　雅浩　55　無　　　　新　　 15,817
　　　　　　　　　　　　　（投票率 76.45%）

平成17年（2005年）4月17日実施

当①竹内　洋二　55　無　　　　新　　 17,504
　　片岡　聡一　45　無　　　　新　　 17,434
　　　　　　　　　　　　　（投票率 67.10%）

平成19年（2007年）10月14日実施

当①片岡　聡一　48　無　　　　新　　 22,140
　　竹内　洋二　57　無　　　　前　　 13,399
　　　　　　　　　　　　　（投票率 67.60%）

平成23年（2011年）9月25日実施

当②片岡　聡一　52　無　　　　現　　　無投票

平成27年（2015年）10月4日実施

当③片岡　聡一	56	無	現	19,697
竹内　洋二	65	無	元	9,630

（投票率 55.28％）

高梁市長選挙

平成4年（1992年）11月15日実施

当③樋口　　修	69	無	現	無投票

平成8年（1996年）11月24日実施

当①立木　大夫	62	無	新	7,036
三谷　　実	59	無	新	5,600

（投票率 66.71％）

平成12年（2000年）11月19日実施

当②立木　大夫	66	無	現	無投票

平成16年（2004年）10月24日実施

当①秋岡　　毅	63	無	新	10,652
荻田　和義	54	無	新	9,764
小阪　洋志	62	無	新	3,946
中山　敏夫	55	無	新	1,683

（投票率 84.56％）

平成20年（2008年）9月28日実施

当①近藤　隆則	49	無	新	14,226
秋岡　　毅	67	無	現	10,250

（投票率 82.41％）

平成24年（2012年）9月30日実施

当②近藤　隆則	53	無	現	14,255
竹井　　宏	71	無	新	7,098

（投票率 76.75％）

平成28年（2016年）9月25日実施

当③近藤　隆則	57	無	現	11,680
三谷　　実	79	無	新	5,979

（投票率 65.98％）

玉野市長選挙

平成元年（1989年）10月22日実施

当④杉本　通雄	72	無	現	22,542
河崎　展忠	54	無	新	21,999

（投票率 81.08％）

平成5年（1993年）10月17日実施

当①山根　敬則	55	無	新	22,166
小橋　　淳	63	無	新	11,664

（投票率 61.14％）

平成9年（1997年）10月19日実施

当②山根　敬則	59	無	現	21,024
小橋　　淳	67	無	新	13,094

（投票率 60.42％）

平成13年（2001年）10月14日実施

当③山根　敬則	63	無	現	14,826
田中　喜一	54	無	新	14,567
垣内　雄一	37	無	新	4,600

（投票率 59.86％）

平成17年（2005年）10月16日実施

当①黒田　　晋	42	無	新	15,999
福田　通雅	65	無	新	10,761
山根　敬則	67	無	現	10,578

（投票率 66.36％）

平成21年（2009年）10月11日実施

当②黒田　　晋	46	無	現	無投票

平成25年（2013年）10月20日実施

当③黒田　　晋	50	無	現	19,107
福田　通雅	73	無	新	3,814

（投票率 43.29％）

平成29年（2017年）10月22日実施

当④黒田　　晋	54	無	現	21,296
井上　素子	70	無	新	7,167

（投票率 55.53％）

津山市長選挙

平成3年（1991年）4月21日実施

当③	永礼	達造	70	無	現	30,508
	後山	富士水	59	無	新	22,673

（投票率85.92％）

平成7年（1995年）4月23日実施

当①	中尾	嘉伸	60	無	新	20,883
	戸室	敦雄	55	無	新	17,453
	後山	富士水	63	無	新	15,369

（投票率83.28％）

平成11年（1999年）4月18日実施

当② 中尾 嘉伸 64 無 現 無投票

平成15年（2003年）4月27日実施

当③	中尾	嘉伸	68	無	現	26,228
	杉山	義和	69	無	新	20,268

（投票率71.89％）

平成18年（2006年）3月19日実施

当①	桑山	博之	65	無	新	23,816
	中尾	嘉伸	71	無	前	14,731
	木下	健二	61	無	新	8,665
	杉山	義和	72	無	新	2,428

（投票率57.74％）

平成22年（2010年）2月21日実施

当①	宮地	昭範	61	無	新	27,198
	桑山	博之	68	無	現	21,063

（投票率56.85％）

平成26年（2014年）2月9日実施

当②	宮地	昭範	65	無	現	26,818
	谷口	圭三	50	無	新	20,607

（投票率56.79％）

平成30年（2018年）2月11日実施

当①	谷口	圭三	54	無	新	25,800
	宮地	昭範	69	無	現	20,803

（投票率55.81％）

新見市長選挙

平成2年（1990年）6月3日実施

当③ 福田 正彦 67 無 現 無投票

平成6年（1994年）6月19日実施

当①	石垣	正夫	53	無	新	11,447
	田原	省吾	49	無	新	5,090
	福田	正彦	71	無	現	1,888

（投票率92.06％）

平成10年（1998年）6月7日実施

当② 石垣 正夫 57 無 現 無投票

平成14年（2002年）6月23日実施

当③	石垣	正夫	61	無	現	12,423
	木阪	清	51	無	新	4,095

（投票率86.82％）

平成17年（2005年）4月24日実施

当①	石垣	正夫	64	無	新	13,095
	梅田	和男	53	無	新	12,714

（投票率86.84％）

平成21年（2009年）4月12日実施

当②	石垣	正夫	68	無	現	13,728
	梅田	和男	57	無	新	10,623

（投票率84.64％）

平成25年（2013年）4月14日実施

当③	石垣	正夫	72	無	現	13,019
	山口	康史	49	無	新	8,874

（投票率80.46％）

平成28年（2016年）12月25日実施

当①	池田	一二三	63	無	新	9,911
	戎	斉	60	無	新	9,134

（投票率72.14％）

備前市長選挙

平成3年(1991年)4月21日実施

当①	大橋 信之	61	無	新	10,252
	延里 亮輔	61	無	新	8,560

(投票率 80.09%)

平成7年(1995年)4月23日実施

当①	栗山 志朗	58	無	新	11,218
	大橋 信之	65	無	現	7,004
	草場 知喜	67	無	新	899

(投票率 80.86%)

平成11年(1999年)4月25日実施

当②	栗山 志朗	62	無	現	10,746
	草場 知喜	71	無	新	4,108

(投票率 64.60%)

平成15年(2003年)4月27日実施

当③	栗山 志朗	66	無	現	9,397
	谷口 憲剛	59	無	新	4,970

(投票率 63.14%)

平成17年(2005年)4月24日実施

当①	西岡 憲康	63	無	新	14,259
	栗山 志朗	68	無	新	11,262

(投票率 75.65%)

平成21年(2009年)4月12日実施

当②	西岡 憲康	67	無	現	11,300
	歳安 友繁	59	無	新	10,392

(投票率 67.69%)

平成25年(2013年)4月14日実施

当①	吉村 武司	66	無	新	9,378
	沖田 護	61	無	新	8,467

(投票率 57.76%)

平成29年(2017年)4月9日実施

当①	田原 隆雄	72	無	新	6,538
	吉村 武司	70	無	現	6,380
	沖田 護	65	無	新	5,415

(投票率 61.07%)

真庭市長選挙

平成17年(2005年)3月31日上房郡北房町・真庭郡勝山町・落合町・湯原町・久世町・美甘村・川上村・八束村・中和村が新設合併・市制施行して真庭市となる

平成17年(2005年)4月24日実施

当①	井手紘一郎	65	無	新	21,186
	浅野 実	65	無	新	15,742

(投票率 85.03%)

平成21年(2009年)4月5日実施

当②	井手紘一郎	69	無	現	無投票

平成25年(2013年)4月7日実施

当①	太田 昇	61	無	新	無投票

平成29年(2017年)4月9日実施

当②	太田 昇	65	無	現	無投票

美作市長選挙

平成17年(2005年)3月31日勝田郡勝田町・英田郡大原町・東粟倉村・美作町・作東町・英田町が新設合併・市制施行して美作市となる

平成17年(2005年)4月17日実施

当①	宮本 俊朗	61	無	新	無投票

平成21年(2009年)4月12日実施

当①	安東 美孝	60	無	新	11,198
	春名 明	72	無	新	6,812
	前原 昭義	54	無	新	3,918

(投票率 83.50%)

平成25年(2013年)4月7日実施

当①	道上 政男	62	無	新	無投票

平成26年(2014年)3月30日実施

当①	萩原 誠司	57	無	新	9,517
	内海 健次	67	無	新	3,719

岡野　鉄舟　65　無　　　　新　　3,136
　　　　　　　　　　　　　　（投票率 65.56％）

平成30年（2018年）3月18日実施

当②萩原　誠司　61　無　　　　現　　8,002
　　大沢　伸三　68　無　　　　新　　7,713
　　　　　　　　　　　　　　（投票率 65.69％）

広　島　県

県庁所在地　　広島市
市　　　数　　14市（平成31年4月現在）
市　　　名　　広島市《指定都市/8区》・安芸高田市・江田島市・大竹市・尾道市（因島市）・呉
　　　　　　　市・庄原市・竹原市・廿日市市・東広島市・福山市・府中市・三原市・三次市
　　　　　　　　　　　　　　　　　　　　　　　　　　　　　　　※（ ）内は廃止された市

【市に関わる合併・市制施行・名称変更】

市名	実施年月日	関係市町村名等	合併等の内容
広島市	平成17年（2005年）4月25日	広島市・佐伯郡湯来町	【編入合併】
安芸高田市	平成16年（2004年）3月1日	高田郡吉田町・八千代町・美土里町・高宮町・甲田町・向原町	【新設合併・市制施行】
江田島市	平成16年（2004年）11月1日	安芸郡江田島町・佐伯郡能美町・沖美町・大柿町	【新設合併・市制施行】
尾道市	平成17年（2005年）3月28日	尾道市・御調郡御調町・向島町	【編入合併】
	平成18年（2006年）1月10日	尾道市・因島市・豊田郡瀬戸田町	【編入合併】
呉市	平成15年（2003年）4月1日	呉市・安芸郡下蒲刈町	【編入合併】
	平成16年（2004年）4月1日	呉市・豊田郡川尻町	【編入合併】
	平成17年（2005年）3月20日	呉市・安芸郡音戸町・倉橋町・蒲刈町・豊田郡安浦町・豊浜町・豊町	【編入合併】
庄原市	平成17年（2005年）3月31日	庄原市・甲奴郡総領町・比婆郡西城町・東城町・口和町・高野町・比和町	【新設合併】
廿日市市	平成15年（2003年）3月1日	廿日市市・佐伯郡佐伯町・吉和村	【編入合併】
	平成17年（2005年）11月3日	廿日市市・佐伯郡大野町・宮島町	【編入合併】
東広島市	平成17年（2005年）2月7日	東広島市・賀茂郡黒瀬町・福富町・豊栄町・河内町・豊田郡安芸津町	【編入合併】
福山市	平成15年（2003年）2月3日	福山市・沼隈郡内海町・芦品郡新市町	【編入合併】
	平成17年（2005年）2月1日	福山市・沼隈郡沼隈町	【編入合併】
	平成18年（2006年）3月1日	福山市・深安郡神辺町	【編入合併】
府中市	平成16年（2004年）4月1日	府中市・甲奴郡上下町	【編入合併】
三原市	平成17年（2005年）3月22日	三原市・賀茂郡大和町・豊田郡本郷町・御調郡久井町	【新設合併】
三次市	平成16年（2004年）4月1日	三次市・甲奴郡甲奴町・双三郡君田村・布野村・作木村・吉舎町・三良坂町・三和町	【新設合併】

【選挙結果】

広島県知事選挙

平成元年（1989年）11月19日実施

当③	竹下虎之助	65	無	自民 公明 民社	現	564,128
	名越 謙蔵	60	無		新	143,602

（投票率34.98％）

平成5年（1993年）11月7日実施

当①	藤田 雄山	44	無	自民	新	392,842
	亀井 郁夫	60	無		新	290,728
	菅川 健二	54	無	社会 公明 民社 社連	新	280,531
	森脇 勝義	58	共		新	43,416
	高木亜紀良	57	諸		新	4,146

（投票率47.66％）

平成9年（1997年）11月9日実施

当②	藤田 雄山	48	無	自民 新進 民主 太陽 公明	現	601,618
	藤田 厚吉	68	無	共産	新	152,555

（投票率34.42％）

平成13年（2001年）11月4日実施

当③	藤田 雄山	52	無	自民 民主 公明 自由 保守	現	554,063
	村上 昭二	54	共		新	126,761

（投票率30.62％）

平成17年（2005年）11月6日実施

当④	藤田 雄山	56	無	自民 公明 国新	現	496,610
	藤田 尚志	40	共		新	117,092

（投票率27.14％）

平成21年（2009年）11月8日実施

当①	湯崎 英彦	44	無		新	395,638
	河井 案里	36	無		新	195,623
	村上 昭二	62	共		新	77,515
	川元 康裕	42	無		新	57,846
	柴崎美智子	54	無		新	29,646

（投票率33.71％）

平成25年（2013年）11月10日実施

当②	湯崎 英彦	48	無	自民 民主 公明	現	646,316
	大西 理	47	無	共産	新	81,141

（投票率31.97％）

平成29年（2017年）11月12日実施

当③	湯崎 英彦	52	無	自民 公明 民進	現	647,315
	高見 篤己	65	無	共産	新	71,353

（投票率31.09％）

広島市長選挙

平成3年（1991年）2月3日実施

当①	平岡 敬	63	無	社会 民社 社連	新	276,781
	杉本 純雄	61	無	自民	新	151,845
	森脇 勝義	56	共		新	18,172
	正田 守	46	無		新	5,612
	柳楽 寿	41	無		新	2,442
	永井 正哉	55	無		新	862
	森田 勝彦	43	諸		新	500

（投票率59.80％）

平成7年（1995年）2月5日実施

当②	平岡 敬	67	無	自民 新進 社会 公明	現	199,343
	秦 明美	44	無	共産	新	27,208
	柳楽 寿	45	無		新	10,482

（投票率29.30％）

平成11年（1999年）1月31日実施

当①	秋葉 忠利	56	無		新	154,011
	大田 晋	52	無		新	132,162
	中本 弘	67	無	自民	新	75,010
	小林 正典	54	無	共産	新	21,082
	柳楽 寿	49	無		新	14,801

（投票率46.80％）

平成15年（2003年）2月2日実施

当②	秋葉 忠利	60	無	現	183,078
	大田 晋	56	無 自民 公明	新	140,722
	古葉 竹識	66	無	新	57,984
	柳楽 寿	53	無	新	6,187
	船田 和江	52	無	新	5,493

（投票率 44.94%）

平成19年（2007年）4月8日実施

当③	秋葉 忠利	64	無	現	225,982
	大原 邦夫	57	無	新	125,075
	柏村 武昭	63	無 自民	新	116,211
	荒木 実	64	無	新	11,073

（投票率 53.75%）

平成23年（2011年）4月10日実施

当①	松井 一実	58	無 自民 公明	新	165,481
	豊田 麻子	45	無	新	117,538
	大原 邦夫	61	無	新	90,464
	桑田 恭子	49	無	新	37,986
	大西 理	45	共	新	20,084
	前島 修	37	無	新	11,732

（投票率 49.08%）

平成27年（2015年）4月12日実施

当②	松井 一実	62	無 自民 民主 公明	現	275,773
	小谷野 薫	52	無	新	70,116
	河辺 尊文	60	無 共産	新	17,279
	橋本 征俊	34	無	新	16,675
	荒木 実	72	無	新	10,750

（投票率 42.78%）

平成31年（2019年）4月7日実施

当③	松井 一実	66	無 自民 国民 公明	現	295,038
	川后 和幸	67	無 共産	新	27,876
	金子 和宏	51	無	新	22,365

（投票率 36.62%）

安芸高田市長選挙

平成16年（2004年）3月1日高田郡吉田町・八千代町・美土里町・高宮町・甲田町・向原町が新設合併・市制施行して安芸高田市となる

平成16年（2004年）4月11日実施

当①	児玉更太郎	70	無	新	無投票

平成20年（2008年）4月6日実施

当①	浜田 一義	64	無	新	8,203
	増元 正信	60	無	新	7,273
	熊高 昌三	54	無	新	3,688

（投票率 71.36%）

平成24年（2012年）4月1日実施

当②	浜田 一義	68	無	現	無投票

平成28年（2016年）4月10日実施

当③	浜田 一義	72	無	現	6,973
	山根 温子	60	無		6,498
	有田 清士	27	無	新	748

（投票率 58.35%）

江田島市長選挙

平成16年（2004年）11月1日安芸郡江田島町・佐伯郡能美町・沖美町・大柿町が新設合併・市制施行して江田島市となる

平成16年（2004年）12月5日実施

当①	曽根 薫	72	無	新	10,236
	胡子 雅信	34	無	新	5,846

（投票率 62.36%）

平成20年（2008年）11月16日実施

当①	田中 達美	67	無	新	無投票

平成24年（2012年）11月11日実施

当②	田中 達美	71	無	現	無投票

平成28年（2016年）11月13日実施

当①	明岳 周作	61	無	新	5,976
	松井 晃	69	無	新	4,527

広島県

胡子　雅信　46　無　　　　　新　　　4,004
　　　　　　　　　　　　　（投票率 68.62％）

大竹市長選挙

平成2年（1990年）6月24日実施

当①豊田伊久雄　62　無　　　　新　　　11,036
　　田端　武敏　63　無　　　　新　　　 9,046
　　　　　　　　　　　　　（投票率 82.57％）

平成6年（1994年）6月12日実施

当②豊田伊久雄　66　無　　　　現　　　無投票

平成10年（1998年）5月24日実施

当③豊田伊久雄　70　無　　　　現　　　無投票

平成14年（2002年）6月23日実施

当①中川　　洋　52　無　　　　新　　　 6,568
　　神尾　光輝　56　無　　　　新　　　 5,614
　　畑中　一晃　62　無　　　　新　　　 5,422
　　　　　　　　　　　　　（投票率 71.48％）

平成18年（2006年）6月25日実施

当①入山　欣郎　59　無　　　　新　　　 9,488
　　中川　　洋　56　無　　　　現　　　 4,518
　　神尾　光輝　60　無　　　　新　　　 2,676
　　　　　　　　　　　　　（投票率 68.49％）

平成22年（2010年）6月13日実施

当②入山　欣郎　63　無　　　　現　　　 8,631
　　神尾　光輝　64　無　　　　新　　　 6,409
　　　　　　　　　　　　　（投票率 63.56％）

平成26年（2014年）6月15日実施

当③入山　欣郎　67　無　　　　現　　　 7,814
　　日域　　究　62　無　　　　新　　　 4,579
　　　　　　　　　　　　　（投票率 54.18％）

平成30年（2018年）6月17日実施

当④入山　欣郎　71　無　　　　現　　　 7,271
　　日域　　究　66　無　　　　新　　　 3,939
　　　　　　　　　　　　　（投票率 49.70％）

尾道市長選挙

平成3年（1991年）4月21日実施

当④博田　東平　55　無　　　　現　　　31,829
　　三宅　敬一　59　無　　　　新　　　28,092
　　　　　　　　　　　　　（投票率 83.83％）

平成7年（1995年）4月23日実施

当①亀田　良一　68　無　　　　新　　　35,801
　　博田　東平　59　無　　　　現　　　21,547
　　　　　　　　　　　　　（投票率 79.61％）

平成11年（1999年）4月18日実施

当②亀田　良一　72　無　　　　現　　　無投票

平成15年（2003年）4月20日実施

当③亀田　良一　76　無　　　　現　　　無投票

平成19年（2007年）4月22日実施

当①平谷　祐宏　54　無　　　　新　　　50,117
　　岡野　敬一　55　無　　　　新　　　33,958
　　　　　　　　　　　　　（投票率 69.78％）

平成23年（2011年）4月24日実施

当②平谷　祐宏　58　無　　　　現　　　50,662
　　河野　正夫　45　無　　　　新　　　22,372
　　　　　　　　　　　　　（投票率 61.81％）

平成27年（2015年）4月26日実施

当③平谷　祐宏　62　無　　　　現　　　35,425
　　吉井　清介　56　無　　　　新　　　33,575
　　後藤　　昇　61　無　　　　新　　　 5,800
　　　　　　　　　　　　　（投票率 64.49％）

平成31年（2019年）4月21日実施

当④平谷　祐宏　66　無　　　　現　　　40,735
　　後藤　　昇　65　無　　　　新　　　11,840
　　村上　博郁　44　無　　　　新　　　 8,621
　　大崎　延次　60　無　　　　新　　　 3,200
　　　　　　　　　　　　　（投票率 57.70％）

（因島市長選挙）

平成3年（1991年）4月21日実施

当②	岡野　敬一	39	無	現	13,050
	楠見　昭二	63	無	元	9,344

（投票率 90.16%）

平成7年（1995年）4月23日実施

当③	岡野　敬一	43	無	現	11,065
	田中　貞子	53	無	新	10,157

（投票率 86.90%）

平成11年（1999年）4月25日実施

当①	村上　和弘	52	無	新	11,425
	岡野　敬一	47	無	現	9,560

（投票率 88.85%）

平成15年（2003年）4月27日実施

当②	村上　和弘	56	無	現	10,083
	金山　吉隆	54	無	新	7,236

（投票率 74.82%）

※平成18年（2006年）1月10日因島市は旧尾道市・豊田郡瀬戸田町と編入合併して尾道市となる

呉市長選挙

平成元年（1989年）10月29日実施

当④	佐々木　有	59	無	現	59,628
	長谷川愛貴	64	無	新	18,095

（投票率 48.13%）

平成5年（1993年）10月24日実施

当①	小笠原臣也	58	無	新	57,457
	角谷　進	47	共	新	8,873

（投票率 40.86%）

平成9年（1997年）11月9日実施

当②	小笠原臣也	62	無	現	57,085
	角谷　進	51	共	新	13,801

（投票率 43.93%）

平成13年（2001年）11月4日実施

当③	小笠原臣也	66	無	現	44,592
	小村　和年	54	無	新	33,391
	角谷　進	55	共	新	4,960

（投票率 50.91%）

平成17年（2005年）11月6日実施

当①	小村　和年	58	無	新	56,021
	小笠原臣也	70	無	現	51,063

（投票率 51.74%）

平成21年（2009年）11月8日実施

当②	小村　和年	62	無	現	72,021
	沖田　範彦	64	無	新	20,929

（投票率 46.91%）

平成25年（2013年）11月10日実施

当③	小村　和年	66	無	現	53,211
	沖田　範彦	68	無	新	27,480

（投票率 42.12%）

平成29年（2017年）11月12日実施

当①	新原　芳明	67	無	新	38,181
	小村　和年	70	無	現	29,863
	三谷　光男	58	無	新	29,146
	宮宇地一彦	74	無	新	2,876

（投票率 52.41%）

庄原市長選挙

平成2年（1990年）11月11日実施

当③	寺上　正人	62	無	現	無投票

平成6年（1994年）11月13日実施

当①	八谷　泰央	62	無	新	無投票

平成10年（1998年）11月8日実施

当②	八谷　泰央	66	無	現	無投票

平成14年（2002年）11月17日実施

当①	滝口　季彦	61	無	新	6,777

広島県

　　八谷　泰央 70 無　　　　現　　　6,230
　　　　　　　　　　　　　　（投票率76.99％）

　　　平成17年（2005年）4月10日実施
当①滝口　季彦 63 無　　　　新　　　無投票

　　　平成21年（2009年）4月12日実施
当②滝口　季彦 67 無　　　　現　　　13,626
　　入江　幸弘 66 無　　　　新　　　 9,832
　　藤原　義正 52 無　　　　新　　　 4,204
　　林　　保武 74 無　　　　新　　　 1,016
　　　　　　　　　　　　　　（投票率83.75％）

　　　平成25年（2013年）4月7日実施
当①木山　耕三 59 無　　　　新　　　10,213
　　国光　拓自 62 無　　　　新　　　10,187
　　藤原　義正 56 無　　　　新　　　 5,010
　　　　　　　　　　　　　　（投票率78.78％）

　　　平成29年（2017年）4月9日実施
当②木山　耕三 63 無　　　　現　　　12,411
　　田辺　敏憲 67 無　　　　新　　　11,293
　　　　　　　　　　　　　　（投票率76.63％）

竹原市長選挙

　　　平成2年（1990年）1月14日実施
当①中尾　義孝 53 無　　　　新　　　12,834
　　山本　省三 59 無　　　　新　　　 8,475
　　　　　　　　　　　　　　（投票率80.73％）

　　　平成5年（1993年）12月12日実施
当②中尾　義孝 57 無　　　　現　　　無投票

　　　平成9年（1997年）12月14日実施
当③中尾　義孝 61 無　　　　現　　　無投票

　　　平成13年（2001年）12月23日実施
当①小坂　政司 53 無　　　　新　　　10,499
　　桧山　賢司 54 無　　　　新　　　 2,658
　　　　　　　　　　　　　　（投票率50.88％）

　　　平成17年（2005年）12月18日実施
当②小坂　政司 57 無　　　　現　　　無投票

　　　平成21年（2009年）12月20日実施
当③小坂　政司 61 無　　　　現　　　10,346
　　宗政　信之 68 無　　　　新　　　 3,428
　　　　　　　　　　　　　　（投票率55.94％）

　　　平成25年（2013年）12月22日実施
当①吉田　　基 64 無　　　　新　　　 5,570
　　小坂　智徳 65 無　　　　新　　　 4,689
　　井上　盛文 44 無　　　　新　　　 4,577
　　　　　　　　　　　　　　（投票率63.43％）

　　　平成29年（2017年）12月24日実施
当①今栄　敏彦 57 無　　　　新　　　 6,028
　　吉田　　基 68 無　　　　現　　　 3,771
　　井上　盛文 48 無　　　　新　　　 3,740
　　　　　　　　　　　　　　（投票率59.84％）

廿日市市長選挙

　　　平成3年（1991年）10月27日実施
当①山下　三郎 61 無　　　　新　　　無投票

　　　平成7年（1995年）10月22日実施
当②山下　三郎 65 無　　　　現　　　無投票

　　　平成11年（1999年）10月24日実施
当③山下　三郎 69 無　　　　現　　　17,596
　　坂村由紀夫 47 共　　　　新　　　 5,188
　　　　　　　　　　　　　　（投票率42.33％）

　　　平成15年（2003年）10月26日実施
当④山下　三郎 73 無　　　　現　　　22,357
　　山口　信明 58 無　　　　新　　　 2,855
　　　　　　　　　　　　　　（投票率37.16％）

　　　平成19年（2007年）10月21日実施
当①真野　勝弘 64 無　　　　新　　　24,727
　　井上佐智子 52 無　　　　新　　　16,289
　　　　　　　　　　　　　　（投票率44.06％）

平成23年（2011年）10月30日実施

当②真野　勝弘 68　無　　　　現　　21,814
　　井上佐智子 56　無　　　　新　　12,163
　　　　　　　　　　　　　　（投票率 36.43%）

平成27年（2015年）10月18日実施

当③真野　勝弘 72　無　　　　現　　15,480
　　川本　達志 58　無　　　　新　　14,319
　　松本　太郎 46　無　　　　新　　11,342
　　荻村　文規 44　無　　　　新　　 4,438
　　　　　　　　　　　　　　（投票率 48.70%）

東広島市長選挙

平成2年（1990年）4月15日実施

当④讃岐　照夫 69　無　　　　現　　無投票

平成6年（1994年）5月1日実施

当⑤讃岐　照夫 73　無　　　　現　　17,991
　　鷲見　　侑 53　無　　　　新　　 9,718
　　　　　　　　　　　　　　（投票率 38.10%）

平成10年（1998年）4月26日実施

当①上田　博之 65　無　　　　新　　23,590
　　井町　良治 49　無　　　　新　　 5,179
　　岩本　憲昭 54　無　　　　新　　 3,195
　　　　　　　　　　　　　　（投票率 38.96%）

平成14年（2002年）4月14日実施

当②上田　博之 69　無　　　　現　　無投票

平成18年（2006年）4月23日実施

当①蔵田　義雄 54　無　　　　新　　39,326
　　中川　俊直 35　無　　　　新　　28,755
　　　　　　　　　　　　　　（投票率 51.08%）

平成22年（2010年）4月11日実施

当②蔵田　義雄 58　無　　　　現　　無投票

平成26年（2014年）4月20日実施

当③蔵田　義雄 62　無　　　　現　　31,949

　　大谷　忠幸 55　無　　　　新　　10,836
　　　　　　　　　　　　　　（投票率 30.88%）

平成30年（2018年）2月4日実施

当①高垣　広徳 64　無　　　　新　　29,048
　　前藤　英文 60　無　　　　新　　19,921
　　有田　清士 29　無　　　　新　　 3,169
　　　　　　　　　　　　　　（投票率 35.86%）

福山市長選挙

平成3年（1991年）8月4日実施

当①三好　　章 61　無　　　　新　　66,769
　　徳永　光昭 57　無　　　　新　　58,235
　　高橋　善信 42　共　　　　新　　 5,709
　　　　　　　　　　　　　　（投票率 50.09%）

平成7年（1995年）7月30日実施

当②三好　　章 65　無　　　　現　　54,710
　　清水松太郎 62　共　　　　新　　 9,123
　　　　　　　　　　　　　　（投票率 23.18%）

平成11年（1999年）8月1日実施

当③三好　　章 69　無　　　　現　　60,131
　　小川　順三 69　無　　　　新　　 7,921
　　石井　正幸 50　無　　　　新　　 7,748
　　花岡　利明 43　無　　　　新　　 6,703
　　富山　明徳 66　無　　　　新　　　389
　　　　　　　　　　　　　　（投票率 28.67%）

平成15年（2003年）8月3日実施

当④三好　　章 73　無　　　　現　　57,635
　　山田　敏雅 53　無　　　　新　　35,148
　　藤田　尚志 38　共　　　　新　　 7,250
　　小川　順三 73　無　　　　新　　 6,005
　　前村　元二 49　無　　　　新　　　460
　　　　　　　　　　　　　　（投票率 33.45%）

平成16年（2004年）9月5日実施

当①羽田　　皓 60　無　　　　新　　86,026
　　大田　浩右 65　無　　　　新　　60,696
　　寺田　明充 53　共　　　　新　　 8,020
　　　　　　　　　　　　　　（投票率 48.19%）

広島県

平成20年（2008年）8月10日実施

当②羽田	皓	64	無	現	71,014
長竹	千賀	41	無	新	31,099
小川	順三	78	無	新	5,906

（投票率 29.34%）

平成24年（2012年）8月5日実施

当③羽田	皓	68	無	現	59,411
大戸	博史	61	無	新	23,455

（投票率 22.59%）

平成28年（2016年）8月28日実施

当①枝広	直幹	60	無	新	73,120
村上	栄二	38	無	新	63,844

（投票率 36.06%）

府中市長選挙

平成2年（1990年）4月22日実施

当②橘高	泰司	55	無	現	25,163
森川	博史	66	無	新	2,831

（投票率 86.36%）

平成6年（1994年）4月17日実施

当③橘高	泰司	59	無	現	無投票

平成10年（1998年）4月19日実施

当④橘高	泰司	63	無	現	無投票

平成14年（2002年）4月28日実施

当①伊藤	吉和	43	無	新	17,596
菅波	次郎	63	無	新	6,786
佐藤	一行	60	共	新	2,222

（投票率 80.34%）

平成18年（2006年）4月16日実施

当②伊藤	吉和	47	無	現	無投票

平成22年（2010年）4月25日実施

当③伊藤	吉和	51	無	現	14,111
松坂	万三郎	53	無	新	12,847

（投票率 75.53%）

平成26年（2014年）4月20日実施

当①戸成	義則	73	無	新	12,789
伊藤	吉和	55	無	現	10,853

（投票率 70.23%）

平成30年（2018年）4月22日実施

当①小野	申人	61	無	新	8,347
戸成	義則	77	無	現	8,131

（投票率 49.08%）

三原市長選挙

平成3年（1991年）10月20日実施

当②溝手	顕正	49	無	現	無投票

平成5年（1993年）12月19日実施

当①山本	清治	62	無	新	無投票

平成9年（1997年）11月30日実施

当②山本	清治	66	無	現	17,240
友安	俊明	43	無	新	6,280

（投票率 37.20%）

平成13年（2001年）11月25日実施

当①五藤	康之	64	無	新	14,499
小池	哲馬	57	無	新	13,382
田中	信一	70	無	新	10,201
寺田	明充	50	共	新	1,948

（投票率 61.12%）

平成17年（2005年）4月24日実施

当①五藤	康之	67	無	新	33,250
小池	哲馬	60	無	新	26,540

（投票率 72.23%）

平成21年（2009年）4月5日実施

当②五藤	康之	71	無	現	無投票

平成25年（2013年）4月14日実施

当①天満	祥典	66	無	新	28,975
松浦	邦夫	61	無	新	23,748

（投票率 66.46%）

平成29年（2017年）4月16日実施

当②天満　祥典　70　無　　　　現　　23,504
　　荒井　静彦　65　無　　　　新　　21,075
　　　　　　　　　　　　　　（投票率 57.22％）

　　増田　和俊　72　無　　　　現　　13,501
　　　　　　　　　　　　　　（投票率 63.36％）

三次市長選挙

平成2年（1990年）11月25日実施

当②福岡　義登　67　無　　　　現　　無投票

平成6年（1994年）11月27日実施

当③福岡　義登　71　無　　　　現　　無投票

平成10年（1998年）11月22日実施

当④福岡　義登　75　無　　　　現　　無投票

平成13年（2001年）5月13日実施

当①吉岡広小路　41　無　　　　新　　16,111
　　中村　徹朗　70　無　　　　新　　 7,083
　　　　　　　　　　　　　　（投票率 76.90％）

平成16年（2004年）4月18日実施

当①吉岡広小路　44　無　　　　新　　19,777
　　村井　政也　59　無　　　　新　　18,205
　　　　　　　　　　　　　　（投票率 78.34％）

平成20年（2008年）4月6日実施

当①村井　政也　63　無　　　　新　　20,720
　　吉岡広小路　48　無　　　　現　　17,111
　　　　　　　　　　　　　　（投票率 79.84％）

平成23年（2011年）4月24日実施

当①増田　和俊　64　無　　　　新　　19,410
　　吉岡広小路　51　無　　　　元　　14,187
　　　　　　　　　　　　　　（投票率 72.45％）

平成27年（2015年）4月19日実施

当②増田　和俊　68　無　　　　現　　無投票

平成31年（2019年）4月21日実施

当①福岡　誠志　43　無　　　　新　　13,803

山 口 県

県庁所在地　山口市
市　　　数　13市（平成31年4月現在）
市　　　名　山口市・岩国市・宇部市・下松市・山陽小野田市（小野田市）・下関市・周南市
　　　　　（新南陽市, 徳山市）・長門市・萩市・光市・防府市・美祢市・柳井市
　　　　　　　　　　　　　　　　　　　　　　　　　　　※（　）内は廃止された市

主な政治団体　連合山口（連山）
（略称）

【市に関わる合併・市制施行・名称変更】

市名	実施年月日	関係市町村名等	合併等の内容
山口市	平成17年（2005年）10月1日	山口市・佐波郡徳地町・吉敷郡秋穂町・小郡町・阿知須町	【新設合併】
	平成22年（2010年）1月16日	山口市・阿武郡阿東町	【編入合併】
岩国市	平成18年（2006年）3月20日	岩国市・玖珂郡由宇町・玖珂町・本郷村・周東町・錦町・美川町・美和町	【新設合併】
宇部市	平成16年（2004年）11月1日	宇部市・厚狭郡楠町	【編入合併】
山陽小野田市	平成17年（2005年）3月22日	小野田市・厚狭郡山陽町	【新設合併】
下関市	平成17年（2005年）2月13日	下関市・豊浦郡菊川町・豊田町・豊浦町・豊北町	【新設合併】
周南市	平成15年（2003年）4月21日	新南陽市・徳山市・熊毛郡熊毛町・都濃郡鹿野町	【新設合併】
長門市	平成17年（2005年）3月22日	長門市・大津郡三隅町・日置町・油谷町	【新設合併】
萩市	平成17年（2005年）3月6日	萩市・阿武郡川上村・田万川町・むつみ村・須佐町・旭村・福栄村	【新設合併】
光市	平成16年（2004年）10月4日	光市・熊毛郡大和町	【新設合併】
美祢市	平成20年（2008年）3月21日	美祢市・美祢郡美東町・秋芳町	【新設合併】
柳井市	平成17年（2005年）2月21日	柳井市・玖珂郡大畠町	【新設合併】

【選挙結果】

山口県知事選挙

平成4年（1992年）7月26日実施

当⑤　平井　龍　66　無　自民 公明 民社 連山　現　357,777
　　　松岡満寿男　57　無　社連　　　　　　　　　新　336,646
　　　細迫　朝夫　70　無　共産　　　　　　　　　新　49,812
　　　黒川　昭介　65　無　　　　　　　　　　　　新　14,965
　　　　　　　　　　　　　　　　　　（投票率 65.60%）

平成8年（1996年）8月4日実施

当①　二井　関成　53　無　　　　　　　　　　　　新　347,918

吹田	悗	69	無 新進 公明	新	244,447	
小沢	克介	52	無 さき	新	51,228	
磯野	有秀	69	無 共産	新	37,048	
玉木	襄	62	無	新	9,907	

(投票率 57.81％)

平成12年（2000年）8月6日実施

当②二井	関成	57	無 自民 民主 公明 自連	現	407,152	
林	洋武	64	共	新	98,001	

(投票率 41.87％)

平成16年（2004年）8月8日実施

当③二井	関成	61	無 自民 民主 公明	現	371,247	
福江	俊喜	63	無 共産	新	90,512	

(投票率 38.22％)

平成20年（2008年）8月3日実施

当④二井	関成	65	無	現	317,449	
福江	俊喜	67	無 共産	新	123,950	

(投票率 37.21％)

平成24年（2012年）7月29日実施

当①山本繁太郎		63	無 自民 公明	新	252,461	
飯田	哲也	53	無	新	185,654	
高邑	勉	38	無	新	55,418	
三輪	茂之	53	無	新	37,150	

(投票率 45.32％)

平成26年（2014年）2月23日実施

当①村岡	嗣政	41	無 自民 公明	新	286,996	
高邑	勉	39	無 生活	新	115,763	
藤井	直子	61	共	新	46,402	

(投票率 38.82％)

平成30年（2018年）2月4日実施

当②村岡	嗣政	45	無 自民 公明	現	347,762	
熊野	譲	64	無 共産 社民	新	75,207	

(投票率 36.49％)

山口市長選挙

平成2年（1990年）5月13日実施

当①佐内	正治	63	無	新	23,065	

堀	泰夫	71	無	元	21,583	
菊地	隆次	43	共	新	2,243	
広島	文介	61	無	新	1,043	
藤井松太郎		61	無	新	641	

(投票率 55.19％)

平成6年（1994年）4月24日実施

当②佐内	正治	67	無 自民 公明 民社 社会	現	36,088	
守屋	宏	60	無	新	8,624	

(投票率 48.38％)

平成10年（1998年）4月26日実施

当③佐内	正治	71	無 自民 公明	現	29,462	
加藤	碩	57	共	新	7,769	

(投票率 37.61％)

平成14年（2002年）4月21日実施

当①合志	栄一	52	無	新	27,031	
原	昌克	63	無 自民 民主 公明 社民	新	24,580	
守屋	宏	68	無 共産	新	3,922	

(投票率 53.39％)

平成17年（2005年）11月13日実施

当①渡辺	純忠	60	無	新	40,694	
合志	栄一	56	無	新	37,052	

(投票率 52.94％)

平成21年（2009年）11月8日実施

当②渡辺	純忠	64	無	現	39,952	
伊藤	青波	55	無	新	16,608	
尾上	頼子	41	無 共産	新	7,650	

(投票率 43.26％)

平成25年（2013年）10月27日実施

当③渡辺	純忠	68	無 自民 民主 公明	現	40,502	
村田	力	44	無	新	11,286	
武波	義明	67	無 共産	新	4,537	

(投票率 36.44％)

平成29年（2017年）10月29日実施

当④渡辺	純忠	72	無 自民 公明 民進	現	43,475	
有田	敦	50	無	新	19,479	

湊	和久	58	無	新	4,850

(投票率 43.10％)

吉岡	光則	66	無	新	2,472

(投票率 64.01％)

平成28年（2016年）1月24日実施

当③	福田	良彦	45	無	現	39,074
	姫野	敦子	56	無	新	14,820

(投票率 47.49％)

岩国市長選挙

平成3年（1991年）4月21日実施

当①	貴舩	悦光	64	無	新	28,086
	大井	喜栄	56	無	現	24,916
	笹川	徳光	63	無	新	8,225
	浅山	豊	49	無	新	573

(投票率 77.39％)

平成7年（1995年）4月23日実施

当②	貴舩	悦光	68	無	現	31,690
	大井	喜栄	60	無	元	25,591

(投票率 72.25％)

平成11年（1999年）4月25日実施

当①	井原	勝介	48	無	新	26,065
	平岡	秀夫	45	無	新	19,852
	松前	真二	49	無	新	15,427

(投票率 74.21％)

平成15年（2003年）4月27日実施

当②	井原	勝介	52	無	現	40,655
	沖本	旭	64	無	新	17,422

(投票率 70.38％)

平成18年（2006年）4月23日実施

当①	井原	勝介	55	無	新	54,144
	味村	太郎	38	無	新	23,264
	田中	清行	49	無	新	1,480

(投票率 65.09％)

平成20年（2008年）2月10日実施

当①	福田	良彦	37	無	新	47,081
	井原	勝介	57	無	前	45,299

(投票率 76.26％)

平成24年（2012年）1月29日実施

当②	福田	良彦	41	無	現	42,257
	井原	勝介	61	無	元	30,656

宇部市長選挙

平成3年（1991年）7月21日実施

当②	中村	勝人	64	無	現	27,313
	後藤	常忠	62	無	新	16,444
	吉見	真一	44	無	新	12,168
	児玉	英治	42	無	新	7,416

(投票率 50.39％)

平成5年（1993年）7月11日実施

当①	藤田	忠夫	53	無	新	無投票

平成9年（1997年）7月6日実施

当②	藤田	忠夫	57	無	現	37,013
	五島	博	41	共	新	13,431

(投票率 38.60％)

平成13年（2001年）6月24日実施

当③	藤田	忠夫	61	無	現	36,188
	菖蒲順一郎		43	共	新	10,860

(投票率 35.12％)

平成17年（2005年）6月26日実施

当④	藤田	忠夫	65	無	現	32,401
	五島	博	49	共	新	11,695

(投票率 31.45％)

平成21年（2009年）6月28日実施

当①	久保田后子		54	無	新	38,660
	五島	博	53	共	新	10,424
	中司	正彦	66	無	新	5,425

(投票率 39.75％)

平成25年（2013年）6月23日実施

当②	久保田后子		58	無	現	35,563

木藤　昭仁　59　無　　　　新　　29,745
　　　　　　　　　　　　　　　（投票率47.36%）

平成29年（2017年）7月2日実施
当③久保田后子　62　無　　　現　　無投票

下松市長選挙

平成4年（1992年）4月12日実施
当③河村　憐次　74　無　　　現　　17,202
　　弘中　佑児　56　無　　　新　　10,780
　　　　　　　　　　　　　　　（投票率70.45%）

平成8年（1996年）4月7日実施
当④河村　憐次　78　無　　　現　　無投票

平成12年（2000年）4月16日実施
当①井川　成正　70　無　　　新　　15,796
　　河村　憐次　82　無　　　現　　12,751
　　　　　　　　　　　　　　　（投票率66.92%）

平成16年（2004年）4月11日実施
当②井川　成正　74　無　　　現　　20,326
　　池高　　聖　73　無　　　新　　11,796
　　　　　　　　　　　　　　　（投票率73.91%）

平成20年（2008年）4月6日実施
当③井川　成正　78　無　　　現　　無投票

平成24年（2012年）4月8日実施
当④井川　成正　82　無　　　現　　無投票

平成28年（2016年）4月10日実施
当①国井　益雄　66　無　　　新　　無投票

山陽小野田市長選挙

平成17年（2005年）3月22日小野田市・厚狭郡山陽町が新設合併して山陽小野田市となる

平成17年（2005年）4月24日実施
当①白井　博文　67　無　　　新　　22,726

石川　宜信　57　無　　　新　　11,311
　　　　　　　　　　　　　　　（投票率63.58%）

平成21年（2009年）4月19日実施
当②白井　博文　71　無　　　現　　21,340
　　坂辻　義人　63　無　　　新　　10,516
　　　　　　　　　　　　　　　（投票率60.28%）

平成25年（2013年）4月7日実施
当③白井　博文　75　無　　　現　　17,816
　　伊藤　　武　66　無　　　新　　5,857
　　　　　　　　　　　　　　　（投票率46.13%）

平成29年（2017年）4月9日実施
当①藤田　剛二　57　無　　　新　　13,989
　　伊藤　　実　57　無　　　新　　11,604
　　　　　　　　　　　　　　　（投票率49.32%）

（小野田市長選挙）

平成2年（1990年）11月4日実施
当①杉原　記美　59　無　　　新　　無投票

平成6年（1994年）10月30日実施
当②杉原　記美　63　無　　　現　　無投票

平成10年（1998年）11月1日実施
当③杉原　記美　67　無　　　現　　無投票

平成14年（2002年）11月10日実施
当④杉原　記美　71　無　　　現　　10,991
　　山田　純子　45　無　　　新　　5,711
　　　　　　　　　　　　　　　（投票率47.22%）

※平成17年（2005年）3月22日小野田市は厚狭郡山陽町と新設合併して山陽小野田市となる

下関市長選挙

平成3年（1991年）4月21日実施
当①亀田　　博　54　無　　　新　　54,041
　　泉田　芳次　62　無　　　現　　39,676
　　秋津　宏機　48　無　　　新　　20,402
　　江島　　潔　34　無　　　新　　13,837

	杉本 和夫	69	無	新	4,371
	山崎 武伍	47	無	新	2,902

（投票率 71.90％）

平成7年（1995年）4月23日実施

当①	江島 潔	38	無	新	69,951
	亀田 博	58	無	現	56,881

（投票率 66.58％）

平成11年（1999年）4月25日実施

当②	江島 潔	42	無	現	75,296
	古賀 敬章	46	無	新	32,261
	亀田 博	62	無	元	24,830

（投票率 68.15％）

平成15年（2003年）4月27日実施

当③	江島 潔	46	無	現	79,622
	磯部のぶ子	62	無	新	32,223

（投票率 58.57％）

平成17年（2005年）3月27日実施

当①	江島 潔	47	無	新	45,938
	中尾 友昭	55	無	新	43,468
	松原 守	62	無	新	26,838

（投票率 49.30％）

平成21年（2009年）3月15日実施

当①	中尾 友昭	59	無	新	62,964
	友田 有	51	無	新	40,706
	香川 昌則	45	無	新	20,401

（投票率 54.08％）

平成25年（2013年）3月10日実施

当②	中尾 友昭	63	無	現	55,383
	西本健治郎	36	無	新	39,656

（投票率 42.04％）

平成29年（2017年）3月12日実施

当①	前田晋太郎	40	自	新	48,896
	中尾 友昭	67	無	現	45,546
	松村 正剛	63	無	新	10,958

（投票率 47.09％）

周南市長選挙

平成15年（2003年）4月21日新南陽市・徳山市・熊毛郡熊毛町・都濃郡鹿野町が新設合併して周南市となる

平成15年（2003年）5月25日実施

当①	河村 和登	63	無	新	30,539
	島津 幸男	57	無	新	24,687
	藤井 正彦	58	無	新	9,255
	福田恵一郎	55	無	新	8,234
	魚永 智行	45	共	新	2,613

（投票率 60.69％）

平成19年（2007年）4月22日実施

当①	島津 幸男	61	無	新	39,137
	木村健一郎	54	無	新	27,926

（投票率 54.68％）

平成23年（2011年）4月24日実施

当①	木村健一郎	58	無	新	36,238
	島津 幸男	65	無	現	23,220

（投票率 49.01％）

平成27年（2015年）4月26日実施

当②	木村健一郎	62	無	現	36,860
	島津 幸男	69	無	元	22,013

（投票率 49.78％）

平成31年（2019年）4月21日実施

当①	藤井 律子	65	無	新	33,395
	木村健一郎	66	無	現	23,803

（投票率 48.51％）

（新南陽市長選挙）

平成3年（1991年）12月1日実施

当②	藤本 博吉	57	無	現	8,834
	青木 清保	63	共	新	3,182

（投票率 50.76％）

平成7年（1995年）12月3日実施

当①	藤井 正彦	51	無	新	8,576

藤本　博吉 61　無　　　　現　　　7,319
（投票率65.30%）

平成11年（1999年）11月28日実施
当①吉村　徳昌 63　無　　　　新　　　8,901
　　藤井　正彦 55　無　　　　現　　　8,697
（投票率69.53%）

※平成15年（2003年）4月21日新南陽市は徳山市・熊毛郡熊毛町・都濃郡鹿野町と新設合併して周南市となる

（徳山市長選挙）

平成3年（1991年）4月21日実施
当④小川　亮 66　無　　　　現　　　48,328
　　黒川　昭介 64　無　　　　新　　　7,806
（投票率73.46%）

平成7年（1995年）4月23日実施
当⑤小川　亮 70　無　　　　現　　　33,933
　　宇山　和昭 52　無　　　　新　　　22,557
　　黒川　昭介 68　無　　　　新　　　2,297
（投票率72.92%）

平成11年（1999年）4月25日実施
当①河村　和登 59　無　　　　新　　　27,347
　　福田恵一郎 51　無　　　　新　　　15,253
　　御園生邦昭 57　無　　　　新　　　14,020
（投票率70.68%）

※平成15年（2003年）4月21日徳山市は新南陽市・熊毛郡熊毛町・都濃郡鹿野町と新設合併して周南市となる

長門市長選挙

平成2年（1990年）4月22日実施
当③福田　政則 64　無　　　　現　　　無投票

平成4年（1992年）5月24日実施
当①藤田　光久 59　無　　　　新　　　10,669
　　木村　一彦 49　共　　　　新　　　1,791
（投票率65.18%）

平成8年（1996年）5月12日実施
当②藤田　光久 63　無　　　　現　　　無投票

平成12年（2000年）5月14日実施
当①松林　正俊 49　無　　　　新　　　8,009
　　藤田　光久 67　無　　　　現　　　7,922
（投票率82.77%）

平成16年（2004年）5月9日実施
当②松林　正俊 53　無　　　　現　　　無投票

平成17年（2005年）4月24日実施
当①松林　正俊 54　無　　　　新　　　14,528
　　藤田　光久 72　無　　　　新　　　14,305
　　斉藤　浩紀 64　共　　　　新　　　1,414
（投票率87.53%）

平成21年（2009年）4月12日実施
当①南野　京右 73　無　　　　新　　　13,128
　　松林　正俊 58　無　　　　現　　　11,510
　　林　克好 57　無　　　　新　　　2,969
（投票率83.63%）

平成23年（2011年）11月27日実施
当①大西　倉雄 61　無　　　　新　　　11,715
　　岡村　節子 61　無　　　　新　　　6,781
（投票率57.33%）

平成27年（2015年）11月8日実施
当②大西　倉雄 65　無　　　　現　　　無投票

萩市長選挙

平成3年（1991年）4月14日実施
当②小池　春光 67　無　　　　現　　　無投票

平成5年（1993年）10月17日実施
当①野村　興児 49　無　　　　新　　　19,322
　　弘中　一夫 33　共　　　　新　　　2,898
（投票率59.54%）

平成9年（1997年）10月5日実施

当②	野村	興児	53	無	現	16,824
	弘中	一夫	37	共	新	4,264

（投票率 57.19%）

平成13年（2001年）9月23日実施

当③ 野村　興児　57　無　　現　　無投票

平成17年（2005年）3月20日実施

当① 野村　興児　60　無　　新　　無投票

平成21年（2009年）3月22日実施

当②	野村	興児	64	無	現	17,050
	諸岡	皓二	62	無	新	11,223

（投票率 60.01%）

平成25年（2013年）3月24日実施

当③	野村	興児	68	無	現	16,356
	玉置登代子		70	無	新	4,411

（投票率 47.11%）

平成29年（2017年）3月19日実施

当①	藤道	健二	57	無	新	13,823
	野村	興児	72	無	現	12,805

（投票率 62.34%）

光市長選挙

平成2年（1990年）11月18日実施

当③	水木	英夫	70	無	現	17,024
	万谷	茂樹	51	無	新	7,973

（投票率 72.16%）

平成6年（1994年）11月20日実施

当①	末岡	泰義	46	無	新	13,158
	樋岡	稔	67	無	新	12,574
	水間	重富	59	無	新	1,634

（投票率 76.50%）

平成10年（1998年）11月8日実施

当② 末岡　泰義　50　無　　現　　無投票

平成14年（2002年）11月17日実施

当③	末岡	泰義	54	無	現	16,170
	渡辺	博敏	35	無	新	8,789

（投票率 66.36%）

平成16年（2004年）11月7日実施

当① 末岡　泰義　56　無　　新　　無投票

平成20年（2008年）10月26日実施

当①	市川	熈	61	無	新	12,763
	河村	龍男	56	無	新	10,111
	稗田	泰久	60	無	新	8,412

（投票率 71.73%）

平成24年（2012年）10月28日実施

当②	市川	熈	65	無	現	16,242
	河村	龍男	60	無	新	12,391

（投票率 66.70%）

平成28年（2016年）10月16日実施

当③ 市川　熈　69　無　　現　　無投票

防府市長選挙

平成4年（1992年）11月15日実施

当②	吉井	惇一	59	無	現	38,364
	渋谷	正	45	無	新	29,334

（投票率 77.64%）

平成8年（1996年）11月10日実施

当③ 吉井　惇一　63　無　　現　　無投票

平成10年（1998年）6月21日実施

当①	松浦	正人	55	無	新	33,711
	吉井	惇一	64	無	前	15,651
	竹安由利子		53	無	新	6,959

（投票率 61.79%）

平成14年（2002年）5月26日実施

当②	松浦	正人	59	無	現	24,777
	原田	洋介	31	無	新	22,188

（投票率 50.53%）

平成18年（2006年）5月28日実施

当③松浦　正人　63　無		現	35,621
陶山　具史　53　無		新	23,252
		（投票率 62.71%）

平成22年（2010年）5月30日実施

当④松浦　正人　67　無	現	31,471
島田　教明　55　無	新	24,628
	（投票率 59.81%）

平成26年（2014年）5月25日実施

当⑤松浦　正人　71　無	現	19,259
木村　練　71　無	新	14,730
牛見　航　32　無	新	9,737
	（投票率 46.58%）

平成30年（2018年）5月27日実施

当①池田　豊　60　無	新	23,793
村田　太　61　無	新	20,334
	（投票率 46.68%）

美祢市長選挙

平成2年（1990年）4月15日実施

当②牛尾　一　57　無　　現　　無投票

平成6年（1994年）4月24日実施

当③牛尾　一　61　無	現	9,128
谷本　文刀　73　無	新	2,356
	（投票率 77.09%）

平成10年（1998年）4月19日実施

当④牛尾　一　65　無　　現　　無投票

平成14年（2002年）4月21日実施

当①小竹　伸夫　66　無　　新　　無投票

平成18年（2006年）4月16日実施

当②小竹　伸夫　70　無	現	6,127
松原　忠志　63　無	新	5,501
	（投票率 79.40%）

平成20年（2008年）4月27日実施

当①村田　弘司　55　無	新	7,657
松原　忠志　65　無	新	6,150
中本　喜弘　44　無	新	6,136
伊東　義美　46　無	新	459
	（投票率 84.21%）

平成24年（2012年）4月22日実施

当②村田　弘司　59　無	現	12,585
河村　淳　76　無	新	5,102
	（投票率 77.78%）

平成28年（2016年）4月17日実施

当①西岡　晃　42　無	新	8,624
村田　弘司　63　無	現	7,858
	（投票率 76.41%）

平成31年（2019年）2月10日実施

当②西岡　晃　45　無	前	6,594
篠田　洋司　55　無	新	6,045
村田　弘司　65　無	元	2,763
	（投票率 72.69%）

柳井市長選挙

平成元年（1989年）1月29日実施

当⑤白地　照彦　72　無　　現　　無投票

平成5年（1993年）2月7日実施

当①河内山哲朗　34　無	新	11,418
長谷川忠男　48　無	新	11,239
	（投票率 82.41%）

平成9年（1997年）1月26日実施

当②河内山哲朗　38　無　　現　　無投票

平成13年（2001年）1月28日実施

当③河内山哲朗　42　無	現	12,061
松村　泰道　55　無	新	4,747
萱原　清　32　無	新	3,708
	（投票率 74.38%）

平成17年（2005年）3月20日実施

当①河内山哲朗 46　無　　　　新　　無投票

平成21年（2009年）3月1日実施

当①井原健太郎 34　無　　　　新　　12,491
　長谷川忠男 64　無　　　　新　　 9,281
　　　　　　　　　　（投票率 73.71%）

平成25年（2013年）2月17日実施

当②井原健太郎 38　無　　　　現　　無投票

平成29年（2017年）2月26日実施

当③井原健太郎 42　無　　　　現　　 9,971
　岸井　静治 71　無　　　　新　　 5,522
　　　　　　　　　　（投票率 55.61%）

徳 島 県

県庁所在地　　徳島市
市　　数　　8市（平成31年4月現在）
市　　名　　徳島市・阿南市・阿波市・小松島市・鳴門市・美馬市・三好市・吉野川市

【市に関わる合併・市制施行・名称変更】

市名	実施年月日	関係市町村名等	合併等の内容
阿南市	平成18年（2006年）3月20日	阿南市・那賀郡那賀川町・羽ノ浦町	【編入合併】
阿波市	平成17年（2005年）4月1日	板野郡吉野町・土成町・阿波郡市場町・阿波町	【新設合併・市制施行】
美馬市	平成17年（2005年）3月1日	美馬郡脇町・美馬町・穴吹町・木屋平村	【新設合併・市制施行】
三好市	平成18年（2006年）3月1日	三好郡三野町・池田町・山城町・井川町・東祖谷山村・西祖谷山村	【新設合併・市制施行】
吉野川市	平成16年（2004年）10月1日	麻植郡鴨島町・川島町・山川町・美郷村	【新設合併・市制施行】

【選挙結果】

徳島県知事選挙

平成元年（1989年）9月17日実施

当③	三木	申三	60	無	現	226,668
	中西	一宏	42	無	新	133,499
	中野	昭	58	共	新	23,142

（投票率 62.28％）

平成5年（1993年）9月26日実施

当①	円藤	寿穂	50	無 自民 社会 新生 公明 日新 民社 さき	新	182,169
	中野	昭	62	共	新	39,328
	清水	源吾	66	無	新	24,702

（投票率 39.97％）

平成9年（1997年）9月28日実施

当②	円藤	寿穂	54	無 自民 新進 民主 社民 太陽 民改 公明	現	183,966
	井上	尚	62	無 共産 新社	新	64,810
	古庄	輝亘	52	無	新	25,811

（投票率 42.92％）

平成13年（2001年）9月16日実施

当③	円藤	寿穂	58	無 自民 公明 自由 保守	現	178,141
	大田	正	58	無	新	146,394

（投票率 49.74％）

平成14年（2002年）4月28日実施

当①	大田	正	58	無 民主 共産 社民 みど	新	160,656
	河内	順子	54	無	新	143,637
	山崎	養世	43	無	新	37,033

（投票率 52.65％）

平成15年（2003年）5月18日実施

当①	飯泉	嘉門	42	無 自民 保新	新	206,221
	大田	正	59	無 民主 自由 共産 社民 みど	前	197,732

徳島県

篠原　滋子　63　無　　　　新　　10,726
(投票率 63.39%)

平成19年(2007年)4月8日実施

当②飯泉　嘉門　46　無 自民 公明　現　276,920
山本千代子　58　共　　　　新　85,696
(投票率 56.51%)

平成23年(2011年)4月10日実施

当③飯泉　嘉門　50　無　　　　現　262,440
山本千代子　62　共　　　　新　56,887
(投票率 50.55%)

平成27年(2015年)4月12日実施

当④飯泉　嘉門　54　無　　　　現　201,364
古田美知代　66　共　　　　新　49,562
(投票率 40.63%)

平成31年(2019年)4月7日実施

当⑤飯泉　嘉門　58　無　　　　現　158,972
岸本　泰治　61　無　　　　新　122,779
天羽　篤　68　共　　　　新　18,332
(投票率 48.34%)

徳島市長選挙

平成元年(1989年)2月19日実施

当②三木　俊治　57　無 自民 社会 公明 民社　現　46,667
山田　豊　38　共　　　　新　30,748
(投票率 41.87%)

平成5年(1993年)2月21日実施

当①小池　正勝　41　無 社会　新　47,059
柴田　嘉之　56　無　　　　新　27,892
折原　敬造　55　無 共産　新　21,655
(投票率 49.55%)

平成9年(1997年)2月9日実施

当②小池　正勝　45　無 自民 新進 民主 民改 公明　現　46,793
古田　元則　49　共　　　　新　14,801
(投票率 30.68%)

平成13年(2001年)2月4日実施

当③小池　正勝　49　無 民主 公明 自由 社民　現　52,166
原　秀樹　45　無 自民　新　26,630
本田　耕一　45　無　　　　新　12,554
見田　治　54　無　　　　新　7,514
橋本　定子　60　無　　　　新　5,434
(投票率 50.71%)

平成16年(2004年)4月18日実施

当①原　秀樹　48　無 自民 公明　新　55,914
姫野　雅義　57　無　　　　新　43,793
(投票率 48.41%)

平成20年(2008年)4月6日実施

当②原　秀樹　52　無 自民 公明　現　41,862
加藤　真志　60　無 民主　新　26,402
十枝　修　66　無 共産　新　11,731
(投票率 38.78%)

平成24年(2012年)3月25日実施

当③原　秀樹　56　無　　　　現　33,524
十枝　修　69　無 共産　新　19,045
(投票率 25.64%)

平成28年(2016年)3月27日実施

当①遠藤　彰良　60　無　　　　新　41,073
立石　量彦　40　無　　　　新　28,671
原　秀樹　60　無 お維　現　24,214
小松　格　70　無　　　　新　826
(投票率 45.70%)

阿南市長選挙

平成3年(1991年)11月17日実施

当②野村　靖　60　無　　　　現　17,834
久米　誠司　49　共　　　　新　4,338
(投票率 51.39%)

平成7年(1995年)11月19日実施

当③野村　靖　64　無　　　　現　16,046
上田　重臣　50　無　　　　新　10,365
(投票率 60.16%)

平成11年(1999年)11月7日実施

当④	野村	靖 68	無	現	18,333
	猿滝	勝 54	無	新	14,000

(投票率 72.31%)

平成15年(2003年)11月30日実施

当①	岩浅	嘉仁 49	無	新	16,774
	芝山	日出高 56	無	新	10,418
	南部	宣雄 58	無	新	2,842
	松田	政雄 60	無	新	1,320

(投票率 69.26%)

平成19年(2007年)11月11日実施

当②	岩浅	嘉仁 53	無	現	無投票

平成23年(2011年)11月13日実施

当③	岩浅	嘉仁 57	無	現	無投票

平成27年(2015年)11月22日実施

当④	岩浅	嘉仁 61	無	現	18,673
	福島	民雄 65	無	新	12,988

(投票率 52.27%)

阿波市長選挙

平成17年(2005年)4月1日板野郡吉野町・土成町・阿波郡市場町・阿波町が新設合併・市制施行して阿波市となる

平成17年(2005年)5月8日実施

当①	小笠原	幸 73	無	新	15,626
	安友	清 69	無	新	12,183

(投票率 79.81%)

平成21年(2009年)4月19日実施

当①	野崎	国勝 66	無	新	13,662
	篠原	啓治 52	無	新	12,749

(投票率 77.55%)

平成25年(2013年)4月7日実施

当②	野崎	国勝 70	無	現	無投票

平成29年(2017年)4月16日実施

当①	藤井	正助 66	無	新	7,988
	原田	健資 71	無	新	2,745

(投票率 33.51%)

小松島市長選挙

平成元年(1989年)1月22日実施

当①	西川	政善 46	無	新	13,324
	能仁	俊晴 51	無	新	8,670
	高橋	義寛 55	無	新	2,952
	西川	秀子 44	無	新	355

(投票率 79.16%)

平成5年(1993年)1月17日実施

当②	西川	政善 50	無	現	無投票

平成9年(1997年)1月26日実施

当③	西川	政善 54	無	現	11,817
	高橋	義寛 63	無	新	4,399

(投票率 48.05%)

平成13年(2001年)1月28日実施

当④	西川	政善 58	無	現	12,241
	高橋	義寛 67	無	新	5,086

(投票率 51.76%)

平成17年(2005年)1月23日実施

当①	稲田	米昭 59	無	新	10,916
	喜田	義明 61	無	新	7,775

(投票率 54.37%)

平成21年(2009年)1月18日実施

当②	稲田	米昭 63	無	現	無投票

平成25年(2013年)1月27日実施

当①	浜田	保徳 55	無	新	9,534
	池渕	彰 40	無	新	8,733

(投票率 55.02%)

平成29年(2017年)1月15日実施

当②	浜田	保徳 59	無	現	無投票

鳴門市長選挙

平成3年（1991年）4月14日実施
当② 矢野　茂文　60　無　　　現　　　無投票

平成7年（1995年）4月23日実施
当① 山本　幸男　55　無　　　新　　21,972
　　 矢野　茂文　64　無　　　現　　16,788
（投票率 79.34%）

平成11年（1999年）4月25日実施
当① 亀井　俊明　55　無　　　新　　26,480
　　 山本　幸男　59　無　　　現　　12,053
　　 和田　恒一　32　諸　　　新　　　 461
（投票率 77.44%）

平成15年（2003年）4月27日実施
当② 亀井　俊明　59　無　　　現　　22,100
　　 山本　善幸　31　無　　　新　　 7,567
　　 平岡　広志　53　無　　　新　　 6,297
（投票率 71.64%）

平成19年（2007年）4月22日実施
当① 吉田　忠志　59　無　　　新　　14,263
　　 潮崎　焜及　60　無　　　新　　13,730
（投票率 54.57%）

平成21年（2009年）10月11日実施
当① 泉　　理彦　47　無　　　新　　13,607
　　 潮崎　焜及　62　無　　　新　　12,273
　　 山本　善幸　38　無　　　新　　 2,367
（投票率 55.07%）

平成25年（2013年）11月17日実施
当② 泉　　理彦　51　無　　　前　　20,169
　　 梱原　幸告　47　無　　　新　　 8,678
（投票率 58.00%）

平成29年（2017年）11月19日実施
当③ 泉　　理彦　56　無　　　前　　無投票

美馬市長選挙

平成17年（2005年）3月1日美馬郡脇町・美馬町・穴吹町・木屋平村が新設合併・市制施行して美馬市となる

平成17年（2005年）4月3日実施
当① 牧田　　久　63　無　　　新　　13,233
　　 佐藤　　淨　74　無　　　新　　10,342
（投票率 82.69%）

平成21年（2009年）3月8日実施
当② 牧田　　久　67　無　　　現　　無投票

平成25年（2013年）3月3日実施
当③ 牧田　　久　71　無　　　現　　無投票

平成28年（2016年）6月12日実施
当① 藤田　元治　54　無　　　新　　無投票

三好市長選挙

平成18年（2006年）3月1日三好郡三野町・池田町・山城町・井川町・東祖谷山村・西祖谷山村が新設合併・市制施行して三好市となる

平成18年（2006年）4月16日実施
当① 俵　徹太郎　62　無　　　新　　13,251
　　 中滝　清文　54　無　　　新　　11,044
（投票率 85.69%）

平成22年（2010年）4月11日実施
当② 俵　徹太郎　66　無　　　現　　11,966
　　 仁尾　健治　61　無　　　新　　10,250
　　 喜志　　久　59　無　　　新　　　 179
（投票率 84.53%）

平成25年（2013年）7月21日実施
当① 黒川　征一　65　無　　　新　　 9,555
　　 武川　修士　63　無　　　新　　 9,259
　　 喜志　　久　62　無　　　新　　　 164
（投票率 75.13%）

平成29年（2017年）7月9日実施

当②	黒川　征一 69	無	現	7,962
	仁尾　健治 68	無	新	6,798

（投票率 63.05％）

吉野川市長選挙

> 平成16年（2004年）10月1日麻植郡鴨島町・川島町・山川町・美郷村が新設合併・市制施行して吉野川市となる

平成16年（2004年）11月7日実施

当①川真田哲哉 57　無　　　新　　無投票

平成20年（2008年）10月26日実施

当②	川真田哲哉 61	無	現	13,779
	河野　憲二 61	無	新	9,826

（投票率 63.08％）

平成24年（2012年）10月21日実施

当③川真田哲哉 65　無　　　現　　無投票

平成28年（2016年）10月9日実施

当④川真田哲哉 69　無　　　現　　無投票

香川県

県庁所在地	高松市
市数	8市（平成31年4月現在）
市名	高松市・観音寺市・坂出市・さぬき市・善通寺市・東かがわ市・丸亀市・三豊市

【市に関わる合併・市制施行・名称変更】

市名	実施年月日	関係市町村名等	合併等の内容
高松市	平成17年（2005年）9月26日	高松市・香川郡塩江町	【編入合併】
	平成18年（2006年）1月10日	高松市・木田郡牟礼町・庵治町・香川郡香川町・香南町・綾歌郡国分寺町	【編入合併】
観音寺市	平成17年（2005年）10月11日	観音寺市・三豊郡大野原町・豊浜町	【新設合併】
さぬき市	平成14年（2002年）4月1日	大川郡津田町・大川町・志度町・寒川町・長尾町	【新設合併・市制施行】
東かがわ市	平成15年（2003年）4月1日	大川郡引田町・白鳥町・大内町	【新設合併・市制施行】
丸亀市	平成17年（2005年）3月22日	丸亀市・綾歌郡綾歌町・飯山町	【新設合併】
三豊市	平成18年（2006年）1月1日	三豊郡高瀬町・山本町・三野町・豊中町・詫間町・仁尾町・財田町	【新設合併・市制施行】

【選挙結果】

香川県知事選挙

平成2年（1990年）8月26日実施

当②	平井 城一	67	無	自民 公明 民社 社会	現	229,661
	田村 守男	40	共		新	30,560

（投票率 35.16%）

平成6年（1994年）8月28日実施

当③	平井 城一	71	無	自民 社会 新生 公明 日新 さきがけ 民社	現	224,286
	梶 義照	53	無	共産	新	59,626

（投票率 36.90%）

平成10年（1998年）8月30日実施

当①	真鍋 武紀	58	無	自民 民主 自由 社民 公明	新	174,603
	多田羅 譲治	48	無		新	55,933
	二宮 正	66	無	共産	新	42,131
	生田 暉雄	56	無		新	35,019

（投票率 39.31%）

平成14年（2002年）8月25日実施

当②	真鍋 武紀	62	無	自民 民主 公明 保守	現	203,747
	多田羅 譲治	52	無		新	77,527
	佐佐木アシュファ麻コ	35	無		新	11,541

（投票率 36.50%）

平成18年（2006年）8月27日実施

当③	真鍋 武紀	66	無	自民 公明	現	190,575
	多田羅 譲治	56	無		新	98,493

（投票率 35.83%）

平成22年（2010年）8月29日実施

当①浜田	恵造	58	無	新	163,583
渡辺	智子	56	無	新	111,646
松原	昭夫	54	共	新	22,895

（投票率 36.92％）

平成26年（2014年）8月31日実施

当②浜田	恵造	62	無 自民 公明 社民	現	223,846
河村	整	55	無 共産	新	44,023

（投票率 33.60％）

平成30年（2018年）8月26日実施

当③浜田	恵造	66	無 自民 国民 公明 社民	現	201,599
姫田	英二	62	無 共産	新	34,814

（投票率 29.34％）

高松市長選挙

平成3年（1991年）4月21日実施

当⑥脇	信男	71	無 社会 公明 共産 民社	現	98,186
太田	英章	58	自	新	56,261

（投票率 66.15％）

平成7年（1995年）4月23日実施

当①増田	昌三	52	無 自民 共産	新	76,505
藤本	哲夫	51	無 新進 社会 さき	新	54,429
太田	英章	62	無	新	13,290
鹿島日出喜		50	無	新	1,610

（投票率 60.70％）

平成11年（1999年）4月18日実施

当②増田	昌三	56	無	現	無投票

平成15年（2003年）4月27日実施

当③増田	昌三	60	無	現	111,932
仲亀	昌身	62	無 共産	新	25,793

（投票率 55.06％）

平成19年（2007年）4月15日実施

当①大西	秀人	47	無 自民 公明	新	無投票

平成23年（2011年）4月17日実施

当②大西	秀人	51	無	現	無投票

平成27年（2015年）4月26日実施

当③大西	秀人	55	無 自民 公明	現	130,673
多田	久幸	69	無 共産	新	26,668

（投票率 47.61％）

平成31年（2019年）4月14日実施

当④大西	秀人	59	無 自民 公明	現	無投票

観音寺市長選挙

平成3年（1991年）1月20日実施

当①今津礼二郎		56	無	新	12,954
加藤	義和	55	無	現	11,286

（投票率 72.53％）

平成3年（1991年）6月30日実施

当②今津礼二郎		57	無	前	9,544
石川	義行	48	無	新	8,328
井下	恒雄	58	無	新	5,337
横山	幸夫	68	無	新	3,589

（投票率 79.68％）

平成7年（1995年）6月4日実施

当①白川	晴司	49	無	新	16,854
今津礼二郎		61	無	現	7,879

（投票率 72.42％）

平成11年（1999年）5月23日実施

当②白川	晴司	53	無	現	無投票

平成15年（2003年）5月18日実施

当③白川	晴司	57	無	現	無投票

平成17年（2005年）11月13日実施

当①白川	晴司	59	無	新	無投票

平成21年（2009年）11月8日実施

当②白川	晴司	63	無	現	23,731

香川県　　　　　地方選挙総覧＜知事・市長・特別区長＞　平成篇1989-2019

　　藤田　芳種　60　無　　　　新　　13,271
　　　　　　　　　　　　　　（投票率72.73％）

平成25年（2013年）11月3日実施

当③白川　晴司　67　無　　　　現　　無投票

平成29年（2017年）11月12日実施

当④白川　晴司　71　無　　　　現　　15,691
　　合田　陽一　68　無　　　　新　　 6,287
　　　　　　　　　　　　　　（投票率43.81％）

坂出市長選挙

平成元年（1989年）6月4日実施

当①松浦　稔明　50　無　　　　新　　22,996
　　多田羅譲治　39　無　　　　新　　13,402
　　　　　　　　　　　　　　（投票率76.43％）

平成5年（1993年）5月16日実施

当②松浦　稔明　54　無　　　　現　　無投票

平成9年（1997年）5月18日実施

当③松浦　稔明　58　無　　　　現　　17,409
　　野角　満昭　53　共　　　　新　　 4,245
　　筒井　勝雄　52　無　　　　新　　 1,014
　　　　　　　　　　　　　　（投票率47.07％）

平成13年（2001年）5月13日実施

当④松浦　稔明　62　無　　　　現　　17,362
　　水尾　一二　54　無　　　　新　　 6,876
　　細川　雅生　47　無　　　　新　　　 314
　　　　　　　　　　　　　　（投票率50.75％）

平成17年（2005年）5月15日実施

当⑤松浦　稔明　66　無　　　　現　　14,319
　　水尾　一二　58　無　　　　新　　 8,775
　　　　　　　　　　　　　　（投票率48.15％）

平成21年（2009年）5月17日実施

当①綾　　宏　56　無　　　　新　　18,764
　　松浦　稔明　70　無　　　　現　　10,757
　　　　　　　　　　　　　　（投票率63.06％）

平成25年（2013年）5月12日実施

当②綾　　宏　60　無　　　　現　　無投票

平成29年（2017年）5月7日実施

当③綾　　宏　64　無　　　　現　　無投票

さぬき市長選挙

平成14年（2002年）4月1日大川郡津田町・大川町・志度町・寒川町・長尾町が新設合併・市制施行してさぬき市となる

平成14年（2002年）5月12日実施

当①赤沢　申也　54　無　　　　新　　14,315
　　十川　昭五　71　無　　　　新　　10,563
　　広瀬　正美　65　無　　　　新　　 7,077
　　新田　秀雄　64　無　　　　新　　 1,575
　　　　　　　　　　　　　　（投票率74.44％）

平成18年（2006年）4月16日実施

当①大山　茂樹　55　無　　　　新　　無投票

平成22年（2010年）4月25日実施

当②大山　茂樹　59　無　　　　現　　16,956
　　三宅　恒司　55　共　　　　新　　 1,768
　　　　　　　　　　　　　　（投票率42.80％）

平成26年（2014年）4月20日実施

当③大山　茂樹　63　無　　　　現　　無投票

平成30年（2018年）4月22日実施

当④大山　茂樹　67　無　　　　現　　12,225
　　樫村　正員　88　無　　　　新　　 3,204
　　　　　　　　　　　　　　（投票率37.22％）

善通寺市長選挙

平成2年（1990年）4月15日実施

当①真鍋　　勝　68　無　　　　新　　無投票

平成6年（1994年）4月24日実施

当①宮下　　裕　57　無　　　　新　　11,549

遠山　建治　54　無　　　新　　9,375
　　　　　　　　　　　　　（投票率 77.92%）

平成10年（1998年）4月12日実施
当②宮下　裕　61　無　　　現　　無投票

平成14年（2002年）4月14日実施
当③宮下　裕　65　無　　　現　　無投票

平成18年（2006年）4月9日実施
当④宮下　裕　69　無　　　現　　無投票

平成22年（2010年）4月11日実施
当①平岡　政典　62　無　　　新　　無投票

平成26年（2014年）4月13日実施
当②平岡　政典　66　無　　　現　　無投票

平成30年（2018年）4月15日実施
当③平岡　政典　70　無　　　現　　無投票

東かがわ市長選挙

平成15年（2003年）4月1日大川郡引田町・白鳥町・大内町が新設合併・市制施行して東かがわ市となる

平成15年（2003年）4月27日実施
当①中条　弘矩　55　無　　　新　　12,610
　　安倍　正典　56　無　　　新　　10,511
　　　　　　　　　　　　　（投票率 74.35%）

平成19年（2007年）4月22日実施
当①藤井　秀城　55　無　　　新　　8,633
　　安倍　正典　60　無　　　新　　6,983
　　井上　弘志　60　無　　　新　　6,067
　　　　　　　　　　　　　（投票率 71.69%）

平成23年（2011年）4月24日実施
当②藤井　秀城　59　無　　　現　　11,733
　　安倍　正典　64　無　　　新　　8,731
　　　　　　　　　　　　　（投票率 71.68%）

平成27年（2015年）4月26日実施
当③藤井　秀城　63　無　　　現　　9,618
　　元行　馨　59　無　　　新　　9,142
　　　　　　　　　　　　　（投票率 68.48%）

平成31年（2019年）4月21日実施
当①上村　一郎　38　無　　　新　　8,626
　　元行　馨　63　無　　　新　　6,046
　　安倍　正典　72　無　　　新　　2,581
　　鎌田　紳二　70　無　　　新　　820
　　　　　　　　　　　　　（投票率 69.39%）

丸亀市長選挙

平成3年（1991年）4月21日実施
当①片山　圭之　49　無　　　新　　21,652
　　中川　隆司　50　無　　　新　　19,377
　　有家　慶典　69　無　　　新　　765
　　　　　　　　　　　　　（投票率 78.48%）

平成7年（1995年）4月16日実施
当②片山　圭之　53　無　　　現　　無投票

平成11年（1999年）4月18日実施
当③片山　圭之　57　無　　　現　　無投票

平成15年（2003年）4月27日実施
当①新井　哲二　59　無　　　新　　24,492
　　片山　圭之　61　無　　　現　　16,971
　　　　　　　　　　　　　（投票率 66.59%）

平成17年（2005年）4月24日実施
当①新井　哲二　61　無　　　新　　24,775
　　片山　圭之　63　無　　　新　　21,540
　　香川　信久　56　無　　　新　　13,305
　　　　　　　　　　　　　（投票率 70.02%）

平成21年（2009年）4月19日実施
当②新井　哲二　65　無　　　現　　30,053
　　平川　淳　52　無　　　新　　26,747
　　　　　　　　　　　　　（投票率 65.86%）

平成25年（2013年）4月14日実施

当①	梶　正治	60	無	新	18,636
	山本　直樹	65	無	新	15,460
	横田　隼人	53	無	新	15,077

（投票率 56.55%）

平成29年（2017年）4月16日実施

当②	梶　正治	64	無	現	31,299
	高木　新仁	71	無	新	17,648

（投票率 54.89%）

三豊市長選挙

平成18年（2006年）1月1日三豊郡高瀬町・山本町・三野町・豊中町・詫間町・仁尾町・財田町が新設合併・市制施行して三豊市となる

平成18年（2006年）2月12日実施

当①	横山　忠始	57	無	新	24,012
	前川　和昭	63	無	新	15,409
	大橋　良男	64	無	新	8,088

（投票率 81.31%）

平成22年（2010年）1月17日実施

当②	横山　忠始	61	無	現	無投票

平成26年（2014年）1月19日実施

当③	横山　忠始	65	無	現	無投票

平成29年（2017年）12月24日実施

当①	山下　昭史	51	無	新	17,266
	大平　敏弘	63	無	新	7,362

（投票率 44.66%）

愛媛県

県庁所在地　松山市
市　　　数　11市（平成31年4月現在）
市　　　名　松山市(北条市)・今治市・伊予市・宇和島市・大洲市・西条市(東予市)・四国中央市(伊予三島市, 川之江市)・西予市・東温市・新居浜市・八幡浜市

※（ ）内は廃止された市

【市に関わる合併・市制施行・名称変更】

市名	実施年月日	関係市町村名等	合併等の内容
松山市	平成17年（2005年）1月1日	松山市・北条市・温泉郡中島町	【編入合併】
今治市	平成17年（2005年）1月16日	今治市・越智郡朝倉村・玉川町・波方町・大西町・菊間町・吉海町・宮窪町・伯方町・上浦町・大三島町・関前村	【新設合併】
伊予市	平成17年（2005年）4月1日	伊予市・伊予郡中山町・双海町	【新設合併】
宇和島市	平成17年（2005年）8月1日	宇和島市・北宇和郡吉田町・三間町・津島町	【新設合併】
大洲市	平成17年（2005年）1月11日	大洲市・喜多郡長浜町・肱川町・河辺村	【新設合併】
西条市	平成16年（2004年）11月1日	西条市・東予市・周桑郡小松町・丹原町	【新設合併】
四国中央市	平成16年（2004年）4月1日	川之江市・伊予三島市・宇摩郡新宮村・土居町	【新設合併】
西予市	平成16年（2004年）4月1日	東宇和郡明浜町・宇和町・野村町・城川町・西宇和郡三瓶町	【新設合併・市制施行】
東温市	平成16年（2004年）9月21日	温泉郡重信町・川内町	【新設合併・市制施行】
新居浜市	平成15年（2003年）4月1日	新居浜市・宇摩郡別子山村	【編入合併】
八幡浜市	平成17年（2005年）3月28日	八幡浜市・西宇和郡保内町	【新設合併】

【選挙結果】

愛媛県知事選挙

平成2年（1990年）12月29日実施

当②	伊賀	貞雪	65	無 自民 公明 民社	現	416,864
	衣川	義隆	60	無 共産	新	97,116

（投票率 45.86％）

平成7年（1995年）1月22日実施

当③	伊賀	貞雪	69	無 自民 公明	現	429,544
	福西	亮	64	無 社会 新進	新	156,554
	衣川	義隆	64	無 共産	新	41,243

（投票率 54.21％）

愛媛県

平成11年（1999年）1月3日実施

当①	加戸 守行	64	無	自民 公明 自由 社民	新	424,394
	伊賀 貞雪	73	無		現	239,828
	藤原 敏隆	47	無		新	42,826
	谷田 慶子	61	共		新	35,016
	福岡 英二	42	無		新	5,466

（投票率 63.10%）

平成15年（2003年）1月26日実施

当②	加戸 守行	68	無	自民 民主 公明 自由 社民 保新	現	397,508
	和田 宰	50	無	共産	新	123,851

（投票率 44.22%）

平成19年（2007年）1月21日実施

当③	加戸 守行	72	無	自民 公明 社民	現	328,640
	和田 宰	54	無	共産 新社	新	95,368
	楠橋 康弘	38	無		新	86,124

（投票率 43.12%）

平成22年（2010年）11月28日実施

当①	中村 時広	50	無	公明	新	452,664
	小松 正幸	69	無		新	96,324
	田中 克彦	43	共		新	30,254

（投票率 49.17%）

平成26年（2014年）11月16日実施

当②	中村 時広	54	無		現	439,619
	小路 貴之	71	無	共産	新	49,412

（投票率 42.93%）

平成30年（2018年）11月18日実施

当③	中村 時広	58	無		現	397,369
	和田 宰	66	無	共産	新	33,929
	田尾 幸恵	49	無		新	16,708

（投票率 39.05%）

松山市長選挙

平成3年（1991年）4月21日実施

当①	田中 誠一	65	無	自民 公明	新	96,906
	中村 時雄	75	無	社会	現	84,737
	山崎 尚明	43	共		新	8,760

（投票率 59.91%）

平成7年（1995年）4月23日実施

当②	田中 誠一	69	無	自民 社会 公明	現	86,549
	小路 貴之	52	共		新	18,149

（投票率 31.20%）

平成11年（1999年）4月25日実施

当①	中村 時広	39	無		新	108,966
	田中 誠一	73	無	公明 社民	現	88,193
	大西 信吾	61	共		新	8,326

（投票率 56.93%）

平成15年（2003年）4月27日実施

当②	中村 時広	43	無	民主 公明 自由	現	97,182
	林 紀子	40	共		新	14,700

（投票率 30.20%）

平成19年（2007年）4月22日実施

当③	中村 時広	47	無		現	104,217
	山本 久夫	59	共		新	17,470

（投票率 30.11%）

平成22年（2010年）11月28日実施

当①	野志 克仁	43	無		新	108,505
	帽子 敏信	57	無	自民	新	52,502
	菊池 伸英	46	無		新	50,469
	西本 敏	57	共		新	6,406
	国元 雅弘	63	無		新	4,141

（投票率 53.96%）

平成26年（2014年）11月16日実施

当②	野志 克仁	47	無	民主	現	125,334
	滝本 徹	53	無		新	65,959
	田中 克彦	47	共		新	9,426

（投票率 48.36%）

平成30年（2018年）11月18日実施

当③	野志 克仁	51	無		現	132,871
	植木 正勝	66	無	共産	新	16,635

（投票率 35.65%）

（北条市長選挙）

平成4年（1992年）10月25日実施

当①菅	朝照	64	無	新	10,269
原田	改三	78	無	現	7,487

（投票率 80.22％）

平成8年（1996年）10月27日実施

当②菅	朝照	68	無	現	10,390
本	外美雄	47	無	新	4,243

（投票率 64.60％）

平成12年（2000年）2月20日実施

当①井手	順二	60	無	新	無投票

平成16年（2004年）2月1日実施

当②井手	順二	64	無	現	無投票

※平成17年（2005年）1月1日北条市は旧松山市・温泉郡中島町と編入合併して松山市となる

今治市長選挙

平成元年（1989年）12月24日実施

当③岡島	一夫	57	無	現	28,317
渡辺	薫	39	共	新	9,781

（投票率 43.39％）

平成5年（1993年）12月26日実施

当④岡島	一夫	61	無	現	24,079
池田	伸	60	無	新	20,160
渡辺	薫	43	共	新	3,683

（投票率 53.24％）

平成10年（1998年）1月18日実施

当①繁信	順一	51	無	新	36,249
池田	伸	65	自	新	20,701
木山	隆行	66	共	新	4,023
渡辺	雄二	48	無	新	839

（投票率 66.83％）

平成13年（2001年）12月16日実施

当②繁信	順一	55	無	現	無投票

平成17年（2005年）2月20日実施

当①越智	忍	47	無	新	47,250
白石	哲朗	61	無	新	40,226
堀内	琢郎	66	無	新	11,352
徳永	安清	59	無	新	9,702

（投票率 75.76％）

平成21年（2009年）2月8日実施

当①菅	良二	65	無	新	55,207
越智	忍	51	無	現	47,474

（投票率 73.00％）

平成25年（2013年）2月3日実施

当②菅	良二	69	無	現	63,977
河野	昌禎	59	無	新	16,471

（投票率 59.90％）

平成29年（2017年）1月29日実施

当③菅	良二	73	無	現	無投票

伊予市長選挙

平成3年（1991年）1月13日実施

当⑤岡本	要	67	無	現	10,531
重松	清重	61	無	新	1,891

（投票率 57.18％）

平成7年（1995年）1月15日実施

当①増野	英作	61	無	新	無投票

平成11年（1999年）1月3日実施

当①中村	佑	62	無	新	12,368
増野	英作	65	無	現	8,118

（投票率 86.85％）

平成15年（2003年）1月19日実施

当②中村	佑	67	無	現	無投票

平成17年（2005年）4月24日実施

当①中村	佑	69	無	新	13,189
岡野	辰哉	52	無	新	6,487
早田	久	64	無	新	6,022

小川香世江 54 無　　　　新　　　　494
　　　　　　　　　　　　（投票率81.08%）

平成21年（2009年）4月12日実施

当②中村　　佑 73 無　　　　現　　　無投票

平成25年（2013年）4月14日実施

当①武智　邦典 56 無　　　　新　　　11,457
　　泉　　圭一 50 無　　　　新　　　11,300
　　　　　　　　　　　　（投票率72.92%）

平成29年（2017年）4月16日実施

当②武智　邦典 60 無　　　　現　　　15,671
　　玉井　　彰 63 無　　　　新　　　 5,042
　　　　　　　　　　　　（投票率67.24%）

宇和島市長選挙

平成元年（1989年）1月29日実施

当①柴田　　勲 60 無　　　　新　　　17,312
　　菊池　大蔵 58 無　　　　現　　　16,744
　　坂尾　　真 40 無　　　　新　　　 3,246
　　　　　　　　　　　　（投票率73.12%）

平成5年（1993年）1月24日実施

当②柴田　　勲 64 無　　　　現　　　無投票

平成9年（1997年）1月26日実施

当③柴田　　勲 68 無　　　　現　　　16,486
　　三浦　雅夫 70 無　　　　新　　　 8,795
　　　　　　　　　　　　（投票率50.18%）

平成13年（2001年）1月28日実施

当①石橋　寛久 50 無　　　　新　　　14,065
　　中川鹿太郎 51 無　　　　新　　　12,186
　　浦瀬　　明 59 無　　　　新　　　10,969
　　　　　　　　　　　　（投票率74.68%）

平成17年（2005年）1月30日実施

当②石橋　寛久 54 無　　　　現　　　17,711
　　中川鹿太郎 55 無　　　　新　　　15,979
　　　　　　　　　　　　（投票率69.32%）

平成17年（2005年）9月11日実施

当①石橋　寛久 55 無　　　　新　　　26,440
　　中川鹿太郎 55 無　　　　新　　　23,298
　　椙山　義将 52 無　　　　新　　　12,201
　　　　　　　　　　　　（投票率83.18%）

平成21年（2009年）8月30日実施

当②石橋　寛久 59 無　　　　現　　　28,882
　　中川鹿太郎 59 無　　　　新　　　22,889
　　武田　元介 48 無　　　　新　　　 6,249
　　　　　　　　　　　　（投票率81.03%）

平成25年（2013年）9月1日実施

当③石橋　寛久 63 無　　　　現　　　23,564
　　土居　通興 64 無　　　　新　　　23,123
　　　　　　　　　　　　（投票率68.37%）

平成29年（2017年）8月27日実施

当①岡原　文彰 47 無　　　　新　　　28,402
　　兵頭　司博 56 無　　　　新　　　17,342
　　　　　　　　　　　　（投票率70.03%）

大洲市長選挙

平成元年（1989年）1月21日実施

当①桝田　与一 60 無　　　　新　　　14,315
　　上田　安範 56 無　　　　新　　　10,767
　　　　　　　　　　　　（投票率88.49%）

平成5年（1993年）1月17日実施

当②桝田　与一 64 無　　　　現　　　無投票

平成9年（1997年）1月19日実施

当③桝田　与一 68 無　　　　現　　　無投票

平成13年（2001年）1月21日実施

当④桝田　与一 72 無　　　　現　　　12,757
　　頼永　一夫 71 無　　　　新　　　 3,773
　　　　　　　　　　　　（投票率55.41%）

平成17年（2005年）2月13日実施

当①大森　隆雄 56 無　　　　新　　　12,814

桝田　与一　76　無　　　　新　　10,078
城戸　正紀　68　無　　　　新　　 8,306
　　　　　　　　　　　（投票率 75.11%）

平成21年（2009年）1月25日実施

当②大森　隆雄　60　無　　　　現　　13,390
　　有友　正本　60　無　　　　新　　12,488
　　　　　　　　　　　（投票率 64.84%）

平成21年（2009年）9月13日実施

当①清水　　裕　54　無　　　　新　　15,077
　　有友　正本　61　無　　　　新　　13,852
　　　　　　　　　　　（投票率 72.40%）

平成25年（2013年）9月1日実施

当②清水　　裕　58　無　　　　現　　無投票

平成29年（2017年）8月27日実施

当③清水　　裕　62　無　　　　現　　無投票

平成30年（2018年）5月20日実施

当①二宮　隆久　63　無　　　　新　　12,967
　　上田　栄一　63　無　　　　新　　 7,504
　　　　　　　　　　　（投票率 55.90%）

西条市長選挙

平成3年（1991年）11月17日実施

当④桑原　富雄　68　無　　　　現　　18,695
　　越智　　勲　67　無　　　　新　　14,779
　　　　　　　　　　　（投票率 79.42%）

平成7年（1995年）11月26日実施

当①伊藤宏太郎　52　無　　　　新　　無投票

平成11年（1999年）11月21日実施

当②伊藤宏太郎　56　無　　　　現　　無投票

平成15年（2003年）11月23日実施

当③伊藤宏太郎　60　無　　　　現　　無投票

平成16年（2004年）11月21日実施

当①伊藤宏太郎　61　無　　　　新　　無投票

平成20年（2008年）11月16日実施

当②伊藤宏太郎　65　無　　　　現　　27,058
　　一色　達夫　56　無　　　　新　　14,136
　　久米　雄蔵　75　無　　　　新　　 2,419
　　稲井　大祐　70　無　　　　新　　 1,627
　　　　　　　　　　　（投票率 49.24%）

平成24年（2012年）11月18日実施

当①青野　　勝　55　無　　　　新　　29,272
　　伊藤宏太郎　69　無　　　　現　　29,150
　　稲井　大祐　74　無　　　　新　　　620
　　　　　　　　　　　（投票率 64.13%）

平成28年（2016年）11月20日実施

当①玉井　敏久　53　無　　　　新　　31,022
　　青野　　勝　59　無　　　　現　　22,919
　　西田　直人　50　諸　　　　新　　 1,046
　　　　　　　　　　　（投票率 59.67%）

（東予市長選挙）

平成3年（1991年）1月27日実施

当①青野　照雄　59　無　　　　新　　 9,689
　　山内　宗芳　68　無　　　　新　　 7,089
　　越智　隆秀　61　無　　　　新　　 5,463
　　　　　　　　　　　（投票率 87.48%）

平成7年（1995年）1月15日実施

当①青野　　勝　38　無　　　　新　　15,143
　　青野　照雄　63　無　　　　現　　 7,046
　　　　　　　　　　　（投票率 85.39%）

平成11年（1999年）1月17日実施

当②青野　　勝　42　無　　　　現　　12,576
　　矢野　清秀　53　無　　　　新　　 2,536
　　　　　　　　　　　（投票率 57.92%）

平成15年（2003年）1月26日実施

当③青野　　勝　46　無　　　　現　　12,196
　　青野　照雄　71　無　　　　元　　 6,436
　　　　　　　　　　　（投票率 70.29%）

※平成16年（2004年）11月1日東予市は旧西条市・周桑郡小松町・丹原町と新設合併して西条市となる

四国中央市長選挙

平成16年（2004年）4月1日川之江市・伊予三島市・宇摩郡新宮村・土居町が新設合併して四国中央市となる

平成16年（2004年）4月25日実施

当①井原	巧	40	無	新	35,037
石津	隆敏	70	無	新	20,825

（投票率 74.29%）

平成20年（2008年）4月13日実施

当②井原	巧	44	無	現	無投票

平成24年（2012年）4月15日実施

当③井原	巧	48	無	現	無投票

平成25年（2013年）4月28日実施

当①篠原	実	63	無	新	21,068
島	勝之	65	無	新	6,310

（投票率 37.32%）

平成29年（2017年）4月23日実施

当②篠原	実	67	無	現	17,542
三谷つぎむ		76	無	新	10,382

（投票率 38.12%）

（伊予三島市長選挙）

平成元年（1989年）9月17日実施

当③篠永	善雄	62	自	現	無投票

平成5年（1993年）9月19日実施

当④篠永	善雄	66	自	現	無投票

平成9年（1997年）9月21日実施

当⑤篠永	善雄	70	自	現	11,589
高橋	照男	56	無	新	7,406

（投票率 64.99%）

平成13年（2001年）9月30日実施

当⑥篠永	善雄	74	無	現	10,674
河端	春夏	64	無	新	5,752
三宅	美隆	53	無	新	3,242

（投票率 66.53%）

※平成16年（2004年）4月1日伊予三島市は川之江市・宇摩郡新宮村・土居町と新設合併して四国中央市となる

（川之江市長選挙）

平成2年（1990年）11月25日実施

当①石津	隆敏	57	無	新	15,565
石津	栄一	66	無	現	10,200

（投票率 90.97%）

平成6年（1994年）11月16日実施

当②石津	隆敏	61	無	現	無投票

平成10年（1998年）11月22日実施

当③石津	隆敏	65	無	現	15,280
昇	俊一	62	無	新	8,141

（投票率 79.95%）

平成14年（2002年）11月23日実施

当④石津	隆敏	69	無	現	14,818
山本	保雄	65	共	新	6,854

（投票率 73.28%）

※平成16年（2004年）4月1日川之江市は伊予三島市・宇摩郡新宮村・土居町と新設合併して四国中央市となる

西予市長選挙

平成16年（2004年）4月1日東宇和郡明浜町・宇和町・野村町・城川町・西宇和郡三瓶町が新設合併・市制施行して西予市となる

平成16年（2004年）5月16日実施

当①三好	幹二	53	無	新	18,526
大塚	功	65	無	新	15,614

（投票率 89.60%）

平成20年（2008年）4月20日実施

当②	三好　幹二	57	無	現	無投票

平成24年（2012年）4月15日実施

当③	三好　幹二	61	無	現	無投票

平成28年（2016年）4月17日実施

当①	管家　一夫	61	無	新	無投票

東温市長選挙

> 平成16年（2004年）9月21日温泉郡重信町・川内町が新設合併・市制施行して東温市となる

平成16年（2004年）10月31日実施

当①	高須賀　功	62	無	新	無投票

平成20年（2008年）10月19日実施

当②	高須賀　功	66	無	現	無投票

平成24年（2012年）10月21日実施

当③	高須賀　功	70	無	現	無投票

平成28年（2016年）10月23日実施

当①	加藤　章	68	無	新	7,326
	高須賀　功	74	無	現	6,833
	佐伯　正夫	73	無	新	3,914
				（投票率 65.26%）	

新居浜市長選挙

平成4年（1992年）11月15日実施

当③	伊藤　武志	50	無	現	34,760
	千葉　隆	65	共	新	8,551
				（投票率 43.93%）	

平成8年（1996年）10月27日実施

当④	伊藤　武志	54	無	現	31,895
	長野　文彦	49	無	新	29,030
	鈴木　金作	71	共	新	2,924
				（投票率 63.02%）	

平成12年（2000年）11月12日実施

当①	佐々木　龍	45	無	新	31,969
	伊藤　武志	58	無	現	29,292
				（投票率 60.47%）	

平成16年（2004年）11月14日実施

当②	佐々木　龍	49	無	現	31,501
	近藤　司	56	無	新	24,881
				（投票率 55.38%）	

平成20年（2008年）11月9日実施

当③	佐々木　龍	53	無	現	29,642
	長野　文彦	61	無	新	29,168
				（投票率 57.96%）	

平成24年（2012年）11月4日実施

当①	石川　勝行	64	無	新	無投票

平成28年（2016年）11月6日実施

当②	石川　勝行	68	無	現	無投票

八幡浜市長選挙

平成3年（1991年）4月21日実施

当①	吉見　弘晏	50	無	新	17,142
	平田　久市	67	自	現	8,541
				（投票率 90.62%）	

平成7年（1995年）4月16日実施

当②	吉見　弘晏	54	無	現	無投票

平成11年（1999年）4月25日実施

当①	高橋　英吾	58	無	新	14,047
	吉見　弘晏	58	無	現	9,058
				（投票率 85.97%）	

平成15年（2003年）4月27日実施

当②	高橋　英吾	62	無	現	12,593
	菊池　平以	58	無	新	8,776
				（投票率 82.29%）	

平成17年（2005年）4月17日実施

当①高橋　英吾　64　無　　　　　新　　無投票

平成21年（2009年）4月19日実施

当①大城　一郎　44　無　　　　　新　　11,722
　　高橋　英吾　68　無　　　　　現　　 9,084
　　山本　儀夫　58　無　　　　　新　　 3,760
　　　　　　　　　　　　（投票率 75.02%）

平成25年（2013年）4月21日実施

当②大城　一郎　48　無　　　　　現　　11,219
　　高橋　英行　41　無　　　　　新　　11,034
　　　　　　　　　　　　（投票率 71.16%）

平成29年（2017年）4月9日実施

当③大城　一郎　52　無　　　　　現　　無投票

四国

高知県

県庁所在地　高知市
市　数　11市（平成31年4月現在）
市　名　高知市・安芸市・香美市・香南市・四万十市（中村市）・宿毛市・須崎市・土佐市・土佐清水市・南国市・室戸市　　※（ ）内は廃止された市

【市に関わる合併・市制施行・名称変更】

市名	実施年月日	関係市町村名等	合併等の内容
高知市	平成17年（2005年）1月1日	高知市・土佐郡鏡村・土佐山村	【編入合併】
	平成20年（2008年）1月1日	高知市・吾川郡春野町	【編入合併】
香美市	平成18年（2006年）3月1日	香美郡土佐山田町・香北町・物部村	【新設合併・市制施行】
香南市	平成18年（2006年）3月1日	香美郡赤岡町・香我美町・野市町・夜須町・吉川村	【新設合併・市制施行】
四万十市	平成17年（2005年）4月10日	中村市・幡多郡西土佐村	【新設合併】

【選挙結果】

高知県知事選挙

平成3年（1991年）12月1日実施
当① 橋本大二郎 44　無 社会　　新　316,968
　　川崎　昭典 63　自　　　　新　119,268
　　森　清一郎 69　無 共産　　新　 38,202
　　（投票率 75.59%）

平成7年（1995年）11月26日実施
当② 橋本大二郎 48　無　　　　現　285,614
　　佐竹　峰雄 47　共　　　　新　 49,498
　　（投票率 52.85%）

平成11年（1999年）11月28日実施
当③ 橋本大二郎 52　無　　　　現　274,670
　　所谷　孝夫 69　無 自由　　新　132,541
　　（投票率 62.73%）

平成15年（2003年）11月30日実施
当④ 橋本大二郎 56　無　　　　現　233,801

　　松尾　徹人 56　無 公明 社民　新　192,932
　　（投票率 65.42%）

平成16年（2004年）11月28日実施
当⑤ 橋本大二郎 57　無　　　　前　226,428
　　松尾　徹人 57　無 自民 公明 社民　新　192,745
　　山中　雅和 51　無　　　　新　　1,765
　　（投票率 64.56%）

平成19年（2007年）11月25日実施
当① 尾崎　正直 40　無 自民 公明 社民　新　178,109
　　近森　正久 54　無　　　　新　 61,919
　　国松　　勝 68　無 共産　　新　 36,346
　　関谷　　徳 46　無　　　　新　 14,584
　　（投票率 45.92%）

平成23年（2011年）11月10日実施
当② 尾崎　正直 44　無 民主 自民 公明 社民　現　無投票

高知県

平成27年（2015年）10月29日実施
当③尾崎　正直　48　無　自民 民主 公明 社民　現　無投票

高知市長選挙

平成2年（1990年）10月28日実施
当④横山　龍雄　74　無　自民 社会 公明 共産 民社　現　58,474
　　町田　忠和　55　無　新　3,459
　　本田　剛　49　諸　新　544
（投票率 27.40%）

平成6年（1994年）10月30日実施
当①松尾　徹人　47　無　自民 新生 公明 日新 民社　新　69,155
　　鍋島　康夫　48　無　社会 さき 共産　新　48,207
　　吉川　順三　54　無　新　10,385
　　中山土志延　52　無　新　6,780
（投票率 55.68%）

平成10年（1998年）10月25日実施
当②松尾　徹人　51　無　自民 民主 自由 平和 社民 さき 公明　現　82,040
　　植田　省三　55　無　共産　新　19,706
（投票率 40.48%）

平成14年（2002年）10月20日実施
当③松尾　徹人　55　無　現　67,980
　　中根　佐知　46　無　共産　新　17,285
　　近森　正久　49　無　新　15,978
（投票率 39.23%）

平成15年（2003年）11月30日実施
当①岡崎　誠也　50　無　民主 公明 社民　新　77,638
　　岡内　啓明　55　無　新　42,508
　　関谷　徳　42　無　新　23,381
（投票率 57.71%）

平成19年（2007年）11月25日実施
当②岡崎　誠也　54　無　自民 民主 公明 社民　現　78,963
　　谷崎　治之　48　無　共産　新　19,796

　　藤島　利久　45　無　新　5,651
（投票率 40.55%）

平成23年（2011年）11月27日実施
当③岡崎　誠也　58　無　民主 自民 公明 社民　現　59,257
　　迫　哲郎　49　共　新　17,373
（投票率 28.05%）

平成27年（2015年）11月15日実施
当④岡崎　誠也　62　無　自民 民主 公明 社民　現　60,520
　　森　敦子　61　無　共産　新　18,011
（投票率 28.93%）

安芸市長選挙

平成元年（1989年）9月3日実施
当①山崎　鎮一　51　無　新　7,511
　　岡村　喜郎　61　無　元　6,905
（投票率 78.03%）

平成5年（1993年）8月29日実施
当②山崎　鎮一　55　無　現　6,917
　　小松　攻　48　無　新　4,571
　　小谷　昇　49　無　新　2,254
（投票率 75.03%）

平成9年（1997年）8月24日実施
当①井津　哲彦　60　無　新　6,376
　　山崎　鎮一　59　無　現　5,478
（投票率 66.59%）

平成13年（2001年）8月26日実施
当①松本　憲治　53　無　新　7,085
　　井津　哲彦　64　無　現　4,980
（投票率 68.64%）

平成17年（2005年）8月21日実施
当②松本　憲治　57　無　現　無投票

平成21年（2009年）8月16日実施
当③松本　憲治　61　無　現　無投票

平成25年（2013年）8月25日実施

当①横山　幾夫　57　無　　　　新　　5,961
　　松本　憲治　65　無　　　　現　　3,671
　　　　　　　　　　　　　（投票率 60.00%）

平成29年（2017年）8月13日実施

当②横山　幾夫　61　無　　　　現　　無投票

香美市長選挙

平成18年（2006年）3月1日香美郡土佐山田町・香北町・物部村が新設合併・市制施行して香美市となる

平成18年（2006年）4月2日実施

当①門脇　槙夫　59　無　　　　新　　無投票

平成22年（2010年）3月21日実施

当②門脇　槙夫　63　無　　　　現　　無投票

平成26年（2014年）3月23日実施

当①法光院晶一　63　無　　　　新　　4,914
　　笹岡　　優　62　無　　　　新　　3,433
　　黒岩　直良　68　無　　　　新　　3,010
　　有元　和哉　34　無　　　　新　　2,193
　　　　　　　　　　　　　（投票率 59.32%）

平成30年（2018年）3月18日実施

当②法光院晶一　67　無　　　　現　　無投票

香南市長選挙

平成18年（2006年）3月1日香美郡赤岡町・香我美町・野市町・夜須町・吉川村が新設合併・市制施行して香南市となる

平成18年（2006年）4月16日実施

当①仙頭　義寛　60　無　　　　新　　11,075
　　清藤　真司　40　無　　　　新　　8,886
　　　　　　　　　　　　　（投票率 75.05%）

平成22年（2010年）4月11日実施

当②仙頭　義寛　64　無　　　　現　　7,851
　　上田　滝雄　66　無　　　　新　　5,633
　　森　　雅宣　61　無　　　　新　　5,006
　　　　　　　　　　　　　（投票率 69.81%）

平成24年（2012年）7月15日実施

当①清藤　真司　47　無　　　　新　　8,272
　　上田　滝雄　68　無　　　　新　　4,614
　　　　　　　　　　　　　（投票率 47.69%）

平成28年（2016年）6月19日実施

当②清藤　真司　51　無　　　　現　　7,892
　　山本　　学　61　無　　　　新　　7,098
　　　　　　　　　　　　　（投票率 55.63%）

四万十市長選挙

平成17年（2005年）4月10日中村市・幡多郡西土佐村が新設合併して四万十市となる

平成17年（2005年）5月15日実施

当①沢田五十六　62　無　　　　新　　10,562
　　宮崎　　等　56　無　　　　新　　10,428
　　　　　　　　　　　　　（投票率 69.97%）

平成21年（2009年）4月26日実施

当①田中　　全　56　無　　　　新　　11,304
　　沢田五十六　66　無　　　　現　　9,428
　　　　　　　　　　　　　（投票率 71.27%）

平成25年（2013年）4月21日実施

当①中平　正宏　56　無　　　　新　　11,798
　　田中　　全　60　無　　　　現　　8,346
　　　　　　　　　　　　　（投票率 70.23%）

平成29年（2017年）4月23日実施

当②中平　正宏　60　無　　　　現　　11,728
　　大西　正祐　64　共　　　　新　　3,675
　　　　　　　　　　　　　（投票率 54.34%）

（中村市長選挙）

平成4年（1992年）8月16日実施

当①岡本　　淳　54　無　　　　新　　10,366

高知県

刈谷　瑛男　64　無　　　　現　　　9,199
　　　　　　　　　　　　（投票率 74.50%）

平成8年（1996年）8月11日実施

当①沢田五十六　53　無　　　新　　　9,163
　岡本　淳　58　無　　　　現　　　6,680
　宮崎　工　58　無　　　　新　　　5,062
　　　　　　　　　　　　（投票率 77.67%）

平成12年（2000年）8月13日実施

当②沢田五十六　57　無　　　現　　　9,801
　岡本　淳　62　無　　　　前　　　9,645
　　　　　　　　　　　　（投票率 71.35%）

平成16年（2004年）8月8日実施

当③沢田五十六　61　無　　　現　　　9,168
　岡本　淳　66　無　　　　元　　　8,883
　　　　　　　　　　　　（投票率 66.50%）

※平成17年（2005年）4月10日中村市は幡多郡西土佐村と新設合併して四万十市となる

宿毛市長選挙

平成2年（1990年）11月25日実施

当⑤林　迪　62　無　　　　現　　　無投票

平成6年（1994年）11月27日実施

当⑥林　迪　66　無　　　　現　　　8,955
　有田　刻弘　60　共　　　新　　　3,169
　　　　　　　　　　　　（投票率 63.53%）

平成10年（1998年）11月29日実施

当⑦林　迪　70　無　　　　現　　　7,854
　山岡　玉恵　64　無　　　新　　　5,394
　　　　　　　　　　　　（投票率 67.72%）

平成11年（1999年）12月26日実施

当①山下　幸雄　67　無　　　新　　　8,463
　中西　清二　50　無　　　新　　　7,034
　　　　　　　　　　　　（投票率 78.52%）

平成15年（2003年）11月30日実施

当①中西　清二　54　無　　　新　　　8,401

　山下　幸雄　71　無　　　　現　　　7,693
　　　　　　　　　　　　（投票率 83.16%）

平成19年（2007年）11月18日実施

当②中西　清二　58　無　　　現　　　無投票

平成23年（2011年）11月27日実施

当①沖本　年男　63　無　　　新　　　7,864
　中西　清二　62　無　　　現　　　5,547
　　　　　　　　　　　　（投票率 73.00%）

平成27年（2015年）12月6日実施

当①中平　富宏　47　無　　　新　　　7,154
　岡崎　匡介　60　無　　　新　　　5,365
　　　　　　　　　　　　（投票率 71.01%）

須崎市長選挙

平成元年（1989年）1月22日実施

当①戸田　喜生　54　無　　　新　　　8,009
　吉本　稲美　61　無　　　新　　　5,780
　青木　章人　50　無　　　新　　　3,307
　　　　　　　　　　　　（投票率 76.08%）

平成5年（1993年）1月10日実施

当②戸田　喜生　58　無　　　現　　　無投票

平成7年（1995年）10月29日実施

当①吉川　浩史　51　無　　　新　　　無投票

平成8年（1996年）8月11日実施

当①梅原　一　66　無　　　　新　　　5,907
　吉川　浩史　52　無　　　前　　　4,653
　里見　剛　60　無　　　　新　　　2,178
　　　　　　　　　　　　（投票率 59.71%）

平成12年（2000年）7月30日実施

当②梅原　一　70　無　　　　現　　　8,095
　明神　栄一　45　無　　　新　　　3,416
　　　　　　　　　　　　（投票率 52.85%）

平成16年（2004年）1月25日実施

当①笹岡　豊徳　60　無　　　新　　　無投票

平成20年（2008年）1月20日実施

当②	笹岡 豊徳	64	無	現	6,899
	明神 仁士	61	無	新	439

（投票率 35.34%）

平成24年（2012年）1月22日実施

当①	楠瀬 耕作	51	無	新	7,186
	朝比奈利広	73	無	新	3,895

（投票率 55.73%）

平成28年（2016年）1月17日実施

当②	楠瀬 耕作	56	無	現	無投票

土佐市長選挙

平成3年（1991年）2月10日実施

当①	籠尾 源吉	61	無	新	無投票

平成7年（1995年）2月12日実施

当①	五藤 一成	66	無	新	7,567
	籠尾 源吉	65	無	現	7,552
	近添 幸有	66	無	新	2,331

（投票率 71.14%）

平成7年（1995年）10月29日実施

当①	森田 康生	60	無	新	9,230
	中内 桂郎	56	無	新	7,833

（投票率 70.31%）

平成11年（1999年）10月17日実施

当②	森田 康生	64	無	現	10,620
	渡辺 幸雄	49	無	新	3,663

（投票率 58.61%）

平成15年（2003年）10月19日実施

当③	森田 康生	68	無	現	10,551
	渡辺 幸雄	53	無	新	2,778

（投票率 53.41%）

平成19年（2007年）10月21日実施

当①	板原 啓文	52	無	新	10,479
	渡辺 幸雄	57	無	新	1,634

（投票率 49.17%）

平成23年（2011年）10月9日実施

当②	板原 啓文	56	無	現	無投票

平成27年（2015年）10月11日実施

当③	板原 啓文	60	無	現	無投票

土佐清水市長選挙

平成2年（1990年）8月12日実施

当②	和泉 清	63	無	現	8,254
	武田 信顕	60	無	新	6,256

（投票率 87.82%）

平成6年（1994年）8月14日実施

当③	和泉 清	67	無	現	6,149
	杉村 章生	57	無	新	5,983
	仮谷 豊子	60	無	新	1,210

（投票率 83.22%）

平成8年（1996年）10月20日実施

当①	杉村 章生	59	無	新	6,399
	西村光一郎	55	無	新	6,373

（投票率 83.08%）

平成9年（1997年）6月8日実施

当①	杉村 章生	60	無	新	7,270
	西村光一郎	56	無	新	6,260

（投票率 86.21%）

平成13年（2001年）5月20日実施

当①	西村伸一郎	57	無	新	5,579
	杉村 章生	64	無	現	5,085
	田中 千盛	52	無	新	2,251

（投票率 84.35%）

平成17年（2005年）5月15日実施

当②	西村伸一郎	61	無	現	無投票

平成21年（2009年）5月24日実施

当②	杉村 章生	72	無	元	5,631

高知県　地方選挙総覧＜知事・市長・特別区長＞ 平成篇1989-2019

西村伸一郎　65　無　　　　現　　　 5,479
　　　　　　　　　　　　　（投票率 79.07%）

平成25年（2013年）5月26日実施

当①泥谷　光信　54　無　　　新　　　 5,069
　　田中　千盛　64　無　　　新　　　 3,125
　　杉村　章生　76　無　　　現　　　 2,099
　　　　　　　　　　　　　（投票率 77.86%）

平成29年（2017年）5月21日実施

当②泥谷　光信　58　無　　　現　　　 5,939
　　岡本　　詠　44　無　　　新　　　 3,148
　　　　　　　　　　　　　（投票率 74.16%）

南国市長選挙

平成3年（1991年）10月27日実施

当①大町　行治　69　無　　　新　　 15,700
　　小笠原喜郎　80　無　　　現　　　 7,723
　　　　　　　　　　　　　（投票率 67.11%）

平成7年（1995年）10月15日実施

当②大町　行治　73　無　　　現　　　無投票

平成7年（1995年）12月24日実施

当①浜田　　純　56　無　　　新　　 10,212
　　長野　恭二　46　無　　　新　　　 4,674
　　　　　　　　　　　　　（投票率 41.44%）

平成11年（1999年）12月5日実施

当②浜田　　純　60　無　　　現　　　無投票

平成15年（2003年）12月14日実施

当③浜田　　純　64　無　　　現　　 11,500
　　沢田　幸子　54　無　　　新　　　 5,125
　　　　　　　　　　　　　（投票率 42.67%）

平成19年（2007年）11月25日実施

当①橋詰　寿人　61　無　　　新　　 13,934
　　沢田　幸子　58　無　　　新　　　 2,686
　　　　　　　　　　　　　（投票率 43.95%）

平成23年（2011年）11月27日実施

当②橋詰　寿人　65　無　　　現　　　 9,774
　　徳久　　衛　51　無　　　新　　　 4,737
　　　　　　　　　　　　　（投票率 37.42%）

平成27年（2015年）11月29日実施

当③橋詰　寿人　69　無　　　現　　　無投票

平成29年（2017年）7月30日実施

当①平山　耕三　54　無　　　新　　　無投票

室戸市長選挙

平成4年（1992年）7月5日実施

当③中谷　岸造　59　無　　　現　　　 5,656
　　浜田　満夫　57　無　　　元　　　 4,093
　　野町　尚道　49　無　　　新　　　　 767
　　　　　　　　　　　　　（投票率 57.98%）

平成6年（1994年）12月4日実施

当①西尾　恒造　58　無　　　新　　　 6,926
　　野町　尚道　52　無　　　新　　　　 972
　　　　　　　　　　　　　（投票率 46.07%）

平成10年（1998年）11月22日実施

当①武井　啓平　57　無　　　新　　　 5,624
　　西尾　恒造　62　無　　　現　　　 5,208
　　　　　　　　　　　　　（投票率 63.46%）

平成14年（2002年）11月24日実施

当②武井　啓平　61　無　　　現　　　 4,568
　　島田　信雄　59　無　　　新　　　 4,418
　　沢山保太郎　58　無　　　新　　　 2,109
　　　　　　　　　　　　　（投票率 68.02%）

平成18年（2006年）11月19日実施

当①小松　幹侍　57　無　　　新　　　 6,802
　　沢山保太郎　62　無　　　新　　　 3,267
　　　　　　　　　　　　　（投票率 65.16%）

平成22年（2010年）11月21日実施

当②小松　幹侍　61　無　　　現　　　 5,736

久保　正則 60　無　　　　　　新　　 2,332
　　　　　　　　　　　　　　（投票率 56.46%）

平成26年（2014年）11月23日実施

当③小松　幹侍 65　無　　　　　　現　　 5,642
　沢山保太郎 70　無　　　　　　新　　 1,322
　　　　　　　　　　　　　　（投票率 53.38%）

平成30年（2018年）11月18日実施

当①植田壮一郎 62　無　　　　　　新　　 3,303
　萩野　義興 61　無　　　　　　新　　 2,067
　久保田　浩 48　無　　　　　　新　　 1,870
　沢山保太郎 74　無　　　　　　新　　　 741
　　　　　　　　　　　　　　（投票率 66.27%）

福岡県

県庁所在地	福岡市
市数	29市（平成31年4月現在）
市名	福岡市《指定都市/7区》・朝倉市（甘木市）・飯塚市・糸島市（前原市）・うきは市・大川市・大野城市・大牟田市・小郡市・春日市・嘉麻市（山田市）・北九州市《指定都市/7区》・久留米市・古賀市・田川市・太宰府市・筑後市・筑紫野市・那珂川市・中間市・直方市・福津市・豊前市・みやま市・宮若市・宗像市・柳川市・八女市・行橋市　　　　　　　※（ ）内は廃止された市
主な政治団体（略称）	福岡県農政連（農政），ふくおか市民政治ネットワーク（ふネ）

【市に関わる合併・市制施行・名称変更】

市名	実施年月日	関係市町村名等	合併等の内容
朝倉市	平成18年（2006年）3月20日	甘木市・朝倉郡杷木町・朝倉町	【新設合併】
飯塚市	平成18年（2006年）3月26日	飯塚市・嘉穂郡筑穂町・穂波町・庄内町・頴田町	【新設合併】
糸島市	平成22年（2010年）1月1日	前原市・糸島郡二丈町・志摩町	【新設合併】
うきは市	平成17年（2005年）3月20日	浮羽郡吉井町・浮羽町	【新設合併・市制施行】
嘉麻市	平成18年（2006年）3月27日	山田市・嘉穂郡稲築町・碓井町・嘉穂町	【新設合併】
久留米市	平成17年（2005年）2月5日	久留米市・浮羽郡田主丸町・三井郡北野町・三潴郡城島町・三潴町	【編入合併】
古賀市	平成9年（1997年）10月1日	糟屋郡古賀町	【市制施行】
那珂川市	平成30年（2018年）10月1日	筑紫郡那珂川町	【市制施行】
福津市	平成17年（2005年）1月24日	宗像郡福間町・津屋崎町	【新設合併・市制施行】
前原市	平成4年（1992年）10月1日	糸島郡前原町	【市制施行】
みやま市	平成19年（2007年）1月29日	山門郡瀬高町・山川町・三池郡高田町	【新設合併・市制施行】
宮若市	平成18年（2006年）2月11日	鞍手郡宮田町・若宮町	【新設合併・市制施行】
宗像市	平成15年（2003年）4月1日	宗像市・宗像郡玄海町	【新設合併】
	平成17年（2005年）3月28日	宗像市・宗像郡大島村	【編入合併】
柳川市	平成17年（2005年）3月21日	柳川市・山門郡大和町・三橋町	【新設合併】
八女市	平成18年（2006年）10月1日	八女市・八女郡上陽町	【編入合併】
	平成22年（2010年）2月1日	八女市・八女郡黒木町・立花町・矢部村・星野村	【編入合併】

【選挙結果】

福岡県知事選挙

平成3年（1991年）4月7日実施

当③	奥田　八二	70	無 社会 共産 社連	現	969,038
	重富吉之助	57	無 自民	新	537,644
	山崎広太郎	49	無	新	361,440

（投票率 54.87%）

平成7年（1995年）4月9日実施

当①	麻生　渡	55	無 自民 新進 社会 さき 公明	新	778,297
	重富吉之助	61	無	新	526,745
	平川　二男	73	無 共産	新	132,068
	中村　哲郎	47	諸	新	71,007
	徳川　高人	34	無	新	27,486

（投票率 44.44%）

平成11年（1999年）4月11日実施

当②	麻生　渡	59	無 自民 民主 公明 自由 社民 自連	現	1,529,882
	政時　輝紀	59	無 共産	新	186,508
	中村　哲郎	51	諸	新	123,266
	徳川　高人	38	無	新	55,156

（投票率 51.34%）

平成15年（2003年）4月13日実施

当③	麻生　渡	63	無 自民 民主 公明 自由 社民 保新 自連 農政	現	1,162,836
	今里　滋	52	無	新	710,230

（投票率 48.25%）

平成19年（2007年）4月8日実施

当④	麻生　渡	67	無 農政	現	1,121,720
	稲富　修二	36	無 民主 社民	新	666,354
	平野　栄一	64	無 共産	新	156,228

（投票率 49.04%）

平成23年（2011年）4月10日実施

当①	小川　洋	61	無 公明 社民 国新 農政	新	1,128,853
	田村　貴昭	49	無 共産	新	474,445

（投票率 41.52%）

平成27年（2015年）4月12日実施

当②	小川　洋	65	無 自民 民主 維党 公明 社民 農政	現	1,260,405
	後藤　富和	46	無 共産	新	284,692

（投票率 38.85%）

平成31年（2019年）4月7日実施

当③	小川　洋	69	無 農政	現	1,293,648
	武内　和久	47	無 自民	新	345,085
	篠田　清	70	無 共産	新	119,871

（投票率 42.72%）

福岡市長選挙

平成2年（1990年）11月11日実施

当②	桑原　敬一	68	無 自民 公明 民社 社連 社会	現	223,069
	小沢　清実	64	無 共産	新	66,592

（投票率 34.04%）

平成6年（1994年）11月6日実施

当③	桑原　敬一	72	無 自民 新生 公明 日新 さき 民社 自由 社会	現	211,186
	清水とし子	44	無 共産	新	74,726

（投票率 31.67%）

平成10年（1998年）11月15日実施

当①	山崎広太郎	57	無	新	188,539
	桑原　敬一	76	無 自民 社民	現	167,679
	林　健一郎	63	無 共産	新	51,782
	香月　利治	54	無	新	15,202

（投票率 43.49%）

平成14年（2002年）11月17日実施

当②	山崎広太郎	61	無 自民 民主 公明 自由 保守	現	199,821

荒木 龍昇	50	無 みど	新	63,374	
渡辺 孝雄	55	無 共産	新	35,730	
香月 利治	58	無	新	30,932	

(投票率 32.46%)

平成18年(2006年)11月19日実施

当①吉田 宏	50	無 民主 社民 ふネ	新	177,400	
山崎広太郎	65	無 自民	現	157,868	
高山 博光	66	無	新	55,603	
清水とし子	57	無 共産	新	42,296	
山口 敬之	58	無	新	13,436	
上田 光彦	61	無	新	10,759	

(投票率 42.57%)

平成22年(2010年)11月14日実施

当①高島宗一郎	36	無	新	209,532	
吉田 宏	54	無 民主 社民 国新	現	144,828	
木下 敏之	50	無	新	74,228	
有馬 精一	59	無 共産	新	21,500	
植木とみ子	61	無	新	13,277	
荒木 龍昇	58	無	新	12,313	
飯野 健二	49	無	新	5,445	
内海 昭徳	32	無	新	5,410	

(投票率 43.67%)

平成26年(2014年)11月16日実施

当②高島宗一郎	40	無 自民 公明	現	256,064	
吉田 宏	58	無	前	116,630	
北嶋雄二郎	65	無	新	36,288	
嶽村久美子	64	無 共産	新	27,280	
大川 知之	37	無	新	8,068	
金出 公子	67	無	新	6,225	

(投票率 38.73%)

平成30年(2018年)11月18日実施

当③高島宗一郎	44	無 自民	現	285,465	
神谷 貴行	48	無 共産	新	94,437	

(投票率 31.42%)

朝倉市長選挙

平成18年(2006年)3月20日甘木市・朝倉郡杷木町・朝倉町が新設合併して朝倉市となる

平成18年(2006年)4月16日実施

当①塚本 勝人	70	無	新	無投票	

平成22年(2010年)4月18日実施

当①森田 俊介	57	無	新	12,805	
実藤 輝夫	62	無	新	9,104	
井上 隆昭	63	無	新	8,826	

(投票率 65.78%)

平成26年(2014年)4月13日実施

当②森田 俊介	61	無	現	無投票	

平成30年(2018年)4月15日実施

当①林 裕二	67	無	新	16,119	
実藤 輝夫	70	無	新	7,297	

(投票率 52.79%)

(甘木市長選挙)

平成3年(1991年)4月14日実施

当①中島 茂嗣	56	無	新	無投票	

平成7年(1995年)4月16日実施

当②中島 茂嗣	60	無	現	無投票	

平成8年(1996年)7月14日実施

当①佐藤 誠良	59	無	新	9,167	
実藤 輝夫	48	無	新	8,096	
内田 恵三	39	無	新	4,235	
仲山 徳隆	49	無	新	1,456	

(投票率 71.38%)

平成12年(2000年)7月2日実施

当①塚本 勝人	64	無	新	12,356	
佐藤 誠良	63	無	現	11,482	

(投票率 72.14%)

平成16年（2004年）7月4日実施

当② 塚本 勝人 68 無　　現　　無投票

※平成18年（2006年）3月20日甘木市は朝倉郡杷木町・朝倉町と新設合併して朝倉市となる

飯塚市長選挙

平成2年（1990年）4月8日実施

当② 田中 耕介 71 無　　現　　20,164
　　荻野 正躬 52 共　　新　　5,197
　　　　　　　　　　　（投票率 42.81％）

平成6年（1994年）4月10日実施

当③ 田中 耕介 75 無　　現　　18,128
　　荻野 正躬 56 共　　新　　4,450
　　　　　　　　　　　（投票率 37.33％）

平成10年（1998年）4月5日実施

当① 江頭 貞元 64 無　　新　　15,344
　　小幡 和利 65 無　　新　　13,138
　　元山 福仁 52 無　　新　　2,650
　　　　　　　　　　　（投票率 51.46％）

平成14年（2002年）3月31日実施

当② 江頭 貞元 68 無　　現　　無投票

平成18年（2006年）4月23日実施

当① 斉藤 守史 57 無　　新　　27,775
　　永芳 達夫 69 無　　新　　15,618
　　江口 徹 40 無　　新　　13,586
　　　　　　　　　　　（投票率 53.58％）

平成22年（2010年）4月18日実施

当② 斉藤 守史 61 無　　現　　29,298
　　江口 徹 44 無　　新　　26,554
　　　　　　　　　　　（投票率 53.17％）

平成26年（2014年）4月13日実施

当③ 斉藤 守史 65 無　　現　　25,801
　　小幡 俊之 56 無　　新　　13,739
　　　　　　　　　　　（投票率 38.35％）

平成29年（2017年）2月26日実施

当① 片峯 誠 60 無　　新　　26,320
　　小幡 俊之 59 無　　新　　10,609
　　小宮 学 61 無　　新　　8,553
　　　　　　　　　　　（投票率 43.14％）

糸島市長選挙

平成22年（2010年）1月1日前原市・糸島郡二丈町・志摩町が新設合併して糸島市となる

平成22年（2010年）2月14日実施

当① 松本 嶺男 65 無　　新　　29,141
　　佐藤 俊郎 56 無　　新　　21,908
　　　　　　　　　　　（投票率 65.29％）

平成26年（2014年）2月2日実施

当① 月形 祐二 55 無　　新　　33,137
　　木村 公一 66 無　　新　　13,794
　　　　　　　　　　　（投票率 60.14％）

平成30年（2018年）1月28日実施

当② 月形 祐二 59 無　　現　　29,004
　　高橋 徹郎 50 無　　新　　17,653
　　　　　　　　　　　（投票率 57.18％）

（前原市長選挙）

平成4年（1992年）10月1日糸島郡前原町が市制施行して前原市となる

平成6年（1994年）11月6日実施

当① 藤山 尚光 67 無　　新　　無投票

平成7年（1995年）7月23日実施

当① 春田 整秀 56 無　　新　　16,782
　　平田 正喜 50 無　　新　　7,821
　　　　　　　　　　　（投票率 61.46％）

平成11年（1999年）7月11日実施

当② 春田 整秀 60 無　　現　　14,901
　　宮崎 一之 62 無　　新　　4,610
　　　　　　　　　　　（投票率 42.07％）

平成15年（2003年）7月13日実施

当①河野	正雄	55	無	新	13,655
春田	整秀	64	無	現	12,495

（投票率 51.84%）

平成17年（2005年）10月16日実施

当①松本	嶺男	61	無	新	15,173
北畠	猛	60	無	新	8,344
河野	正雄	57	無	前	5,027

（投票率 54.74%）

平成21年（2009年）9月27日実施

当②松本	嶺男	65	無	現	11,915
佐藤	俊郎	56	無	新	9,682
加納	義郎	41	無	新	4,500

（投票率 48.63%）

※平成22年（2010年）1月1日前原市は糸島郡二丈町・志摩町と新設合併して糸島市となる

うきは市長選挙

平成17年（2005年）3月20日浮羽郡吉井町・浮羽町が新設合併・市制施行してうきは市となる

平成17年（2005年）4月24日実施

当①怡土	康男	60	無	新	10,414
泉	孝治	57	無	新	9,636

（投票率 74.86%）

平成21年（2009年）4月5日実施

当②怡土	康男	64	無	現	無投票

平成24年（2012年）7月8日実施

当①高木	典雄	60	無	新	無投票

平成28年（2016年）7月3日実施

当②高木	典雄	64	無	現	10,412
竹永	茂美	64	無	新	3,827

（投票率 56.10%）

大川市長選挙

平成元年（1989年）7月23日実施

当①山崎	健	59	無	新	15,404
古賀	竜生	77	無	元	12,923

（投票率 84.44%）

平成5年（1993年）7月4日実施

当①福永	邦男	59	無	新	11,987
緒方	繁儀	58	無	新	8,477
吉丸	英明	47	無	新	4,528
石橋	始	79	無	新	840

（投票率 76.69%）

平成9年（1997年）6月22日実施

当②福永	邦男	63	無	現	無投票

平成13年（2001年）7月1日実施

当①江上	均	39	無	新	11,811
福永	邦男	67	無	現	11,083

（投票率 70.14%）

平成17年（2005年）6月26日実施

当①植木	光治	57	無	新	13,162
江上	均	43	無	現	7,504
酒見	豊文	58	無	新	905

（投票率 67.30%）

平成21年（2009年）7月5日実施

当②植木	光治	61	無	現	無投票

平成25年（2013年）6月30日実施

当①鳩山	二郎	34	無	新	10,123
江上	均	51	無	元	4,015
石橋	忠敏	64	無	新	2,665
中村	晃生	66	無	元	1,708

（投票率 62.05%）

平成28年（2016年）10月23日実施

当①倉重	良一	39	無	新	14,034
江上	均	54	無	元	3,722

（投票率 59.94%）

大野城市長選挙

平成元年（1989年）9月3日実施

当①古賀	典	60	無	新	16,566
与田	肇	65	共	新	4,905

（投票率 44.23％）

平成5年（1993年）9月5日実施

当①後藤	幹生	54	無	新	19,600
古賀	典	64	無	現	10,271

（投票率 54.15％）

平成9年（1997年）8月31日実施

当②後藤　幹生　58　無　　　現　　無投票

平成13年（2001年）8月26日実施

当③後藤　幹生　62　無　　　現　　無投票

平成17年（2005年）9月4日実施

当①井本	宗司	53	無	新	20,242
松崎	正和	54	無	新	10,100
田中	伸敏	54	無	新	2,971

（投票率 48.03％）

平成21年（2009年）8月30日実施

当②井本　宗司　57　無　　　現　　無投票

平成25年（2013年）9月1日実施

当③井本　宗司　61　無　　　現　　無投票

平成29年（2017年）8月27日実施

当④井本　宗司　65　無　　　現　　無投票

大牟田市長選挙

平成3年（1991年）1月20日実施

当②塩塚	公一	40	無	現	45,390
山田真一郎		42	無	新	18,174

（投票率 55.96％）

平成7年（1995年）1月22日実施

当③塩塚	公一	44	無	現	35,819
山田真一郎		46	無	新	11,337
鹿毛	貞男	62	無	新	2,449

（投票率 43.87％）

平成7年（1995年）12月3日実施

当①栗原	孝	57	無	新	27,694
下川	忠範	66	無	新	19,071

（投票率 41.37％）

平成11年（1999年）11月21日実施

当②栗原	孝	61	無	現	33,739
笠原	忠雄	73	無	新	12,491
鹿毛	貞男	67	無	新	2,474

（投票率 43.41％）

平成15年（2003年）11月16日実施

当①古賀	道雄	59	無	新	28,151
栗原	孝	65	無	現	26,553

（投票率 49.57％）

平成19年（2007年）11月18日実施

当②古賀	道雄	63	無	現	29,668
服部	和典	72	無	新	17,423

（投票率 44.18％）

平成23年（2011年）11月20日実施

当③古賀	道雄	67	無	現	26,284
森	遵	46	無	新	12,234

（投票率 37.53％）

平成27年（2015年）11月8日実施

当①中尾　昌弘　61　無　　　新　　無投票

小郡市長選挙

平成元年（1989年）4月23日実施

当③山田	幸雄	70	無	現	12,034
伊藤賢次郎		53	無	新	11,024

（投票率 72.05％）

平成5年（1993年）4月25日実施

当①田篭　勝彦　53　無　　　新　　14,413

福岡県

伊藤 賢次郎 57 無		新	10,013
		（投票率 69.99％）	

平成9年（1997年）4月20日実施

当② 田篭 勝彦 57 無　　現　　無投票

平成13年（2001年）4月15日実施

当③ 田篭 勝彦 61 無　　現　　無投票

平成17年（2005年）4月24日実施

当① 平安 正知 44 無	新	14,395
野田 真良 55 無	新	8,311
	（投票率 52.59％）	

平成21年（2009年）4月19日実施

当② 平安 正知 48 無　　現　　無投票

平成25年（2013年）4月14日実施

当③ 平安 正知 52 無　　現　　無投票

平成29年（2017年）4月23日実施

当① 加地 良光 52 無	新	13,355
平安 正知 56 無	現	12,969
	（投票率 55.90％）	

春日市長選挙

平成3年（1991年）4月21日実施

当② 白水 清幸 64 無	現	26,530
本園 善章 43 無	新	9,645
	（投票率 61.7％）	

平成7年（1995年）4月16日実施

当③ 白水 清幸 68 無　　現　　無投票

平成11年（1999年）4月25日実施

当① 井上 澄和 48 無	新	24,502
北川 卓逸 54 無	新	18,010
	（投票率 58.67％）	

平成15年（2003年）4月27日実施

当② 井上 澄和 52 無	現	26,950
北川 卓逸 58 無	新	13,681
	（投票率 52.49％）	

平成19年（2007年）4月22日実施

当③ 井上 澄和 56 無	現	26,921
古川 詳翁 66 無	新	13,498
	（投票率 50.67％）	

平成23年（2011年）4月24日実施

当④ 井上 澄和 60 無	現	22,810
藤井 俊雄 50 無	新	10,209
古川 詳翁 70 無	新	5,826
	（投票率 47.88％）	

平成27年（2015年）4月26日実施

当⑤ 井上 澄和 64 無	現	23,783
坂本 靖男 57 無	新	14,338
	（投票率 45.47％）	

平成31年（2019年）4月21日実施

当⑥ 井上 澄和 68 無	現	24,482
近藤 幸恵 61 無	新	12,560
	（投票率 42.48％）	

嘉麻市長選挙

平成18年（2006年）3月27日山田市・嘉穂郡稲築町・碓井町・嘉穂町が新設合併して嘉麻市となる

平成18年（2006年）4月23日実施

当① 松岡 賛 65 無	新	12,833
梅野 保俊 66 無	新	12,397
	（投票率 66.62％）	

平成22年（2010年）4月18日実施

当② 松岡 賛 69 無	現	9,374
赤間 幸弘 47 無	新	7,815
高橋 義治 68 無	新	7,250
	（投票率 67.39％）	

平成26年（2014年）4月6日実施

当① 赤間 幸弘 51 無　　新　　無投票

平成30年（2018年）4月15日実施

当②赤間	幸弘	55	無	現	11,094
宮原	由光	70	無	新	4,883

（投票率 49.44%）

（山田市長選挙）

平成元年（1989年）12月3日実施

当②松岡	正文	61	無	現	3,627
武信	弘隆	48	無	新	3,610
大和	源次	59	無	新	2,258

（投票率 92.95%）

平成5年（1993年）12月5日実施

当①武信	弘隆	52	無	新	4,599
松岡	正文	65	無	現	4,489

（投票率 91.55%）

平成9年（1997年）12月7日実施

当②武信	弘隆	56	無	現	5,042
大和	源次	67	無	新	3,223

（投票率 87.81%）

平成13年（2001年）8月26日実施

当①松岡	賛	60	無	新	4,629
武信	禎子	59	無	新	3,277

（投票率 82.57%）

平成17年（2005年）7月31日実施

当②松岡	賛	64	無	現	無投票

※平成18年（2006年）3月27日山田市は嘉穂郡稲築町・碓井町・嘉穂町と新設合併して嘉麻市となる

北九州市長選挙

平成3年（1991年）2月3日実施

当②末吉	興一	56	無 自民 公明 民社 社会	現	287,219
髙木	健康	42	無 共産	新	73,306
渡辺	哲也	43	無	新	8,618

（投票率 48.95%）

平成7年（1995年）2月5日実施

当③末吉	興一	60	無 自民 新進 社会 さき 公明	現	250,759
前田	憲徳	38	無 共産	新	62,898

（投票率 40.32%）

平成11年（1999年）1月31日実施

当④末吉	興一	64	無 自民 民主 公明 社民	現	234,665
吉野	高幸	55	無 共産	新	103,718
武井	正守	82	無	新	11,035

（投票率 44.16%）

平成15年（2003年）1月26日実施

当⑤末吉	興一	68	無	現	172,470
吉野	高幸	59	無 共産	新	89,673
松尾	潤二	47	無	新	42,496

（投票率 38.32%）

平成19年（2007年）2月4日実施

当①北橋	健治	53	無 民主 社民 国新	新	217,262
柴田	高博	57	無 自民 公明	新	177,675
三輪	俊和	63	無 共産	新	56,873

（投票率 56.57%）

平成23年（2011年）2月6日実施

当②北橋	健治	57	無	現	214,227
三輪	俊和	67	無 共産	新	76,980

（投票率 37.00%）

平成27年（2015年）1月25日実施

当③北橋	健治	61	無 自民	現	201,931
三原	朝利	37	無	新	42,599
篠田	清	66	無 共産	新	36,979

（投票率 35.88%）

平成31年（2019年）1月27日実施

当④北橋	健治	65	無	現	196,684
永田	浩一	53	無 共産	新	38,555
秋武	政道	58	無	新	27,223

（投票率 33.48%）

福岡県

久留米市長選挙

平成3年（1991年）1月20日実施
当② 谷口　　久　74　無　　　現　　無投票

平成7年（1995年）1月29日実施
当① 白石　勝洋　52　無　　　新　　45,137
　　 谷口　　久　78　無　　　現　　40,110
　　　　　　　　　　　　　（投票率 50.19%）

平成11年（1999年）1月17日実施
当② 白石　勝洋　56　無　　　現　　無投票

平成15年（2003年）1月26日実施
当① 江藤　守国　61　無　　　新　　35,418
　　 白石　勝洋　60　無　　　現　　31,573
　　 溝上　澄生　50　無　　　新　　 7,937
　　 古賀　輝吉　53　無　　　新　　 3,752
　　　　　　　　　　　　　（投票率 43.40%）

平成19年（2007年）1月21日実施
当② 江藤　守国　65　無　　　現　　無投票

平成22年（2010年）1月31日実施
当① 楢原　利則　61　無　　　新　　59,333
　　 南　　牧夫　75　無　　　新　　12,329
　　　　　　　　　　　　　（投票率 30.25%）

平成26年（2014年）1月26日実施
当② 楢原　利則　65　無　　　現　　50,756
　　 宮原　信孝　55　無　　　新　　35,102
　　 内野　雅晴　37　無　　　新　　 4,597
　　　　　　　　　　　　　（投票率 37.75%）

平成30年（2018年）1月21日実施
当① 大久保　勉　56　無　　　新　　42,790
　　 宮原　信孝　59　無　　　新　　37,201
　　 田中　　稔　64　無　　　新　　 5,721
　　　　　　　　　　　　　（投票率 34.90%）

古賀市長選挙

平成9年（1997年）10月1日糟屋郡古賀町が市制施行して古賀市となる

平成10年（1998年）11月29日実施
当① 中村　隆象　50　無　　　新　　 9,296
　　 橘　　治資　60　無　　　新　　 7,990
　　 森　　藤雄　69　無　　　現　　 6,288
　　 奴間　健司　46　無　　　新　　 3,113
　　　　　　　　　　　　　（投票率 66.67%）

平成14年（2002年）12月1日実施
当② 中村　隆象　54　無　　　現　　12,776
　　 奴間　健司　50　無　　　新　　 8,586
　　　　　　　　　　　　　（投票率 50.59%）

平成18年（2006年）11月26日実施
当③ 中村　隆象　58　無　　　現　　14,215
　　 奴間　健司　54　無　　　新　　 8,835
　　　　　　　　　　　　　（投票率 52.94%）

平成22年（2010年）11月28日実施
当① 竹下司津男　42　無　　　新　　11,892
　　 中村　隆象　62　無　　　現　　10,955
　　　　　　　　　　　　　（投票率 50.30%）

平成26年（2014年）11月30日実施
当④ 中村　隆象　66　無　　　前　　 6,600
　　 竹下司津男　46　無　　　現　　 5,648
　　 前田　宏三　65　無　　　新　　 5,341
　　 松島　岩太　47　無　　　新　　 3,104
　　 清原　哲史　66　無　　　新　　 1,857
　　 安松　禧議　68　無　　　新　　 178
　　　　　　　　　　　　　（投票率 49.82%）

平成30年（2018年）11月25日実施
当① 田辺　一城　38　無　　　新　　10,697
　　 奴間　健司　66　無　　　新　　 5,819
　　 姉川さつき　60　無　　　新　　 3,561
　　 結城　俊子　63　無　　　新　　 2,904
　　　　　　　　　　　　　（投票率 48.68%）

九州・沖縄

田川市長選挙

平成3年（1991年）4月14日実施
当④滝井　義高　76　無　　　現　　無投票

平成7年（1995年）4月23日実施
当⑤滝井　義高　80　無　　　現　　23,766
　　二場　　武　69　無　　　新　　11,432
　　　　　　　　　　　　（投票率 82.58%）

平成11年（1999年）4月25日実施
当⑥滝井　義高　84　無　　　現　　17,482
　　伊藤　信勝　53　無　　　新　　16,844
　　　　　　　　　　　　（投票率 80.24%）

平成15年（2003年）4月27日実施
当①伊藤　信勝　57　無　　　新　　16,057
　　白石たかし　71　無　　　新　　15,061
　　藤田　純造　52　無　　　新　　 2,017
　　　　　　　　　　　　（投票率 79.02%）

平成19年（2007年）4月22日実施
当②伊藤　信勝　61　無　　　現　　24,283
　　笹山　良孝　54　無　　　新　　 5,500
　　　　　　　　　　　　（投票率 73.69%）

平成23年（2011年）4月24日実施
当③伊藤　信勝　65　無　　　現　　22,245
　　笹山　良孝　58　無　　　新　　 6,115
　　　　　　　　　　　　（投票率 72.08%）

平成27年（2015年）4月26日実施
当①二場　公人　58　無　　　新　　11,547
　　伊藤　信勝　69　無　　　現　　11,484
　　金子　和智　44　無　　　新　　 4,073
　　笹山　良孝　62　無　　　新　　 1,657
　　　　　　　　　　　　（投票率 73.17%）

平成31年（2019年）4月21日実施
当②二場　公人　62　無　　　現　　13,770
　　高瀬　春美　70　無　　　新　　11,902
　　　　　　　　　　　　（投票率 67.15%）

太宰府市長選挙

平成3年（1991年）4月14日実施
当②伊藤　善佐　57　無　　　現　　無投票

平成7年（1995年）4月16日実施
当①佐藤　善郎　64　無　　　新　　無投票

平成11年（1999年）4月18日実施
当②佐藤　善郎　68　無　　　現　　無投票

平成15年（2003年）4月20日実施
当③佐藤　善郎　72　無　　　現　　無投票

平成19年（2007年）4月22日実施
当①井上　保広　59　無　　　新　　12,570
　　片井智鶴枝　53　無　　　新　　 8,580
　　高取　正臣　56　無　　　新　　 8,178
　　　　　　　　　　　　（投票率 56.14%）

平成23年（2011年）4月24日実施
当②井上　保広　63　無　　　現　　15,906
　　高取　正臣　60　無　　　新　　12,320
　　　　　　　　　　　　（投票率 52.12%）

平成27年（2015年）4月26日実施
当①芦刈　　茂　65　無　　　新　　14,727
　　井上　保広　67　無　　　現　　14,337
　　　　　　　　　　　　（投票率 52.92%）

平成30年（2018年）1月28日実施
当①楠田　大蔵　42　無　　　新　　13,103
　　木村　甚治　64　無　　　新　　11,157
　　　　　　　　　　　　（投票率 42.17%）

筑後市長選挙

平成元年（1989年）12月3日実施
当①馬場　淳次　57　無　　　新　　11,907
　　中村　和利　58　無　　　新　　10,945
　　　　　　　　　　　　（投票率 73.18%）

福岡県

平成5年（1993年）11月7日実施
当②	馬場　淳次	61	無	現	無投票

平成9年（1997年）11月9日実施
当③	馬場　淳次	65	無	現	無投票

平成13年（2001年）11月11日実施
当①	桑野　照史	57	無	新	13,115
	大城　勝幸	44	無	新	4,934

（投票率50.54％）

平成17年（2005年）11月13日実施
当②	桑野　照史	61	無	現	11,428
	弥吉治一郎	56	無	新	11,059

（投票率60.92％）

平成21年（2009年）11月15日実施
当①	中村　征一	67	無	新	14,436
	弥吉治一郎	60	無	新	8,251

（投票率59.86％）

平成25年（2013年）11月10日実施
当②	中村　征一	71	無	現	無投票

平成29年（2017年）11月12日実施
当①	西田　正治	60	無	新	無投票

筑紫野市長選挙

平成3年（1991年）1月13日実施
当②	楠田　幹人	49	無	現	無投票

平成7年（1995年）1月29日実施
当①	田中　範隆	70	無	新	13,151
	平原　四郎	44	無	新	10,575
	原竹　岩海	41	無	新	6,715

（投票率53.50％）

平成11年（1999年）1月17日実施
当②	田中　範隆	74	無	現	無投票

平成15年（2003年）1月26日実施
当①	平原　四郎	52	無	新	18,002
	田中　範隆	78	無	現	13,938

（投票率44.84％）

平成19年（2007年）1月28日実施
当②	平原　四郎	56	無	現	19,399
	中村　晃生	59	無	新	8,925
	田中　允	59	無	新	7,262

（投票率47.14％）

平成23年（2011年）1月30日実施
当①	藤田　陽三	68	無	新	16,018
	平原　四郎	60	無	現	15,546
	浜武　振一	45	無	新	3,764

（投票率45.03％）

平成27年（2015年）1月11日実施
当②	藤田　陽三	72	無	現	無投票

平成31年（2019年）1月20日実施
当③	藤田　陽三	76	無	現	無投票

中間市長選挙

平成2年（1990年）9月2日実施
当③	木曽　寿一	66	無	現	無投票

平成4年（1992年）6月7日実施
当①	藤田満州雄	59	無	新	13,878
	青木　勝弘	48	無	新	2,707
	平山　誠	48	無	新	1,663

（投票率49.60％）

平成8年（1996年）5月19日実施
当②	藤田満州雄	63	無	現	無投票

平成12年（2000年）5月14日実施
当③	藤田満州雄	67	無	現	無投票

平成13年（2001年）7月22日実施
当①	大島　忠義	58	無	新	10,140

井上　太一　50　無　　　　新　　9,802
青木　勝弘　57　共　　　　新　　2,091
　　　　　　　　　　（投票率 56.38%）

　　　　平成17年（2005年）6月26日実施
当①松下　俊男　61　無　　　　新　　無投票

　　　　平成21年（2009年）7月12日実施
当②松下　俊男　65　無　　　　現　　10,644
佐々木晴一　51　無　　　　新　　7,113
　　　　　　　　　　（投票率 47.22%）

　　　　平成25年（2013年）6月30日実施
当③松下　俊男　69　無　　　　現　　8,607
井上　太一　62　無　　　　新　　8,498
　　　　　　　　　　（投票率 47.24%）

　　　　平成29年（2017年）6月18日実施
当①福田　健次　56　無　　　　新　　8,574
佐々木晴一　58　無　　　　新　　5,706
田口　善大　29　無　　　　新　　4,985
　　　　　　　　　　（投票率 56.03%）

直方市長選挙

　　　　平成3年（1991年）4月21日実施
当④有馬　直和　64　無　　　　現　　20,543
岩熊　正丞　72　無　　　　新　　15,413
　　　　　　　　　　（投票率 78.7%）

　　　　平成7年（1995年）4月16日実施
当①有吉　威　58　無　　　　新　　無投票

　　　　平成11年（1999年）4月18日実施
当②有吉　威　62　無　　　　現　　無投票

　　　　平成15年（2003年）4月27日実施
当①向野　敏昭　63　無　　　　新　　23,308
中村　幸代　58　無　　　　新　　9,896
　　　　　　　　　　（投票率 71.26%）

　　　　平成19年（2007年）4月22日実施
当②向野　敏昭　67　無　　　　現　　25,618

堀　勝彦　64　無　　　　新　　8,145
　　　　　　　　　　（投票率 71.32%）

　　　　平成23年（2011年）4月24日実施
当③向野　敏昭　71　無　　　　現　　17,631
一尾　泰嗣　60　無　　　　新　　12,891
　　　　　　　　　　（投票率 65.19%）

　　　　平成27年（2015年）4月19日実施
当①壬生　隆明　62　無　　　　新　　無投票

　　　　平成31年（2019年）4月21日実施
当①大塚　進弘　67　無　　　　新　　14,111
壬生　隆明　66　無　　　　現　　11,614
　　　　　　　　　　（投票率 55.84%）

福津市長選挙

平成17年（2005年）1月24日宗像郡福間町・津屋崎町が新設合併・市制施行して福津市となる

　　　　平成17年（2005年）3月6日実施
当①池浦　順文　61　無　　　　新　　12,939
阿部　弘樹　43　無　　　　新　　9,589
江上　隆行　55　無　　　　新　　3,875
　　　　　　　　　　（投票率 58.70%）

　　　　平成21年（2009年）2月8日実施
当①小山　達生　61　無　　　　新　　13,745
平木　俊敬　60　無　　　　新　　11,654
　　　　　　　　　　（投票率 56.70%）

　　　　平成25年（2013年）2月3日実施
当②小山　達生　65　無　　　　現　　11,291
平木　俊敬　64　無　　　　新　　8,085
古賀　重信　82　無　　　　新　　1,001
　　　　　　　　　　（投票率 44.77%）

　　　　平成29年（2017年）2月5日実施
当①原崎　智仁　46　無　　　　新　　11,571
小山　達生　69　無　　　　現　　10,399
古賀　重信　86　無　　　　新　　1,038
　　　　　　　　　　（投票率 46.37%）

豊前市長選挙

平成3年（1991年）10月27日実施

当⑤神崎　礼一　60　無　　　　現　　無投票

平成7年（1995年）11月5日実施

当⑥神崎　礼一　64　無　　　　現　　8,305
　　渡辺　一　　61　無　　　　新　　7,762
　　益田　親房　49　無　　　　新　　2,750
（投票率81.10％）

平成9年（1997年）4月20日実施

当①釜井　健介　53　無　　　　新　　9,469
　　渡辺　一　　62　無　　　　新　　8,788
（投票率78.10％）

平成13年（2001年）4月15日実施

当②釜井　健介　57　無　　　　現　　10,736
　　秋吉　信人　56　無　　　　新　　8,177
（投票率80.19％）

平成17年（2005年）4月10日実施

当③釜井　健介　61　無　　　　現　　9,497
　　磯永　優二　49　無　　　　新　　7,708
（投票率74.39％）

平成21年（2009年）4月5日実施

当④釜井　健介　65　無　　　　現　　無投票

平成25年（2013年）4月7日実施

当①後藤　元秀　62　無　　　　新　　無投票

平成29年（2017年）4月9日実施

当②後藤　元秀　66　無　　　　現　　無投票

みやま市長選挙

平成19年（2007年）1月29日山門郡瀬高町・山川町・三池郡高田町が新設合併・市制施行してみやま市となる

平成19年（2007年）3月4日実施

当①西原　親　　68　無　　　　新　　17,896
　　鬼丸　岳城　58　無　　　　新　　9,732
（投票率77.73％）

平成23年（2011年）2月13日実施

当②西原　親　　72　無　　　　現　　無投票

平成27年（2015年）2月15日実施

当③西原　親　　76　無　　　　現　　10,997
　　柿原　達也　59　無　　　　新　　4,621
　　田中　信之　69　無　　　　新　　2,703
（投票率56.02％）

平成30年（2018年）10月28日実施

当①松嶋　盛人　65　無　　　　新　　8,770
　　高野　道生　73　無　　　　新　　8,546
　　野田　力　　77　無　　　　新　　2,023
（投票率60.71％）

宮若市長選挙

平成18年（2006年）2月11日鞍手郡宮田町・若宮町が新設合併・市制施行して宮若市となる

平成18年（2006年）3月19日実施

当①有吉　哲信　60　無　　　　新　　5,794
　　宝部　義信　80　無　　　　新　　4,564
　　松川　公彦　45　無　　　　新　　4,253
　　有吉　明広　71　無　　　　新　　2,649
　　麻生　博文　58　無　　　　新　　2,227
（投票率78.15％）

平成22年（2010年）3月14日実施

当②有吉　哲信　64　無　　　　現　　11,446
　　大谷　拓　　60　無　　　　新　　6,640
（投票率73.41％）

平成26年（2014年）3月16日実施

当③有吉　哲信　68　無　　　　現　　9,530
　　大谷　拓　　64　無　　　　新　　6,247
（投票率66.66％）

平成30年（2018年）3月4日実施

当④有吉　哲信　72　無　　　　現　　無投票

宗像市長選挙

平成4年（1992年）5月17日実施

当②	滝口　凡夫	64	無	現	15,421
	山本　利一	63	無	新	14,248

（投票率 61.22％）

平成8年（1996年）5月19日実施

当③	滝口　凡夫	68	無	現	13,892
	大塚　尚	64	無	新	12,948
	徳永　武彦	49	無	新	3,542

（投票率 54.95％）

平成12年（2000年）5月21日実施

当①	原田慎太郎	59	無	新	12,837
	占部　康行	51	無	新	11,803
	大塚　尚	68	無	新	8,802
	野村太貴江	61	無	新	3,092

（投票率 60.79％）

平成15年（2003年）4月27日実施

当①	原田慎太郎	62	無	新	20,153
	吉積　明子	53	無	新	9,327

（投票率 41.88％）

平成18年（2006年）5月14日実施

当①	谷井　博美	65	無	新	無投票

平成22年（2010年）4月25日実施

当②	谷井　博美	69	無	現	20,830
	森田　卓也	37	無	新	8,259
	村田　維信	63	無	新	2,638

（投票率 42.35％）

平成26年（2014年）4月20日実施

当③	谷井　博美	73	無	現	18,377
	岩木　久明	66	無	新	5,970
	上野　崇之	32	無	新	4,543

（投票率 38.42％）

平成30年（2018年）4月22日実施

当①	伊豆美沙子	59	無	新	17,314
	唐崎　裕治	69	無	新	8,100
	岩木　久明	70	無	新	3,677

（投票率 37.34％）

柳川市長選挙

平成元年（1989年）9月3日実施

当②	小宮　徹	62	無	現	14,979
	堤　太	53	無	新	2,662

（投票率 54.11％）

平成5年（1993年）8月29日実施

当③	小宮　徹	66	無	現	15,898
	立花　民雄	46	無	新	10,986

（投票率 82.30％）

平成9年（1997年）8月24日実施

当④	小宮　徹	70	無	現	無投票

平成13年（2001年）8月26日実施

当①	河野　弘史	64	無	新	11,902
	立花　寛茂	61	無	新	11,630
	岸　暁	63	無	新	1,023

（投票率 74.60％）

平成17年（2005年）4月24日実施

当①	石田　宝蔵	55	無	新	22,786
	河野　弘史	68	無	新	19,502

（投票率 70.69％）

平成21年（2009年）4月12日実施

当①	金子　健次	60	無	新	22,481
	石田　宝蔵	59	無	現	17,464

（投票率 68.56％）

平成25年（2013年）4月14日実施

当②	金子　健次	64	無	現	18,690
	佐々木創主	53	無	新	11,652

（投票率 53.32％）

平成29年（2017年）4月9日実施

当③	金子　健次	68	無	現	無投票

福岡県

八女市長選挙

平成元年（1989年）1月15日実施
当④斉藤　清美 70　無　　　　現　　無投票

平成5年（1993年）1月24日実施
当①野田　国義 34　無　　　　新　　12,668
　斉藤　清美 74　無　　　　現　　 9,424
（投票率 76.90%）

平成9年（1997年）1月19日実施
当②野田　国義 38　無　　　　現　　無投票

平成13年（2001年）1月21日実施
当③野田　国義 42　無　　　　現　　15,150
　別府　昌記 64　無　　　　新　　 2,968
（投票率 60.34%）

平成17年（2005年）1月23日実施
当④野田　国義 46　無　　　　現　　15,240
　川口　誠二 45　無　　　　新　　 6,847
（投票率 72.29%）

平成20年（2008年）11月16日実施
当①三田村統之 64　無　　　　新　　12,683
　武田　忠匡 52　無　　　　新　　 7,808
（投票率 61.66%）

平成24年（2012年）11月4日実施
当②三田村統之 68　無　　　　現　　無投票

平成28年（2016年）10月30日実施
当③三田村統之 72　無　　　　現　　無投票

行橋市長選挙

平成2年（1990年）3月18日実施
当①柏木　武美 58　無　　　　新　　13,026
　田中　　純 43　無　　　　新　　11,162
　白石健次郎 64　無　　　　新　　11,119
（投票率 75.14%）

平成6年（1994年）2月27日実施
当②柏木　武美 62　無　　　　現　　18,725
　田中　　純 47　無　　　　新　　17,248
（投票率 71.88%）

平成10年（1998年）3月1日実施
当③柏木　武美 66　無　　　　現　　18,693
　田中　　純 51　無　　　　新　　16,206
（投票率 65.93%）

平成14年（2002年）3月3日実施
当①八並　康一 62　無　　　　新　　17,153
　田中　　純 55　無　　　　新　　16,369
　豊瀬　　尉 52　無　　　　新　　 4,182
（投票率 68.49%）

平成18年（2006年）3月5日実施
当②八並　康一 66　無　　　　現　　17,804
　田中　　純 59　無　　　　新　　14,215
（投票率 56.55%）

平成22年（2010年）2月28日実施
当③八並　康一 70　無　　　　現　　16,825
　田中　　純 63　無　　　　新　　16,746
（投票率 58.61%）

平成26年（2014年）3月2日実施
当①田中　　純 67　無　　　　新　　14,275
　岡田　博利 66　無　　　　新　　 8,111
　二保　茂則 56　無　　　　新　　 6,967
（投票率 51.26%）

平成30年（2018年）2月25日実施
当②田中　　純 71　無　　　　現　　10,462
　藤木　巧一 70　無　　　　新　　10,371
　岡田　博利 70　無　　　　新　　 6,216
（投票率 45.74%）

佐賀県

県庁所在地　佐賀市
市　　　数　10市（平成31年4月現在）
市　　　名　佐賀市・伊万里市・嬉野市・小城市・鹿島市・唐津市・神埼市・多久市・武雄市・鳥栖市

【市に関わる合併・市制施行・名称変更】

市名	実施年月日	関係市町村名等	合併等の内容
佐賀市	平成17年（2005年）10月1日	佐賀市・佐賀郡諸富町・大和町・富士町・神埼郡三瀬村	【新設合併】
	平成19年（2007年）10月1日	佐賀市・佐賀郡川副町・東与賀町・久保田町	【編入合併】
嬉野市	平成18年（2006年）1月1日	藤津郡塩田町・嬉野町	【新設合併・市制施行】
小城市	平成17年（2005年）3月1日	小城郡小城町・三日月町・牛津町・芦刈町	【新設合併・市制施行】
唐津市	平成17年（2005年）1月1日	唐津市・東松浦郡浜玉町・厳木町・相知町・北波多村・肥前町・鎮西町・呼子町	【新設合併】
	平成18年（2006年）1月1日	唐津市・東松浦郡七山村	【編入合併】
神埼市	平成18年（2006年）3月20日	神埼郡神埼町・千代田町・脊振村	【新設合併・市制施行】
武雄市	平成18年（2006年）3月1日	武雄市・杵島郡山内町・北方町	【新設合併】

【選挙結果】

佐賀県知事選挙

平成3年（1991年）4月7日実施

当①井本　　勇　65　無　自民 公明 民社　新　319,927
　　松尾　義幸　43　共　　　　　　　　新　 54,165
　　山口　節生　41　無　　　　　　　　新　 39,587
　　　　　　　　　　　　　　　（投票率 68.24%）

平成7年（1995年）4月9日実施

当②井本　　勇　69　無　自民 新進 社会 公明　現　349,676
　　吉牟田健夫　69　無　共産　　　　　　　新　 56,006
　　　　　　　　　　　　　　　（投票率 64.34%）

平成11年（1999年）4月11日実施

当③井本　　勇　73　無　自民 民主 公明 社民　現　354,418
　　中島　博明　67　共　　　　　　　　　　新　 75,241
　　　　　　　　　　　　　　　（投票率 66.51%）

平成15年（2003年）4月13日実施

当①古川　　康　44　無　　　　新　160,809
　　宮原　岩政　61　無　　　　新　147,842
　　樋口　久俊　57　無　　　　新　 76,520
　　木下　知己　55　無　　　　新　 30,149
　　福島　是幸　63　無　共産　新　 25,577
　　林田　重人　66　無　　　　新　 19,035
　　　　　　　　　　　　（投票率 69.72%）

平成19年（2007年）4月8日実施
当②古川	康	48	無	自民 公明	現	332,785
平林 正勝		59	共		新	87,158

（投票率 63.34%）

平成23年（2011年）4月10日実施
当③古川	康	52	無	自民 公明	現	337,269
平林 正勝		63	共		新	57,461

（投票率 59.41%）

平成27年（2015年）1月11日実施
当①山口 祥義		49	無		新	182,795
樋渡 啓祐		45	無	自民 公明	新	143,720
島谷 幸宏		59	無		新	32,844
飯盛 良隆		44	無		新	6,951

（投票率 54.61%）

平成30年（2018年）12月16日実施
当②山口 祥義		53	無	自民 公明	現	199,670
今田 真人		72	無	共産	新	36,174

（投票率 35.26%）

佐賀市長選挙

平成3年（1991年）2月10日実施
当②西村 正俊		70	無	自民 公明 民社	現	41,781
武田 昭彦		35	共		新	4,455
山口 節生		41	諸		新	2,618

（投票率 41.18%）

平成7年（1995年）2月5日実施
当③西村 正俊		73	無	自民 公明	現	34,823
池崎 弘		31	共		新	5,242

（投票率 32.88%）

平成11年（1999年）3月14日実施
当①木下 敏之		39	無	民主 社民	新	47,502
原口 義己		59	無	自民	新	28,228
佐野 辰夫		34	無		新	8,135
田中 秀子		55	共		新	4,114

（投票率 71.19%）

平成15年（2003年）2月16日実施
当②木下 敏之	43	無		現	43,772
向井 寛	33	共		新	7,650

（投票率 41.34%）

平成17年（2005年）10月23日実施
当①秀島 敏行	63	無	自民 社民	新	56,773
木下 敏之	45	無	民主	新	52,538

（投票率 68.96%）

平成21年（2009年）10月18日実施
当②秀島 敏行	67	無	自民 公明 社民	現	70,856
蒲原 啓二	63	無		新	45,322

（投票率 63.33%）

平成25年（2013年）10月20日実施
当③秀島 敏行	71	無		現	39,483
篠塚 周城	63	無		新	37,724
小川 登美夫	58	無		新	17,825
川崎 稔	52	無		新	14,577

（投票率 59.23%）

平成29年（2017年）10月8日実施
当④秀島 敏行	75	無		現	無投票

伊万里市長選挙

平成2年（1990年）4月22日実施
当⑥竹内 通教	70	無		現	18,836
隅田 達男	55	無		新	17,279

（投票率 82.48%）

平成6年（1994年）4月24日実施
当①川本 明	59	無		新	16,848
竹内 通教	74	無		現	11,907
池永 規一	48	無		新	4,333

（投票率 75.06%）

平成10年（1998年）4月19日実施
当②川本 明	63	無		現	19,752
曽場尾 雅宏	33	無		新	11,194

（投票率 68.66%）

平成14年（2002年）4月21日実施

当①塚部　芳和	52	無	新	17,976
川本　明	67	無	現	15,067

（投票率 72.54％）

平成18年（2006年）4月9日実施

当②塚部　芳和	56	無	現	無投票

平成22年（2010年）4月11日実施

当③塚部　芳和	60	無	現	17,620
曽場尾雅宏	45	無	新	13,838

（投票率 68.69％）

平成26年（2014年）4月6日実施

当④塚部　芳和	64	無	現	無投票

平成30年（2018年）4月15日実施

当①深浦　弘信	62	無	新	13,691
塚部　芳和	68	無	現	12,068
井関　新	62	無	新	941

（投票率 60.16％）

嬉野市長選挙

平成18年（2006年）1月1日藤津郡塩田町・嬉野町が新設合併・市制施行して嬉野市となる

平成18年（2006年）1月29日実施

当①谷口太一郎	59	無	新	無投票

平成22年（2010年）1月24日実施

当②谷口太一郎	63	無	現	無投票

平成26年（2014年）1月26日実施

当③谷口太一郎	67	無	現	8,584
藤山　勝済	63	無	新	7,669

（投票率 72.36％）

平成30年（2018年）1月21日実施

当①村上　大祐	35	無	新	7,890
藤山　勝済	67	無	新	7,312
岸川　美好	69	無	新	415

（投票率 70.52％）

小城市長選挙

平成17年（2005年）3月1日小城郡小城町・三日月町・牛津町・芦刈町が新設合併・市制施行して小城市となる

平成17年（2005年）4月10日実施

当①江里口秀次	52	無	新	12,723
北島　悦子	56	無	新	6,741
林　富佳	64	無	新	5,915

（投票率 71.60％）

平成21年（2009年）3月15日実施

当②江里口秀次	56	無	現	無投票

平成25年（2013年）3月24日実施

当③江里口秀次	60	無	現	9,199
江口　利男	67	無	新	1,621

（投票率 30.67％）

平成29年（2017年）3月26日実施

当④江里口秀次	64	無	現	11,049
藤田　直子	64	無	新	4,642

（投票率 42.81％）

鹿島市長選挙

平成2年（1990年）4月22日実施

当①桑原　允彦	44	無	新	8,752
竹下　洋典	53	無	新	6,530
竹下　忠吉	59	無	新	6,111

（投票率 86.27％）

平成6年（1994年）4月17日実施

当②桑原　允彦	48	無	現	無投票

平成10年（1998年）4月19日実施

当③桑原　允彦	52	無	現	11,830
迎　英利	63	共	新	3,061

（投票率 58.76％）

平成14年（2002年）4月21日実施

当④桑原　允彦	56	無	現	7,157

佐賀県

大塚	清吾	56	無	新	4,767
住江	潤子	66	無	新	4,002
谷口	良隆	52	無	新	2,867

（投票率74.09％）

平成18年（2006年）4月16日実施

当⑤桑原	允彦	60	無	現	10,439
中西	裕司	58	無	新	7,830

（投票率72.38％）

平成22年（2010年）4月11日実施

当①樋口	久俊	64	無	新	無投票

平成26年（2014年）4月20日実施

当②樋口	久俊	68	無	現	7,997
谷口	良隆	64	無	新	6,343

（投票率59.33％）

平成30年（2018年）4月22日実施

当③樋口	久俊	72	無	現	7,776
中村	一堯	33	無	新	7,024

（投票率61.61％）

唐津市長選挙

平成3年（1991年）4月21日実施

当③野副	豊	62	無	現	23,196
中村	都茂	42	無	新	21,972

（投票率81.62％）

平成7年（1995年）4月23日実施

当①福島善三郎		61	無	新	23,600
渡辺	修	62	無	新	20,038
中村	都茂	46	無	新	4,007
田中	路子	47	無	新	1,272

（投票率84.20％）

平成11年（1999年）4月25日実施

当②福島善三郎		65	無	現	33,230
市丸	卓	69	無	新	12,398

（投票率78.68％）

平成15年（2003年）4月27日実施

当①坂井	俊之	41	無	新	31,540
中島	睦夫	46	無	新	11,263

（投票率73.28％）

平成17年（2005年）2月6日実施

当①坂井	俊之	43	無	新	46,306
大草	秀幸	57	無	新	32,785

（投票率77.04％）

平成21年（2009年）1月25日実施

当②坂井	俊之	47	無	現	43,425
麻生	茂幸	59	無	新	25,622
田中	路子	61	無	新	5,330

（投票率71.94％）

平成25年（2013年）1月27日実施

当③坂井	俊之	51	無	現	24,051
峰	達郎	52	無	新	20,704
太田	善久	69	無	新	19,908
酒井	幸盛	63	無	新	6,050

（投票率69.47％）

平成29年（2017年）1月29日実施

当①峰	達郎	56	無	新	30,938
岡本	憲幸	61	無	新	22,279
志佐	治徳	69	無	新	5,599
田中	路子	69	無	新	5,195

（投票率63.33％）

神埼市長選挙

平成18年（2006年）3月20日神埼郡神埼町・千代田町・脊振村が新設合併・市制施行して神埼市となる

平成18年（2006年）4月23日実施

当①松本	茂幸	55	無	新	10,675
内川	修治	53	無	新	10,450

（投票率79.77％）

平成22年（2010年）4月18日実施

当②松本	茂幸	59	無	現	10,280

狩野　常徳　36　無　　　　新　　10,043
　　　　　　　　　　　　　（投票率 76.96％）

平成26年（2014年）4月13日実施
当③松本　茂幸　63　無　　　　現　　無投票

平成30年（2018年）4月15日実施
当④松本　茂幸　67　無　　　　現　　 9,002
　　大仁田　厚　60　無　　　　新　　 8,025
　　　　　　　　　　　　　（投票率 65.80％）

多久市長選挙

平成元年（1989年）9月3日実施
当①百崎　素弘　62　無　　　　新　　無投票

平成5年（1993年）9月12日実施
当②百崎　素弘　66　無　　　　現　　 7,776
　　牧野内亮治　55　無　　　　新　　 5,193
　　　　　　　　　　　　　（投票率 70.14％）

平成9年（1997年）9月7日実施
当①横尾　俊彦　41　無　　　　新　　 8,205
　　東郷　典治　64　無　　　　新　　 6,021
　　牧野内亮治　59　無　　　　新　　　 738
　　　　　　　　　　　　　（投票率 80.58％）

平成13年（2001年）9月2日実施
当②横尾　俊彦　45　無　　　　現　　無投票

平成17年（2005年）9月4日実施
当③横尾　俊彦　49　無　　　　現　　無投票

平成21年（2009年）8月23日実施
当④横尾　俊彦　53　無　　　　現　　無投票

平成25年（2013年）9月8日実施
当⑤横尾　俊彦　57　無　　　　現　　 6,240
　　木島　武彦　61　無　　　　新　　 5,824
　　　　　　　　　　　　　（投票率 70.92％）

平成29年（2017年）9月3日実施
当⑥横尾　俊彦　61　無　　　　現　　無投票

武雄市長選挙

平成2年（1990年）1月28日実施
当②石井　義彦　62　無　　　　現　　無投票

平成6年（1994年）2月20日実施
当③石井　義彦　66　無　　　　現　　無投票

平成10年（1998年）2月22日実施
当①古庄　健介　59　無　　　　新　　11,652
　　稲富　正敏　50　無　　　　新　　 8,129
　　　　　　　　　　　　　（投票率 75.64％）

平成14年（2002年）2月17日実施
当②古庄　健介　63　無　　　　現　　無投票

平成18年（2006年）4月16日実施
当①樋渡　啓祐　36　無　　　　新　　20,693
　　古庄　健介　68　無　　　　　　　12,642
　　　　　　　　　　　　　（投票率 82.84％）

平成20年（2008年）12月28日実施
当②樋渡　啓祐　39　無　　　　前　　15,739
　　古庄　健介　70　無　　　　新　　12,945
　　　　　　　　　　　　　（投票率 70.84％）

平成22年（2010年）4月11日実施
当③樋渡　啓祐　40　無　　　　現　　18,170
　　谷口　　優　63　無　　　　新　　13,718
　　　　　　　　　　　　　（投票率 79.20％）

平成26年（2014年）4月6日実施
当④樋渡　啓祐　44　無　　　　現　　20,422
　　田崎以公夫　82　無　　　　新　　 5,652
　　　　　　　　　　　　　（投票率 67.78％）

平成27年（2015年）1月11日実施
当①小松　　政　38　無　　　　新　　14,081
　　谷口　　優　67　無　　　　新　　13,385
　　　　　　　　　　　　　（投票率 68.80％）

平成30年（2018年）12月9日実施
当②小松　　政　42　無　　　　現　　無投票

鳥栖市長選挙

平成3年（1991年）2月10日実施
当②山下　英雄 62　無　　　　現　　無投票

平成7年（1995年）2月12日実施
当③山下　英雄 66　無　　　　現　　無投票

平成11年（1999年）2月21日実施
当①牟田　秀敏 58　無　　　　新　　14,459
　　篠原　匠　 63　無　　　　新　　 4,908
　　　　　　　　　（投票率 44.67％）

平成15年（2003年）2月16日実施
当②牟田　秀敏 62　無　　　　現　　無投票

平成19年（2007年）2月18日実施
当①橋本　康志 51　無　　　　新　　16,161
　　牟田　秀敏 66　無　　　　現　　14,750
　　　　　　　　　（投票率 62.22％）

平成23年（2011年）2月20日実施
当②橋本　康志 55　無　　　　現　　15,743
　　牟田　秀敏 70　無　　　　前　　13,417
　　古賀　秀紀 55　無　　　　新　　　857
　　　　　　　　　（投票率 57.40％）

平成27年（2015年）2月22日実施
当③橋本　康志 59　無　　　　現　　16,424
　　中村　圭一 45　無　　　　新　　10,239
　　古賀　秀紀 59　無　　　　新　　　514
　　　　　　　　　（投票率 49.80％）

平成31年（2019年）2月17日実施
当④橋本　康志 63　無　　　　現　　12,744
　　槙原　聖二 54　無　　　　新　　12,734
　　　　　　　　　（投票率 44.58％）

長崎県

県庁所在地	長崎市
市　数	13市（平成31年4月現在）
市　名	長崎市・壱岐市・諫早市・雲仙市・大村市・五島市（福江市）・西海市・佐世保市・島原市・対馬市・平戸市・松浦市・南島原市　※（ ）内は廃止された市

【市に関わる合併・市制施行・名称変更】

市名	実施年月日	関係市町村名等	合併等の内容
長崎市	平成17年（2005年）1月4日	長崎市・西彼杵郡香焼町・伊王島町・高島町・野母崎町・三和町・外海町	【編入合併】
	平成18年（2006年）1月4日	長崎市・西彼杵郡琴海町	【編入合併】
壱岐市	平成16年（2004年）3月1日	壱岐郡郷ノ浦町・勝本町・芦辺町・石田町	【新設合併・市制施行】
諫早市	平成17年（2005年）3月1日	諫早市・西彼杵郡多良見町・北高来郡森山町・飯盛町・高来町・小長井町	【新設合併】
雲仙市	平成17年（2005年）10月11日	南高来郡国見町・瑞穂町・吾妻町・愛野町・千々石町・小浜町・南串山町	【新設合併・市制施行】
五島市	平成16年（2004年）8月1日	福江市・南松浦郡富江町・玉之浦町・三井楽町・岐宿町・奈留町	【新設合併】
西海市	平成17年（2005年）4月1日	西彼杵郡西彼町・西海町・大島町・崎戸町・大瀬戸町	【新設合併・市制施行】
佐世保市	平成17年（2005年）4月1日	佐世保市・北松浦郡吉井町・世知原町	【編入合併】
	平成18年（2006年）3月31日	佐世保市・北松浦郡宇久町・小佐々町	【編入合併】
	平成22年（2010年）3月31日	佐世保市・北松浦郡江迎町・鹿町町	【編入合併】
島原市	平成18年（2006年）1月1日	島原市・南高来郡有明町	【編入合併】
対馬市	平成16年（2004年）3月1日	下県郡厳原町・美津島町・豊玉町・上県郡峰町・上県町・上対馬町	【新設合併・市制施行】
平戸市	平成17年（2005年）10月1日	平戸市・北松浦郡大島村・生月町・田平町	【新設合併】
松浦市	平成18年（2006年）1月1日	松浦市・北松浦郡福島町・鷹島町	【新設合併】
南島原市	平成18年（2006年）3月31日	南高来郡加津佐町・口之津町・南有馬町・北有馬町・西有家町・有家町・布津町・深江町	【新設合併・市制施行】

【選挙結果】

長崎県知事選挙

平成2年（1990年）2月18日実施

当③	高田	勇	63	無 自民 公明 民社	現	732,332
	五島	久嗣	54	共	新	128,208

（投票率78.13%）

平成6年（1994年）2月20日実施

当④	高田	勇	67	無 自民 新生 民社 社会	現	483,421
	鹿垣	籾義	64	無 日新 さき	新	236,379
	永田	勝美	40	無 共産	新	33,447

（投票率65.76%）

平成10年（1998年）2月22日実施

当①	金子原二郎		53	無 自民 さき	新	412,342
	西岡	武夫	62	無 自由 平和 改ク	新	295,376
	田辺	敏憲	48	無	新	59,998
	永田	勝美	44	無 共産	新	36,062

（投票率68.78%）

平成14年（2002年）2月3日実施

当②	金子原二郎		57	無 自民 民主 公明 自由 社民 保守	現	468,099
	高村	暎	61	無 共産	新	116,644

（投票率49.79%）

平成18年（2006年）2月5日実施

当③	金子原二郎		61	無 自民 公明 社民	現	398,692
	小久保徳子		47	無	新	188,154
	山下	満昭	53	共	新	31,538

（投票率52.27%）

平成22年（2010年）2月21日実施

当①	中村	法道	59	無	新	316,603
	橋本	剛	40	無 民主 社民 国新	新	222,565
	大仁田	厚	52	無	新	98,200
	押渕	礼子	71	無	新	30,902
	深町	孝郎	67	無 共産	新	21,291
	山田	正彦	44	無	新	6,634
	松下	満幸	62	無	新	2,889

（投票率60.08%）

平成26年（2014年）2月2日実施

当②	中村	法道	63	無 自民 公明	現	375,112
	原口	敏彦	52	共	新	84,704

（投票率40.72%）

平成30年（2018年）2月4日実施

当③	中村	法道	67	無 自民 公明	現	311,893
	原口	敏彦	56	無 共産	新	94,442

（投票率36.03%）

長崎市長選挙

平成3年（1991年）4月21日実施

当④	本島	等	69	無 社会 公明 社連 進歩	現	117,392
	宮川	雅一	56	無 自民 民社	新	109,637
	山口	実	41	諸	新	752
	若島征四郎		47	諸	新	415

（投票率71.98%）

平成7年（1995年）4月23日実施

当①	伊藤	一長	49	無	新	105,670
	本島	等	73	無	現	60,897
	浅田	五郎	57	無	新	33,867
	茅野	丈二	44	無	新	19,541
	若島征四郎		51	諸	新	325

（投票率67.91%）

平成11年（1999年）4月25日実施

当②	伊藤	一長	53	無 自民 民主 公明 自由	現	140,142
	五貫	淳	63	無 共産	新	65,318

（投票率63.67%）

平成15年（2003年）4月27日実施

当③	伊藤	一長	57	無	現	114,165

| 吉富 | 博久 | 58 | 無 | 自由 | | 新 | 50,920 |

続き：

吉富　博久　58　無　自由　　新　　50,920
石川　悟　　50　共　　　　　　新　　13,528
花岡　光六　61　無　　　　　　新　　 6,253
若島　和美　54　諸　　　　　　新　　 1,017
　　　　　　　　　　　　　（投票率 57.63%）

平成19年（2007年）4月22日実施

当①田上　富久　50　無　　新　　78,066
　　横尾　誠　　40　無　　新　　77,113
　　山本　誠一　71　共　　新　　19,189
　　前川　智子　59　無　　新　　 8,321
　　前川　悦子　57　無　　新　　 2,677
　　　　　　　　　　（投票率 55.28%）

平成23年（2011年）4月24日実施

当②田上　富久　54　無　　現　 150,842
　　太田　雅英　63　無　　新　　26,316
　　中田　剛　　67　共　　新　　12,762
　　　　　　　　　　（投票率 53.28%）

平成27年（2015年）4月19日実施

当③田上　富久　58　無　　現　　無投票

平成31年（2019年）4月21日実施

当④田上　富久　62　無　　現　　86,319
　　橋本　剛　　49　無　　新　　54,136
　　高比良　元　66　無　　新　　19,239
　　吉富　博久　74　無　　新　　 4,207
　　　　　　　　　　（投票率 47.33%）

壱岐市長選挙

平成16年（2004年）3月1日壱岐郡郷ノ浦町・勝本町・芦辺町・石田町が新設合併・市制施行して壱岐市となる

平成16年（2004年）4月18日実施

当①長田　徹　　58　無　　新　　 8,374
　　白川　博一　54　無　　新　　 8,141
　　長嶋　立身　55　無　　新　　 6,582
　　　　　　　　　　（投票率 89.15%）

平成20年（2008年）4月13日実施

当①白川　博一　57　無　　新　　 8,567
　　長田　徹　　62　無　　現　　 6,392
　　長嶋　立身　59　無　　新　　 6,279
　　　　　　　　　　（投票率 85.37%）

平成24年（2012年）4月15日実施

当②白川　博一　62　無　　現　　10,301
　　吉野　誠治　63　無　　新　　 9,019
　　　　　　　　　　（投票率 81.85%）

平成28年（2016年）4月10日実施

当③白川　博一　65　無　　現　　 8,266
　　武原由里子　51　無　　新　　 5,178
　　坂本　和久　51　無　　新　　 4,173
　　　　　　　　　　（投票率 79.16%）

諫早市長選挙

平成4年（1992年）4月19日実施

当③野田　卿　　64　無　　現　　21,310
　　津田　孝治　39　共　　新　　 6,265
　　　　　　　　　　（投票率 44.87%）

平成8年（1996年）4月21日実施

当①吉次　邦夫　63　無　　新　　32,977
　　野田　卿　　68　無　　現　　13,295
　　　　　　　　　　（投票率 69.65%）

平成12年（2000年）4月16日実施

当②吉次　邦夫　67　無　　現　　無投票

平成16年（2004年）4月18日実施

当③吉次　邦夫　71　無　　現　　無投票

平成17年（2005年）4月10日実施

当①吉次　邦夫　72　無　　新　　36,331
　　八江　利春　65　無　　新　　27,176
　　橋村松太郎　58　無　　新　　18,877
　　　　　　　　　　（投票率 75.04%）

平成21年（2009年）4月5日実施

当①宮本　明雄　60　無　　新　　27,642
　　橋村松太郎　62　無　　新　　27,298
　　古川　利光　65　無　　新　　10,840

奥田　修史　37　無		新	10,567
真崎　光博　61　無		新	1,253

（投票率71.07％）

平成25年（2013年）3月31日実施

当②宮本　明雄　64　無		現	無投票

平成29年（2017年）3月26日実施

当③宮本　明雄　68　無		現	34,712
千住　良治　44　無		新	24,731
犬尾　　公　43　無		新	5,785

（投票率58.22％）

雲仙市長選挙

平成17年（2005年）10月11日南高来郡国見町・瑞穂町・吾妻町・愛野町・千々石町・小浜町・南串山町が新設合併・市制施行して雲仙市となる

平成17年（2005年）11月20日実施

当①奥村慎太郎　51　無		新	16,525
渡辺　秀孝　75　無		新	12,240
松藤　寿和　69　無		新	5,089

（投票率84.57％）

平成21年（2009年）11月1日実施

当②奥村慎太郎　55　無		現	無投票

平成25年（2013年）1月6日実施

当①金沢秀三郎　52　無		新	無投票

平成28年（2016年）12月18日実施

当②金沢秀三郎　56　無		現	無投票

大村市長選挙

平成3年（1991年）4月14日実施

当②松本　　崇　49　無		現	無投票

平成6年（1994年）10月16日実施

当①甲斐田国彦　58　無		新	22,444
勢戸　利春　63　無		新	15,419

寺坂栄一郎　66　無		新	2,927

（投票率73.96％）

平成10年（1998年）9月20日実施

当②甲斐田国彦　62　無		現	無投票

平成14年（2002年）9月29日実施

当③松本　　崇　61　無		元	22,231
甲斐田国彦　66　無		現	21,225

（投票率68.00％）

平成18年（2006年）9月24日実施

当④松本　　崇　65　無		現	22,594
野口　健司　43　無		新	15,670

（投票率57.36％）

平成22年（2010年）10月3日実施

当⑤松本　　崇　69　無		現	20,577
里脇　清隆　51　無		新	18,769
北村　貴寿　37　無		新	3,236

（投票率60.85％）

平成26年（2014年）10月5日実施

当⑥松本　　崇　73　無		現	19,835
小林　克敏　69　無		新	11,818
園田　裕史　37　無		新	10,116
野島　進吾　46　無		新	2,957

（投票率62.62％）

平成27年（2015年）11月8日実施

当①園田　裕史　38　無		新	23,339
松本　洋介　39　無		新	20,494

（投票率60.69％）

五島市長選挙

平成16年（2004年）8月1日福江市・南松浦郡富江町・玉之浦町・三井楽町・岐宿町・奈留町が新設合併して五島市となる

平成16年（2004年）9月5日実施

当①中尾　郁子　69　無		新	18,800
平山　源司　68　無		新	12,507

（投票率83.17％）

平成20年（2008年）8月24日実施

当②	中尾　郁子　73	無	現	16,184	
	神之浦文三　49	無	新	11,910	
				（投票率78.52%）	

平成24年（2012年）8月26日実施

当①野口市太郎　56　無　　　新　　15,617
　　永冶　克行　63　無　　　新　　 5,382
　　　　　　　　　　　　　（投票率61.90%）

平成28年（2016年）8月21日実施

当②野口市太郎　60　無　　　現　　無投票

（福江市長選挙）

平成3年（1991年）12月1日実施

当①木場弥一郎　63　無　　　新　　11,830
　　平山　源司　56　無　　　新　　 7,244
　　　　　　　　　　　　　（投票率89.02%）

平成7年（1995年）12月3日実施

当②木場弥一郎　67　無　　　現　　 9,711
　　平山　源司　60　無　　　新　　 8,646
　　　　　　　　　　　　　（投票率85.40%）

平成11年（1999年）11月28日実施

当③木場弥一郎　71　無　　　現　　 9,612
　　山田　博司　29　無　　　新　　 6,610
　　　　　　　　　　　　　（投票率76.31%）

平成15年（2003年）11月23日実施

当④木場弥一郎　75　無　　　現　　無投票

※平成16年（2004年）8月1日福江市は南松浦郡富江町・玉之浦町・三井楽町・岐宿町・奈留町と新設合併して五島市となる

西海市長選挙

平成17年（2005年）4月1日西彼杵郡西彼町・西海町・大島町・崎戸町・大瀬戸町が新設合併・市制施行して西海市となる

平成17年（2005年）5月1日実施

当①山下純一郎　65　無　　　新　　14,378
　　村山　一正　68　無　　　新　　10,021
　　　　　　　　　　　　　（投票率89.55%）

平成21年（2009年）4月19日実施

当①田中　隆一　62　無　　　新　　11,186
　　山下純一郎　69　無　　　現　　11,098
　　　　　　　　　　　　　（投票率85.56%）

平成25年（2013年）4月21日実施

当②田中　隆一　66　無　　　現　　12,896
　　平井　満洋　47　無　　　新　　 6,562
　　　　　　　　　　　　　（投票率78.89%）

平成29年（2017年）4月23日実施

当①杉沢　泰彦　64　無　　　新　　10,808
　　田中　隆一　70　無　　　現　　 7,784
　　　　　　　　　　　　　（投票率77.84%）

佐世保市長選挙

平成3年（1991年）4月21日実施

当④桟　　熊獅　67　無　　　現　　83,554
　　林内　　実　63　無　　　新　　25,471
　　長崎　善次　72　共　　　新　　10,257
　　　　　　　　　　　　　（投票率69.85%）

平成7年（1995年）4月23日実施

当①光武　　顕　64　無　　　新　　68,095
　　宮内　雪夫　61　無　　　新　　37,365
　　原田　　昭　66　無　　　新　　25,430
　　　　　　　　　　　　　（投票率72.79%）

平成11年（1999年）4月18日実施

当②光武　　顕　68　無　　　現　　無投票

平成15年（2003年）4月27日実施

当③	光武　顕	72	無	現	85,980
	前川　雅夫	57	無	新	23,554

（投票率 60.23%）

平成19年（2007年）4月22日実施

当①	朝長　則男	58	無	新	68,809
	野口　日朗	62	無	新	59,631
	前川　雅夫	61	無	新	6,268

（投票率 66.81%）

平成23年（2011年）4月24日実施

当②	朝長　則男	62	無	現	100,442
	前川　雅夫	65	無	新	22,793

（投票率 60.19%）

平成27年（2015年）4月19日実施

当③	朝長　則男	66	無	現	無投票

平成31年（2019年）4月21日実施

当④	朝長　則男	70	無	現	78,313
	田中　隆治	75	無	新	21,877

（投票率 50.11%）

島原市長選挙

平成4年（1992年）12月6日実施

当①	吉岡庭二郎	56	無	新	13,897
	本多　繁希	45	無	新	12,589
	岩永　俊一	42	無	新	337

（投票率 86.26%）

平成8年（1996年）12月1日実施

当②	吉岡庭二郎	60	無	現	無投票

平成12年（2000年）11月26日実施

当③	吉岡庭二郎	64	無	現	無投票

平成16年（2004年）11月28日実施

当④	吉岡庭二郎	68	無	現	12,086
	本多　繁希	57	無	新	11,157

（投票率 74.24%）

平成20年（2008年）11月30日実施

当①	横田修一郎	61	無	新	14,551
	古川隆三郎	52	無	新	13,343

（投票率 70.19%）

平成24年（2012年）12月9日実施

当①	古川隆三郎	56	無	新	14,739
	横田修一郎	66	無	現	12,598

（投票率 70.24%）

平成28年（2016年）11月20日実施

当②	古川隆三郎	60	無	現	無投票

対馬市長選挙

平成16年（2004年）3月1日下県郡厳原町・美津島町・豊玉町・上県郡峰町・上県町・上対馬町が新設合併・市制施行して対馬市となる

平成16年（2004年）3月28日実施

当①	松村　良幸	62	無	新	14,785
	渕上　清	67	無	新	13,231

（投票率 87.77%）

平成20年（2008年）3月2日実施

当①	財部　能成	50	無	新	15,065
	松村　良幸	65	無	現	9,732

（投票率 82.67%）

平成24年（2012年）2月26日実施

当②	財部　能成	54	無	現	10,044
	松村　良幸	69	無	前	7,067
	武末　裕雄	67	無	新	5,666

（投票率 81.70%）

平成28年（2016年）2月28日実施

当①	比田勝尚喜	61	無	新	10,478
	松村　良幸	73	無	元	6,490
	小宮　教義	60	無	新	4,048

（投票率 79.63%）

平戸市長選挙

平成3年（1991年）2月3日実施
当③	油屋亮太郎	70	無	現	9,817
	宮本　利男	52	無	新	8,189

（投票率 91.73%）

平成7年（1995年）1月29日実施
当④	油屋亮太郎	74	無	現	10,781
	中尾　駿祐	63	無	新	2,916

（投票率 72.29%）

平成8年（1996年）12月8日実施
当①	白浜　信	58	無	新	無投票

平成12年（2000年）11月19日実施
当②	白浜　信	61	無	現	無投票

平成16年（2004年）11月28日実施
当③	白浜　信	65	無	現	9,125
	宮本　利男	66	無	新	4,350

（投票率 73.88%）

平成17年（2005年）11月6日実施
当①	白浜　信	66	無	新	12,561
	西川　克己	57	無	新	10,279
	山崎　雄士	57	無	新	4,456

（投票率 87.26%）

平成21年（2009年）10月18日実施
当①	黒田　成彦	49	無	新	16,724
	高田　謀	62	無	新	8,894

（投票率 86.15%）

平成25年（2013年）10月13日実施
当②	黒田　成彦	53	無	現	無投票

平成29年（2017年）10月15日実施
当③	黒田　成彦	57	無	現	無投票

松浦市長選挙

平成3年（1991年）1月20日実施
当①	山口　洋平	54	無	新	無投票

平成7年（1995年）1月15日実施
当②	山口　洋平	58	無	現	無投票

平成11年（1999年）1月24日実施
当①	吉山　康幸	51	無	新	7,451
	倉田　友路	63	無	新	6,295
	快勝院一誠	64	無	新	962

（投票率 85.26%）

平成15年（2003年）1月19日実施
当②	吉山　康幸	55	無	現	9,340
	田中広太郎	55	無	新	3,537

（投票率 75.52%）

平成18年（2006年）2月5日実施
当①	友広　郁洋	63	無	新	11,830
	田中広太郎	58	無	新	6,332

（投票率 83.93%）

平成22年（2010年）1月24日実施
当②	友広　郁洋	67	無	現	10,923
	中塚　祐介	58	無	新	3,915
	田中広太郎	62	無	新	2,076

（投票率 81.59%）

平成26年（2014年）2月2日実施
当③	友広　郁洋	71	無	現	8,630
	下久保直人	48	無	新	4,496
	田中広太郎	66	無	新	1,974

（投票率 75.83%）

平成30年（2018年）1月14日実施
当①	友田　吉泰	53	無	新	無投票

南島原市長選挙

平成18年（2006年）3月31日南高来郡加津佐町・口之津町・南有馬町・北有馬町・西有家町・有家町・布津町・深江町が新設合併・市制施行して南島原市となる

平成18年（2006年）5月14日実施

当①	松島 世佳	60	無	新	19,162
	佐藤 寿信	62	無	新	19,083

（投票率 86.35%）

平成22年（2010年）4月25日実施

当①	藤原 米幸	63	無	新	17,230
	松島 世佳	64	無	現	11,387
	平石 和則	59	無	新	7,045

（投票率 83.15%）

平成26年（2014年）4月13日実施

当②	藤原 米幸	67	無	現	無投票

平成26年（2014年）7月20日実施

当①	松本 政博	66	無	新	12,975
	梶原 重利	69	無	新	10,860
	伊藤 剛	46	無	新	5,023

（投票率 70.43%）

平成30年（2018年）6月10日実施

当②	松本 政博	70	無	現	18,574
	松島 完	38	無	新	10,945

（投票率 75.72%）

熊本県

県庁所在地	熊本市
市　数	14市（平成31年4月現在）
市　名	熊本市《指定都市/5区》・阿蘇市・天草市（牛深市, 本渡市）・荒尾市・宇城市・宇土市・上天草市・菊池市・合志市・玉名市・人吉市・水俣市・八代市・山鹿市

※（ ）内は廃止された市

【市に関わる合併・市制施行・名称変更】

市名	実施年月日	関係市町村名等	合併等の内容
熊本市	平成3年（1991年）2月1日	熊本市・飽託郡北部町・河内町・飽田町・天明町	【編入合併】
	平成20年（2008年）10月6日	熊本市・下益城郡富合町	【編入合併】
	平成22年（2010年）3月23日	熊本市・下益城郡城南町・鹿本郡植木町	【編入合併】
	平成24年（2012年）4月1日	指定都市	【市制移行】
阿蘇市	平成17年（2005年）2月11日	阿蘇郡一の宮町・阿蘇町・波野村	【新設合併・市制施行】
天草市	平成18年（2006年）3月27日	牛深市・本渡市・天草郡有明町・御所浦町・倉岳町・栖本町・新和町・五和町・天草町・河浦町	【新設合併】
宇城市	平成17年（2005年）1月15日	宇土郡三角町・不知火町・下益城郡松橋町・小川町・豊野町	【新設合併・市制施行】
上天草市	平成16年（2004年）3月31日	天草郡大矢野町・松島町・姫戸町・龍ヶ岳町	【新設合併・市制施行】
菊池市	平成17年（2005年）3月22日	菊池市・菊池郡七城町・旭志村・泗水町	【新設合併】
合志市	平成18年（2006年）2月27日	菊池郡合志町・西合志町	【新設合併・市制施行】
玉名市	平成17年（2005年）10月3日	玉名市・玉名郡岱明町・横島町・天水町	【新設合併】
八代市	平成17年（2005年）8月1日	八代市・八代郡坂本村・千丁町・鏡町・東陽村・泉村	【新設合併】
山鹿市	平成17年（2005年）1月15日	山鹿市・鹿本郡鹿北町・菊鹿町・鹿本町・鹿央町	【新設合併】

【選挙結果】

熊本県知事選挙

平成3年（1991年）1月27日実施

当①	福島	譲二	63	無 自民	新	486,267
	国宗	直	60	無 共産	新	93,058

（投票率 43.78％）

平成7年（1995年）2月5日実施

当②	福島	譲二	67	無 自民 新進 社会 さき 公明	現	527,525
	国宗	直	64	無 共産	新	57,490

（投票率 42.13％）

平成11年（1999年）1月31日実施

当③	福島	譲二	71	無 自民 民主 公明 自由 社民	現	475,500
	下田	耕士	50	無	新	105,047
	下城	正臣	58	共	新	69,261

（投票率 45.57％）

平成12年（2000年）4月16日実施

当①	潮谷	義子	61	無 自民 公明	新	468,155
	阿曽田	清	53	無 民主 自由 社民 自連	新	390,141
	久保山	啓介	56	共	新	37,425

（投票率 62.46％）

平成16年（2004年）4月4日実施

当②	潮谷	義子	65	無 公明	現	493,335
	後藤	道雄	52	無	新	66,605

（投票率 38.67％）

平成20年（2008年）3月23日実施

当①	蒲島	郁夫	61	無	新	337,307
	鎌倉	孝幸	61	無 民主	新	132,263
	北里	敏明	59	無	新	105,180
	矢上	雅義	47	無	新	102,134
	岩下	栄一	61	無	新	45,872

（投票率 49.36％）

平成24年（2012年）3月25日実施

当②	蒲島	郁夫	65	無	現	508,917
	久保山	啓介	68	無	新	52,591

（投票率 38.44％）

平成28年（2016年）3月27日実施

当③	蒲島	郁夫	69	無	現	504,931
	幸山	政史	50	無	新	201,951
	寺内	大介	50	無	新	33,955

（投票率 51.01％）

熊本市長選挙

平成2年（1990年）11月18日実施

当②	田尻	靖幹	64	無 自民 社会 民社	現	98,397
	川俣	芳郎	59	無	新	87,228
	下城	正臣	50	共	新	9,571

（投票率 48.06％）

平成6年（1994年）11月20日実施

当①	三角	保之	54	無 公明 民社	新	98,076
	木村	仁	60	無 自民 社会 新生 さき	新	77,763
	米満	弘之	57	無	新	69,153
	川俣	芳郎	63	無	新	16,697
	落水	清弘	37	無	新	11,875
	戸田	敏	57	諸	新	6,073

（投票率 59.81％）

平成10年（1998年）11月8日実施

当②	三角	保之	58	無 自民 民主 公明 自由 社民	現	128,048
	松岡	徹	54	共	新	29,759

（投票率 32.33％）

平成14年（2002年）11月10日実施

当①	幸山	政史	37	無	新	132,652

| 三角　保之 62 | 無 | 自民 公明 社民 保守 | 現 | 116,228 |

(投票率 49.06%)

平成18年（2006年）11月12日実施

当②幸山　政史 41	無		現	164,387
佐藤　達三 61	無	自民 公明	新	83,894
本田　良一 66	無		新	16,708
中嶋　啓子 51	無		新	14,630

(投票率 53.75%)

平成22年（2010年）11月7日実施

当③幸山　政史 45	無	現	169,517
志垣　英海 43	無	新	21,627
重松　公子 62	無	新	15,412

(投票率 36.18%)

平成26年（2014年）11月16日実施

当①大西　一史 46	無	自民 公明	新	129,994
石原　靖也 60	無		新	76,508
下川　寛 54	無		新	25,769

(投票率 40.32%)

平成30年（2018年）11月18日実施

| 当②大西　一史 50 | 無 | 自民 公明 | 現 | 165,403 |
| 重松　孝文 71 | 無 | 共産 | 新 | 20,780 |

(投票率 31.38%)

阿蘇市長選挙

平成17年（2005年）2月11日阿蘇郡一の宮町・阿蘇町・波野村が新設合併・市制施行して阿蘇市となる

平成17年（2005年）3月6日実施

| 当①佐藤　義興 55 | 無 | 新 | 11,068 |
| 河崎　敦夫 70 | 無 | 新 | 9,481 |

(投票率 84.75%)

平成21年（2009年）2月22日実施

| 当②佐藤　義興 59 | 無 | 現 | 12,087 |
| 井芹　正吾 34 | 無 | 新 | 8,058 |

(投票率 84.14%)

平成25年（2013年）2月17日実施

| 当③佐藤　義興 63 | 無 | 現 | 無投票 |

平成29年（2017年）2月12日実施

当④佐藤　義興 67	無	現	10,156
佐藤　雅司 66	無	新	5,044
久保田一郎 75	無	新	408

(投票率 69.13%)

天草市長選挙

平成18年（2006年）3月27日牛深市・本渡市・天草郡有明町・御所浦町・倉岳町・栖本町・新和町・五和町・天草町・河浦町が新設合併して天草市となる

平成18年（2006年）4月16日実施

| 当①安田　公寛 56 | 無 | 新 | 無投票 |

平成22年（2010年）3月28日実施

当②安田　公寛 60	無	現	44,712
野中　幸市 46	無	新	9,045
小川　浩治 67	無	新	5,154

(投票率 78.54%)

平成26年（2014年）3月23日実施

| 当①中村　五木 64 | 無 | 新 | 28,828 |
| 安田　公寛 64 | 無 | 現 | 27,958 |

(投票率 78.32%)

平成30年（2018年）3月18日実施

| 当②中村　五木 68 | 無 | 現 | 無投票 |

（牛深市長選挙）

平成4年（1992年）5月24日実施

| 当⑤西村　武典 63 | 無 | 現 | 無投票 |

平成8年（1996年）5月26日実施

| 当⑥西村　武典 67 | 無 | 現 | 無投票 |

平成12年（2000年）5月21日実施

| 当⑦西村　武典 71 | 無 | 現 | 無投票 |

熊本県

平成16年（2004年）5月23日実施

当⑧西村　武典　75　無　　　現　　無投票

※平成18年（2006年）3月27日牛深市は本渡市・天草郡有明町・御所浦町・倉岳町・栖本町・新和町・五和町・天草町・河浦町と新設合併して天草市となる

（本渡市長選挙）

平成4年（1992年）3月15日実施

当③久々山義人	68	無	現	14,146
中山　健二	50	共	新	1,896

（投票率 54.53%）

平成8年（1996年）3月10日実施

当④久々山義人	72	無	現	15,953
渡辺　利一	48	無	新	7,156

（投票率 77.30%）

平成12年（2000年）3月12日実施

当①安田　公寛	50	無	新	15,843
江浦　政巳	52	無	新	9,819

（投票率 83.23%）

平成16年（2004年）3月14日実施

当②安田　公寛	54	無	現	15,499
野中　幸市	40	無	新	2,942

（投票率 59.29%）

※平成18年（2006年）3月27日本渡市は牛深市・天草郡有明町・御所浦町・倉岳町・栖本町・新和町・五和町・天草町・河浦町と新設合併して天草市となる

荒尾市長選挙

平成2年（1990年）12月23日実施

当②北野　典爾	63	無	現	17,792
椛島　博明	59	社	新	7,228
立石　武博	56	共	新	1,003

（投票率 58.42%）

平成6年（1994年）12月18日実施

当③北野　典爾	67	無	現	17,725
橋本　正義	49	無	新	9,119
松崎　清次	40	共	新	1,754

（投票率 64.39%）

平成10年（1998年）12月20日実施

当④北野　典爾	71	無	現	14,524
日高　伸哉	43	共	新	4,606
荒木　光武	58	無	新	836

（投票率 44.74%）

平成14年（2002年）12月22日実施

当①前畑　淳治	57	無	新	18,569
橋本　正義	57	無	新	9,183

（投票率 60.53%）

平成18年（2006年）12月17日実施

当②前畑　淳治　61　無　　　現　　無投票

平成22年（2010年）12月12日実施

当③前畑　淳治　65　無　　　現　　無投票

平成26年（2014年）12月21日実施

当①山下慶一郎	55	無	新	12,116
前畑　淳治	69	無	現	9,725

（投票率 49.21%）

平成29年（2017年）2月5日実施

当①浅田　敏彦	56	無	新	13,309
山下慶一郎	57	無	前	11,911

（投票率 56.62%）

宇城市長選挙

平成17年（2005年）1月15日宇土郡三角町・不知火町・下益城郡松橋町・小川町・豊野町が新設合併・市制施行して宇城市となる

平成17年（2005年）2月27日実施

当①阿曽田　清	58	無	新	19,796
松田　利康	73	無	新	19,443

（投票率 76.99%）

平成21年（2009年）2月1日実施

当①篠崎　鉄男　69　無　　　新　　21,857

阿曽田　清 62　無　　　　現　　16,200
(投票率 74.91%)

平成25年（2013年）2月3日実施

当①守田　憲史 53　無　　　　新　　18,303
　篠崎　鉄男 73　無　　　　現　　11,576
(投票率 59.91%)

平成29年（2017年）2月5日実施

当②守田　憲史 57　無　　　　現　　14,863
　村上真由子 38　無　　　　新　　12,066
(投票率 54.18%)

宇土市長選挙

平成2年（1990年）4月1日実施

当①西田　　誠 67　無　　　　新　　10,946
　田代　捨己 74　無　　　　現　　10,518
(投票率 86.54%)

平成6年（1994年）4月3日実施

当②西田　　誠 71　無　　　　現　　13,488
　宮崎　征司 51　無　　　　新　　 6,011
(投票率 75.50%)

平成10年（1998年）4月5日実施

当①田口　信夫 62　無　　　　新　　10,470
　宮崎　征司 55　無　　　　新　　 4,887
　田上　政人 48　無　　　　新　　 4,826
(投票率 73.22%)

平成14年（2002年）3月31日実施

当②田口　信夫 66　無　　　　現　　11,362
　上村雄二郎 47　無　　　　新　　 7,179
(投票率 63.11%)

平成18年（2006年）4月2日実施

当③田口　信夫 70　無　　　　現　　 9,082
　上村雄二郎 51　無　　　　新　　 5,705
　林田　博達 60　無　　　　新　　 5,673
(投票率 68.28%)

平成22年（2010年）4月4日実施

当①元松　茂樹 45　無　　　　新　　 9,737
　田口　信夫 74　無　　　　現　　 8,930
　浜口多美雄 59　無　　　　新　　 2,313
(投票率 69.68%)

平成26年（2014年）3月30日実施

当②元松　茂樹 49　無　　　　現　　12,200
　中田　雄士 59　無　　　　新　　 6,754
(投票率 63.31%)

平成30年（2018年）4月1日実施

当③元松　茂樹 53　無　　　　現　　無投票

上天草市長選挙

平成16年（2004年）3月31日天草郡大矢野町・松島町・姫戸町・龍ヶ岳町が新設合併・市制施行して上天草市となる

平成16年（2004年）4月18日実施

当①何川　一幸 57　無　　　　新　　無投票

平成19年（2007年）4月22日実施

当①川端　祐樹 35　無　　　　新　　 7,623
　切通　英博 45　無　　　　新　　 6,338
　尾上　一久 50　無　　　　新　　 3,602
　辻本　両造 62　無　　　　新　　 3,362
　田中銑之助 60　無　　　　新　　 1,475
(投票率 81.96%)

平成23年（2011年）4月24日実施

当②川端　祐樹 39　無　　　　現　　10,561
　橋本　美春 59　無　　　　新　　10,321
(投票率 80.87%)

平成26年（2014年）12月14日実施

当①堀江　隆臣 47　無　　　　新　　 6,467
　田中　辰夫 54　無　　　　新　　 5,436
　何川　一幸 67　無　　　　元　　 4,514
　平田　晶子 33　無　　　　新　　 2,458
(投票率 76.13%)

平成30年（2018年）11月11日実施
当②堀江　隆臣　51　無　　　　現　　無投票

菊池市長選挙

平成元年（1989年）7月2日実施
当①荒木　修　69　無　　　新　　11,773
　　粟田　一哉　54　共　　　新　　 2,830
　　斉藤　雅　47　諸　　　新　　　 335
　　　　　　　　　　　（投票率 72.90%）

平成5年（1993年）6月6日実施
当①牧　俊郎　52　無　　　新　　 9,141
　　福村　三男　52　無　　　新　　 7,797
　　　　　　　　　　　（投票率 81.73%）

平成9年（1997年）6月8日実施
当②牧　俊郎　56　無　　　現　　 9,420
　　福村　三男　56　無　　　新　　 8,365
　　　　　　　　　　　（投票率 84.52%）

平成13年（2001年）6月3日実施
当①福村　三男　60　無　　　新　　 9,905
　　牧　俊郎　60　無　　　現　　 7,642
　　　　　　　　　　　（投票率 83.06%）

平成17年（2005年）4月24日実施
当①福村　三男　64　無　　　新　　14,044
　　牧　俊郎　64　無　　　新　　 9,428
　　緒方　奨　53　無　　　新　　 7,894
　　　　　　　　　　　（投票率 76.13%）

平成21年（2009年）4月12日実施
当②福村　三男　68　無　　　現　　13,939
　　緒方　奨　57　無　　　新　　13,723
　　　　　　　　　　　（投票率 67.41%）

平成25年（2013年）4月14日実施
当①江頭　実　59　無　　　新　　14,535
　　北田　彰　65　無　　　新　　 8,373
　　二ノ文伸元　53　無　　　新　　 3,579
　　　　　　　　　　　（投票率 65.22%）

平成29年（2017年）4月9日実施
当②江頭　実　63　無　　　現　　14,043
　　荒木　崇之　43　無　　　新　　 8,665
　　　　　　　　　　　（投票率 56.02%）

合志市長選挙

平成18年（2006年）2月27日菊池郡合志町・西合志町が新設合併・市制施行して合志市となる

平成18年（2006年）4月2日実施
当①大住　清昭　62　無　　　新　　13,883
　　池永　幸生　55　無　　　新　　10,653
　　　　　　　　　　　（投票率 61.82%）

平成22年（2010年）3月21日実施
当①荒木　義行　51　無　　　新　　13,776
　　大住　清昭　66　無　　　現　　12,332
　　　　　　　　　　　（投票率 62.19%）

平成26年（2014年）3月9日実施
当②荒木　義行　55　無　　　現　　無投票

平成30年（2018年）3月11日実施
当③荒木　義行　59　無　　　現　　無投票

玉名市長選挙

平成3年（1991年）9月22日実施
当③松本虎之助　61　無　　　現　　無投票

平成7年（1995年）9月24日実施
当④松本虎之助　65　無　　　現　　無投票

平成11年（1999年）10月3日実施
当①高崎　哲哉　54　無　　　新　　13,010
　　松本虎之助　69　無　　　現　　 9,494
　　宮津　弘　55　無　　　新　　 5,116
　　　　　　　　　　　（投票率 78.77%）

平成15年（2003年）9月28日実施

当②高崎 哲哉	58	無	現	無投票

平成17年（2005年）11月13日実施

当①島津 勇典	67	無	新	18,158
高崎 哲哉	60	無	新	17,972
築森 守	60	無	新	11,089
野尻 耕喜	56	無	新	1,340

（投票率84.38%）

平成21年（2009年）10月25日実施

当①高崎 哲哉	64	無	新	24,380
島津 勇典	71	無	現	21,899

（投票率81.46%）

平成25年（2013年）10月20日実施

当②高崎 哲哉	68	無	現	22,068
蔵原 隆浩	48	無	新	20,390

（投票率76.46%）

平成29年（2017年）10月22日実施

当①蔵原 隆浩	52	無	新	18,575
橋本 太郎	71	無	新	11,156
田中 英雄	57	無	新	10,814

（投票率73.94%）

人吉市長選挙

平成3年（1991年）4月21日実施

当②福永 浩介	51	無	現	16,617
下村裕一郎	42	無	新	8,169

（投票率87.19%）

平成7年（1995年）4月23日実施

当③福永 浩介	55	無	現	9,960
井上 龍生	68	無	新	8,267
田口 善胤	54	無	新	7,480

（投票率88.51%）

平成11年（1999年）4月25日実施

当④福永 浩介	59	無	現	11,240
田中 信孝	51	無	新	10,755
新村 力	48	無	新	3,377

（投票率87.01%）

平成15年（2003年）4月27日実施

当⑤福永 浩介	63	無	現	7,958
田中 信孝	55	無	新	7,287
村上 恵一	47	無	新	6,393
土屋 歳明	70	無	新	2,292
家城 正博	54	無	新	980

（投票率84.98%）

平成19年（2007年）4月22日実施

当①田中 信孝	59	無	新	9,466
別府 靖彦	54	無	新	4,527
上原 義武	72	無	新	3,564
家城 正博	58	無	新	3,399
高瀬 清春	60	無	新	2,128

（投票率79.87%）

平成23年（2011年）4月24日実施

当②田中 信孝	63	無	現	13,627
大王 英二	54	無	新	8,486
長友 清冨	61	諸	新	314

（投票率79.52%）

平成27年（2015年）4月26日実施

当①松岡 隼人	37	無	新	10,401
田中 信孝	67	無	現	9,793
長友 清冨	65	諸	新	215

（投票率74.90%）

平成31年（2019年）4月21日実施

当②松岡 隼人	41	無	現	12,253
田中 信孝	71	無	元	7,030

（投票率72.64%）

水俣市長選挙

平成2年（1990年）1月21日実施

当②岡田 稔久	66	無	現	無投票

平成6年（1994年）1月30日実施

当①吉井 正澄	62	無	新	8,453

平成10年（1998年）2月8日実施

当②	吉井 正澄	66	無	現	11,204
	中山 徹	53	共	新	5,253

（投票率 68.30%）

平成14年（2002年）2月17日実施

当①	江口 隆一	36	無	新	10,793
	小形慎一郎	52	無	新	7,560
	丸山 博光	49	無	新	815

（投票率 78.39%）

平成18年（2006年）2月5日実施

当①	宮本 勝彬	62	無	新	11,181
	江口 隆一	40	無	現	7,692
	斉藤 英雄	66	無	新	99

（投票率 79.36%）

平成22年（2010年）2月7日実施

当②	宮本 勝彬	66	無	現	9,231
	山内 康功	62	無	新	7,453

（投票率 72.77%）

平成26年（2014年）2月9日実施

当①	西田 弘志	55	無	新	7,811
	江口 隆一	48	無	元	7,204

（投票率 68.76%）

平成30年（2018年）2月4日実施

当①	高岡 利治	59	無	新	7,328
	西田 弘志	59	無	現	6,547

（投票率 65.52%）

八代市長選挙

平成2年（1990年）4月8日実施

当①	沖田 嘉典	62	無	新	33,193
	木村 健一	52	無	現	31,711

（投票率 83.40%）

（冒頭）

	小松 聡明	67	無	新	7,972
	原 一夫	69	無	新	4,876

（投票率 86.64%）

平成6年（1994年）4月10日実施

当②	沖田 嘉典	66	無	現	35,967
	木村 健一	57	無	前	28,978
	橋本 徳雄	63	共	新	1,411

（投票率 83.20%）

平成10年（1998年）4月5日実施

当③	沖田 嘉典	70	無	現	21,989
	小早川宗一郎	65	無	新	20,192
	木田 哲次	46	無	新	8,837
	前田 慧	61	無	新	4,203
	山中 邦捷	55	無	新	2,913
	芥川 正孝	50	無	新	1,296

（投票率 73.06%）

平成14年（2002年）4月7日実施

当①	中島 隆利	58	無	新	18,722
	永江 明久	63	無	新	16,748
	田方 初美	55	無	新	8,793
	上村 正勝	68	無	新	8,713
	小早川宗弘	34	無	新	7,296

（投票率 73.10%）

平成17年（2005年）9月4日実施

当①	坂田 孝志	47	無	新	39,021
	中島 隆利	62	無	新	31,271
	永江 明久	67	無	新	11,513
	荒木 隆夫	62	無	新	6,846

（投票率 79.89%）

平成21年（2009年）8月23日実施

当①	福島 和敏	67	無	新	44,633
	坂田 孝志	51	無	現	39,739

（投票率 77.27%）

平成25年（2013年）9月1日実施

当①	中村 博生	54	無	新	39,926
	福島 和敏	71	無	現	31,708

（投票率 66.99%）

平成29年（2017年）8月27日実施

当②	中村 博生	58	無	現	43,501

幸村香代子 55　無　　　　　新　　23,483
　　　　　　　　　　　　　（投票率 63.27%）

山鹿市長選挙

平成2年（1990年）1月21日実施

当④中原　　淳 62　無　　　　　現　　無投票

平成6年（1994年）1月30日実施

当⑤中原　　淳 66　無　　　　　現　　11,824
　　古田　　豊 59　無　　　　　新　　 8,067
　　　　　　　　　　　　　（投票率 78.58%）

平成10年（1998年）1月25日実施

当①河村　　修 54　無　　　　　新　　 9,823
　　長瀬　恭祐 61　無　　　　　新　　 7,702
　　古田　　豊 63　無　　　　　新　　 3,333
　　　　　　　　　　　　　（投票率 81.29%）

平成14年（2002年）1月20日実施

当②河村　　修 58　無　　　　　現　　無投票

平成17年（2005年）2月20日実施

当①中嶋　憲正 54　無　　　　　新　　23,062
　　和田　秀雄 59　無　　　　　新　　17,090
　　　　　　　　　　　　　（投票率 84.05%）

平成21年（2009年）1月18日実施

当②中嶋　憲正 58　無　　　　　現　　無投票

平成25年（2013年）2月3日実施

当③中嶋　憲正 62　無　　　　　現　　25,055
　　古家　茂臣 58　無　　　　　新　　 9,571
　　　　　　　　　　　　　（投票率 76.20%）

平成29年（2017年）1月29日実施

当④中嶋　憲正 66　無　　　　　現　　19,549
　　古家　茂臣 62　無　　　　　新　　12,598
　　　　　　　　　　　　　（投票率 71.40%）

大分県

県庁所在地	大分市
市　　数	14市（平成31年4月現在）
市　　名	大分市・宇佐市・臼杵市・杵築市・国東市・佐伯市・竹田市・津久見市・中津市・日田市・豊後大野市・豊後高田市・別府市・由布市

【市に関わる合併・市制施行・名称変更】

市名	実施年月日	関係市町村名等	合併等の内容
大分市	平成17年（2005年）1月1日	大分市・大分郡野津原町・北海部郡佐賀関町	【編入合併】
宇佐市	平成17年（2005年）3月31日	宇佐市・宇佐郡院内町・安心院町	【新設合併】
臼杵市	平成17年（2005年）1月1日	臼杵市・大野郡野津町	【新設合併】
杵築市	平成17年（2005年）10月1日	杵築市・西国東郡大田村・速見郡山香町	【新設合併】
国東市	平成18年（2006年）3月31日	東国東郡国見町・国東町・武蔵町・安岐町	【新設合併・市制施行】
佐伯市	平成17年（2005年）3月3日	佐伯市・南海部郡上浦町・弥生町・本匠村・宇目町・直川村・鶴見町・米水津村・蒲江町	【新設合併】
竹田市	平成17年（2005年）4月1日	竹田市・直入郡荻町・久住町・直入町	【新設合併】
中津市	平成17年（2005年）3月1日	中津市・下毛郡三光村・本耶馬渓町・耶馬溪町・山国町	【編入合併】
日田市	平成17年（2005年）3月22日	日田市・日田郡前津江村・中津江村・上津江村・大山町・天瀬町	【編入合併】
豊後大野市	平成17年（2005年）3月31日	大野郡三重町・清川村・緒方町・朝地町・大野町・千歳村・犬飼町	【新設合併・市制施行】
豊後高田市	平成17年（2005年）3月31日	豊後高田市・西国東郡真玉町・香々地町	【新設合併】
由布市	平成17年（2005年）10月1日	大分郡挾間町・庄内町・湯布院町	【新設合併・市制施行】

大分県知事選挙

平成3年（1991年）4月7日実施

当④	平松	守彦	67	無	自民 公明 民社 社会	現	542,840
	玉麻	吉丸	72	無	共産	新	73,852

（投票率 68.28%）

平成7年（1995年）4月9日実施

当⑤	平松	守彦	71	無	自民 新進 社会 公明	現	557,537
	藤沢	架住	55	共		新	82,000

（投票率 69.51%）

平成11年（1999年）4月11日実施

当⑥	平松	守彦	75	無	自民 民主 公明 社民	現	482,314
	田口	トシ子	65	共		新	122,666
	高橋	正和	63	無		新	55,826

（投票率 70.46%）

平成15年（2003年）4月13日実施

当①	広瀬	勝貞	60	無	自民 公明 保新	新	322,456
	吉良	州司	45	無		新	295,886
	阿部	浩三	65	共		新	42,312

（投票率 69.03%）

平成19年（2007年）4月8日実施

当②	広瀬	勝貞	64	無		現	558,191
	三重野	昇	68	共		新	77,033

（投票率 65.79%）

平成23年（2011年）4月10日実施

当③	広瀬	勝貞	68	無	公明 社民	現	476,847
	三重野	昇	72	共		新	64,646

（投票率 56.44%）

平成27年（2015年）4月12日実施

当④	広瀬	勝貞	72	無	公明	現	342,583
	釘宮	磐	67	無		新	178,277
	山下	魁	38	共		新	26,214
	箕迫	高明	65	無		新	2,091
	池崎	八生	61	無		新	1,855

（投票率 57.82%）

平成31年（2019年）4月7日実施

当⑤	広瀬	勝貞	76	無		現	360,246
	山下	魁	42	共		新	66,502
	首藤	淑子	52	無		新	19,701

（投票率 47.41%）

大分市長選挙

平成3年（1991年）4月21日実施

当①	木下敬之助		47	無	自民 民社	新	115,145
	中山	敬三	42	無	社会	新	73,716
	木村	成敏	66	無	共産	新	4,515

（投票率 68.56%）

平成7年（1995年）4月23日実施

当②	木下敬之助		51	無	自民 新進 社会 公明	現	90,716
	平尾	広喜	71	共		新	12,606

（投票率 34.49%）

平成11年（1999年）4月25日実施

当③	木下敬之助		55	無	自民 民主 公明	現	91,849
	土井	正美	59	共		新	31,778

（投票率 39.75%）

平成15年（2003年）4月27日実施

当①	釘宮	磐	55	無		新	72,834
	堀田	庫士	56	無	自民 公明	新	54,773
	岩崎	哲朗	53	無		新	36,869
	広瀬	和生	57	無		新	16,053
	土井	正美	63	共		新	5,139

（投票率 55.41%）

平成19年（2007年）4月22日実施

当②	釘宮	磐	59 無	現	84,176
	柳井	文男	59 無	新	5,027

（投票率 25.02%）

平成23年（2011年）4月24日実施

当③	釘宮	磐	63 無	現	95,005
	安部	省祐	51 無 自民	新	43,596

（投票率 37.49%）

平成27年（2015年）4月26日実施

当①	佐藤樹一郎		57 無 自民 維党 公明 元気	新	91,200
	椋野美智子		59 無	新	72,695

（投票率 43.58%）

平成31年（2019年）4月21日実施

当②	佐藤樹一郎		61 無 自民 自由 社民	現	89,421
	小手川	恵	63 共	新	17,436

（投票率 27.72%）

宇佐市長選挙

平成元年（1989年）10月8日実施

当②	四井	正昭	62 無	現	15,864
	椛田	博隆	51 無	新	11,664
	旦部	利勝	46 共	新	1,048

（投票率 75.51%）

平成5年（1993年）10月3日実施

当③	四井	正昭	66 無	現	10,173
	南	豊	62 無	新	10,070
	徳田	哲	47 無	新	6,269
	椛田	博隆	55 無	新	3,861
	広岡	利公	58 無	新	1,488

（投票率 83.56%）

平成8年（1996年）5月26日実施

当①	佐瀬	裕	64 無	新	14,753
	岡本	勝美	52 無	新	12,134
	椛田	博隆	58 無	新	3,329

（投票率 78.95%）

平成12年（2000年）4月16日実施

当①	時枝	正昭	65 無	新	19,597
	岡本	勝美	56 無	新	13,624
	椛田	勝利	61 無	新	963

（投票率 87.78%）

平成16年（2004年）4月4日実施

当②	時枝	正昭	69 無	現	無投票

平成17年（2005年）4月17日実施

当①	時枝	正昭	70 無	新	無投票

平成21年（2009年）4月12日実施

当①	是永	修治	53 無	新	23,512
	大園清一郎		63 無	新	12,820
	中尾与志男		68 無	新	877

（投票率 74.78%）

平成25年（2013年）4月7日実施

当②	是永	修治	57 無	現	無投票

平成29年（2017年）4月9日実施

当③	是永	修治	61 無	現	無投票

臼杵市長選挙

平成3年（1991年）8月11日実施

当①	芝崎	敏夫	64 無	新	12,530
	佐々木順一		66 無	現	11,609

（投票率 84.54%）

平成7年（1995年）8月6日実施

当②	芝崎	敏夫	68 無	現	12,060
	小野	勝	52 共	新	5,897

（投票率 61.96%）

平成9年（1997年）1月26日実施

当①	後藤	国利	57 無	新	10,565
	長野	武雄	68 無	新	7,583
	亀井	義幸	67 無	新	3,960

（投票率 77.62%）

大分県

平成13年（2001年）1月14日実施
当②後藤　国利　61　無	現	11,674
芝崎　祐治　49　無	新	9,500

（投票率 71.42%）

平成17年（2005年）1月30日実施
当①後藤　国利　65　無　　　新　　無投票

平成21年（2009年）1月11日実施
当①中野　五郎　62　無　　　新　　無投票

平成25年（2013年）1月6日実施
当②中野　五郎　66　無　　　現　　無投票

平成29年（2017年）1月15日実施
当③中野　五郎　70　無　　　現　　11,727
　佐藤　信介　56　無　　　新　　8,225
　若林　純一　57　無　　　新　　2,320

（投票率 65.58%）

杵築市長選挙

平成2年（1990年）5月27日実施
当③石田　徳　66　無　　　現　　無投票

平成6年（1994年）5月29日実施
当④石田　徳　70　無　　　現　　無投票

平成10年（1998年）5月31日実施
当⑤石田　徳　74　無　　　現　　7,887
　中山　智晴　51　無　　　新　　5,920

（投票率 79.87%）

平成14年（2002年）6月9日実施
当①八坂　恭介　57　無　　　新　　7,442
　石田　徳　78　無　　　現　　6,828
　水本　勇光　60　無　　　新　　590

（投票率 82.09%）

平成17年（2005年）10月16日実施
当①八坂　恭介　60　無　　　新　　無投票

平成21年（2009年）9月27日実施
当②八坂　恭介　64　無　　　現　　無投票

平成25年（2013年）9月29日実施
当①永松　悟　59　無　　　新　　無投票

平成29年（2017年）10月8日実施
当②永松　悟　63　無　　　現　　無投票

国東市長選挙

平成18年（2006年）3月31日東国東郡国見町・国東町・武蔵町・安岐町が新設合併・市制施行して国東市となる

平成18年（2006年）4月23日実施
当①照山　俊一　61　無　　　新　　14,279
　金山　尚学　59　無　　　新　　10,028

（投票率 86.07%）

平成19年（2007年）3月4日実施
当①野田　侃生　63　無　　　新　　11,296
　森　正二　56　無　　　新　　10,673

（投票率 77.70%）

平成23年（2011年）2月20日実施
当①三河　明史　62　無　　　新　　11,903
　野田　侃生　67　無　　　現　　8,129

（投票率 73.66%）

平成27年（2015年）2月22日実施
当②三河　明史　66　無　　　現　　11,443
　阿部　新咲　60　無　　　新　　5,516

（投票率 66.49%）

平成31年（2019年）2月24日実施
当③三河　明史　70　無　　　現　　11,166
　酒匂　法子　50　無　　　新　　3,977

（投票率 62.27%）

佐伯市長選挙

平成2年（1990年）8月12日実施

当②	佐々木博生	66	無	現	18,271
	土井　正美	50	共	新	3,137

（投票率 56.70%）

平成6年（1994年）8月7日実施

当①	佐藤　佑一	52	無	新	14,962
	佐々木博生	70	無	現	12,294
	和久　博至	45	無	新	3,976

（投票率 79.87%）

平成10年（1998年）8月2日実施

当①	小野　和秀	62	無	新	17,387
	佐藤　佑一	56	無	現	13,729

（投票率 77.84%）

平成14年（2002年）8月11日実施

当②	小野　和秀	66	無	現	12,802
	佐藤　佑一	60	無	前	11,258
	山矢　建司	47	無	新	1,491

（投票率 64.10%）

平成14年（2002年）12月22日実施

当②	佐藤　佑一	60	無	元	12,153
	田中　利明	51	無	新	11,271
	和久　博至	53	無	新	3,127

（投票率 66.49%）

平成17年（2005年）4月17日実施

当①	西嶋　泰義	58	無	新	19,713
	佐藤　佑一	63	無	新	17,755
	尾形　長一	62	無	新	17,287
	稲津　澄雄	51	無	新	1,405

（投票率 82.59%）

平成21年（2009年）4月12日実施

当②	西嶋　泰義	62	無	現	26,360
	佐藤　佑一	67	無	新	12,089
	菅原　　忠	48	無	新	7,790
	後藤　博子	60	無	新	5,754

（投票率 78.71%）

平成25年（2013年）4月14日実施

当③	西嶋　泰義	66	無	現	17,859
	小野　宗司	58	無	新	12,465
	塩月　厚信	63	無	新	11,914
	菊池　有二	63	無	新	4,740

（投票率 73.58%）

平成29年（2017年）4月2日実施

当①	田中　利明	65	無	新	無投票

竹田市長選挙

平成4年（1992年）4月12日実施

当④	後藤　宗昭	64	無	現	7,182
	吉野　誠二	56	共	新	3,213

（投票率 66.92%）

平成8年（1996年）4月14日実施

当①	阿南　　馨	60	無	新	8,214
	志賀　克洋	52	無	新	4,725

（投票率 86.18%）

平成12年（2000年）4月9日実施

当②	阿南　　馨	64	無	現	無投票

平成16年（2004年）4月11日実施

当③	阿南　　馨	68	無	現	無投票

平成17年（2005年）4月24日実施

当①	牧　　剛爾	59	無	新	16,625
	佐藤　秀明	67	無	新	3,166

（投票率 87.02%）

平成21年（2009年）4月12日実施

当①	首藤　勝次	55	無	新	9,925
	牧　　剛爾	63	無	現	8,528
	坂本イツ子	64	無	新	434

（投票率 86.03%）

平成25年（2013年）4月14日実施

当②	首藤　勝次	59	無	現	9,489
	渡辺龍太郎	60	無	新	6,944

坂本 イツ子 68 無　　　　　新　　　　405
　　　　　　　　　　　　　（投票率 81.81%）

平成29年（2017年）4月16日実施

当③首藤　勝次 63 無　　　　現　　　7,977
　　阿南　修平 66 無　　　　新　　　6,901
　　坂本 イツ子 72 無　　　　新　　　　229
　　　　　　　　　　　　　（投票率 77.35%）

津久見市長選挙

平成3年（1991年）11月24日実施

当③岩崎　泰也 55 無　　　　現　　　無投票

平成7年（1995年）11月26日実施

当④岩崎　泰也 59 無　　　　現　　　無投票

平成11年（1999年）11月21日実施

当⑤岩崎　泰也 63 無　　　　現　　　無投票

平成15年（2003年）11月30日実施

当①吉本　幸司 54 無　　　　新　　　10,889
　　石井　隆光 56 無　　　　新　　　 4,899
　　　　　　　　　　　　　（投票率 82.48%）

平成19年（2007年）11月25日実施

当②吉本　幸司 58 無　　　　現　　　無投票

平成23年（2011年）11月27日実施

当③吉本　幸司 62 無　　　　現　　　無投票

平成27年（2015年）12月6日実施

当①川野　幸男 57 無　　　　新　　　6,931
　　松下　俊喜 60 無　　　　新　　　3,164
　　　　　　　　　　　　　（投票率 62.62%）

中津市長選挙

平成3年（1991年）10月20日実施

当②鈴木　一郎 57 無　　　　現　　　26,462
　　福田　正直 56 無　　　　新　　　11,588
　　　　　　　　　　　　　（投票率 79.35%）

平成7年（1995年）11月12日実施

当③鈴木　一郎 61 無　　　　現　　　14,826
　　八木　宏之 54 無　　　　新　　　 1,782
　　　　　　　　　　　　　（投票率 34.40%）

平成11年（1999年）10月17日実施

当④鈴木　一郎 65 無　　　　現　　　15,809
　　上田　賀身 61 無　　　　新　　　 3,851
　　　　　　　　　　　　　（投票率 39.34%）

平成15年（2003年）11月9日実施

当①新貝　正勝 59 無　　　　新　　　26,488
　　鈴木　一郎 69 無　　　　現　　　13,769
　　　　　　　　　　　　　（投票率 78.71%）

平成19年（2007年）10月14日実施

当②新貝　正勝 63 無　　　　現　　　無投票

平成23年（2011年）10月30日実施

当③新貝　正勝 67 無　　　　現　　　21,309
　　大友　一夫 64 無　　　　新　　　18,559
　　　　　　　　　　　　　（投票率 59.11%）

平成27年（2015年）11月15日実施

当①奥塚　正典 61 無　　　　新　　　25,573
　　藤田　勝久 48 無　　　　新　　　 7,287
　　　　　　　　　　　　　（投票率 48.85%）

日田市長選挙

平成3年（1991年）7月7日実施

当④石松　安次 66 無　　　　現　　　21,612
　　大谷　敏彰 42 共　　　　新　　　 6,279
　　　　　　　　　　　　　（投票率 60.05%）

平成7年（1995年）7月30日実施

当①大石　昭忠 52 無　　　　新　　　24,533
　　本川　　寛 64 無　　　　新　　　12,287
　　　　　　　　　　　　　（投票率 77.29%）

平成11年（1999年）7月11日実施

当②大石　昭忠 56 無　　　　現　　　22,539

川浪　弘人 63	無	新	12,843
毛利十四男 74	無	新	2,018

（投票率 77.31%）

平成15年（2003年）7月13日実施

当③大石　昭忠 60	無	現	17,303
原田　啓介 44	無	新	15,932

（投票率 68.53%）

平成19年（2007年）7月29日実施

当①佐藤　陽一 58	無	新	23,946
大石　昭忠 64	無	現	13,086
橋本信一郎 60	無	新	6,417
相良　勝彦 62	無	新	2,558

（投票率 77.40%）

平成23年（2011年）7月10日実施

当①原田　啓介 52	無	新	19,338
佐藤　陽一 62	無	現	17,643

（投票率 64.33%）

平成27年（2015年）7月12日実施

当②原田　啓介 56	無	現	21,656
小池昭太郎 57	無	新	12,938

（投票率 62.34%）

豊後大野市長選挙

平成17年（2005年）3月31日大野郡三重町・清川村・緒方町・朝地町・大野町・千歳村・犬飼町が新設合併・市制施行して豊後大野市となる

平成17年（2005年）4月24日実施

当①芦刈　幸雄 66	無	新	12,992
深田　忠直 61	無	新	9,351
山中　　博 52	無	新	9,079

（投票率 88.26%）

平成21年（2009年）4月12日実施

当①橋本　祐輔 55	無	新	11,319
芦刈　幸雄 70	無	現	11,187
佐藤　生稔 56	無	新	6,257

（投票率 83.73%）

平成25年（2013年）4月14日実施

当②橋本　祐輔 59	無	現	15,390
赤嶺　信武 59	無	新	10,920

（投票率 80.23%）

平成29年（2017年）4月16日実施

当①川野　文敏 58	無	新	12,296
橋本　祐輔 63	無	現	12,205

（投票率 77.28%）

豊後高田市長選挙

平成3年（1991年）2月10日実施

当③倉田　安雄 67	無	現	無投票

平成7年（1995年）2月5日実施

当④倉田　安雄 71	無	現	無投票

平成10年（1998年）12月20日実施

当①永松　博文 59	無	新	8,404
馬場　　慎 69	無	新	3,834

（投票率 81.33%）

平成14年（2002年）11月17日実施

当②永松　博文 63	無	現	無投票

平成17年（2005年）4月17日実施

当①永松　博文 65	無	現	無投票

平成21年（2009年）4月5日実施

当②永松　博文 69	無	現	無投票

平成25年（2013年）4月14日実施

当③永松　博文 73	無	現	7,357
土谷　哲生 74	無	新	4,118

（投票率 59.14%）

平成29年（2017年）4月16日実施

当①佐々木敏夫 74	無	新	7,127
野田　洋二 69	無	新	6,987

（投票率 73.57%）

別府市長選挙

平成3年（1991年）4月21日実施

当②	中村	太郎	50 無	現	40,339
	村田	政弘	67 無	新	36,570

（投票率 80.84％）

平成7年（1995年）4月23日実施

当①	井上	信幸	58 無	新	31,480
	中村	太郎	54 無	現	28,481
	脇屋	長可	64 無	元	8,407
	泉	武弘	50 無	新	6,943
	川添	由紀子	55 無	新	2,712

（投票率 79.52％）

平成11年（1999年）4月25日実施

当②	井上	信幸	62 無	現	38,381
	中村	太郎	58 無	元	35,177

（投票率 75.43％）

平成15年（2003年）4月27日実施

当①	浜田	博	64 無	新	30,173
	井上	信幸	66 無	現	23,795
	佐藤	裕一	45 無	新	10,389
	江藤	勝彦	65 無	新	8,339

（投票率 73.44％）

平成18年（2006年）5月21日実施

当②	浜田	博	67 無	前	36,987
	長野	恭紘	31 無	新	24,388

（投票率 62.09％）

平成19年（2007年）4月22日実施

当③	浜田	博	68 無	現	52,142
	菊川	勝	30 諸	新	4,591

（投票率 61.98％）

平成23年（2011年）4月24日実施

当④	浜田	博	72 無	現	28,298
	長野	恭紘	36 無	新	26,878
	衛藤	文一郎	66 無	新	7,450

（投票率 64.30％）

平成27年（2015年）4月26日実施

当①	長野	恭紘	40 無	新	21,027
	春田	義信	58 無	新	14,955
	泉	武弘	70 無	新	11,926
	安達	澄	45 無	新	9,740
	梅野	雅子	55 無	新	2,925

（投票率 63.77％）

平成31年（2019年）4月14日実施

当②	長野	恭紘	44 無	現	無投票

由布市長選挙

平成17年（2005年）10月1日大分郡挾間町・庄内町・湯布院町が新設合併・市制施行して由布市となる

平成17年（2005年）10月30日実施

当①	首藤	奉文	61 無	新	8,538
	佐藤	成己	53 無	新	8,424
	佐藤	哲紹	55 無	新	7,161
	佐藤	俊彦	62 無	新	796

（投票率 84.27％）

平成21年（2009年）10月18日実施

当②	首藤	奉文	65 無	現	無投票

平成25年（2013年）10月27日実施

当③	首藤	奉文	69 無	現	11,348
	高橋	義孝	46 無	新	9,557

（投票率 72.56％）

平成29年（2017年）10月22日実施

当①	相馬	尊重	62 無	新	9,942
	高橋	義孝	50 無	新	6,921
	小林	華弥子	49 無	新	3,644

（投票率 71.90％）

宮崎県

県庁所在地　　宮崎市
市　　　数　　9市（平成31年4月現在）
市　　　名　　宮崎市・えびの市・串間市・小林市・西都市・日南市・延岡市・日向市・都城市

【市に関わる合併・市制施行・名称変更】

市名	実施年月日	関係市町村名等	合併等の内容
宮崎市	平成18年（2006年）1月1日	宮崎市・宮崎郡田野町・佐土原町・東諸県郡高岡町	【編入合併】
	平成22年（2010年）3月23日	宮崎市・宮崎郡清武町	【編入合併】
小林市	平成18年（2006年）3月20日	小林市・西諸県郡須木村	【新設合併】
	平成22年（2010年）3月23日	小林市・西諸県郡野尻町	【編入合併】
日南市	平成21年（2009年）3月30日	日南市・南那珂郡北郷町・南郷町	【新設合併】
延岡市	平成18年（2006年）2月20日	延岡市・東臼杵郡北方町・北浦町	【編入合併】
	平成19年（2007年）3月31日	延岡市・東臼杵郡北川町	【編入合併】
日向市	平成18年（2006年）2月25日	日向市・東臼杵郡東郷町	【編入合併】
都城市	平成18年（2006年）1月1日	都城市・北諸県郡山之口町・高城町・山田町・高崎町	【新設合併】

【選挙結果】

宮崎県知事選挙

平成3年（1991年）7月7日実施

当④松形　祐堯　73　無　自民 公明 民社 社会　現　339,422
　　佐藤　　誠　52　共　　　　　　　　　　　新　 50,520
（投票率 46.47%）

平成7年（1995年）7月9日実施

当⑤松形　祐堯　77　無　自民 新進 社会 公明　現　308,439
　　薮亀　邦恭　40　無　　　　　　　　　　　新　 86,421
　　来住　新平　64　共　　　　　　　　　　　新　 18,452
（投票率 47.10%）

平成11年（1999年）7月18日実施

当⑥松形　祐堯　81　無　自民 民主 公明 社民　現　225,193
　　安藤　忠恕　58　無　　　　　　　　　　　新　109,251
　　工藤　　悟　64　無　　　　　　　　　　　新　 80,946
　　外山　三博　59　無　　　　　　　　　　　新　 64,864
　　佐藤　　誠　60　共　　　　　　　　　　　新　 22,719
　　日本　太郎　58　無　　　　　　　　　　　新　 2,013
（投票率 56.08%）

平成15年（2003年）7月27日実施

当①安藤　忠恕　62　無　　　　　　　　　　　新　273,829
　　牧野　俊雄　65　無　民主 社民　　　　　　新　248,321
　　佐藤　　誠　64　共　　　　　　　　　　　新　 22,300
（投票率 59.34%）

平成19年（2007年）1月21日実施

当①そのまんま
　　東　　　　　49　無　　　　　　　　　　　新　266,807
　　川村秀三郎　57　無　　　　　　　　　　　新　195,124
　　持永　哲志　46　無　自民 公明　　　　　　新　120,825

津島　忠勝	61	共		新	14,358
武田　信弘	52	無		新	3,574

（投票率 64.85%）

平成22年（2010年）12月26日実施

当①	河野　俊嗣	46	無		新	293,579
	中馬　章一	64	無		新	57,574
	宮本　大善	39	無		新	12,658
	津島　忠勝	65	共		新	11,424

（投票率 40.82%）

平成26年（2014年）12月21日実施

当②	河野　俊嗣	50	無	自民 民主 公明 次世 社民	現	340,515
	川村秀三郎	65	無		新	52,350
	堀田　孝一	66	共		新	14,265

（投票率 44.74%）

平成30年（2018年）12月23日実施

当③	河野　俊嗣	54	無	自民 立憲 国民 公明 希望 社民	現	279,566
	松本　　隆	57	無	共産	新	27,883

（投票率 33.90%）

宮崎市長選挙

平成2年（1990年）7月22日実施

当③	長友　貞蔵	60	無	自民	現	65,646
	津村　重光	42	無	民社	新	54,406
	稲田　　勤	49	無	共産	新	2,879
	首藤　行雄	69	無		新	480

（投票率 61.16%）

平成6年（1994年）2月6日実施

当①	津村　重光	46	無	社会 新生 日新 民社 さき	新	74,802
	坂本　昭三	66	無		新	56,970
	浜田　浩二	54	共		新	4,060

（投票率 63.55%）

平成10年（1998年）1月25日実施

当②	津村　重光	50	無	民主 社民 公明	現	80,042
	野田　章夫	37	共		新	10,430

（投票率 39.95%）

平成14年（2002年）1月27日実施

当③	津村　重光	54	無	自民 民主 公明 社民	現	69,785
	松本　　隆	40	共		新	10,081

（投票率 34.00%）

平成18年（2006年）1月29日実施

当④	津村　重光	58	無	民主 社民	現	79,986
	戸敷　　正	53	無		新	70,176
	松本　　隆	44	共		新	5,369

（投票率 53.67%）

平成22年（2010年）1月24日実施

当①	戸敷　　正	57	無		新	81,951
	斉藤　了介	43	無	民主 公明	新	48,739
	由利　英治	60	無		新	10,892

（投票率 48.15%）

平成26年（2014年）1月26日実施

当②	戸敷　　正	61	無	自民 民主 公明 社民	現	87,447
	橋口　　寛	63	共		新	13,192

（投票率 31.56%）

平成30年（2018年）1月28日実施

当③	戸敷　　正	65	無		現	64,006
	清山　知憲	36	無		新	53,710
	伊東　芳郎	48	無		新	21,269

（投票率 42.21%）

えびの市長選挙

平成2年（1990年）3月11日実施

当②	松形　良正	67	無		現	11,805
	中間　俊範	74	無		前	5,304

（投票率 82.62%）

平成6年（1994年）3月13日実施

当③	松形　良正	71	無		現	10,342
	柚木　秋光	57	無		新	5,345

（投票率 77.96%）

宮崎県

平成10年（1998年）3月8日実施

当④松形　良正　75　無　　　現　　5,845
　　宮崎　道公　61　無　　　新　　5,835
　　新出水寛人　50　無　　　新　　5,574
　　　　　　　　　　　（投票率 84.90%）

平成14年（2002年）3月10日実施

当①宮崎　道公　65　無　　　新　　8,853
　　新出水寛人　54　無　　　新　　7,706
　　　　　　　　　　　（投票率 82.64%）

平成18年（2006年）3月12日実施

当②宮崎　道公　69　無　　　現　　9,075
　　鬼川　利男　58　無　　　新　　6,512
　　　　　　　　　　　（投票率 79.67%）

平成21年（2009年）10月12日実施

当①村岡　隆明　46　無　　　新　　8,041
　　鬼川　利男　62　無　　　新　　6,135
　　　　　　　　　　　（投票率 75.52%）

平成25年（2013年）9月22日実施

当②村岡　隆明　50　無　　　現　　9,345
　　松坂　昭二　66　無　　　新　　2,527
　　宮崎　道公　77　無　　　前　　1,094
　　　　　　　　　　　（投票率 73.63%）

平成29年（2017年）9月24日実施

当③村岡　隆明　54　無　　　現　　9,395
　　加藤　正博　49　無　　　新　　2,186
　　　　　　　　　　　（投票率 69.63%）

串間市長選挙

平成2年（1990年）5月13日実施

当①野辺　修光　47　無　　　新　　9,473
　　山下　茂　　53　無　　　現　　9,026
　　　　　　　　　　　（投票率 91.47%）

平成4年（1992年）11月29日実施

当②山下　茂　　55　無　　　元　　9,290
　　川崎　永伯　59　無　　　新　　7,217
　　　　　　　　　　　（投票率 83.39%）

平成8年（1996年）11月17日実施

当③山下　茂　　59　無　　　現　　9,604
　　野辺　修光　54　無　　　前　　8,062
　　門脇　文雄　46　無　　　新　　　109
　　　　　　　　　　　（投票率 90.77%）

平成12年（2000年）11月19日実施

当②野辺　修光　58　無　　　元　　9,353
　　田中　勝　　46　無　　　新　　4,159
　　川崎　永伯　67　無　　　新　　3,616
　　　　　　　　　　　（投票率 88.28%）

平成14年（2002年）7月21日実施

当①鈴木　重格　63　無　　　新　　無投票

平成18年（2006年）7月23日実施

当②鈴木　重格　67　無　　　現　　5,630
　　福添　忠義　63　無　　　新　　4,870
　　岩下　斌彦　60　無　　　新　　4,475
　　　　　　　　　　　（投票率 80.79%）

平成22年（2010年）7月25日実施

当②野辺　修光　67　無　　　元　　5,401
　　福添　忠義　67　無　　　新　　4,501
　　武田　政英　60　無　　　新　　2,446
　　井手　明人　58　無　　　新　　1,393
　　　　　　　　　　　（投票率 77.65%）

平成26年（2014年）7月13日実施

当③野辺　修光　71　無　　　現　　6,017
　　福添　忠義　70　無　　　新　　5,571
　　　　　　　　　　　（投票率 69.94%）

平成29年（2017年）10月8日実施

当①島田　俊光　71　無　　　新　　5,546
　　武田　政英　67　無　　　新　　4,762
　　鈴木　和政　66　無　　　新　　　693
　　　　　　　　　　　（投票率 69.44%）

小林市長選挙

平成3年（1991年）4月21日実施

当②	森　祐一郎	68	無	元	13,330
	志戸本慶七郎	69	無	現	12,937

（投票率 89.66％）

平成7年（1995年）4月23日実施

当①	堀　泰一郎	60	無	新	13,545
	森　祐一郎	72	無	現	12,299

（投票率 85.63％）

平成11年（1999年）4月25日実施

当②	堀　泰一郎	64	無	現	17,378
	加藤　司	68	無	新	9,119

（投票率 86.12％）

平成15年（2003年）4月27日実施

当③	堀　泰一郎	68	無	現	16,074
	牧野　真大	50	無	新	8,747

（投票率 77.96％）

平成18年（2006年）4月16日実施

当①	堀　泰一郎	71	無	新	無投票

平成22年（2010年）4月18日実施

当①	肥後　正弘	64	無	新	13,207
	小斉平敏文	60	無	新	8,662
	鮫島　憲明	60	無	新	4,509

（投票率 66.59％）

平成26年（2014年）4月20日実施

当②	肥後　正弘	68	無	現	10,951
	山口　弘哲	46	無	新	9,974

（投票率 54.27％）

平成30年（2018年）4月15日実施

当①	宮原　義久	55	無	新	13,517
	山口　弘哲	50	無	新	8,687

（投票率 58.62％）

西都市長選挙

平成元年（1989年）1月29日実施

当①	黒田　昭	61	無	新	無投票

平成5年（1993年）1月17日実施

当②	黒田　昭	65	無	現	無投票

平成9年（1997年）1月26日実施

当③	黒田　昭	69	無	現	10,733
	野田　章夫	36	共	新	2,317

（投票率 46.20％）

平成13年（2001年）1月28日実施

当①	日野　光幸	65	無	新	11,270
	児玉　忠	62	無	新	7,383
	丸山美木生	61	無	新	4,088

（投票率 79.85％）

平成17年（2005年）1月23日実施

当①	橋田　和実	52	無	新	12,826
	日野　光幸	69	無	現	8,858

（投票率 76.73％）

平成21年（2009年）1月18日実施

当②	橋田　和実	56	無	現	無投票

平成25年（2013年）1月27日実施

当③	橋田　和実	60	無	現	10,046
	浜砂　守	60	無	新	8,272

（投票率 68.73％）

平成29年（2017年）1月29日実施

当①	押川修一郎	61	無	新	11,526
	橋田　和実	64	無	現	6,152

（投票率 67.55％）

日南市長選挙

平成4年（1992年）6月21日実施

当①	宮元　義雄	70	無	新	15,463

| | | | | | |

宮崎県

甲斐　俊則　65　無　　　　新　　11,009
（投票率73.28%）

平成8年（1996年）6月30日実施
当①北川　昌典　64　無　　　　新　　15,404
　　宮元　義雄　74　無　　　　現　　14,561
（投票率80.69%）

平成12年（2000年）6月18日実施
当②北川　昌典　68　無　　　　現　　無投票

平成16年（2004年）7月11日実施
当①谷口　義幸　61　無　　　　新　　13,613
　　北川　昌典　72　無　　　　現　　11,863
　　辻　　稔種　81　無　　　　新　　　639
（投票率71.70%）

平成20年（2008年）6月29日実施
当②谷口　義幸　65　無　　　　現　　13,027
　　美濃田　健　61　無　　　　新　　 5,746
　　辻　　稔種　84　無　　　　新　　　623
（投票率54.65%）

平成21年（2009年）4月26日実施
当①谷口　義幸　65　無　　　　新　　17,687
　　坂元　裕一　60　無　　　　新　　10,647
　　深川　保典　55　無　　　　新　　 3,384
（投票率65.44%）

平成25年（2013年）4月14日実施
当①崎田　恭平　33　無　　　　新　　12,615
　　外山　　衛　55　無　　　　新　　 8,975
　　谷口　義幸　69　無　　　　現　　 8,600
（投票率64.35%）

平成29年（2017年）4月16日実施
当②崎田　恭平　37　無　　　　現　　16,359
　　河野　　誠　59　無　　　　新　　 6,300
（投票率50.60%）

延岡市長選挙

平成2年（1990年）10月21日実施
当④早生　隆彦　68　無　　　　現　　30,220
　　矢野　鶴実　65　無　　　　新　　15,253
　　志田貴士雄　41　共　　　　新　　 2,924
（投票率51.37%）

平成6年（1994年）2月6日実施
当①桜井　哲雄　58　無　　　　新　　34,147
　　井本　英雄　47　無　　　　新　　16,519
　　塩月　　盈　61　共　　　　新　　 3,502
（投票率56.61%）

平成10年（1998年）1月25日実施
当②桜井　哲雄　62　無　　　　現　　40,375
　　塩月　　盈　65　共　　　　新　　 7,618
（投票率49.24%）

平成14年（2002年）1月27日実施
当③桜井　哲雄　66　無　　　　現　　33,737
　　小田　忠良　52　無　　　　新　　11,776
（投票率46.46%）

平成18年（2006年）1月29日実施
当①首藤　正治　50　無　　　　新　　23,749
　　桜井　哲雄　70　無　　　　現　　14,965
　　戸田　行徳　61　無　　　　新　　10,646
　　小田　忠良　56　無　　　　新　　 8,998
　　清水　　光　71　無　　　　新　　　629
（投票率60.25%）

平成22年（2010年）1月24日実施
当②首藤　正治　54　無　　　　現　　41,738
　　井本　英雄　63　無　　　　新　　23,029
（投票率60.26%）

平成26年（2014年）1月26日実施
当③首藤　正治　58　無　　　　現　　33,479
　　小田　忠良　64　無　　　　新　　11,403
　　岩崎　　信　47　無　　　　新　　 2,014
（投票率44.68%）

平成30年（2018年）1月28日実施

当①読谷山洋司 53 無　　新　26,094
　　永山　英也 60 無　　新　25,527
　　　　　　　　　　（投票率 49.68%）

日向市長選挙

平成元年（1989年）6月11日実施

当①三樹　　博 55 無　　新　17,113
　　宮本　増雄 59 無　　現　15,467
　　　　　　　　　　（投票率 80.11%）

平成5年（1993年）6月20日実施

当②三樹　　博 59 無　　現　17,523
　　宮本　増雄 63 無　　前　14,903
　　　　　　　　　　（投票率 77.83%）

平成8年（1996年）3月31日実施

当①赤木　欣康 43 無　　新　12,248
　　宮本　増雄 66 無　　元　10,076
　　杉本　　守 61 無　　新　 9,542
　　　　　　　　　　（投票率 72.89%）

平成12年（2000年）3月19日実施

当①山本　孫春 68 無　　新　16,013
　　赤木　欣康 47 無　　現　15,609
　　　　　　　　　　（投票率 69.93%）

平成16年（2004年）3月21日実施

当①黒木　健二 61 無　　新　15,049
　　山本　孫春 72 無　　現　14,888
　　　　　　　　　　（投票率 64.59%）

平成20年（2008年）3月23日実施

当②黒木　健二 65 無　　現　16,413
　　上原　　勇 63 無　　新　11,599
　　　　　　　　　　（投票率 55.08%）

平成24年（2012年）3月25日実施

当③黒木　健二 69 無　　現　13,112
　　黒木　紹光 55 諸　　新　 8,910
　　　　　　　　　　（投票率 43.54%）

平成28年（2016年）3月20日実施

当①土屋　幸平 61 無　　新　18,269
　　黒木　健二 73 無　　現　10,771
　　　　　　　　　　（投票率 57.81%）

都城市長選挙

平成4年（1992年）11月29日実施

当③岩橋　辰也 66 無　　現　33,890
　　来住ケイ子 41 共　　新　 5,413
　　　　　　　　　　（投票率 41.31%）

平成8年（1996年）12月1日実施

当④岩橋　辰也 70 無　　現　34,706
　　堀之内砂男 72 無　　新　31,214
　　海東　希平 58 無　　新　　692
　　　　　　　　　　（投票率 66.93%）

平成12年（2000年）11月19日実施

当⑤岩橋　辰也 73 無　　現　無投票

平成16年（2004年）11月28日実施

当①長峯　　誠 35 無　　新　32,261
　　岩橋　辰也 77 無　　現　29,011
　　　　　　　　　　（投票率 58.53%）

平成18年（2006年）2月5日実施

当①長峯　　誠 36 無　　新　67,535
　　堀之内憲一 56 無　　新　28,868
　　　　　　　　　　（投票率 70.41%）

平成22年（2010年）1月24日実施

当②長峯　　誠 40 無　　現　61,194
　　山田　裕一 49 無　　新　27,925
　　　　　　　　　　（投票率 65.56%）

平成24年（2012年）11月18日実施

当①池田　宜永 41 無　　新　37,015
　　三角　光洋 64 無　　新　26,449
　　　　　　　　　　（投票率 46.70%）

平成28年（2016年）11月6日実施

当②池田　宜永　45　無　　　　現　　　無投票

鹿児島県

県庁所在地	鹿児島市
市　数	19市（平成31年4月現在）
市　名	鹿児島市・姶良市・阿久根市・奄美市（名瀬市）・伊佐市（大口市）・出水市・いちき串木野市（串木野市）・指宿市・鹿屋市・霧島市（国分市）・薩摩川内市（川内市）・志布志市・曽於市・垂水市・西之表市・日置市・枕崎市・南九州市・南さつま市（加世田市）　　　　　　　　　　　※（　）内は廃止された市

【市に関わる合併・市制施行・名称変更】

市名	実施年月日	関係市町村名等	合併等の内容
鹿児島市	平成16年（2004年）11月1日	鹿児島市・鹿児島郡吉田町・桜島町・揖宿郡喜入町・日置郡松元町・郡山町	【編入合併】
姶良市	平成22年（2010年）3月23日	姶良郡加治木町・姶良町・蒲生町	【新設合併・市制施行】
奄美市	平成18年（2006年）3月20日	名瀬市・大島郡住用村・笠利町	【新設合併】
伊佐市	平成20年（2008年）11月1日	大口市・伊佐郡菱刈町	【新設合併】
出水市	平成18年（2006年）3月13日	出水市・出水郡野田町・高尾野町	【新設合併】
いちき串木野市	平成17年（2005年）10月11日	串木野市・日置郡市来町	【新設合併】
指宿市	平成18年（2006年）1月1日	指宿市・揖宿郡山川町・開聞町	【新設合併】
鹿屋市	平成18年（2006年）1月1日	鹿屋市・曽於郡輝北町・肝属郡串良町・吾平町	【新設合併】
霧島市	平成17年（2005年）11月7日	国分市・姶良郡溝辺町・横川町・牧園町・霧島町・隼人町・福山町	【新設合併】
薩摩川内市	平成16年（2004年）10月12日	川内市・薩摩郡樋脇町・入来町・東郷町・祁答院町・里村・上甑村・下甑村・鹿島村	【新設合併】
志布志市	平成18年（2006年）1月1日	曽於郡松山町・志布志町・有明町	【新設合併・市制施行】
曽於市	平成17年（2005年）7月1日	曽於郡大隅町・財部町・末吉町	【新設合併・市制施行】
日置市	平成17年（2005年）5月1日	日置郡東市来町・伊集院町・日吉町・吹上町	【新設合併・市制施行】
南九州市	平成19年（2007年）12月1日	揖宿郡頴娃町・川辺郡知覧町・川辺町	【新設合併・市制施行】
南さつま市	平成17年（2005年）11月7日	加世田市・川辺郡笠沙町・大浦町・坊津町・日置郡金峰町	【新設合併】

鹿児島県知事選挙

平成元年（1989年）2月19日実施

当①土屋	佳照	63	自	新	448,012
隈元	勇	63	無 共産	新	225,034

（投票率 51.69%）

平成5年（1993年）2月7日実施

当②土屋	佳照	66	自	現	501,742
真戸原	勲	68	無 共産	新	92,933

（投票率 45.20%）

平成8年（1996年）7月28日実施

当①須賀	龍郎	71	無 自民 新進 社民 さきがけ 公明	新	377,353
有村	寛治	62	共	新	68,238
川辺	信一	48	無	新	30,121
新元	博文	55	諸	新	24,784

（投票率 37.66%）

平成12年（2000年）7月16日実施

当②須賀	龍郎	75	無 自民 民主 公明 自連	現	400,280
杉野	武彦	74	無 共産	新	145,993

（投票率 40.62%）

平成16年（2004年）7月11日実施

当①伊藤	祐一郎	56	無	新	414,024
溝口	宏二	68	無 公明	新	349,849
溜水	義久	62	無	新	66,490
有村	寛治	70	共	新	44,027

（投票率 63.91%）

平成20年（2008年）7月13日実施

当②伊藤	祐一郎	60	無	現	382,342
祝迫	加津子	65	無 共産	新	149,795

（投票率 38.99%）

平成24年（2012年）7月8日実施

当③伊藤	祐一郎	64	無	現	394,170
向原	祥隆	55	無	新	200,518

（投票率 43.85%）

平成28年（2016年）7月10日実施

当①三反園	訓	58	無	新	426,471
伊藤	祐一郎	68	無	現	342,239

（投票率 56.77%）

鹿児島市長選挙

平成4年（1992年）11月29日実施

当③赤崎	義則	65	無 自民 民社 社会 公明	現	97,092
宮山	清昭	49	無 共産	新	18,521

（投票率 30.46%）

平成8年（1996年）12月1日実施

当④赤崎	義則	69	無 自民 新進 民主 社民 公明	現	79,100
千葉	周伸	53	無 共産	新	32,073

（投票率 27.88%）

平成12年（2000年）11月26日実施

当⑤赤崎	義則	73	無 自民 民主 公明 保守	現	89,349
古木	圭介	57	無	新	87,545
内田	伸子	46	無 共産	新	25,794
山内	一豊	46	無	新	3,712

（投票率 49.56%）

平成16年（2004年）11月28日実施

当①森	博幸	55	無 自民 民主 社民	新	105,215
菅井	憲郎	60	無	新	66,518
園山	一則	61	無 共産	新	10,816
岩重	慶一	57	無	新	7,747

（投票率 40.76%）

平成20年（2008年）11月30日実施

当②森	博幸	59	無 自民 民主 公明 社民	現	98,470

桂田美智子 55 共　　　　　新　　22,118
(投票率 25.47％)

平成24年（2012年）11月25日実施

当③森　　博幸 63 無 民主 自民 公明 現 116,372
　　　　　　　　　　社民
　渡辺信一郎 55 無 みん　　　新　　33,751
　祝迫　光治 69 無 共産　　　新　　10,867
(投票率 33.47％)

平成28年（2016年）11月27日実施

当④森　　博幸 67 無 自民 民進 公明 現 101,417
　　　　　　　　　　社民
　桂田美智子 63 無 共産　　　新　　21,745
(投票率 25.00％)

姶良市長選挙

平成22年（2010年）3月23日姶良郡加治木町・姶良町・蒲生町が新設合併・市制施行して姶良市となる

平成22年（2010年）4月25日実施

当①笹山　義弘 57 無　　　　　新　　21,182
　城光寺俊和 65 無　　　　　新　　19,132
(投票率 68.69％)

平成26年（2014年）4月20日実施

当②笹山　義弘 61 無　　　　　現　　18,622
　湯元　敏治 49 無　　　　　新　　17,877
(投票率 61.43％)

平成30年（2018年）4月22日実施

当①湯元　敏浩 53 無　　　　　新　　19,678
　笹山　義弘 65 無　　　　　現　　17,088
(投票率 59.92％)

阿久根市長選挙

平成4年（1992年）9月6日実施

当②新塀　勝記 65 無　　　　　現　　9,620
　斉藤　洋三 55 無　　　　　新　　9,595
(投票率 89.48％)

平成8年（1996年）9月1日実施

当①斉藤　洋三 59 無　　　　　新　　11,356
　川畑　文平 62 無　　　　　新　　7,585
　砂畑　　実 66 無　　　　　新　　274
(投票率 89.04％)

平成12年（2000年）8月20日実施

当②斉藤　洋三 63 無　　　　　現　　無投票

平成16年（2004年）8月22日実施

当③斉藤　洋三 67 無　　　　　現　　無投票

平成20年（2008年）8月31日実施

当①竹原　信一 49 無　　　　　新　　5,547
　庵　　重人 69 無　　　　　新　　5,040
　山田　　実 57 無　　　　　新　　4,401
　砂畑　　実 78 無　　　　　新　　138
(投票率 75.50％)

平成21年（2009年）5月31日実施

当②竹原　信一 50 無　　　　　前　　8,449
　田中　勇一 56 無　　　　　新　　7,887
(投票率 82.59％)

平成23年（2011年）1月16日実施

当①西平　良将 37 無　　　　　新　　8,509
　竹原　信一 51 無　　　　　前　　7,645
(投票率 82.39％)

平成26年（2014年）12月21日実施

当②西平　良将 41 無　　　　　現　　7,523
　竹原　信一 55 無　　　　　元　　4,510
(投票率 64.60％)

平成30年（2018年）12月23日実施

当③西平　良将 45 無　　　　　現　　7,031
　竹原　信一 59 無　　　　　元　　5,553
(投票率 71.65％)

奄美市長選挙

平成18年（2006年）3月20日名瀬市・大島郡住用村・笠利町が新設合併して奄美市となる

平成18年（2006年）4月23日実施

当①平田	隆義	68	無	新	14,961
叶	芳和	63	無	新	14,238

（投票率 76.99％）

平成21年（2009年）11月22日実施

当①朝山	毅	62	無	新	18,210
指宿	正樹	58	無	新	8,844

（投票率 72.70％）

平成25年（2013年）11月17日実施

当②朝山	毅	66	無	現	無投票

平成29年（2017年）11月19日実施

当③朝山	毅	70	無	現	13,264
荒田まゆみ		69	無	新	3,771

（投票率 48.06％）

（名瀬市長選挙）

平成2年（1990年）2月4日実施

当①成田	広男	64	無	新	14,033
豊	永光	73	無	現	13,359

（投票率 87.03％）

平成6年（1994年）2月6日実施

当②成田	広男	68	無	現	14,349
豊	永光	77	無	前	5,026
島長	国積	46	共	新	1,633

（投票率 68.34％）

平成6年（1994年）11月20日実施

当①平田	隆義	57	無	新	14,302
島長	国積	47	共	新	3,554

（投票率 58.46％）

平成10年（1998年）10月25日実施

当②平田	隆義	61	無	現	16,064
対島	正吾	54	無	新	6,831

（投票率 73.68％）

平成14年（2002年）10月27日実施

当③平田	隆義	65	無	現	12,700
島長	国積	55	無	新	3,963

（投票率 52.91％）

※平成18年（2006年）3月20日名瀬市は大島郡住用村・笠利町と新設合併して奄美市となる

伊佐市長選挙

平成20年（2008年）11月1日大口市・伊佐郡菱刈町が新設合併して伊佐市となる

平成20年（2008年）11月23日実施

当①隈元	新	58	無	新	無投票

平成24年（2012年）11月18日実施

当②隈元	新	62	無	現	8,987
神園	勝喜	62	無	新	6,081
今吉	光一	48	無	新	1,892
古城	恵人	63	無	新	1,831

（投票率 77.30％）

平成28年（2016年）11月20日実施

当③隈元	新	66	無	現	8,539
神園	勝喜	66	無	新	7,968

（投票率 71.55％）

（大口市長選挙）

平成3年（1991年）12月8日実施

当③樺山	一雄	73	無	現	7,937
溝口	利盛	61	無	新	7,661

（投票率 78.69％）

平成7年（1995年）12月10日実施

当①隈元	新	45	無	新	7,217
児玉	宗孝	67	無	新	5,071
樺山	一雄	77	無	現	3,045

（投票率 78.85％）

平成11年（1999年）12月5日実施

当② 隈元　新 49 無 　　現　　　9,426
　　児玉　宗孝 71 無 　　新　　　5,419
（投票率 77.08％）

平成15年（2003年）11月30日実施

当③ 隈元　新 53 無 　　現　　　無投票

平成19年（2007年）12月9日実施

当④ 隈元　新 57 無 　　現　　　7,541
　　河野　辰男 55 無 　　新　　　5,009
（投票率 69.41％）

※平成20年（2008年）11月1日大口市は伊佐郡菱刈町と新設合併して伊佐市となる

出水市長選挙

平成3年（1991年）5月26日実施

当① 矢野　克視 61 無 　　新　　 14,240
　　溝上　巌 65 無 　　現　　　8,302
（投票率 80.01％）

平成7年（1995年）5月28日実施

当② 矢野　克視 65 無 　　現　　 12,589
　　渋谷　俊彦 53 無 　　新　　　9,436
　　福田　英二 42 諸 　　新　　　　771
（投票率 77.99％）

平成11年（1999年）5月30日実施

当① 渋谷　俊彦 57 無 　　新　　 12,141
　　矢野　克視 69 無 　　現　　 10,440
（投票率 75.43％）

平成15年（2003年）5月18日実施

当② 渋谷　俊彦 61 無 　　現　　　無投票

平成18年（2006年）4月16日実施

当① 渋谷　俊彦 64 無 　　新　　　無投票

平成22年（2010年）4月18日実施

当② 渋谷　俊彦 68 無 　　現　　 22,001

　　北御門伸彦 54 無 　　新　　 10,634
（投票率 73.94％）

平成26年（2014年）4月13日実施

当③ 渋谷　俊彦 72 無 　　現　　 15,009
　　北御門伸彦 58 無 　　新　　 13,707
（投票率 65.88％）

平成30年（2018年）4月8日実施

当① 椎木　伸一 58 無 　　新　　　無投票

いちき串木野市長選挙

平成17年（2005年）10月11日串木野市・日置郡市来町が新設合併していちき串木野市となる

平成17年（2005年）11月13日実施

当① 田畑　誠一 65 無 　　新　　 15,338
　　大園　勝司 47 無 　　新　　　5,584
（投票率 79.72％）

平成21年（2009年）11月8日実施

当② 田畑　誠一 69 無 　　現　　 10,780
　　松下　育郎 56 無 　　新　　　9,439
（投票率 79.11％）

平成25年（2013年）11月10日実施

当③ 田畑　誠一 73 無 　　現　　 11,155
　　松下　育郎 60 無 　　新　　　6,870
（投票率 73.04％）

平成29年（2017年）10月22日実施

当④ 田畑　誠一 77 無 　　現　　 10,559
　　大久保匡敏 59 無 　　新　　　7,566
（投票率 75.97％）

（串木野市長選挙）

平成3年（1991年）1月20日実施

当⑥ 塚田　新市 76 無 　　現　　 11,301
　　北山　信義 63 無 　　新　　　5,237
　　田中　貴雄 57 無 　　新　　　　924
（投票率 82.72％）

鹿児島県

平成7年（1995年）1月15日実施
当①冨永 茂穂 69	無	新	無投票	

平成11年（1999年）1月17日実施
当②冨永 茂穂 73	無	現	無投票	

平成15年（2003年）1月26日実施
当①田畑 誠一 63	無	新	11,018
冨永 茂穂 77	無	現	4,970
（投票率 75.53%）				

※平成17年（2005年）10月11日串木野市は日置郡市来町と新設合併していちき串木野市となる

指宿市長選挙

平成2年（1990年）7月15日実施
当②肥後 正典 74	無	前	6,554
鶴田 芳広 64	無	現	5,864
吉元 正雄 69	無	新	5,762
（投票率 79.47%）				

平成6年（1994年）7月17日実施
当①田原迫 要 49	無	新	7,791
肥後 正典 78	無	現	5,971
曽木 英行 55	無	新	2,700
鶴田 芳広 68	無	前	1,909
（投票率 79.34%）				

平成10年（1998年）8月23日実施
当②田原迫 要 53	無	前	11,512
秋元 正次 81	無	新	6,750
（投票率 80.12%）				

平成14年（2002年）9月22日実施
当③田原迫 要 58	無	前	11,097
徳永 勝憲 55	無	新	7,472
（投票率 78.95%）				

平成18年（2006年）2月12日実施
当①田原迫 要 61	無	新	15,749
東 孝一郎 52	無	新	14,701
（投票率 79.67%）				

平成22年（2010年）2月7日実施
当①豊留 悦男 59	無	新	10,088
松元 一広 42	無	新	7,316
東 伸行 59	無	新	6,544
徳永 勝憲 62	無	新	3,858
（投票率 75.60%）				

平成26年（2014年）2月2日実施
当②豊留 悦男 63	無	現	13,974
下柳田 賢次 56	無	新	10,992
（投票率 69.79%）				

平成30年（2018年）2月4日実施
当③豊留 悦男 67	無	現	12,783
下柳田 賢次 60	無	新	10,271
（投票率 66.88%）				

鹿屋市長選挙

平成元年（1989年）6月4日実施
当③浦牟田喜之助 73	無	現	21,947
園田 重人 31	無	新	4,981
（投票率 51.45%）				

平成5年（1993年）6月6日実施
当①浅井 隼人 59	無	新	21,827
網屋 信介 35	無	新	13,361
（投票率 64.42%）				

平成6年（1994年）5月15日実施
当①山下 栄 58	無	新	25,435
有川 清次 64	無	新	16,333
（投票率 75.57%）				

平成10年（1998年）4月26日実施
当②山下 栄 62	無	現	25,329
江島 保次 55	無	新	3,863
（投票率 51.34%）				

平成14年（2002年）4月21日実施
当③山下 栄 66	無	現	23,079

相良 守一郎 61 無　　　　新　　 9,133
　　　　　　　　　　　　（投票率 54.48%）

　　　平成18年（2006年）2月5日実施
当①山下　　栄 70 無　　　　新　　32,512
　　相良 守一郎 65 無　　　　新　　 8,459
　　　　　　　　　　　　（投票率 49.78%）

　　　平成22年（2010年）1月24日実施
当①嶋田　芳博 61 無　　　　新　　23,296
　　岡崎　継義 70 無　　　　新　　16,079
　　本白水捷司 66 無　　　　新　　 7,347
　　　　　　　　　　　　（投票率 56.74%）

　　　平成26年（2014年）1月19日実施
当①中西　　茂 60 無　　　　新　　25,157
　　嶋田　芳博 65 無　　　　現　　18,432
　　　　　　　　　　　　（投票率 52.64%）

　　　平成30年（2018年）1月21日実施
当②中西　　茂 64 無　　　　現　　無投票

霧島市長選挙

平成17年（2005年）11月7日国分市・姶良郡
溝辺町・横川町・牧園町・霧島町・隼人町・
福山町が新設合併して霧島市となる

　　　平成17年（2005年）11月27日実施
当①前田　終止 58 無　　　　新　　36,095
　　鶴丸　明人 59 無　　　　新　　33,815
　　　　　　　　　　　　（投票率 72.01%）

　　　平成21年（2009年）11月15日実施
当②前田　終止 62 無　　　　現　　33,108
　　鶴丸　明人 63 無　　　　新　　32,901
　　　　　　　　　　　　（投票率 66.69%）

　　　平成25年（2013年）11月17日実施
当③前田　終止 66 無　　　　現　　21,336
　　鶴丸　明人 67 無　　　　新　　12,774
　　中重　真一 36 無　　　　新　　10,272
　　仮屋　国治 57 無　　　　新　　 9,317

山田　龍治 38 無　　　　新　　 8,315
　　　　　　　　　　　　（投票率 62.28%）

　　　平成29年（2017年）11月19日実施
当①中重　真一 40 無　　　　新　　29,455
　　前田　終止 70 無　　　　現　　28,892
　　　　　　　　　　　　（投票率 57.64%）

（国分市長選挙）

　　　平成2年（1990年）9月9日実施
当④谷口　義一 59 無　　　　現　　14,188
　　川野　敦朗 49 無　　　　新　　 4,489
　　茅野　　博 46 共　　　　新　　 1,124
　　　　　　　　　　　　（投票率 61.66%）

　　　平成6年（1994年）9月11日実施
当⑤谷口　義一 63 無　　　　現　　14,775
　　武村　祐司 36 無　　　　新　　 2,797
　　　　　　　　　　　　（投票率 50.46%）

　　　平成10年（1998年）9月13日実施
当⑥谷口　義一 67 無　　　　現　　13,233
　　川浪　隆幸 62 共　　　　新　　 3,754
　　　　　　　　　　　　（投票率 46.14%）

　　　平成14年（2002年）9月29日実施
当①鶴丸　明人 56 無　　　　新　　13,172
　　山田　国治 57 無　　　　新　　10,815
　　伊地知国雄 66 無　　　　新　　 2,598
　　　　　　　　　　　　（投票率 68.31%）

※平成17年（2005年）11月7日国分市は姶良郡溝
　辺町・横川町・牧園町・霧島町・隼人町・福山
　町と新設合併して霧島市となる

薩摩川内市長選挙

平成16年（2004年）10月12日川内市・薩摩郡
樋脇町・入来町・東郷町・祁答院町・里村・
上甑村・下甑村・鹿島村が新設合併して薩
摩川内市となる

　　　平成16年（2004年）11月7日実施
当①森　　卓朗 69 無　　　　新　　44,842

鹿児島県　　地方選挙総覧＜知事・市長・特別区長＞　平成篇1989-2019

　森永　満郎　63　無　　　　新　　15,632
　　　　　　　　　　　（投票率 74.63％）

平成20年（2008年）10月19日実施

当①岩切　秀雄　66　無　　　　新　　30,656
　柏木　謙一　69　無　　　　新　　10,937
　森永　満郎　67　無　　　　新　　 9,781
　上村　広実　58　無　　　　新　　 6,060
　　　　　　　　　　　（投票率 72.58％）

平成24年（2012年）10月28日実施

当②岩切　秀雄　70　無　　　　現　　44,816
　山口　陽規　59　無　　　　新　　 9,978
　　　　　　　　　　　（投票率 70.31％）

平成28年（2016年）10月23日実施

当③岩切　秀雄　74　無　　　　現　　30,144
　小田原勇次
　　　　郎　54　無　　　　新　　19,512
　　　　　　　　　　　（投票率 63.59％）

（川内市長選挙）

平成4年（1992年）2月16日実施

当③仁礼　国市　71　無　　　　現　　20,153
　桑畑　真二　61　無　　　　新　　17,213
　　　　　　　　　　　（投票率 72.61％）

平成8年（1996年）2月18日実施

当①森　　卓朗　60　無　　　　新　　18,125
　桐原　洋一　53　無　　　　新　　16,533
　村山　　智　48　共　　　　新　　 1,752
　　　　　　　　　　　（投票率 68.61％）

平成12年（2000年）2月13日実施

当②森　　卓朗　64　無　　　　現　　23,133
　前野　和徳　61　共　　　　新　　 4,113
　　　　　　　　　　　（投票率 50.17％）

平成16年（2004年）2月8日実施

当③森　　卓朗　68　無　　　　現　　無投票

※平成16年（2004年）10月12日川内市は薩摩郡樋脇町・入来町・東郷町・祁答院町・里村・上甑村・下甑村・鹿島村と新設合併して薩摩川内市となる

志布志市長選挙

平成18年（2006年）1月1日曽於郡松山町・志布志町・有明町が新設合併・市制施行して志布志市となる

平成18年（2006年）2月12日実施

当①本田　修一　57　無　　　　新　　11,002
　慶田　泰輔　60　無　　　　新　　10,296
　林　敬二郎　68　無　　　　新　　 2,077
　　　　　　　　　　　（投票率 82.82％）

平成22年（2010年）1月31日実施

当②本田　修一　61　無　　　　現　　11,871
　慶田　泰輔　64　無　　　　新　　10,454
　　　　　　　　　　　（投票率 80.57％）

平成26年（2014年）2月2日実施

当③本田　修一　65　無　　　　現　　 9,094
　下平　晴行　65　無　　　　新　　 5,020
　仮屋　正文　63　無　　　　新　　 2,986
　尖　　信一　58　無　　　　新　　 1,919
　宮田慶一郎　67　無　　　　新　　 1,116
　　　　　　　　　　　（投票率 75.15％）

平成30年（2018年）1月28日実施

当①下平　晴行　69　無　　　　新　　 9,381
　本田　修一　69　無　　　　現　　 8,703
　　　　　　　　　　　（投票率 69.14％）

曽於市長選挙

平成17年（2005年）7月1日曽於郡大隅町・財部町・末吉町が新設合併・市制施行して曽於市となる

平成17年（2005年）7月31日実施

当①池田　　孝　60　無　　　　新　　10,792
　桂　　次雄　65　無　　　　新　　10,693
　熊谷　道博　56　無　　　　新　　 6,086
　　　　　　　　　　　（投票率 76.97％）

平成21年（2009年）7月26日実施

当②池田　　孝　64　無　　　　現　　11,839

五位塚　剛　55　共　　　新　　8,836
　　　　　　　　　　　（投票率 60.16％）

平成25年（2013年）7月21日実施

当①五位塚　剛　59　無　　　新　　11,871
　池田　孝　68　無　　　現　　10,168
　　　　　　　　　　　（投票率 66.83％）

平成29年（2017年）7月23日実施

当②五位塚　剛　63　無　　　現　　11,492
　今鶴　治信　57　無　　　新　　 8,927
　　　　　　　　　　　（投票率 64.47％）

垂水市長選挙

平成3年（1991年）1月20日実施

当④枝本　豊助　74　無　　　前　　7,329
　八木　栄一　71　無　　　現　　6,687
　池田　勝夫　58　無　　　新　　1,642
　　　　　　　　　　　（投票率 89.90％）

平成7年（1995年）1月15日実施

当①岩下　真人　47　無　　　新　　5,178
　矢野　繁　56　無　　　新　　5,132
　和田　隆次　52　無　　　新　　4,703
　　　　　　　　　　　（投票率 88.97％）

平成11年（1999年）1月17日実施

当①矢野　繁　60　無　　　新　　8,702
　岩下　真人　51　無　　　現　　5,602
　　　　　　　　　　　（投票率 86.46％）

平成15年（2003年）1月19日実施

当①水迫　順一　62　無　　　新　　7,354
　矢野　繁　64　無　　　現　　6,668
　　　　　　　　　　　（投票率 85.47％）

平成19年（2007年）1月21日実施

当②水迫　順一　66　無　　　現　　7,302
　矢野　繁　68　無　　　前　　5,860
　　　　　　　　　　　（投票率 83.78％）

平成23年（2011年）1月23日実施

当①尾脇　雅弥　43　無　　　新　　4,748
　矢野　繁　72　無　　　元　　4,322
　迫田　裕司　56　無　　　新　　2,495
　　　　　　　　　　　（投票率 77.66％）

平成27年（2015年）1月11日実施

当②尾脇　雅弥　47　無　　　現　　5,159
　村山　芳秀　57　無　　　新　　4,947
　　　　　　　　　　　（投票率 72.99％）

平成31年（2019年）1月20日実施

当③尾脇　雅弥　51　無　　　現　　4,413
　池之上　誠　63　無　　　新　　3,275
　村山　芳秀　61　無　　　新　　1,910
　　　　　　　　　　　（投票率 74.91％）

西之表市長選挙

平成元年（1989年）3月12日実施

当②榎本　修　59　無　　　現　　無投票

平成5年（1993年）3月21日実施

当③榎本　修　63　無　　　現　　6,524
　西　要　63　共　　　新　　2,699
　　　　　　　　　　　（投票率 61.23％）

平成9年（1997年）3月23日実施

当①落合　浩英　62　無　　　新　　7,575
　上妻　義人　45　無　　　新　　4,354
　　　　　　　　　　　（投票率 79.90％）

平成13年（2001年）2月11日実施

当②落合　浩英　66　無　　　現　　無投票

平成17年（2005年）2月13日実施

当①長野　力　65　無　　　新　　6,661
　野口　寛　59　無　　　新　　5,612
　　　　　　　　　　　（投票率 83.94％）

平成21年（2009年）2月1日実施

当②長野　力　69　無　　　現　　8,674

金ピカ先生　57　無　　　　　新　　2,787
(投票率 82.35%)

平成25年（2013年）2月3日実施

当③長野　　力　73　無　　　現　　6,851
　中野　　周　70　無　　　新　　3,783
(投票率 78.64%)

平成29年（2017年）1月29日実施

　八板　俊輔　63　無　　　新　　2,428
　小倉　伸一　64　無　　　新　　2,333
　浜上　幸十　66　無　　　新　　2,236
　榎元　一己　63　無　　　新　　1,940
　瀬下　満義　65　無　　　新　　675
　丸田　健次　58　無　　　新　　560
(投票率 77.26%)

平成29年（2017年）3月19日実施（再選挙）

当①八板　俊輔　63　無　　　新　　2,951
　浜上　幸十　66　無　　　新　　2,684
　小倉　伸一　64　無　　　新　　1,924
　榎元　一己　63　無　　　新　　1,899
(投票率 71.65%)

※平成29年（2017年）1月29日の選挙は法定得票数（有効投票総数の4分の1）に達する候補者がなく再選挙

日置市長選挙

平成17年（2005年）5月1日日置郡東市来町・伊集院町・日吉町・吹上町が新設合併・市制施行して日置市となる

平成17年（2005年）5月29日実施

当①宮路　高光　54　無　　　新　　19,077
　上原　一治　57　無　　　新　　13,181
(投票率 78.31%)

平成21年（2009年）5月10日実施

当②宮路　高光　58　無　　　現　　無投票

平成25年（2013年）5月12日実施

当③宮路　高光　62　無　　　現　　無投票

平成29年（2017年）5月21日実施

当④宮路　高光　66　無　　　現　　13,747
　田中　和彦　63　無　　　新　　11,284
　西田　征博　52　無　　　新　　1,730
(投票率 66.69%)

枕崎市長選挙

平成2年（1990年）1月21日実施

当①今給黎　久　57　無　　　新　　10,498
　四元　和文　62　無　　　新　　6,167
(投票率 76.22%)

平成5年（1993年）12月19日実施

当②今給黎　久　61　無　　　現　　無投票

平成10年（1998年）1月18日実施

当③今給黎　久　65　無　　　現　　7,794
　神園　　征　54　無　　　新　　7,743
(投票率 73.22%)

平成14年（2002年）1月20日実施

当①神園　　征　58　無　　　新　　6,651
　今給黎　久　69　無　　　現　　6,082
　田野尻秀明　65　無　　　新　　3,390
(投票率 76.52%)

平成18年（2006年）1月22日実施

当①瀬戸口嘉昭　65　無　　　新　　7,654
　神園　　征　62　無　　　現　　6,718
　上釜　明久　66　無　　　新　　768
(投票率 72.82%)

平成22年（2010年）1月17日実施

当②神園　　征　66　無　　　前　　7,269
　瀬戸口嘉昭　69　無　　　現　　6,629
(投票率 69.74%)

平成26年（2014年）1月19日実施

当③神園　　征　70　無　　　現　　6,170
　瀬戸口嘉昭　73　無　　　前　　4,952

清水　和弘 61　無　　　　　新　　 1,751
　　　　　　　　　　　　　　（投票率 67.51%）

平成30年（2018年）1月21日実施

当①前田　祝成 53　無　　　　　新　　 6,637
　　大工園周作 61　無　　　　　新　　 4,982
　　　　　　　　　　　　　　（投票率 63.39%）

南九州市長選挙

> 平成19年（2007年）12月1日揖宿郡頴娃町・川辺郡知覧町・川辺町が新設合併・市制施行して南九州市となる

平成19年（2007年）12月16日実施

当①霜出　勘平 66　無　　　　　新　　 無投票

平成23年（2011年）12月11日実施

当②霜出　勘平 70　無　　　　　現　　13,207
　　西　　良仁 63　無　　　　　新　　11,349
　　　　　　　　　　　　　　（投票率 75.53%）

平成27年（2015年）12月13日実施

当①塗木　弘幸 62　無　　　　　新　　 9,178
　　森田　隆志 63　無　　　　　新　　 8,854
　　蓮子　幹夫 59　無　　　　　新　　 3,453
　　　　　　　　　　　　　　（投票率 69.95%）

南さつま市長選挙

> 平成17年（2005年）11月7日加世田市・川辺郡笠沙町・大浦町・坊津町・日置郡金峰町が新設合併して南さつま市となる

平成17年（2005年）11月27日実施

当①川野　信男 69　無　　　　　新　　16,681
　　中尾　昌作 52　無　　　　　新　　10,194
　　　　　　　　　　　　　　（投票率 80.02%）

平成21年（2009年）11月15日実施

当①本坊　輝雄 54　無　　　　　新　　15,075
　　中尾　昌作 56　無　　　　　新　　10,113
　　　　　　　　　　　　　　（投票率 77.79%）

平成25年（2013年）11月17日実施

当②本坊　輝雄 58　無　　　　　現　　11,494
　　中尾　昌作 60　無　　　　　新　　 9,774
　　　　　　　　　　　　　　（投票率 69.19%）

平成29年（2017年）11月19日実施

当③本坊　輝雄 62　無　　　　　現　　10,293
　　中尾　昌作 64　無　　　　　新　　 9,591
　　　　　　　　　　　　　　（投票率 67.58%）

（加世田市長選挙）

平成元年（1989年）10月15日実施

当②吉峯　良二 62　無　　　　　現　　 無投票

平成5年（1993年）10月17日実施

当①川野　信男 57　無　　　　　新　　 無投票

平成9年（1997年）10月19日実施

当②川野　信男 61　無　　　　　現　　 無投票

平成13年（2001年）10月14日実施

当③川野　信男 65　無　　　　　現　　 無投票

※平成17年（2005年）11月7日加世田市は川辺郡笠沙町・大浦町・坊津町・日置郡金峰町と新設合併して南さつま市となる

沖 縄 県

県庁所在地　那覇市
市　　　数　11市（平成31年4月現在）
市　　　名　那覇市・石垣市・糸満市・浦添市・うるま市（石川市, 具志川市）・沖縄市・宜野湾市・豊見城市・名護市・南城市・宮古島市（平良市）

※（）内は廃止された市

主な政治団体（略称）　沖縄社会大衆党（社大），政党そうぞう（そう）

【市に関わる合併・市制施行・名称変更】

市名	実施年月日	関係市町村名等	合併等の内容
うるま市	平成17年（2005年）4月1日	石川市・具志川市・中頭郡与那城町・勝連町	【新設合併】
豊見城市	平成14年（2002年）4月1日	島尻郡豊見城村	【市制施行】
南城市	平成18年（2006年）1月1日	島尻郡玉城村・知念村・佐敷町・大里村	【新設合併・市制施行】
宮古島市	平成17年（2005年）10月1日	平良市・宮古郡城辺町・下地町・上野村・伊良部町	【新設合併】

【選挙結果】

沖縄県知事選挙

平成2年（1990年）11月18日実施

当①大田　昌秀　65　諸　社会 共産 社連 社大 公明　新　330,982
　　西銘　順治　69　無　自民 民社　現　300,917
（投票率 76.78%）

平成6年（1994年）11月20日実施

当②大田　昌秀　69　無　社会 日新 共産 社大 公明　現　330,601
　　翁長　助裕　58　無　自民　新　217,769
（投票率 62.54%）

平成10年（1998年）11月15日実施

当①稲嶺　恵一　65　無　新　374,833
　　大田　昌秀　73　無　民主 共産 社民 自由　現　337,369

又吉　光雄　54　諸　新　2,649
（投票率 76.54%）

平成14年（2002年）11月17日実施

当②稲嶺　恵一　69　無　自民 公明 保守　現　359,604
　　吉元　政矩　66　無　社民 自連 社大　新　148,401
　　新垣　繁信　60　無　共産　新　46,230
　　又吉　光雄　58　諸　新　4,330
（投票率 57.22%）

平成18年（2006年）11月19日実施

当①仲井真弘多　67　無　自民 公明　新　347,303
　　糸数　慶子　59　無　民主 共産 社民 国新 日本 社大 そう　新　309,985
　　屋良　朝助　54　諸　新　6,220
（投票率 64.54%）

平成22年（2010年）11月28日実施

当②	仲井真弘多	71	無	公明 みん	現	335,708
	伊波 洋一	58	無	共産 社民 国新 日本 社大 そう	新	297,082
	金城 竜郎	46	幸		新	13,116

（投票率 60.88%）

平成26年（2014年）11月16日実施

当①	翁長 雄志	64	無		新	360,820
	仲井真弘多	75	無	自民 次世	現	261,076
	下地 幹郎	53	無		新	69,447
	喜納 昌吉	66	無		新	7,821

（投票率 64.13%）

平成30年（2018年）9月30日実施

当①	玉城デニー	58	無		新	396,632
	佐喜真 淳	54	無	自民 公明 維会 希望	新	316,458
	兼島 俊	40	無		新	3,638
	渡口 初美	83	無		新	3,482

（投票率 63.24%）

那覇市長選挙

平成4年（1992年）11月8日実施

当③	親泊 康晴	66	無	社会 共産 社大 公明	現	無投票

平成8年（1996年）11月17日実施

当④	親泊 康晴	70	無	共産 社民 さき 公明 社大	現	52,516
	島田 光則	69	無		新	3,590

（投票率 25.97%）

平成12年（2000年）11月12日実施

当①	翁長 雄志	50	無	自民 公明 保守 無会	新	73,578
	堀川美智子	59	無	民主 共産 社民 社大 自連	新	66,362

（投票率 63.52%）

平成16年（2004年）11月14日実施

当②	翁長 雄志	54	無	自民 公明	現	75,292
	高里 鈴代	64	無	民主 共産 社民 自連 社大	新	55,827

（投票率 56.39%）

平成20年（2008年）11月16日実施

当③	翁長 雄志	58	無	自民 公明	現	70,071
	平良 長政	65	無	民主 共産 社民 国新 社大	新	54,966
	屋良 朝助	56	諸		新	1,797

（投票率 53.06%）

平成24年（2012年）11月11日実施

当④	翁長 雄志	62	無	民主 自民 公明 改革	現	72,475
	村山 純	64	無	共産 社民 社大	新	20,783
	石田 辰夫	60	諸		新	2,670

（投票率 39.43%）

平成26年（2014年）11月16日実施

当①	城間 幹子	63	無		新	101,052
	与世田兼稔	64	無	自民 公明	新	57,768

（投票率 65.25%）

平成30年（2018年）10月21日実施

当②	城間 幹子	67	無		現	79,677
	翁長 政俊	69	無	自民 公明 維会 希望	新	42,446

（投票率 48.19%）

石垣市長選挙

平成2年（1990年）3月4日実施

当①	半嶺 当泰	60	無		新	12,178
	内原 英郎	68	社大		現	12,057

（投票率 88.85%）

平成6年（1994年）3月6日実施

当①	大浜 長照	46	無		新	13,471
	半嶺 当泰	64	無		現	12,074

（投票率 90.88%）

平成10年（1998年）3月1日実施

当②	大浜 長照	50	無		現	13,801
	伊良皆高吉	60	無		新	12,633

（投票率 88.87%）

平成14年（2002年）3月3日実施

当③	大浜 長照	54	無		現	13,082

	石垣	宗正 52	無	新	5,377	

上原　宜成 67　無　　　　元　　12,297
(投票率 76.53%)

　　　石垣　宗正 52　無　　　　新　　 5,377
　　　仲間　　均 52　無　　　　新　　 3,645
　　　粟盛　哲夫 56　無　　　　新　　 2,242
　　　　　　　　　　　　　　(投票率 76.88%)

平成16年(2004年)6月6日実施
当①西平　賀雄 56　無　　　　新　　12,997
　　山里　朝盛 67　無　　　　現　　12,413
　　照屋　信吉 48　無　　　　新　　 1,666
　　　　　　　　　　　　　(投票率 68.02%)

平成18年(2006年)3月5日実施
当④大浜　長照 58　無　　　　現　　13,428
　　友利　一男 60　無　　　　新　　 9,177
　　　　　　　　　　　　　(投票率 65.88%)

平成20年(2008年)6月8日実施
当①上原　裕常 59　無　　　　新　　15,387
　　西平　賀雄 60　無　　　　現　　12,108
　　　　　　　　　　　　　(投票率 66.75%)

平成22年(2010年)2月28日実施
当①中山　義隆 42　無　　　　新　　16,421
　　大浜　長照 62　無　　　　現　　11,407
　　　　　　　　　　　　　(投票率 77.42%)

平成24年(2012年)6月10日実施
当②上原　裕常 63　無　　　　現　　10,811
　　大田　　守 53　無　　　　新　　 8,634
　　西平　賀雄 64　無　　　　前　　 6,715
　　　　　　　　　　　　　(投票率 60.83%)

平成26年(2014年)3月2日実施
当②中山　義隆 46　無　　　　現　　15,903
　　大浜　長照 66　無　　　　前　　11,881
　　　　　　　　　　　　　(投票率 75.19%)

平成28年(2016年)6月5日実施
当①上原　　昭 66　無　　　　新　　13,602
　　上原　裕常 67　無　　　　現　　12,168
　　　　　　　　　　　　　(投票率 59.42%)

平成30年(2018年)3月11日実施
当③中山　義隆 50　無　　　　現　　13,822
　　宮良　　操 61　無　　　　新　　 9,526
　　砂川　利勝 54　無　　　　新　　 4,872
　　　　　　　　　　　　　(投票率 73.55%)

糸満市長選挙

平成4年(1992年)6月7日実施
当②上原　宜成 59　無　　　　現　　 8,311
　　上原　清次 59　無　　　　新　　 7,327
　　金城　一雄 60　無　　　　新　　 6,223
　　大城　藤六 61　無　　　　新　　 5,144
　　　　　　　　　　　　　(投票率 82.69%)

平成8年(1996年)6月9日実施
当①上原　　博 53　無　　　　新　　15,678
　　上原　宜成 63　無　　　　現　　12,476
　　　　　　　　　　　　　(投票率 79.44%)

平成12年(2000年)6月11日実施
当①山里　朝盛 63　無　　　　新　　16,535

浦添市長選挙

平成4年(1992年)11月15日実施
当④比嘉　　昇 57　無　　　　現　　25,286
　　島袋　嘉盛 57　無　　　　新　　19,243
　　　　　　　　　　　　　(投票率 72.88%)

平成5年(1993年)1月31日実施
当①宜保　成幸 61　無　　　　新　　21,606
　　島袋　嘉盛 57　社大　　　新　　15,878
　　　　　　　　　　　　　(投票率 61.07%)

平成9年(1997年)1月19日実施
当①宮城　健一 63　無　　　　新　　15,335
　　儀間　光男 53　無　　　　新　　15,099
　　比嘉　　実 53　無　　　　新　　13,471
　　　　　　　　　　　　　(投票率 64.97%)

平成13年（2001年）2月11日実施

当①儀間　光男	57	無	新	19,739
比嘉　　実	57	無	新	18,553
宮城　健一	67	無	前	15,762

（投票率 74.27%）

平成17年（2005年）2月6日実施

当②儀間　光男	61	無	現	24,493
比嘉　　実	61	無	新	21,589
西平　守伸	54	無	新	3,701

（投票率 65.69%）

平成21年（2009年）2月8日実施

当③儀間　光男	65	無	現	25,624
比嘉　　実	65	無	新	19,275
西平　守伸	58	共	新	6,402

（投票率 64.78%）

平成25年（2013年）2月10日実施

当①松本　哲治	45	無	新	19,717
西原　広美	65	無	新	16,997
儀間　光男	69	無	現	15,501

（投票率 63.30%）

平成29年（2017年）2月12日実施

当②松本　哲治	49	無	前	30,733
又吉健太郎	42	無	新	22,043

（投票率 61.37%）

うるま市長選挙

平成17年（2005年）4月1日石川市・具志川市・中頭郡与那城町・勝連町が新設合併してうるま市となる

平成17年（2005年）5月8日実施

当①知念　恒男	64	無	新	無投票

平成21年（2009年）4月19日実施

当①島袋　俊夫	56	無	新	25,260
首里　勇治	61	無	新	21,112
具志堅順助	67	無	新	6,790

　　金城　順正　49　無　　　　新　　　　352

（投票率 62.55%）

平成25年（2013年）4月14日実施

当②島袋　俊夫	60	無	現	無投票

平成29年（2017年）4月23日実施

当③島袋　俊夫	64	無	現	31,369
山内　末子	59	無	新	25,616

（投票率 60.70%）

（石川市長選挙）

平成2年（1990年）9月2日実施

当⑥平川　　崇	62	無	現	無投票

平成6年（1994年）9月11日実施

当⑦平川　　崇	66	無	現	5,530
宮里　政秀	55	無	新	4,813
金城　秀吉	61	無	新	1,931

（投票率 84.10%）

平成10年（1998年）8月30日実施

当①金城　秀吉	65	無	新	6,792
平川　　崇	70	無	現	6,486

（投票率 86.44%）

平成14年（2002年）9月8日実施

当①平川　崇賢	57	無	新	7,407
金城　秀吉	69	無	現	5,920

（投票率 83.36%）

※平成17年（2005年）4月1日石川市は具志川市・中頭郡与那城町・勝連町と新設合併してうるま市となる

（具志川市長選挙）

平成2年（1990年）5月6日実施

当⑤当銘　由親	58	無	現	無投票

平成6年（1994年）4月24日実施

当①仲本　景美	62	無	新	15,095
知念　恒男	53	無	新	13,748

（投票率 76.50%）

平成10年（1998年）4月26日実施

当①知念　恒男 57	無	新	18,060
仲本　景美 66	無	現	13,059

（投票率 75.05％）

平成14年（2002年）4月21日実施

当②知念　恒男 61	無	現	19,411
前宮　徳男 51	無	新	4,395

（投票率 54.30％）

※平成17年（2005年）4月1日具志川市は石川市・中頭郡与那城町・勝連町と新設合併してうるま市となる

沖縄市長選挙

平成2年（1990年）4月22日実施

当①新川　秀清 53	無	新	28,046
桑江　朝幸 72	無	現	24,282

（投票率 74.81％）

平成6年（1994年）4月24日実施

当②新川　秀清 57	無	現	30,138
西田健次郎 50	無	新	25,672
奥間　政保 39	無	新	358

（投票率 73.72％）

平成10年（1998年）4月26日実施

当①仲宗根正和 61	無	新	30,960
新川　秀清 61	無	現	20,690
粟国　安雄 52	無	新	2,081

（投票率 65.31％）

平成14年（2002年）4月21日実施

当②仲宗根正和 65	無	現	27,418
桑江テル子 63	無	新	22,930

（投票率 57.27％）

平成18年（2006年）4月23日実施

当①東門美津子 63	無	新	28,709
桑江朝千夫 50	無	新	26,659

（投票率 59.11％）

平成22年（2010年）4月25日実施

当②東門美津子 67	無	現	23,013
喜屋武　満 62	無	新	21,546
江洲　真吉 60	無	新	4,459

（投票率 51.03％）

平成26年（2014年）4月27日実施

当①桑江朝千夫 58	無	新	29,968
島袋　芳敬 64	無	新	27,779

（投票率 57.73％）

平成30年（2018年）4月22日実施

当②桑江朝千夫 62	無	現	32,761
諸見里宏美 56	無	新	17,609

（投票率 47.27％）

宜野湾市長選挙

平成元年（1989年）7月16日実施

当②桃原　正賢 66	無	現	19,184
宮城　義男 65	無	新	10,578

（投票率 63.61％）

平成5年（1993年）7月18日実施

当③桃原　正賢 70	無	現	23,787
砂川　晃章 55	無	新	14,456

（投票率 73.22％）

平成9年（1997年）7月13日実施

当①比嘉　盛光 59	無	新	18,598
前川　朝平 52	無	新	8,633
又吉　光雄 53	無	新	516

（投票率 48.55％）

平成13年（2001年）7月15日実施

当②比嘉　盛光 63	無	現	21,232
又吉　光雄 57	諸	新	2,111

（投票率 41.00％）

平成15年（2003年）4月27日実施

当①伊波　洋一 51	無	新	17,583

　　　　安次富　修　47　無　　　　新　　16,873
　　　　　　　　　　　　　　　　（投票率 55.54%）

　　　　平成19年（2007年）4月22日実施
当②　伊波　洋一　55　無　　　　現　　21,643
　　　　外間　伸儀　59　無　　　　新　　17,801
　　　　　　　　　　　　　　　　（投票率 60.39%）

　　　　平成22年（2010年）11月28日実施
当①　安里　　猛　58　無　　　　新　　23,598
　　　　安次富　修　54　無　　　　新　　21,742
　　　　　　　　　　　　　　　　（投票率 67.13%）

　　　　平成24年（2012年）2月12日実施
当①　佐喜真　淳　47　無　　　　新　　22,612
　　　　伊波　洋一　60　無　　　　元　　21,712
　　　　　　　　　　　　　　　　（投票率 63.90%）

　　　　平成28年（2016年）1月24日実施
当②　佐喜真　淳　51　無　　　　現　　27,668
　　　　志村恵一郎　63　無　　　　新　　21,811
　　　　　　　　　　　　　　　　（投票率 68.72%）

　　　　平成30年（2018年）9月30日実施
当①　松川　正則　65　無　　　　新　　26,214
　　　　仲西　春雅　57　無　　　　新　　20,975
　　　　　　　　　　　　　　　　（投票率 64.26%）

豊見城市長選挙

平成14年（2002年）4月1日島尻郡豊見城村が市制施行して豊見城市となる

　　　　平成14年（2002年）9月22日実施
当①　金城　豊明　59　無　　　　現　　13,711
　　　　当銘　勝雄　61　無　　　　新　　12,371
　　　　　　　　　　　　　　　　（投票率 73.52%）

　　　　平成18年（2006年）10月15日実施
当②　金城　豊明　63　無　　　　現　　10,071
　　　　大城　勝永　53　無　　　　新　　 5,951
　　　　照屋つぎ子　58　無　　　　新　　 4,272
　　　　照屋　真勝　53　無　　　　新　　 1,842
　　　　　　　　　　　　　　　　（投票率 57.35%）

　　　　平成22年（2010年）10月10日実施
当①　宜保　晴毅　42　無　　　　新　　10,046
　　　　大城　勝永　57　無　　　　新　　 9,360
　　　　大城　英和　64　無　　　　新　　 2,264
　　　　　　　　　　　　　　　　（投票率 51.98%）

　　　　平成26年（2014年）10月19日実施
当②　宜保　晴毅　46　無　　　　現　　13,170
　　　　大城　勝永　61　無　　　　新　　10,471
　　　　　　　　　　　　　　　　（投票率 53.46%）

　　　　平成30年（2018年）10月14日実施
当①　山川　　仁　44　無　　　　新　　11,274
　　　　宜保　安孝　41　無　　　　新　　 7,645
　　　　宜保　晴毅　50　無　　　　現　　 6,459
　　　　　　　　　　　　　　　　（投票率 53.28%）

名護市長選挙

　　　　平成2年（1990年）9月2日実施
当②　比嘉　鉄也　63　無　　　　現　　15,474
　　　　渡具知裕徳　61　無　　　　前　　14,236
　　　　　　　　　　　　　　　　（投票率 88.64%）

　　　　平成6年（1994年）8月28日実施
当③　比嘉　鉄也　67　無　　　　現　　16,729
　　　　新里　邦明　60　無　　　　新　　13,786
　　　　　　　　　　　　　　　　（投票率 86.42%）

　　　　平成10年（1998年）2月8日実施
当①　岸本　建男　54　無　　　　新　　16,253
　　　　玉城　義和　49　無　　　　新　　15,103
　　　　辻山　　清　53　諸　　　　新　　　　44
　　　　　　　　　　　　　　　　（投票率 82.35%）

　　　　平成14年（2002年）2月3日実施
当②　岸本　建男　58　無　　　　現　　20,356
　　　　宮城　康博　42　無　　　　新　　11,148
　　　　又吉　光雄　57　諸　　　　新　　　　80
　　　　　　　　　　　　　　　　（投票率 77.66%）

平成18年（2006年）1月22日実施

当①島袋　吉和	59	無	新	16,764
我喜屋宗弘	59	無	新	11,029
大城　敬人	65	無	新	4,354

（投票率 74.98%）

平成22年（2010年）1月24日実施

当①稲嶺　　進	64	無	新	17,950
島袋　吉和	63	無	現	16,362

（投票率 76.96%）

平成26年（2014年）1月19日実施

当②稲嶺　　進	68	無	現	19,839
末松　文信	65	無	新	15,684

（投票率 76.71%）

平成30年（2018年）2月4日実施

当①渡具知武豊	56	無	新	20,389
稲嶺　　進	72	無	現	16,931

（投票率 76.92%）

南城市長選挙

平成18年（2006年）1月1日島尻郡玉城村・知念村・佐敷町・大里村が新設合併・市制施行して南城市となる

平成18年（2006年）2月12日実施

当①古謝　景春	50	無	新	9,489
屋宜　由章	64	無	新	7,508
大城　　晃	66	無	新	6,889

（投票率 78.64%）

平成22年（2010年）1月31日実施

当②古謝　景春	54	無	現	12,697
親川　盛一	68	無	新	10,215
新城　建一	69	無	新	129

（投票率 74.47%）

平成26年（2014年）1月19日実施

当③古謝　景春	58	無	現	無投票

平成30年（2018年）1月21日実施

当①瑞慶覧長敏	59	無	新	11,429
古謝　景春	62	無	現	11,364

（投票率 66.92%）

宮古島市長選挙

平成17年（2005年）10月1日平良市・宮古郡城辺町・下地町・上野村・伊良部町が新設合併して宮古島市となる

平成17年（2005年）11月13日実施

当①伊志嶺　亮	72	無	新	18,033
下地　敏彦	59	無	新	17,620

（投票率 85.86%）

平成21年（2009年）1月25日実施

当①下地　敏彦	63	無	新	12,754
藤村　明憲	59	無	新	10,631
真喜屋　浩	73	無	新	3,204
友利　敏子	64	無	新	1,802
大城　　智	52	無	新	1,354
中山　　誠	63	無	新	388

（投票率 71.20%）

平成25年（2013年）1月13日実施

当②下地　敏彦	67	無	現	無投票

平成29年（2017年）1月22日実施

当③下地　敏彦	71	無	現	9,587
奥平　一夫	67	無	新	9,212
真栄城徳彦	67	無	新	6,545
下地　　晃	63	無	新	4,020

（投票率 68.23%）

（平良市長選挙）

平成2年（1990年）7月8日実施

当②下地　米一	68	無	現	10,653
平良　重信	61	無	元	8,614

（投票率 90.91%）

平成6年（1994年）7月3日実施

当①伊志嶺 亮 61 無	新	10,553
下地 米一 72 無	現	9,940

（投票率 93.05％）

平成10年（1998年）7月5日実施

当②伊志嶺 亮 65 無	現	10,826
坂井 民二 48 無	新	9,500

（投票率 86.53％）

平成14年（2002年）7月7日実施

当③伊志嶺 亮 69 無	現	9,315
下地 敏彦 56 無	新	7,045
松原 信勝 63 無	新	4,098

（投票率 82.76％）

※平成17年（2005年）10月1日平良市は宮古郡城辺町・下地町・上野村・伊良部町と新設合併して宮古島市となる

候補者氏名索引

【あ】

氏名	ページ
相川 堅治	134
相川 宗一	99, 100
相木 守鋭	308
相沢 慶太	165
相沢 崇文	94
相沢 俊行	219
会沢 久男	81
会田 真一	80
会田 浩貞	147
会田 洋	190
相羽 利子	197
相羽 英勝	273
饗場 道博	229
相場 実	9
相原 清	181
相原 正明	29
相山 慎二	12
青木 章人	410
青木 勇	147
青木 伊知郎	333
青木 英二	158
青木 悦子	178
青木 勝	52
青木 克明	89
青木 克徳	147
青木 勝弘	424, 425
青木 清保	384
青木 銀一	17
青木 一	232
青木 ひかる	161
青木 久	61
青木 久	164
青木 満里恵	37
青木 泰	168
青島 幸男	142
青戸 保	360
青野 寛一	188
青野 照雄	403
青野 勝一	403
青柳 忠	56
青柳 充茂	230
青山 慶二	4
青山 節児	241
青山 剛	18
青山 文子	275
青山 真虎	252
青山 祐幸	7
赤井 邦男	18
赤井 浩康	333
赤尾 勝男	265
赤尾 嘉彦	126
赤木 信久	44
赤木 欣康	465
赤岸 雅治	110
赤坂 誠一	309
赤崎 義則	468
赤沢 潔	156
赤沢 申也	396
赤沢 行宏	280
明石 孝利	284
明石 元秀	326
明石 康	143
赤谷 孝士	53, 54
赤堀 晃	247
赤間 一之	178
赤間 幸弘	420, 421
赤松 範光	96
赤嶺 信武	458
明岳 周作	373
秋岡 毅	367
秋鹿 博	256
秋田 清	248
秋武 政道	421
秋津 宏機	383
秋野 恵美子	9
秋野 英俊	159
秋葉 就一	140
秋葉 忠利	372, 373
秋葉 千秋	153
秋間 洋	153
秋元 克広	5
秋元 喜平	85
秋元 正次	472
秋元 大吉郎	134
秋谷 明	123
秋山 一男	93
秋山 一男	256
秋山 かほる	101
秋山 原宏	178
秋山 幸一	220
秋山 孝二	4
秋山 重友	218
秋山 甚一	218
秋山 善治郎	39
秋山 正	366
秋山 哲男	171
秋山 浩保	127
秋山 文和	103
秋吉 信人	426
芥川 正孝	450
芥川 正次	289
阿久津 憲二	87
阿久津 貞司	94
阿久津 等	88
粟国 安雄	482
明田 功	303
明智 健一	74
明智 忠直	123
阿古 和彦	342
浅井 邦容	248
浅井 周英	347
浅井 東兵衛	28, 29
浅井 直樹	272
浅井 隼人	472
浅井 英行	266
浅井 昌志	111
浅岡 好比古	5
朝賀 英義	114
浅川 勇	23
浅川 清仁	340
浅川 修一	164
浅田 伊佐男	319
浅田 五郎	436
浅田 清喜	263
浅田 敏彦	446
浅田 光治	264
安里 猛	483
安里 満信	86
浅沼 悟朗	27
浅沼 藤嗣	229
浅野 勇	235
浅野 薫子	83
浅野 和男	163
浅野 健司	238
浅野 史郎	35, 36, 143
浅野 哲朗	26
浅野 亨	37
浅野 俊雄	357
浅野 長増	67
浅野 真	236
浅野 麻里奈	277
浅野 実	369
浅野 裕司	236
麻野 佳秀	318
浅野目 義英	101
浅羽 広吉	256
旭岡 勝義	86
朝比奈 利広	411
朝広 佳子	340
安座間 肇	306
浅見 彰宏	61
朝見 政冨	265
浅見 万次郎	116
朝山 毅	470
浅山 豊	382
浅利 和宏	80
浅利 敬一郎	316, 317
芦刈 茂	423
芦刈 幸雄	458
鯵坂 真	304
芦田 忠	336
安次富 修	483
芦名 鉄雄	28
味村 太郎	382
飛鳥田 一朗	173
東 国幹	5, 6
東 孝一郎	472
東 孝二	205
東 修平	313
東 潤	310, 311
東 賞平	253
東 武	311
東 伸行	472
東 昌子	288
東 吉信	303
安住 太伸	6
安住 政之	41
畔上 順平	108
麻生 茂幸	432
麻生 捷二	176
麻生 博文	426
麻生 渡	415
阿曽田 清	444, 446, 447
安曽田 豊	342
安宅 敬祐	363, 364
足立 寛作	76
安達 澄	459
足立 誠一	254
足立 宣夫	238
足立 正夫	333
安達 正敏	14
足立 正則	226
足立 又男	335
足立原 茂徳	174
新 富造	305
新 幹生	308
渥美 巌	42
厚見 一正	251
渥美 省一	124
厚見 泰子	344
厚谷 司	19
阿戸 正勝	28
跡田 直澄	336
跡辺 裕行	9
後山 富士水	368
穴水 玲逸	22

阿南 馨 …………… 456	綾 好文 …………… 117	新谷 昌明 …………… 9	飯島 邦男 …………… 110
阿南 修平 …………… 457	鮎川 有祐 …………… 165	有家 慶典 …………… 397	飯島 善 …………… 76
姉川 さつき …………… 422	新井 家光 …………… 116	有可 洋典 …………… 366	飯島 夕雁 …………… 19
油野 和一郎 …………… 206	新井 馨 …………… 105, 106	有川 清次 …………… 472	飯島 義雄 …………… 337
油屋 亮太郎 …………… 441	新井 弘治 …………… 101	有坂 ちひろ …………… 227	飯塚 昭吉 …………… 86
阿部 明 …………… 133	新井 貞夫 …………… 111	有路 豊治 …………… 52	飯塚 正 …………… 89
阿部 淳 …………… 37	荒井 聡 …………… 4	蟻塚 亮二 …………… 25	飯塚 正 …………… 190
阿部 栄造 …………… 100	荒井 茂行 …………… 128	有田 敦 …………… 381	飯塚 晴紀 …………… 190
阿部 興紀 …………… 28	荒井 静彦 …………… 379	有田 清士 …………… 373, 377	飯塚 誠 …………… 124
阿部 和夫 …………… 85	荒井 正吾 …………… 339, 340	有田 恵子 …………… 123	飯泉 嘉門 …………… 389, 390
阿部 和芳 …………… 37	新井 昭二 …………… 96	有田 刻弘 …………… 410	飯田 諄一 …………… 22
阿部 清 …………… 225	荒井 信一 …………… 240	有谷 隆敏 …………… 184	飯田 伸太 …………… 163
阿部 健二 …………… 194	新井 信介 …………… 296	有友 正本 …………… 403	飯田 哲也 …………… 381
阿部 浩三 …………… 453	新井 杉生 …………… 147	有馬 精一 …………… 416	飯田 俊行 …………… 182
阿部 五月男 …………… 18	新井 匠 …………… 165	有馬 直和 …………… 425	飯田 能生 …………… 177
安部 三十郎 …………… 57	新井 健 …………… 117	有村 寛治 …………… 468	飯田 稔 …………… 69
阿部 守一 …………… 224	新井 哲二 …………… 397	有村 国俊 …………… 289	飯田 洋一 …………… 21
阿部 寿一 …………… 54	新井 利明 …………… 96, 97	有村 国知 …………… 292	飯田 祥雄 …………… 217
阿部 昭作 …………… 151	荒井 秀吉 …………… 80	有元 和哉 …………… 409	飯田 佳宏 …………… 5
阿部 新咲 …………… 455	新井 雅博 …………… 97	有吉 明広 …………… 426	飯野 遥 …………… 106
安部 省祐 …………… 454	新井 勝 …………… 115	有吉 威 …………… 425	飯野 健一 …………… 84
阿部 勝 …………… 260	荒井 松司 …………… 101	有吉 哲信 …………… 426	飯野 健二 …………… 416
阿部 精六 …………… 260	荒井 三男 …………… 172	有賀 正 …………… 233	飯野 晋 …………… 187
阿部 孝夫 …………… 178	荒井 靖夫 …………… 145	粟 貴章 …………… 208	飯野 正敏 …………… 89
阿部 哲夫 …………… 88	荒井 幸昭 …………… 56	粟田 一哉 …………… 448	飯野 雄太郎 …………… 61
阿部 知世 …………… 93	荒井 与志雄 …………… 80	粟盛 哲夫 …………… 480	飯野 陽一郎 …………… 60, 61
阿部 典明 …………… 37	荒尾 宗弘 …………… 140	安賀 昇 …………… 312	飯村 恵一 …………… 152, 153
阿部 秀保 …………… 42	新垣 繁信 …………… 478	安藤 敬治 …………… 130	飯盛 良隆 …………… 430
阿部 弘樹 …………… 425	荒川 浩司 …………… 301	安藤 三郎 …………… 242	飯山 倉男 …………… 147
阿部 裕行 …………… 164, 165	荒川 五郎 …………… 63	安藤 重男 …………… 116	飯山 利雄 …………… 78
安倍 正典 …………… 397	新川 秀清 …………… 482	安藤 正明 …………… 277	家入 一真 …………… 143
阿部 雅光 …………… 42	荒川 孝 …………… 269	安藤 忠恕 …………… 460	家城 正博 …………… 449
阿部 政康 …………… 12, 13	荒川 常男 …………… 100	安藤 哲郎 …………… 6	庵 重人 …………… 469
阿部 正義 …………… 193	荒川 泰宏 …………… 293	安藤 信宏 …………… 137	伊賀 貞雪 …………… 399, 400
阿部 光正 …………… 60	荒木 勇 …………… 135	安藤 博夫 …………… 183	五十嵐 朝青 …………… 154
阿部 実 …………… 53	荒木 修 …………… 448	安藤 博 …………… 130	五十嵐 悦郎 …………… 19
天笠 寛 …………… 130	荒木 和子 …………… 308	安藤 広幸 …………… 91, 92	五十嵐 京子 …………… 162
天下 みゆき …………… 36, 40	荒木 敬一 …………… 303	安藤 通久 …………… 155	五十嵐 清隆 …………… 92, 93
甘竹 勝郎 …………… 30	荒木 啓喜 …………… 335	安藤 美保 …………… 176	五十嵐 仁 …………… 167
天野 昭彦 …………… 365	荒木 恵司 …………… 94	安東 美孝 …………… 369	五十嵐 正 …………… 133
天野 市栄 …………… 188	荒木 隆夫 …………… 450	安藤 義春 …………… 16	五十嵐 忠 …………… 179
天野 勝昭 …………… 364	荒木 崇之 …………… 448	安藤 嘉治 …………… 271	五十嵐 立青 …………… 75
天野 建 …………… 216, 217	荒木 光武 …………… 446	安中 聡 …………… 186, 191	五十嵐 忠悦 …………… 49, 50
天野 進吾 …………… 246, 247	荒木 実 …………… 373	安念 鉄夫 …………… 201, 202	五十嵐 博 …………… 253, 255
天野 一 …………… 246	荒木 義行 …………… 448	安間 英雄 …………… 249	五十嵐 政一 …………… 143, 144
天野 秀治 …………… 340	荒木 龍昇 …………… 416		五十嵐 基 …………… 191
天野 房三 …………… 149	嵐 芳隆 …………… 140	【い】	五十嵐 右二 …………… 52
天谷 光治 …………… 212	荒嶋 龍一 …………… 364		五十嵐 雄介 …………… 188
網倉 大介 …………… 180	荒田 まゆみ …………… 470	井伊 直愛 …………… 292	五十嵐 義隆 …………… 59, 60
網屋 信介 …………… 472	荒巻 禎一 …………… 295	飯岡 宏之 …………… 75	五十嵐 力男 …………… 211
雨宮 英雄 …………… 165	新谷 泰造 …………… 26	飯沢 健司 …………… 55	井川 成正 …………… 383
天羽 篤 …………… 390	新谷 徳礼 …………… 26		伊木 隆司 …………… 355
綾 宏 …………… 396			

生嶋 洋一 …………… 333	池野 元章 …… 246, 247	石垣 宏 …………… 207	石黒 靖明 …………… 264
生田 五男 …………… 319	池之上 誠 ………… 475	石垣 正夫 …………… 368	石坂 修一 …………… 205
生田 邦夫 …………… 290	池辺 勝幸 ……… 69, 70	石垣 雅敏 …………… 14	石阪 丈一 …… 170, 171
生田 進三 …………… 332	池ノ谷 忠敏 ……… 122	石垣 宗正 …………… 480	石坂 真一 …………… 89
生田 哲也 …………… 277	池端 幸彦 ………… 212	石神 正義 …………… 133	石崎 安佐雄 ………… 237
生田 暉雄 …………… 394	池渕 彰 …………… 391	石上 允康 …………… 133	石崎 岳 ……………… 4
井口 一郎 …………… 196	池本 正夫 ………… 297	石川 明美 …………… 11	石崎 公一 …………… 134
井口 信治 …………… 167	伊郷 浩芳 ………… 333	石川 一美 ……………… 4	石崎 たか子 ………… 261
井口 経明 ……… 37, 38	生駒 啓三 ………… 350	石川 勝夫 …………… 114	石島 真一 …………… 80
井熊 征一 …………… 57	伊坂 勝泰 ………… 145	石川 勝彦 …………… 276	石島 保男 …………… 85
池内 広重 …………… 42	井坂 紘一郎 ……… 16	石川 勝行 …………… 405	石津 栄一 …………… 404
池浦 順文 …………… 425	井坂 善行 ………… 307	石川 公弘 …………… 183	石津 賢治 …… 106, 113
池上 晃子 …………… 180	井崎 義治 …… 134, 135	石川 京一 …………… 181	石津 隆敏 …………… 404
池上 徹 …………… 325	井沢 秋雄 ………… 57	石川 清 …………… 109	石津 初美 …………… 71
池上 智康 …………… 120	伊沢 明 …………… 166	石川 清 …………… 149	石塚 柏 …………… 47
池上 治男 …………… 12	井沢 邦夫 ………… 162	石川 源一 …………… 273	石塚 輝雄 …………… 145
池上 三男 …………… 232	伊沢 貞夫 ………… 41	石川 行一 …………… 354	石束 輝己 …………… 301
池崎 弘 …………… 430	伊沢 史夫 ………… 131	石川 悟 …………… 437	石塚 政紀 …………… 87
池崎 八生 …………… 453	井沢 康樹 ………… 242	石川 忍 …………… 191	石塚 昌志 …………… 41
池尻 成二 …………… 156	石井 昭 …………… 135	石川 淳一 …………… 120	石塚 義徳 …………… 213
池住 義憲 …………… 260	石井 明三 …… 298, 299	石川 四郎 …………… 93	石田 秋雄 …………… 195
池田 いづみ ………… 161	石井 逸夫 ………… 319	石川 精二 …………… 200	石田 徳 …………… 455
池田 一利 …………… 157	石井 内海 ………… 299	石川 敬 …………… 262	石田 和男 …………… 143
池田 一朝 …………… 143	石井 一男 ………… 125	石川 次夫 ……… 41, 42	石田 和朗 …………… 273
池田 勝夫 …………… 475	石井 啓裕 ………… 10	石川 哲久 …… 129, 130	石田 勝一 …………… 131
池田 勝雄 …………… 336	石井 幸子 ………… 291	石川 徹 …………… 46	石田 耕太郎 …… 353, 354
池田 邦子 …………… 307	石井 三雄 ………… 163	石川 知裕 ……………… 4	石田 智嗣 …………… 177
池田 健三郎 ………… 183	石井 茂 …………… 257	石川 英明 …… 273, 274	石田 進 …………… 71
池田 幸一 …………… 280	石井 淳平 ………… 363	石川 英行 …………… 99	石田 辰夫 …………… 479
池田 茂 …………… 233	石井 正二 ………… 122	石川 弘 …………… 204	石田 久良 …………… 183
池田 孝 ……… 474, 475	石井 晋 …………… 325	石川 正英 …………… 31	石田 裕信 …………… 266
池田 宜永 …… 465, 466	石井 隆一 …… 198, 199	石川 昌 …………… 129	石田 宝蔵 …………… 427
池田 忠雄 …………… 306	石井 隆 …………… 136	石川 雅己 …………… 154	石田 正人 …………… 226
池田 達雄 …………… 17	石井 隆光 ………… 457	石川 勝 …………… 314	石田 真敏 …………… 348
池田 千賀子 ………… 186	石井 常雄 ………… 139	石川 道政 …………… 243	石田 幸雄 …………… 290
池田 東一郎 ………… 180	石井 亨 …………… 36	石川 光男 …………… 46	石田 芳夫 …………… 102
池田 有宏 …………… 76	石井 登志郎 ……… 336	石川 弥八郎 ………… 170	石田 芳弘 …………… 239,
池田 伸 …………… 401	石井 直樹 ………… 252	石川 豊 …………… 221	260, 261, 263
池田 慎久 …………… 340	石井 直彦 ………… 106	石川 宜信 …………… 383	石田 良三 …………… 358
池田 治夫 …………… 167	石井 宏子 ………… 130	石川 嘉延 …………… 246	石舘 恒治 …………… 21
池田 一二三 ………… 368	石井 弘 …………… 112	石川 義行 …………… 395	伊地知 国雄 ………… 473
池田 典隆 …………… 224	石井 弘 …………… 138	石川 利一 …………… 42	伊地知 久凱 ………… 289
井桁 亮 ……… 260, 272	石井 真人 ………… 257	石川 良一 …………… 159	石塚 仁太郎 …… 77, 78
井桁 克 …………… 272	石射 正英 ………… 175	石川 良三 …………… 103	石堂 求 …………… 329
池田 学 …………… 155	石井 正弘 ………… 363	石川 錬治郎 ………… 44	石飛 育久 …………… 357
池田 豊 …………… 387	石井 正幸 ………… 377	石北 怜 …………… 94	石野 和夫 …………… 36
池田 芳一 …………… 239	石井 由己雄 ……… 218	石口 徳夫 …………… 187	石野 重則 …………… 336
池高 聖 …………… 383	石井 裕 …………… 138	石倉 一美 …………… 106	石橋 淳弘 …………… 251
池谷 淳 …………… 252	石井 義彦 ………… 433	石倉 孝昭 …………… 357	石橋 高一 …………… 132
池永 規一 …………… 430	石内 勉 …………… 100	石黒 昭雄 …………… 181	石橋 誠晃 …………… 273
池永 稔 …………… 321	石海 行雄 ………… 83	石黒 一誠 …… 238, 266	石橋 忠雄 …………… 26
池永 幸生 …………… 448	石岡 春二 ………… 150	石黒 直次 …………… 47	石橋 忠敏 …………… 418

石橋 輝男 ……… 103	磯崎 四郎 ……… 169	井手 順二 ……… 401	伊藤 博章 ……… 40
石橋 輝勝 ……… 139	磯田 憲一 ……… 4	井出 敏朗 ……… 208	伊藤 大貴 ……… 174
石橋 始 ……… 418	磯田 達伸 ……… 195	井出 紀彦 ……… 176	伊藤 ひろみ ……… 266
石橋 寛久 ……… 402	磯永 優二 ……… 426	井手口 史朗 ……… 153	伊藤 太 ……… 266
石橋 正夫 ……… 151	礒野 曉男 ……… 337	井戸 敏三 ……… 324	伊藤 文郎 ……… 272
石原 茂雄 ……… 249, 250	磯野 有秀 ……… 381	怡土 康男 ……… 418	伊藤 舞 ……… 327
石原 条 ……… 97	磯野 武 ……… 127	伊藤 彰正 ……… 132	伊藤 孫五郎 ……… 49
石原 慎太郎 ……… 143	磯部 のぶ子 ……… 384	伊藤 明 ……… 283	伊藤 正昭 ……… 163
石原 清次 ……… 92	磯村 隆文 ……… 305	伊藤 彬 ……… 31	伊藤 正勝 ……… 119
石原 信雄 ……… 142	磯村 尚徳 ……… 142	伊藤 彰 ……… 277	伊藤 昌志 ……… 286
石原 秀文 ……… 217	射田 憲昭 ……… 110	伊藤 勲 ……… 84	伊藤 允久 ……… 281, 282
石原 靖也 ……… 445	井田 隆一 ……… 89	伊藤 一長 ……… 436	伊藤 昌弘 ……… 151
石引 庄一 ……… 128	板垣 和子 ……… 246	伊藤 栄一 ……… 239	伊藤 正実 ……… 160
石松 安次 ……… 457	板垣 清 ……… 197	伊藤 英司 ……… 157	伊藤 政美 ……… 49
石丸 一枝 ……… 364	板垣 清一郎 ……… 51	伊東 香織 ……… 366	伊藤 大 ……… 71
石丸 裕之 ……… 238	板川 文夫 ……… 108	伊藤 勝美 ……… 40	伊藤 美都夫 ……… 353
伊志嶺 亮 ……… 484, 485	板倉 正直 ……… 125, 126	伊藤 勝美 ……… 191	伊藤 実 ……… 383
石村 英子 ……… 363	板橋 睦 ……… 125	伊藤 喜一郎 ……… 41	伊藤 稔 ……… 47
石本 良介 ……… 320	板原 啓文 ……… 411	伊藤 清 ……… 274	伊藤 康志 ……… 38
石森 孝志 ……… 167	一井 暁子 ……… 363	伊藤 欽介 ……… 298	伊藤 保徳 ……… 270
石山 勝朗 ……… 101	一尾 泰嗣 ……… 425	伊藤 恵造 ……… 70	伊藤 祐一郎 ……… 468
石山 志保 ……… 213	市川 昭男 ……… 52	伊藤 憲次 ……… 109	伊藤 雄二 ……… 186
井尻 勇助 ……… 300	市川 一朗 ……… 36	伊藤 賢次郎 ……… 419, 420	伊藤 幸康 ……… 262
石渡 德一 ……… 177	市川 一男 ……… 168	伊藤 剛 ……… 442	伊藤 余一郎 ……… 138
石渡 照久 ……… 166	市川 清純 ……… 64	伊東 幸市 ……… 127	伊藤 吉和 ……… 378
井津 哲彦 ……… 408	市川 周 ……… 224	伊藤 孝一 ……… 77	伊藤 善佐 ……… 423
伊豆 利彦 ……… 174	市川 隆康 ……… 93	伊藤 宏太郎 ……… 403	伊東 良孝 ……… 11
伊豆 美沙子 ……… 427	市川 武 ……… 252	伊藤 幸平 ……… 230	伊東 福住 ……… 29
伊豆 善正 ……… 164	市川 岳人 ……… 280	伊藤 貞夫 ……… 36	伊藤 吉紀 ……… 151
井筒 かおる ……… 303	市川 年栄 ……… 190	伊藤 成 ……… 92	伊藤 善規 ……… 292
伊豆野 一郎 ……… 191	市川 治彦 ……… 112	伊藤 俊 ……… 262	伊藤 億彦 ……… 158
和泉 清 ……… 411	市川 熙 ……… 386	伊藤 順一 ……… 334	伊東 義美 ……… 387
泉 圭一 ……… 402	市川 博美 ……… 233	伊藤 仁 ……… 131	伊東 芳郎 ……… 461
泉 孝治 ……… 418	市川 正末 ……… 218	伊藤 誠一 ……… 243	伊東 米三 ……… 147
和泉 聡 ……… 84	市川 稔 ……… 156	伊藤 青波 ……… 381	糸数 慶子 ……… 478
泉 武弘 ……… 459	市川 雄次 ……… 48	伊藤 多喜夫 ……… 284	井戸川 克隆 ……… 59
泉 敏孝 ……… 346, 347	市古 博一 ……… 178	伊藤 岳 ……… 113	稲井 大祐 ……… 403
泉 房穂 ……… 326	一条 強 ……… 124	伊藤 武 ……… 383	稲垣 昭義 ……… 286
泉 理彦 ……… 392	市谷 尚三 ……… 353	伊藤 武志 ……… 405	稲垣 岩男 ……… 264
泉 峰一 ……… 292, 293	市橋 長助 ……… 192	伊藤 武治 ……… 212	稲垣 隆彦 ……… 174
泉田 裕彦 ……… 186	市原 健一 ……… 75	伊藤 忠 ……… 179	稲垣 利恭 ……… 200
泉田 芳次 ……… 383	市原 文雄 ……… 344	伊藤 忠良 ……… 123	稲垣 白洋 ……… 280
泉野 和之 ……… 198	市丸 卓 ……… 432	伊藤 達成 ……… 271	稲垣 浩 ……… 305
泉谷 和美 ……… 8	市村 英夫 ……… 96	伊藤 辰矢 ……… 273	稲垣 雅臣 ……… 273
泉谷 満寿裕 ……… 207	市村 博之 ……… 70	伊藤 豪 ……… 8	稲上 芳郎 ……… 335
伊勢 辰雄 ……… 56	市村 由喜子 ……… 145	伊藤 友則 ……… 128	稲川 武 ……… 85
伊関 明子 ……… 59	一柳 康男 ……… 180	伊藤 徳宇 ……… 283	稲木 豊作 ……… 107
井関 新 ……… 431	一色 貞輝 ……… 316	伊藤 信勝 ……… 423	稲津 澄雄 ……… 456
井関 和彦 ……… 320	一色 達夫 ……… 403	伊藤 晴彦 ……… 307	稲田 三郎 ……… 337
井関 貴史 ……… 312	井坪 隆 ……… 225	伊藤 秀男 ……… 249	稲田 順三 ……… 306, 307
井芹 正吾 ……… 445	井手 明人 ……… 462	伊東 秀子 ……… 3, 4	稲田 勤 ……… 461
磯 良史 ……… 70	井出 勇 ……… 229	伊藤 秀光 ……… 237	稲田 米昭 ……… 391
	井手 紘一郎 ……… 369	伊藤 博明 ……… 272	稲富 修二 ……… 415

稲富 正敏 ………… 433	井上 盛文 ………… 376	今沢 忠文 ………… 222	岩浅 嘉仁 ………… 391
稲留 照雄 ………… 314	井上 保広 ………… 423	今城 陸人 ………… 150	岩崎 恵美子 ………… 36
稲葉 正吉 ………… 267	井上 幸彦 ………… 217	今津 寛介 ………… 6	岩崎 一芳 ………… 316
稲葉 孝彦 …… 161, 162	井上 良子 ………… 340	今津 礼二郎 ………… 395	岩崎 義一 ………… 87
稲葉 卓夫 ………… 88	井上 龍生 ………… 449	今鶴 治信 ………… 475	岩崎 諭 ………… 116
稲葉 修敏 ………… 68	猪木 快守 ………… 247	今田 武 ………… 343	岩崎 孝彦 ………… 340
稲葉 春男 ………… 118	猪熊 篤史 ………… 94	今田 真人 ………… 430	岩崎 哲朗 ………… 453
稲葉 三千男 ………… 167	井下 恒雄 ………… 395	井町 良治 ………… 377	岩崎 俊男 ………… 326
稲葉 稔 ………… 287	猪瀬 明司 ………… 226	今中 原夫 ………… 280	岩崎 信 ………… 464
稲葉 本治 ………… 73	猪瀬 直樹 ………… 143	今成 守雄 ………… 114	岩崎 正男 ………… 103
稲葉 吉彦 ………… 345	猪原 俊雄 ………… 15	今西 康世 ………… 344	岩崎 真人 ………… 105
稲葉 隆一郎 ………… 251	猪股 寛 ………… 10	今西 良一 ………… 322	岩崎 政義 ………… 335
稲嶺 恵一 ………… 478	伊庭 嘉兵衛 …… 289, 290	今道 仙次 ………… 299	岩崎 泰也 ………… 457
稲嶺 進 ………… 484	伊波 洋一 … 479, 482, 483	今村 修 ………… 21	岩崎 弥太郎 ………… 146
稲村 和美 ………… 328	井畑 明彦 ………… 193	今村 三治 ………… 116	岩重 慶一 ………… 468
稲森 善稔 ………… 289	井原 勇 ………… 101	今村 岳司 ………… 336	岩下 栄一 ………… 444
乾 招雄 ………… 148	井原 一夫 ………… 248	今村 敏昭 ………… 123	岩下 斌彦 ………… 462
乾 滋 ………… 213	井原 勝介 ………… 382	今村 真弓 ………… 145	岩下 真人 ………… 475
犬尾 公 ………… 438	井原 健太郎 ………… 388	今村 禎彦 ………… 344	岩清水 理 ………… 68
猪野 隆 ………… 149	井原 巧 ………… 404	今吉 光一 ………… 470	岩瀬 克世 ………… 268
井上 和子 ………… 86	伊原木 隆太 ………… 363	伊村 智安 ………… 79	岩瀬 広志 ………… 201
井上 和宣 ………… 364	衣斐 賢譲 ………… 284	井村 均 ………… 284	岩瀬 義春 ………… 271
井上 吉郎 ………… 296	井深 冴子 ………… 235	井本 勇 ………… 429	岩瀬 良三 …… 122, 128
井上 健吉 ………… 163	指宿 正樹 ………… 470	井本 英雄 ………… 464	岩田 昭人 ………… 282
井上 賢二 ………… 305	今井 敦 ………… 232	井本 宗司 ………… 419	岩田 薫 …… 177, 229
井上 佐智子 …… 376, 377	今井 和昭 ………… 227	伊良皆 高吉 ………… 479	岩田 多加子 …… 235, 236
井上 正嗣 ………… 302	今井 勝幸 ………… 226	伊利 仁 …… 108, 109	岩田 孝 ………… 197
井上 澄和 ………… 420	今井 久美 ………… 196	入江 幸弘 ………… 376	岩田 年次 ………… 359
井上 太一 ………… 425	今井 洸一 ………… 290	入山 修 ………… 272	岩田 弘志 ………… 18
井上 隆昭 ………… 416	今井 三右衛門 ………… 213	入山 欣郎 ………… 374	岩田 弘彦 ………… 351
井上 孝俊 ………… 183	今井 重信 ………… 181	色部 祐 ………… 146	岩田 博正 ………… 241
井上 武 …… 308, 309	今井 晶三 ………… 335	岩井 賢太郎 …… 95, 96	岩田 広行 ………… 253
井上 龍男 ………… 51	今井 清二郎 ………… 95	岩井 覚 ………… 140	岩田 康男 ………… 171
井上 勉 ………… 170	今井 忠光 ………… 62	岩井 万知子 …… 311, 312	岩田 良子 ………… 236
井上 哲夫 ………… 286	今井 民雄 ………… 300	岩井 道雄 ………… 104	岩谷 一弘 ………… 103
井上 哲也 …… 313, 314	今井 英二 ………… 62	祝迫 加津子 ………… 468	岩谷 正信 ………… 15
井上 篤太郎 ………… 167	今井 宏 ………… 110	祝迫 光治 ………… 469	岩名 秀樹 ………… 286
井上 稔朗 ………… 364	今井 正郎 ………… 282	巌 洋輔 ………… 126	岩永 俊一 ………… 440
井上 敏一 ………… 288	今井 恭男 ………… 83	岩川 徹 ………… 46	岩永 尚之 …… 352, 353
井上 敏行 …… 280, 281	今井 靖 ………… 96	岩城 宏介 ………… 316	岩永 裕貴 ………… 290
井上 豊治 ………… 108	今井 愛郎 ………… 231	岩城 敏之 ………… 329	岩波 三郎 ………… 156
井上 信幸 ………… 459	今井 竜五 ………… 228	岩木 久明 ………… 427	岩波 初美 ………… 129
井上 延郎 ………… 285	今家 元治 ………… 113	岩城 正光 ………… 261	岩根 良 ………… 313
井上 尚 ………… 389	今泉 文彦 …… 68, 69	岩城 道雄 ………… 271	岩橋 辰也 ………… 465
井上 久則 ………… 242	今泉 和 ………… 69	岩城 光英 ………… 60	岩橋 延直 ………… 347
井上 英俊 ………… 327	今泉 義憲 ………… 56	岩切 秀雄 ………… 474	岩渕 美智子 ………… 162
井上 啓 ………… 144	今栄 敏彦 ………… 376	岩国 哲人 …… 142, 357	岩丸 昌司 ………… 153
井上 弘志 ………… 397	今尾 貞夫 ………… 144	岩隈 利輝 ………… 110	石見 利勝 ………… 337
井上 洋 ………… 352	今尾 東雄 ………… 237	岩熊 正丞 ………… 425	岩村 越司 …… 251, 252
井上 博司 ………… 15	今岡 睦之 ………… 280	岩倉 博文 …… 13, 14	岩室 敏和 ………… 318
井上 博通 ………… 269	今給黎 久 ………… 476	岩倉 幹良 ………… 74	岩本 憲昭 ………… 377
井上 素子 ………… 367	今里 滋 ………… 415	岩佐 英夫 ………… 299	印南 節男 ………… 89

【う】

宇井 成一 ………… 128
宇井 隼平 ………… 128
上 幸雄 …………… 168
上釜 明久 ………… 476
植木 勇 …………… 80
植木 公 …………… 193
植木 とみ子 ……… 416
植木 正勝 ………… 400
植木 正直 ………… 190
植木 光治 ………… 418
植木 宗昌 ………… 99
植木 安 …………… 330
上島 栄一 ………… 240
上嶋 和男 ………… 221
上杉 国武 ………… 188
上杉 隆 ……… 144, 154
上田 栄一 ………… 403
上田 賀身 ………… 457
上田 勝之 ………… 350
上田 清 …… 339, 344, 345
上田 清司 ………… 99
上田 幸子 ………… 336
上田 重臣 ………… 390
上田 順一 ………… 342
植田 省三 ………… 408
植田 壮一郎 ……… 413
上田 滝雄 ………… 409
上田 哲 …………… 142
上田 東一 ………… 33
上田 亨 …………… 162
植田 徹 …………… 255
上田 惠淑 ………… 157
上田 徳郎 ………… 11
上田 俊彦 ………… 201
上田 信雅 ………… 202
上田 博之 ………… 175
上田 博之 ………… 377
植田 ふき ………… 313
上田 不二夫 ……… 122
上田 文雄 ………… 4, 5
上田 昌孝 ………… 202
上田 学 …………… 309
上田 光彦 ………… 416
上田 安範 ………… 402
上田 嘉昌 ………… 344
植田 龍一 ………… 345
上谷 耕造 ………… 303
上野 哲弘 …… 349, 350

上野 晃 …………… 15
上野 和彦 ………… 145
上野 健一 ………… 304
上野 賢一郎 ……… 288
上野 崇之 ………… 427
上野 寿雄 ………… 210
上野 敏郎 ………… 10
上野 憲正 ………… 4
上野 正雄 ………… 61
上野 正三 ………… 10
上野 泰昭 ………… 325
植野 保 …………… 219
上野 幸秀 ………… 149
上林 力雄 ………… 55
上原 昭 …………… 480
上原 勇 …………… 465
上原 栄一 …… 102, 103
上原 一治 ………… 476
上原 宜成 ………… 480
上原 しのぶ ……… 340
上原 清次 ………… 480
上原 久江 ………… 158
上原 公子 ………… 161
上原 博 …………… 480
上原 裕常 ………… 480
上原 義武 ………… 449
植松 栄次 ………… 321
上村 一郎 ………… 397
上村 庄三郎 ……… 343
上村 勉 …………… 122
上村 正勝 ………… 450
植村 道隆 ………… 217
上村 雄二郎 ……… 447
植本 完治 ………… 363
魚永 智行 ………… 384
魚橋 武司 ………… 325
鵜飼 一郎 ………… 266
鵜飼 重男 ………… 6
鵜飼 武彦 ………… 235
鵜飼 諦 …………… 269
右近 賢蔵 ………… 214
宇佐美 登 …… 60, 146
宇佐美 秀樹 ……… 179
鵜沢 治 …………… 136
鵜沢 精一 ………… 247
牛尾 郁夫 ………… 360
牛尾 一弘 ………… 359
牛尾 一 …………… 387
牛尾 甫 …………… 353
牛越 徹 ……… 227, 228
宇治田 栄蔵 ……… 347
氏田 年行 ………… 332

氏平 長親 ………… 364
牛見 航 …………… 387
牛山 鈴子 …… 151, 152
牛山 晴一 ………… 232
牛渡 秋夫 ………… 63
宇津 徹男 ………… 359
臼井 勝夫 ………… 256
臼井 賢志 ………… 39
臼井 成夫 ………… 217
臼井 伸介 ………… 159
臼井 孝 …………… 159
臼井 千秋 ………… 164
臼田 征雄 ………… 145
宇田 実生子 ……… 131
宇田川 敬之助 …… 126
宇田川 弘子 ……… 231
宇田川 芳雄 ……… 146
内川 久美子 ……… 143
内川 修治 ………… 432
内木 誠 …………… 86
内島 茂 …………… 118
内田 悦嗣 ………… 126
内田 恵三 ………… 416
内田 滋 …………… 247
内田 次郎 ………… 317
内田 全一 ………… 111
内田 貴之 ………… 147
内田 俊郎 …… 70, 71
内田 直之 ………… 166
内田 伸子 ………… 468
内田 秀子 ………… 146
内田 康宏 ………… 265
内田 裕也 ………… 142
内舘 勝則 ………… 34
内舘 茂 …………… 28
内野 大三郎 ……… 155
内野 雅晴 ………… 422
内野 優 …………… 176
内橋 直昭 ………… 336
内原 英郎 ………… 479
内保 博仁 ………… 280
内堀 雅雄 ………… 59
内谷 重治 …… 55, 56
内山 文夫 ………… 134
内山 文雄 ………… 195
内山 文行 ………… 100
内山 裕一 ………… 192
宇都宮 健児 ……… 143
内海 昭徳 ………… 416
内海 健次 ………… 369
内海 重忠 ………… 251
内海 辰郷 ………… 321

内海 勇三 ………… 40
宇藤 義隆 ………… 152
宇野 和夫 ………… 242
宇野 邦弘 ………… 210
宇野 武夫 ………… 363
うの ていを ……… 260
生方 秀男 ………… 91
海野 徹 …………… 77
梅尾 要一 ………… 13
梅川 照子 ………… 179
梅木 和朗 ………… 7
梅木 佳章 ………… 321
梅沢 健三 ………… 13
梅沢 庄一 ………… 177
梅田 和男 ………… 368
梅田 修一 ………… 107
梅田 章二 ………… 305
梅田 善久 ………… 341
梅谷 馨 …………… 338
梅津 準士 ………… 54
梅津 庸成 ………… 52
梅野 雅子 ………… 459
梅野 保俊 ………… 420
梅原 晃 …………… 297
梅原 克彦 ………… 36
梅原 一 …………… 410
梅原 康生 ………… 297
梅原 義彦 …… 154, 157
梅村 忠直 ………… 260
梅本 陽子 ………… 285
梅森 繁 …………… 127
宇山 和昭 ………… 385
宇山 忠男 ………… 181
宇山 鉄雄 ………… 318
宇山 光弘 ………… 129
浦崎 陽介 ………… 285
浦瀬 明 …………… 402
浦野 清 …………… 117
浦野 治郎 ………… 230
占部 康行 ………… 427
浦牟田 喜之助 …… 472
漆原 順一 ………… 150
上床 真澄 ………… 80
上場 重俊 ………… 354
海野 徹 ……… 246, 247
海野 利比古 ……… 220

【え】

江浦 政巳 ………… 446
江頭 実 …………… 448

氏名	頁	氏名	頁	氏名	頁	氏名	頁
江上 隆行	425	海老原 龍生	81	大池 一彦	225, 229	大久保 匡敏	471
江上 均	418	海老原 久恵	127	大池 幸男	252	大久保 勝	115
江口 徹	417	江村 淳	310	大池 良平	268	大久保 光義	14
江口 利男	431	江村 利雄	316	大石 昭忠	457, 458	大久保 三代	37
江口 英雄	218	江本 孟紀	305	大石 悦子	253	大久保 芳一	136
江口 雅明	268	江守 順子	297	大石 健司	257	大久保 令子	217
江口 隆一	450	江守 光起	301	大石 満雄	33	大倉 勝行	350
江崎 貴大	277	江里口 秀次	431	大石 豊	100	大蔵 律子	181
江沢 岸生	226	遠藤 章江	73	大泉 博子	76	大河内 鷹	64
江沢 城司	180	遠藤 昭子	217	大植 登	299	大幸 甚	206
江沢 紀子	224	遠藤 彰良	390	大内 久美子	68	大崎 延次	374
江島 潔	383, 384	遠藤 音	41	大内 秀夫	333	大作 浩志	134, 135
江島 保次	472	遠藤 喜一郎	54	大内 秀男	68	大里 栄作	81
江洲 真吉	482	遠藤 賢次郎	173, 174	大内 正則	37	大里 文子	219
江田 五月	363	遠藤 幸次	48	大江 道男	6	大里 やす	128
枝川 豊	89	遠藤 譲一	31	大江 康弘	346	大沢 一治	139, 140
枝広 直幹	378	遠藤 斉優	32	大岡 敏孝	254	大沢 清高	155
枝松 直樹	53	遠藤 忠	89	大家 啓一	200	大沢 幸一	94
枝本 豊助	475	遠藤 達也	136	大垣 隆	86	大沢 新治	117
江藤 勝彦	459	遠藤 千尋	165	大川 喜代治	25	大沢 伸三	370
江頭 貞元	417	遠藤 忠一	61	大川 清仁	248	大沢 辰美	324
衛藤 文一郎	459	遠藤 利	73, 74	大川 知之	416	大沢 千恵子	314
江藤 守国	422	円藤 寿穂	389	大川 尚孝	249	大沢 俊子	246
榎並 邦夫	267	遠藤 登	55	大河 信弘	322	大沢 正明	91
江成 兵衛	182	遠藤 英徳	5	大川 秀子	87	大沢 雄一	120
榎 信晴	343	遠藤 富士雄	347	大川 浩幸	333	大沢 幸夫	116
榎内 智	314	遠藤 正則	156	大川 真清	282	大沢 善隆	93
榎戸 和也	73	遠藤 雅晴	364	大川 政武	133	大塩 和男	319
榎本 修	475	遠藤 三紀夫	179	大川 靖則	340	大塩 民生	331
榎本 和夫	326	遠藤 保雄	36	大木 五郎	135	大塩 満雄	195, 196
榎元 一已	476	遠藤 保二	63	大木 哲	183	大舌 勲	365
榎本 喜一	337	遠藤 行洋	257	大木 武夫	156	大下 重一	211, 212
榎本 順一	282	遠藤 洋平	149	大木 秀行	231	大下 由宮子	21
榎本 政規	55	遠藤 米治	88	大気 弘久	89	大島 一郎	261
榎本 義法	96			大草 秀幸	432	大島 和郎	87
榎本 与助	179	【お】		大口 秀和	283	大嶋 一生	88
榎本 隆吉	282			大久保 英太郎	174	大島 仁	297
榎本 和平	51	及川 薫	36	大久保 清	74	大島 晋作	263
江波戸 辰夫	131, 132	及川 舜一	28	大久保 恵子	212	大島 素美子	113
江波戸 力雄	132	及川 勉	29	大久保 賢一	112	大島 孝子	111
江原 良和	329	及川 美千子	154	大久保 慎七	161	大島 忠義	424
海老沢 順三	17	老田 正夫	239	大久保 太一	79	大島 肇	149
戎 斉	368	老松 博行	47	大久保 貴	292	大島 裕人	140
胡子 雅信	373, 374	扇谷 昭	313	大久保 隆規	30	大島 誠	193
海老名 幸司	57	近江 寿	38	大久保 龍雄	119	大島 政教	110
蝦名 武	22	近江屋 信広	45	大久保 勉	422	大島 もえ	266
蝦名 大也	11	大網 義明	143	大久保 利夫	26	大島 良満	260
海老根 篤	91, 93, 97	大井 一雄	123	大久保 寿夫	84, 85	大城 明司	102
海老根 まさ子	97	大井 一雄	150	大久保 利之	57	大城 晃	484
海老根 靖典	182	大井 喜栄	382	大久保 友美	129	大城 一郎	406
海老原 一雄	76	大井川 和彦	67	大久保 博	124	大城 勝永	483
海老原 栄	125			大久保 博之	68	大城 勝幸	424

大城 智 …………… 484	大谷 輝子 …………… 354	大仁田 厚 …… 433, 436	大前 研一 …………… 142
大城 敬人 …………… 484	大谷 敏彰 …………… 457	大沼 明穂 …………… 253	大前 繁雄 …… 335, 336
大城 藤六 …………… 480	大谷 直敏 …………… 178	大沼 昭 ………… 53, 54	大町 行治 …………… 412
大城 伸彦 …………… 248	大谷 久満 …………… 359	大野 章 ……………… 279	大松 桂右 …………… 322
大城 英和 …………… 483	大谷 雅彦 ………… 69, 70	大野 元三 …………… 267	大豆生田 実 ………… 84
大須賀 伊司郎 ……… 106	太谷 優子 …………… 228	大野 静子 …………… 149	大見 正 ……………… 262
大須賀 浩裕 ………… 165	大谷 良雄 ……………… 53	大野 真一 …………… 177	大道 昭仁 …………… 210
大住 清昭 …………… 448	大塚 朗夫 …………… 145	大野 慎治 …………… 264	大村 邦男 …………… 254
大角 隆子 …………… 150	大塚 功 ……………… 404	大野 誠一郎 …………… 81	大村 秀章 …………… 260
大園 勝司 …………… 471	大塚 一成 ……………… 65	大野 孝明 …………… 199	大村 雅彦 …………… 257
大園 清一郎 ………… 454	大塚 修一郎 ………… 252	大野 隆 ……………… 123	大村 義則 …………… 274
太田 明 ………………… 23	大塚 昇一 …………… 190	大野 紀明 …………… 263	大本 保平 …………… 308
太田 晃 ……………… 200	大塚 祥敬 …………… 268	大野 俊幸 …………… 129	大桃 一浩 …………… 191
太田 浩右 …………… 377	大塚 清吾 …………… 432	大野 信彦 …………… 240	大桃 聡 ……………… 189
太田 順一 …………… 250	大塚 徹 ………………… 10	大野 久芳 …………… 201	大森 栄治郎 ………… 42
太田 晋 ………… 372, 373	大塚 信雄 …………… 113	大野 誠 ……………… 164	大森 賢一 …………… 338
太田 晴也 …………… 275	大塚 進弘 …………… 425	大野 正雄 ……………… 69	大森 修太郎 ………… 292
太田 大三郎 ………… 190	大塚 久郎 …………… 196	大野 松茂 …………… 109	大森 隆雄 …… 402, 403
太田 大三 ……………… 28	大塚 寿夫 …………… 331	大野 祐司 …………… 340	大森 豊也 …………… 229
太田 考則 …………… 267	大塚 尚 ……………… 427	大野 喜男 ……………… 69	大森 啓充 …………… 216
大田 正 ……………… 389	大塚 秀喜 ……………… 73	大場 脩 ………………… 6, 7	大森 雅夫 …………… 364
太田 俊晴 ……………… 53	大塚 裕介 …………… 140	大場 啓二 …………… 152	大森 正文 …………… 228
太田 稔彦 …………… 274	大槻 公一 …………… 301	大庭 健三 …………… 251	大森 正行 …………… 132
太田 敏光 …………… 261	大坪 勇 ……………… 225	大場 重弥 ……………… 53	大森 義男 ……………… 59
太田 昇 ……………… 369	大坪 冬彦 …………… 169	大場 進 ……………… 266	大矢 快治 ……………… 14
太田 秀明 …………… 302	大戸 博史 …………… 378	大庭 誠司 …………… 357	大宅 一博 …………… 311
太田 英章 …………… 395	大友 一夫 …………… 457	大場 俊英 …………… 148	大谷 範雄 ……………… 87
太田 洋 ……………… 124	大友 喜助 ……………… 39	大場 久充 …………… 267	大山 恭司 …………… 154
太田 房江 …… 304, 305	大友 健 ………………… 38	大橋 一夫 …………… 301	大山 耕二 …………… 241
太田 正明 ……………… 39	大友 知義 …………… 137	大橋 和夫 …………… 137	大山 茂樹 …………… 396
太田 正子 …………… 171	大友 康亘 …………… 308	大橋 一弘 ………………… 9	大山 忍 ……………… 119
大田 昌秀 …………… 478	大鳥 竜男 …………… 161	大橋 建一 …………… 347	大山 慎吾 …………… 158
太田 雅英 …………… 437	大西 理 ………… 372, 373	大橋 俊二 …… 252, 253	大山 昌利 ……………… 85
大田 守 ……………… 480	大西 和雄 …………… 324	大橋 昌次 …………… 120	大山 祐一 …………… 174
太田 満保 …… 356, 358	大西 一史 …………… 445	大橋 信彦 ……………… 42	大類 高力 ……………… 52
太田 安規 …… 131, 132	大西 和巳 …………… 298	大橋 信之 …………… 369	大鷲 忠 ………………… 71
太田 幸世 …………… 320	大西 倉雄 …………… 385	大橋 仁満 …………… 249	大和田 一紘 ………… 159
太田 嘉明 …………… 281	大西 幸一 …………… 363	大橋 幸雄 ……… 76, 77	岡 高志 ……………… 147
太田 好紀 …………… 343	大西 茂男 …………… 320	大橋 良男 …………… 398	岡 猛 ………………… 216
太田 善久 …………… 432	大西 信吾 …………… 400	大橋 義行 …………… 125	岡 恒雄 ……………… 333
太田 義郎 …………… 261	大西 隆博 …………… 236	大橋 良一 …………… 104	岡 英雄 …………………… 8
大平 悦子 …………… 189	大西 武俊 ……………… 18	大畑 きぬ代 ………… 155	岡 英彦 …………………… 9
大滝 平正 …………… 197	大西 忠 ……………… 299	大畑 京子 …………… 300	岡 仁 ………………… 221
大竹 昭郎 …………… 287	大西 強 ……………… 350	大浜 長照 …… 479, 480	岡 真智子 ……………… 99
大竹 進 ………………… 22	大西 宣也 …………… 170	大原 邦夫 …………… 373	岡井 康弘 …………… 315
大竹 俊博 ……………… 56	大西 英樹 …………… 125	大原 久直 …………… 267	岡内 啓明 …………… 408
大竹 正人 …………… 267	大西 秀人 …………… 395	大原 久治 …………… 195	岡崎 匡介 …………… 410
大武 幸夫 …………… 211	大西 宏 ……………… 341	大原 光憲 …………… 142	岡崎 渓子 …………… 246
大谷 明 ………………… 79	大西 啓之 …………… 330	大日向 豊吉 …………… 15	岡崎 誠也 …………… 408
大谷 順子 …………… 117	大西 正祐 …………… 409	大平 敏弘 …………… 398	岡崎 継義 …………… 473
大谷 拓 ……………… 426	大西 通代 …………… 212	大平 博之 ……………… 72	岡崎 洋 ……………… 173
大谷 忠幸 …………… 377	大西 美幸 …………… 283	大部 勝規 ……………… 74	岡崎 誠之 …………… 302
	大西 吉文 …………… 300		岡崎 理香 ……………… 54

氏名	頁
小笠原 勝則	25
小笠原 喜郎	412
小笠原 臣也	375
小笠原 年康	357, 359
小笠原 春一	15
小笠原 宏昌	250
小笠原 充宏	46
小笠原 幸	391
岡島 一夫	401
岡田 昭雄	231
岡田 昭守	81
岡田 脩	138
岡田 一樹	320
尾形 和優	39
小方 蔵人	163
岡田 啓介	129
尾形 賢	299
岡田 健治	358
岡田 重信	76, 77
緒方 繁儀	418
小形 慎一郎	450
緒方 奬	448
岡田 高大	212, 213
岡田 隆郎	159, 160
尾形 長一	456
岡田 登史彦	296
岡田 稔久	449
岡田 仲太郎	102
岡田 進裕	325
岡田 広	68
岡田 博利	428
岡田 政彦	174
岡田 三男	142
岡田 光正	258
岡田 康裕	329
岡田 洋一	239
岡田 伊生	76
岡田 義弘	92
岡田 義弘	331, 332
岡地 勝二	289
岡地 義夫	102
岡野 恵美	279
岡野 義一	101, 102
岡野 敬一	374, 375
岡野 敬四郎	71
岡野 純子	126
岡野 辰哉	401
岡野 多甫	333
岡野 鉄舟	370
岡野 俊昭	133
岡野 久	122
岡野 光利	96
岡橋 四郎	342
岡林 史子	345
岡原 文彰	402
岡部 昇栄	201
岡部 正英	86
雄上 統	143
岡村 喜郎	408
岡村 賢治	82
岡村 幸四郎	104
岡村 節子	385
岡村 信子	283
岡村 初博	279
岡村 秀人	265
岡村 泰明	140
岡本 詠	412
岡本 勝美	454
岡本 要	401
岡本 健	134
岡本 栄	280
岡本 聡子	317
岡本 重明	270
岡本 茂樹	298
岡本 治郎	181
岡本 淳	409, 410
岡本 憲幸	432
岡本 一	174, 178
岡本 治樹	337
岡本 日出士	315
岡本 博	308
岡本 正治	214
岡本 守二	267
岡本 泰明	309
岡本 靖	235
岡本 やすよ	299, 300
岡本 裕市	253
岡本 義範	353, 354
岡谷 繁勝	20
岡安 良	110
岡山 紘一郎	196
岡山 博義	285
小川 勇夫	178
小川 一成	80
小川 一彦	80
小川 一馬	131
小川 香世江	402
小川 公人	8, 9
小川 清	78
小川 清人	10
小川 国彦	135
小川 賢	92
小川 浩治	445
小川 順三	377, 378
小川 勝寿	91, 92
小川 庄蔵	139
小川 進	140
小川 竹二	187, 188
小川 達夫	109
小川 哲彦	118
小川 透	263
小川 登美夫	430
小川 春樹	78
小川 英雄	59
小川 広司	289
小川 洋	415
小川 宏美	161
小川 敏	237
小川 文三	20
小川 亮	385
小川 満美	283
小川 義人	122
沖 幸子	337
荻窪 幸一	183
沖崎 利夫	126
荻荘 誠	187
荻田 和義	367
沖田 清志	14
沖田 範彦	375
沖田 護	369
沖田 嘉典	450
荻野 正直	220, 221
沖野 正憲	205
荻野 正躬	417
荻野 幸和	201
荻原 貢	6
荻村 文規	377
沖本 旭	382
沖本 年男	410
沖山 一雄	156
荻生 和敏	6
荻原 博夫	219
荻原 宏之	92
奥 典之	156
奥井 淳二	43, 44
奥塚 正典	457
奥田 吉郎	257
奥田 清晴	285
奥田 久仁夫	178
奥田 憲二	155
奥田 敏晴	299, 300
奥田 智子	105
奥田 修史	438
奥田 八二	415
奥田 尚佳	281, 282
奥田 貢	276
奥田 保明	353
小口 利幸	230
尾口 好昭	41
奥津 茂樹	178
奥出 春行	211
奥土居 帥心	331
奥富 喜一	170
奥野 英介	281
奥野 重治	299
奥野 総一郎	123
奥野 嵩	11
奥野 登	289
奥野 幸男	328
奥ノ木 信夫	104
奥之山 隆	255
奥平 一夫	484
小熊 正志	195
奥間 政保	482
奥村 慎太郎	438
奥村 貴夫	322
奥村 信夫	322
奥村 博	53
奥村 善晴	300
奥本 務	316
奥山 恵美子	36, 37
奥山 澄雄	151
奥山 弘昌	222
小倉 恵美	205
小倉 伸一	476
小倉 敏雄	73
小倉 富枝	236
小倉 文雄	334
小椋 正清	291
小倉 昌子	168
小倉 昌行	279
小倉 満	236, 237
小倉 基	149
小倉 唯次	220
小倉 利三郎	72
生越 俊一	359
小越 進	217
小坂 樫男	226
越阪部 征衛	112
尾崎 彪夫	278
尾崎 直司	140
尾崎 望	296
尾崎 正直	407, 408
尾崎 美千生	140
尾崎 保夫	168, 169
尾崎 吉弘	347
小笹 智子	322
小笹 義治	357

長田 朗 ……………… 281	落水 清弘 ……………… 444	小保内 敏幸 ……………… 32	我喜屋 宗弘 ……………… 484
長田 開蔵 ……………… 251	音喜多 駿 ……………… 148	尾又 正則 ……… 168, 169	角谷 進 ……………… 375
長田 徹 ……………… 437	翁長 助裕 ……………… 478	小俣 政英 ……………… 220	角地 正純 ……………… 330
長田 弘邦 ……………… 181	翁長 雄志 ……………… 479	尾村 利成 ……………… 357	角橋 徹也 ……………… 304
長田 正弘 ……………… 217	翁長 政俊 ……………… 479	親川 盛一 ……………… 484	鹿毛 貞男 ……………… 419
長内 繁樹 ……………… 317	鬼川 利男 ……………… 462	小宅 近昭 ……………… 77	筧 信太郎 ……………… 69
長内 伸剛 ……………… 25	鬼沢 保平 ……………… 80	親泊 康晴 ……………… 479	筧 猛 ……………… 263
長村 善平 ……………… 303	尾西 堯 ……………… 334	小山田 久 ……………… 24	桟 熊獅 ……………… 439
小沢 栄真 ……………… 220	鬼丸 岳城 ……………… 426	親松 貞義 ……………… 5	影山 健 ……………… 260
小沢 和夫 ……………… 30	小野 治 ……………… 76	折笠 広樹 ……………… 168	影山 次郎 ……………… 332
小沢 克介 ……………… 381	小野 和秀 ……………… 456	折原 敬造 ……………… 390	影山 剛士 ……………… 251
小沢 清実 ……………… 415	小野 克典 ……………… 103	折本 ひとみ ……………… 126	影山 保 ……………… 159
小沢 健二 ……………… 29	小野 亀八郎 ……………… 62	折本 豊 ……………… 126	影山 秀夫 ……………… 122
小沢 澄夫 ……………… 216	小野 喜代行 ……………… 366	尾和 弘一 ……………… 348	影山 博 ……………… 105
小沢 猛男 ……………… 247	小野 修一 ……………… 220	尾脇 雅弥 ……………… 475	加古 秋晴 ……………… 333
小沢 博 ……………… 111	小野 信一 ……………… 27, 30	尾張 三郎 ……………… 133	加古 猛二 ……………… 273
小沢 昌記 ……………… 29	小野 申人 ……………… 378	恩田 博 ……… 103, 104	加古 房夫 ……………… 337
小沢 靖子 ……………… 161	小野 宗司 ……………… 456	恩田 光悦 ……………… 93	籠尾 源吉 ……………… 411
小沢 良明 ……… 176, 177	小野 達也 ……………… 249		籠橋 健治 ……………… 240
押川 修一郎 ……………… 463	小野 哲昭 ……………… 11	【か】	笠井 秋夫 ……………… 93
押切 康彦 ……………… 111	小野 登志子 ……………… 248		笠井 喜久雄 ……………… 131
押渕 礼子 ……………… 436	小野 紀男 ……………… 52	甲斐 俊則 ……………… 464	河西 信美 ……………… 163
尾関 健治 ……………… 239	小野 正勝 ……………… 243	甲斐 道清 ……………… 293	葛西 憲之 ……………… 25
小曽根 光男 ……………… 95	小野 勝 ……………… 454	甲斐 基男 ……………… 4	傘木 宏夫 ……… 227, 228
小田 章 ……………… 347	小野 光明 ……………… 230	甲斐 元也 ……………… 191	笠谷 圭司 ……………… 332
織田 京子 ……………… 108	小野 光彦 ……………… 37	快勝院 一誠 ……………… 441	笠原 喜一郎 ……………… 196
小田 哲 ……………… 179	小野 義治 ……………… 88	海津 にいな ……………… 124	笠原 俊一 ……………… 230
小田 忠良 ……………… 464	小野 立 ……………… 48	貝蔵 治 ……………… 207	笠原 潤一 ……………… 235
小田 俊朗 ……………… 285	尾上 一久 ……………… 447	甲斐田 国彦 ……………… 438	笠原 忠雄 ……………… 419
小田 満 ……………… 324	尾上 頼子 ……………… 381	海東 希平 ……………… 465	風間 康静 ……………… 40
小田 豊 ……………… 300	小野沢 猛史 ……………… 15	海東 英和 ……………… 290	風間 幸蔵 ……………… 44
小平 英哉 ……………… 88	小野塚 久枝 ……………… 85	貝原 俊民 ……………… 324	風間 裁司 ……………… 70
小高 明 ……………… 153	小野田 賢治 ……………… 277	海鋒 孝志 ……………… 55	笠間 信一郎 ……………… 175
尾高 貴善 ……………… 132	小野田 隆 ……………… 150	臥雲 義尚 ……………… 233	笠間 城治郎 ……………… 175
小田川 浩 ……………… 76	小野寺 晃彦 ……………… 22	加賀 剛 ……………… 37	風間 豊三郎 ……………… 60
小田木 真代 ……………… 74	小野寺 欣一 ……………… 28	加賀 博昭 ……………… 192	風間 正光 ……………… 61
小田桐 清作 ……… 102, 113	小野寺 慶吾 ……………… 91	香川 武文 ……………… 110	笠松 哲郎 ……………… 213
小田切 治世 ……… 232, 233	小野寺 孝喜 ……………… 29	香川 信久 ……………… 397	梶 克之 ……………… 83
小谷 章 ……………… 179	小野寺 信一 ……………… 36	香川 昌則 ……………… 384	加地 宏 ……………… 137
小田部 善治 ……………… 6	小野寺 尚武 ……………… 84	垣内 常子 ……… 135, 153	梶 文秋 ……………… 209
小田原 勇次郎 ……………… 474	小野寺 信雄 ……………… 39	垣内 雄一 ……………… 367	梶 雅子 ……………… 171
越智 勲 ……………… 403	小野寺 良信 ……………… 54	柿崎 喜世樹 ……………… 52	梶 正治 ……………… 398
越智 忍 ……………… 401	小野原 典子 ……………… 347	柿崎 幹夫 ……………… 49	梶 義照 ……………… 394
越智 隆秀 ……………… 403	小幡 和利 ……………… 417	柿崎 実 ……………… 49	加地 良光 ……………… 420
越智 正 ……………… 326	小幡 俊之 ……………… 417	柿沢 弘治 ……………… 143	梶岡 博樹 ……………… 80
落合 克宏 ……………… 181	小畑 元 ……………… 45	垣田 猛 ……………… 306	樫木 実 ……………… 11
落合 久三 ……………… 33	小幡 政人 ……………… 67	垣田 達哉 ……………… 235	梶田 功 ……………… 321
落合 誓子 ……………… 207	尾花 正明 ……………… 101	鍵田 忠兵衛 ……………… 340	樫田 準一郎 ……………… 207
落合 恒 ……………… 172	尾花 正啓 ……………… 347	柿沼 久雄 ……………… 155	樫野 孝人 ……………… 325
落合 浩英 ……………… 475	小原 明大 ……………… 300	柿原 達也 ……………… 426	楫野 弘和 ……………… 359
落合 良子 ……………… 250	小原 うめ子 ……………… 148	柿本 善也 ……………… 339	鹿島 日出喜 ……………… 395
落合 良延 ……………… 181	小原 豊明 ……………… 32		樫村 紀元 ……………… 108
	小原 正巳 ……………… 32		柏村 武昭 ……………… 373

樫村 千秋 ……… 78	勝井 太郎 ……… 341	加藤 敏治 ……… 164	兼井 藤波 ……… 212
柏村 忠志 ……… 76	香月 利治 …… 415, 416	加藤 直樹 ……… 240	金入 明義 ……… 24
樫村 正員 ……… 396	勝田 道雄 ……… 73	加藤 久雄 ……… 225	金子 あそみ ……… 177
樫村 庸一 ……… 335	勝部 修 ……… 29	加藤 英雄 ……… 127	金子 和智 ……… 423
梶本 修史 ……… 324	勝部 幸治 ……… 361	加藤 寛嗣 ……… 286	金子 和宏 ……… 373
柏 朔司 ……… 27	勝部 庸一 ……… 356	加藤 裕康 ……… 116	金子 一保 ……… 100
柏木 征夫 ……… 349	勝俣 進 ……… 221	加藤 正一 ……… 274	金子 清 ……… 186
柏木 謙一 ……… 474	鰹谷 忠 ……… 4	加藤 真志 ……… 390	金子 圭典 ……… 112
柏木 修次 ……… 46	勝谷 誠彦 ……… 324	加藤 正博 ……… 462	金子 健一 ……… 109
柏木 健 ……… 249	桂 次雄 ……… 474	加藤 正文 ……… 161	金子 健次 ……… 427
柏木 武美 ……… 428	桂 信雄 ……… 4	加藤 又義 ……… 285	金子 原二郎 ……… 436
柏木 徹 ……… 181	桂 秀光 ……… 180	加藤 幹夫 ……… 38	金子 達 ……… 83
柏木 幹雄 ……… 180	桂 睦子 ……… 308	加藤 光徳 ……… 281	金子 泰造 ……… 91
柏木 良三 ……… 107	桂川 孝裕 ……… 298	加藤 三好 …… 240, 242	金子 孝重 ……… 157
柏倉 信一 ……… 53	桂田 美智子 ……… 469	加藤 元章 ……… 253	金子 太門 ……… 94
柏谷 弘陽 ……… 22	角 光雄 ……… 209	加藤 盛雄 … 99, 103, 104	金子 望 ……… 217
柏谷 由紀子 ……… 162	加戸 守行 ……… 400	加藤 靖也 ……… 240	金子 春男 ……… 117
梶原 志計雄 ……… 151	門 康彦 ……… 328	加藤 義和 ……… 395	金子 博 ……… 144
梶原 重利 ……… 442	加藤 昭 ……… 257	加藤 義孝 ……… 45	金子 浩隆 ……… 96
梶原 拓 ……… 235	加藤 章 ……… 405	加藤 義康 ……… 45	金子 雅子 ……… 118
梶原 政子 ……… 165	加藤 明海 ……… 269	加藤 隆一 ……… 156	金子 勝 ……… 117
柏原 正之 ……… 330	加藤 育男 ……… 170	加藤 礼一 ……… 6	金子 康男 ……… 129
春日井 明 ……… 145	加藤 功 ……… 271	門川 大作 ……… 296	金子 ゆかり ……… 231
加瀬 五郎 ……… 123	加藤 円治 ……… 52	門田 正則 …… 122, 137	金子 裕 ……… 86
加瀬 義孝 ……… 123	加藤 修 ……… 240	角野 達也 ……… 37	金子 芳尚 ……… 59
加瀬谷 敏男 ……… 9	加藤 一敏 ……… 154	門脇 文雄 ……… 462	金坂 昌典 ……… 126
嘉田 由紀子 ……… 288	加藤 勝見 ……… 263	門脇 槙夫 ……… 409	兼島 俊 ……… 479
片井 智鶴枝 ……… 423	加藤 勝美 ……… 16	門脇 光浩 ……… 47	金田 一郎 ……… 314
片岡 一三 ……… 286	加藤 清 ……… 116	金井 一夫 ……… 68	金田 薫 ……… 79
片岡 英治 ……… 297	加藤 国洋 ……… 52	金井 一憲 ……… 68	兼田 昭一 ……… 67
片岡 恵一 ……… 264	加藤 けい光 ……… 105	金井 康治 ……… 92	金田 武 ……… 18
片岡 聡一 …… 366, 367	加藤 憲一 ……… 177	金井 忠一 …… 224, 227	金田 峰生 ……… 324
片岡 敏康 ……… 158	加藤 孔一 ……… 268	金井 道之 ……… 96	金丸 一元 ……… 222
片岡 稚夫 ……… 224	加藤 浩一 ……… 68	金尾 丹 ……… 149	鹿野 清一 ……… 39
片岡 憲彦 ……… 273	加藤 栄 ……… 284	金指 光恵 ……… 169	狩野 常徳 ……… 433
片貝 光次 ……… 118	加藤 静治 ……… 268	金沢 茂 ……… 21	叶 芳和 ……… 470
片桐 達夫 ……… 247	加藤 周二 ……… 36	金沢 隆 ……… 25	加納 義郎 ……… 418
片桐 康子 ……… 272	加藤 修平 ……… 183	金沢 忠雄 ……… 52	蒲島 郁夫 ……… 444
片桐 有而 ……… 129	加藤 淳司 ……… 241	金沢 秀三郎 ……… 438	椛島 博明 ……… 446
片庭 正雄 ……… 76	加藤 錠司郎 ……… 263	金沢 充隆 ……… 97	椛田 勝利 ……… 454
片野 猛 ……… 197	加藤 成一 ……… 304	金津 保 ……… 240	椛田 博隆 ……… 454
方波見 和彦 ……… 80	加藤 精重 ……… 276	金出 公子 ……… 416	蒲谷 亮一 ……… 184
片峯 誠 ……… 417	加藤 節夫 ……… 360	金丸 一孝 ……… 161	樺山 一雄 ……… 470
片山 圭之 ……… 397	加藤 高 ……… 106	金丸 和史 ……… 125	釜井 健介 ……… 426
片山 象三 ……… 336	加藤 武昭 ……… 103	金丸 謙一 ……… 133	釜江 弘和 ……… 318
片山 哲 ……… 165	加藤 剛士 ……… 14	金元 幸枝 ……… 211	鎌倉 孝幸 ……… 444
片山 久男 ……… 306	加藤 武美 ……… 110	金山 鎮雄 ……… 239	鎌田 和昭 ……… 30
片山 勇起 ……… 84	加藤 太郎 ……… 251	金山 屯 …… 59, 62	鎌田 さゆり ……… 36
片山 吉忠 ……… 192	加藤 千速 ……… 282	金山 尚学 ……… 455	鎌田 紳二 ……… 397
片山 善博 ……… 352	加藤 千尋 ……… 111	金山 吉隆 ……… 375	鎌田 雅博 ……… 183
片山 力夫 ……… 325	加藤 司 ……… 463	金成 文夫 ……… 166	神尾 光輝 ……… 374
可知 孝司 ……… 236	加藤 碩 ……… 381	兼井 大 ……… 212	上岡 国夫 ……… 94
可知 義明 ……… 236	加藤 利江 ……… 116		上沢 義主 ……… 32

氏名	頁
上地 克明	184
上条 哲弘	107
神園 勝喜	470
神園 征	476
神谷 昇	307
神野 吉弘	149
上橋 泉	127
上村 英司	221
上村 崇	299
上村 広実	474
神谷 明	249
神谷 学	262
神谷 正二	85
神谷 貴行	416
神谷 暢	272
神山 玄太	217
亀井 章	363
亀井 郁夫	372
亀井 英一	176
亀井 俊明	392
亀井 利克	285
亀井 義幸	454
亀田 郁夫	129
亀田 好子	91
亀田 博	383, 384
亀田 良一	374
亀山 豊文	93, 94
亀山 紘	37
鴨 哲登志	135
鴨居 洋子	173, 174, 179
鴨川 忠弘	19
鴨志田 リエ	14
栢木 進	293
萱沼 俊夫	221
茅野 丈二	436
茅野 博	473
萱原 清	387
加山 俊夫	178, 179
唐崎 裕治	427
唐沢 茂人	226
柄沢 義郎	227
刈田 研太郎	113
仮屋 国治	473
仮谷 志良	346
仮谷 豊子	411
刈谷 瑛男	410
仮屋 正文	474
川 裕一郎	205
河井 案里	372
川合 喜一	105
河合 恭一	146
河合 左千夫	316
河合 清秀	7, 8
河合 孝彦	134
川井 貞一	40
川井 敏久	138
川井 友則	138
川合 直美	52
河井 規子	298
河合 博	225
河合 正男	88
河合 正仁	270
河合 洋行	162
川合 善明	105
川合 良樹	243
川井田 清信	328
川内 一男	335
川内 卓	289, 292
川勝 平太	246
川上 泉	365
川上 和彦	152
河上 敢二	282, 283
川上 賢治	182
河上 幸一	83
川上 大	357
川上 俊夫	143
川上 浩	201
川上 弘郁	217
川神 裕司	360
川上 好孝	70
川岸 光男	284
川北 直人	148
川口 市雄	247
川口 茂路	253
川口 誠二	428
川口 徳一	191, 192
川口 英義	257
川口 博	44
河崎 敦夫	445
川崎 篤之	68
川崎 永伯	462
川崎 悦子	116
川崎 一維	190
川崎 久一	166
川崎 清雄	138
川崎 繁	297
川崎 昭典	407
河崎 展忠	367
川崎 真敏	20
川崎 稔	430
川島 健	265
川島 信也	291
川島 光雅	357
川島 実	340
川尻 輝三	264
川杉 清太郎	160
河澄 亨	265
河瀬 一治	214
川瀬 輝夫	277
川添 由紀子	459
河田 晃明	114
川田 繁幸	45
川田 裕	342
川田 昌成	59, 62
河内 綾次郎	328
河内 順子	389
河内 宏之	83
河戸 昇	282
川浪 隆幸	473
川浪 弘人	458
川野 敦朗	473
河野 順吉	16
川野 信男	477
川野 裕章	57
河野 弘史	427
川野 文敏	458
川野 正雄	418
川野 幸男	457
川野輪 和康	70
川端 英子	36
川端 五兵衛	289
川畑 悟	18
河端 春夏	404
川畑 文平	469
川端 祐樹	447
河原 勇	158
河原 勲三	10
河原 敬	8
河辺 伊知郎	129
河辺 康太郎	171
川辺 信一	468
河辺 尊文	373
川部 洋	353
川俣 純子	87
川又 保	79
川真田 哲哉	393
川俣 幸雄	186
川俣 芳郎	444
川松 真一朗	152
河村 昭男	38
河村 修	451
河村 和登	384, 385
川村 佳代子	264
河村 小太郎	228
川村 実	19
河村 淳	387
河村 整	395
河村 たかし	261
河村 孝	171
川村 卓哉	139
川村 龍雄	33
河村 龍男	386
川村 智男	86
川村 秀三郎	460, 461
川村 幹	160
河村 良彦	304
河村 憐次	383
川本 明	430, 431
川本 勇	289
川本 達志	377
川本 敏和	201
川本 英郎	328
川本 雅弘	311
川本 雅之	270
川元 康裕	372
河盛 史郎	336
河原林 昌樹	311
川和田 博	148
菅 朝照	401
菅 良二	401
菅家 一郎	60
管家 一夫	405
神崎 浩之	29
神崎 実	6
神田 彰夫	226
神田 恭介	161
神田 孝次	10, 11
神田 順	147
神田 福治	226
神田 真秋	260, 262
神田 洋一	24
神達 岳志	73
菅野 俊吾	34
菅野 健志	89
菅野 恒信	28
菅野 通子	179
菅野 泰	122
菅野 康裕	61
神林 弘	74
蒲原 啓二	430
神原 泰晴	313
神戸 健太郎	262
菅間 進	36

【き】

氏名	頁
木内 和博	5
木内 清	152

木内 均 …………… 229	岸 博一 …………… 208	北嶋 雄二郎 ……… 416	木下 厚 …………… 112
木内 博 …………… 174	岸 牧子 ……… 174, 184	北角 嘉幸 ………… 114	木下 一見 ………… 16
木内 正勝 ………… 226	岸 松江 …………… 150	北爪 照夫 ………… 326	木下 一彦 ………… 235
掬川 武義 ………… 249	岸 芳男 …………… 350	北田 彰 …………… 448	木下 勝朗 ………… 256
菊川 勝 …………… 459	岸井 静治 ………… 388	北田 清 …………… 110	木下 恵子 ………… 302
菊川 美善 ………… 334	岸上 倭文樹 ……… 314	北田 輝雄 ………… 310	木下 敬之助 ……… 453
菊島 好孝 ………… 5	岸川 美好 ………… 431	北出 芳久 ………… 210	木下 健二 ………… 368
菊池 一俊 ………… 77	木鋪 巌 …………… 226	北名 照美 ………… 16	木下 茂人 ………… 226
菊地 勝志郎 ……… 76	岸田 修 …………… 305	北野 重一 ………… 339	木下 正一 ………… 329
木口 京子 ………… 365	岸田 一夫 ………… 80	北野 省三 ………… 291	木下 達則 ………… 105
菊地 恵一 ………… 38	木下 敬二 ………… 138	北野 進 …………… 207	木下 敏之 …… 416, 430
菊地 恵介 ………… 358	岸田 恒夫 ………… 313	北野 典爾 ………… 446	木下 知己 ………… 429
菊池 健 …………… 19	岸部 陞 …………… 46	北野 紀子 ………… 331	木下 博 …………… 102
菊池 健治 ………… 26	木島 武彦 ………… 433	北野 実 …………… 337	木下 博信 ………… 111
菊池 健次郎 ……… 41	木島 長右エ門 … 188, 189	北野谷 一樹 ……… 270	木下 義夫 ………… 350
菊地 定則 ………… 91	木島 信秋 ………… 201	北橋 健治 ………… 421	木下 善之 …… 350, 351
菊池 正 …………… 32	鬼嶋 正之 ………… 193	北畠 猛 …………… 418	木下 律子 …… 237, 241
菊地 城一郎 ……… 77	岸本 泰治 ………… 390	北原 実 …………… 228	木原 敬一 ………… 147
菊地 二郎 ………… 163	岸本 建男 ………… 483	北原 豊 …………… 330	木原 敬介 ………… 312
菊池 大蔵 ………… 402	岸本 雅吉 ………… 144	北堀 篤 ……… 111, 112	木原 信義 ………… 171
菊池 泰平 ………… 327	岸本 勝 ……… 329, 330	北御門 伸彦 ……… 471	貴舩 悦光 ………… 382
菊池 巌 …………… 33	木津 三郎 ………… 118	北村 勝美 ………… 327	宜保 成幸 ………… 480
菊池 平以 ………… 405	木津 雅晟 …… 118, 119	北村 三郎 ………… 276	宜保 晴毅 ………… 483
菊知 龍雄 ………… 206	木津 稔 …………… 288	北村 正平 ………… 256	宜保 安孝 ………… 483
菊池 長右エ門 …… 33	黄瀬 紀美子 ……… 288	北村 新司 ………… 139	儀間 光男 …… 480, 481
菊池 恒三郎 ……… 89	木曽 茂 …………… 229	北村 貴寿 ………… 438	君島 一郎 ………… 87
菊地 亨 …………… 161	木曽 寿一 ………… 424	北村 隆幸 ………… 319	君嶋 千佳子 ……… 178
菊池 伸英 ………… 400	北 栄一郎 …… 206, 207	北村 富生 ………… 291	君島 久康 ………… 167
菊池 汪夫 ………… 57	喜多 克雄 ………… 171	北村 春江 ………… 327	君島 寛 …………… 87
菊地 啓夫 ………… 38	木田 久主一 ……… 284	北村 文子 ………… 103	木村 映一 ………… 274
菊池 紘 …………… 156	北 秀侃 …………… 333	北村 正弘 ………… 225	木村 一彦 ………… 385
菊池 博 …………… 73	北 猛俊 …………… 17	北村 正哉 ………… 21	木村 公麿 ………… 25
菊地 正彦 ………… 157	喜多 民人 ………… 111	北村 豊 …………… 327	木村 清子 ………… 148
菊池 靖 …………… 83	木田 哲次 ………… 450	北村 翼 …………… 350	木村 圭司 ………… 366
菊池 有二 ………… 456	喜多 洋三 …… 321, 322	北元 喜雄 ………… 205	木村 元 …………… 188
菊地 豊 …………… 27	喜田 義明 ………… 391	北本 正雄 …… 147, 148	木村 健一 ………… 450
菊地 豊 …………… 248	木田 亮 …………… 120	北本 義和 ………… 320	木村 健一郎 ……… 384
菊地 隆次 ………… 381	北門 勇気 ………… 345	北山 信義 ………… 471	木村 公一 ………… 417
菊間 健夫 ………… 130	北川 穣一 ………… 158	北脇 保之 ………… 254	城村 孝一郎 ……… 206
菊谷 勝利 ………… 12	北川 卓逸 ………… 420	橘高 明 …… 142, 304, 363	木村 史暁 ………… 325
菊谷 秀吉 ………… 13	北川 嗣雄 ………… 318	橘高 泰司 ………… 378	木村 成敏 ………… 453
亀卦川 参生 ……… 261	北川 法夫 ………… 318	木戸 晃 …………… 316	木村 茂 …………… 154
木佐 宏 …………… 358	北川 裕之 ………… 285	城戸 正紀 ………… 403	木村 伸一 ………… 39
木阪 清 …………… 368	北川 昌典 ………… 464	木藤 昭仁 ………… 383	木村 甚治 ………… 423
木崎 剛 …………… 172	北川 正恭 …… 278, 279	木戸浦 隆一 ……… 15	木村 純夫 ………… 109
城崎 雅文 ………… 302	北岸 節男 ………… 263	喜納 昌吉 ………… 479	木村 澄夫 ………… 100
喜治 賢次 ………… 155	北口 寛人 ………… 326	木梨 盛祥 ………… 151	木村 清一 ………… 42
岸 暁 ……………… 427	北里 敏明 ………… 444	衣笠 洋子 ………… 296	木村 孝 …………… 23
来住 寿一 ………… 336	北沢 仁 …………… 75	衣川 元嗣 ………… 301	木村 登吉 ………… 23
岸 秀司 …………… 359	北沢 洋 …………… 228	衣川 義隆 ………… 399	木村 徳 …………… 162
岸 順三 …………… 349	北島 悦子 ………… 431	杵渕 衛 …………… 195	木村 俊昭 ………… 4
貴志 八郎 ………… 346	北島 元雄 ………… 92	木之下 明 ………… 207	木村 敏文 ………… 78
喜志 久 …………… 392			

木村 仁 …………… 444		工藤 直道 …………… 33	熊谷 盛広 …………… 41
木村 博貴 …………… 89	【く】	工藤 広 …………… 20	熊谷 貞俊 ………… 305
木村 正孝 ………… 184		工藤 正司 ………… 106	熊川 賢司 ………… 126
木村 衛 ……………… 7	久喜 邦康 ………… 111	工藤 由紀 ………… 136	熊川 好生 ………… 126
木村 万平 …… 295, 296	釘宮 磐 …… 453, 454	工藤 良一 …………… 14	熊倉 哲也 ………… 154
木村 操 …………… 75	久々山 義人 ……… 446	国井 一之 …………… 55	熊高 昌三 ………… 373
木村 守男 …………… 21	日下 修 …………… 126	国井 益雄 ………… 383	熊坂 義裕 …… 33, 59
木村 芳夫 ………… 314	日下部 伸三 ……… 100	国枝 秀信 …………… 10	熊沢 高 …………… 139
木村 良樹 ………… 346	日下部 尚 ………… 239	国定 勇人 ………… 192	熊代 昭彦 …… 363, 364
木村 芳城 …………… 68	草刈 智のぶ ……… 167	国下 和男 ………… 320	熊田 仁一 ………… 134
木村 吉伸 ………… 205	草島 進一 …………… 55	国島 芳明 ………… 240	熊野 以素 ………… 316
木村 義治 ………… 302	草地 茂治 ………… 134	楮原 幸吉 ………… 392	熊野 譲 …………… 381
木村 練 …………… 387	草薙 孝 …………… 317	国松 正一 ………… 293	隈元 勇 …………… 468
木本 保平 ………… 308	草野 清貴 …………… 63	国松 勝 …………… 407	隈元 新 …… 470, 471
木本 由孝 …………… 10	草野 義雄 ………… 333	国松 善次 ………… 288	熊本 哲之 ………… 152
城守 昌二 ………… 296	草場 知喜 ………… 369	国松 嘉仲 ………… 290	久米 誠司 ………… 390
木山 耕三 ………… 376	草間 重男 …… 224, 229	国光 拓自 ………… 376	久米 雄蔵 ………… 403
木山 隆行 ………… 401	草間 政一 ………… 135	国宗 直 …………… 444	久米 要次 ………… 240
喜屋武 満 ………… 482	草間 吉夫 …………… 74	国元 雅弘 ………… 400	倉重 良一 ………… 418
京谷 䄂 …… 199, 200	草山 忠文 ………… 180	椚 国男 …………… 166	倉嶋 清次 …… 220, 221
清沢 茂宏 …………… 6	久慈 義昭 …………… 31	久野 孝保 ………… 265	倉田 晃 …………… 306
清沢 葉子 ………… 172	具志堅 順助 ……… 481	久野 弘 …………… 272	倉田 宇山 ………… 296
清田 庸久 ………… 321	櫛田 一男 …………… 60	久野 隆作 ………… 182	倉田 薫 …… 305, 306
清田 乃り子 ……… 131	串田 真吾 ………… 275	久保 作美 ………… 317	倉田 倬治 ………… 241
清都 邦夫 ………… 202	串田 武久 …………… 81	久保 治雄 ………… 311	倉田 哲郎 ………… 321
清藤 真司 ………… 409	串原 義直 ………… 225	久保 秀徳 ………… 341	蔵多 得三郎 ……… 161
清野 正男 ………… 189	櫛引 留吉 …………… 23	久保 文子 ………… 350	倉田 友路 ………… 441
清原 慶子 ………… 171	櫛引 ユキ子 ……… 23	久保 真人 ………… 202	倉田 弘 …………… 75
清原 佶 …………… 337	久嶋 務（久島 務）	久保 正則 ………… 413	倉田 安雄 ………… 458
清原 哲史 ………… 422	……………… 302	久保沢 鉄男 ………… 24	蔵田 義雄 ………… 377
清藤 詔八郎 ……… 308	楠田 大蔵 ………… 423	窪田 育弘 ………… 342	倉谷 八千子 ……… 331
清宮 一義 ………… 140	楠田 幹人 ………… 424	窪田 功 …………… 209	蔵原 隆浩 ………… 449
清宮 義雄 ………… 140	楠木 三十四 ……… 295	久保田 勇 ………… 297	倉持 和朗 ………… 145
清元 秀泰 ………… 337	楠瀬 耕作 ………… 411	久保田 一郎 ……… 445	倉本 崇弘 ………… 283
清山 知憲 ………… 461	楠橋 康弘 ………… 400	久保田 桂朗 ……… 264	栗川 仁 ………… 87, 88
吉良 州司 ………… 453	楠原 光政 ………… 188	久保田 后子 …… 382, 383	栗城 春夫 …………… 60
桐ケ谷 覚 ………… 180	久須美 佐内 ……… 123	久保田 健一郎 ……… 68	栗栖 喜代美 ……… 331
桐田 昭彦 ………… 280	久須美 忍 …………… 79	久保田 俊二	栗田 勝 …………… 231
切通 英博 ………… 447	楠見 昭二 ………… 375	…… 161, 162, 179	栗田 幸雄 ………… 210
桐原 孝志 …………… 67	久住 時男 ………… 196	久保田 章市 ……… 360	栗林 次美 …………… 47
桐原 洋一 ………… 474	久住 久俊 ………… 192	久保田 孝 ……… 67, 68	栗原 公喬 ………… 101
木和田 武司 ……… 327	楠山 俊介 ………… 252	久保田 務 …………… 92	栗原 貴子 ………… 305
金城 一雄 ………… 480	杏抜 猛 …………… 318	久保田 光 ………… 248	栗原 孝 …………… 419
金城 秀吉 ………… 481	工藤 篤 …………… 32	窪田 光 …………… 157	栗原 武 …………… 110
金城 順正 ………… 481	工藤 巌 …………… 27	久保田 英文 ……… 152	栗原 信之 ………… 171
金城 竜郎 ………… 479	工藤 衛二 …………… 13	久保田 浩 ………… 413	栗原 一 …………… 334
金城 豊明 ………… 483	工藤 一夫 …………… 11	久保田 昌宏 ……… 171	栗原 裕康 ………… 253
金原 久雄 …… 266, 267	工藤 喜久治 ……… 147	窪田 之喜 ………… 169	栗原 雅智 ………… 221
金ピカ先生（佐藤 忠	工藤 悟 …………… 460	久保山 啓介 ……… 444	栗原 勝 …………… 253
志） …………… 476	工藤 善司 …………… 23	熊谷 国彦 …… 358, 359	栗原 稔 …………… 111
	工藤 寿樹 …………… 15	熊谷 俊人 ………… 123	栗原 建一郎 ……… 275
	工藤 内記 …… 24〜26	熊谷 道博 ………… 474	栗山 栄子 ………… 123
		熊谷 もも ………… 291	

栗山 志朗 ………… 369	桑原 允彦 ……… 431, 432	合志 栄一 ………… 381	小坂 紀一郎 ……… 167
栗山 正隆 ………… 298	桑原 豊 …………… 205	神津 武士 ………… 229	小坂 喬峰 ………… 236
栗山 康彦 ………… 364	桑山 三郎 ………… 196	上妻 義人 ………… 475	小坂 智徳 ………… 376
呉羽 真弓 ………… 298	桑山 浩子 ………… 264	合田 寅彦 …………… 68	小阪 洋志 ………… 367
樗松 佐一 ……… 260, 261	桑山 博之 ………… 368	合田 陽一 ………… 396	小坂 政司 ………… 376
黒岩 直良 ………… 409		河内山 哲朗 …… 387, 388	小桜 博司 ………… 255
黒岩 祐治 ………… 174	【け】	河野 顕子 ………… 182	越 明男 …………… 25
黒氏 博実 …………… 8		河野 泉 …………… 122	越 直美 …………… 288
黒川 紀章 ………… 143	慶田 泰輔 ………… 474	河野 憲二 ………… 393	古塩 政由 ………… 175
黒川 昭介 ……… 380, 385	慶野 靖幸 ………… 152	河野 俊嗣 ………… 461	小鹿 伸衛 ………… 113
黒川 親治 ………… 271	毛塚 吉太郎 ……… 86	河野 辰男 ………… 471	越川 信一 ………… 133
黒川 征一 ……… 392, 393	煙山 力 ………… 156, 157	向野 敏昭 ………… 425	越川 隆文 ………… 200
黒川 万千代 ……… 174	現王園 孝昭 ……… 106	河野 俊紀 ………… 122	越川 陽治郎 ……… 170
黒木 紹光 ………… 465		河野 登美子 ……… 310	越田 謙治郎 ……… 331
黒木 健二 ………… 465	【こ】	河野 誠 …………… 464	越野 宗男 ………… 360
黒木 三郎 ………… 142		河野 正夫 ………… 374	腰原 愛正 ……… 224, 227
黒坂 正則 ………… 136	小池 晃 …………… 143	河野 昌弘 ………… 336	五嶋 耕太郎 ……… 209
黒崎 勇 …………… 107	古池 悦子 ………… 301	河野 昌禎 ………… 401	小島 新平 …………… 62
黒崎 清則 ……… 205, 207	小池 清彦 ……… 190, 191	神之浦 文三 ……… 439	小島 卓 …………… 110
黒沢 秀明 ………… 124	小池 昭太郎 ……… 458	合原 由作 …………… 8	小島 進 …………… 116
黒須 喜一 ………… 114	小池 通義 ………… 222	光部 武信 ………… 270	小嶋 善吉 ……… 246, 247
黒須 喜好 ………… 101	小池 哲馬 ………… 378	神山 好市 ………… 155	小島 達司 ………… 178
黒須 俊隆 ………… 126	小池 春光 ………… 385	幸山 政史 ……… 444, 445	小嶋 宣秀 ………… 293
黒須 光男 …………… 37	小池 政男 …………… 92	高鹿 栄助 ………… 119	小島 真 …………… 73
黒須 康代 ………… 123	小池 政臣 ………… 257	越渡 一一 ………… 347	児島 貢 …………… 266
黒須 隆一 ………… 166	小池 正勝 ………… 390	郡 和子 …………… 37	小島 康晴 ………… 225
黒田 昭 …………… 463	小池 正孝 ………… 140	古賀 重信 ………… 425	小島 幸生 ………… 180
黒田 克明 ………… 261	小池 雄治 ………… 192	古賀 敬章 ………… 384	小島 幸雄 ………… 293
黒田 清 …………… 144	小池 百合子 ……… 144	古賀 孝 …………… 126	古謝 景春 ………… 484
黒田 重晴 ………… 108	小池 義清 ………… 309	古賀 竜生 ………… 418	古城 恵人 ………… 470
黒田 晋 …………… 367	小泉 一成 ………… 136	古賀 典 …………… 419	小塚 光子 …………… 46
黒田 成彦 ………… 441	小泉 民未嗣 ……… 162	古賀 輝吉 ………… 422	小杉 秀紀 ………… 174
黒田 英夫 ………… 198	小泉 俊博 ………… 229	古賀 秀紀 ………… 434	小菅 啓司 …………… 91
黒田 実 …………… 310	小泉 一 …………… 158	古閑 雅之 ………… 137	小関 啓子 ………… 151
黒田 靖 …………… 237	小泉 文人 ……… 124, 125	古賀 道雄 ………… 419	小関 卓雄 ………… 111
黒田 靖敏 ………… 331	小泉 義弥 ………… 132	古我 友一 …………… 20	小斉平 敏文 ……… 463
黒見 哲夫 ………… 354	小泉 剛康 ………… 212	古賀 義弘 ………… 156	小竹 伸夫 ………… 387
黒柳 和義 ………… 276	小泉 米造 ………… 345	後上 民子 ………… 107	小竹 紘子 ………… 157
畔柳 博 …………… 274	五位塚 剛 ………… 475	五貫 淳 …………… 436	小谷 喬 …………… 315
桑江 朝千夫 ……… 482	小出 譲治 ………… 125	古木 圭介 ………… 468	小谷 毎彦 …………… 11
桑江 朝幸 ………… 482	小出 善三郎 ……… 125	国生 美南子 ……… 140	小谷 昇 …………… 408
桑江 テル子 ……… 482	小出 弘 …………… 189	国分 富夫 …………… 64	小谷 豪純 ………… 305
桑島 耕太郎 ……… 169	小久保 達 ………… 115	国分 保男 …………… 32	児玉 昭夫 ………… 110
桑島 博 …………… 28	小久保 純一 ……… 284	小久保 忠男 ……… 72	児玉 敦 …………… 114
桑田 恭子 ………… 373	小岩井 清 ………… 124	小久保 徳子 ……… 436	児玉 英治 ………… 382
桑野 照史 ………… 424	小岩井 満男 ……… 113	小久保 博史 ……… 103	児玉 浄司 ………… 235
桑畑 真二 ………… 474	小浮 正典 ………… 274	小久保 三夫 ……… 275	児玉 更太郎 ……… 373
桑原 敬一 ………… 415	纐纈 満 …………… 236	木暮 治一 …………… 94	児玉 孝子 ………… 271
桑原 敏武 ………… 150	交告 義昭 ………… 238	九重 匡江 ………… 356	児玉 忠 …………… 463
桑原 富雄 ………… 403	高坂 純 …………… 192	小斉 太郎 ………… 157	児玉 一 …………… 46
桑原 友義 ………… 134	上坂 昇 …………… 60	小坂 和輝 ………… 153	小玉 博美 ………… 159
桑原 福治 ………… 117	神崎 礼一 ………… 426		児玉 宗孝 ……… 470, 471

小番 勘 …………… 156	古場 正春 …………… 139	小林 吉宏 …………… 19	小山 誠三 …………… 115
小番 宜一 …………… 49	木場 弥一郎 ………… 439	小林 嘉文 …………… 365	小山 達生 …………… 425
小手川 恵 …………… 454	小橋 淳 ……………… 367	小林 義光 …………… 220	小山 信一 ……… 143, 154
小寺 裕雄 …………… 291	木幡 浩 ……………… 59	小針 正江 …………… 155	小山 広明 … 305, 314, 315
小寺 弘之 ………… 90, 91	小早川 宗一郎 ……… 450	木挽 司 ……………… 331	小山 道夫 …………… 114
後藤 昭夫 …………… 239	小早川 正和 ………… 347	小日向 毅夫 ………… 147	小山 行一 …………… 99
後藤 晨 ……………… 29	小早川 宗弘 ………… 450	小堀 徹 ……………… 184	小山 隆太郎 ………… 154
後藤 彰 ……………… 256	小林 攻 …………… 135, 136	小堀 勇人 …………… 85	小屋松 敬介 ………… 109
後藤 新 ……………… 91	小林 香 ……………… 59	駒形 正明 …………… 196	小鑓 隆史 …………… 288
五藤 一成 …………… 411	小林 馨 ……………… 13	小松 格 ……………… 390	是金 昭三 …………… 292
後藤 勝彦 …………… 58	小林 一夫 …………… 107	小松 攻 ……………… 408	是永 修治 …………… 454
後藤 国利 ……… 454, 455	小林 和男 …………… 17	小松 恭子 …………… 168	近 寅彦 ……………… 192
後藤 桂一 …………… 249	小林 計正 …………… 225	小松 恵一 …………… 146	今 博 ………………… 23
後藤 圭二 …………… 314	小林 一三 ……… 186, 188	小松 幹侍 ……… 412, 413	今田 浩 ………… 295, 298
後藤 健二 …………… 19	小林 一也 …………… 182	小松 猛 ……………… 273	紺谷 日出雄 ………… 339
五島 壯 ……………… 336	小林 一義 …………… 120	小松 政 ……………… 433	近藤 一雄 …………… 112
後藤 恒男 …………… 221	小林 克敏 …………… 438	小松 民子 …………… 260	近藤 万芳 …………… 124
後藤 常忠 …………… 382	小林 華弥子 ………… 459	小松 聡明 …………… 450	近藤 茂 ……………… 112
後藤 輝樹 …………… 144, 154, 157, 158	小林 清 ……………… 194	小松 久孝 …………… 31	近藤 末広 …………… 117
後藤 敏夫 …………… 11	小林 光一 …………… 95	小松 正明 …………… 315	近藤 清一郎 ………… 231
後藤 富和 …………… 415	小林 栄 ……………… 81	小松 正幸 …………… 400	近藤 大輔 …………… 179
後藤 臣彦 …………… 217	小林 俊 ……………… 252	駒野 富也 …………… 116	近藤 泰平 …………… 253
後藤 昇 ……………… 374	小林 淳三 …………… 277	駒野 昇 ……………… 116	近藤 隆則 …………… 367
五島 久嗣 …………… 436	小林 崇徳 …………… 334	駒宮 博男 …………… 236	近藤 千鶴 …………… 256
後藤 斎 ……………… 217	小林 孝也 …………… 154	小南 修身 …………… 306	近藤 司 ……………… 405
後藤 博子 …………… 456	小林 長三郎 ………… 97	小南舘 清子 ………… 191	近藤 登 ……………… 238
五島 博 ……………… 382	小林 勤武 …………… 304	小峰 孝志 …………… 116	近藤 宏樹 ……… 360, 361
後藤 浩昌 ……… 186, 191	小林 常男 …………… 269	小宮 徹 ……………… 427	近藤 裕貴 …………… 276
後藤 宏行 …………… 279	小林 常良 …………… 175	小宮 教義 …………… 440	近藤 正俊 …………… 262
呉東 正彦 …………… 184	小林 毅 …………… 300, 301	小宮 学 ……………… 417	近藤 正尚 …………… 235
後藤 幹生 …………… 419	小林 哲也 …………… 301	古宮 良一 …………… 78	近藤 松次 …………… 315
後藤 迪男 …………… 147	小林 照代 …………… 340	小村 和年 …………… 375	近藤 学 ……………… 288
後藤 道雄 …………… 444	小林 敏男 …………… 91	小村 勝洋 …………… 354	近藤 瑞枝 …………… 160
後藤 宗昭 …………… 456	小林 年治 …………… 83	小紫 雅史 …………… 341	近藤 康雄 …………… 279
後藤 元秀 …………… 426	小林 俊弘 …………… 229	小室 たか …………… 68	近藤 弥生 …………… 144
五藤 康之 …………… 378	小林 知久 …………… 168	小室 豊允 …………… 324	近藤 幸恵 …………… 420
後藤 雄一 …………… 152	小林 久司 …………… 180	小室 直義 …………… 256	近藤 豊 ……………… 104
後藤 裕造 …………… 130	小林 久盛 …………… 335	米谷 寛治 ……… 198, 199	近藤 洋 ……………… 175
五嶋 幸弘 …………… 165	小林 ひとみ ………… 321	小森 勝彦 …………… 248	近藤 良三 …………… 276
後藤 善和 …………… 189	小林 弘 ……………… 279	小森 久二男 ………… 238	紺野 君子 …………… 182
琴坂 禎子 …………… 9	小林 宏至 …………… 312	小森 唯永 …………… 10	今野 恭一 …………… 40
琴寄 昌男 …………… 87	小林 裕 ……………… 154	小森 忠良 …………… 236	今野 繁 ……………… 63
小長井 義正 ………… 255	小林 房吉 …………… 241	小谷内 毅 …………… 207	今野 治郎 …………… 53
小西 栄造 ………… 80, 81	小林 真 ……………… 24	小谷田 進 …………… 165	今野 宏 ……………… 184
小西 理 ……………… 289	小林 誠 ……………… 193	小柳 聡 ……………… 187	今野 弘美 …………… 153
小西 禎一 …………… 305	小林 正和 …………… 283	小柳 茂 ……………… 153	今野 宏 ……………… 6
小西 清一 …………… 325	小林 正典 …………… 372	小柳 肇 ……………… 192	紺野 由夫 …………… 34
小西 日出夫 ………… 307	小林 正則 …………… 163	小谷野 五雄 ………… 116	今場 嘉一 …………… 254
五野井 敏夫 ………… 42	小林 幸子 …………… 163	小谷野 薫 …………… 373	
木浦 正幸 …………… 193	小林 洋子 …………… 157	小谷野 剛 …………… 110	
古葉 竹識 …………… 373	小林 芳市 …………… 62	小山 邦武 …………… 226	
	小林 義次 …………… 217	小山 健一 …………… 10	
		小山 信二 …………… 196	

【さ】

氏名	頁
雑賀 徹男	191
犀川 三郎	147
西川 孝純	190
西川 正純	190
佐伯 正夫	405
三枝 剛	219
西城 賢策	17
斎藤 彰	301, 302
斎藤 伊太郎	55
斉藤 英二	7
斉藤 和子	137
斉藤 和久	287
斎藤 和巳	284
斎藤 貝幸	164
斉藤 喜四郎	257
斎藤 紀美江	194
斎藤 公夫	221, 222
斎藤 恭子	139
斎藤 清美	428
斎藤 甲郎	191
斉藤 栄	247, 248
斎藤 重一	44
斉藤 滋宣	48
斉藤 滋与史	246
斎藤 純	28
斎藤 淳一郎	89
斎藤 純忠	113
斎藤 進	15
斎藤 善蔵	88
斎藤 隆男（斎藤 隆夫）	88
斉藤 猛	146
斎藤 武久	102
斎藤 雅	448
斎藤 鉄男	89
斎藤 伝吉	100
斎藤 寿明	197
斎藤 敏夫	3
斎藤 敏夫	88
斎藤 富雄	188
斉藤 信義	14
斉藤 規夫	41
斉藤 範吉	134
斎藤 昏義	296
斎藤 久男	103
斎藤 英雄	450
斉藤 寛明	200
斉藤 浩紀	385
斉藤 弘	136
斎藤 弘	51
斎藤 浩	57
斎藤 博	112
斎藤 裕	187
斎藤 裕之	55
斎藤 文夫	88
斉藤 正明	102
斎藤 政雄	102
斎藤 勝	146
斎藤 衛	253
斉藤 真里子	144
斎藤 光次	160
斉藤 光跡（斎藤 光跡）	15
斉藤 巳寿也	40
斉藤 光喜	48
斉藤 守史	417
斎藤 康夫	162
斎藤 泰	60
斎藤 祐善	171
斎藤 幸彦	54
斉藤 洋三	469
斎藤 良夫	178
斉藤 芳久	112
斉藤 了介	461
佐伯 勝雄	208
佐伯 正隆	146
佐伯 有行	161
嵯峨 壱朗	31
坂井 昭	130
酒井 一麿	166
酒井 邦男	176
坂井 茂徳	146
坂井 正市	150
酒井 紳一	292
坂井 助光	208
酒井 隆明	331
坂井 民二	485
酒井 常雄	299
境 恒春	39
酒井 悌次郎	208
酒井 哲夫	211
坂井 俊之	432
酒井 直人	155
酒井 松美	159, 256
酒井 光代	72
境 泰子	124
坂井 康宣	163
酒井 幸盛	432
酒井 芳秀	4
酒井 義弘	276
酒井 良	156
境川 幸雄	71
坂上 時平	190, 191
阪上 善秀	333
坂内 淳	170
坂江 章演	266
栄 康次郎	103
坂尾 真	402
阪奥 明	344
阪上 聡樹	329
坂上 輝也	154
阪上 良祐	329
坂川 優	211
榊原 伊三	276
榊原 貞良	154
榊原 純夫	276, 277
榊原 武示	275
榊原 康正	275, 276
坂口 光治	165
阪口 伸六	315, 316
坂口 猛虎	352
阪口 善雄	313, 314
坂下 茂樹	125
坂下 肇	164
坂下 正明	33
坂田 繁数	321
坂田 孝志	450
坂田 博嗣	246
酒谷 忠生	308
坂辻 義人	383
坂野 光雄	310
坂部 勝義	128
坂部 太一	264
坂巻 重男	127
坂巻 宗男	124
酒見 豊文	418
坂村 由紀夫	376
坂本 イツ子	456, 457
坂本 和久	437
坂本 起一	154
坂本 邦子	308
坂本 昭三	461
坂本 健	145
坂本 俊彦	77
坂本 友雄	106
坂本 憲男	213, 214
坂本 博道	345
坂本 弘幸	140, 141
坂本 昌弘	304
坂本 稔	25
坂本 靖男	420
坂元 裕一	464
坂本 祐之輔	115
坂本 由紀子	246
坂本 幸広	283
坂本 陽子	115
坂本 由朗	340
相良 勝彦	458
相楽 新平	62
相良 守一郎	473
佐川 一信	67
崎田 恭平	464
佐喜真 淳	479, 483
先山 昭夫	341
狭霧 勁	320
作出 龍一	19
作田 博	65
作野 広昭	209
佐久間 清治	137
佐久間 隆義	125
佐久間 博	59
佐久間 正勝	171
作山 里美	74
桜 金造	143
桜井 昭洋	81
桜井 勝延	64
桜井 勝郎	252
桜井 国俊	171
桜井 恵子	149
桜井 恵二	89
桜井 孝一	183
桜井 和朋	62
桜井 武	152
桜井 忠	13
桜井 忠彦	81
桜井 哲雄	464
桜井 信幸	68
桜井 秀美	86
桜井 誠	144
桜井 理人	69
桜井 正直	81
桜井 雅彦	158
桜井 雅浩	190
桜井 道夫	16
桜井 森夫	200
桜井 靖彦	140
桜井 よう子	75
桜井 洋三	189
桜井 義之	282
桜井 克郎	37
桜木 善生	168
桜田 忠衛	302, 303
桜田 東士	315
桜田 宏	25
桜田 真人	11
桜田 光雄	253
桜田 葉子	59

桜庭 康喜 …………… 14	佐々木 通彦 …………… 6	佐藤 光輔 …………… 40	佐藤 宏和 …………… 4
ザ・グレート・サスケ …………… 28	佐々木 康男 …………… 211	佐藤 光平 …………… 170	佐藤 洋樹 …………… 53
佐護 彰 …………… 276	佐々木 康子 …………… 354	佐藤 悟 …………… 131	佐藤 洋 …………… 29
佐古 信五 …………… 366	佐々木 洋子 …… 356～358	佐藤 成己 …………… 459	佐藤 博 …………… 18
迫 哲郎 …………… 408	佐々木 由人 …………… 311	佐藤 茂 …………… 192	佐藤 裕彦 …………… 149
峪 照行 …………… 283	佐々木 龍 …………… 405	佐藤 静雄 …………… 3, 9	佐藤 広久 …………… 44
迫 俊哉 …………… 9	笹木 竜三 …………… 211	佐藤 順 …………… 197	佐藤 冨士夫 …………… 4
座古 喜隆 …………… 67, 68	佐々木 良一 …………… 44, 45	佐藤 俊一 …………… 109	佐藤 富美男 …………… 154
酒向 英一 … 144, 269, 270	佐佐木アシュファ麻コ …………… 394	佐藤 純子 …………… 44	佐藤 文治 …………… 39, 143
酒匂 一雄 …………… 165	佐々谷 元秀 …………… 300	佐藤 俊三 …………… 52	佐藤 誠 …………… 45
酒匂 法子 …………… 455	笹目 宗兵衛 …………… 70	佐藤 準三 …………… 274	佐藤 誠 …………… 460
酒生 文弥 …………… 211	笹谷 達朗 …………… 19	佐藤 春陽 …………… 349, 350	佐藤 正明 …………… 36
佐古田 聖一郎 …………… 137	笹山 幸俊 …………… 324	佐藤 正一郎 …………… 44	佐藤 雅一 …………… 189
迫田 富雄 …………… 183	笹山 良孝 …………… 423	佐藤 昌一郎 …………… 56, 57	佐藤 雅司 …………… 445
迫田 裕司 …………… 475	笹山 義弘 …………… 469	佐藤 信 …………… 85	佐藤 政隆 …………… 65
笹井 喜世子 …………… 318	佐瀬 裕 …………… 454	佐藤 仁一 …………… 38	佐藤 誠良 …………… 416
笹尾 淑 …………… 152	佐竹 敬久 …………… 44	佐藤 新一 …………… 303	佐藤 茉莉子 …………… 162
笹岡 豊徳 …………… 410, 411	佐竹 峰雄 …………… 407	佐藤 信介 …………… 455	佐藤 幹彦 …………… 133
笹岡 優 …………… 409	貞弘 優子 …………… 155	佐藤 誠一 …………… 4	佐藤 満明 …………… 251
笹川 尭 …………… 143	佐渡 斉 …………… 140, 141	佐藤 清吉 …………… 38	佐藤 充 …………… 163
笹川 徳光 …………… 382	佐藤 昭 …………… 40	佐藤 征治郎 …………… 100	佐藤 美音 …………… 249
佐々木 朗 …………… 268	佐藤 智 …………… 39	佐藤 誠六 …………… 53	佐藤 寧 …………… 30
佐々木 一十郎 …………… 42	佐藤 彰 …………… 276	佐藤 善郎 …………… 423	佐藤 易広 …………… 63
佐々木 一朗 …………… 28	佐藤 東 …………… 29	佐藤 敬夫 …………… 43	佐藤 佑一 …………… 456
佐々木 栄造 …………… 23	佐藤 生稔 …………… 458	佐藤 孝志 …………… 201	佐藤 裕一 …………… 459
佐々木 一彦 …………… 144	佐藤 勇 …………… 39	佐藤 孝弘 …………… 52	佐藤 雄介 …………… 122
佐々木 喜久治 …………… 43	佐藤 一誠 …………… 45	佐藤 崇弘 …………… 36	佐藤 雄平 …………… 59
佐々木 喜蔵 …………… 37	佐藤 英一 …………… 193	佐藤 忠志	佐藤 裕 …………… 249
佐々木 清勝 …………… 47, 48	佐藤 栄一 …………… 83	→金ピカ先生	佐藤 陽一 …………… 458
佐々木 健市 …………… 145	佐藤 栄佐久 …………… 58	佐藤 龍雄 …………… 153	佐藤 洋輔 …………… 46
佐々木 憲二 …………… 338	佐藤 嘉重 …………… 65	佐藤 達三 …………… 445	佐藤 善昭 …………… 47
佐々木 謙次 …………… 38	佐藤 一夫 …………… 161	佐藤 智恵 …………… 54	佐藤 義興 …………… 445
佐々木 栄 …………… 173	佐藤 和雄 …………… 162	佐藤 ちづ子 …………… 48	佐藤 義久 …………… 46
佐々木 重信 …………… 89	佐藤 和則 …………… 39	佐藤 智春 …………… 169	佐藤 隆五郎 …………… 28
佐々木 茂 …………… 44	佐藤 和弘 …………… 36	佐藤 剛 …………… 95	佐藤 度 …………… 197
佐々木 順一 …………… 454	佐藤 一行 …………… 378	佐藤 哲紹 …………… 459	里見 剛 …………… 410
佐々木 順二 …………… 145	佐藤 克 …………… 19	佐藤 哲善 …………… 174	里脇 清隆 …………… 438
佐々木 晴一 …………… 425	佐藤 克 …………… 28	佐藤 輝彦 …………… 107	佐内 正治 …………… 381
佐々木 精一 …………… 60	佐藤 勝彦 …………… 39	佐藤 寿信 …………… 442	真田 寿雄 …………… 346
佐々木 誠造 …………… 22	佐藤 勝美 …………… 266	佐藤 俊彦 …………… 459	讃岐 照夫 …………… 377
佐々木 創主 …………… 427	佐藤 克朗 …………… 59, 61	佐藤 俊郎 …………… 417, 418	実種 輝夫 …………… 416
佐々木 崇徳 …………… 143	佐藤 完二 …………… 149	佐藤 知一 …………… 175	佐野 勝巳 …………… 270
佐々木 孝昌 …………… 23	佐藤 樹一郎 …………… 454	佐藤 直樹 …………… 172	佐野 堯春 …………… 256
佐々木 有 …………… 375	佐藤 清 …………… 57	佐藤 信成 …………… 71	佐野 辰夫 …………… 430
佐々木 敏夫 …………… 458	佐藤 清 …………… 219	佐藤 信幸 …………… 190	佐野 雅幸 …………… 134
佐々木 稔納 …………… 300	佐藤 浄 …………… 392	佐藤 昇 …………… 288	佐野 光信 …………… 286
佐々木 博生 …………… 456	左藤 究 …………… 176	佐藤 憲保 …………… 61	佐橋 薫 …………… 268
佐々木 浩 …………… 27	佐藤 邦夫 …………… 29	佐藤 のりゆき …………… 4	佐原 光一 …………… 275
佐々木 浩 …………… 151	佐藤 国雄 …………… 94, 95	佐藤 光 …………… 180	佐原 徹朗 …………… 251
佐々木 浩 …………… 153	佐藤 啓太郎 …………… 291	佐藤 秀明 …………… 456	三溝 裕子 …………… 170
佐々木 熙 …………… 32	佐藤 絢一郎 …………… 324	佐藤 秀人 …………… 117, 118	鮫島 憲明 …………… 463
佐々木 雅夫 …………… 17	佐藤 幸次郎 …………… 52	佐藤 浩雄 …………… 192, 193	鮫島 宗明 …………… 156
			皿海 碩 …………… 335

更谷 令治 …… 282	塩見 卯太郎 …… 301	篠永 善雄 …… 404	渋谷 貞雄 …… 37, 38
猿田 寿男 …… 127	塩見 俊次 …… 339	篠原 啓治 …… 391	渋谷 正 …… 386
猿滝 勝 …… 391	塩味 達次郎 …… 101, 102	篠原 滋子 …… 390	渋谷 俊彦 …… 471
沢 健 …… 364	塩見 敏治 …… 301	篠原 匠 …… 434	渋谷 肇 …… 14
沢 長生 …… 183	塩見 光夫 …… 297	篠原 真清 …… 221	渋谷 正敏 …… 48
沢 光代 …… 179	塩満 恭子 …… 318	篠原 実 …… 404	渋谷 正文 …… 17
沢井 敏和 …… 159	塩屋 和雄 …… 102	芝 拓哉 …… 333, 334	渋谷 実 …… 105
沢井 宏文 …… 321	塩谷 善志郎 …… 79	芝 宏 …… 109	志摩 和寿 …… 169
沢尾 正一 …… 100, 101, 149	志賀 勝利 …… 40	芝井 美智 …… 190	島 勝之 …… 404
沢崎 貢 …… 214	志賀 克洋 …… 456	柴生 進 …… 330, 331	島 久美子 …… 348
沢崎 豊 …… 200	志賀 直温 …… 134	柴崎 健一 …… 162	島 多慶志 …… 14
沢崎 義敬 …… 200	志垣 英海 …… 445	芝崎 亨 …… 115	島内 重昭 …… 45
沢崎 勇 …… 203	鹿垣 翔義 …… 436	芝崎 敏夫 …… 454	島垣 正信 …… 15
沢崎 五十六 …… 409, 410	鹿倉 泰祐 …… 157	柴崎 政徳 …… 54	嶋津 昭 …… 99
沢崎 英次 …… 149	四方 八洲男 …… 297	柴崎 美智子 …… 372	島津 真尚 …… 156
沢田 和子 …… 148	鹿内 博 …… 22	柴崎 光生 …… 112	島津 勇典 …… 449
沢田 和延 …… 268	鹿野 司 …… 40	芝崎 祐治 …… 455	島津 幸男 …… 384
沢田 公夫 …… 148	鹿間 陸郎 …… 134	柴田 勲 …… 402	島津 幸広 …… 246
沢田 幸子 …… 412	信貴 芳則 …… 312	柴田 悦夫 …… 53	嶋津 隆文 …… 161
沢田 信也 …… 273	四家 啓助 …… 60	柴田 騏一 …… 72	島田 明 …… 217
沢田 俊史 …… 146, 151	重田 初江 …… 313	柴田 圭子 …… 131	島田 穣一 …… 70
沢田 寿朗 …… 202	重徳 和彦 …… 260	芝田 啓治 …… 311	島田 二郎 …… 357, 360
沢田 秀男 …… 183, 184	重富 吉之助 …… 415	柴田 紘一 …… 36	島田 俊光 …… 462
沢田 博 …… 339, 340	重野 誠男 …… 296	柴田 紘一 …… 265	島田 智明 …… 311
沢田 穆志 …… 250	繁信 順一 …… 401	柴田 高博 …… 421	島田 信雄 …… 412
沢田 昌久 …… 344	重松 公子 …… 445	柴田 武幸 …… 105	島田 教明 …… 387
沢辺 瀞壱 …… 115	重松 清重 …… 401	柴田 民雄 …… 261	嶋田 紀子 …… 155
沢間 俊太郎 …… 138	重松 孝文 …… 445	柴田 外志明 …… 306	島田 弘史 …… 126
沢本 宜男 …… 166	志佐 治徳 …… 432	柴田 豊勝 …… 174	島田 博 …… 107
沢山 保太郎 …… 412, 413	志々田 浩太郎 …… 172	柴田 文男 …… 12	嶋田 博 …… 254
沢脇 圭司 …… 252	宍戸 末雄 …… 195	柴田 三智子 …… 248	島田 洋行 …… 311
三宮 幸雄 …… 106	獅山 向洋 …… 292	柴田 泰彦 …… 99	嶋田 政芳 …… 84
	志田 貴士雄 …… 464	柴田 幸雄 …… 103	島田 光則 …… 479
	日域 究 …… 374	柴田 良子 …… 127	島田 保継 …… 345
【し】	悉知 藤也 …… 155	柴田 嘉之 …… 390	嶋田 祐史 …… 315
	幣原 都 …… 327	柴田 隆治 …… 260, 275	島田 行雄 …… 117
椎名 千収 …… 131	志苫 裕 …… 186	芝谷 英夫 …… 304	島田 行信 …… 123
椎名 亮太 …… 133	志戸本 慶七郎 …… 463	柴谷 光謹 …… 322	嶋田 芳博 …… 473
椎野 彰夫 …… 168	品川 公男 …… 315	芝野 照久 …… 332	島谷 幸宏 …… 430
椎木 伸一 …… 471	品川 万里 …… 61	柴橋 正直 …… 236	島長 国積 …… 470
塩川 忠巳 …… 228	品川 義雄 …… 112	柴原 隆夫 …… 62	島貫 仁男 …… 56
潮崎 煜及 …… 392	篠 国昭 …… 155	芝本 和己 …… 347	嶋野 加代 …… 113
塩沢 哲男 …… 75	篠崎 鉄男 …… 446, 447	柴山 一生 …… 264	島野 房巳 …… 246
塩沢 文男 …… 130	篠塚 多助 …… 101	芝山 日出高 …… 391	島袋 嘉盛 …… 480
塩田 秀雄 …… 56	篠塚 皓男 …… 76	地引 直輝 …… 137	島袋 俊夫 …… 481
塩田 芳子 …… 301	篠塚 英雄 …… 164	志布 隆夫 …… 57	島袋 吉和 …… 484
塩谷 一雄 …… 208	篠塚 周城 …… 430	渋谷 修 …… 145	島袋 芳敬 …… 482
塩谷 義明 …… 334	篠塚 義正 …… 136	渋谷 哲一 …… 22	島村 紀代美 …… 276
潮谷 義子 …… 444	篠田 昭 …… 187	渋谷 義人 …… 360	島村 俊一 …… 366
塩塚 公一 …… 419	篠田 清 …… 415, 421	渋谷 喜市 …… 128	島村 慎市郎 …… 108
塩月 厚信 …… 456	篠田 恵子 …… 61	渋谷 金太郎 …… 161	嶋村 直彦 …… 275
塩月 盈 …… 464	篠田 洋司 …… 387	渋谷 邦蔵 …… 160	島村 穣 …… 101
			島村 玲郎 …… 108

氏名	頁	氏名	頁	氏名	頁	氏名	頁
清水 和弘	477	霜鳥 純一	342	白石 光雄	130	末武 和美	308
清水 君枝	165	下平 晴行	474	白岩 孝夫	56	末永 真一朗	266
清水 強治	232	下村 善之助	91	白方 圭一	257	末松 則子	284
清水 聖士	128, 129	下村 猛	285	白川 勝彦	194	末松 裕人	138
清水 澄	91	下村 雅洋	348	白川 寿一	218	末松 文信	484
清水 源吾	389	下村 裕一郎	449	白川 晴司	395, 396	末松 充生	284
清水 貢	344	下元 孝子	152	白川 博一	437	末松 義規	165
清水 潤三	152	下休場 由晴	311	白木 義春	241	末吉 和	150
清水 庄平	164	下柳田 賢次	472	白木沢 桂	30	末吉 興一	421
清水 隆夫	327	下山 真	95	白倉 政司	221	須賀 龍郎	468
清水 巍	204	杓子 明	213	白砂 巌	157	菅 義雄	48
清水 孝哉	282	朱通 守男	166	白谷 敏明	332	菅井 憲郎	468
清水 敏男	60	首藤 勝次	456, 457	白地 照彦	387	菅田 敏夫	225
清水 とし子	415, 416	首藤 奉文	459	白土 勤弥	78	菅田 誠	156
清水 信行	314	首藤 行雄	461	白鳥 令	111	菅波 次郎	378
清水 昇	79	首藤 淑子	453	白浜 信	441	菅沼 泰久	251
清水 勇人	100	主浜 了	32	白水 清幸	420	菅根 光雄	53
清水 光	464	首里 勇治	481	城内 美紀	334	菅間 公弥子	115
清水 久行	291	正垣 伸夫	321	城田 尚彦	160	菅間 徹	115
清水 泰	258	城光寺 俊和	469	白鳥 孝	227	菅谷 憲一郎	72
清水 裕	403	庄司 厚	132, 133	城間 幹子	479	菅谷 真一	157
清水 文雄	24, 25	庄司 捷彦	36	真 敏昭	181	菅谷 達男	80
清水 正興	326	庄司 清彦	19	真貝 秀二	195	菅谷 安男	145
清水 雅史	48	庄司 慈明	35	新貝 正勝	457	菅谷 康子	152
清水 聖義	93	正司 泰一郎	333	新宮 正志	18	菅原 郁夫	39
清水 松太郎	377	小路 貴之	400	新里 邦明	483	菅原 一敏	34
清水 元春	222	庄司 昌郎	148	新城 昭仁	114	菅原 慶吉	45
清水 行雄	319	庄田 富夫	140	新城 建一	484	菅原 健治	5
清水 与四郎	157	正田 守	372	神田 加津代	342	菅原 功一	5
志村 恵一郎	483	定田 稔	329	新谷 俊夫	262	菅原 広二	45
志村 昭郎	222	上褶 幹也	269	神出 政巳	348, 349	菅原 康平	37
志村 豊志郎	156	庄野 拓也	120	新出水 寛人	462	菅原 茂	39, 40
志村 仁	93	菖蒲 順一郎	382	進藤 秀一	132	菅原 大	49
〆野 久寿喜	312	白井 明	163	新藤 享弘	99〜101	菅原 丈男	54
霜出 勘平	477	白井 文	328	進藤 文夫	162	菅原 忠夫	135
下川 忠範	419	白井 えり子	276	真野 勝弘	376, 377	菅原 忠	456
下川 俊樹	350	白井 貫	136, 137	新野 洋	64	菅原 信博	52
下川 寛	445	志良以 栄	142	新杤 勝記	469	菅原 則勝	28
下口 進	206	白井 亨	162	新原 芳明	375	菅原 裕典	37
下久保 直人	441	白井 富次郎	251	神保 国男	113	菅原 文仁	113
下沢 佳充	205	白井 英男	61	新堀 英夫	163	菅原 文弥	13
下地 晃	484	白井 博文	383	新町 美千代	326	菅原 誠	11
下地 敏彦	484, 485	白井 倫啓	269	榛村 純一	250	菅原 雅	39
下地 幹郎	479	白井 幸則	290			菅原 正俊	105
下地 米一	484, 485	白石 勝洋	422	【す】		菅原 安雄	31
下城 正臣	444	白石 健次郎	428			杉浦 清一	305
下城 雄索	92	白石 舜市郎	154			杉浦 誠一	138
下田 敦子	25	白石 誠治	319	水津 卓夫	360	杉浦 世志朗	267
下田 剣吾	130	白石 たかし	423	吹田 友三郎	9	杉浦 伝	130
下田 耕士	444	白石 正	180	末 利光	217	杉浦 常男	205
下田 武夫	154	白石 哲朗	401	末岡 泰義	386	杉浦 正行	261, 262
下田 肇	25	白石 真澄	122	末木 達男	165, 166	杉浦 守	149
						杉江 秀一	273

杉江 宗祐 ………… 46	菅川 健二 ………… 372	鈴木 高明 ………… 84	鈴木 泰夫 ………… 113
杉崎 智介 ………… 99	助川 弘之 ………… 76	鈴木 隆一 ………… 221	鈴木 康友 ………… 254
杉沢 泰彦 ………… 439	菅谷 昭 …………… 233	鈴木 威雄 ………… 247	鈴木 安之 ………… 179
杉島 寿美子 ……… 335	瑞慶覧 長敏 ……… 484	鈴木 武 …………… 67	鈴木 有 …………… 136
杉田 恵一 ………… 321	須崎 徳之 ………… 270	鈴木 毅 ……… 178, 180	鈴木 雄三 ………… 138
杉田 健 …………… 143	鈴木 淳雄 ………… 272	鈴木 佑 …………… 182	鈴木 陽一 ………… 133
杉田 聡司 ………… 294	鈴木 功 …………… 169	鈴木 達夫 ………… 144	鈴木 至彦 ………… 267
杉田 登志雄 ……… 275	鈴木 勲 …………… 243	鈴木 告也 ………… 238	鈴木 義浩 ………… 152
杉田 晴良 ………… 281	鈴木 一郎 ………… 153	鈴木 力 …………… 194	鈴木 良一 ………… 75
椙田 博之 ………… 115	鈴木 一郎 ………… 457	鈴木 恒夫 ………… 182	鈴木 良治 ………… 246
杉田 光良 ………… 73	鈴木 一誠 ………… 331	鈴木 庸夫 ………… 138	鈴木 礼治 ………… 260
杉田 実 …………… 115	鈴木 英敬 ………… 279	鈴木 恒年 ………… 144	鈴木 烈 …………… 147
杉田 元司 ………… 275	鈴木 乙一郎 ……… 86	鈴木 露通 ………… 28	須田 厚 …………… 129
杉田 保雄 ………… 255	鈴木 和枝 ………… 158	鈴木 輝明 ………… 273	須田 勝勇 ………… 129
杉野 武彦 ………… 468	鈴木 和夫 ………… 41	鈴木 輝男 ………… 51	須田 幾世志 ……… 104
杉野 正 …………… 173	鈴木 和夫 ………… 62	鈴木 藤一郎 … 248, 249	須田 健治 ………… 113
杉野 智美 ………… 10	鈴木 和夫 ………… 155	鈴木 藤太 ………… 74	須田 博行 ………… 63
杉原 記美 ………… 383	鈴木 和政 ………… 462	鈴木 俊明 ………… 40	須田 真功 ………… 5
杉原 透恭 ………… 271	鈴木 克昌 ………… 266	鈴木 俊夫 ……… 48, 49	須田 貢 …………… 78
杉原 佳尭 ………… 327	鈴木 克幸 ………… 270	鈴木 敏文 ………… 162	須田 満 …………… 92
杉村 章生 …… 411, 412	鈴木 加奈子 ……… 279	鈴木 俊美 ………… 87	須田 育邦 ………… 100
椙村 静雄 ………… 272	鈴木 寛林 ………… 64	鈴木 富雄 ………… 9	須藤 昭男 ………… 97
杉村 実紀 ………… 264	鈴木 義一 ………… 262	鈴木 とも子 ……… 182	須藤 和臣 ………… 95
杉村 佳信 ………… 152	鈴木 精紀 ………… 35	鈴木 直道 ……… 4, 19	須藤 茂 …………… 75
杉本 和夫 ………… 384	鈴木 清見 ………… 255	鈴木 望 …………… 249	須藤 純光 ………… 56
杉本 基久雄 ……… 257	鈴木 金作 ………… 405	鈴木 信康 ………… 105	須藤 誠也 ………… 194
杉本 健二 ………… 183	鈴木 邦彦 ………… 164	鈴木 信行 ………… 350	須藤 友三郎 ……… 193
杉本 玄太郎 ……… 301	鈴木 健一 ………… 115	鈴木 昇 …………… 39	須藤 秀忠 ………… 256
杉本 幸治 ………… 228	鈴木 健一 ………… 281	鈴木 規之 ………… 275	須藤 宏 …………… 25
杉本 公文 ………… 218	鈴木 孝承 ………… 320	鈴木 旗男 ………… 36	首藤 正治 ………… 464
杉本 純雄 ………… 372	鈴木 公平 ………… 274	鈴木 八郎 ………… 176	砂尾 治 …………… 332
杉本 猛 …………… 302	鈴木 貞夫 ………… 252	鈴木 久 …………… 60	砂川 晃章 ………… 482
杉本 達治 ………… 211	鈴木 定浩 ………… 83	鈴木 尚 …………… 255	砂川 利勝 ………… 480
杉本 信之 ………… 284	鈴木 四一 ………… 127	鈴木 洋樹 ………… 52	砂川 敏文 ………… 10
杉本 守 …………… 465	鈴木 重格 ………… 462	鈴木 洋邦 ………… 130	砂場 隆浩 ………… 353
杉本 通雄 ………… 367	鈴木 重正 ………… 26	鈴木 博子 ………… 125	砂畑 実 …………… 469
杉山 栄太郎 ……… 204	鈴木 栄代 ………… 237	鈴木 博 …………… 182	春原 利計 ………… 161
杉山 光映 ………… 194	鈴木 重令 ……… 25, 26	鈴木 浩之 ………… 332	鷲見 侑 …………… 377
杉山 悟成 ………… 83	鈴木 茂 …………… 101	鈴木 博之 ………… 143	鷲見 節夫 ………… 354
杉山 昭吉 ………… 166	鈴木 茂 ……… 278, 279	鈴木 博行 ………… 156	住江 潤子 ………… 432
杉山 年男 ………… 256	鈴木 周也 ………… 77	鈴木 誠 …………… 9	住岡 慶治 ………… 347
杉山 利雄 ………… 272	鈴木 純 …………… 263	鈴木 正孝 ………… 246	角川 誠 …………… 291
杉山 智基 ………… 140	鈴木 俊一 ………… 142	鈴木 正典 ………… 235	住田 隆 …………… 263
杉山 治男 ………… 134	鈴木 順子 ………… 152	鈴木 正徳 ………… 277	隅田 達男 ………… 430
杉山 均 …………… 261	鈴木 照一 ………… 55	鈴木 雅広 ………… 55	澄田 信義 ………… 356
杉山 博康 ………… 15	鈴木 昭治 ………… 143	鈴木 雅美 ………… 265	隅田 優 …………… 315
杉山 蘭 …………… 26	鈴木 昭三 ………… 327	鈴木 幹夫 ………… 256	住宅 正人 ………… 363
杉山 光男 ………… 153	鈴木 真 …………… 126	鈴木 三男 ………… 71	角谷 信一 ………… 122
杉山 弥生 ………… 318	鈴木 新三郎 ……… 176	鈴木 満雄 ………… 233	住谷 昇 …………… 321
杉山 義和 ………… 368	鈴木 進 …………… 159	鈴木 美伸 ………… 177	須山 邦昭 ………… 219
椙山 義将 ………… 402	鈴木 進 …………… 175	鈴木 睦夫 ………… 57	陶山 具史 ………… 387
杉山 良介 ………… 272	鈴木 清丞 ………… 127	鈴木 基夫 ………… 267	諏訪 善一良 ……… 106
村主 英明 ………… 279	鈴木 全一 ………… 128		諏訪部 均 ………… 183

【せ】

清家 隆宣 ……… 366
清治 真人 ……… 5
清藤 三津郎 ……… 22
清宮 誠 ……… 130
瀬尾 純爾 ……… 301
瀬川 貞清 ……… 29
瀬川 滋 ……… 33
瀬川 典男 ……… 178
碩 健一郎 ……… 303
関 淳一 ……… 305
関 猛 ……… 144, 145
関 治夫 ……… 290
関 晴正 ……… 22
関 広一 ……… 189
関 真 ……… 116
関 政彦 ……… 132
関 有司 ……… 97
関 佳哉 ……… 318
関 良 ……… 22
関川 金吾 ……… 188
関口 茂樹 ……… 96
関口 博 ……… 161
関口 真 ……… 126, 127
関口 真史 ……… 269
関口 安弘 ……… 144
関口 洋次 ……… 113
関口 芳史 ……… 194, 195
関根 治郎 ……… 103
関根 勉 ……… 146
関根 博之 ……… 153
関根 豊 ……… 76
関野 隆司 ……… 176
関原 忠良 ……… 193
関谷 一男 ……… 102
関谷 幸子 ……… 57
関谷 徳 ……… 407, 408
関山 泰雄 ……… 173
瀬下 満義 ……… 476
瀬田 恵子 ……… 180
瀬田 道弘 ……… 341
瀬戸 亀男 ……… 331
瀬戸 清規 ……… 176
瀬戸 恵子 ……… 325
瀬戸 健一郎 ……… 111
瀬戸 孝則 ……… 59
勢戸 利春 ……… 438
瀬戸口 幸子 ……… 117
瀬戸口 嘉昭 ……… 476

瀬沼 永真 ……… 163
瀬野 俊之 ……… 150
妹尾 浩也 ……… 165
瀬山 賢 ……… 116
芹沢 昭三 ……… 248
芹沢 勤 ……… 229
川后 和幸 ……… 373
仙石 栄利 ……… 39
千住 良治 ……… 438
千田 啓介 ……… 125
仙頭 義寛 ……… 409
仙波 信綱 ……… 73
前場 文夫 ……… 80, 81
千保 一夫 ……… 84

【そ】

相馬 宏雄 ……… 114
相馬 攻 ……… 136
相馬 和孝 ……… 24
相馬 鋼一 ……… 25
相馬 尊重 ……… 459
相馬 紀夫 ……… 218
添田 高明 ……… 180
曽我 隆一 ……… 91
曽我部 博隆 ……… 263
十川 昭五 ……… 396
曽木 英行 ……… 472
外川 三千雄 ……… 25
曽根 薫 ……… 373
曽根 正浩 ……… 250
曽根 守 ……… 110
園田 重人 ……… 472
園田 裕史 ……… 438
園部 一成 ……… 311
そのまんま東(東国
　原 英夫) …… 143, 460
園山 一則 ……… 468
園山 康男 ……… 265
曽場尾 雅宏 …… 430, 431
杣田 勇市 ……… 300
染谷 絹代 ……… 252
染谷 賢治 ……… 149
染谷 修司 ……… 74
染谷 武男 ……… 152
染谷 司 ……… 136
空地 秀晃 ……… 313

【た】

大王 英二 ……… 449
大工園 周作 ……… 477
大同 衛 ……… 299
大道寺 信 ……… 55
平良 重信 ……… 484
平 捨文 ……… 343
平 大次郎 ……… 196
平良 長政 ……… 479
平 恒夫 ……… 55
田上 富久 ……… 437
田尾 幸恵 ……… 400
田岡 克介 ……… 7
田岡 実千年 ……… 350
多賀 秀敏 ……… 186
高井 章博 ……… 171
高井 崇志 ……… 363, 364
高井 八良 ……… 288
高石 達雄 ……… 101
高尾 勇美 ……… 246
高尾 英尚 ……… 306
高尾 弘明 ……… 5
高尾 松男 ……… 221
高岡 利治 ……… 450
高岡 亮一 ……… 56
高岡 良助 ……… 175
高垣 広徳 ……… 377
高木 亜紀良 ……… 372
高木 晶 ……… 77
高城 功 ……… 69
高木 勝美 ……… 70
高木 慶一 ……… 88
高木 健康 ……… 421
高木 孝一 ……… 214
高木 信幸 ……… 148
高木 新仁 ……… 398
高木 勉 ……… 94
高木 直矢 ……… 365
高木 伸明 ……… 332
高木 典雄 ……… 418
高木 晴雄 ……… 222
高木 尚史 ……… 232
高木 博 ……… 62
高木 文堂 …… 210, 211
高木 政夫 ……… 91
高木 光弘 ……… 235
高木 靖臣 ……… 263
高木 豊 ……… 78
高木 義信 ……… 205
太垣 和一郎 ……… 344

高久 昭二 ……… 47
高崎 大史 ……… 345
高崎 哲哉 …… 448, 449
高崎 正夫 ……… 119
高砂 裕司 ……… 6
高里 鈴代 ……… 479
高沢 寅男 ……… 156
高島 宗一郎 ……… 416
高嶋 利憲 ……… 332
高島 陽子 ……… 225
高嶋 芳男 ……… 242
高島 龍峰 ……… 143
高須賀 功 ……… 405
高杉 徹 ……… 73
高瀬 一太郎 ……… 104
高瀬 一重 ……… 84
高瀬 清春 ……… 449
高瀬 泰治 ……… 132
高瀬 春美 ……… 423
高瀬 広子 ……… 99
高瀬 博史 ……… 133
高田 勇 ……… 436
高田 一朗 ……… 236
高田 がん ……… 150
高田 清一 ……… 222
高田 謹語 ……… 288
高田 景次 ……… 44
高田 智 ……… 329
高田 三郎 ……… 289
高田 忠尚 …… 16, 17
高田 千枝子 ……… 156
高田 徳次 ……… 293
高田 信昭 ……… 293
高田 謀 ……… 441
田方 初美 ……… 450
高田 都子 ……… 247
高田 育昌 ……… 213
高田 豊 ……… 161
高田 亮子 ……… 147
高津 理 ……… 272
高取 正臣 ……… 423
高梨 竹雄 ……… 127
高梨 守 ……… 136
高根 秀人 ……… 313
高野 宏一郎 ……… 191
高野 恒一郎 ……… 172
高野 昭次 ……… 47
高野 寿久 ……… 309
高野 登 ……… 225
高野 律雄 ……… 170
高野 寛志 ……… 45
高野 道生 ……… 426
高野 之夫 …… 154, 155

高野 裕 … 164	高橋 利勝 … 189	高原 光雄 … 136
高野 善久 … 199	高橋 利彦 … 123	高日 音彦 … 301
鷹羽 正人 … 265	高橋 俊彦 … 165	高樋 憲 … 23
高橋 昭雄 … 99	高橋 敏彦 … 31	高秀 秀信 … 174
高橋 アキラ … 275	高橋 敏之 … 337	高比良 元 … 437
高橋 栄一郎 … 54	高橋 伸治 … 153	高藤 登喜恵 … 104
高橋 英吾 … 405, 406	高橋 一 … 262	高部 忠雄 … 110
高橋 一夫 … 192	高橋 はるみ … 4	高松 義行 … 65
高橋 和雄 … 51	高橋 秀明 … 99, 100	高松 秀幸 … 156
高橋 一由 … 63	高橋 英夫 … 57	高見 篤己 … 372
高橋 一良 … 249	高橋 秀夫 … 324	高見 省次 … 341
高橋 勝浩 … 160	高橋 秀樹 … 113	高見 勉 … 14
高橋 勝義 … 49	高橋 英行 … 406	田上 政人 … 447
高橋 喜之助 … 113	高橋 宏和 … 123	高道 一郎 … 308
高橋 久二 … 149	高橋 宏 … 106	高宮 敏夫 … 64
高橋 恭市 … 137	高橋 宏 … 155	高向 吉朗 … 297, 298
高橋 清 … 177, 178	高橋 弘之 … 132	高村 暎 … 436
高橋 国雄 … 124	高橋 弘之 … 187	高村 和夫 … 252
高橋 都彦 … 163, 164	高橋 博之 … 28	高村 謙二 … 253
高橋 邦芳 … 197	高橋 正明 … 305, 311, 317	高邑 勉 … 381
高橋 桂一 … 255	高橋 正和 … 453	高本 勤 … 327
高橋 敬治 … 312	高橋 昌和 … 181	高谷 茂男 … 363, 364
高橋 健 … 49	高橋 正樹 … 201	高谷 寿峰 … 17
高橋 綱記 … 33	高橋 幹夫 … 9, 10, 16	高谷 仁 … 316
高橋 孝二 … 31	高橋 操 … 140	高安 紘一 … 124
高橋 浩太郎 … 35, 36	高橋 倫恵 … 336	高安 昇 … 133
高橋 定敏 … 19	高橋 三男 … 163	高柳 淳子 … 274
高橋 幸翁 … 57	高橋 光夫 … 29	高柳 俊暢 … 124
高橋 聡 … 175	高橋 満 … 73	高柳 博明 … 22
高橋 重人 … 4	高橋 満 … 143	高山 彰 … 38
高橋 茂 … 317	高橋 基樹 … 92	高山 真三 … 155
高橋 修一 … 330	高橋 盛吉 … 30, 31	高山 博光 … 416
高橋 修司 … 85	高橋 恭男 … 227	高山 松太郎 … 176
高橋 翔 … 59	高橋 靖 … 68	宝田 実 … 202
高橋 尚吾 … 144	高橋 幸男 … 7	宝田 良一 … 173
高橋 甚一 … 194	高橋 義明 … 153	宝野 正義 … 333
高橋 信次 … 109	高橋 喜重 … 59	財部 能成 … 440
高橋 誠一 … 190	高橋 義孝 … 459	宝部 義信 … 426
高橋 清治 … 163	高橋 由信 … 92	田苅子 進 … 11, 12
高橋 大 … 50	高橋 善信 … 377	田川 亮三 … 278
高橋 孝夫 … 55	高橋 嘉信 … 29	滝 正 … 16
高橋 武良 … 365	高橋 義治 … 420	滝 友二 … 83
高橋 正 … 227	高橋 義寛 … 391	多喜 雄基 … 19
高橋 司 … 47	高橋 亮平 … 124, 125	滝井 義高 … 423
高橋 努 … 108	高橋 渡 … 201	滝口 国一郎 … 16
高橋 哲夫 … 130	高畑 進 … 48	滝口 恵介 … 192
高橋 徹夫 … 181	高畑 博 … 117	滝口 季彦 … 375, 376
高橋 徹郎 … 417	高畑 道英 … 77	滝口 凡夫 … 427
高橋 照男 … 404	高花 照雄 … 69	滝沢 市三 … 175
高橋 てる子 … 129	高林 順 … 254	滝沢 一彦 … 365
高橋 徹 … 156	高原 一記 … 5	滝沢 茂男 … 182
高橋 俊夫 … 133	高原 美佐子 … 99	滝沢 昌三 … 187
		滝沢 信一 … 194
		滝沢 俊雄 … 271
		滝沢 弘 … 231
		滝沢 義夫 … 365
		滝谷 宗宏 … 341
		滝本 昭次 … 347
		滝本 妙子 … 183
		滝本 徹 … 400
		滝本 豊文 … 365
		宅 八郎 … 150
		田口 清則 … 80
		田口 トシ子 … 453
		田口 敏子 … 233
		田口 直人 … 194
		田口 信夫 … 447
		田口 久克 … 69
		田口 汎 … 179
		田口 善大 … 425
		田口 善胤 … 449
		田久保 捷三 … 137
		多久和 忠雄 … 358
		武井 啓平 … 412
		武井 直子 … 144
		竹井 宏 … 367
		武井 雅昭 … 157
		武井 正守 … 421
		武石 岩男 … 168
		武石 英紀 … 127
		竹内 功 … 353
		竹内 英子 … 190
		竹内 修 … 320
		武内 和久 … 415
		竹内 一浩 … 145
		竹内 謙 … 177
		竹内 策一郎 … 282
		竹内 静香 … 247
		武内 純子 … 335
		竹内 平 … 260
		竹内 正 … 187
		竹内 千尋 … 283
		竹内 勉 … 230
		竹内 照夫 … 288
		竹内 俊夫 … 160
		竹内 信孝 … 209
		竹内 英昭 … 332
		竹内 弘 … 276
		竹内 藤男 … 67
		竹内 政雄 … 104
		竹内 幹郎 … 341
		竹内 通教 … 430
		竹内 通弘 … 332, 333
		竹内 元一 … 267, 271
		竹内 康子 … 266

竹内 洋二 …… 366, 367	竹本 正明 ………… 139	立石 量彦 ………… 390
竹内 吉宣 ………… 176	竹森 郁 …………… 115	立石 武博 ………… 446
竹内 良二 ………… 109	竹森 衛 …………… 344	立松 暁一 ………… 266
竹上 真人 ………… 285	竹安 由利子 ……… 386	舘盛 静光 ………… 178
武川 修士 ………… 392	竹山 修身 …… 312, 313	田所 真佐子 ……… 247
武川 勉 …………… 221	田合 豪 ……… 281, 285	田中 功 …………… 280
竹腰 創一 ………… 359	田篭 勝彦 …… 419, 420	田中 一光 ………… 61
竹越 久高 ………… 222	田阪 匡玄 ………… 349	田中 恵美子 ……… 327
竹崎 博一 ………… 308	田崎 以公夫 ……… 433	田中 和明 ………… 111
竹下 逸郎 ………… 359	田沢 弘一 ………… 190	田中 和雄 ………… 166
竹下 悦男 ………… 227	多次 勝昭 ………… 327	田中 和彦 ………… 476
竹下 司津男 ……… 422	田嶋 勝雄 ………… 179	田中 千裕 ………… 104
竹下 忠吉 ………… 431	田島 菊子 ………… 160	田中 千盛 …… 411, 412
竹下 虎之助 ……… 372	田島 秀雄 ………… 248	田中 克彦 ………… 400
竹下 洋典 ………… 431	田島 康敬 ………… 106	田中 勝美 ………… 274
竹島 勝昭 ………… 24	田嶋 陽子 ………… 173	田中 克也 ………… 67
武末 裕雄 ………… 440	田尻 靖幹 ………… 444	田中 喜一 ………… 367
武田 昭彦 ………… 430	田代 君代 ………… 290	田仲 基一 ………… 318
武田 完兵 ………… 153	田代 繁 …………… 107	田中 喜三 …… 117, 118
武田 隆 …………… 47	田代 捨己 ………… 447	田中 喜平 ………… 85
武田 忠匡 ………… 428	田代 千代志 ……… 47	田中 潔 …………… 188
武田 信顕 ………… 411	多田 一彦 ………… 32	田中 清見 ………… 226
武田 信弘 ……… 99, 461	多田 浩一郎 ……… 334	田中 清行 ………… 382
武田 春美 ………… 15	多田 悟 …………… 157	田中 清善 ………… 188
竹田 博明 ………… 301	多田 重美 ………… 119	田中 啓一 ………… 120
竹田 宏 …………… 311	多田 利喜 ………… 317	田中 暄二 ………… 107
武田 政英 ………… 462	多田 久幸 ………… 395	田中 甲 …………… 125
武田 又男 ………… 206	多田 正見 ………… 146	田中 耕介 ………… 417
武田 元介 ………… 402	多田 光男 ………… 325	田中 広太郎 ……… 441
武智 邦典 ………… 402	只野 九十九 ……… 41	田中 耕太郎 ……… 324
竹中 勇人 ………… 315	多々見 良三 … 301, 302	田中 貞子 ………… 375
竹永 茂美 ………… 418	多々良 哲 ………… 36	田中 サトエ ……… 75
竹中 泰子 ………… 124	多田羅 譲治 … 394, 396	田中 重徳 ………… 182
竹中 良則 ………… 267	立川 邦夫 ………… 136	田中 重博 ………… 67
竹浪 永和 ………… 122	立川 博敏 ………… 81	田中 茂 …………… 62
竹並 万吉 ………… 118	立木 大夫 ………… 367	田中 茂 …………… 120
武波 義明 ………… 381	立花 勝博 ………… 310	田中 純 …………… 428
武信 禎子 ………… 421	橘 慶一郎 ………… 201	田中 順治 ………… 322
武信 弘隆 ………… 421	立花 孝志 ………… 144	田中 四郎 ………… 274
竹林 光美 ………… 300	立花 民雄 ………… 427	田中 信一 ………… 378
竹林 伸幸 ………… 335	橘 典雄 …………… 63	田中 進 …………… 162
竹原 信一 ………… 469	橘 治資 …………… 422	田中 誠一 ………… 400
竹原 大蔵 ………… 77	橘 秀徳 …………… 183	田中 誠太 ………… 322
武原 由里子 ……… 437	立花 寛茂 ………… 427	田中 節男 ………… 172
武久 顕也 ………… 366	橘 雄介 …………… 299	田中 全 …………… 409
武部 正幸 ………… 288	立本 真須美 ……… 182	田中 銑之助 ……… 447
武政 正雄 ………… 118	立谷 秀清 ………… 63	田中 大輔 …… 155, 156
嶽村 久美子 ……… 416	立岡 脩二 ………… 366	田中 隆一 ………… 439
竹村 利幸 ………… 224	立岡 正一 ………… 143	田中 貴雄 ………… 471
竹村 正彦 ………… 117	立崎 誠一 ………… 135	田中 孝 …………… 337
武村 祐司 ………… 473	立沢 晴美 ………… 159	田中 隆治 ………… 440
武元 文平 …… 207, 208	達増 拓也 ………… 28	田中 辰夫 ………… 447

田中 龍夫 ………… 102	田中 雅夫 ………… 159
田中 達美 ………… 373	田中 正美 ………… 300
田中 徳光 ………… 193	田中 将介 ………… 156
田中 利明 ………… 456	田中 勝 …………… 462
田中 敏雄 ………… 288	田中 増次 ………… 359
田中 俊樹 ………… 179	田中 まどか ……… 116
田中 俊行 ………… 286	田中 幹夫 ………… 202
田中 智子 ………… 164	田中 美智子 ……… 322
田中 豊彦 ………… 139	田中 路子 ………… 432
田中 長義 ………… 124	田中 稔 …………… 422
田中 夏木 ………… 313	田中 八洲男 ……… 360
田中 信孝 ………… 449	田中 泰雄 ………… 274
田中 伸敏 ………… 419	田中 康夫 ………… 224
田中 信英 ………… 345	田中 康夫 ………… 298
田中 信之 ………… 426	田中 勇一 ………… 469
田中 信行 ………… 104	田中 優太 ………… 334
田中 範隆 ………… 424	田中 志典 ………… 264
田中 久雄 ………… 219	田中 幸弘 ………… 113
田中 久子 ………… 48	田中 容子 ………… 366
田中 日出男 ……… 298	田中 喜克 ………… 290
田中 英夫 ………… 298	田中 与志子 ……… 111
田中 英雄 ………… 449	田中 義高 ………… 112
田中 秀子 ………… 430	田中 義彦 ………… 177
田中 秀宝 ………… 248	田中 世之介 ……… 36
田中 秀典 ………… 225	
田中 広昌 ………… 211	
田中 文也 ………… 354	
田中 允 …………… 424	
田中 政明 ………… 153	

田中 良 … 151	谷口 義幸 … 464	田村 碓也 … 97	千葉 浩規 … 25
田中 亮太 … 282	谷口 りつ子 … 286	田村 一治 … 118	千葉 通子 … 122
田中 玲子 … 44	谷崎 治之 … 408	田村 和久 … 297	千葉 光行 … 124
棚橋 敏明 … 242	谷田 慶子 … 400	田村 耕太郎 … 352	茶谷 一男 … 202
棚橋 保之 … 236	谷野 正志朗 … 147	田村 俊 … 344	茶谷 輝和 … 307
田辺 篤 … 219	谷畑 英吾 … 290	田村 貴昭 … 415	茶畑 保夫 … 322
田辺 栄吉 … 160	谷藤 裕明 … 28	田村 隆光 … 293	茶原 正士 … 263
田辺 一城 … 422	谷本 巌 … 364, 365	田村 忠 … 155	中条 弘矩 … 397
田辺 寛治 … 94	谷本 文刀 … 387	田村 広一 … 333	中馬 章一 … 461
田辺 七郎 … 153, 154	谷本 正憲 … 204, 205	田村 弘 … 12	千代川 則男 … 19
田辺 恒久 … 170	谷本 善弘 … 288	田村 雅勇 … 344	千代松 大耕 … 308
田辺 敏憲 … 376, 436	谷山 雄二朗 … 143, 144	田村 正彦 … 32, 33	珍部 全吾 … 358
田辺 朋之 … 296	田主 智彦 … 364	田村 満広 … 132	
田辺 直毅 … 41	種市 一正 … 26	田村 守男 … 394	【つ】
田辺 信宏 … 247	田野尻 秀明 … 476	田村 泰彦 … 95	
田辺 典茂 … 188	田畑 誠一 … 471, 472	田村 雄二 … 102	塚越 恵子 … 77
田辺 八郎 … 5	田端 武敏 … 374	田村 六郎 … 288	塚越 正夫 … 97
田辺 雅博 … 15	田畑 仁 … 315	田母神 俊雄 … 143	塚越 康吉 … 167
田辺 良彦 … 164	駄場中 光 … 311	田本 憲吾 … 9	塚崎 泰史 … 302
棚本 邦由 … 218	田原 省吾 … 368	田谷 武夫 … 74	塚田 桂祐 … 99
谷 一夫 … 262	田原 昭三 … 46	田山 雅仁 … 146	塚田 成幸 … 353
谷 弘一 … 177	田原 隆雄 … 369	樽井 良和 … 150	塚田 新市 … 471
多仁 照広 … 214	田原 潮二 … 327	樽本 庄一 … 329	塚田 誠二 … 336
谷 秀紀 … 8	田原 達雄 … 292	俵 徹太郎 … 392	塚田 佐 … 224
谷 安司 … 332	田原迫 要 … 472	俵山 静子 … 147	塚原 雅志 … 87
谷 容子 … 181	旅田 卓宗 … 346, 347	丹 賢一 … 72	塚原 勝 … 83
谷井 博美 … 427	田渕 正俊 … 333	丹下 剛 … 126	塚部 芳和 … 431
谷内 栄 … 12	田部井 稔夫 … 151	旦部 利勝 … 454	塚本 勝人 … 416, 417
谷内 茂浩 … 220	玉麻 吉丸 … 453	反保 直樹 … 199	塚本 忍 … 70
谷奥 昭弘 … 343, 344	玉井 彰 … 402		塚本 昭二 … 271
谷掛 加津一 … 331	玉井 敏久 … 403	【ち】	塚本 昭次 … 96
谷川 和広 … 340	玉井 宏光 … 236		塚本 誠一 … 69
谷川 正秀 … 328	玉井 良治 … 269	近添 幸有 … 411	塚本 猛 … 114
谷口 堯男 … 206	玉岡 武 … 341	近松 武弘 … 238	塚本 光男 … 76, 77
谷口 義一 … 473	玉川 寛治 … 153	近森 照治 … 307	塚本 保夫 … 240
谷口 圭三 … 368	田巻 栄一 … 196	近森 正久 … 407, 408	津川 知久 … 324
谷口 賢一郎 … 44	玉木 一徳 … 232	千坂 侃雄 … 38	月生田 芳夫 … 118
谷口 憲剛 … 369	玉城 デニー … 479	千田 孝八 … 50	月形 祐二 … 417
谷口 幸治 … 265, 266	玉木 徳重 … 232	千田 真一 … 33	次田 典子 … 298
谷口 昭二 … 296, 297	玉置 登代子 … 386	知念 恒男 … 481, 482	築森 守 … 449
谷口 進一 … 335	玉木 襄 … 381	千葉 勲 … 17	津久井 富雄 … 84
谷口 誠一 … 70	玉置 博之 … 8	千葉 和男 … 24	佃 弘巳 … 249
谷口 太一郎 … 431	玉置 三夫 … 348	千葉 一成 … 157	柘植 宏一 … 243
谷口 久 … 422	玉置 三男 … 348	千葉 和郎 … 127	津坂 勝哉 … 283
谷口 誠 … 312	玉城 義和 … 483	千葉 邦英 … 308	辻 淳夫 … 260
谷口 優 … 433	玉置 義博 … 346, 347	千葉 健司 … 39	辻 一幸 … 268
谷口 充 … 353	玉島 準久 … 298	千葉 周伸 … 468	辻 嘉右ェ門 … 214
谷口 守行 … 284	玉田 国弘 … 325	千葉 隆 … 405	辻 重五郎 … 334, 335
谷口 洋一 … 7	玉田 盛二 … 289	千葉 富三 … 32	辻 稔種 … 464
谷口 芳紀 … 325	溜水 義久 … 468	千葉 奈緒子 … 151	辻 直孝 … 11
谷口 良隆 … 432	民秋 徳夫 … 302	千葉 昇 … 151	辻 宏康 … 307
谷口 義久 … 297, 298	民輪 正秀 … 330		

辻 正男 …………… 330	土屋 俊測 …………… 156		土井 喜美夫 …………… 37
辻 三千宣 …………… 281	土屋 正忠 …… 171, 172	【て】	土井 敏彦 …………… 260
辻 恵 …………… 305	土屋 元義 …………… 274		土井 正美 …… 453, 456
辻 源巳 …………… 112	土屋 安孝 …………… 252	出浦 秀隆 …………… 36	土居 通興 …………… 402
辻 安治 …………… 285	土屋 陽一 …………… 227	出川 康二 …………… 316	土井 由三 …………… 199
辻 義則 …………… 288	土屋 佳照 …………… 468	出口 清 …………… 132	戸井田 春子 …………… 164
辻 与太夫 …………… 213	土屋 義彦 …………… 99	出口 晴三 …………… 147	堂故 茂 …………… 203
辻井 良和 …………… 279	土屋 龍一郎 …………… 225	出口 文雄 …………… 180	東郷 邦昭 …………… 330
辻田 実 …… 132, 133	土屋 龍司 …………… 253	勅使河原 勇 …………… 263	東郷 健 …………… 142
辻橋 正一 …………… 292	土山 道之 …………… 125	勅使河原 安夫 …………… 36	東郷 典治 …………… 433
対島 正吾 …………… 470	筒井 勝雄 …………… 396	勅使河原 喜夫 …………… 96	田路 勝 …………… 332
津島 忠勝 …………… 461	堤 朗 …………… 111	手塚 庄右衛門 …………… 88	塔下 真次 …………… 331
対馬 テツ子 …………… 142	堤 太 …………… 427	鉄永 幸紀 …………… 353	東泉 清寿 …………… 89
辻本 進 …………… 285	網島 不二雄 …………… 55	寺内 大介 …………… 444	東堂 文泉 …………… 183
辻本 徳男 …………… 284	網本 守 …………… 310	寺尾 恵子 …………… 313	東畑 秀雄 …………… 134
辻本 良一 …………… 75	常田 邦夫 …………… 115	寺門 孝彦 …………… 103	桃原 正賢 …………… 482
辻本 両造 …………… 447	津野 実 …………… 347	寺上 正人 …………… 375	藤間 明男 …………… 180
辻山 清 …………… 319, 340, 343, 345, 363, 483	角岡 与 …………… 267	寺坂 栄一郎 …………… 438	当麻 よし子（当摩 好子） …………… 112
	角岡 修 …………… 266	寺下 章夫 …………… 170	堂前 文義 …………… 101
都築 末二 …………… 265	角田 耕平 …………… 106	寺下 利宏 …………… 203	道見 重信 …………… 4
都築 利夫 …………… 3, 4	角谷 英男 …………… 314	寺島 義幸 …………… 227	任海 千衛 …………… 165
都築 直人 …………… 341	椿原 慎一 …………… 36	寺田 明充 …… 377, 378	当銘 勝雄 …………… 483
都築 譲 …………… 276	鍔本 達朗 …………… 277	寺田 伊勢男 …………… 249	当銘 由親 …………… 481
都築 龍治 …………… 273	鍔本 規之 …………… 243	寺田 和雄 …………… 170	堂本 暁子 …………… 122
都竹 淳也 …………… 242	粒谷 友示 …………… 340	寺田 茂治 …………… 311	東門 美津子 …………… 482
津田 一朗 …………… 318	坪井 照子 …………… 166	寺田 典城 …… 44, 49	十枝 修 …………… 390
津田 恵子 …………… 252	坪井 透 …………… 71	寺田 為三 …………… 315	遠山 建治 …………… 397
津田 孝治 …………… 437	坪井 祐一 …………… 126	寺田 正捷 …………… 249	富樫 昭次 …………… 186
津田 宣明 …………… 143	坪井 善明 …………… 4	寺田 昌弘 …………… 95	富樫 練三 …………… 100
蔦田 恵子 …………… 289	壷内 四郎 …………… 283	寺田 学 …………… 44	栂野 行男 …………… 345
土川 秀孝 …………… 322	坪内 弘行 …………… 137	寺田 美智子 …………… 257	戸上 健 …………… 280
土倉 章晴 …………… 253	坪田 五久男 …………… 288	寺西 雄治 …………… 314	尖 信一 …………… 474
土倉 幸雄 …………… 341	坪田 嘉奈弥 …………… 214	寺林 良次 …………… 7	土岐 健二 …………… 348
土田 敦司 …………… 80	坪田 正博 …………… 211	寺前 秀一 …………… 206	時枝 正昭 …………… 454
土田 誠一 …………… 59	坪根 繁喜 …………… 226	寺町 知正 …………… 244	徳川 高人 …………… 415
土田 正剛 …… 51, 56	津村 重光 …………… 461	寺本 敏夫 …………… 340	徳田 秋 …………… 260
土田 春夫 …………… 191	津村 嘉正 …………… 118	寺本 伸行 …………… 350	徳田 哲 …………… 454
土田 裕史 …………… 328	津谷 永光 …… 46, 47	寺本 春夫 …………… 284	徳田 敏夫 …………… 302
土田 三盛 …………… 151	露木 順一 …………… 174	寺本 芳樹 …………… 276	徳田 稔 …………… 328
土野 守 …… 239, 240	露木 順三 …………… 181	照井 清司 …………… 44	ドクター・中松（中松 義郎） …… 142, 143
土屋 彰 …………… 225	露原 正行 …………… 322	照屋 修 …………… 174	
土屋 磯雄 …………… 252	鶴岡 啓一 …… 122, 123	照屋 信吉 …………… 480	渡具知 武豊 …………… 484
土屋 克彦 …………… 158	敦賀 一夫 …………… 19	照屋 つぎ子 …………… 483	渡口 初美 …………… 479
土屋 勝美 …………… 170	鶴飼 重男 …………… 5	照屋 真勝 …………… 483	渡具知 裕徳 …………… 483
土屋 侯保 …………… 183	鶴田 春男 …………… 249	照山 俊一 …………… 455	徳永 勝憲 …………… 472
土屋 恒篤 …… 173, 178	鶴田 真子美 …………… 67	天満 祥典 …… 378, 379	徳永 耕造 …………… 334
土屋 幸平 …………… 465	鶴田 芳広 …………… 472		徳永 武彦 …………… 427
土屋 寿山 …………… 257	鶴谷 鉄男 …………… 253	【と】	徳永 光昭 …………… 377
土屋 武則 …………… 232	鶴巻 貴弘 …………… 190		徳永 安清 …………… 401
土谷 哲生 …………… 458	鶴丸 明人 …………… 473	土井 一憲 …………… 313	徳久 衛 …………… 412
土屋 哲男 …………… 232			トクマ …………… 143
土屋 歳明 …………… 449			徳間 和男 …………… 175

徳増 記代子 ……… 135	冨永 英輔 ……… 272	内藤 近蔵 …… 330, 331	中沖 豊 ……… 198
徳本 悟 ……… 131	富永 英輔 …… 284, 285	内藤 啓吾 ……… 13	永長 敏昭 ……… 347
徳山 博一 ……… 317	冨永 茂穂 ……… 472	内藤 尚 ……… 149	中貝 宗治 ……… 335
都倉 昭二 …… 219, 220	冨山 省三 …… 74, 75	内藤 尚武 ……… 327	中神 鑑夫 ……… 160
所谷 孝夫 ……… 407	富山 明徳 ……… 377	内藤 登 ……… 220	仲亀 昌身 ……… 395
登坂 和洋 ……… 94	戸室 敦雄 ……… 368	内藤 久夫 ……… 220	中川 鮮 ……… 241
登坂 健児 ……… 194	友金 信雄 ……… 333	内藤 久遠 ……… 144	中川 勇 ……… 291
登坂 秀 ……… 94	友実 武則 ……… 364	内藤 昌弘 ……… 283	中川 和雄 ……… 304
戸沢 利雄 ……… 118	友田 景 ……… 310	内藤 正行 ……… 243	永川 勝則 ……… 158
戸沢 久夫 ……… 93	友田 有 ……… 384	内藤 義道 ……… 322	中川 幹太 ……… 193
戸敷 正 ……… 461	友田 昌秀 ……… 309	直井 誠巳 ……… 76	中川 清 ……… 76
戸島 国治 ……… 280	友田 吉泰 ……… 441	仲 健一 ……… 189	中川 邦明 ……… 106
歳安 友繁 ……… 369	戸本 隆雄 …… 257, 258	仲 進久 ……… 316	中川 圭一 ……… 300
戸田 喜生 ……… 410	朝長 則男 ……… 440	仲 政江 ……… 171	中川 啓一 ……… 332
戸田 公明 ……… 30	供野 周夫 ……… 16	永井 英慈 ……… 177	仲川 げん（仲川 元庸）……… 340
戸田 敏 ……… 444	友広 郁洋 ……… 441	中居 英太郎 ……… 33	
戸田 種彦 ……… 328	友安 俊明 ……… 378	永井 貴美子 ……… 322	中川 健吉 ……… 100
戸田 雄士 ……… 328	友利 一男 ……… 480	永井 邦右 ……… 48	中川 さやか ……… 157
戸田 行徳 ……… 464	友利 敏子 ……… 484	永井 孝一 ……… 227	中川 鹿太郎 ……… 402
戸谷 松司 ……… 336	戸谷 隆史 ……… 345	中井 真一郎 ……… 99	中川 重哉 ……… 283
戸塚 章介 ……… 138	外山 恒一 ……… 143	永井 清治 ……… 175	中川 俊一 ……… 38
戸塚 進也 ……… 250	外山 半三 ……… 273	永井 高夫 ……… 175	中川 昭一 ……… 302
戸塚 雅夫 ……… 170	外山 衛 ……… 464	永井 常雄 ……… 230	中川 隆司 ……… 397
轟 一夫 ……… 324	外山 三博 ……… 460	永井 初子 ……… 261	中川 隆弘 ……… 317
戸成 義則 ……… 378	豊岡 武士 ……… 257	永井 敬臣 ……… 147	中川 隆幸 ……… 205
利根川 永司 ……… 108	豊岡 鐐尓 ……… 280	中井 武兵衛 ……… 321	中川 暢三 …… 144, 224, 305, 306, 324, 325, 329, 330, 336
戸野 茂 ……… 308	豊沢 有兄 ……… 48	中居 正威 ……… 292	
戸羽 一男 ……… 34	豊島 輝慶 ……… 177	中井 政友 ……… 342	
戸羽 太 ……… 34	豊瀬 尉 ……… 428	永井 順裕 ……… 230	中川 徳男 ……… 12
土橋 忠昭 …… 320, 321	豊嶋 麻子 ……… 373	永井 正哉 ……… 372	中川 俊直 ……… 377
戸張 胤茂 ……… 119	豊岡 伊久雄 ……… 374	永井 喜子 ……… 156	中川 智和 ……… 212
土肥 英生 ……… 162	豊田 恵理 ……… 282	仲井真 弘多 …… 478, 479	中川 智子 ……… 334
飛田 茂 ……… 70	豊田 舜次 ……… 255	中内 桂郎 ……… 411	中川 智晴 ……… 144
都丸 哲也 ……… 166	豊田 俊雄 ……… 251	中浦 政克 ……… 209	中川 秀樹 ……… 143
都丸 均 ……… 94	豊田 俊郎 ……… 140	永江 明久 ……… 450	中川 洋 ……… 374
富岡 勝則 ……… 102	豊田 稔 …… 71, 72	長尾 彰久 ……… 170	中川 勝 ……… 57
富岡 清 ……… 107	豊留 悦男 ……… 472	中尾 郁子 …… 438, 439	中川 護 ……… 239
富岡 賢治 ……… 95	虎川 太郎 ……… 40	中尾 駿祐 ……… 441	中川 光博 ……… 46
冨岡 浩史 ……… 300	鳥居 晴次 ……… 319	長尾 淳三 ……… 319	仲川 元庸 →仲川 げん
冨川 雄輔 ……… 93	華表 てる ……… 163	中尾 昌作 ……… 477	
冨久田 耕平 ……… 85	鳥居 義昭 ……… 316	長尾 忠行 ……… 25	中川 保久 ……… 345
富沢 和雄 ……… 12	鳥居 佳史 ……… 242	長尾 達也 ……… 309	中川 泰宏 ……… 295
富沢 実 ……… 120	鳥生 厚夫 ……… 75	長尾 達也 ……… 354	仲川 幸成 ……… 110
冨塚 宥暻 ……… 63	鳥生 千恵 ……… 151	中尾 友昭 ……… 384	中川 幸広 ……… 110
富塚 陽一 …… 54, 55	鳥越 俊太郎 ……… 144	中尾 則幸 ……… 4	中川 利三郎 ……… 43
冨田 明 ……… 172	鳥越 忠行 ……… 13	中尾 昌弘 ……… 419	長久保 徹 ……… 74
冨田 家睦 ……… 285	鳥山 昭好 ……… 249	中尾 与志男 ……… 454	中小路 健吾 ……… 300
冨田 健一郎 ……… 63		中尾 義孝 ……… 376	中込 博文 ……… 222
冨田 成輝 ……… 238	【な】	中尾 嘉伸 ……… 368	中込 孝文 ……… 217
冨田 直樹 ……… 154		長岡 進 ……… 8	長坂 正春 ……… 217
冨田 裕樹 ……… 306		長岡 寿一 ……… 52	長崎 明 ……… 186
冨塚 宥暻 …… 63, 64	内藤 英一 …… 204, 205	長岡 秀人 ……… 358	長崎 克央 ……… 178
			長崎 幸太郎 ……… 217

長崎 善次 ……… 439	永田 敦史 ……… 262	中西 健治 ……… 174	中野 泰 ……… 94
中里 昱夫 ……… 115	中田 郁江 ……… 342	中西 謙司 ……… 236	長野 恭紘 ……… 459
中里 喜一 ……… 146	永田 栄一 … 225, 230	中西 茂 ……… 473	中野 弥太一 ……… 140
中里 清志 ……… 101	永田 和稔 ……… 337	中西 俊司 ……… 19	中野 友貴 ……… 224
中里 龍夫 … 173, 178	仲田 一彦 ……… 337	中西 清二 ……… 410	中野 幸則 ……… 148
中里 長門 ……… 34	中田 勝久 ……… 337	仲西 春雅 ……… 483	中野 隆司 ……… 310
中里 信男 ……… 24	永田 勝美 ……… 436	中西 裕司 ……… 432	中野渡 旬 ……… 179
長沢 清光 ……… 36	永田 亀昭 ……… 53	中西 陽一 ……… 204	中野渡 春雄 ……… 24
中沢 重一 ……… 168	中田 京 ……… 138	長沼 明 ……… 110	長畑 浩則 ……… 313
中沢 俊介 ……… 126	永田 清成 ……… 268	長沼 威 ……… 100	中原 恵人 ……… 119
長沢 利雄 ……… 149	中田 兼司 ……… 148	長沼 憲彦 ……… 19	中原 淳 ……… 451
長沢 淑郎 ……… 164	中田 剛 ……… 437	長沼 広 ……… 93	中原 英雄 ……… 130
中重 真一 ……… 473	永田 浩一 ……… 421	永沼 宏之 ……… 106	中原 等 ……… 334
中芝 正幸 ……… 348	中田 定行 ……… 41	長沼 洋一 ……… 28	中原 正純 ……… 228
中島 篤 ……… 95	中田 仁公 ……… 310	中根 薫 ……… 265	中原 八一 ……… 187
中島 市郎 ……… 73	永田 純夫 ……… 268	中根 一幸 ……… 108	中平 富宏 ……… 410
中嶋 丘子 ……… 22	中田 征治 … 282, 283	中根 西光 ……… 236	中平 一二三 ……… 300
長島 一由 … 174, 179, 180	中田 清介 ……… 240	中根 佐知 ……… 408	中平 正宏 ……… 409
中嶋 啓子 ……… 445	中田 武志 … 365, 366	中根 鎮夫 ……… 265	永藤 英機 ……… 313
中嶋 憲正 ……… 451	永田 太三 ……… 271	中根 友治 ……… 265	長堀 哲雄 ……… 111
中島 健太 ……… 85	中田 鉄治 … 18, 19	中野 昭 ……… 389	中間 俊範 ……… 461
長島 孝一 ……… 179	永田 輝樹 ……… 180	長野 晃 ……… 317	仲間 均 ……… 480
中島 興世 ……… 8	中田 俊男 ……… 72	中野 英一 ……… 4	永松 悟 ……… 455
中島 五郎 ……… 76	中田 直人 ……… 67	中野 和信 ……… 114	永松 博文 ……… 458
中島 茂嗣 ……… 416	中田 初美 ……… 332	中野 勝安 ……… 33	中松 義治 ……… 9
中島 寿一 ……… 154	中田 宏 ……… 174	中野 勝之 ……… 274	中松 義郎
中島 省三 ……… 205	中田 裕 ……… 73	長野 恭二 ……… 412	→ドクター・中松
中島 二郎 ……… 165	永田 政弘 ……… 163	中野 清 ……… 105	永見 理夫 ……… 161
中島 孝夫 ……… 320	中田 雄士 ……… 447	中野 清 ……… 312	中道 育夫 ……… 240
中島 隆利 ……… 450	中田 良吉 ……… 31	長野 邦子 ……… 317	長峯 誠 ……… 465
永島 卓 ……… 277	中台 良男 ……… 140	永野 耕平 ……… 312	長峯 正之 ……… 118
中嶋 武嗣 ……… 290	中滝 清文 ……… 392	中野 五郎 ……… 455	中村 篤子 ……… 340
長嶋 立身 ……… 437	長竹 千賀 ……… 378	中野 早苗 ……… 224	中村 五木 ……… 445
中島 達郎 ……… 44	中谷 岸造 ……… 412	中野 志乃夫 ……… 168	中村 和雄 ……… 296
中島 東 ……… 157	中谷 由里子 ……… 341	中野 周 ……… 476	中村 一堯 ……… 432
中島 鉄久 ……… 237	中谷 好幸 ……… 169	長野 士郎 ……… 363	中村 和利 ……… 423
中島 直樹 ……… 114	仲地 漱祐 ……… 177	中野 進 ……… 296	仲村 和平 ……… 139
中嶋 野花 ……… 336	中津 孝司 … 346, 347	中野 孝則 ……… 321	中村 勝治 ……… 354
中島 一 ……… 292	長塚 幾子 ……… 176	長野 武雄 ……… 454	中村 勝人 ……… 382
中島 博明 ……… 429	長塚 智広 ……… 67	中野 保 ……… 188	中村 克巳 ……… 273
中島 博範 ……… 92	中司 宏 … 319, 320	長野 力 … 475, 476	中村 亨三 ……… 24
中島 政希 ……… 94	中塚 裕久 ……… 351	中野 俊夫 … 304, 321	中村 欣一郎 ……… 284
中島 勝敬 ……… 95	中塚 祐介 ……… 441	長野 俊夫 ……… 276	中村 圭一 ……… 434
中島 睦夫 ……… 432	中司 正彦 ……… 382	中野 智行 ……… 16	中村 健 ……… 276
長洲 一二 ……… 173	仲築間 卓蔵 ……… 154	中野 戸ヱ門 ……… 291	中村 公一 ……… 342
中須 多門 ……… 333	長友 清冨 ……… 449	中野 直輝 … 268, 269	中村 功一 … 291, 292
長瀬 恭祐 ……… 451	長友 貞蔵 ……… 461	永野 裕貞 ……… 227	中村 康一 ……… 22
長瀬 保 ……… 267	長友 貴樹 ……… 165	永野 博敏 ……… 74	中村 晃毅 ……… 275
永瀬 洋治 ……… 104	長友 義樹 ……… 178	中野 弘道 ……… 258	中村 悟 ……… 238
永瀬 良孝 ……… 49	中西 功 ……… 177	長野 文彦 ……… 405	中村 重夫 ……… 213
中瀬古 晶一 ……… 349	中西 一智 ……… 333	中野 正康 ……… 262	中村 秀治 ……… 102
中祖 百合子 ……… 148	中西 一宏 ……… 389	中野 正代 ……… 273	中村 淳治 … 22, 23
仲宗根 正和 ……… 482			中村 省司 ……… 177

中村 譲二 …………… 108	中森 福代 …………… 99, 100	並木 心 …………… 167	仁坂 吉伸 …… 346, 347
中村 慎司 …………… 349	中森 幹雄 …………… 110	並木 新平 …………… 159	西 要 …………… 475
中村 征一 …………… 424	中屋 一博 …………… 202	並木 敏恵 …………… 103	西 恭三郎 …………… 152
中村 清治 …………… 161	永冶 克行 …………… 439	並木 正芳 …………… 112	西 ふみ子 …………… 339
中村 善行 …………… 230	中屋 重勝 …………… 178	並木 傑 …………… 113	西 克 …………… 289
中村 泰士 …………… 339	中家 治子 …………… 11	波岸 裕光 …………… 5	西 芳男 …………… 350
中村 泰三 …………… 160	中谷 良作 …………… 254	滑川 光仁 …………… 72	西 良仁 …………… 477
中村 隆雄 …………… 300	中山 一生 …………… 81	名雪 義雄 …………… 81	西井 真理子 …………… 281
中村 都茂 …………… 432	中山 一幸 …… 280, 281	奈良 明彦 …………… 218	西浦 正哲 …………… 341
中村 佑 …… 401, 402	中山 敬三 …………… 453	奈良 喜三郎 …………… 46	西江 嘉晃 …………… 201
中村 太郎 …………… 459	中山 健二 …………… 446	奈良 せい …………… 26	西尾 慶太 …………… 241
中村 勤 …………… 273	中山 幸一 …………… 104	奈良 俊幸 …………… 212	西尾 憲一 …… 122, 137
中村 哲郎 …………… 415	中山 興次郎 …………… 111	奈良 握 …………… 175	西尾 武喜 …………… 260
中村 徹朗 …………… 379	中山 輝男 …………… 100	奈良岡 央 …………… 22	西尾 恒造 …………… 412
中村 晃生 …… 418, 424	中山 徹 …………… 450	奈良岡 峰一 …………… 25	西尾 輝夫 …………… 357
中村 照夫 …………… 218	中山 敏夫 …………… 367	楢原 俊 …………… 109	西尾 沼富 …………… 353
中村 輝夫 …………… 348	中山 俊樹 …………… 343	楢原 利則 …………… 422	西尾 文治 …………… 283
中村 照人 …………… 222	中山 土志延 …………… 408	成沢 広修 …………… 157	西尾 正範 …………… 15
中村 時雄 …………… 400	中山 智晴 …………… 455	成田 広男 …………… 470	西尾 理弘 …… 357, 358
中村 時広 …………… 400	中山 信美 …………… 209	成田 守 …………… 23	西尾 正也 …………… 305
中村 寿文 …………… 24	仲山 徳隆 …………… 416	成田 元晴 …………… 47	西尾 邑次 …………… 352
中村 友信 …………… 24	永山 英也 …………… 465	成井 光一郎 …………… 79	西岡 晃 …………… 387
中村 紀明 …………… 215	中山 弘子 …………… 150	成井 英夫 …………… 62	西岡 久一 …………… 331
中村 教彰 …………… 131	中山 寛進 …………… 153	成子 芳昭 …………… 318	西岡 真一郎 …………… 162
中村 典子 …………… 138	中山 誠 …………… 484	成沢 勇記 …………… 220	西岡 武夫 …………… 436
中村 法道 …………… 436	中山 幹雄 …………… 156	鳴海 一芳 …………… 9	西岡 憲康 …… 363, 369
中村 八郎 …………… 162	中山 泰 …………… 299	鳴海 広道 …… 22, 23	西岡 豊 …………… 320
中村 博生 …………… 450	中山 康之 …………… 253	南光 勝美 …………… 336	西垣 善之 …………… 335
中村 正子 …………… 158	中山 義活 …… 152, 153	難波 秀哉 …………… 320	西川 栄紀 …………… 208
中村 正人 …………… 241	中山 義隆 …………… 480	南部 宣雄 …………… 391	西川 治 …… 311, 312
中村 正則 …………… 220	永芳 達夫 …………… 417	南部 創 …………… 318	西川 一誠 …… 210, 211
中村 正義 …………… 110	永礼 達造 …………… 368		西川 勝彦 …………… 290
中村 勝 …………… 305	流目 茂 …………… 328	【に】	西川 克己 …………… 441
中村 光広 …………… 252	中渡 朋江 …………… 171		西川 喜代治 …… 290, 291
中村 稔 …………… 301	柳楽 寿 …… 372, 373		西川 太一郎 …………… 145
中村 睦 …………… 252	南雲 栄一 …………… 158	二井 関成 …… 380, 381	西川 忠博 …………… 317
中村 康夫 …………… 207	名倉 隆 …………… 105	新岡 豊子 …………… 159	西川 秀子 …………… 391
中村 優子 …………… 274	名越 謙蔵 …………… 372	新関 一夫 …………… 17	西川 均 …………… 342
中村 幸代 …………… 425	夏野 修 …………… 202	新井田 義弘 …… 204, 206	西川 将人 …………… 6
中村 洋子 …………… 178	夏野 元志 …………… 199	新津 淳一 …………… 176	西川 政善 …………… 391
中村 洋三 …………… 294	名取 美佐子 …………… 169	新美 勝彦 …………… 276	錦織 孝一 …………… 71
中村 隆象 …………… 422	七尾 晶一朗 …… 202, 203	新実 信正 …………… 172	西口 勇 …………… 322
中本 完 …………… 310	名波 力 …………… 257	新村 力 …………… 449	西口 勇 …………… 346
中本 幸一 …… 340, 341	七海 ひろこ …………… 144	新村 吉雄 …………… 209	西口 健 …………… 307
中本 重夫 …………… 348	七宮 幸一 …………… 163	新元 博文 …………… 468	西沢 省三 …………… 214
仲本 宏章 …………… 174	何川 一幸 …………… 447	仁尾 健治 …… 392, 393	西沢 慎 …………… 328
中本 浩 …………… 225	鍋島 康夫 …………… 408	丹尾 広樹 …………… 214	西沢 久夫 …………… 291
中本 弘 …………… 372	浪岡 政行 …………… 32	二階 俊樹 …………… 349	西沢 弘行 …………… 227
仲本 正夫 …………… 118	並河 健 …………… 344	二階堂 馨 …………… 193	西地 茂樹 …………… 282
仲本 景美 …… 481, 482	並河 哲次 …………… 350	二階堂 俊三 …………… 5	西島 信也 …………… 248
中本 喜弘 …………… 387	並河 実 …………… 176	仁木 利則 …………… 137	西嶌 隆雄 …………… 319
永盛 敦郎 …………… 150	並木 克巳 …………… 167	二坂 信邦 …………… 48	西嶋 朋生 …………… 364

517

西嶋 泰義	456
西田 昭紘	11
西田 健次郎	482
西田 洽司	96
西田 三十五	131
仁志田 昇司	63
西田 正治	424
西田 武史	312
西田 主税	154
西田 直人	403
西田 弘志	450
西田 誠	447
西田 正則	334
西田 雅彦	334
西田 征博	476
西田 譲	131, 140
西田 米蔵	101
西谷 友克	81
西谷 美智子	22
西辻 豊	322
西出 秋雄	312
西寺 雅也	240
西野 清敏	212
西野 茂	319
西野 省史	32
西野 善雄	146
西端 勝樹	322
西林 克敏	312
西原 茂樹	256, 257
西原 親	426
西原 広美	481
西平 賀雄	480
西平 守伸	481
西平 良将	469
西部 晃彦	242, 243
西部 修	19
西俣 総志	119
西村 明夫	293
西村 昭彦	273
西村 昭	315
西村 一男	264
西村 和平	330
西村 光一郎	411
西村 繁之	119
西村 重蔵	305
西村 伸一郎	411, 412
西村 高治	211
西村 武典	445, 446
西村 徹	206
西村 敏行	238
西村 富弥	291
西村 冨佐多	145

西村 正男	303
西村 政次	134
西村 雅人	170
西村 正俊	430
西村 義則	289
西村 良平	300
西室 覚	218
西銘 順治	478
西本 健治郎	384
西本 敏	400
西本 貴子	149
西森 洋一	317
西山 公夫	364
西山 猛	70
西山 幸男	126
西山 由之	170
西良 富雄	330
西脇 甚右エ門	159
西脇 隆俊	296
西脇 巽	22
西脇 洋子	21
新田 孝	164
新田 秀雄	396
新田谷 修司	307
蜷川 澄村	296, 364
二ノ文 伸元	448
二宮 三郎	183, 184
二野宮 茂雄	306
二宮 隆久	403
二宮 忠夫	180, 181
二宮 正	394
二瓶 文隆	153
二保 茂則	428
日本 太郎	460
二本柳 雅史	26
入村 明	196, 197
仁礼 国市	474
丹羽 厚詞	262, 263

【ぬ】

貫名 ユウナ	325
奴間 健司	422
沼倉 昭仁	40
沼田 武	122
沼田 信夫	333
沼田 道孝	99, 101
沼辺 豊弘	147
塗木 弘幸	477

【ね】

根上 隆	144, 151, 224
根岸 昭文	111
根岸 利宗	63
祢宜田 知司	277
祢宜田 政信	277
根来 博	349
根本 甚市	79
根本 崇	136
根本 尚美	64
根本 正史	157
根本 光治	69
根本 康明	180
根本 洋治	70

【の】

能塚 耐子	297
能仁 俊晴	391
南野 京右	385
能美 節子	268
野角 満昭	396
野木 実	120
野口 敦	71
野口 市太郎	439
野口 岡治	136
野口 修	75
野口 和彦	115
野口 一美	297
野口 要	82
野口 聖	312
野口 健司	438
野口 弘次	147
野口 忠直	169
野口 哲次	102
野口 俊邦	224, 227
野口 日朗	440
野口 寛	475
野口 洋一	133
野坂 勲	10
野坂 康夫	354
野崎 国勝	391
野崎 耕二	107, 108
野崎 重弥	167
野崎 衷	167
野里 征彦	30
野沢 明夫	232
野沢 孝道	100

野沢 哲夫	150
野沢 倫昭	322
野沢 久人	170
野沢 秀夫	168
野沢 正司	254
野沢 満理子	158
野志 克仁	400
野島 進吾	438
野尻 耕喜	449
野尻 正樹	218
野尻 陽子	219
能勢 邦之	7
野副 豊	432
野田 章夫	461, 463
野田 卿	437
野田 国義	428
野田 武則	30
野田 武義	30
野田 侃生	455
野田 忠孝	30
野田 力	426
野田 真良	420
野田 洋二	458
野田 義和	319
野田 隆治	320
能登 勝治	210
能登 真作	118
能登 祐一	48
能登 芳昭	17
野名 澄代	283
野中 一秀	301
野中 幸市	445, 446
野々部 尚昭	263
野々村 竜太郎	336
野畑 圭造	203
野平 匡邦	133
延里 亮輔	369
信田 直嗣	71
野辺 修光	462
昇 俊一	404
登 幸人	333
野町 尚道	412
野間野 正和	302
野村 研三	57
野村 興児	385, 386
野村 誠一	178
野村 節子	83
野村 宣一	308
野村 隆	162, 174
野村 太貴江	427
能村 常穂	201
野村 利二	96

氏名	ページ	氏名	ページ	氏名	ページ	氏名	ページ
野村 信之	230	橋本 定子	390	羽田 皓	377, 378	羽根 春興	351
野村 弘子	332	橋本 真一	170	秦 明美	372	塙坂 治郎五郎	350
野村 広元	84	橋本 信一郎	458	葉田 茂美	361	馬場 栄次	166
野村 誠	239	橋本 大二郎	407	畠山 博	15	馬場 修	231
野村 正夫	159	橋本 卓	321	畠山 稔	101	馬場 一彦	167
野村 昌弘	294	橋本 崇史	208	畠山 渉	5	馬場 桂一郎	317
野村 真実	68	橋本 剛	436, 437	畑田 重夫	142	馬場 宏三	293
野村 靖	390, 391	橋本 達也	211	畑中 一晃	374	馬場 俊一	301
野本 重雄	102	橋本 太郎	449	畑中 哲雄	24	馬場 潤一郎	195
野屋敷 いとこ	137	橋下 徹	305, 306	畑中 正好	347	馬場 淳次	423, 424
野山 慶蔵	128	橋本 徳雄	450	畑中 庸助	10	馬場 順三	335
法井 太閤	59	橋本 登	123	波多野 重雄	166	馬場 慎	458
則包 雄三	297	橋本 征俊	373	波多野 誠	359	馬場 隆	298
野呂 昭彦	279, 285	橋本 正博	179	幡谷 豪男	312	馬場 勉	364
野呂 恵子	146	橋本 将之	225	畑山 聡	25	馬場 信彦	192
		橋本 正義	446	畑山 親弘	24	馬場 英雄	127
		橋本 昌	67	八村 弘昭	11	馬場 弘融	169
【は】		橋本 美春	447	鉢呂 吉雄	4	馬場 美代子	294
		橋本 康志	434	初谷 幸一	139	馬場 良彰	147
芳賀 富弘	25	橋本 安彦	301	八角 公二	131	馬場 好弘	317
芳賀 誠	55	橋本 祐輔	458	八田 英之	122	羽吹 義雄	228
博田 東平	374	橋本 良仁	166	八田 ひろ子	261	浜 正幸	319
萩 礼子	119	橋本 立	125	服部 彰文	277	浜 道雄	338
萩野 幸三	276	長谷川 明	343, 344	服部 岩雄	212	浜浦 佳子	310
萩野 義興	413	長谷川 嘉一	93	服部 和典	419	浜岡 六右衛門	299
萩原 貞夫	91	長谷川 金重	235, 237	服部 穀一	257	浜垣 実	8
萩原 定次郎	116, 117	長谷川 敬	88	服部 正一	108	浜上 幸十	476
萩原 誠司	363, 369, 370	長谷川 圭市	333	服部 友則	140	浜口 淳子	284
萩原 弥惣治	91	長谷川 敬子	224	服部 信明	180	浜口 多美雄	447
白石 恵子	156	長谷川 健一	139	服部 一	349	浜崎 茂	207
白戸 仲久	72	長谷川 順子	115	服部 秀洋	239	浜砂 守	463
硲 孝司	238	長谷川 俊輔	14	服部 貢	261	浜田 一義	373
蓮子 幹夫	477	長谷川 伸一	20	服部 幸道	263	浜田 佳資	341
橋上 義孝	311	長谷川 孝夫	129	服部 征夫	153	浜田 恵造	395
橋川 渉	289, 290	長谷川 孝之	257	服部 好広	329	浜田 浩二	461
橋口 寛	461	長谷川 忠男	387, 388	馬頭 哲弥	350	浜田 純	412
橋詰 清	34	長谷川 忠久	30	鳩山 邦夫	143	浜田 真輔	347
橋爪 紳也	305	長谷川 長二郎	192	鳩山 二郎	418	浜田 隆伸	207
橋詰 寿人	412	長谷川 典子	73	鳩山 太郎	157	浜田 卓二郎	99
橋爪 文子	117	長谷川 久夫	75	花井 幸二	272	浜田 剛史	316
橋詰 雅博	162	長谷川 広昌	270	花岡 光六	437	浜田 富司	107
橋田 和実	463	長谷川 正栄	254	花岡 利明	377	浜田 博	459
橋中 義憲	208	長谷川 稔	353	花岡 利夫	232	浜田 マキ子	142
羽榮 秀吉（羽榮 誠三 秀吉, 三上 誠三）		長谷川 義明	187	花川 与惣太	148	浜田 満夫	412
	19, 23, 143, 224, 304, 305	長谷川 愛貴	375	花坂 三吉	62	浜田 保徳	391
		長谷川 芳治	341	花里 信彦	229	浜武 振一	424
		長谷川 録太郎	135	花沢 武志	76	浜津 和子	61
橋本 松太郎	437	長川堂 いく子	312	花角 英世	186	浜中 啓一	160
橋本 昭男	299	長谷沼 邦彦	256	花田 順子	348	浜野 正	75
橋本 克己	154	長谷部 郁子	60	花田 仁	217	浜野 司朗	80
橋本 克也	62	長谷部 健	150	花塚 隆志	85	浜野 伸二郎	337
橋本 孝一	282	長谷部 誠	49	花輪 智史	152	浜野 隆	333
				埴谷 美幸	347	浜野 健	149

浜森 辰雄 …… 19	林田 重人 …… 429	針谷 力 …… 72	樋口 利明 …… 194
早川 一夫 …… 83	林田 恒正 …… 213	春木 智江 …… 5	樋口 久俊 …… 429, 432
早川 寛 …… 160	林田 博達 …… 447	春田 義信 …… 459	樋口 満雄 …… 163
早川 吉三 …… 86	林平 成人 …… 209	春田 整秀 …… 417, 418	樋口 美智子 …… 36, 138
早川 幸介 …… 270	早田 久 …… 401	春名 明 …… 369	樋口 雄一 …… 217
早川 広中 …… 59	早渡 伊一 …… 194	半田 正 …… 94	樋口 義人 …… 124
早川 雅映 …… 299	早生 隆彦 …… 464	万代 弘美 …… 357	日暮 澄子 …… 136
早川 正雄 …… 92	葉山 峻 …… 181	坂東 徹 …… 5	肥後 淳三 …… 332
早川 勝 …… 275	速水 雄一 …… 358	坂東 知文 …… 16	肥後 正典 …… 472
早川 芳忠 …… 353	原 一夫 …… 450	坂東 真理子 …… 99	肥後 正弘 …… 463
早崎 末浩 …… 257	原 賢治 …… 94	伴野 修 …… 272	彦坂 千津子 …… 274
林 郁夫 …… 271	原 修一 …… 178	飯橋 一春 …… 360	久島 正 …… 10
林 克 …… 247	原 修一郎 …… 232	番場 憲雅 …… 167	久田 昭一 …… 277
林 克好 …… 385	原 精一 …… 91	半嶺 当泰 …… 479	久松 倫生 …… 285
林 欣治 …… 195	原 武夫 …… 170		久村 哲 …… 298
早志 圭司 …… 231	原 哲明 …… 328		久村 真知子 …… 328
林 敬二郎 …… 474	原 利夫 …… 231	【ひ】	久元 喜造 …… 325
林 健一郎 …… 415	原 伸代 …… 237		久本 信也 …… 325
林 孝二郎 …… 123	原 昇 …… 311		菱田 嘉明 …… 303
林 逎 …… 410	原 久夫 …… 226	ビアンキ・アンソニー …… 264	泥谷 光信 …… 412
林 悟 …… 261	原 久 …… 226	日浦 晴三郎 …… 195	日高 伸哉 …… 446
林 茂男 …… 196	原 秀樹 …… 390	樋浦 善弘 …… 19	比田勝 尚喜 …… 440
林 茂信 …… 206	原 秀三郎 …… 252	日栄 政敏 …… 267	秀島 敏行 …… 430
林 茂 …… 191	原 宏 …… 228	稗田 泰久 …… 386	秀嶋 善雄 …… 178
林 十一郎 …… 191	原 浩道 …… 69	樋岡 稔 …… 386	尾藤 義昭 …… 239
林 祥三 …… 217	原 文雄 …… 253	日置 敏明 …… 238	人見 健次 …… 85
林 新一郎 …… 228	原 正夫 …… 61	日沖 靖 …… 281	日永 貴章 …… 261
林 孝 …… 160	原 昌克 …… 381	比嘉 盛光 …… 482	日名子 大介 …… 303
林 高文 …… 228	原 正敏 …… 163	比嘉 鉄也 …… 483	日野 克彰 …… 155
林 千勝 …… 138	原口 和久 …… 108	比嘉 昇 …… 480	日野 茂 …… 93
林 勤 …… 349	原口 敏彦 …… 436	比嘉 実 …… 480, 481	日野 秀逸 …… 40
林 俊郎 …… 287	原口 行光 …… 139	東 外喜夫 …… 214	日野 光幸 …… 463
林 紀子 …… 400	原口 義己 …… 430	東川 孝 …… 13	樋之内 登志 …… 334
林 富佳 …… 431	原崎 智仁 …… 425	東川 裕 …… 343	日比 一昭 …… 272
林 奉文 …… 228	原田 昭 …… 439	東口 貞男 …… 319	氷見 彰弘 …… 330
林 伸明 …… 184	原田 改三 …… 401	東国原 英夫 →そのまんま東	姫井 成 …… 364
林 均 …… 320	原田 啓介 …… 458		姫路 けんじ（ひめじ けんじ, 姫治 けんじ） …… 143, 144, 146
林 宙紀 …… 37	原田 敬美 …… 157	東坂 浩一 …… 315	
林 宏優 …… 244	原田 健資 …… 391	東田 耕一 …… 6	
林 洋武 …… 381	原田 慎太郎 …… 427	東田 巧 …… 329	姫路 敏 …… 197
林 文子 …… 174	原田 栄夫 …… 312	東出 治通 …… 16	姫田 英二 …… 395
林 政男 …… 139	原田 秀俊 …… 265	東村 新一 …… 211	姫野 敦子 …… 382
林 政志 …… 6	原田 英之 …… 255	東山 徹 …… 110	姫野 浄 …… 305
林 正之 …… 203	原田 文彦 …… 270	東山 福治 …… 198	姫野 雅義 …… 390
林 幹人 …… 207	原田 文也 …… 231	日向野 義幸 …… 86, 87	桧山 秋彦 …… 289
林 道夫 …… 354	原田 泰雄 …… 149	引地 延子 …… 347	桧山 賢司 …… 376
林 実 …… 316	原田 裕 …… 8	樋口 暁子 …… 114	日向寺 淳一 …… 145
林 稔 …… 228	原田 洋介 …… 386	樋口 明弘 …… 195	兵頭 浩一 …… 305
林 泰章 …… 228	原竹 岩海 …… 424	樋口 修 …… 367	兵頭 司博 …… 402
林 保武 …… 376	原冨 悟 …… 99, 100	樋口 和彦 …… 91	平井 昭夫 …… 363
林 裕二 …… 416	原部 司 …… 73	樋口 清士 …… 341	平井 章夫 …… 346
林 芳男 …… 12	針谷 善吉 …… 72	樋口 恵子 …… 143	平井 里美 …… 164
林内 実 …… 439	針谷 進 …… 95	樋口 建介 …… 94	平井 城一 …… 394

平井 伸治	352
平井 龍	380
平井 斉	168
平井 満洋	439
平井 義男	179
平井 竜一	180
平石 和則	442
平出 隆敏	250
平尾 源太夫	335
平尾 哲男	227
平尾 広喜	453
平尾 道雄	292, 293
平岡 弘一	334
平岡 敬	372
平岡 龍人	304
平岡 秀夫	382
平岡 広志	392
平岡 政典	397
平賀 高成	253
平川 淳	397
平川 崇賢	481
平川 崇	481
平川 二男	415
開 真一	202
平木 チサ子	88
平木 哲朗	351
平木 俊敬	425
平沢 欣吾	216
平島 仁三郎	314
平島 庸作	174
平田 晶子	447
平田 昭広	150
平田 晶	312
平田 俊一	205
平田 隆義	470
平田 哲彦	272
平田 久市	405
平田 正喜	417
平田 嘉之	169
平谷 祐宏	374
平塚 明	80
平塚 倫豊	247
平野 一郎	144
平野 栄一	415
平野 喜八郎	237
平野 クニ子	321
平野 定義	246, 250
平野 尭暉	137
平野 拓也	304
平野 元	244
平野 洋	277
平野 正美	85
平野 恭弘	236
平野 良一	21
平林 伊三郎	225
平林 崇行	350, 351
平林 正勝	430
平原 四郎	424
平間 小四郎	73
平間 正治	230
平松 邦夫	305, 306
平松 大佑	113
平松 武彦	125
平松 守彦	453
平本 茂子	182
平安 正知	420
平山 敦士	23
平山 征夫	186
平山 源司	438, 439
平山 耕三	412
平山 武	87
平山 仁	30
平山 誠	424
平山 正和	312
平山 誠敏	23
平山 幸生	295
尾留川 俊一	49
比留間 市郎	172
昼間 孝夫	108
広井 庄一	189
広石 恒生	76
広岡 利公	454
広岡 宥樹	255
広川 聡美	184
広木 康二	95
広島 文介	381
広島 雄偉	16
広瀬 一郎	246
広瀬 和生	453
弘瀬 和臣	310
広瀬 賀寿子	105
広瀬 勝貞	453
広瀬 慶輔	317, 318
広瀬 栄	338
広瀬 幸夫	328
広瀬 重治	219
広瀬 時男	242
広瀬 寿雄	86
広瀬 信夫	198
広瀬 博司	329
広瀬 寛人	17
広瀬 正美	396
広瀬 義積	141
広田 修	313
広田 知朗	15
広田 陽子	333
弘中 一夫	385, 386
弘中 佑児	383
広原 秀憲	320
広原 盛明	296
日和佐 穣甫	340
樋渡 啓祐	430, 433
樋渡 士自夫	186

【ふ】

深井 武利	312
深井 俊秀	289
深井 博正	289
深浦 弘信	431
深川 忠義	79
深川 保典	124, 464
深沢 賢一郎	233
深沢 達也	171
深沢 義彦	353
深沢 竜介	256
深代 栄三	96
深田 貴美子	172
深田 三郎	308
深田 忠直	458
深町 一郎	310
深町 孝郎	436
吹上 早苗	105
吹田 愰	381
吹野 信行	144
福井 俊一	290
福井 富男	224
福井 正明	290, 291
福井 祐輔	252
福井 愿則	302
福江 俊喜	381
福岡 英二	400
福岡 勝夫	33
福岡 敏	119
福岡 誠志	379
福岡 正男	262
福岡 術夫	276
福岡 洋一	308
福岡 義登	379
福川 妃路子	320
福島 和敏	450
福嶋 健助	116
福島 是幸	429
福島 譲二	444
福島 善三郎	432
福島 隆夫	94
福島 民雄	391
福島 務	264
福島 トシ子	150
福島 寿栄	46
福嶋 浩彦（福島 浩彦）	123, 124
福島 弘芳	23, 24
福島 義信	262
福島 力男	25
福住 英行	352, 355
福添 忠義	462
福田 昭夫	82, 83, 88
福田 功	209
福田 勇	303
福田 英二	471
福田 佳代子	358
福田 恵一郎	384, 385
福田 玄	364
福田 健次	425
福田 剛司	217
福田 耕四郎	77
福田 誠一	111
福田 聖次	114
福田 拓泉	142
福田 武	85
福田 武隼	89
福田 富一	83
福田 撫子	154
福田 紀彦	178
福田 治夫	358
福田 秀雄	120
福田 正直	457
福田 政則	385
福田 正彦	368
福田 通雅	367
福田 裕	209
福田 良彦	382
福武 彦三	363
福谷 剛蔵	318
福永 邦男	418
福永 浩介	449
福西 亮	399
福野 幸央	119
福浜 隆宏	353
福原 哲	160
福原 淳嗣	45
福原 慎太郎	360
福原 孝彦	132
福原 友宏	359
福村 三男	448
福元 晶三	332
福元 博	233

氏名	頁	氏名	頁	氏名	頁	氏名	頁
福本 幸夫	289	藤沢 純一	321	藤巻 泰男	190	渕上 清	440
福山 和人	296	藤沢 忠将	261	藤巻 義麿	218	渕上 隆信	214, 215
福山 敏博	318, 319	藤沢 時雄	171	伏見 隆	320	船坂 勝美	241, 242
福家 駿吉	103	藤沢 敏孝	97	藤道 健二	386	船田 章	84
冨宅 正浩	310	藤沢 宏至	81	藤村 明憲	484	船田 和江	373
藤井 晃	289	藤沢 順一	75	藤村 洋二	293	船田 義博	237
藤井 永悟	305	藤嶋 清多	91	藤本 昭広	344	舩津 徳英	105
藤井 一彦	365	藤島 利久	306, 408	藤本 一磨	135	船戸 安太郎	239
藤井 正助	391	藤代 孝七	137	藤本 金治	44	船波 恵子	149
藤井 四郎	241	藤田 明男	125	藤本 欣三	326	舟橋 功一	105
藤井 新一	279	藤田 明美	191	藤本 哲夫	395	舩橋 伸介	160
藤井 信吾	77	藤田 勝久	457	藤本 博吉	384, 385	舩橋 登志夫	293
藤井 隆幸	336	藤田 厚吉	372	藤本 正人	112	麓 幸子	45
藤井 武徳	123	藤田 剛二	383	藤本 正利	123	古市 健三	365, 366
藤井 俊男	108	藤田 晃史郎	140	藤本 真利子	347	古川 圭吾	143
藤井 俊雄	420	藤田 淳子	291	藤森 英二	61	古川 研二	289
藤井 友二	273	藤田 純造	423	藤森 常雄	231	古川 勉	6
藤井 直子	381	藤田 尚志	372, 377	藤森 弘	228	古川 照人	309
藤井 黎	36	藤田 忠夫	382	藤森 康友	225	古川 徹	163
藤井 秀城	397	藤田 利彦	37	藤山 勝済	431	古川 利光	437
藤井 浩人	243	藤田 敏彦	237	藤山 尚光	417	古川 洋明	271
藤井 正彦	384, 385	藤田 直子	431	藤原 愛子	160	古川 雅典	240
藤井 松太郎	381	藤田 洋	303	藤原 昭	340	古川 詳翁	420
藤井 盛光	195	藤田 政寿	87, 88	藤原 治	31	古川 康	429, 430
藤井 勇治	291	藤田 正春	19	藤原 一成	46	古川 洋一郎	60
藤井 幸子	314	藤田 昌功	123	藤原 教	336	古川 隆三郎	440
藤井 律子	384	藤田 満州雄	424	藤原 淳	32	古沢 慎二	9
藤井本 浩	342	藤田 学	170	藤原 二郎	111	古島 利二	114
藤枝 和博	144, 145	藤田 光久	385	藤原 信一	227	古庄 健介	433
藤岡 アンリ	286	藤田 元治	392	藤原 進	152	古性 直	144
藤岡 和美	279, 280	藤田 守也	16	藤原 大俊	272	古庄 輝亘	389
藤岡 重弘	330	藤田 弥五兵衛	62	藤原 隆広	358	古田 勇	325
藤岡 隆雄	151	藤田 雄山	372	藤原 勉	243, 244	古田 肇	235
藤岡 竜二	311	藤田 陽三	424	藤原 敏隆	400	古田 秀文	243
藤掛 久夫	86	藤田 義明	325	藤原 俊久	46	古田 美知代	390
藤川 和夫	316	藤田 芳種	396	藤原 春臣	181	古田 元則	390
藤川 重一	313	冨士谷 英正	289	藤原 弘	14	古田 豊	451
藤川 博史	322	藤谷 誠一郎	326	藤原 誠	311	古野 暁	272
藤川 基之	285	藤中 智恵美	242	藤原 美知子	306	古橋 良恭	171
藤木 巧一	428	藤永 延代	305	藤原 通裕	336	古幡 開太郎	225
藤木 妙子	81	藤波 彰	119	藤原 保幸	328, 329	古畑 浩一	189
藤木 美奈子	304	藤縄 善朗	112	藤原 良信	30	降矢 敬義	51
伏木 康雄	94	藤沼 貢	109	藤原 義正	376	古家 茂臣	451
伏木田 政義	15	藤野 健正	138	藤原 米幸	442	古谷 淳	131
藤倉 肇	19	藤野 勉	137	布施 健太郎	135	古谷 徳生	276
藤崎 ヨシヲ	288	藤野 勝	172	布施 孝尚	41	古谷 義幸	181
藤崎 良一	289	藤原 勝子	11	布施 哲也	160	古山 智一	80
藤崎 良次	130	藤原 龍男	309	二口 直勝	209	分家 静男	199, 200
藤沢 勇	138	藤平 輝夫	127	二場 公人	423		
藤沢 架住	453	不嶋 豊和	208	二場 武	423		
藤沢 久美子	146	藤前 吏司	279	二見 健介	183		
藤沢 志光	145	藤巻 昭	95	渕上 貫之	156		

【へ】

氏名	頁
別府 昌記	428
別府 靖彦	449
戸来 諭	33
戸来 伝	24

【ほ】

氏名	頁
法光院 晶一	409
帽子 敏信	400
北城 貞治	145
保谷 高範	165, 166
保谷 七緒美	165
蓬莱 務	329
外間 伸儀	483
保坂 いづみ	15
穂坂 邦夫	110
保坂 三蔵	153
保坂 武	218
保坂 展人	152
保坂 フミ子	113
星 一男	88
星川 剛	52
星崎 健次	183
星名 建市	94
星野 勝司	179
星野 光治郎	117
星野 繁	160, 161
星野 順一郎	124
星野 俊次	263
星野 信吾	117
星野 剛士	182
星野 信夫	162
星野 巳喜雄	96
星野 光弘	117
星野 芳昭	189
星野 良則	107
星野 律子	283
星山 栄	18
穂積 幸一	328
穂積 志	44, 45
穂積 亮次	269
細江 茂光	236
細川 久米夫	209
細川 武人	30
細川 英俊	108
細川 雅生	396
細川 昌彦	261
細川 護熙	143
細川 裕二	273
細川 良夫	175
細迫 朝夫	380
細田 喜八郎	110
細田 照文	105
細田 徳治	113
細田 初男	105
細田 米蔵	113
細野 歩	344
細渕 一男	168
細谷 典男	77
細谷 正希	262
保立 一男	71
堀明 美	317
堀田 庫士	453
堀田 孝一	461
堀田 信一	202
堀田 武士	158
堀田 文一	316
堀田 昌男	344
保延 務	168
洞 佳和	347
洞井 浩	146
堀 明人	297
堀 勝彦	425
堀 泰一郎	463
堀 大常	54
堀 孝正	242
堀 達也	3, 4
堀 直人	9
堀 一	260
堀 誠	176
堀 元	268
堀 泰夫	381
堀 幸光	22
堀 譲	334
堀 義和	279
堀井 孝悦	117
堀内 瑛	224
堀内 勝彦	148
堀内 茂	221
堀内 大造	345
堀内 琢郎	401
堀内 富久	220
堀内 日出男	8
堀内 康男	201
堀江 侃	175, 176
堀江 隆臣	447, 448
堀川 和洋	336, 337
堀川 圭太	300
堀川 美智子	479
堀口 達也	297
堀口 文昭	303
堀口 正良	69
堀越 秀生	153
堀之内 憲一	465
堀之内 砂男	465
堀端 宏	320
堀辺 邦夫	306
堀部 四郎	239
堀部 康	151
本川 祐治郎	203
本行 節夫	366
本郷 治彦	81
本郷谷 健次	138
本沢 裕夫	80
本城 隆志	299
本多 晃	127
本田 欣二郎	194
本田 久美子	296
本田 剛	309, 310, 312, 408
本田 耕一	390
本多 耕三	267
本多 繁希	440
本田 修一	474
本田 仁一	64
本田 忠彦	275
本田 敏秋	32
本多 利夫	129
本田 富雄	188
本多 弘司	274
本多 正幸	271
本田 満	128
本田 幸雄	356
本多 良雄	162
本田 良一	445
本葉 カツ子	150
本坊 輝雄	477
本間 和也	51
本間 堅治	7
本間 俊太郎	35, 38
本間 昭一	18
本間 奈々	5
本間 正巳	54
本間 源基	79
本間 義明	249

【ま】

氏名	頁
前 律夫	363
前岡 正男	347
前川 燿男	156
前川 悦子	437
前川 和昭	398
前川 清成	340
前川 武比古	332
前川 正	343
前川 朝平	482
前川 恒広	292
前川 智子	437
前川 具治	340
前川 雅夫	440
前川 佳丈	282
前沢 淑子	146
前沢 延浩	160
前島 修	373
前島 延行	104
前島 英男	100
前嶋 里奈	134
真栄城 徳彦	484
前田 磨	257
前田 清勝	23
前田 清	329
前田 憲徳	421
前田 康吉	12
前田 宏三	422
前田 晃平	167
前田 禎郎	341
前田 慧	450
前田 終止	473
前田 庄介	273
前田 晋太郎	384
前田 武志	339
前田 稔朗	326
前田 祝成	477
前田 英男	264
前田 昌利	256
前田 雅尚	163
前田 衛	139
前藤 英文	377
前野 和德	474
前野 正司	177
前葉 泰幸	36, 279
前橋 弘子	165
前畑 淳治	446
前原 昭義	369
前宮 徳男	482
前村 元二	377
真壁 宏彰	60
真木 和義	321
牧 剛尓	456
真木 茂	170
牧 俊郎	448
槙岡 三枝子	279

牧島 憲一 ……… 107	又吉 光雄（又吉 イエス）…… 478, 482, 483	松形 祐堯 ……… 460	松田 利治 ……… 345
牧田 久 ………… 392		松形 良正 …… 461, 462	松田 利康 ……… 446
蒔田 浩 ………… 235	町井 昭雄 ……… 197	松ケ谷 匡男 ……… 150	松田 直久 ……… 279
牧野 邦夫 ………… 7	町井 正登 ……… 301	松川 公彦 ……… 426	松田 政雄 ……… 391
牧野 剛 …… 260, 261	町田 和史 ………… 59	松川 正則 ……… 483	松田 道人 ……… 165
牧野 誠照 ……… 237	町田 潤一 ……… 109	松川 康夫 ……… 174	松田 芳明 ……… 237
牧野 俊雄 ……… 460	町田 成司 ……… 170	松木 康祐 …… 199, 200	松田 至康 ……… 345
牧野 百男 ……… 214	町田 忠和 ……… 408	松木 幹夫 ……… 211	松田 良吉 ……… 151
牧野 真大 ……… 463	町田 俊夫 ……… 191	マック赤坂 …… 143, 144, 186, 305, 306	松戸 徹 ………… 137
牧野 光朗 …… 225, 226	町田 升伯 ……… 350		松永 清彦 ……… 237
牧野 勇司 …… 11, 12	町田 英夫 ……… 109	松坂 伊智雄 ……… 168	松永 定夫 ……… 199
牧野内 亮治 ……… 433	町田 幸男 ……… 232	松坂 昭二 ……… 462	松永 俊雄 ………… 11
槙原 聖二 ……… 434	町山 久子 ……… 138	松坂 万三郎 ……… 378	松永 也州彦 ……… 247
真喜屋 浩 ……… 484	松井 晃 ………… 373	松坂 喜浩 ……… 115	松野 哲 ………… 7
馬込 文夫 ……… 172	松井 旭 ………… 122	松崎 公昭 ……… 126	松野 輝洋 ……… 256
政浦 幸太郎 ……… 208	松井 一郎 …… 305, 306	松崎 晃治 ……… 213	松野 幸信 ……… 242
真崎 光博 ……… 438	松井 一実 ……… 373	松崎 淳 ………… 293	松野 好秀 ……… 298
政時 輝紀 ……… 415	松井 聡 ………… 241	松崎 省三 ……… 261	松橋 三夫 …… 24, 25
正橋 正一 ……… 199	松井 三郎 ……… 250	松崎 清次 ……… 446	松林 正俊 ……… 385
正森 克也 ……… 314	松井 正二 ……… 250	松崎 龍夫 ………… 71	松原 昭夫 ……… 395
升 きよみ ……… 205	松井 高男 ……… 272	松崎 ちか ………… 69	松原 幸作 ……… 328
増井 寿雄 ……… 353	松井 秀樹 ……… 277	松崎 信夫 ………… 61	松原 脩雄 ……… 339
桝井 論平 ……… 128	松井 正剛 ……… 344	先崎 光 ………… 77	松原 信吉 ……… 140
増岡 錦也 …… 269, 270	松井 稔 ………… 133	松崎 秀樹 …… 122, 126	松原 隆 ………… 265
真杉 瑞夫 ………… 88	松浦 邦夫 ……… 378	松崎 正和 ……… 419	松原 隆博 ……… 341
枡沢 勇 ………… 192	松浦 稔明 ……… 396	松崎 洋二 ………… 83	松原 丈夫 ……… 331
舛添 要一 ……… 143	松浦 敏夫 …… 247, 250	松沢 邦翁 ……… 108	松原 武久 …… 260, 261
増 悦子 ………… 101	松浦 敏司 ………… 6	松沢 成文 …… 143, 173	松原 忠志 ……… 387
増田 和俊 ……… 379	松浦 信孝 ……… 320	松沢 好哲 ……… 225	松原 忠義 …… 146, 147
増田 健 ………… 132	松浦 正敬 ……… 357	松重 幹雄 ……… 302	松原 俊雄 ……… 164
増田 三郎 ……… 124	松浦 正人 …… 386, 387	松下 育郎 ……… 471	松原 信勝 ……… 485
増田 昌三 ……… 395	松浦 正博 ……… 168	松下 勝久 ……… 357	松原 弘 ………… 241
増田 真一（増田 眞一）……… 142, 301	松浦 幸雄 ………… 94	松下 幸治 …… 225, 305	松原 守 ………… 384
	松尾 潤二 ……… 421	松下 勉 ………… 328	松久 芳樹 ……… 315
益田 大輔 ……… 240	松尾 崇 ………… 177	松下 俊男 ……… 425	松藤 寿和 ……… 438
増田 卓二 ……… 151	松尾 巧 ………… 308	松下 俊喜 ……… 457	松前 真二 ……… 382
増田 太左衛門 … 212	松尾 忠 ………… 345	松下 浩明 ……… 131	松丸 修久 ………… 80
益田 親房 ……… 426	松尾 徹人 …… 407, 408	松下 満幸 ……… 436	松見 正宣 ……… 319
増田 勉 ………… 149	松尾 信彦 ……… 158	松下 裕 ………… 100	松村 薫 ………… 276
増田 徳男 ……… 263	松尾 春郎 ……… 200	松下 陽一 ……… 308	松村 重雄 ……… 160
増田 寛也 … 27, 28, 144	松尾 英洋 ……… 177	松下 玲子 ……… 172	松村 正剛 ……… 384
増田 充孝 ……… 147	松尾 昌男 ……… 283	松島 岩太 ……… 422	松村 泰道 ……… 387
増田 実 ………… 109	松尾 義幸 ……… 429	松島 完 ………… 442	松村 勉 ………… 325
増田 幸美 ……… 326	松岡 篤 ………… 163	松島 世佳 ……… 442	松村 友昭 ……… 156
桝田 与一 …… 402, 403	松岡 三郎 ……… 286	松島 道昌 ……… 146	松村 治門 ……… 213
桝谷 政則 ……… 309	松岡 賛 …… 420, 421	松嶋 盛人 ……… 426	松村 康夫 ……… 164
増野 英作 ……… 401	松岡 徹 ………… 444	松島 洋 ………… 123	松村 良幸 ……… 440
増元 正信 ……… 373	松岡 信道 ……… 317	松田 克城 ……… 315	松村 与平 ……… 213
桝本 頼兼 ……… 296	松岡 隼人 ……… 449	松田 元 ………… 110	松本 愛輔 ……… 321
増山 道保 ………… 83	松岡 正文 ……… 421	松田 伸一 ………… 53	松元 一広 ……… 472
又木 京子 ……… 175	松岡 満寿男 …… 380	松田 隆彦 ……… 325	松本 勝栄 ………… 87
又吉 健太郎 …… 481	松岡 守雄 ……… 138	松田 千春 ………… 69	松本 健一郎 ……… 72

松本 憲治 …… 408, 409	丸山 浩一 …… 166	三沢 道男 …… 4	御園生 邦昭 …… 385
松本 耕司 …… 95	丸山 茂夫 …… 231	三沢 光広 …… 229, 230	美田 長彦 …… 118, 119
松本 茂幸 …… 432, 433	丸山 繁太 …… 109	三島 紀元 …… 365	見田 治 …… 390
松本 正二 …… 137	丸山 修一 …… 17	水尾 一二 …… 396	三田 髙司 …… 176
松本 進 …… 128	丸山 惣平 …… 226	水木 英夫 …… 386	三反園 訓 …… 468
松本 泰造 …… 348	丸山 髙広 …… 309	水口 和恵 …… 163	美谷 克己 …… 200
松本 崇 …… 438	丸山 達也 …… 357	水越 勇雄 …… 129	三谷 つぎむ …… 404
松本 隆 …… 461	丸山 利男 …… 113	水迫 順一 …… 475	三谷 信夫 …… 293
松本 猛 …… 224	丸山 尚政 …… 194	水嶋 一耀 …… 181	三谷 政敏 …… 211
松本 武洋 …… 120	丸山 久明 …… 187, 195	水谷 元 …… 283	三谷 光男 …… 375
松本 太郎 …… 377	丸山 博光 …… 450	水谷 賢 …… 363	三谷 実 …… 367
松本 哲治 …… 481	丸山 美木生 …… 463	水谷 皓一 …… 284	三田村 統之 …… 428
松本 虎之助 …… 448	円若 正彦 …… 320	水谷 尚 …… 272	道上 政男 …… 369
松本 一 …… 363	万津 力治 …… 345	水谷 俊郎 …… 279, 286	三井 美穂子 …… 152
松本 治子 …… 180	万谷 茂樹 …… 386	水谷 正紀 …… 159	三井 理峯 …… 105, 142
松本 博信 …… 147		水谷 光男 …… 280, 281	三石 佳代 …… 227
松本 誠 …… 326		水谷 洋一 …… 7	三石 康夫 …… 104
松本 昌子 …… 136	【み】	水谷 陽一 …… 250	三ツ川 敏雄 …… 313
松本 政博 …… 442		水野 克尚 …… 250	三次 真一郎 …… 79
松本 光茂 …… 342	箕迫 髙明 …… 453	水野 謙二 …… 319	三樹 博 …… 465
松本 満房 …… 117	三浦 明勝 …… 342	水野 光二 …… 242	光田 あまね …… 325
松本 嶺男 …… 417, 418	三浦 岩男 …… 158	水野 好路 …… 24	光武 顕 …… 439, 440
松本 稔 …… 235	三浦 邦雄 …… 135	水野 鐘太 …… 266	光永 強 …… 284
松本 基志 …… 95	三浦 公明 …… 130	水野 誠一 …… 246	三觜 貴義 …… 182
松本 守立 …… 152	三浦 大助 …… 229	水野 忠勝 …… 240	三橋 俊夫 …… 291
松本 靖彦 …… 125	三浦 貴代 …… 296	水野 達夫 …… 202	三橋 弘明 …… 139
松本 安弘 …… 104	三浦 健志 …… 312	水野 昇 …… 265, 270	密本 俊一 …… 130, 131
松本 由紀子 …… 159	三浦 太郎 …… 342	水野 正美 …… 127	三本 進一 …… 196
松本 儆 …… 354	三浦 聡雄 …… 118	水野 恵教 …… 265	三戸 政和 …… 329
松本 洋介 …… 438	三浦 博司 …… 24	水野 義則 …… 266	皆川 治 …… 55
松本 芳彬 …… 353	三浦 雅夫 …… 402	水野 善文 …… 236	皆川 圭一郎 …… 128
松山 邦夫 …… 263	三浦 基裕 …… 191	水間 賢一 …… 152	皆越 宰 …… 170
松山 親憲 …… 144	三浦 雄一郎 …… 3	水間 重富 …… 386	湊 和久 …… 382
松山 正治 …… 301	三浦 佑哉 …… 151	三角 光洋 …… 465	南 英太郎 …… 309
真戸原 勲 …… 468	三枝 安茂 …… 103	三角 保之 …… 444, 445	南 佳策 …… 344
真井 紀夫 …… 281	三重野 昇 …… 453	水本 純 …… 342	南 秀一 …… 211
真砂 充敏 …… 350	三日月 大造 …… 288	水本 勇光 …… 455	南 俊輔 …… 151
真鍋 武紀 …… 394	三葛 敦志 …… 162	溝井 康之 …… 61	南 章治 …… 205
真鍋 勝 …… 396	見上 和由 …… 175	溝上 巌 …… 471	南 俊夫 …… 142, 154
真野 浩芳 …… 115	三上 誠三	溝江 言彦 …… 160	南 牧夫 …… 422
間宮 孝子 …… 67	→羽柴 秀吉	溝上 澄生 …… 422	南 豊 …… 454
豆田 正明 …… 326	三上 隆 …… 296	溝川 悠介 …… 341	南 よね …… 151
真弓 俊郎 …… 279	三上 元 …… 251	溝口 宏二 …… 468	南出 賢一 …… 307
眉山 俊光 …… 134	三上 満 …… 143	溝口 昭三 …… 279	峰 達郎 …… 432
鞠子 公一郎 …… 143	三河 明史 …… 455	溝口 進 …… 202	峯 理美子 …… 104
丸岡 英明 …… 288	三木 兼吉 …… 114	溝口 善兵衛 …… 357	峰尾 利行 …… 175
丸岡 隆二 …… 193	三木 申三 …… 389	溝口 民子 …… 60	峯尾 吉紀 …… 135
丸田 健次 …… 476	三木 勅男 …… 212	溝口 利盛 …… 470	峯岸 益生 …… 167
丸谷 利一 …… 345	三木 俊治 …… 390	溝口 紀子 …… 246	峯岸 光夫 …… 113
丸野内 胡桃（丸の内 くるみ）…… 44, 45	三木 尚 …… 213	溝手 顕正 …… 378	三野 由美子 …… 182
	三木 正夫 …… 230	御園 慎一郎 …… 260	蓑島 宗夫 …… 233
丸山 至 …… 54	三崎 政直 …… 299	御園 豊 …… 132	美濃田 健 …… 464
丸山 悦子 …… 269	三沢 一夫 …… 229		

三原 朝利 ………… 421	宮崎 雅好 ……… 108, 109	宮本 大善 ………… 461	武藤 寿男 ………… 109
壬生 隆明 ………… 425	宮崎 道公 ………… 462	宮本 忠明 ………… 9	武藤 宏 …………… 317
三保 恵一 ………… 64	宮崎 雄一郎 ……… 179	宮本 利男 ………… 441	武藤 博 ……… 117, 118
三保 雅昭 ………… 115	宮崎 喜文 ………… 143	宮本 俊朗 ………… 369	武藤 博光 ………… 77
美馬 幸則 …… 305, 319	宮崎 和加子 ……… 144	宮本 尚美 ………… 158	武藤 政春 ………… 101
三升 正直 ………… 40	宮作 武男 ………… 70	宮本 秀憲 ………… 217	宗方 保 …………… 62
巳亦 清 …………… 187	宮里 政秀 ………… 481	宮本 増雄 ………… 465	宗政 信之 ………… 376
三丸 文也 ………… 238	宮沢 忠之 ………… 221	宮元 義雄 …… 463, 464	村井 仁 …………… 224
三村 申吾 ……… 21, 22	宮沢 豊次 ………… 225	宮元 陸 …………… 206	村井 勉 …………… 324
三村 文男 ………… 311	宮沢 正美 ………… 257	宮山 清昭 ………… 468	村井 政也 ………… 379
三村 誉一 …… 186, 193	宮沢 宗弘 ………… 225	宮良 操 …………… 480	村井 嘉浩 ………… 36
宮宇地 一彦 ……… 375	宮地 昭範 ………… 368	明神 栄一 ………… 410	村尾 信尚 ………… 279
宮内 聡 …………… 4	宮地 隆 …………… 266	明神 仁士 ………… 411	村岡 兼幸 ………… 44
宮内 雪夫 ………… 439	宮路 高光 ………… 476	三好 章 …………… 377	村岡 隆明 ………… 462
宮尾 三郎 ………… 206	宮地 松男 ………… 275	三好 亜矢子 ……… 155	村岡 隆村 ………… 93
宮尾 吉治 ………… 291	宮下 順一郎 ……… 26	三好 和彦 ………… 326	村岡 千鶴男 ……… 315
宮岡 寿雄 …… 324, 357	宮下 宗一郎 ……… 26	三好 幹二 …… 404, 405	村岡 嗣政 ………… 381
宮川 一彦 ………… 176	宮下 英彦 ………… 251	三好 直明 ………… 92	村上 明日香 ……… 85
宮川 隆昌 ………… 7	宮下 三喜夫 ……… 228	三好 昇 …………… 9	村上 栄二 ………… 378
宮川 知雄 ………… 155	宮下 裕 ……… 396, 397	三好 ヒロ子 ……… 319	村上 和繁 ………… 11
宮川 雅一 ………… 436	宮嶋 謙 …………… 71	ミール 計恵 ……… 138	村上 和弘 ………… 375
宮川 良一 ………… 18	宮島 寿男 ………… 271	三輪 一栄 ………… 120	村上 恵一 ………… 449
宮川 利一郎 ……… 297	宮島 雅展 ………… 217	三輪 定宣 ………… 122	村上 賢一 ………… 111
宮城 健一 …… 480, 481	宮嶋 光昭 ………… 71	三輪 茂之 ………… 381	村上 浩司 ………… 261
宮城 康博 ………… 483	宮田 勝三 …… 268, 269	三輪 俊和 ………… 421	村上 純丈 ………… 135
宮城 義男 ………… 482	宮田 慶一郎 ……… 474	三和 智之 ………… 320	村上 昭二 ………… 372
宮城島 弘正 ……… 247	宮田 幸永 ………… 312	三輪 優 …………… 272	村上 大祐 ………… 431
三宅 敬一 ………… 374	宮田 剛治 ………… 267	三輪 佳幸 ………… 264	村上 隆興 ………… 8
三宅 恒司 ………… 396	宮田 均 …………… 17	三輪 芳郎 ………… 169	村上 利夫 ………… 213
三宅 二郎 ………… 148	宮田 浩 …………… 313		村上 敏彦 ………… 265
三宅 太一郎 ……… 52	宮田 良雄 …… 327, 328	【む】	村上 信行 ………… 218
三宅 訓子 ………… 270	宮津 弘 …………… 448		村上 典男 ………… 70
三宅 政一 ………… 193	宮永 桂介 ………… 329	向井 英二 ………… 201	村上 英子 ………… 150
三宅 稔 …………… 243	三柳 純一 ………… 6	向井 俊子 ………… 138	村上 仁士 ………… 75
三宅 義樹 ………… 265	宮西 俊秀 ………… 278	迎 英利 …………… 431	村上 広志 ………… 225
三宅 美隆 ………… 404	宮野 敏明 ………… 326	向井 寛 …………… 430	村上 博 …………… 336
宮古 邦彦 ………… 31	宮橋 勝栄 ………… 207	向井 通彦 ………… 314	村上 博郁 ………… 374
宮越 馨 ……… 186, 193	宮原 岩政 ………… 429	向田 映子 ………… 174	村上 弘充 ………… 321
宮越 弘一 ………… 5	宮原 信孝 ………… 422	向山 公人 ………… 226	村上 寛光 ………… 183
宮腰 健 …………… 291	宮原 義久 ………… 463	向山 信二 ………… 226	村上 昌宏 ………… 78
宮腰 洋逸 ………… 48	宮原 由光 ………… 421	向江 昇 …………… 307	村上 真由子 ……… 447
宮坂 博敏 ………… 231	宮間 満寿雄 ……… 138	椋野 美智子 ……… 454	村上 美恵子 ……… 264
宮崎 一之 ………… 417	宮本 明雄 …… 437, 438	向瀬 慎一 ………… 357	邑上 守正 ………… 172
宮崎 国生 ………… 325	宮本 一孝 ………… 311	向山 官次 ………… 220	村上 有司 ………… 350
宮崎 征司 ………… 447	宮本 和宏 ………… 293	向山 吉苗 ………… 219	村木 俊之 ………… 103
宮崎 壮之助 ……… 258	宮本 勝彬 ………… 450	向原 祥隆 ………… 468	村木 英幸 ………… 159
宮崎 工 …………… 410	宮本 智 …………… 155	武蔵 好彦 ………… 60	村口 官三 ………… 10
宮崎 太朗 ………… 160	宮本 繁夫 ………… 297	牟田 秀敏 ………… 434	村口 徳康 ………… 352
宮崎 務 …………… 308	宮本 正一 ………… 318	むた 陽子 ………… 145	村越 祐民 ………… 125
宮崎 等 …………… 409	宮本 晋 …………… 161	六鹿 正規 ………… 237	村阪 産代一 ……… 326
宮崎 正弘 ………… 144	宮本 聖士 ………… 171	武藤 鉄弘 ………… 243	村瀬 晃代 ………… 272
宮崎 雅之 ………… 109	宮本 泰介 ………… 135		村田 明敏 ………… 313
			村田 勝英 ………… 327

村田 恵子	264	母袋 創一	227	森 卓朗	473, 474	森田 恵	129
村田 維信	427	望月 圧子	131	森 民夫	186, 195	森田 芳男	113
村田 省吾	72	望月 永司	258	森 哲男	332	森永 勝二	280
村田 力	381	望月 清賢	222	森 輝雄	166	森永 孝尚	284
村田 仁人	72	望月 久晴	113	森 登美子	128	森永 満郎	474
村田 弘司	387	望月 誠	257	森 智広	286	森野 真治	280
村田 太	387	望月 康子	156	森 治男	262	森野 美徳	177
村田 政弘	459	望月 良男	348	森 秀夫	263	守本 憲弘	338
村田 光男	164	望月 良和	248	森 裕文	315	森本 次郎	140
村田 康博	71	望月 義彦	144	森 博幸	468, 469	森本 猛史	331
村田 幸隆	282	望田 宇三郎	291	森 藤雄	422	森本 哲生	285
村谷 護国	18	持永 哲志	460	森 雅子	59	森本 博之	296
村椿 晃	200	茂木 薫	133	森 雅志	199	森本 稔	313
村中 昭	299	茂木 英子	92	森 雅宣	409	森谷 公昭	359, 360
村端 久和	16	茂木 正道	145	森 幹雄	154	森谷 猛	19
村松 辰芳	254	茂木 稔	118	森 祐一郎	463	森谷 稔	61
村松 俊武	162	本 外美雄	401	森 弓子	243	守屋 宏	381
村松 晴久	250	本井 敏雄	336	森 良雄	248	守屋 守武	39
村山 薫	194	本尾 良	156	森井 秀明	9	森山 一正	314
村山 一正	439	本川 寛	457	森岡 正宏	340	森山 浩行	312
村山 智	474	元木 美奈子	126	森岡 稔	275	森脇 和徳	285
村山 純	479	本沢 捷治	84	森川 明	295	森脇 勝弘	356
村山 祥栄	296	本沢 節子	84	森川 薫	314	森脇 勝義	372
村山 俊幸	284	本島 等	436	森川 勝行	67	諸井 英二	344
村山 秀幸	193	本白水 捷司	473	森川 博史	378	諸岡 皓二	386
村山 史彦	190	本園 善章	420	森川 正昭	236	両角 穣	167
村山 芳秀	475	本橋 保正	151	森川 幸江	236	両角 宗武	171
牟礼 勝弥	303	元松 茂樹	447	森崎 比呂志	80	諸橋 太一郎	70
牟礼 正稔	326	本村 映一	269, 274	森沢 繁澄	18	諸橋 泰夫	61
室 厚美	133	本村 賢太郎	179	森下 隆生	281	諸見里 宏美	482
室 喜代一	157	本山 修一	105	森下 満寿美	236	門 祐輔	296
室井 照平	60	本山 修一郎	225	森下 裕子	325	門馬 和夫	64
室井 初市	87	元山 福仁	417	森下 豊	342	門馬 徹	53
室橋 昭	148	元行 馨	397	森島 宏光	254	門馬 直孝	64
室山 貴義	365	本吉 達也	208	森島 倫生	254		
		本禄 哲英	10	森島 守人	189		
【め】		物江 亮	38	森田 勝彦	159	**【や】**	
		桃木 徹	127	森田 勝彦	372		
目片 文子	142, 237, 324	百崎 素弘	433	森田 克己	103	八板 俊輔	476
目片 信	288	森 昭男	235	森田 金清	248	八江 利春	437
目黒 栄樹	55	森 敦子	408	森田 喜美男	169	八百 和子	41
目黒 精一	10	森 一貫	305	森田 邦彦	177	矢尾板 恒雄	195
目黒 久	41	森 和実	266	森田 健作	122	谷貝 明信	73
		森 和之	242	守田 憲史	447	谷ケ崎 照雄	116
【も】		森 克彦	105	森田 光一	115	矢上 雅義	444
		森 孝一	307	森田 康生	411	八木 功	36
毛利 健治	51	森 紘一	337	森田 俊介	416	八木 栄一	475
毛利 十四男	458	森 貞述	270	森田 隆志	477	八木 勝光	302
最上 進	90	森 遵	419	森田 隆朝	354	八木 金平	255, 256
茂木 緑	93	森 正二	455	森田 卓也	427	八木 健次	258
		森 真	237, 238	森田 英雄	354	八木 進	326
		森 清一郎	407	森田 実	168	八木 大二郎	179
		森 卓爾	174				

氏名	頁	氏名	頁	氏名	頁	氏名	頁
八木 隆宜	265	安松 禧議	422	藪本 吉秀	337	山口 伸樹	70
八木 択真	227	安本 美栄子	280	矢部 一	150	山口 信也	61
八木 忠男	261	安本 芳輔	247	矢部 正行	255	山口 節生	99, 100, 116, 143, 429, 430
八木 常雄	34	安楽岡 一雄	95	矢部 和多夔	179		
八木 宏之	457	矢田 立郎	324, 325	山井 伸泰	192	山口 たか	4
八木 米太朗	335	矢田 正勝	182	山内 章裕	236	山口 隆	114
屋宜 由章	484	矢田 政弘	262	山内 梅良	44	山口 長志	230
八木 禧幸	6	矢田 松太郎	205, 206	山内 一豊	468	山口 達夫	169
矢岸 克行	257	矢田 美英	153	山内 勝男	163	山口 照義	218
柳下 潔	120	八谷 泰央	375, 376	山内 健	302	山口 寿昭	274
柳下 進	169	谷田部 泰雄	95	山内 淳子	352	山口 敏夫	144
柳下 長治	120	谷井 靖夫	189, 190	山内 末子	481	山口 信明	376
柳沼 信幸	160	八並 康一	428	山内 崇	22	山口 登	196
柳沼 秀雄	61	矢内 一雄	92	山内 隆文	31	山口 敬之	416
八木橋 公紀	146	柳井 文男	454	山内 武士	212	山口 陽規	474
八木原 圀明	91	柳 実郎	332	山内 日出夫	59	山口 弘哲	463
薬師寺 克一	158	柳沢 恵二	229	山内 宗則	212	山口 広文	265
薬師寺 道代	260	柳沢 孔三	91	山内 宗芳	403	山口 文彦	58
矢口 広義	54	柳沢 重夫	250	山内 康功	450	山口 平八郎	319
八鍬 長一	54	柳沢 重也	229	山内 善男	292	山口 正博	238
矢後 清太郎	182	柳沢 久長	229	山内 佳子	297	山口 道義	312
八坂 恭介	455	柳沢 峰生	211	山尾 順紀	54	山口 光昭	225
矢崎 和広	232	柳田 孝二	277	山岡 孝	104	山口 実	155
矢沢 恒雄	103	柳田 清二	229	山岡 丈己	306	山口 実	436
谷敷 時子	140	柳田 剛彦	229	山岡 玉恵	410	山口 康雄	304
矢島 和明	232	柳田 弘	49	山岡 冨美	145	山口 康史	368
八島 定敏	40	柳平 千代一	232	山岡 良右	298	山口 洋平	441
屋代 良守	127	柳橋 邦彦	36	山川 智帆	355	山口 吉暉	127
谷津 邦夫	17	柳原 伍郎	194	山川 知一郎	210	山口 祥義	430
安井 澄夫	350	柳町 博之	231	山川 仁	483	山口 欽秀	272
安井 彦光	278	柳村 純一	28, 31	八巻 直人	148	山口 義行	353
安賀 昇	312	柳村 典秀	31	山木 佳宏	333	山口 律理	77
安川 幸雄	104	柳本 顕	306	山岸 昭子	101	山崎 晄	189
安田 公寛	445, 446	柳谷 亮子	182	山岸 竹吉	235, 236	山崎 鋖一	408
安田 三郎	324	梁取 彰三	192	山岸 正裕	213	山崎 英二	15
安田 末則	330	矢野 克視	471	山岸 美隆	189	山崎 栄三	186
安田 忠弘	365	矢野 清秀	403	山口 昭雄	297	山崎 栄美子	167
安田 力	268	矢野 茂文	392	山口 敦司	219	山崎 乙吉	199
安田 敏男	112	矢野 繁	475	山口 巌雄	174, 175	山崎 一彦	151
安田 英雄	239	矢野 忠重	307	山口 和彦	127	山崎 雄朗	275
安田 政教	299	矢野 鶴実	464	山口 数洋	247	山崎 要	18
安田 昌幸	7	矢野 英樹	326	山口 克也	313, 314	山崎 憲三	207
安田 正義	330	矢野 未来歩	174	山口 金光	25	山崎 山洋	125
安田 守	303	矢野 三千男	148	山口 喜久男	172	山崎 俊一郎	363
保田 守	364	矢野 裕	163	山口 清	96	山崎 甚右衛門	293
安田 養次郎	171	矢埜 与一	328	山口 賢次郎	187	山崎 住男	302
安田 喜正	281	谷萩 陽一	68	山口 賢三	247	山崎 善也	297
安竹 信男	247	八幡 美博	354	山口 公久	89	山崎 孝明	148, 149
安冨 歩	115	矢引 亮介	364, 366	山口 浩治	114	山崎 尚明	400
安友 清	391	藪内 伸哉	250	山口 幸太郎	13	山崎 健	418
安永 紀六	332	藪内 好	137	山口 繁	92	山崎 武伍	384
安原 宏和	336	藪亀 邦恭	460	山口 治郎	106	山崎 正	212
安久 美与子	158					山崎 竜男	21

山崎 千里 … 132	山田 耕市 … 276	山中 博 … 458	山本 輝通 … 93
山崎 哲 … 359	山田 弘吉 … 108	山中 雅明 … 144	山本 亨 … 152
山崎 通 … 244	山田 耕史 … 141	山中 真和 … 335	山本 敏江 … 155
山崎 寿彦 … 83	山田 知 … 335	山中 雅和 … 288, 407	山本 利男 … 293
山崎 昇 … 151, 152	山田 純子 … 383	山中 光茂 … 285	山本 直樹 … 398
山崎 広太郎 … 415, 416	山田 司郎 … 42	山仲 善彰 … 293	山本 直由 … 83
山崎 真秀 … 162	山田 真一郎 … 419	山中 義仁 … 309	山本 信夫 … 14
山崎 満子 … 58, 59	山田 隆義 … 242	山西 敏一 … 309	山本 久夫 … 400
山崎 泰子 … 357	山田 拓郎 … 264	山根 温子 … 373	山本 浩章 … 360
山崎 養世 … 389	山田 哲男 … 199	山根 一男 … 238	山本 広一 … 330
山崎 雄士 … 441	山田 得生 … 4	山根 敬則 … 367	山本 蒔子 … 36
山里 朝盛 … 480	山田 敏雅 … 377	山野 之義 … 205	山本 孫春 … 465
山路 由紀 … 347	山田 豊三郎 … 288	山橋 敬一郎 … 176	山本 正徳 … 33, 34
山敷 恵 … 315	山田 亘宏 … 293	山原 博文 … 311	山本 正治 … 173
山下 昭史 … 398	山田 憲昭 … 209	山辺 芳宣 … 208	山本 雅彦 … 214
山下 魁 … 453	山田 紀之 … 189	山村 康六 … 327	山本 正宏 … 17
山下 修 … 359	山田 弘 … 317	山村 健 … 281	山本 昌寛 … 251
山下 和弥 … 342	山田 弘 … 353	山村 武正 … 298	山本 又一郎 … 214
山下 慶一郎 … 446	山田 宏 … 151	山村 一 … 219	山本 実 … 334
山下 慶喜 … 308	山田 博司 … 439	山本 明久 … 246	山本 保雄 … 404
山下 栄 … 472, 473	山田 文雄 … 177	山本 敦 … 172	山本 泰夫 … 208
山下 幸雄 … 410	山田 昌夫 … 164	山本 市平 … 284	山本 康夫 … 246
山下 三郎 … 376	山田 正彦 … 436	山本 悦雄 … 268	山本 有造 … 348
山下 茂 … 462	山田 勝 … 196	山本 学 … 409	山本 ゆかり … 275
山下 重 … 249	山田 みち江 … 269	山本 捷雄 … 181, 182	山本 幸男 … 392
山下 史守朗 … 269	山田 美智子 … 327	山本 克忠 … 150	山本 芳央 … 269
山下 純一郎 … 439	山田 光弥 … 270	山本 勝敏 … 240	山本 儀夫 … 406
山下 大輔 … 347	山田 実 … 469	山本 勝也 … 349	山本 良正 … 282, 283
山下 貴史 … 16	山田 元 … 159	山本 金彦 … 335	山本 善幸 … 392
山下 隆義 … 267	山田 安太郎 … 122	山本 吉蔵 … 68	山本 利一 … 427
山下 哲夫 … 231	山田 泰信 … 325	山本 清麿 … 289	山本 龍 … 91
山下 信行 … 314	山田 裕一 … 40	山本 景 … 310	山本 琉介 … 333
山下 英雄 … 434	山田 裕一 … 465	山本 敬子 … 334	山本 遼太郎 … 254
山下 広一 … 178	山田 宥円 … 130	山元 建 … 306	山森 美意子 … 146
山下 富美子 … 253	山田 幸雄 … 419	山本 幸治 … 273	山矢 建司 … 456
山下 真 … 340, 341	山田 裕 … 59	山本 繁太郎 … 381	山脇 悦司 … 322
山下 政樹 … 221	山田 豊 … 238	山本 秀一 … 366	山脇 実 … 274
山下 政治 … 29	山田 豊 … 390	山本 省三 … 376	弥吉 治一郎 … 424
山下 政良 … 270, 271	山田 洋子 … 187	山本 信治 … 55	屋良 朝助 … 478, 479
山下 万葉 … 150	山田 利恵 … 334	山本 末男 … 308	八幡 和郎 … 288
山下 満昭 … 436	山田 龍治 … 473	山本 誠一 … 437	
山下 容子 … 161	山田 良司 … 239	山本 清治 … 378	**【ゆ】**
山下 義基 … 167	山出 保 … 205	山本 節子 … 173	
山田 一麿 … 276	山寺 清 … 118	山本 泰人 … 154	湯浅 茂晴 … 155
山田 和也 … 166	大和 源次 … 421	山本 大道 … 209	湯浅 省吾 … 318
山田 勝文 … 231	大和 力 … 7	山本 栄彦 … 217	湯浅 伸一 … 136
山田 勝麿 … 9	大和 時也 … 15	山本 拓 … 210	湯浅 貴裕 … 118
山田 克己 … 271	山磨 豊 … 366	山本 拓哉 … 269	結城 武光 … 134
山田 国治 … 473	山中 邦捷 … 450	山本 忠雄 … 166	結城 俊子 … 422
山田 計司 … 106	山中 健 … 327	山本 正 … 297	結城 房江 … 123
山田 啓二 … 295, 296	山中 精一 … 281	山本 達司 … 95	結城 道哉 … 276
山田 敬治 … 157	山中 たい子 … 75	山本 千代子 … 390	
	山中 博 … 73	山本 次男 … 18	

結城 裕 ……… 53	横山 政直 ……… 213	吉田 廉 ……… 256	吉富 宏保 ……… 75
雪 正文 ……… 188	横山 元栄 ……… 64	吉田 幸一 ……… 241	吉永 洋司 ……… 160
幸村 香代子 ……… 451	横山 幸夫 ……… 395	吉田 康一郎 ……… 156	吉成 明 ……… 78
湯崎 英彦 ……… 372	与謝野 信 ……… 154	吉田 幸二 ……… 17	吉野 稜威雄 ……… 181
湯田 幸永 ……… 188	吉井 清介 ……… 374	吉田 三郎 ……… 241	吉野 和男 ……… 169
豊 永光 ……… 470	吉井 惇一 ……… 386	吉田 重信 ……… 143	吉野 宏一 ……… 308
温泉川 孝 ……… 359	吉井 正澄 ……… 449, 450	吉田 茂 ……… 135	吉野 康治 ……… 260, 265
柚木 秋光 ……… 461	吉尾 勝征 ……… 165	吉田 滋 ……… 111	吉野 剛八 ……… 93
柚木 義和 ……… 365	吉岡 淳 ……… 169	吉田 修一 ……… 59	吉野 誠二 ……… 456
油原 信義 ……… 81	吉岡 勝之 ……… 310	吉田 周平 ……… 232	吉野 誠治 ……… 437
湯元 敏治 ……… 469	吉岡 顕一 ……… 177	吉田 順一 ……… 325	吉野 高幸 ……… 421
湯元 敏浩 ……… 469	吉岡 健一郎 ……… 328	吉田 信解 ……… 118	吉野 富博 ……… 312
湯本 良太郎 ……… 147	吉岡 攻 ……… 229	吉田 聖子 ……… 20	吉野 晴夫 ……… 343
由良 隆 ……… 296	吉岡 静夫 ……… 189	吉田 泰一郎 ……… 344	吉野 益 ……… 96
由利 昌司 ……… 49	吉岡 庭二郎 ……… 440	吉田 平 ……… 122	吉野 嘉男 ……… 219
由利 英治 ……… 461	吉岡 初浩 ……… 270	吉田 孝志 ……… 187	吉羽 美華 ……… 319
万木 綱一 ……… 290	吉岡 広小路 ……… 379	吉田 隆 ……… 8	吉原 英一 ……… 78
	吉岡 政和 ……… 336	吉田 竹雄 ……… 102	吉原 徳 ……… 88
【よ】	吉岡 正史 ……… 164	吉田 忠志 ……… 392	吉弘 清美 ……… 295
	善岡 雅文 ……… 12	吉田 力 ……… 199	吉堀 慶一郎 ……… 132
丁野 永正 ……… 292	吉岡 光則 ……… 382	吉田 寿昭 ……… 246	吉俣 洋 ……… 22
横内 公明 ……… 220	吉開 輝隆 ……… 180	吉田 年男 ……… 148, 149	吉松 達喜 ……… 123
横内 正明 ……… 217	吉兼 和子 ……… 345	吉田 敏男 ……… 114	吉丸 英明 ……… 418
横江 勇雄 ……… 272	吉川 悦次 ……… 308	吉田 歳嗣 ……… 208	吉見 真一 ……… 382
横尾 俊彦 ……… 433	吉川 公夫 ……… 101	吉田 友好 ……… 308, 309	吉見 弘晏 ……… 405
横尾 誠 ……… 437	吉川 順三 ……… 408	吉田 英男 ……… 182	吉道 勇 ……… 309
横島 良市 ……… 73	吉川 正吾 ……… 262	吉田 弘明 ……… 342	吉峯 良二 ……… 477
横須賀 昭男 ……… 303	吉川 敏幸 ……… 120	吉田 宏 ……… 416	吉牟田 健夫 ……… 429
横田 昭夫 ……… 106	吉川 方章 ……… 147	吉田 洋 ……… 92	吉村 和夫 ……… 52
横田 一男 ……… 200	吉川 春子 ……… 99	吉田 浩巳 ……… 342	吉村 午良 ……… 224
横田 耕一 ……… 20	吉川 浩史 ……… 410	吉田 博義 ……… 358	吉村 駿一 ……… 90, 91
横田 修一郎 ……… 440	吉川 義彦 ……… 342	吉田 政雄 ……… 107	吉村 成子 ……… 173
横田 隼人 ……… 398	吉沢 章子 ……… 178	吉田 雅夫 ……… 62	吉村 武司 ……… 369
横田 凱夫 ……… 68	吉沢 健 ……… 288	吉田 誠克 ……… 345	吉村 徳昌 ……… 385
横戸 長兵衛 ……… 53	芳沢 範朗 ……… 231	吉田 正人 ……… 340	吉村 宏一 ……… 313
横路 孝弘 ……… 3	吉沢 範夫 ……… 74, 75	吉田 万三 ……… 143, 144	吉村 洋文 ……… 305, 306
横山 幾夫 ……… 409	吉沢 真澄 ……… 187	吉田 三男 ……… 186	吉村 万里子 ……… 328
横山 和夫 ……… 183	吉積 明子 ……… 427	吉田 稔 ……… 170	吉村 美栄子 ……… 51
横山 久雅子 ……… 131	吉住 健一 ……… 150	吉田 基 ……… 376	吉村 善美 ……… 317
横山 公一 ……… 96	吉住 弘 ……… 153	吉田 康人 ……… 316	吉本 稲美 ……… 410
横山 浩一 ……… 265	吉瀬 孝子 ……… 319	吉田 祐貴 ……… 267	吉本 幸司 ……… 457
横山 純児 ……… 319	吉田 昭男 ……… 222	吉田 雄人 ……… 184	芳本 甚二 ……… 343
横山 忠始 ……… 398	吉田 昭彦 ……… 34	吉田 洋治 ……… 33	吉元 正雄 ……… 472
横山 忠長 ……… 47, 48	吉田 明 ……… 53	吉田 好男 ……… 62	吉元 政矩 ……… 478
横山 龍雄 ……… 408	吉田 章 ……… 100	吉田 好成 ……… 235, 236	吉本 良久 ……… 166
横山 忠市 ……… 77	吉田 功 ……… 33	吉田 里江 ……… 236	吉山 康幸 ……… 441
横山 輝 ……… 64	吉田 一郎 ……… 99, 100	吉田 麟 ……… 26	与世田 兼稔 ……… 479
横山 俊邦 ……… 59	吉田 英治 ……… 7	吉田 六左エ門 ……… 187	依田 忠一 ……… 229
横山 ノック ……… 304	吉田 修 ……… 199	吉武 信昭 ……… 297	与田 肇 ……… 419
横山 等 ……… 327	吉田 和夫 ……… 193	吉谷 宗夫 ……… 84	四井 正昭 ……… 454
横山 北斗 ……… 21, 22	吉田 喜一 ……… 145	吉次 邦夫 ……… 437	四元 和文 ……… 476
		吉富 博久 ……… 437	米沢 則寿 ……… 10

米沢 光治	215
米田 忠彦	13
米田 徹	189
米田 三喜男	360
米田 竜二	227
米長 晴信	217
米満 弘之	444
米村 照夫	205, 207
米持 克彦	122
米山 隆一	186
読谷山 洋司	465
頼重 秀一	253
頼高 英雄	120
頼永 一夫	402

【ら】

来住 ケイ子	465
来住 新平	460

【り】

龍前 隆	107

【ろ】

六島 誠之助	327
ロペス 美千代	96

【わ】

和井内 貞光	46
若井 康彦	122
若生 正	306
若木 稜江	161
若島 和美	437
若島 征四郎	436
若島 正敬	200
若月 弘	130
若月 幸夫	150
我妻 昇	56
若林 和雄	84
若林 純一	455
若林 信一	318
若林 丈人	19
若林 久徳	197
若林 洋平	251
若林 義春	143

若松 貞康	164
若山 和生	126
若山 俊六	4
脇 信男	395
脇中 孝	350
脇屋 長可	459
和久 博至	456
和合 正治	233
若生 裕俊	41
鷲沢 正一	225
鷲田 豊明	324
和嶋 未希	54
鷲山 丈司	18
鷲山 喜久	250
和所 英二	288
和田 功	151
和田 一成	333
和田 金男	338
和田 恒一	392
和田 耕十郎	22
和田 庄吾	350
和田 慎司	206, 207
和田 宰	400
和田 秀雄	451
和田 秀教	347
和田 広	56
和田 裕行	292
和田 隆次	475
渡辺 皓彦	221
渡辺 昭好	61
渡辺 昭美	264
渡辺 敦雄	218
渡辺 郁夫	19
渡辺 勲	347
渡辺 一成	64
渡辺 英子	221
渡辺 栄司	220
渡辺 紀	256
渡辺 修	432
渡部 修	249
渡辺 解太郎	248
渡辺 薫	132
渡辺 薫	401
渡辺 一明	88
渡部 一彦	197
渡辺 勝夫	109
渡辺 勝男	136
渡部 完	333, 334
渡辺 吉郎	130
渡辺 邦夫	109
渡辺 謙一	199
渡辺 賢治	42
渡辺 源蔵	101

渡辺 賢太郎	74
渡辺 孝一	7
渡辺 幸貫	29
渡辺 公司	248
渡辺 幸子	164
渡辺 智子	395
渡辺 繁	83
渡辺 重夫	65
渡辺 正二	124
渡辺 真	169
渡辺 信一郎	469
渡辺 純忠	381
渡部 聖一	49
渡部 泰山	54
渡部 大輔	253
渡辺 孝雄	416
渡辺 敬夫	60
渡部 尚	168
渡辺 武	305
渡辺 丈展	241
渡辺 達生	5
渡辺 千鶴	158
渡辺 勉	33
渡辺 哲也	421
渡辺 輝宜	220
渡辺 利昭	102
渡辺 利文	117
渡部 豊一	60
渡辺 直由	243
渡辺 一	426
渡辺 肇	270
渡辺 春夫	147
渡辺 晴夫	358
渡辺 彦太郎	255
渡辺 秀孝	438
渡辺 秀人（渡辺 ひでと）	268
渡辺 博明	182
渡辺 博万	243
渡辺 洋	187
渡辺 博	36
渡辺 博敏	386
渡辺 浩美	257
渡辺 文夫	87
渡辺 文雄	82
渡辺 正史	133
渡辺 正志	221
渡辺 正浩	336
渡辺 雅浩	366
渡辺 美樹	143
渡辺 美知太郎	87
渡部 道宏	196
渡辺 光子	177

渡辺 雄二	6
渡辺 雄二	401
渡辺 行雄	365
渡辺 幸雄	411
渡部 幸男	45
渡辺 幸保	263
渡辺 洋子	297
渡辺 芳邦	130
渡辺 嘉久	365
渡部 芳己	5
渡辺 利一	446
渡辺 龍一（渡辺 竜一）	78, 79
渡辺 龍太郎	456
渡辺 礼一	172
綿貫 健輔	11
綿貫 隆夫	232
渡貫 博孝	130
綿貫 吉正	135, 137
渡部 美憲	176
鰐淵 俊之	11
藁科 登	68
蕨 和雄	130, 131

自治体名索引

【あ】

相生市（兵庫県）...................325
愛西市（愛知県）...................261
愛知県............................260
会津若松市（福島県）................59
姶良市（鹿児島県）.................469
青森県.............................21
青森市（青森県）....................22
赤磐市（岡山県）...................364
明石市（兵庫県）...................325
阿賀野市（新潟県）.................188
赤平市（北海道）.....................5
安芸市（高知県）...................408
秋川市（東京都）*..................159
昭島市（東京都）...................158
秋田県.............................43
秋田市（秋田県）....................44
安芸高田市（広島県）...............373
あきる野市（東京都）...............159
阿久根市（鹿児島県）...............469
上尾市（埼玉県）...................101
赤穂市（兵庫県）...................326
朝霞市（埼玉県）...................101
浅口市（岡山県）...................364
朝倉市（福岡県）...................416
朝来市（兵庫県）...................327
旭市（千葉県）.....................123
旭川市（北海道）.....................5
足利市（栃木県）....................83
芦別市（北海道）.....................6
芦屋市（兵庫県）...................327
阿蘇市（熊本県）...................445
足立区（東京都）...................144
熱海市（静岡県）...................247
厚木市（神奈川県）.................174
安曇野市（長野県）.................225
阿南市（徳島県）...................390
網走市（北海道）.....................6
我孫子市（千葉県）.................123
あま市（愛知県）...................261
尼崎市（兵庫県）...................327
甘木市（福岡県）*..................416
天草市（熊本県）...................445
奄美市（鹿児島県）.................470
綾瀬市（神奈川県）.................175
綾部市（京都府）...................296
新井市（新潟県）*..................196
荒尾市（熊本県）...................446
荒川区（東京都）...................144
有田市（和歌山県）.................348
阿波市（徳島県）...................391
淡路市（兵庫県）...................328
あわら市（福井県）.................211
安城市（愛知県）...................261
安中市（群馬県）....................91

【い】

飯田市（長野県）...................225
飯塚市（福岡県）...................417
飯山市（長野県）...................226
伊賀市（三重県）...................280
壱岐市（長崎県）...................437
池田市（大阪府）...................306
生駒市（奈良県）...................340
伊佐市（鹿児島県）.................470
諫早市（長崎県）...................437
石岡市（茨城県）....................68
石垣市（沖縄県）...................479
石狩市（北海道）.....................7
石川県............................204
石川市（沖縄県）*..................481
石巻市（宮城県）....................37
伊豆市（静岡県）...................248
伊豆の国市（静岡県）...............248
いすみ市（千葉県）.................124
出水市（鹿児島県）.................471
和泉市（大阪府）...................306
泉大津市（大阪府）.................307
泉佐野市（大阪府）.................307
出雲市（島根県）...................357
伊勢市（三重県）...................280
伊勢崎市（群馬県）..................92
伊勢原市（神奈川県）...............175
潮来市（茨城県）....................69
板橋区（東京都）...................145
伊丹市（兵庫県）...................328
市川市（千葉県）...................124
いちき串木野市（鹿児島県）.........471
一関市（岩手県）....................28
一宮市（愛知県）...................262
市原市（千葉県）...................125
糸魚川市（新潟県）.................188
伊東市（静岡県）...................248
糸島市（福岡県）...................417
糸満市（沖縄県）...................480
伊那市（長野県）...................226
稲城市（東京都）...................159
稲沢市（愛知県）...................263
稲敷市（茨城県）....................69
いなべ市（三重県）.................281
犬山市（愛知県）...................263
井原市（岡山県）...................364
茨木市（大阪府）...................308
茨城県.............................67
指宿市（鹿児島県）.................472
今市市（栃木県）*...................88
今治市（愛媛県）...................401
伊万里市（佐賀県）.................430
射水市（富山県）...................199
伊予市（愛媛県）...................401
伊予三島市（愛媛県）*..............404
入間市（埼玉県）...................102
岩井市（茨城県）*...................78
いわき市（福島県）..................60
岩国市（山口県）...................382
岩倉市（愛知県）...................264
磐田市（静岡県）...................249
岩槻市（埼玉県）*..................100
岩手県.............................27
岩出市（和歌山県）.................348
岩沼市（宮城県）....................37
岩見沢市（北海道）...................7
印西市（千葉県）...................125
因島市（広島県）*..................375

【う】

上田市（長野県）...................227
上野市（三重県）*..................280
上野原市（山梨県）.................218
魚津市（富山県）...................200
魚沼市（新潟県）...................189
宇城市（熊本県）...................446
うきは市（福岡県）.................418
宇佐市（大分県）...................454
宇治市（京都府）...................297
牛久市（茨城県）....................69
牛深市（熊本県）*..................445
臼杵市（大分県）...................454
宇陀市（奈良県）...................341
歌志内市（北海道）...................8
宇都宮市（栃木県）..................83
宇土市（熊本県）...................447
宇部市（山口県）...................382
浦添市（沖縄県）...................480
浦安市（千葉県）...................126
浦和市（埼玉県）*..................100

うるま市(沖縄県)　481	大町市(長野県)　227	鹿嶋市(茨城県)　70
嬉野市(佐賀県)　431	大宮市(埼玉県)*　100	柏市(千葉県)　126
宇和島市(愛媛県)　402	大牟田市(福岡県)　419	柏崎市(新潟県)　190
雲仙市(長崎県)　438	大村市(長崎県)　438	柏原市(大阪府)　309
雲南市(島根県)　358	男鹿市(秋田県)　45	春日市(福岡県)　420
	岡崎市(愛知県)　265	春日井市(愛知県)　266
【え】	岡谷市(長野県)　228	春日部市(埼玉県)　103
	岡山県　363	かすみがうら市(茨城県)　71
江刺市(岩手県)*　29	岡山市(岡山県)　363	加世田市(鹿児島県)*　477
江田島市(広島県)　373	小城市(佐賀県)　431	加須市(埼玉県)　103
越前市(福井県)　212	沖縄県　478	潟上市(秋田県)　46
江戸川区(東京都)　146	沖縄市(沖縄県)　482	交野市(大阪府)　310
恵那市(岐阜県)　236	桶川市(埼玉県)　102	勝浦市(千葉県)　127
恵庭市(北海道)　8	小郡市(福岡県)　419	葛飾区(東京都)　147
海老名市(神奈川県)　176	小樽市(北海道)　9	勝田市(茨城県)*　79
えびの市(宮崎県)　461	小田原市(神奈川県)　176	鹿角市(秋田県)　46
愛媛県　399	小千谷市(新潟県)　189	勝山市(福井県)　213
江別市(北海道)　8	小野市(兵庫県)　329	葛城市(奈良県)　342
塩山市(山梨県)*　219	小野田市(山口県)*　383	加東市(兵庫県)　330
	尾道市(広島県)　374	門真市(大阪府)　310
【お】	尾花沢市(山形県)　52	香取市(千葉県)　128
	小浜市(福井県)　213	神奈川県　173
奥州市(岩手県)　29	帯広市(北海道)　9	金沢市(石川県)　205
近江八幡市(滋賀県)　289	御前崎市(静岡県)　249	可児市(岐阜県)　238
青梅市(東京都)　160	小美玉市(茨城県)　70	鹿沼市(栃木県)　85
大網白里市(千葉県)　126	小矢部市(富山県)　200	鹿屋市(鹿児島県)　472
大分県　453	小山市(栃木県)　84	かほく市(石川県)　206
大分市(大分県)　453	尾鷲市(三重県)　281	嘉麻市(福岡県)　420
大垣市(岐阜県)　236	尾張旭市(愛知県)　265	釜石市(岩手県)　30
大川市(福岡県)　418		鎌ケ谷市(千葉県)　128
大口市(鹿児島県)*　470	**【か】**	鎌倉市(神奈川県)　177
大阪府　304		蒲郡市(愛知県)　266
大阪市(大阪府)　305	甲斐市(山梨県)　218	香美市(高知県)　409
大阪狭山市(大阪府)　308	海津市(岐阜県)　237	上天草市(熊本県)　447
大崎市(宮城県)　38	貝塚市(大阪府)　309	神栖市(茨城県)　71
大洲市(愛媛県)　402	海南市(和歌山県)　348	上山市(山形県)　53
大田区(東京都)　146	加賀市(石川県)　205	上福岡市(埼玉県)*　117
大田市(島根県)　358	各務原市(岐阜県)　237	亀岡市(京都府)　297
太田市(群馬県)　93	香川県　394	亀山市(三重県)　282
大竹市(広島県)　374	角田市(宮城県)　38	加茂市(新潟県)　190
大館市(秋田県)　45	掛川市(静岡県)　250	鴨川市(千葉県)　129
大田原市(栃木県)　84	加古川市(兵庫県)　329	唐津市(佐賀県)　432
大津市(滋賀県)　288	鹿児島県　468	刈谷市(愛知県)　267
大月市(山梨県)　218	鹿児島市(鹿児島県)　468	川口市(埼玉県)　104
大野市(福井県)　212	加西市(兵庫県)　330	川越市(埼玉県)　105
大野城市(福岡県)　419	笠岡市(岡山県)　365	川崎市(神奈川県)　177
大府市(愛知県)　264	笠間市(茨城県)　70	河内長野市(大阪府)　311
大船渡市(岩手県)　30	香芝市(奈良県)　341	川西市(兵庫県)　330
大曲市(秋田県)*　47	橿原市(奈良県)　342	川之江市(愛媛県)*　404
	鹿島市(佐賀県)　431	観音寺市(香川県)　395
		神埼市(佐賀県)　432

【き】

菊川市（静岡県） ……………… 250
菊池市（熊本県） ……………… 448
木更津市（千葉県） …………… 129
岸和田市（大阪府） …………… 311
北区（東京都） ………………… 147
北秋田市（秋田県） ……………… 46
北茨城市（茨城県） ……………… 71
喜多方市（福島県） ……………… 60
北上市（岩手県） ………………… 30
北九州市（福岡県） …………… 421
北名古屋市（愛知県） ………… 267
北広島市（北海道） ……………… 10
北見市（北海道） ………………… 10
北本市（埼玉県） ……………… 105
木津川市（京都府） …………… 298
杵築市（大分県） ……………… 455
紀の川市（和歌山県） ………… 349
宜野湾市（沖縄県） …………… 482
岐阜県 …………………………… 235
岐阜市（岐阜県） ……………… 235
君津市（千葉県） ……………… 130
行田市（埼玉県） ……………… 106
京田辺市（京都府） …………… 298
京丹後市（京都府） …………… 299
京都府 …………………………… 295
京都市（京都府） ……………… 296
清須市（愛知県） ……………… 268
清瀬市（東京都） ……………… 160
霧島市（鹿児島県） …………… 473
桐生市（群馬県） ………………… 93

【く】

久喜市（埼玉県） ……………… 106
草津市（滋賀県） ……………… 289
久慈市（岩手県） ………………… 31
具志川市（沖縄県）＊ ………… 481
串木野市（鹿児島県）＊ ……… 471
串間市（宮崎県） ……………… 462
郡上市（岐阜県） ……………… 238
釧路市（北海道） ………………… 11
下松市（山口県） ……………… 383
国東市（大分県） ……………… 455
国立市（東京都） ……………… 161
熊谷市（埼玉県） ……………… 107
熊野市（三重県） ……………… 282

熊本県 …………………………… 444
熊本市（熊本県） ……………… 444
倉敷市（岡山県） ……………… 365
倉吉市（鳥取県） ……………… 353
栗原市（宮城県） ………………… 39
久留米市（福岡県） …………… 422
呉市（広島県） ………………… 375
黒石市（青森県） ………………… 22
黒磯市（栃木県）＊ ……………… 87
黒部市（富山県） ……………… 201
桑名市（三重県） ……………… 283
群馬県 …………………………… 90

【け】

気仙沼市（宮城県） ……………… 39
下呂市（岐阜県） ……………… 239

【こ】

甲賀市（滋賀県） ……………… 290
合志市（熊本県） ……………… 448
甲州市（山梨県） ……………… 219
更埴市（長野県）＊ …………… 231
高知県 …………………………… 407
高知市（高知県） ……………… 408
江津市（島根県） ……………… 359
江東区（東京都） ……………… 148
江南市（愛知県） ……………… 268
香南市（高知県） ……………… 409
鴻巣市（埼玉県） ……………… 107
甲府市（山梨県） ……………… 217
神戸市（兵庫県） ……………… 324
郡山市（福島県） ………………… 61
古河市（茨城県） ………………… 72
古賀市（福岡県） ……………… 422
小金井市（東京都） …………… 161
国分市（鹿児島県）＊ ………… 473
国分寺市（東京都） …………… 162
湖西市（静岡県） ……………… 251
越谷市（埼玉県） ……………… 108
五條市（奈良県） ……………… 343
五所川原市（青森県） ………… 23
御所市（奈良県） ……………… 343
五泉市（新潟県） ……………… 191
小平市（東京都） ……………… 163
御殿場市（静岡県） …………… 251
五島市（長崎県） ……………… 438
湖南市（滋賀県） ……………… 290

小林市（宮崎県） ……………… 463
御坊市（和歌山県） …………… 349
狛江市（東京都） ……………… 163
駒ヶ根市（長野県） …………… 228
小牧市（愛知県） ……………… 268
小松市（石川県） ……………… 206
小松島市（徳島県） …………… 391
小諸市（長野県） ……………… 228

【さ】

西海市（長崎県） ……………… 439
佐伯市（大分県） ……………… 456
西条市（愛媛県） ……………… 403
埼玉県 …………………………… 99
さいたま市（埼玉県） ………… 99
西都市（宮崎県） ……………… 463
佐賀県 …………………………… 429
佐賀市（佐賀県） ……………… 430
坂井市（福井県） ……………… 213
堺市（大阪府） ………………… 312
坂出市（香川県） ……………… 396
境港市（鳥取県） ……………… 354
寒河江市（山形県） ……………… 53
酒田市（山形県） ………………… 53
坂戸市（埼玉県） ……………… 108
相模原市（神奈川県） ………… 178
佐久市（長野県） ……………… 229
さくら市（栃木県） ……………… 85
佐倉市（千葉県） ……………… 130
桜井市（奈良県） ……………… 343
桜川市（茨城県） ………………… 73
篠山市（兵庫県） ……………… 331
佐世保市（長崎県） …………… 439
幸手市（埼玉県） ……………… 109
札幌市（北海道） ………………… 4
薩摩川内市（鹿児島県） ……… 473
佐渡市（新潟県） ……………… 191
さぬき市（香川県） …………… 396
佐野市（栃木県） ………………… 86
鯖江市（福井県） ……………… 214
座間市（神奈川県） …………… 179
狭山市（埼玉県） ……………… 109
佐原市（千葉県）＊ …………… 128
三条市（新潟県） ……………… 192
三田市（兵庫県） ……………… 331
山武市（千葉県） ……………… 131
山陽小野田市（山口県） ……… 383

【し】

塩竈市（宮城県） 40
塩尻市（長野県） 229
滋賀県 287
志木市（埼玉県） 110
四国中央市（愛媛県） 404
四條畷市（大阪府） 313
静岡県 246
静岡市（静岡県） 246
宍粟市（兵庫県） 332
品川区（東京都） 149
新発田市（新潟県） 192
渋川市（群馬県） 94
志布志市（鹿児島県） 474
渋谷区（東京都） 149
士別市（北海道） 11
志摩市（三重県） 283
島田市（静岡県） 251
島根県 356
島原市（長崎県） 440
四万十市（高知県） 409
清水市（静岡県）* 247
下田市（静岡県） 252
下館市（茨城県）* 75
下野市（栃木県） 86
下妻市（茨城県） 73
下関市（山口県） 383
周南市（山口県） 384
上越市（新潟県） 193
常総市（茨城県） 73
庄原市（広島県） 375
城陽市（京都府） 299
白岡市（埼玉県） 110
白河市（福島県） 62
白井市（千葉県） 131
白石市（宮城県） 40
白根市（新潟県）* 187
新宮市（和歌山県） 349
新宿区（東京都） 150
新庄市（山形県） 54
新城市（愛知県） 269
新南陽市（山口県）* 384
新湊市（富山県）* 199

【す】

吹田市（大阪府） 313

須賀川市（福島県） 62
杉並区（東京都） 151
宿毛市（高知県） 410
須坂市（長野県） 230
須崎市（高知県） 410
逗子市（神奈川県） 179
珠洲市（石川県） 207
鈴鹿市（三重県） 284
裾野市（静岡県） 252
砂川市（北海道） 12
墨田区（東京都） 151
洲本市（兵庫県） 332
諏訪市（長野県） 230

【せ】

西予市（愛媛県） 404
関市（岐阜県） 239
世田谷区（東京都） 152
摂津市（大阪府） 314
瀬戸市（愛知県） 269
瀬戸内市（岡山県） 366
川内市（鹿児島県）* 474
仙台市（宮城県） 36
善通寺市（香川県） 396
泉南市（大阪府） 314
仙北市（秋田県） 47

【そ】

草加市（埼玉県） 110
匝瑳市（千葉県） 131
総社市（岡山県） 366
相馬市（福島県） 63
曽於市（鹿児島県） 474
袖ケ浦市（千葉県） 132

【た】

大仙市（秋田県） 47
大東市（大阪府） 315
台東区（東京都） 152
胎内市（新潟県） 193
高石市（大阪府） 315
高岡市（富山県） 201
高崎市（群馬県） 94
高砂市（兵庫県） 333
高島市（滋賀県） 290

多賀城市（宮城県） 41
高槻市（大阪府） 316
高萩市（茨城県） 74
高梁市（岡山県） 367
高浜市（愛知県） 270
高松市（香川県） 395
高山市（岐阜県） 239
宝塚市（兵庫県） 333
田川市（福岡県） 423
滝川市（北海道） 12
滝沢市（岩手県） 31
多久市（佐賀県） 433
武雄市（佐賀県） 433
竹田市（大分県） 456
竹原市（広島県） 376
武生市（福井県）* 212
太宰府市（福岡県） 423
多治見市（岐阜県） 240
立川市（東京都） 164
たつの市（兵庫県） 334
龍野市（兵庫県）* 334
伊達市（北海道） 12
伊達市（福島県） 63
館林市（群馬県） 95
館山市（千葉県） 132
田無市（東京都）* 166
田辺市（和歌山県） 350
田原市（愛知県） 270
多摩市（東京都） 164
玉名市（熊本県） 448
玉野市（岡山県） 367
田村市（福島県） 63
垂水市（鹿児島県） 475
丹波市（兵庫県） 334

【ち】

茅ヶ崎市（神奈川県） 180
筑後市（福岡県） 423
筑紫野市（福岡県） 424
筑西市（茨城県） 74
千曲市（長野県） 231
知多市（愛知県） 271
秩父市（埼玉県） 111
千歳市（北海道） 13
茅野市（長野県） 231
千葉県 122
千葉市（千葉県） 122
中央区（東京都） 153
中央市（山梨県） 219

銚子市（千葉県）……………133	戸田市（埼玉県）……………113	那須烏山市（栃木県）………87
調布市（東京都）……………165	栃尾市（新潟県）*……………195	那須塩原市（栃木県）………87
千代田区（東京都）…………154	栃木県…………………………82	名瀬市（鹿児島県）*…………470
知立市（愛知県）……………271	栃木市（栃木県）……………86	名取市（宮城県）……………41
	鳥取県…………………………352	七尾市（石川県）……………207
【つ】	鳥取市（鳥取県）……………353	那覇市（沖縄県）……………479
	砺波市（富山県）……………201	名張市（三重県）……………284
津市（三重県）………………279	鳥羽市（三重県）……………284	行方市（茨城県）……………77
つがる市（青森県）…………23	苫小牧市（北海道）…………13	滑川市（富山県）……………202
つくば市（茨城県）…………75	富岡市（群馬県）……………95	名寄市（北海道）……………14
つくばみらい市（茨城県）…76	豊見城市（沖縄県）…………483	奈良県…………………………339
津久見市（大分県）…………457	富里市（千葉県）……………134	奈良市（奈良県）……………340
対馬市（長崎県）……………440	富谷市（宮城県）……………41	習志野市（千葉県）…………135
津島市（愛知県）……………271	登米市（宮城県）……………41	成田市（千葉県）……………135
土浦市（茨城県）……………76	富山県…………………………198	鳴門市（徳島県）……………392
燕市（新潟県）………………194	富山市（富山県）……………199	南国市（高知県）……………412
津山市（岡山県）……………368	豊明市（愛知県）……………273	南城市（沖縄県）……………484
都留市（山梨県）……………219	豊岡市（兵庫県）……………335	南丹市（京都府）……………300
鶴岡市（山形県）……………54	豊川市（愛知県）……………274	南砺市（富山県）……………202
敦賀市（福井県）……………214	豊栄市（新潟県）*……………187	南陽市（山形県）……………56
鶴ヶ島市（埼玉県）…………112	豊田市（愛知県）……………274	
	豊中市（大阪府）……………316	【に】
【て】	豊橋市（愛知県）……………275	
	取手市（茨城県）……………76	新潟県…………………………186
天童市（山形県）……………55	十和田市（青森県）…………24	新潟市（新潟県）……………187
天理市（奈良県）……………344	富田林市（大阪府）…………317	新座市（埼玉県）……………113
天竜市（静岡県）*……………254		新津市（新潟県）*……………188
	【な】	新居浜市（愛媛県）…………405
【と】		新見市（岡山県）……………368
	那珂市（茨城県）……………77	にかほ市（秋田県）…………47
東温市（愛媛県）……………405	長井市（山形県）……………55	西尾市（愛知県）……………275
東海市（愛知県）……………272	長岡市（新潟県）……………195	西東京市（東京都）…………165
東金市（千葉県）……………133	長岡京市（京都府）…………300	西之表市（鹿児島県）………475
東京都…………………………142	長久手市（愛知県）…………275	西宮市（兵庫県）……………335
東御市（長野県）……………232	長崎県…………………………436	西脇市（兵庫県）……………336
東予市（愛媛県）*……………403	長崎市（長崎県）……………436	日南市（宮崎県）……………463
十日町市（新潟県）…………194	中津市（大分県）……………457	日光市（栃木県）……………88
遠野市（岩手県）……………32	中津川市（岐阜県）…………241	日進市（愛知県）……………276
土岐市（岐阜県）……………240	長門市（山口県）……………385	二戸市（岩手県）……………32
徳島県…………………………389	中野区（東京都）……………155	二本松市（福島県）…………64
徳島市（徳島県）……………390	中野市（長野県）……………232	韮崎市（山梨県）……………220
徳山市（山口県）*……………385	長野県…………………………224	
常滑市（愛知県）……………273	長野市（長野県）……………224	【ぬ】
所沢市（埼玉県）……………112	長浜市（滋賀県）……………291	
土佐市（高知県）……………411	中間市（福岡県）……………424	沼田市（群馬県）……………96
土佐清水市（高知県）………411	那珂湊市（茨城県）*…………79	沼津市（静岡県）……………253
豊島区（東京都）……………154	中村市（高知県）*……………409	
鳥栖市（佐賀県）……………434	流山市（千葉県）……………134	
	名護市（沖縄県）……………483	
	名古屋市（愛知県）…………260	

【ね】

根室市（北海道）・・・・・・・・・・・・・ 14
寝屋川市（大阪府）・・・・・・・・・・・ 317
練馬区（東京都）・・・・・・・・・・・・ 156

【の】

直方市（福岡県）・・・・・・・・・・・・ 425
能代市（秋田県）・・・・・・・・・・・・・ 48
野田市（千葉県）・・・・・・・・・・・・ 136
野々市市（石川県）・・・・・・・・・・ 208
延岡市（宮崎県）・・・・・・・・・・・・ 464
登別市（北海道）・・・・・・・・・・・・・ 15
能美市（石川県）・・・・・・・・・・・・ 208

【は】

萩市（山口県）・・・・・・・・・・・・・・ 385
羽咋市（石川県）・・・・・・・・・・・・ 208
白山市（石川県）・・・・・・・・・・・・ 209
函館市（北海道）・・・・・・・・・・・・・ 15
羽島市（岐阜県）・・・・・・・・・・・・ 241
橋本市（和歌山県）・・・・・・・・・・ 350
蓮田市（埼玉県）・・・・・・・・・・・・ 114
秦野市（神奈川県）・・・・・・・・・・ 180
八王子市（東京都）・・・・・・・・・・ 166
八戸市（青森県）・・・・・・・・・・・・・ 24
八幡平市（岩手県）・・・・・・・・・・・ 32
廿日市市（広島県）・・・・・・・・・・ 376
鳩ヶ谷市（埼玉県）＊・・・・・・・・ 105
花巻市（岩手県）・・・・・・・・・・・・・ 33
羽生市（埼玉県）・・・・・・・・・・・・ 114
羽曳野市（大阪府）・・・・・・・・・・ 318
浜北市（静岡県）＊・・・・・・・・・・ 254
浜田市（島根県）・・・・・・・・・・・・ 359
浜松市（静岡県）・・・・・・・・・・・・ 253
羽村市（東京都）・・・・・・・・・・・・ 167
原町市（福島県）＊・・・・・・・・・・・ 64
半田市（愛知県）・・・・・・・・・・・・ 276
坂東市（茨城県）・・・・・・・・・・・・・ 77
阪南市（大阪府）・・・・・・・・・・・・ 318
飯能市（埼玉県）・・・・・・・・・・・・ 115

【ひ】

日置市（鹿児島県）・・・・・・・・・・ 476
東近江市（滋賀県）・・・・・・・・・・ 291
東大阪市（大阪府）・・・・・・・・・・ 319
東かがわ市（香川県）・・・・・・・・ 397
東久留米市（東京都）・・・・・・・・ 167
東根市（山形県）・・・・・・・・・・・・・ 56
東広島市（広島県）・・・・・・・・・・ 377
東松島市（宮城県）・・・・・・・・・・・ 42
東松山市（埼玉県）・・・・・・・・・・ 115
東村山市（東京都）・・・・・・・・・・ 168
東大和市（東京都）・・・・・・・・・・ 168
光市（山口県）・・・・・・・・・・・・・・ 386
彦根市（滋賀県）・・・・・・・・・・・・ 292
久居市（三重県）＊・・・・・・・・・・ 280
尾西市（愛知県）＊・・・・・・・・・・ 263
備前市（岡山県）・・・・・・・・・・・・ 369
日田市（大分県）・・・・・・・・・・・・ 457
飛騨市（岐阜県）・・・・・・・・・・・・ 241
日高市（埼玉県）・・・・・・・・・・・・ 116
日立市（茨城県）・・・・・・・・・・・・・ 78
常陸太田市（茨城県）・・・・・・・・・ 78
常陸大宮市（茨城県）・・・・・・・・・ 79
ひたちなか市（茨城県）・・・・・・・ 79
人吉市（熊本県）・・・・・・・・・・・・ 449
日野市（東京都）・・・・・・・・・・・・ 169
美唄市（北海道）・・・・・・・・・・・・・ 16
氷見市（富山県）・・・・・・・・・・・・ 202
姫路市（兵庫県）・・・・・・・・・・・・ 336
日向市（宮崎県）・・・・・・・・・・・・ 465
兵庫県・・・・・・・・・・・・・・・・・・・・ 324
枚方市（大阪府）・・・・・・・・・・・・ 319
平川市（青森県）・・・・・・・・・・・・・ 25
平田市（島根県）＊・・・・・・・・・・ 358
平塚市（神奈川県）・・・・・・・・・・ 181
平戸市（長崎県）・・・・・・・・・・・・ 441
平良市（沖縄県）＊・・・・・・・・・・ 484
弘前市（青森県）・・・・・・・・・・・・・ 25
広島県・・・・・・・・・・・・・・・・・・・・ 372
広島市（広島県）・・・・・・・・・・・・ 372

【ふ】

笛吹市（山梨県）・・・・・・・・・・・・ 220
深川市（北海道）・・・・・・・・・・・・・ 16
深谷市（埼玉県）・・・・・・・・・・・・ 116
福井県・・・・・・・・・・・・・・・・・・・・ 210

福井市（福井県）・・・・・・・・・・・・ 211
福江市（長崎県）＊・・・・・・・・・・ 439
福岡県・・・・・・・・・・・・・・・・・・・・ 415
福岡市（福岡県）・・・・・・・・・・・・ 415
福島県・・・・・・・・・・・・・・・・・・・・・ 58
福島市（福島県）・・・・・・・・・・・・・ 59
福知山市（京都府）・・・・・・・・・・ 301
福津市（福岡県）・・・・・・・・・・・・ 425
福山市（広島県）・・・・・・・・・・・・ 377
袋井市（静岡県）・・・・・・・・・・・・ 255
富士市（静岡県）・・・・・・・・・・・・ 255
藤井寺市（大阪府）・・・・・・・・・・ 320
藤枝市（静岡県）・・・・・・・・・・・・ 255
藤岡市（群馬県）・・・・・・・・・・・・・ 96
藤沢市（神奈川県）・・・・・・・・・・ 181
富士宮市（静岡県）・・・・・・・・・・ 256
富士見市（埼玉県）・・・・・・・・・・ 116
ふじみ野市（埼玉県）・・・・・・・・ 117
富士吉田市（山梨県）・・・・・・・・ 221
豊前市（福岡県）・・・・・・・・・・・・ 426
府中市（東京都）・・・・・・・・・・・・ 169
府中市（広島県）・・・・・・・・・・・・ 378
福生市（東京都）・・・・・・・・・・・・ 170
富津市（千葉県）・・・・・・・・・・・・ 136
船橋市（千葉県）・・・・・・・・・・・・ 137
富良野市（北海道）・・・・・・・・・・・ 16
古川市（宮城県）＊・・・・・・・・・・・ 38
文京区（東京都）・・・・・・・・・・・・ 156
豊後大野市（大分県）・・・・・・・・ 458
豊後高田市（大分県）・・・・・・・・ 458

【へ】

碧南市（愛知県）・・・・・・・・・・・・ 277
別府市（大分県）・・・・・・・・・・・・ 459

【ほ】

北条市（愛媛県）＊・・・・・・・・・・ 401
防府市（山口県）・・・・・・・・・・・・ 386
保谷市（東京都）＊・・・・・・・・・・ 166
北斗市（北海道）・・・・・・・・・・・・・ 17
北杜市（山梨県）・・・・・・・・・・・・ 221
鉾田市（茨城県）・・・・・・・・・・・・・ 80
北海道・・・・・・・・・・・・・・・・・・・・・・ 3
本庄市（埼玉県）・・・・・・・・・・・・ 118
本荘市（秋田県）＊・・・・・・・・・・・ 49
本渡市（熊本県）＊・・・・・・・・・・ 446

【ま】

舞鶴市（京都府）…………………… 301
米原市（滋賀県）…………………… 292
前橋市（群馬県）…………………… 91
前原市（福岡県）＊………………… 417
牧之原市（静岡県）………………… 256
枕崎市（鹿児島県）………………… 476
益田市（島根県）…………………… 360
町田市（東京都）…………………… 170
松浦市（長崎県）…………………… 441
松江市（島根県）…………………… 357
松阪市（三重県）…………………… 285
松戸市（千葉県）…………………… 138
松任市（石川県）＊………………… 209
松原市（大阪府）…………………… 320
松本市（長野県）…………………… 233
松山市（愛媛県）…………………… 400
真庭市（岡山県）…………………… 369
丸亀市（香川県）…………………… 397

【み】

三浦市（神奈川県）………………… 182
三重県………………………………… 278
三笠市（北海道）…………………… 17
三木市（兵庫県）…………………… 337
三郷市（埼玉県）…………………… 118
三沢市（青森県）…………………… 25
三島市（静岡県）…………………… 257
水沢市（岩手県）＊………………… 29
瑞浪市（岐阜県）…………………… 242
瑞穂市（岐阜県）…………………… 242
三鷹市（東京都）…………………… 171
水海道市（茨城県）＊……………… 74
見附市（新潟県）…………………… 195
水戸市（茨城県）…………………… 67
三豊市（香川県）…………………… 398
みどり市（群馬県）………………… 97
港区（東京都）……………………… 157
水俣市（熊本県）…………………… 449
南足柄市（神奈川県）……………… 182
南アルプス市（山梨県）…………… 221
南あわじ市（兵庫県）……………… 337
南魚沼市（新潟県）………………… 196
南九州市（鹿児島県）……………… 477
南さつま市（鹿児島県）…………… 477
南島原市（長崎県）………………… 442

南相馬市（福島県）………………… 64
南房総市（千葉県）………………… 138
美祢市（山口県）…………………… 387
美濃市（岐阜県）…………………… 242
箕面市（大阪府）…………………… 321
美濃加茂市（岐阜県）……………… 243
三原市（広島県）…………………… 378
美馬市（徳島県）…………………… 392
美作市（岡山県）…………………… 369
宮城県………………………………… 35
宮古市（岩手県）…………………… 33
宮古島市（沖縄県）………………… 484
都城市（宮崎県）…………………… 465
宮崎県………………………………… 460
宮崎市（宮崎県）…………………… 461
宮津市（京都府）…………………… 302
みやま市（福岡県）………………… 426
宮若市（福岡県）…………………… 426
妙高市（新潟県）…………………… 196
みよし市（愛知県）………………… 277
三次市（広島県）…………………… 379
三好市（徳島県）…………………… 392

【む】

向日市（京都府）…………………… 302
武蔵野市（東京都）………………… 171
武蔵村山市（東京都）……………… 172
むつ市（青森県）…………………… 26
宗像市（福岡県）…………………… 427
村上市（新潟県）…………………… 197
村山市（山形県）…………………… 56
室戸市（高知県）…………………… 412
室蘭市（北海道）…………………… 18

【め】

目黒区（東京都）…………………… 158

【も】

真岡市（栃木県）…………………… 89
本巣市（岐阜県）…………………… 243
本宮市（福島県）…………………… 65
茂原市（千葉県）…………………… 139
盛岡市（岩手県）…………………… 28
守口市（大阪府）…………………… 321
守谷市（茨城県）…………………… 80

守山市（滋賀県）…………………… 293
紋別市（北海道）…………………… 18

【や】

矢板市（栃木県）…………………… 89
焼津市（静岡県）…………………… 257
八尾市（大阪府）…………………… 322
八潮市（埼玉県）…………………… 119
野洲市（滋賀県）…………………… 293
安来市（島根県）…………………… 360
八街市（千葉県）…………………… 139
八千代市（千葉県）………………… 139
八代市（熊本県）…………………… 450
弥富市（愛知県）…………………… 277
柳井市（山口県）…………………… 387
柳川市（福岡県）…………………… 427
養父市（兵庫県）…………………… 338
山鹿市（熊本県）…………………… 451
山形県………………………………… 51
山形市（山形県）…………………… 52
山県市（岐阜県）…………………… 244
山口県………………………………… 380
山口市（山口県）…………………… 381
山田市（福岡県）＊………………… 421
大和市（神奈川県）………………… 183
大和郡山市（奈良県）……………… 344
大和高田市（奈良県）……………… 345
山梨県………………………………… 216
山梨市（山梨県）…………………… 222
八女市（福岡県）…………………… 428
八幡市（京都府）…………………… 303
八幡浜市（愛媛県）………………… 405

【ゆ】

結城市（茨城県）…………………… 80
夕張市（北海道）…………………… 18
行橋市（福岡県）…………………… 428
湯沢市（秋田県）…………………… 48
由布市（大分県）…………………… 459
由利本荘市（秋田県）……………… 49

【よ】

八日市市（滋賀県）＊……………… 291
八日市場市（千葉県）＊…………… 132
横須賀市（神奈川県）……………… 183

横手市（秋田県） ………………… 49
横浜市（神奈川県） ……………… 174
吉川市（埼玉県） ………………… 119
吉野川市（徳島県） ……………… 393
四日市市（三重県） ……………… 286
四街道市（千葉県） ……………… 140
米子市（鳥取県） ………………… 354
米沢市（山形県） ………………… 57
与野市（埼玉県）＊ ……………… 101

【り】

陸前高田市（岩手県） …………… 34
栗東市（滋賀県） ………………… 293
龍ケ崎市（茨城県） ……………… 81
両津市（新潟県）＊ ……………… 191

【る】

留萌市（北海道） ………………… 19

【わ】

和歌山県 …………………………… 346
和歌山市（和歌山県） …………… 347
和光市（埼玉県） ………………… 120
輪島市（石川県） ………………… 209
稚内市（北海道） ………………… 19
蕨市（埼玉県） …………………… 120

地方選挙総覧 ＜知事・市長・特別区長＞
平成篇 1989-2019

2019年7月25日　第1刷発行

発 行 者／大高利夫
編集・発行／日外アソシエーツ株式会社
　　　　　〒140-0013 東京都品川区南大井6-16-16 鈴中ビル大森アネックス
　　　　　電話(03)3763-5241（代表）　FAX(03)3764-0845
　　　　　URL　http://www.nichigai.co.jp/
発 売 元／株式会社紀伊國屋書店
　　　　　〒163-8636 東京都新宿区新宿3-17-7
　　　　　電話(03)3354-0131（代表）
　　　　　ホールセール部（営業）電話(03)6910-0519

電算漢字処理／日外アソシエーツ株式会社
印刷・製本／株式会社平河工業社

不許複製・禁無断転載　　《中性紙H-三菱書籍用紙イエロー使用》
〈落丁・乱丁本はお取り替えいたします〉
ISBN978-4-8169-2784-3　　Printed in Japan,2019

本書はディジタルデータでご利用いただくことができます。詳細はお問い合わせください。

国政選挙総覧 1947〜2016
B5・690頁　定価（本体19,000円＋税）　2017.7刊

戦後の国政選挙の候補者と当落結果を都道府県別に一覧できる資料集。各県の選挙結果を実施年順に並べ、候補者氏名・当落結果・党派・得票数を明記。調査しづらい補欠選挙の結果も網羅。全候補者延べ約4万人を五十音順で引ける「候補者氏名索引」付き。

日本安全保障史事典—トピックス1945-2017
A5・460頁　定価（本体13,880＋税）　2018.6刊

1945年から2017年まで、日本の安全保障に関するトピック3,000件を年月日順に掲載した記録事典。「日米安保条約」の締結と改正、政府の国防政策、防衛庁・防衛省の組織、自衛隊の活動、近隣国の動向や各国の防衛相との会談など幅広いテーマを収録。

企業不祥事事典Ⅱ—ケーススタディ2007-2017
結城智里 監修
A5・400頁　定価（本体5,550円＋税）　2018.5刊

2007〜2017年に発生した企業不祥事についての事典。代表事例100件と関連する事例215件を収録。特に社会的影響の大きかった100件については、事件の背景、発端、その後の経緯、会社の対応、警察・検察の動き、裁判等を詳述。「事項名索引」付き。

読み間違えやすい 全国地名辞典
A5・510頁　定価（本体6,000円＋税）　2018.6刊

全国の現行地名の中から複数の読みを持つ地名、一般に難読と思われる地名など32,000件の読みかたを収録。「地域順一覧」により"読み間違えやすい地名"を都道府県別、地域毎に一覧できる。

都市問題・地方自治 調査研究文献要覧
後藤・安田記念東京都市研究所 市政専門図書館 監修

市政専門図書館が長年にわたり独自に収集してきた都市問題・地方自治に関する書籍・研究論文・調査報告等を体系的に収録した文献目録。国立国会図書館「雑誌記事索引」未収録の記事も多数収録。

① **明治〜1945**　B5・940頁　定価（本体43,000円＋税）　2017.5刊
② **1945〜1980**　B5・1,110頁　定価（本体43,000円＋税）　2016.12刊
③ **1981〜2015**　B5・1,200頁　定価（本体43,000円＋税）　2016.7刊

データベースカンパニー
日外アソシエーツ
〒140-0013　東京都品川区南大井6-16-16
TEL. (03) 3763-5241　FAX. (03) 3764-0845　http://www.nichigai.co.jp/